吉林人民出版社

简体字本二十六史

隋书

卷一——卷三一

（一）

〔唐〕 魏 徵 等 撰

吴宗国 刘念华 等 标点

目　　录

隋书卷一
帝纪第一

高祖上

　　高祖文皇帝姓杨氏，讳坚，弘农郡华阴人也。汉太尉震八代孙铉，仕燕为北平太守。铉生元寿，后魏代为武川镇司马，子孙因家焉。元寿生太原太守惠嘏，嘏生平原太守烈，烈生宁远将军祯，祯生忠，忠即皇考也。皇考从周太祖起义关西，赐姓普六茹氏，位至柱国、大司空、隋国公。薨，赠太保，谥曰桓。

　　皇妣吕氏，以大统七年六月癸丑夜，生高祖于冯翊般若寺，紫气充庭。有尼来自河东，谓皇妣曰："此儿所从来甚异，不可于俗间处之。"尼将高祖舍于别馆，躬自抚养。皇妣尝抱高祖，忽见头上角出，遍体鳞起。皇妣大骇，坠高祖于地。尼自外入见曰："已惊我儿，致令晚得天下。"为人龙颜，额上有五柱入顶，目光外射，有文在手曰"王"。长上短下，沈深严重。初入太学，虽至亲昵不敢狎也。

　　年十四，京兆尹薛善辟为功曹。十五，以太祖勋授散骑常侍、车骑大将军、仪同三司，封成纪县公。十六，迁骠骑大将军，加开府。周太祖见而叹曰："此儿风骨，不似代间人！"明帝即位，授右小宫伯，进封大兴郡公。帝尝遣善相者赵昭视之，昭诡对曰："不过作柱国耳。"既而阴谓高祖曰："公当为天下君，必大诛杀而后定。善记鄙言。"

　　武帝即位，迁左小宫伯。出为隋州刺史，进位大将军。后徵还，遇皇妣寝疾三年，昼夜不离左右，代称纯孝。宇文护执政，尤忌高祖,屡将害焉,大将军侯伏侯寿等匡护得免。其后,袭爵隋国公。武帝娉高祖长女为皇太子妃,益加礼重。齐王宪言于帝曰:"普六茹坚相貌非常,臣每见之,不觉自失。恐非人下,请早除之。"帝曰:"此止可为将耳。"内史王轨骤言于帝曰:"皇太子非社稷主,普六茹坚貌有反相。"帝不悦,曰:"必天命有在,将若之何?"高祖甚惧,深自晦匿。

建德中,率水军三万,破齐师于河桥。明年,从帝平齐,进位柱国。宇文宪破齐任城王高湝于冀州,除定州总管。先是,定州城西门久闭不行。齐文宣帝时,或请开之,以便行路。帝不许,曰:"当有圣人来启之。"及高祖至而开焉,莫不惊异。寻转亳州总管。宣帝即位,以后父徵拜上柱国、大司马。大象初,迁大后丞、右司武,俄转大前疑。每巡幸,恒委居守。时帝为《刑经圣制》,其法深刻。高祖以法令滋章,非兴化之道,切谏,不纳。

高祖位望益隆,帝颇以为忌。帝有四幸姬,并为皇后,诸家争宠,数相毁谮。帝每忿怒,谓后曰:"必族灭尔家。"因召高祖,命左右曰:"若色动,即杀之。"高祖既至,容色自若,乃止。

大象二年五月,以高祖为扬州总管,将发,暴有足疾,不果行。乙未,帝崩。时静帝幼冲,未能亲理政事。内史上大夫郑译、御正大夫刘昉,以高祖皇后之父,众望所归,遂矫诏引高祖入总朝政,都督内外诸军事。周氏诸王在藩者,高祖悉恐其生变,称赵王招将嫁女于突厥为词以征之。丁未,发丧。庚戌,周帝拜高祖假黄钺、左大丞相,百官总己而听焉。以正阳宫为丞相府,以郑译为长史,刘昉为司马,具置僚佐。宣帝时,刑政苛酷,群心崩骇,莫有固志。至是,高祖大崇惠政,法令清简,躬履节俭,天下悦之。

六月,赵王招、陈王纯、越王达、代王盛、滕王逌并至于长安。相州总管尉迟迥自以重臣宿将,志不能平,遂举兵东夏。赵、魏之士,从者若流,旬日之间,众至十余万。又宇文胄以荥州,石愻以建州,席毗以沛郡,毗弟叉罗以兖州,皆应于迥。迥遣子质于陈请援。高祖命上柱国郧国公韦孝宽讨之。雍州牧毕王贤及赵、陈等五王,以天下之望归于高祖，因谋作乱。高祖执贤斩之，寝赵王等之罪，因诏五王剑履上殿，入朝不趋，用安其心。

七月，陈将陈纪、萧摩诃等，寇广陵，吴州总管于颛转运击破之。广陵人杜乔生聚众反，刺史元义讨平之。韦孝宽破尉迟迥于相州，传首阙下，余党悉平。初，迥之乱也，郧州总管司马消难，据州响应，淮南州县多同之。命襄州总管王谊讨之，消难奔陈。荆、郢群蛮乘衅作乱，命亳州总管贺若谊讨平之。先是，上柱国王谦为益州总管，既见幼主在位，政由高祖，遂起巴、蜀之众，以匡复为辞。高祖方以东夏、山南为事，未遑致讨。谦进兵屯剑阁，陷始州。至是，乃命行军元帅、上柱国梁睿讨平之，传首阙下。巴、蜀阻险，人好为乱，于是更开平道，毁剑阁之路，立铭垂诫焉。五王阴谋滋甚，高祖赍酒肴以造赵王第，欲观所为。赵王伏甲以宴高祖，高祖几危，赖元胄以济，语在《胄传》。于是诛赵王招、越王盛。

九月，以世子勇为洛州总管、东京小冢宰。壬子，周帝诏曰："假黄钺、使持节、左大丞相、都督内外诸军事、上柱国、大冢宰、隋国公坚，感山河之灵，应星辰之气，道高雅俗，德协幽显。释巾登仕，搢绅倾属，开物成务，朝野承风。受诏先皇，翊谐寡薄，合天地而生万物，顺阴阳而抚四夷。近者，内有艰虞，外闻妖寇，以鹰鹯之志，运帷帐之谋，行两观之诛，扫万里之外。遐迩清肃，实所赖焉。四海之广，百官之富，俱禀大训，咸餐至道。治定功成，栋梁斯托，神猷盛德，莫二于时。可授大丞相，罢左、右丞相之官，余如故。"

冬十月壬申，诏赠高祖曾祖烈为柱国、太保、都督徐兖等十州诸军事、徐州刺史、隋国公，谥曰康；祖祯为柱国、太傅、都督陕蒲等十三州诸军事、同州刺史、隋国公，谥曰献；考忠为上柱国、太师、大冢宰、都督冀定等十三州诸军事、雍州牧。诛陈王纯。癸酉，上柱国、郧国公韦孝宽卒。

十一月辛未，诛代王达、滕王逌。

十二月甲子，周帝诏曰：

天大地大，合其德者圣人，一阴一阳，调其气者上宰。所以降神载挺，陶铸群生，代苍苍之工，成巍巍之业。假黄钺、使持节、大丞相、都督内外诸军事、上柱国、大冢宰、隋国公，应百代之期，当千龄之运，家隆台鼎之盛，门有翊赞之勤。心同伊尹，必致尧舜，情类孔丘，宪章文武。爰初入仕，风流映世，公卿仰其轨物，搢绅谓为师表。入处禁闱，出居藩政，芳猷茂绩，问望弥远。往平东夏，人情未安。燕南赵北，实为天府。拥节杖旄，任当连率。柔之以德，导之以礼，畏之若神，仰之若日，芳风美迹，歌颂独存。淮海榛芜，多历年代，作镇南鄙，选众惟贤，威震殊俗，化行黔首。任掌钩陈，职司邦政，国之大事，朝寄更深，銮驾巡游，留台务广。周公陕西之任，仅可为伦，汉臣关内之重，未足相况。

及天崩地坼，先帝升遐，朕以眇年，奄经荼毒，亲受顾命，保乂皇家。奸人乘隙，潜图宗社，无君之意已成，窃发之期有日。英规潜运，大略川迴，匡国庇人，罪人斯得。两河遘乱，三魏称兵，半天之下，汹汹鼎沸。祖宗之基已虑，生人之命将殆。安陆作衅，南通吴、越，蜂飞蚁聚，江、汉骚然。巴蜀鸱张，翻将问鼎，秦涂更阻，汉门重闭。画筹帷帐，建出师车，诸将禀其谋，壮士感其义，不违时日，咸得清荡。九功远被，七德允谐，百僚师师，四门穆穆。光景照临之地，风云去来之所，允武允文，幽明同德，骊山骊水，逷迩归心。使朕继踵上皇，无为以治。声高宇宙，道格天壤。伊尹辅殷，霍光佐汉，方之蔑如也。

昔营丘、曲阜，地多诸国，重耳、小白，锡用殊礼。萧何优赞拜之仪，番君越公侯之爵。姬、刘以降，代有令谟，宜崇典礼，宪章自昔。可授相国，总百揆，去都督内外诸军事、大冢宰之号，进公爵为王，以隋州之崇业，郢州之安陆、城阳，温州之宜人，应州之平靖、上明，顺州之淮南，士州之永川，昌州之广昌、安昌，申州之义阳、淮安，息州之新蔡、建安，豫州之汝南、临颍、广宁、初安，蔡州之蔡阳，郢州之汉东二十郡为隋国。剑履上殿，入朝不趋，赞拜不名，备九锡之礼，加玺绶、远游冠、相国印绿綟绶,位在诸侯王上。隋国置丞相已下,一依旧式。
高祖再让,不许。乃受王爵、十郡而已。诏进皇祖、考爵并为王,夫
人为王妃。辛巳,司马消难以陈师寇江州,刺史成休宁击却之。

大定元年春二月壬子,令曰:"已前赐姓,皆复其旧。"是日,周
帝诏曰:"伊、周作辅,不辞殊礼之锡,桓、文为霸,允应异物之典,所
以表格天之勋,彰不代之业。相国隋王,前加典策,式昭大礼,固守
谦光,丝言未绎。宜申显命,一如往旨。王功必先人,赏存后己,退
让为本,诚乖朕意。宜命百辟尽诣王宫,众心克感,必令允纳。如有
表奏,勿复通闻。"癸丑,文武百官诣阁敦劝,高祖乃受。甲寅,策曰:

咨尔假黄钺、使持节、大丞相、都督内外诸军事、上柱国、
大冢宰隋王:天覆地载,藉人事以财成,日往月来,由王道而盈
昃。五气陶铸,万物流形。谁代上玄之工,斯则大圣而已。曰
惟先正,翊亮皇朝。种德积善,载诞上相。精采不代,风骨异人。
匡国济时,除凶拨乱。百神奉职,万国宅心。殷相以先知悟人,
周辅乃弘道于代,方斯蔑如也。

今将授王典礼,其敬听朕命:朕以不德,早承丕绪,上灵降
祸,夙遭愍凶。妖丑觊觎,密图社稷,宫省之内,疑虑惊心。公
受命先皇,志在匡弼,辑谐内外,潜运机衡,奸人慑惮,谋用丕
显,俾赘旒之危为太山之固。是公重造皇室,作霸之基也。伊
我祖、考之代,任寄已深,入掌禁兵,外司藩政,文经武略,久播
朝野。戎轩大举,长驱晋、魏,平阳震熊罴之势,冀部耀貔豹之
威。初平东夏,人情未一。丛台之北,易水之南,西距井陉,东
至沧海,比数千里,举袂如帷。委以连城,建旌杖节,教因其俗,
刑用轻典,如泥从印,犹草随风。此又公之功也。吴、越不宾,
多历年代,淮、海之外,时非国有。爰整其旅,出镇于亳,武以威
物,文以怀远。群盗自奔,外户不闭,人黎慕义,襁负而归。自
北之风,化行南国。此又公之功也。宣帝御宇,任重宗臣,入典
八屯,外司九伐。禁卫勤巡警之务,治兵得蒐狩之礼。此又公
之功也。銮驾游幸,频委留台,文武注意,军国谘禀。万事咸理,

反顾无忧。此又公之功也。朕在谅暗,公实总己。磐石之宗,
奸回者众,招引无赖,连结群小。往者国衰甫尔,已创阴谋,积
恶数旬,昆吾方稔。泣诛罄甸,宗庙以宁。此又公之功也。尉
迥猖狂,称兵邺邑,欲长戟而指北阙,强弩而围南斗,冯陵三魏
之间,震惊九州之半,聚徒百万,悉成蛇豕,淇水、洹水,一饮而
竭。人之死生,翻系凶竖,寿之长短,不由司命。公乃戒彼鹰扬,
出车练卒,誓苍兕于河朔,建瓴水于东山。口授兵书,手画行
阵,量敌制胜,指日克期。诸将遵其成旨,壮士感其大义,轻死
忘生,转斗千里,旗鼓奋发,如火燎毛。玄黄变漳河之水,京观
比爵台之峻。百城氛祲,一旦廓清。此又公之功也。青土连率,
跨据东秦,藉负海之饶,倚连山之险,望三辅而将逐鹿,指六国
而原连鸡。风雨之兵,助鬼为虐。本根既拨,枝叶自殒,屈法申
恩,示以大信。此又公之功也。申部残贼,充斥一隅,蝇飞蚁聚,
攻州略地。播以玄泽,迷更知反,服而舍之,无费遗镞。此又公
之功也。宇文胄亲则宗枝,外藩岩邑,影响邺贼,有同就燥。迫
胁吏人,叛换城戍,偏师讨蹙,遂入网罗。束之武牢,有同囹圄,
事穷将军,如伏国刑。此又公之功也。檀让、席毗,拥众河外。
陈、韩、梁、郑、宋、卫、邹、鲁,村落成枭獍之墟,人庶为豺狼之
饵。强以陵弱,大则吞小,城有昼闭,巷无行人。授律出师,随
机扫定,让既授首,毗亦枭悬。此又公之功也。司马消难与国
亲姻,作镇安陆,性多嗜欲,意好贪聚。属城子女,劫掠靡余,部
人货财,多少具罄。擅诛刺举之使,专杀仪台之臣。惧罪畏威,
动而内衅。蚕食郡县,鸩毒华夷,闻有王师,自投南裔。帝唐崇
山之罚,仅可方此,大汉流御之刑,是亦相匹。遁逃入薮,荆、郢
用安。此又公之功也。王谦在蜀,翻为厉阶,闭剑阁之门,塞灵
关之宇,自谓五丁复起,万夫莫向。分阃推毂,尝不逾时,风驰
席卷,一举大定,擒斩凶恶,扫地无遗。此又公之功也。陈顼因
循伪业,自擅金陵,屡遣丑徒,越趄江北。公指麾藩镇,无不摧
殄。方置文深之柱,非止尉佗之拜。此又公之功也。

　　公有济天下之勤，重之以明德，始于辟命，屈已登庸。素业清徽，声掩廊庙，雄规神略，气盖朝野。序百揆而穆四门，耻一匡之举九合。尊贤崇德，尚齿贵功，录旧旌善，兴亡继绝。宽猛相济，彝伦攸叙。敦睦帝亲，崇奖王室。星象不拆，阴阳自调，玄冥、祝融如奉太公之召，雨师、风伯似应成王之宰。祥风嘉气，触石摇林，瑞兽异禽，游园鸣阁。至功至德，可大可久，尽品物之和，究杳冥之极。

　　朕又闻之，昔者明王设官胙土，营丘四履，得征五侯，参墟宠章，异其礼物。故藩屏作固，垂拱责成，沈默岩廊，不下堂席。公道高往烈，赏薄前王。朕以眇身，托于兆人之上，求诸故实，甚用惧焉。往加大典，宪章在昔。谦以自牧，未应朝礼。日月不居，便已隔岁。时谈物议，其谓朕何！今进授相国总百揆，以申州之义阳等二十郡为隋国。今命使持节、太傅、上柱国、杞国公椿，大宗伯、大将军、金城公赵煚，授相国印绶。相国礼绝百辟，任总群官，旧职常典，宜与事革。昔尧臣太尉，舜佐司空，姬旦相周，霍光辅汉，不居藩国，唯在天朝。其以相国总百揆，去众号焉。上所假节、大丞相、大冢宰印绶。

　　又加九锡，其敬听朕后命。以公执律修德，慎狱恤刑，为其训范，人无异志，是用锡公大辂、戎辂各一，玄牡二驷。公勤心地利，所宝人天，崇本务农，公私殷阜。是用锡公衮冕之服，赤舄副焉。公乐以移风，雅以变俗，遐迩胥悦，天地咸和。是用锡公轩悬之乐，六佾之舞。公仁风德教，覃及海隅，荒忽幽遐，迴首内向，是用锡公朱户以居。公水镜人伦，铨衡庶职，能官流咏，遗贤必举，是用锡公纳陛以登。公执钧于内，正性率下，犯义无礼，罔不屏黜，是用锡公武贲之士三百人。公元本阙。是用锡公铁钺各一。公威严夏日，精厉秋霜，猾夏必诛，顾眄天壤，扫清奸宄，折冲无外，是用锡公彤弓一、彤矢百，卢弓十、卢矢千。惟公孝通神明，肃恭祀典，尊严如在，情切幽明，是用锡公秬鬯一卣，珪瓒副焉。隋国置丞相以下，一遵旧式。往钦哉！其敬循往策，祗服大典，简恤尔庶功，对扬我太祖之休命。
于是建台置官。

景辰，诏王冕十有二旒，建天子旌旗，出警入跸，乘金根车，驾
六马，备五时副车，置旄头云罕，乐舞八佾，设鍾虚宫悬。王妃为王
后，长子为太子。前后三让，乃受。

俄而周帝以众望有归，乃下诏曰："元气肇辟，树之以君，有命
不恒，所辅惟德。天心人事，选贤与能，尽四海而乐推，非一人而独
有。周德将尽，妖孽递生，骨肉多虞，藩维构衅，影响同恶，过半区
宇，或小或大，图帝图王，则我祖宗之业，不绝如线。相国隋王，睿圣
自天，英华独秀，刑法与礼仪同运，文德共武功俱远，爱万物其如
已，任兆庶以为忧。手运玑衡，躬命将士，芟夷奸宄，刷荡氛祲，化通
冠带，威震幽遐。虞舜之大功二十，未足相比；姬发之合位三五，岂
可足论。况木行已谢，火运既兴，河、洛出革命之符，星辰表代终之
象。烟云改色，笙簧变音，狱讼咸归，讴歌尽至。且天地合德，日月
贞明，故以称大为王，照临下土。朕虽寡昧，未达变通，幽显之情，皎
然易识。今便祗顺天命，出逊别宫，禅位于隋，一依唐、虞、汉、魏故
事。"高祖三让，不许。遣兼太傅、上柱国、杞国公椿奉册曰：

咨尔相国隋王：粤若上古之初，爰启清浊，降符授圣，为天
下君。事上帝而理兆人，和百灵而利万物，非以区宇之富，未以
宸极为尊。大庭、轩辕以前，骊连、赫胥之日，咸以无为无欲，不
将不迎。邈哉！其详不可闻已。厥有载籍，遗文可观。圣莫逾
于尧，美未过于舜。尧得太尉，已作运衡之篇，舜遇司空，便叙
精华之竭。彼褰裳脱屣，贰宫设飨，百辟归禹，若帝之初。斯盖
上则天时，不敢不授，下祗天命，不可不受。汤代于夏，武革于
殷，干戈揖让，虽复异揆，应天顺人，其道靡异。自汉迄晋，有魏
至周，天历逐狱讼之归，神鼎随讴歌之去。道高者称帝，录尽者
不王，与夫文祖、神宗无以为别也。

周德将尽，祸难频兴，宗戚奸回，咸将窃发。顾瞻宫阙，将
图宗社，藩维连率，逆乱相寻。摇荡三方，不合如砺，蛇行鸟攫，

投足无所。王受天明命，睿德在躬，救颓运之艰，匡坠地之业，拯大川之溺，扑辽源之火，除群凶于城社，廓妖氛于远服，至德合于造化，神用洽于天壤。八极九野，万方四裔，圆首方足，罔不乐推。往岁长星夜扫，经天昼见，八风比夏后之作，五纬同汉帝之聚，除旧之徵，昭然在上。近者赤雀降祉，玄龟效灵，锺石变音，蛟鱼出穴，布新之贶，焕焉在下。九区归往，百灵协赞，人神属望，我不独知。仰祗皇灵，俯顺人愿，今敬以帝位，禅于尔躬。天祚告穷，天禄永终。于戏！王宜允执厥和，仪刑典训，升圆丘而敬苍昊，御皇极而抚黔黎，副率土之心，恢无疆之祚，可不盛欤！

遣大宗伯、大将军、金城公赵煚奉皇帝玺绂，百官劝进。高祖乃受焉。

开皇元年二月甲子，上自相府常服入宫，备礼即皇帝位于临光殿。设坛于南郊，遣使柴燎告天。是日，告庙，大赦，改元。京师庆云见。易周氏官仪，依汉、魏之旧。以柱国、柱国司马、渤海郡公高颎为尚书左仆射兼纳言；相国司录、沁源县公虞庆则，为内史监兼吏部尚书；相国内郎、咸安县男李德林为内史令；上开府、汉安县公韦世康为礼部尚书；上开府义宁县公元晖为都官尚书；开府、民部尚书、昌国县公元岩为兵部尚书；上仪同、司宗长孙毗为工部尚书；上仪同、司会杨尚希为度支尚书；上柱国、雍州牧、邘国公杨惠为左卫大将军。乙丑，追尊皇考为武元皇帝，庙号太祖，皇妣为元明皇后。遣八使巡省风俗。丙寅，修庙社。立王后独孤氏为皇后，王太子勇为皇太子。丁卯，以大将军、金城郡公赵煚为尚书右仆射，上开府、济阳侯伊娄彦恭为左武候大将军。己巳，以周帝为介国公，邑五千户，为隋室宾。旌旗车服礼乐，一如其旧。上书不为表，答表不称诏。周氏诸王，尽降为公。辛未，以皇弟同安郡公爽为雍州牧。乙亥，封皇帝邵国公慧为滕王，同安公爽为卫王；皇子雁门公广为晋王，俊为秦王，秀为越王，谅为汉王。以上柱国、并州总管、申国公李穆为太师，上柱国、邓国公窦炽为太傅，上柱国、幽州总管、任国公于翼为太尉，观国公田仁恭为太子太师，武德郡公柳敏为太子太保，济南郡公孙恕为太子少傅，开府苏威为太子少保。丁丑，以晋王广为并州总管，以陈留郡公杨智积为蔡王，兴城郡公杨静为道王。戊寅，以官牛五千头分赐贫人。

三月辛巳，高平获赤雀，太原获苍乌，长安获白雀，各一。宣仁门槐树连理，众枝内附。壬午，白狼国献方物。甲申，太白昼见。乙酉，又昼见。以上柱国元景山为安州总管。丁亥，诏犬马器玩口味不得献上。戊子，弛山泽之禁。以上开府、当亭县公贺若弼为楚州总管，和州刺史、新义县公韩擒为庐州总管。己丑，盩厔县献连理树，植之宫庭。辛卯，以上柱国、神武郡公窦毅为定州总管。戊戌，以太子少保苏威兼纳言、吏部尚书，余官如故。庚子，诏曰："自古帝王受终革代，建侯锡爵，多与运迁。朕应箓受图，君临海内，载怀沿革，事有不同，然则前帝后王，俱在兼济，立功立事，爵赏仍行。苟利于时，其致一揆，何谓物我之异，无计今古之殊。其前代品爵，悉可依旧。"丁未，梁主萧岿使其太宰萧岩、司空刘义来贺。

四月辛巳，大赦。壬午，太白、岁星昼见。戊戌，太常散乐并放为百姓。禁杂乐百戏。辛丑，陈散骑常侍韦鼎、兼通直散骑常侍王瑳来聘于周，至而上已受禅，致之介国。是月，发稽胡修筑长城，二旬而罢。

五月戊子，封邗国公杨雄为广平王，永康郡公杨弘为河间王。辛未，介国公薨，上举哀于朝堂，以其族人洛嗣焉。

六月癸未，诏以初受天命，赤雀降祥，五德相生，赤为火色。其郊及社庙，依服冕之仪，而朝会之服，旗帜牺牲，尽令尚赤。戎服以黄。

秋七月乙卯，上始服黄，百僚毕贺。庚午，靺鞨酋长贡方物。

八月壬午，废东京官。突厥阿波可汗遣使贡方物。甲午，遣行军元帅乐安公元谐，击吐谷浑于青海，破而降之。

九月戊申，战亡之家，遣使赈给。庚午，陈将周罗睺攻陷胡墅，萧摩诃寇江北。辛未，以越王秀为益州总管，改封为蜀王。壬申，以上柱国、薛国公长孙览，上柱国、宋安公元景山，并为行军元帅，以伐陈，仍命尚书左仆射高颎节度诸军。突厥沙钵略可汗遣使贡方物。是月，行五铢钱。

冬十月乙酉，百济王扶余昌遣使来贺，授昌上开府、仪同三司、带方郡公。戊子，行新律。壬辰，行幸岐州。

十一月乙卯，以永昌郡公窦荣定为右武候大将军。丁卯，遣兼散骑侍郎郑㧑使于陈。己巳，有流星，声如陨墙，光烛于地。

十二月戊寅，以申州刺史尔朱敞为金州总管。甲申，以礼部尚书韦世康为吏部尚书。己丑，以柱国元衮为廓州总管，兴执郡公卫玄为淮州总管。庚子，至自岐州。壬寅，高丽王高阳遣使朝贡，授阳大将军、辽东郡公。太子太保柳敏卒。

二年春，正月癸丑，幸上柱国王谊第。庚申，幸安成长公主第。陈宣帝殂，子叔宝立。辛酉，置河北道行台尚书省于并州，以晋王广为尚书令。置河南道行台尚书省于洛州，以秦王俊为尚书令。置西南道行台尚书省于益州，以蜀王秀为尚书令。戊辰，陈遣使请和，归我胡墅。辛未，高丽、百济并遣使贡方物。甲戌，诏举贤良。

二月己丑，诏高颎等班师。庚寅，以晋王广为左武卫大将军，秦王俊为右武卫大将军，余官并如故。辛卯，幸赵国公独孤陀第。庚子，京师雨土。

三月戊申，开渠，引杜阳水于三畤原。

四月丁丑，以宁州刺史窦荣定为左武候大将军。庚寅，大将军韩僧寿破突厥于鸡头山，上柱国李充破突厥于河北山。

五月戊申，以上柱国、开府长孙平为度支尚书。己酉，旱，上亲省囚徒。其日大雨。己未，高宝宁寇平州，突厥入长城。庚申，以豫州刺史皇甫绩为都官尚书。壬戌，太尉、任国公于翼薨。甲子，改传国玺曰受命玺。

六月壬午，以太府卿苏孝慈为兵部尚书，雍州牧、卫王爽为原州总管。甲申，使使吊于陈国。乙酉，上柱国李充破突厥于马邑。戊子,以上柱国叱李长义为兰州总管。辛卯,以上开府尔朱敞为徐州总管。

景申,诏曰:"朕祗奉上玄,君临万国,属生人之敝,处前代之宫。常以为作之者劳,居之者逸,改创之事,心未遑也。而王公大臣陈谋献策,咸云羲、农以降,至于姬、刘,有当代而屡迁,无革命而不徙。曹、马之后,时见因循,乃末代之宴安,非往圣之宏义。此城从汉,雕残日久,屡为战场,旧经丧乱。今之宫室,事近权宜,又非谋筮从龟,瞻星揆日,不足建皇王之邑,合大众所聚。论变通之数,具幽显之情,同心固请,词情深切。然则京师百官之府,四海归向,非朕一人之所独有。苟利于物,其可违乎!且殷之五迁,恐人尽死,是则以吉凶之土,制长短之命。谋新去故,如农望秋,虽暂劬劳,其究安宅。今区宇宁一,阴阳顺序,安安以迁,勿怀胥怨。龙首山川原秀丽,卉物滋阜,卜食相土,宜建都邑,定鼎之基永固,无穷之业在斯。公私府宅,规模远近,营构资费,随事条奏。"仍诏左仆射高颎、将作大匠刘龙、钜鹿郡公贺娄子干、太府少卿高龙义等创造新都。

秋八月癸巳,以左武候大将军窦荣定为秦州总管。

十月癸酉,皇太子勇屯兵咸阳,以备胡。庚寅,上疾愈,享百僚于观德殿。赐钱帛,皆任其自取,尽力而出。辛卯,以营新都副监贺娄子干为工部尚书。

十一月景午,高丽遣使献方物。

十二月辛未,上讲武于后园。甲戌,上柱国窦毅卒。景子,名新都曰大兴城。乙酉,遣沁源公虞庆则屯弘化,备胡。突厥寇周槃,行军总管达奚长儒击之,为虏所败。景戌,赐国子生经明者束帛。丁亥,亲录囚徒。

三年春正月庚子,将入新都,大赦天下。禁大刀长矟。癸亥,高丽遣使来朝。

二月己巳朔,日有蚀之。壬申,宴北道勋人。癸酉,陈遣兼散骑常侍贺彻、兼通直散骑常侍萧褒来聘。突厥寇边。甲戌,泾阳获毛龟。癸未,以左卫大将军李礼成为右武卫大将军。

三月丁未,上柱国、鲜虞县公谢庆恩卒。己酉,以上柱国达奚长儒为兰州总管。景辰,雨,常服入新都。京师醴泉出。丁巳,诏购求遗书于天下。庚申,宴百僚,班赐各有差。癸亥,城榆关。

夏四月己巳,上柱国、建平郡公于义卒。庚午,吐谷浑寇临洮,洮州刺史皮子信死之。辛未,高丽遣使来朝。壬申,以尚书右仆射赵煚兼内史令。丁丑,以滕王瓒为雍州牧。己卯,卫王爽破突厥于白道。庚辰,行军总管阴寿破高宝宁于黄龙。甲申,旱,上亲祀雨于国城之西南。景戌,诏天下劝学行礼。以济北郡公梁远为汶州总管。己丑,陈郢州城主张子讥遣使请降,上以和好,不纳。辛卯,遣兼散骑常侍薛舒、兼通直散骑常侍王劭使陈。癸巳,上亲雩。甲午,突厥遣使来朝。

五月癸卯,行军总管李晃破突厥于摩那渡口。甲辰,高丽遣使来朝。乙巳,梁太子萧琮来贺迁都。丁未,靺鞨贡方物。戊申,幽州总管阴寿卒。辛酉,有事于方泽。壬戌,行军元帅窦荣定破突厥及吐谷浑于凉州。景寅,赦黄龙死罪已下。

六月庚午,以卫王爽子集为遂安郡王。戊寅,突厥遣使请和。庚辰,行军总管梁远破吐谷浑于尔汗山,斩其名王。壬申,以晋州刺史燕荣为青州总管。己丑,以河间王弘为宁州总管。乙未,幸安成长公主第。

秋七月辛丑,以豫州刺史周摇为幽州总管。壬戌,诏曰:"行仁蹈义,名教所先,厉俗敦风,宜见褒奖。往者,山东、河表,经此妖乱,孤城远守,多不自全。济阴太守杜猷,身陷贼徒,命悬寇手。郡省事范台玫倾产营护,免其戮辱。眷言诚节,实有可嘉,宜超恒赏,用明沮劝。台玫可大都督、假湘州刺史。"丁卯,日有蚀之。

八月丁丑,靺鞨贡方物。己卯,以右武卫大将军李礼成为襄州总管。壬午,遣尚书左仆射高颎出宁州道,内史监虞庆则出原州道,并为行军元帅,以击胡。戊子,上有事于太社。

九月壬子,幸城东,观稼谷。癸丑,大赦天下。

冬十月甲戌,废河南道行台省,以秦王俊为秦州总管。

十一月己酉,发使巡省风俗,因下诏曰:"朕君临区宇,深思治术,欲使生人从化,以德代刑,求草莱之善,旌闾里之行。民间情伪,咸欲备闻。已诏使人,所在赈恤,扬镳分路,将遍四海,必令为朕耳目。如有文武才用,未为时知,宜以礼发遣,朕将铨擢。其有志节高妙,越等超伦,亦仰使人就加旌异,令一行一善奖劝于人。远近官司,迤逦风俗,巨细必纪,还日奏闻。庶使不出户庭,坐知万里。"庚辰,陈遣散骑常侍周坟、通直散骑常侍袁彦来聘。陈主知上之貌异世人,使彦画像持去。甲午,罢天下诸郡。

闰十二月乙卯,遣兼散骑常侍唐令则、通直散骑常侍魏澹使于陈。戊午,以上柱国窦荣定为右武卫大将军,刑部尚书苏威为民部尚书。

四年春正月甲子,日有蚀之。己巳,有事于太庙。辛未,有事于南郊。壬申,梁主萧岿来朝。甲戌,大射于北苑,十日而罢。壬午,齐州水。卯,渝州获兽似麋,一角同蹄。壬辰,班新历。

二月乙巳,上饯梁主于霸上。丁未,靺鞨贡方物。突厥苏尼部男女万余人来降。庚戌,幸陇州。突厥可汗阿史那玷率其属来降。夏四月己亥,敕总管、刺史父母及子年十五已上,不得将之官。庚子,以吏部尚书虞庆则为尚书右仆射,瀛州刺史杨尚希为兵部尚书,毛州刺史刘仁恩为刑部尚书。甲辰,以上柱国叱李长义为信州总管。丁未,宴突厥、高丽、吐谷浑使者于大兴殿。丁巳,以上大将军贺娄子干为榆关总管。五月癸酉,契丹主莫贺弗遣使请降,拜大将军。景子,以柱国冯昱为汾州总管。乙酉,以汴州刺史吕仲泉为延州总管。

六月庚子,降囚徒。乙巳,以鸿胪卿乙弗实为翼州总管,上柱国豆卢绩为夏州总管。壬子,开渠,自渭达河以通运漕。戊午,秦王俊来朝。

秋七月景寅,陈遣兼散骑常侍谢泉、兼通直散骑常侍贺德基来聘。

八月甲午，遣十使巡省天下。戊戌，卫王爽来朝。是日，以秦王俊纳妃，宴百僚，颁赐各有差。壬寅，上柱国、太傅、邓国公窦炽薨。丁未，宴秦王官属，赐物各有差。壬子，享陈使。乙卯，陈将夏侯苗请降，上以通和，不纳。

九月甲子，幸襄国公主第。乙丑，幸霸水，观漕渠，赐督役者帛各有差。己巳，上亲录囚徒。庚午，契丹内附。甲戌，驾幸洛阳，关内饥也。癸未，太白昼见。

冬十一月壬戌，遣兼散骑常侍薛道衡、通直散骑常侍豆卢实使于陈。癸亥，以榆关总管贺娄子干为云州总管。

五年春正月戊辰，诏行新礼。

三月戊午，以尚书左仆射高颎为左领军大将军，上柱国宇文忻为右领军大将军。

夏四月甲午，契丹主多弥遣使贡方物。壬寅，上柱国王谊谋反，伏诛。乙巳，诏徵山东马荣伯等六儒。戊申，车驾至自洛阳。

五月甲申，诏置义仓。梁主萧岿殂，其太子琮嗣立。遣上大将军元契使于突厥阿波可汗。

秋七月庚申，陈遣兼散骑常侍王话、兼通直散骑常侍阮卓来聘。丁丑，以上柱国宇文庆为凉州总管。壬午，突厥沙钵略上表称臣。

八月景戌，沙钵略可汗遣子库合真特勒来朝。甲辰，河南诸州水，遣民部尚书邳国公苏威赈给之。戊申，有流星数百，四散而下。己酉，幸栗园。

九月丁巳，至自栗园。乙丑，改鲍陂曰杜陂，霸水为滋水。陈将湛文彻寇和州，仪同三司费宝首获之。景子，遣兼散骑常侍李若、兼通直散骑常侍崔君赡使于陈。

冬十月壬辰，以上柱国杨素为信州总管，朔州总管吐万绪为徐州总管。

十一月甲子，以上大将军源雄为朔州总管。丁卯，晋王广来朝。
十二月丁未，降囚徒。戊申，以上柱国达奚长儒为夏州总管。

六年春正月甲子，党项羌内附。庚午，班历于突厥。辛未，以柱国韦洸为安州总管。壬申，遣民部尚书苏威巡省山东。

二月乙酉，山南荆、浙七州水，遣前工部尚书长孙毗赈恤之。景戌，制刺史上佐每岁暮更入朝，上考课。丁亥，发丁男十一万修筑长城，二旬而罢。乙未，以上柱国崔弘度为襄州总管。庚子，大赦天下。

三月己未，洛阳男子高德上书，请上为太上皇，传位皇太子。上曰："朕承天命，抚育苍生，日旰孜孜，犹恐不逮。岂学近代帝王，事不师古，传位于子，自求逸乐者哉！"癸亥，突厥沙钵略遣使贡方物。

夏四月己亥，陈遣兼散骑常侍周磻、兼通直散骑常侍江椿来聘。

秋七月辛亥，河南诸州水。乙丑，京师雨毛，如马鬃尾，长者二尺余，短者六七寸。

八月辛卯，关内七州旱，免其赋税。遣散骑常侍裴豪、兼通直散骑常侍刘颛聘于陈。戊申，上柱国、太师、申国公李穆薨。

闰月己酉，以河州刺史段文振为兰州总管。丁卯，皇太子镇洛阳。辛未，晋王广、秦王俊并来朝。景子，上柱国、郧国公梁士彦，上柱国、杞国公宇文忻，柱国、舒国公刘昉，以谋反伏诛。上柱国许国公宇文善坐事除名。

九月辛巳，上素服御射殿，诏百僚射，赐梁士彦三家资物。景戌，上柱国宋安郡公元景山卒。庚子，以上柱国李询为隰州总管。辛丑，诏大象已来死事之家，咸令赈恤。

冬十月己酉，以河北道行台尚书令、并州总管、晋王广为雍州牧，余官如故；兵部尚书杨尚希为礼部尚书。癸丑，置山南道行台尚书省于襄州，以秦王俊为尚书令。景辰，以芳州刺史骆平难为叠州刺史，衡州总管周法尚为黄州总管。甲子，甘露降于华林园。

七年春正月癸巳，有事于太庙。乙未，制诸州岁贡三人。

二月丁巳，祀朝日于东郊。己巳，陈遣兼散骑常侍王亨、兼通直散骑常侍王瑒来聘。壬申，车驾幸醴泉宫。是月，发丁男十万余修筑长城，二旬而罢。

夏四月己酉，幸晋王第。庚戌，于扬州开山阳渎，以通运漕。突厥沙钵略可汗卒，其子雍虞间嗣立，是为都蓝可汗。癸亥，颁青龙符于东方总管、刺史，西方以驺虞，南方以朱雀，北方以玄武。甲戌，遣兼散骑常侍杨同、兼通直散骑常侍崔儦使于陈。以民部尚书苏威为吏部尚书。

五月乙亥朔，日有蚀之。己卯，雨石于武安、滏阳间十余里。

秋七月己丑，卫王爽薨，上发丧于门下外省。

八月景午，以怀州刺史源雄为朔州总管。庚申，梁主萧琮来朝。

九月乙酉，梁安平王萧岩掠于其国，以奔陈。辛卯，废梁国，曲赦江陵。以梁主萧琮为柱国，封莒国公。

冬十月庚申，行幸同州，以先帝所居，降囚徒。癸亥，幸蒲州。景寅，宴父老，上极欢，曰："此间人物，衣服鲜丽，容止闲雅，良由仕宦之乡，陶染成俗也。"

十一月甲午，幸冯翊，亲祠故社。父老对诏失旨，上大怒，免其县官而去。戊戌，至自冯翊。

隋书卷二
帝纪第二

高祖下

八年春正月乙亥，陈遣散骑常侍袁雅、兼通直散骑常侍周止水来聘。

二月庚子，镇星入东井。辛酉，陈人寇硖州。

三月辛未，上柱国、陇西郡公李询卒。壬申，以成州刺史姜须达为会州总管。甲戌，遣兼散骑常侍程尚贤、兼通直散骑常侍韦恽使于陈。戊寅，诏曰：

> 昔有苗不宾，唐尧薄伐，孙皓僭虐，晋武行诛。有陈窃据江表，逆天暴物。朕初受命，陈顼尚存，思欲教之以道，不以龚行为令，往来修睦，望其迁善。时日无几，衅恶已闻。厚纳叛亡，侵犯城戍，勾吴、闽越，肆厥残忍。于时王师大举，将一车书，陈顼反地收兵，深怀震惧，责躬请约，俄而致殒。矜其丧祸，仍诏班师。

> 叔宝承风，因求继好，载佇克念，共敦行李。每见珪璋入朝，轺轩出使，何尝不殷勤晓喻，戒以惟新。而狼子之心，出而弥野，威侮五行，怠弃三正，诛翦骨肉，夷灭才良。据手掌之地，恣溪壑之险，劫夺闾阎，资产俱竭，驱蹙内外，劳役弗已。徵责女子，擅造宫室，日增月益，止足无期，帷薄嫔嫱，有逾万数。宝衣玉食，穷奢极侈，淫声乐饮，俾昼作夜。斩直言之客，灭无罪之家，剖人之肝，分人之血。欺天造恶，祭鬼求恩，歌舞衢路，酣

醉宫闱。盛粉黛而执干戈,曳罗绮而呼警跸,跃马振策,从旦至昏,无所经营,驰走不息。负甲持仗,随逐徒行,追而不及,即加罪谴。自古昏乱,罕或能比。介士武夫,饥寒力役,筋髓罄于土木,性命俟于沟渠。君子潜逃,小人得志,家家隐杀戮,各各任聚敛。天灾地孽,物怪人妖,衣冠钳口,道路以目。倾心翘足,誓告于我,日月以冀,文奏相寻。重以背德违言,摇荡疆场,巴峡之下,海澨已西,江北、江南,为鬼为蜮。死陇穷发掘之酷,生居极攘夺之苦,抄掠人畜,断截樵苏,市井不立,农事废寝。历阳、广陵,窥觎相继,或谋图城邑,或劫剥吏人,昼伏夜游,鼠窜狗盗。彼则羸兵敝卒,来必就擒,此则重门设险,有劳藩捍。天之所覆,无非朕臣,每关听览,有怀伤恻。有梁之国,我南藩也,其君入朝,潜相招诱,不顾朕恩。士女深迫胁之悲,城府致空虚之叹。非直朕居人上,怀此无忘,既而百辟屡以为言,兆庶不堪其请,岂容对而不诛,忍而不救!

近日秋始,谋欲吊人。益部楼船,尽令东骛,便有神龙数十,腾跃江流,引伐罪之师,向金陵之路,船住则龙止,船行则龙去,四日之内,三军皆睹,岂非苍旻爱人,幽明展事,降神先路,协赞军威!以上天之灵,助戡定之力,便可出师授律,应机诛殄,在斯举也,永清吴、越。其将士粮仗,水陆资须,期会进止,一准别敕。

秋八月丁未,河北诸饥,遣吏部尚书苏威赈恤之。

九月丁丑,宴南征诸将,颁赐各有差。癸巳,嘉州言见。

冬十月己亥,太白出西方。己未,置淮南行台省于寿春,以晋王广为尚书令。辛酉,陈遣兼散骑常侍王琬、兼通直散骑常侍许善心来聘,拘留不遣。甲子,将伐陈,有事于太庙。命晋王广、秦王俊、清河公杨素并为行军元帅,以伐陈。于是晋王广出六合,秦王俊出襄阳,清河公杨素出信州,荆州刺史刘仁恩出江陵,宜阳公王世积出蕲春,新义公韩擒虎出卢江,襄邑公贺若弼出吴州,落丛公燕荣出东海,合总管九十,兵五十一万八千,皆受晋王节度。东接沧海,西拒巴、蜀，旌旗舟楫，横亘数千里。曲赦陈国。有星孛于牵牛。

十一月丁卯，车驾饯师。诏购陈叔宝位上柱国、万户公。乙亥，行幸定城，陈师誓众。景子，幸河东。

十二月庚子，至自河东。

九年春正月己巳，白虹夹日，辛未，贺若弼拔陈京口，韩擒虎拔陈南豫州。癸酉，以尚书右仆射虞庆则为右卫大将军。景子，贺若弼败陈师于蒋山，获其将萧摩诃。韩擒虎进师入建邺，获其将任蛮奴，获陈主叔宝。陈国平，合州三十，郡一百，县四百。癸巳，遣使持节巡抚之。

二月乙未，废淮南行台省。景申，制五百家为乡，正一人；百家为里，长一人。丁酉，以襄州总管韦世康为安州总管。

夏四月己亥，幸骊山，亲劳旋师。乙巳，三军凯入，献俘于太庙。拜晋王广为太尉。庚戌，上御广阳门，宴将士，颁赐各有差。辛亥，大赦天下。己未，以陈都官尚书孔范，散骑常侍王瑳、王仪，御史中丞沈观等，邪佞于其主，以致亡灭，皆投之边裔。辛酉，以信州总管杨素为荆州总管，吏部侍郎宇文弼为刑部尚书，宗正少卿杨异为工部尚书。壬戌，诏曰：

> 往以吴、越之野，群黎涂炭，干戈方用，积习未宁。今率土大同，含生遂性，太平之法，方可流行。凡我臣僚，澡身浴德，开通耳目，宜从兹始。丧乱已来，缅将十载，君无君德，臣失臣道，父有不慈，子有不孝，兄弟之情或薄，夫妇之义或违，长幼失序，尊卑错乱。朕为帝王，志存爱养，时有臻道，不敢宁息。内外职位，遐迩黎人，家家自修，人人克念，使不轨不法，荡然俱尽。兵可立威，不可不戢，刑可助化，不可专行。禁卫九重之余，镇守四方之外，戎旅军器，皆宜停罢。伐路既夷，群方无事，武力之子，俱可学文，人间甲仗，悉皆除毁。有功之臣，降情文艺，家门子侄，各守一经，令海内翕然，高山仰止。京邑庠序，爰及州县，生徒受业，升进于朝，未有灼然明经高第。此则教训不

笃，考课未精，明勒所同，隆兹儒训。官府从宦，丘园素士，心迹相表，宽弘为念，勿为跼促，乖我皇猷。

朕君临区宇，于兹九载，开直言之路，披不讳之心，形于颜色，劳于兴寝。自顷逞艺论功，昌言乃众，推诚切谏，其事甚疏。公卿士庶，非所望也，各启至诚，匡兹不逮。见善必进，有才必举，无或嘿嘿，退有后言。颁告天下，咸悉此意。

闰月甲子，以安州总管韦世康为信州总管。丁丑，颁木鱼符于总管、刺史，雌一雄一。已卯，以吏部尚书苏威为尚书右仆射。

六月乙丑，以荆州总管杨素为纳言。丁丑，以吏部侍郎卢恺为礼部尚书。

时朝野物议，咸愿登封。秋七月景午，诏曰："岂可命一将军，除一小国，遐迩注意，便谓太平。以薄德而封名山，用虚言而干上帝，非朕攸闻。而今以后，言及封禅，宜即禁绝。"

八月壬戌，以广平王雄为司空。

冬十一月壬辰，考使定州刺史豆卢通等上表，请封禅，上不许。庚子，以右卫大将军虞庆则为右武候大将军，右领军将军李安为右领军大将军。甲寅，降囚徒。

十二月甲子，诏曰："朕祗承天命，清荡万方。百王衰敝之后，兆庶浇浮之日，圣人遗训，扫地俱尽，制礼作乐，今也其时。朕情存古乐，深思雅道。郑、卫淫声，鱼龙杂戏，乐府之内，尽以除之。今欲更调律吕，改张琴瑟。且妙术精微，非因教习，工人代掌，止传糟粕，不足达神明之德，论天地之和。区域之间，奇才异艺，天知神授，何代无哉！盖晦迹于非时，俟昌言于所好，宜可搜访，速以奏闻，庶睹一艺之能，共就九成之业。"仍诏太常牛弘、通直散骑常侍许善心、秘书丞姚察、通直郎虞世基等议定作乐。己巳，以黄州总管周法尚为永州总管。

十年春正月乙未，以皇孙昭为河南王，楷为华阳王。

二月庚申，幸并州。

夏四月辛酉，至自并州。

五月乙未，诏曰："魏末丧乱，宇县瓜分，役车岁动，未遑休息。兵士军人，权置坊府，南征北伐，居处无定。家无完堵，地罕包桑，恒为流寓之人，竟无乡里之号。朕甚愍之。凡是军人，可悉属州县，垦田籍帐，一与民同。军府统领，宜依旧式。罢山东河南及北方缘边之地，新置军府。"

六月辛酉，制人年五十，免役收庸。癸亥，以灵州总管王世积为荆州总管，浙州刺史元胄为灵州总管。

秋七月癸卯，以纳言杨素为内史令。庚戌，上亲录囚徒。辛亥，高丽辽东郡公高阳卒。壬子，吐谷浑遣使来朝。

八月壬申，遣柱国、襄阳郡公韦洸，上开府、东莱郡公王景，并持节巡抚岭南，百越皆服。

冬十月甲子，颁木鱼符于京师官五品已上。戊辰，以永州总管周法尚为桂州总管。

十一月辛卯，幸国学，颁赐各有差。丙午，契丹遣使朝贡。辛丑，有事于南郊。是月，婺州人汪文进、会稽人高智慧、苏州人沈玄憺皆举兵反，自称天子，署置百官，乐安蔡道人、蒋山李稜、饶州吴代华、永嘉沈孝澈、泉州王国庆、余杭杨宝英、交趾李春等皆自称大都督，攻陷州县。诏上柱国、内史令、越国公杨素讨平之。

十一年春正月丁酉，以平陈所得古器多为妖变，悉命毁之。辛丑，高丽遣使朝贡。景午，皇太子妃元氏薨，上举哀于文思殿。

二月戊午，吐谷浑遣使贡方物。以大将军苏孝慈为工部尚书。景子，以临颍令刘旷治术尤异，擢为莒州刺史。己卯，突厥遣使献七宝碗。辛巳晦，日有蚀之。

三月壬午，遣通事舍人若干洽使于吐谷浑。癸未，以幽州总管周摇为寿州总管，朔州总管吐万绪为夏州总管。

夏四月戊午，突厥雍虞闾间可汗遣其特勒来朝。

五月甲子，高丽遣使贡方物。癸卯，诏百官悉诣朝堂上封事。乙巳,以右卫将军元旻为左卫大将军。

秋七月己丑,以柱国杜彦为洪州总管。

八月壬申,幸栗园。滕王瓚薨。乙亥,至自栗园。上柱国、沛国公郑译卒。

十二月景辰,靺鞨遣使贡方物。

十二年春正月壬子,以苏州刺史皇甫绩为信州总管,宣州刺史席代雅为广州总管。

二月己巳,以蜀王秀为内史令,兼右领军大将军,汉王谅为雍州牧、右卫大将军。

夏四月辛卯,以寿州总管周摇为襄州总管。

五月辛亥,广州总管席代雅卒。

秋七月乙巳,尚书右仆射、邳国公苏威,礼部尚书、容城县候卢恺,并坐事除名。壬戌,幸昆明池,其日还宫。己巳,有事于太庙。壬申晦,日有蚀之。

八月甲戌,制天下死罪,诸州不得便决,皆令大理覆治。乙亥,幸龙首池。癸巳,制宿卫者不得辄离所守。丁酉,上柱国、夏州总管、楚国公豆卢绩卒。戊戌,上亲录囚徒。

九月丁未,以工部尚书杨异为吴州总管。

冬十月丁丑,以遂安王集为卫王。壬午,有事于太庙。至太祖神主前,上流涕呜咽,悲不自胜。

十一月辛亥,有事于南郊。壬子,宴百僚,颁赐各有差。己未,上柱国、新义郡公韩擒虎卒。庚申,以豫州刺史权武为潭州总管。甲子,百僚大射于武德殿。

十二月癸酉,突厥遣使来朝。乙酉,以上柱国、内史令杨素为尚书右仆射。己酉,吐谷浑、靺鞨并遣使贡方物。

十三年春正月乙巳,上柱国、郧国公韩达业卒。景午,契丹、奚、霫、室韦并遣使贡方物。壬子,亲祀感帝。己未,以信州总管韦世康为吏部尚书。壬戌，行幸岐州。

二月景子，诏营仁寿宫。丁亥，至自岐州。戊子，宴考使于嘉则殿。己卯，立皇孙暕为豫章王。戊子，晋州刺史、南阳郡公贾悉达，隰州总管、抚宁郡公韩延等，以赇伏诛。己丑，制坐事去官者，配流一年。丁酉，制私家不得隐藏纬候图谶。

夏四月癸未，制战亡之家，给复一年。

五月癸亥，诏人间有撰集国史、臧否人物者，皆令禁绝。

秋七月戊申，靺鞨遣使贡方物。壬子，左卫大将军、云州总管、钜鹿郡公贺娄子干卒。丁巳，幸昆明池。戊辰晦，日有蚀之。

九月景辰，降囚徒。庚申，以邵国公杨纶为滕王。乙丑，以柱国杜彦为云州总管。

冬十月乙卯，上柱国、华阳郡公梁彦先卒。

十四年夏四月乙丑，诏曰："在昔圣人作乐崇德，移风易俗，于斯为大。自晋氏播迁，兵戈不息，雅乐流散，年代已多，四方未一，无由辨正。赖上天鉴临，明神降福，丞兹涂炭，安息苍生，天下大同，归于治理，遗文旧物，皆为国有。比命所司，总令研究，正乐雅声，详考已讫，宜即施用，见行者停。人间音乐，流僻日久，弃其旧体，竞造繁声，浮宕不归，遂以成俗。宜加禁约，务存其本。"

五月辛酉，京师地震。关内诸州旱。

六月丁卯，诏省府州县，皆给公廨田，不得治生，与人争利。

秋七月乙未，以邳国公苏威为纳言。

八月辛未，关中大旱，人饥。上率户口就食于洛阳。

九月己未，以齐州刺史樊子盖为循州总管。丁巳，以基州刺史崔仲方为会州总管。

冬闰十月甲寅，诏曰："齐、梁、陈往皆创业一方，绵历年代。既宗祀废绝，祭奠无主，兴言矜念，良以怆然。莒国公萧琮及高仁英、陈叔宝等，宜令以时修其祭祀。所须器物，有司给之。"乙卯，制外官九品已上，父母及子年十五已上，不得将之官。

十一月壬戌,制州县佐吏,三年一代,不得重任。癸未,有星孛于角亢。

十二月乙未,东巡狩。"

十五年春正月壬戌,车驾次齐州,亲问疾苦。景寅,旅王符山。庚午,上以岁旱,祠太山,以谢愆咎。大赦天下。

二月景辰,收天下兵器;敢有私造者,坐之。关中缘边,不在其例。丁巳,上柱国、蒋国公梁睿卒。

三月己未,至自东巡狩。望祭五岳海渎。丁亥,幸仁寿宫。营州总管韦艺卒。

夏四月己丑朔,大赦天下。甲辰,以赵州刺史杨达为工部尚书。丁未,以开府仪同三司韦冲为营州总管。

五月癸酉,吐谷浑遣使朝贡。丁亥,制京官五品已上,佩铜鱼符。

六月戊子,诏鉴底柱。庚寅,相州刺史豆卢通贡绫文布,命焚之于朝堂。乙未,林邑遣使来贡方物。辛丑,诏名山大川未在祀典者,悉祠之。

秋七月乙丑,晋王广献毛龟。甲戌,遣邳国公苏威巡省江南。戊寅,至自仁寿宫。辛巳,制九品已上官,以理去职者,听并执笏。

冬十月戊子,以吏部尚书韦世康为荆州总管。

十一月辛酉,幸温汤,乙丑,至自温汤。

十二月戊子,敕盗边粮一升已上皆斩,并籍没其家。己丑,诏文武官以四考交代。

十六年春正月丁亥,以皇孙裕为平原王,筠为安成王,嶷为安平王,恪为襄城王,该为高阳王,韶为建安王,煚为颍川王。

夏五月丁巳,以怀州刺史庞晃为夏州总管,蔡阳县公姚辩为灵州总管。

六月甲午,制工商不得进仕。并州大蝗。辛丑,诏九品已上妻,五品已上妾，夫亡不得改嫁。

秋八月景戌，诏决死罪者，三奏而后行刑。

冬十月己丑，幸长春宫。

十一月壬子，至自长春宫。

十七年春二月癸未，太平公史万岁击西宁羌，平之。庚寅，幸仁寿宫。庚子，上柱国王世积讨桂州贼李光仕，平之。壬寅，河南王昭纳妃，宴群臣，颁赐各有差。

三月景辰，诏曰：“分职设官，共理时务，班位高下，各有等差。若所在官人不相敬惮，多自宽纵，事难克举。诸有愆失，虽备科条，或据律乃轻，论情则重，不即决罪，无以惩肃。其诸司论属官，若有愆犯，听于律外斟酌决杖。”辛酉，上亲录囚徒。癸亥，上柱国、彭国公刘昶以罪伏诛。庚午，遣治书侍御史柳彧、皇甫诞巡省河南、河北。

夏四月戊寅，颁新历。壬午，诏曰：“周历告终，群凶作乱，衅起蕃服，毒被生人。朕受命上玄，廓清区宇，圣灵垂佑，文武同心。申明公穆、郧襄公孝宽、广平王雄、蒋国公睿、楚国公绩、齐国公颎、越国公素、鲁国公庆则、新宁公长义、宜阳公世积、赵国公罗云、陇西公询、广业公景、真昌公振、沛国公译、项城公子相、钜鹿公子干等，登庸纳揆之时，草昧经纶之日，丹诚大节，心尽帝图，茂绩殊勋，力宣王府。宜弘其门绪，与国同休。其世子世孙未经州任者，宜量才升用，庶享荣位，世禄无穷。”

五月，宴百僚于玉女泉，颁赐各有差。己巳，蜀王秀来朝。高丽遣使贡方物。甲戌，以左卫将军独孤罗云为凉州总管。

闰月己卯，群鹿入殿门，驯扰侍卫之内。

秋七月丁丑，桂州人李代贤反，遣右武候大将军虞庆则讨平之。丁亥，上柱国、并州总管秦王俊坐事免，以王就第。戊戌，突厥遣使贡方物。

八月丁卯，荆州总管、上庸郡公韦世康卒。

九月甲申，至自仁寿宫。庚寅，上谓侍臣曰："礼主于敬，皆当尽心。黍稷非馨，贵在祗肃。庙庭设乐，本以迎神，斋祭之日，触目多感。当此之际，何可为心！在路奏乐，礼未为允。群公卿士，宜更详之。"

冬十月丁未，颁铜兽符于骠骑、车骑府。戊申，道王静薨。庚午，诏曰："五帝异乐，三王殊礼，皆随事而有损益，因情而立节文。仰惟祭享宗庙，瞻敬如在，罔极之感，情深兹日。而礼毕升路，鼓吹发音，还入宫门，金石振响。斯则哀乐同日，心事相违，情所不安，理实未允，宜改兹往式，用弘礼教。自今已后，享庙日不须备鼓吹，殿庭勿设乐悬。"辛未，京师大索。

十一月丁亥，突厥遣使来朝。

十二月壬子，上柱国、右武候大将军、鲁国公虞庆则以罪伏诛。

十八年春正月辛丑，诏曰："吴、越之人，往承弊俗，所在之处，私造大船，因相聚结，致有侵害。其江南诸州，人间有船长三丈已上，悉括入官。"

二月甲辰，幸仁寿宫。乙巳，以汉王谅为行军元帅，水陆三十万伐高丽。

三月乙亥，以柱国杜彦为朔州总管。

夏四月癸卯，以蒋州刺史郭衍为洪州总管。"

五月辛亥，诏畜猫鬼、虫毒、厌魅、野道之家，投于四裔。

六月丙寅，下诏黜高丽王高元官爵。

秋七月壬申，诏以河南八州水，免其课役。景子，诏京官五品已上，总管、刺史，以志行修谨、清平干济二科举人。

九月己丑，汉王谅师遇疾疫而旋，死者十八九。庚寅，敕舍客无公验者，坐及刺史、县令。辛卯，至自仁寿宫。

冬十一月甲戌，上亲录囚徒。癸未，有事于南郊。

十二月庚子，上柱国、夏州总管、任城郡公王景以罪伏诛。是月，自京师至仁寿宫，置行宫十有二所。

十九年春正月癸酉，大赦天下。戊寅，大射武德殿，宴赐百官。

二月己亥，晋王讳来朝，辛丑，以并州总管长史宇文弼为朔州总管。甲寅，幸仁寿宫。

夏四月丁酉，突厥利可汗内附。达头可汗犯塞，遣行军总管史万岁击破之。

六月丁酉，以豫章王暕为内史令。

秋八月癸卯，上柱国、尚书左仆射、齐国公高颎坐事免。辛亥，上柱国、皖城郡公张威卒。甲寅、上柱国、城阳郡公李彻卒。

九月乙丑，以太常卿牛弘为吏部尚书。

冬十月甲午，以突厥利可为汗为启人可汗，筑大利城处其部落。庚子，以朔州总管宇文弼为代州总管。

十二月乙未，突厥都蓝可汗为部下所杀。丁丑，星陨于渤海。

二十年正月辛酉朔，上在仁寿宫。突厥、高丽、契丹并遣使贡方物。癸亥，以代州总管宇文弼为吴州总管。

二月己巳，以上柱国崔弘度为原州总管。丁丑，无云而雷。

三月辛卯，熙州人李英林反，遣行军总管张衡讨平之。

夏四月壬戌，突厥犯塞，以晋王讳为行军元帅，击破之。乙亥，天有声如泻水，自南而北。

六月丁丑，秦王俊薨。

秋八月，老人星见。

九月丁未，至自仁寿宫。癸丑，吴州总管杨异卒。

冬十月己未，太白昼见。乙丑，皇太子勇及诸子并废为庶人。杀柱国、太平县公史万岁。己巳，杀左卫大将军、五原郡公元旻。

十一月戊子，天下地震，京师大风雪。以晋王讳为皇太子。

十二月戊午，诏东宫官属不得称臣于皇太子。辛巳，诏曰："佛法深妙，道教虚融，咸降大慈，济度群品，凡在含识，皆蒙覆护。所以雕铸灵相，图为真形，率土瞻仰，用申诚敬。其五岳四镇，节宣云雨，江、河、淮、海,浸润区域,并生养万物,利益兆人,故建庙立祀,以时恭敬。敢有毁坏偷盗佛及天尊像、岳镇海渎神形者,以不道论。沙门坏佛像,道士坏天尊者,以恶逆论。"

仁寿元年春正月乙酉朔,大赦,改元。以尚书右仆射杨素为尚书左仆射,纳言苏威为尚书右仆射。丁酉,徙河南王昭为晋王。突厥寇恒安,遣柱国韩洪击之,官军败绩。以晋王昭内史令。辛丑,诏曰:"君子立身,虽云百行,唯诚与孝,最为其首。故投主殉节,自古称难,殒身王事,礼加二等。而代俗之徒,不达大义,至于致命戎旅,不入兆域。亏孝子之意,伤人臣之心,兴言念此,每深愍叹!且入庙祭祀,并不废阙,何止坟茔,独在其外。自今已后,战亡之徒,宜入墓域。"

二月乙卯朔,日有蚀之。辛巳,以上柱国独孤楷为原州总管。

三月壬辰,以豫章王暕为扬州总管。

夏四月,以浙州刺史苏孝慈为洪州总管。

五月己丑,突厥男女九万口来降。壬辰,骤雨震雷,大风拔木,宜君湫水移于始平。

六月癸丑,洪州总管苏孝慈卒。乙卯,遣十六使巡省风俗。乙丑,诏曰:"儒学之道,训教生人,识父子君臣之义,知尊卑长幼之序,升之于朝,任之以职,故能赞理时务,弘益风范。朕抚临天下,思弘德教,延集学徒,崇建庠序,开进仕之路,佇贤隽之人。而国学胄子,垂将千数,州县诸生,咸亦不少。徒有名录,空度岁时,未有德为代范,才任国用。良由设学之理,多而未精。今宜简省,明加奖励。"于是国子学唯留学生七十人,太学、四门及州县学并废。其日,颁舍利于诸州。

秋七月戊戌,改国子为太学。

九月癸未,以柱国杜彦为云州总管。

十一月己丑,有事于南郊。壬辰,以资州刺史卫玄为遂州总管。

二年春二月辛亥，以荆州刺史侯莫陈颖为桂州总管，宗正杨祀为荆州总管。

三月己亥，幸仁寿宫。壬寅，以齐州刺史张乔为潭州总管。

夏四月庚戌，岐、雍二州地震。

秋七月景戌，诏内外官各举所知。戊子，以原州总管独孤楷为益州总管。

八月己巳，皇后独孤氏崩。

九月景戌，至自仁寿宫。壬辰，河南、北诸州大水，遣工部尚书杨达赈恤之。乙未，上柱国、襄州总管、金水郡公周摇卒。陇西地震。

冬十月壬子，曲赦益州管内。癸丑，以工部尚书杨达为纳言。

闰月甲申，诏尚书左仆射杨素与诸术者，刊定阴阳舛谬。己丑，诏曰："礼之为用，时义大矣。黄琮苍璧，降天地之神，粢盛牲食，展宗庙之敬，正父子君臣之序，明婚姻丧纪之节。故道德仁义，非礼不成，安上治人，莫善于礼。自区宇乱离，绵历年代，王道衰而变风作，微言绝而大义乖，与代推移，其弊日甚。至于四时郊祀之节文，五服麻葛之隆杀，是非异说，踳驳殊涂，致使圣教凋讹，轻重无准。朕祗承天命，抚临生人，当洗涤之时，属干戈之代。克定祸乱，先运武功，删正彝典，日不暇给。今四海乂安，五戎勿用，理宜弘风训俗，导德齐礼，缀往圣之旧章，兴先王之茂则。尚书左仆射、越国公杨素，尚书右仆射、邳国公苏威，吏部尚书、奇章公牛弘，内史侍郎薛道衡，秘书丞许善心，内史舍人虞世基，著作郎王劭，或任居端揆，博达古今，或器推令望，学综经史。委以裁缉，实允佥议。可并修定五礼。"壬寅，葬献皇后于太陵。

十二月癸巳，上柱国、益州总管蜀王秀废为庶人。交州人李佛子举兵反，遣行军总管刘方讨平之。

三年春二月己卯，原州总管、比阳县公庞晃卒。戊子，以大将军、蔡阳郡公姚辩为左武候大将军。

夏五月癸卯，诏曰："哀哀父母，生我劬劳，欲报之德，昊天罔极。但风树不静,严敬莫追,霜露既降,感思空切。六月十三日,是朕生日,宜令海内为武元皇帝、元明皇后断屠。"

六月甲午,诏曰:

《礼》云:"至亲以期断。"盖以四时之变易,万物之更始,故圣人象之。其有三年,加隆尔也。但家无二尊,母为厌降,是以父存丧母,还服于期者,服之正也。岂容期内而更小祥!然三年之丧而有小祥者,《礼》云:"期祭,礼也。期而除丧,道也。"以是之故,虽未再期,而天地一变,不可不祭,不可不除。故有练焉,以存丧祭之本。然期丧有练,于理未安。虽云十一月而练,乃无所法象,非期非时,岂可除祭。而儒者徒拟三年之丧,立练禅之节,可谓苟存其变,而失其本,欲渐于夺,乃薄于丧。致使子则冠练去绖,黄里缥缘,绖则布葛在躬,粗服未改。岂非绖哀尚存,子情已夺,亲疏失伦,轻重颠倒!乃不顺人情,岂圣人之意也!故知先圣之礼废于人邪,三年之丧尚有不行之者,至于祥练之节,安能不坠者乎?

《礼》云:"父母之丧,无贵贱一也。"而大夫士之丧父母,乃贵贱异服。然则礼坏乐崩,由来渐矣。所以晏平仲之斩粗缞,其老谓之非礼,滕文公之服三年,其臣咸所不欲。盖由王道既衰,诸侯异政,将逾越于法度,恶礼制之害己,乃灭去篇籍,自制其宜。遂至骨肉之恩,轻重从俗,无易之道,隆杀任情。况孔子没而微言隐,秦灭学而经籍焚者乎!有汉之兴,虽求儒雅,人皆异说,义非一贯。又近代乱离,唯务兵革,其于典礼,时所未遑。夫礼不从天降,不从地出,乃人心而已者,谓情缘于恩也。故恩厚者其礼隆,情轻者其礼杀。圣人以是称情立文,别亲疏贵贱之节。自臣子道消,上下失序,莫大之恩,逐情而薄,莫重之礼,与时而杀。此乃服不称丧,容不称服,非所谓圣人缘恩表情,制礼之义也。然丧与易也,宁在于戚,则礼之本也。礼有其余,未若于哀,则情之实也。今十一月而练者,非礼之本,非情之实。由是言之,父存丧母,不宜有练。但衣礼十三而祥,中月而禅。庶以合圣人之意,达孝子之心。

秋七月丁卯,诏曰:

日往月来,唯天所以运序,山镇川流,唯地所以宣气。运序则寒暑无差,宣气则云雨有作,故能成天地之大德,育万物而为功。况一人君于四海,睹物欲运,独见致治,不藉群才,未之有也。是以唐尧钦明,命羲、和以居岳,虞舜睿德,升元、凯而作相。伊尹鼎俎之媵,为殷之阿衡,吕望渔钓之夫,为周之尚父。此则鸣鹤在阴,其子必和,风云之从龙虎,贤哲之应圣明,君德不回,臣道以正,故能通天地之和,顺阴阳之序,岂不由元首而有股肱乎?

自王道衰,人风薄,居上莫能公道以御物,为下必踵私法以希时。上下相蒙,君臣义失,义失则政乖,政乖则人困。盖同德之风难嗣,离德之轨易追,则任者不休,休者不任,则众口铄金,戮辱之祸不测。是以行歌避代,辞位灌园,卷而可怀,黜而无愠,放逐江湖之上,沈赴河海之流,所以自洁而不悔者也。至于间阎秀异之士,乡曲博雅之儒,言足以佐时,行足以励俗,遗弃于草野,埋灭而无闻,岂胜道哉! 所以览古而叹息者也。

方今区宇一家,烟火万里,百姓乂安,四夷宾服,岂是人功,实乃天意。朕惟夙夜祇惧,将所以上嗣明灵,是以小心励己,日慎一日。以黎元为念,忧兆庶未康,以庶政为怀,虑一物失所。虽求傅岩,莫见幽人,徒想崆峒,未闻至道。唯恐商歌于长夜,抱关于夷门,远迹犬羊之间,屈身僮仆之伍。其令州县搜扬贤哲,皆取明知今古,通识治乱,究政教之本,达礼乐之源。不限多少,不得不举。限以三旬,咸令进路。征召将送,必须以礼。

八月壬申,上柱国、检校幽州总管、落丛郡公燕荣以罪伏诛。

九月壬戌,置常平官。甲子,以营州总管韦冲为民部尚书。

十二月癸酉,河南诸州水,遣纳言杨达赈恤之。

四年春正月景辰，大赦。甲子，幸仁寿宫。乙丑，诏赏罚支度，事无巨细，并付皇太子。

夏四月乙卯，上不豫。

六月庚申，大赦天下。有星入月中，数日而退。长人见于雁门。

秋七月乙未，日青无光，八日乃复。己亥，以大将军段文振为云州总管。甲辰，上以疾甚，卧于仁寿宫，与百僚辞决，并握手歔欷。丁未，崩于大宝殿，时年六十四。遗诏曰：

嗟乎！自昔晋室播迁，天下丧乱，四海不一，以至周、齐，战争相寻，年将三百。故割疆土者非一所，称帝王者非一人，书轨不同，生人涂炭。上天降鉴，爰命于朕，用登大位，岂关人力！故得拨乱反正，偃武修文，天下大同，声教远被，此又是天意欲宁区夏。所以昧旦临朝，不敢逸豫，一日万机，留心亲览，晦明寒暑，不惮劬劳，匪曰朕日，盖为百姓故也。王公卿士，每日关庭，刺史以下，三时朝集，何尝不罄竭心府，诚敕殷勤。义乃君臣，情兼父子。庶藉百僚智力，万国欢心，欲令率士之人，永得安乐，不谓遘疾弥留，至于大渐。此乃人生常分，何足言及！但四海百姓，衣食不丰，教化政刑，犹未尽善，兴言念此，唯以留恨。朕今年逾六十，不复称夭，但筋力精神，一时劳竭。如此之事，本非为身，止欲安养百姓，所以致此。

人生子孙，谁不爱念，既为天下，事须割情。勇及秀等，并怀悖恶，既知无臣子之心，所以废黜。古人有言："知臣莫若于君，知子莫若于父。"若令勇、秀得志，共治家国，必当戮辱偏于公卿，酷毒流于人庶。今恶子孙已为百姓黜屏，好子孙足堪负荷大业。此虽朕家事，理不容隐，前对文武侍卫，具已论述。皇太子广，地居上嗣，仁孝著闻，以其行业，堪成朕志。但令内外群官，同心戮力，以此共治天下，朕虽瞑目，何所复恨。

但国家事大，不可限以常礼。既葬公除，行之自昔，今宜遵用，不劳改定。凶礼所须，才令周事。务从节俭，不得劳人。诸州总管、刺史已下，宜各率其职，不须奔赴。自古哲王，因人作法,前帝后帝,沿革随时。律令格式,或有不便于事者,宜依前敕修改,务当政要。呜呼,敬之哉!无坠朕命!

乙卯,发丧。河间杨柳四株无故黄落,既而花叶复生。

八月丁卯,梓宫至自仁寿宫。景子,殡于大兴前殿。

冬十月己卯,合葬于太陵,同坟而异穴。

上性严重,有威容,外质木而内明敏,有大略。初,得政之始,群情不附,诸子幼弱,内有六王之谋,外致三方之乱。握强兵、居重镇者,皆周之旧臣。上推以赤心,各展其用,不逾期月,克定二边,未及十年,平一四海,薄赋敛,轻刑罚,内修制度,外抚戎夷。每旦听朝,日昃志倦,居处服玩,务存节俭,令行禁止,上下化之。开皇、仁寿之间,丈夫不衣绫绮,而无金玉之饰,常服率多布帛,装带不过以铜铁骨角而已。虽啬于财,至于赏赐有功,亦无所爱吝,乘舆四出,路逢上表者,则驻马亲自临问。或潜遣行人采听风俗,吏治得失,人间疾苦,无不留意。尝遇关中饥,遣左右视百姓所食。有得豆屑杂糠而奏之者,上流涕以示群臣,深自咎责,为之彻膳不御酒肉者殆将一期。及东拜太山,关中户口就食洛阳者,道路相属。上敕斥候,不得辄有驱逼,男女参厕于仗卫之间。逢扶老携幼者,辄引马避之,慰勉而去。至艰险之处,见负担者,辄令左右扶助之。其有将士战没,必加优赏,仍令使者就家劳问。自强不息,朝夕孜孜,人庶殷繁,帑藏充实。虽未能臻于至治,亦足称近代之良主。然天性沉猜,素无学术,好为小数,不达大体,故忠臣义士莫得尽心竭辞。其草创元勋及有功诸将,诛夷罪退,罕有存者。又不悦诗书,废除学校,唯妇言是用,废黜诸子。逮于暮年,持法尤峻,喜怒不常,过于杀戮。尝令左右送西域朝贡使出玉门关,其人所经之处,或受牧宰小物馈遗鹦鹉、麂皮、马鞭之属,上闻而大怒。又诣武库,见署中芜秽不治,于是执武库令及诸受遗者,出开远门外,亲自临决,死者数十人。又往往潜令人赂遗令史府史,有受者必死,无所宽贷。议者以此少之。

史臣曰:高祖龙德在田,奇表见异,晦明藏用,故知我者希。始以外戚之尊,受托孤之任,与能之议,未为当时所许,是以周室旧臣,咸怀愤惋。既而王谦固三蜀之阻,不逾期月,尉迥举全齐之众,一战而亡,斯乃非止人谋,抑亦天之所赞也。乘兹机运,遂迁周鼎。于时蛮夷猾夏,荆、杨未一,劬劳日昃,经营四方。楼船南迈则金陵失险,骠骑北指则单于款塞,《职方》所载,并入疆理,《禹贡》所图,咸受正朔。虽晋武之克平吴、会,汉宣之推亡固存,比义论功,不能尚也。七德既敷,九歌已洽,要荒咸暨,尉候无警。于是躬节俭,平徭赋,仓廪实,法令行,君子咸乐其生,小人各安其业,强无陵弱,众不暴寡,人物殷阜,朝野欢娱。二十年间,天下无事,区宇之内晏如也。考之前王,足以参踪盛烈。但素无术学,不能尽下,无宽仁之度,有刻薄之资,暨乎暮年,此风逾扇。又雅好符瑞,暗于大道,建彼维城,权侔京室,皆同帝制,靡所适从。听哲妇之言,惑邪臣之说,溺宠废嫡,托付失所。灭父子之道,开昆弟之隙,纵其寻斧,翦伐本枝。坟土未乾,子孙继踵屠戮,松槚才列,天下已非隋有。惜哉!迹其衰怠之源,稽其乱亡之兆,起自高祖,成于炀帝,所由来远矣,其一朝一夕。其不祀忽诸,未为不幸也。

隋书卷三
帝纪第三

炀帝上

　　炀皇帝讳广,一名英,小字阿麽,高祖第二子也。母曰文献独孤皇后。上美姿仪,少敏慧,高祖及后于诸子中特所钟爱。在周,以高祖勋,封雁门郡公。

　　开皇元年,立为晋王,拜柱国、并州总管,时年十三。寻授武卫大将军,进位上柱国、河北道行台尚书令,大将军如故。高祖令项城公歆、安道公才李彻辅导之。上好学,善属文,沉深严重,朝野属望。高祖密令善相者来和偏视诸子,和曰:"晋王眉上双骨隆起,贵不可言。"既而高祖幸上所居第,见乐器弦多断绝,又有尘埃,若不用者,以为不好声妓,善之。上尤自矫饰,当时称为仁孝。尝观猎遇雨,左右进油衣,上曰:"士卒皆沾湿,我独衣此乎!"乃令持去。

　　六年,转淮南道行台尚书令。其年,征拜雍州牧、内史令。八年冬,大举伐陈,以上为行军元帅。及陈平,执陈湘州刺史施文庆、散骑常侍沈客卿、市令阳慧朗、刑法监徐析、尚书都令史暨慧,以其邪佞,有害于民,斩之右阙下,以谢三吴。于是封府库,资财无所取,天下称贤。进位太尉,赐辂车、乘马,衮冕之服,玄珪、白璧各一。复拜并州总管。俄而江南高智慧等相聚作乱,徙上为扬州总管,镇江都,每岁一朝。高祖之祠太山也,领武候大将军。明年,归藩。后数载,突厥寇边,复为行军元帅,出灵武,无虏而还。

　　及太子勇废,立上为皇太子。是月,当受册。高祖曰:"吾以大兴公成帝业。"令上出舍大兴县。其夜,烈风大雪,地震山崩,民舍多坏,压死者百余口。

仁寿初,奉诏巡抚东南。是后高祖每避暑仁寿宫,恒令上监国。

四年七月,高祖崩,上即皇帝位于仁寿宫。八月,奉梓宫还京师。并州总管汉王谅举兵反,诏尚书左仆射杨素讨平之。九月乙巳,以备身将军崔彭为左领军大将军。十一月乙未,幸洛阳。景申,发丁男数十万掘堑,自龙门东接长平、汲郡,抵临清关,度河,至浚仪、襄城,达于上洛,以置关防。癸丑,诏曰:

乾道变化,阴阳所以消息,沿创不同,生灵所以顺叙。若使天意不变,施化何以成四时?人事不易,为政何以厘万姓!《易》不云乎:"通其变,使民不倦";"变则通,通则久。""有德则可久,有功则可大。"朕又闻之,安安而能迁,民用丕变。是故姬邑两周,如武王之意,殷人五徙,成汤后之业。若不因人顺天,功业见乎变,爱人治国者可不谓欤!

然洛邑自古之都,王畿之内,天地之所合,阴阳之所和。控以三河,固以四塞,水陆通,贡赋等。故汉祖曰:"吾行天下多矣,唯见洛阳。"自古皇王,何尝不留意,所不都者盖有由焉。或以九州未一,或以困其府库,作洛之制所以未暇也。我有隋之始,便欲创兹怀、洛,日复一日,越暨于今。念兹在兹,兴言感哽!

朕肃膺宝历,纂临万邦,遵而不失,心奉先志。今者汉王谅悖逆,毒被山东,遂使州县或沦非所。此由关河悬远,兵不赴急,加以并州移户复在河南。周迁殷人,意在于此。况复南服遐远,东夏殷大,因机顺动,今也其时。群司百辟,佥谐厥议。但成周墟堵,弗堪葺宇。今可于伊、洛营建东京,便即设官分职,以为民极也。

夫宫室之制本以便生,上栋下宇,足避风露,高台广厦,岂曰适形。故《传》云:"俭,德之共;侈,恶之大。"宣尼有云:"与其不逊也,宁俭。"岂谓瑶台琼室方为宫殿者乎,土堦采椽而非帝王者乎?是知非天下以奉一人,乃一人以主天下也。民惟国本,本固邦宁,百姓足,孰与不足!今所营构,务从节俭,无令雕墙峻宇复起于当今,欲使卑宫菲食将贻于后世。有司明为条格,称朕意焉。

十二月乙丑,以右武卫将军来护儿为右骁卫大将军。戊辰,以柱国李景为右武卫大将军。以右卫率周罗睺为右武候大将军。

大业元年春正月壬辰朔,大赦,改元。立妃萧氏为皇后。改豫州为溧州,洛州为豫州。废诸州总管府。丙申,立晋王昭为皇太子。丁酉,以上柱国宇文述为左卫大将军,上柱国郭衍为左武卫大将军,延寿公于仲文为右卫大将军。己亥,以豫章王暕为豫州牧。戊申,发八使巡省风俗。下诏曰:

昔者哲王之治天下也,其在爱民乎?既富而教,家给人足,故能风淳俗厚,远至迩安。治定功成,率由斯道。朕嗣膺宝历,抚育黎献,夙夜战兢,若临川谷。虽则聿遵先绪,弗敢失坠,永言政术,多有缺然。况以四海之远,兆民之众,未获亲临,问其疾苦。每虑幽仄莫举,冤屈不申,一物失所,乃伤和气,万方有罪,责在朕躬,所以瘝瘝增叹,而夕惕载怀者也。

今既布政惟始,宜存宽大。可分遣使人,巡省方俗,宣扬风化,荐拔淹滞,申达幽狂。孝悌力田,给以优复。鳏寡孤独不能自存者,量加振济。义夫节妇,旌表门闾。高年之老,加其版授,并依别条,赐以粟帛。笃疾之徒,给侍丁者,虽有侍养之名,曾无赒赡之实,明加检校,使得存养。若有名行显著,操履修洁,及学业才能,一艺可取,咸宜访采,将身入朝。所在州县,以礼发遣。其有蠹政害人,不便于时者,使还之日,具录奏闻。

己酉,以吴州总管宇文弼为刑部尚书。

二月己卯,以尚书左仆射杨素为尚书令。

三月丁未,诏尚书令杨素、纳言杨达、将作大匠宇文恺营建东京,徙豫州郭下居人以实之。戊申,诏曰:"听采舆颂,谋及庶民,故能审政刑之得失。是知昧旦思治,欲使幽枉必达,彝伦有章。而牧宰任称朝委,苟为徼幸以求考课,虚立殿最,不存治实,纲纪于是弗理,冤屈所以莫申,关河重阻,无由自达。朕故建立东京,躬亲存问。今将巡历淮海,观省风俗,眷求谠言,徒繁词翰,而乡校之内,阙尔无闻。恓然夕惕,用忘兴寝。其民下有知州县官人政治苛刻,侵害百姓,背公徇私,不便于民者,宜听诣朝堂封奏,庶乎四聪以达,天下无冤。"又于皁涧营显仁宫,采海内奇禽异兽草木之类,以实园苑。徙天下富商大贾数万家于东京。辛亥,发河南诸郡男女百余万,开通济渠,自西苑引谷、洛水达于河,自板渚引河通于淮。庚申,遣黄门侍郎王弘、上仪同于士澄往江南采木,造龙舟、凤舸、黄龙、赤舰、楼船等数万艘。

夏四月癸亥,大将军刘方击林邑,破之。

五月庚戌,民部尚书义丰侯韦冲卒。

六月甲子,荧惑入太微。

秋七月丁酉,制战亡之家给复十年。景午,滕王纶、卫王集并夺爵徙边。

闰七月甲子,以尚书令杨素为太子太师,安德王雄为太子太傅,河间王弘为太子太保。景子,诏曰:君民建国,教学为先,移风易俗,必自兹始。而言绝义乖,多历年代,进德修业,其道寝微。汉采坑焚之余,不绝如线,晋承板荡之运,扫地将尽。自时厥后,军国多虞,虽复黉宇时建,示同爱礼,函丈或陈,殆为虚器。遂使纡青拖紫,非以学优,制锦操刀,类多墙面。上陵下替,纲维靡立,雅缺道消,实由于此。朕纂承洪绪,思弘大训,将欲尊师重道,用阐厥繇,讲信修睦,敦奖名教。方今宇宙平一,文轨攸同,十步之内,必有芳草,四海之中,岂无奇秀!诸在家及见入学者,若有笃志好古,耽悦典坟,学行优敏,堪膺时务,所在采访,具以名闻,即当随其器能,擢以不次。若研精经术,未愿进仕者,可依其艺业深浅,门荫高卑,虽未升朝,并量准给禄。庶夫恂恂善诱,不日成器,济济盈朝,何远之有!其国子等学,亦宜申明旧制,教习生徒,具为课试之法,以尽砥砺之道。

八月壬寅,上御龙舟,幸江都。以左武卫大将军郭衍为前军,右武卫大将军李景为后军。文武官五品已上给楼船,九品已上给黄蔑。舳舻相接,二百余里。

冬十月己丑,赦江淮已南。扬州给复五年,旧总管内给复三年。十一月己未,以大将军崔仲方为礼部尚书。

二年春正月辛酉,东京成,赐监督者各有差。以大理卿梁毗为刑部尚书。丁卯,遣十使并省州县。

二月景戌,诏尚书令杨素、吏部尚书牛弘、大将军宇文恺、内史侍郎虞世基、礼部侍郎许善心制定舆服。始备辇路及五时副车。上常服,皮弁十有二琪,文官弁服,佩玉,五品已上给犊车、通幰,三公亲王加油络,武官平巾帻,裤褶,三品已上给鼆棨。下至胥吏,服色皆有差。非庶人不得戎服。戊戌,置都尉官。

三月庚午,车驾发江都。先是,太府少卿何稠、太府丞云定兴盛修仪仗,于是课州县送羽毛。百姓求捕之,网罗被水陆,禽兽有堪氅眊之用者,殆无遗类。至是而成。

夏四月庚戌,上自伊阙,陈法驾,备千乘万骑,入于东京。辛亥,上御端门,大赦,免天下今年租税。癸丑,以冀州刺史杨文思为民部尚书。

五月甲寅,金紫光禄大夫、兵部尚书李通坐事免。乙卯,诏曰:"旌表先哲,式存飨祀,所以优礼贤能,显彰遗爱。朕永鉴前修,尚想名德,何尝不兴叹九原,属怀千载。其自古已来贤人君子,有能树声立德、佐世匡时、博利殊功、有益于人者,并宜营立祠宇,以时致祭。坟垄之处,不得侵践。有司量为条式,称朕意焉。"

六月壬子,以尚书令、太子太师杨素为司徒。进封豫章王暕为齐王。

秋七月癸丑,以卫尉卿卫玄为工部尚书。庚申,制百官不得计考增级,必有德行功能,灼然显著者,擢之。壬戌,擢藩邸旧臣鲜于罗等二十七人官爵有差。甲戌,皇太子昭薨。乙亥,上柱国、司徒、楚国公杨素薨。

八月辛卯，封皇孙倓为燕王，侗为越王，侑为代王。

九月乙丑，立秦孝王俊子浩为秦王。

冬十月戊子，以灵州刺史段文振为兵部尚书。

十二月庚寅，诏曰："前代帝王，因时创业，君民建国，礼尊南面。而历运推移，年世永久，丘垄残毁，樵牧相趋，茔兆堙芜，封树莫辨。兴言沦灭，有怆于怀。自古已来帝王陵墓，可给随近十户，蠲其杂役，以供守视。"

三年春正月癸亥，敕并州逆党已流配而逃亡者，所获之处，即宜斩决。景子长星竟天，出于东壁，二旬而止。是月，武阳郡上言，河水清。

二月己丑，彗星见于奎，扫文昌，历大陵、五车、北河，入太微，扫帝坐，前后百余日而止。

三月辛亥，车驾还京师。壬子，以大将军姚辩为左屯卫将军。癸丑，遣羽骑尉朱宽使于流求国。乙卯，河间王弘薨。

夏四月庚辰，诏曰："古者帝王观风问俗，皆所以忧勤兆庶，安集遐荒。自蕃夷内附，未遑亲抚，山东经乱，须加存恤。今欲安辑河北，巡省赵、魏。所司依式。"甲申，颁律令，大赦天下，关内给复三年。壬辰，改州为郡。改度量权衡，并依古式。改上柱国已下官为大夫。甲午，诏曰：

> 天下之重，非独治所安，帝王之功，岂一士之略。自古明君哲后，立政经邦，何尝不选贤与能，收采幽滞。周称多士，汉号得人，常想前风，载怀钦伫。朕负扆凤兴，冕旒待旦，引领岩谷，置以周行，冀与群才共康庶绩。而汇茅寂寞，投竿罕至，岂美璞韬采，未值良工，将介石在怀，确乎难拔？永鉴前哲，忱然兴叹！凡厥在位，譬诸股肱，若济巨川，义同舟楫。岂得保兹宠禄，晦尔所知，优游卒岁，甚非谓也。祈大夫之举善，良史以为至公，臧文仲之蔽贤，尼父讥其窃位。求诸往古，非无褒贬，宜思进

善,用匡寡薄。

夫孝悌有闻,人伦之本,德行敦厚,立身之基。或节义可称,或操履清洁,所以激贪厉俗,有益风化。强毅正直,执宪不挠,学业优敏,文才美秀,并为廊庙之用,实乃瑚琏之资。才堪将略,则拔之以御侮,膂力骁壮,则任之以爪牙。爰及一艺可取,亦宜采录,众善毕举,与时无弃。以此求治,庶几非远。文武有职事者,五品已上,宜依令十科举人。有一于此,不必求备。朕当待以不次,随才升擢。其见任九品已上官者,不在举送之限。

景申,车驾北巡狩。丁酉,以刑部尚书宇文弼为礼部尚书。戊戌,敕百司不得践暴禾稼,其有须开为路者,有司计地所收,即以近仓酬赐,务从优厚。己亥,次赤岸泽。以太牢祭故太师李穆墓。

五月丁巳,突厥启民可汗遣子拓特勒来朝。戊午,发河北十余郡丁男凿太行山,达于并州,以通驰道。景寅,启民可汗遣其兄子毗黎伽特勒来朝。辛未,启民可汗遣使请自入塞,奉迎舆驾。上不许。癸酉,有星孛于文昌上将,星皆动摇。

六月辛巳,猎于连谷。丁亥,诏曰:

聿追孝飨,德莫至焉,崇建寝庙,礼之大者。然则质文异代,损益殊时,学灭坑焚,经典散逸,宪章湮坠,庙堂制度,师说不同。所以世数多少,莫能是正,连室异宫,亦无准定。

朕获奉祖宗,钦承景业,永惟严配,思隆大典。于是询谋在位,博访儒术。咸以为高祖文皇帝受天明命,奄有区夏,拯群飞于四海,革凋敝于百王,恤狱缓刑,生灵皆遂其性,轻徭薄赋,比屋各安其业。恢夷宇宙,混壹车书。东渐西被,无思不服,南征北怨,俱荷来苏。驾橇乘风,历代所弗至,辫发左衽,声教所罕及,莫不厥角关塞,顿颡阙庭,译靡绝时,书无虚月,韬戈偃武,天下晏如,嘉瑞休征,表里禔福,猗欤伟欤,无得而名者也。

朕又闻之,德厚者流光,治辨者礼缛。是以周之文、武,汉之高、光,其典章特立,谥号斯重,岂非缘情称述,即崇显之义

乎?高祖文皇帝宜别建庙宇,以彰巍巍之德,仍遵月祭,用表蒸
蒸之怀。有司以时创造,务合典制。又名位既殊,礼亦异等。天
子七庙,事著前经,诸侯二昭,义有差降,故其以多为贵。王者
之礼,今可依用,贻厥后昆。

戊子,次榆林郡。丁酉,启民可汗来朝。己亥,吐谷浑、高昌并遣使
贡方物。甲辰,上御北楼,观渔于河,以宴百僚。

秋七月辛亥,启民可汗上表请变服,袭冠带。诏启民赞拜不名,
位在诸侯王上。甲寅,上于郡城东御大帐,其下备仪卫,建旌旗,宴
启民及其部落三千五百人,奏百戏之乐。赐启民及其部落各有差。
景子,杀光禄大夫贺若弼、礼部尚书宇文弼、太常卿高颎。尚书左仆
射苏威坐事免。发丁男百余万筑长城,西距榆林,东至紫河,一旬而
罢,死者十五六。

八月壬午,车驾发榆林。乙酉,启民饰庐清道,以候乘舆。帝幸
其帐,启民奉觞上寿,宴赐极厚。上谓高丽使者曰:“归语尔王,当早
来朝见。不然者,吾与启民巡彼土矣。”皇后亦幸义城公主帐。己丑,
启民可汗归蕃。癸巳,入楼烦关。壬寅,次太原。诏营晋阳宫。

九月己未,次济源。幸御史大夫张衡宅,宴享极欢。己巳,至于
东都。壬申,以齐王暕为河南尹、开府仪同三。癸酉,以民部尚书杨
文思为纳言。

四年春正月乙巳,诏发河北诸郡男女百余万开永济渠,引沁水
南达千河,北通涿郡。庚戌,百僚大射于允武殿。丁卯,赐城内居民
米各十石。壬申,以太府卿元寿为内史令,鸿胪卿杨玄感为礼部尚
书。癸酉,以工部尚书卫玄为右候卫大将军,大理卿长孙炽为民部
尚书。

二月己卯,遣司朝谒者崔毅使突厥处罗,致汗血马。

三月辛酉,以将作大匠宇文恺为工部尚书。壬戌,百济、倭、赤
土、迦罗舍国并遣使贡方物。乙丑,车驾幸五原,因出塞巡长城。景
寅,遣屯田主事常骏使赤土,致罗刹。

夏四月景午,以离石之汾源、临泉,雁门之秀容,为楼烦郡。起汾阳宫。癸丑,以河内太守张定和为左屯卫大将军。乙卯,诏曰:"突厥意利珍豆启民可汗率领部落,保附关塞,遵奉朝化,思改戎俗,频入谒觐,屡有陈请。以毡墙毳幕,事穷荒陋,上栋下宇,愿同比屋,诚心恳切,朕之所重。宜于万寿戍置城造屋,其帷帐床褥已上,随事量给,务从优厚,称朕意焉。"

五月壬申,蜀郡获三足乌,张掖获玄狐,各一。

秋七月辛巳,发丁男二十余万筑长城,自榆林谷而东。乙未,左翊卫大将军宇文述破吐谷浑于曼头、赤水。

八月辛酉,亲祠恒岳,河北道郡守毕集。大赦天下。车驾所经郡县,免一年租调。

九月辛未,征天下鹰师悉集东京,至者万余人。戊寅,彗星出于五车,扫文昌,至房而灭。辛巳,诏免长诚役者一年租赋。

冬十月景午,诏曰:"先师尼父,圣德在躬,诞发天纵之姿,宪章文、武之道。命世膺期,蕴兹素王,而颓山之叹,忽逾于千祀,盛德之美,不存于百代。永惟懿范,宜有优崇。可立孔子后为绍圣侯。有司求其苗裔。录以申上。"辛亥,诏曰:"昔周王下车,首封唐、虞之胤,汉帝承历,亦命殷周之后。皆所以褒立先代,宪章在昔。朕嗣膺景业,傍求雅训,有一弘益,饮若令典。以为周兼夏、殷,文质大备,汉有天下,车书混一,魏、晋沿袭,风流未远。并宜立后,以存继绝之义。有司可求其胄绪列闻。"乙卯,颁新式于天下。

五年春正月景子,改东京为东都。癸未,诏天下均田。戊子,上自东都还京师。己丑,制民间铁叉、搭钩、𣠄刃之类,皆禁绝之。太守每岁密上属官景迹。

二月戊戌,次于阌乡。诏祭古帝王陵及开皇功臣墓。庚子,制魏、周官不得为荫。辛丑,赤土国遣使贡方物。戊申,车驾至京师。景辰,宴耆旧四百人于武德殿,颁赐各有差。己未,上御崇德殿之西院,怃然不怡,顾谓左右曰:"此先帝之所居,实用增感,情所未安,宜于此院之西别营一殿。"壬戌，制父母听随子之官。

三月己巳，车驾西巡河右。庚午，有司言，武功男子史永遵与从父昆弟同居。上嘉之，赐物一百段，米二百石，表其门闾。乙亥，幸扶风旧宅。

夏四月己亥，大猎于陇西。壬寅，高昌、吐谷浑、伊吾并遣使来朝。乙巳，次狄道，党项羌来贡方物。癸亥，出临津关，渡黄河，至西平，陈兵讲武。

五月乙亥，上大猎于拔延山，长围周亘二千里。庚辰，入长宁谷。壬午，度星岭。甲申，宴群臣于金山之上。景戌，梁浩亹，御马度而桥坏，斩朝散大夫黄亘及督役者九人。吐谷浑王率众保覆袁川，帝分命内史元寿南屯金山，兵部尚书段文振北屯雪山，太仆卿杨义臣，东屯琵琶峡，将军张寿西屯泥岭，四面围之。浑主伏允以数十骑遁出，遣其名王诈称伏允，保车我真山。壬辰，诏右屯卫大将军张定和往捕之。定和挺身挑战，为贼所杀。亚将柳武建击破之，斩首数百级。甲午，其仙头王被围穷蹙，率男女十余万口来降。

六月丁酉，遣左光禄大夫梁默、右翊卫将军李琼等追浑主，皆遇贼死之。癸卯，经大斗拔谷，山路隘险，鱼贯而出。风霰晦冥，与从官相失，士卒冻死者太半。景午，次张掖。辛亥，诏诸郡学业该通、才艺优洽，膂力骁壮、超绝等伦，在官勤奋、堪理政事，立性正直、不避强御四科举人。壬子，高昌王麹伯雅来朝，伊吾吐屯设等献西域数千里之地。上大悦。癸丑，置西海、河源、鄯善、且末等四郡。景辰，上御观风行殿，盛陈文物，奏九部乐，设鱼龙曼延，宴高昌王、吐屯设于殿上，以宠异之。其蛮夷陪列者三十余国。戊午，大赦天下。开皇已来流配，悉放还乡，晋阳逆党，不在此例。陇右诸郡，给复一年，行经之所，给复二年。

秋七月丁卯，置马牧于青海渚中，以求龙种，无效而止。

九月癸未，车驾入长安。

冬十月癸亥，诏曰："优德尚齿，载之典训，尊事乞言，义彰胶序。黧熊为师，取非筋力，方叔元老，克壮其猷。朕永言稽古，用求至治,是以厖眉黄发,更令收叙,务简秩优,无亏药膳,庶等卧治,伫其弘益。今岁耆老赴集者,可于近郡处置,年七十以上,疾患沉滞,不堪居职,即给赐帛,送还本郡;其官至七品已上者,量给廪,以终厥身。”

十一月景子,车驾幸东都。

六年春正月癸亥朔,旦,有盗数十人,皆素冠练衣,焚香持华,自称弥勒佛,入自建国门。监门者皆稽首。既而夺卫士仗,将为乱。齐王暕遇而斩之。于是都下大索,与相连坐者千余家。丁丑,角抵大戏于端门街,天下奇伎异艺毕集,终月而罢。帝数微服往观之。己丑,倭国遣使贡方物。

二月乙巳,武贲郎将陈稜、朝请大夫张镇州击流求,破之,献俘万七千口,颁赐百官。乙卯,诏曰:“夫帝图草创,王业艰难,咸仗股肱,协同心德,用能拯厥颓运,克膺大宝,然后畴庸茂赏,开国承家,誓以山河,传之不朽。近代丧乱,四海未一,茅土妄假,名实相乖,历兹永久,莫能惩革。皇运之初,百度伊始,犹循旧贯,未暇改作,今天下交泰,文轨攸同,宜率遵先典,永垂大训。自今已后,唯有功勋乃得赐封,仍令子孙承袭。”景辰,改封安德王雄为观王,河间王子庆为郇王。庚申,征魏、齐、周、陈乐人,悉配太常。

三月癸亥,幸江都宫。甲子,以鸿胪卿史祥为左骁卫大将军。

夏四月丁未,宴江淮已南父老,颁赐各有差。

六月辛卯,室韦、赤土并遣使贡方物。壬辰,雁门贼帅尉文通聚众三千,保于莫壁谷。遣鹰扬杨伯泉击破之。甲寅,制江都太守秩同京尹。

冬十月壬申,刑部尚书梁毗卒。壬子,民部尚书、银青光禄大夫长孙炽卒。

十二月己未,左光禄大夫、吏部尚书牛弘卒。辛酉,朱崖人王万昌举兵作乱,遣陇西太守韩洪讨平之。

七年春正月壬寅，左武卫大将军、光禄大夫、真定侯郭衍卒。

二月己未，上升钓台，临扬子津，大宴百僚，颁赐各有差。庚申，百济遣使朝贡。乙亥，上自江都御龙舟入通济渠，遂幸于涿郡。壬午，诏曰：“武有七德，先之以安民。政有六本，兴之以教义。高丽高元，亏失藩礼，将欲问罪，辽左，恢宣胜略。虽怀伐国，仍事省方。今往涿郡，巡抚民俗。其河北诸郡及山西、山东年九十已上者，版授太守；八十者，授县令。”

三月丁亥，右光禄大夫、左屯卫大将军姚辩卒。

夏四月庚午，至涿郡之临朔宫。

五月戊子，以武威太守樊子盖为民部尚书。

秋，大水，山东、河南漂没三十余郡，民相卖为奴婢。

冬十月乙卯，底柱山崩，偃河逆流数十里。戊午，以东平太守吐万绪为左屯卫大将军。

十二月己未，西南突厥处罗多利可汗来朝。上大悦，接以殊礼。于时辽东战士及馈运者填咽于道，昼夜不绝，苦役者始为群盗。甲子，敕都尉、鹰扬与郡县相知追捕，随获斩决之。

隋书卷四
帝纪第四

炀帝下

　　八年春正月辛巳，大军集于涿郡。以兵部尚书段文振为左候卫大将军。壬午，下诏曰：

　　天地大德，降繁霜于秋令，圣哲至仁，著甲兵于刑典。故知造化之有肃杀，义在无私，帝王之用干戈，盖非获已。版泉、丹浦，莫匪龚行，取乱覆昏，咸由顺动。况乎甘野誓师，夏开承大禹之业，商郊问罪，周发成文王之志。永监前载，属当朕躬。

　　粤我有隋，诞膺灵命，兼三才而建极，一六合而为家。提封所渐，细柳、盤桃之外，声教爰暨，紫舌、黄枝之域。远至迩安，罔不和会，功成治定，于是乎在。而高丽小丑，迷昏不恭，崇聚勃、碣之间，荐食辽、獩之境。虽复汉、魏诛戮，巢窟暂倾，乱离多阻，种落还集。萃川薮于往代，播实繁以迄今，眷彼华壤，翦为夷类。历年永久，恶稔既盈，天道祸淫，亡征已兆。乱常败德，非可胜图，掩慝怀奸，唯日不足。移告之严，未尝面受，朝觐之礼，莫肯躬亲。诱纳亡叛，不知纪极，充斥边垂，亟劳烽候，关柝以之不静，生人为之废业。在昔薄伐，已漏天网，既缓前禽之戮，未即后服之诛，曾不怀恩，翻为长恶，乃兼契丹之党，虔刘海戍，习鞨鞨之服，侵轶辽西。又青丘之表，咸修职贡，碧海之滨，同禀正朔，遂复夺攘琛赆，遏绝往来，虐及弗辜，诚而遇祸。辒轩奉使，爰暨海东，旌节所次，途经藩境，而拥塞道路，拒绝王人，无事君之心，岂为臣之礼！此而可忍，孰不可容！且法令苛酷，赋敛烦重，强臣豪族，咸执国钧，朋党比周，以之成俗，贿货如市，冤枉莫申。重以仍岁灾凶，比屋饥馑，兵戈不息，徭役无期，力竭转输，身填沟壑。百姓愁苦，爰谁适从？境内哀惶，不胜其弊。回首面内，各怀性命之图，黄发稚齿，咸兴酷毒之叹。省俗观风，爰届幽朔，吊人问罪，无俟再驾。于是亲总六师，用申九伐，拯厥阽危，协从天意，殄兹逋秽，克嗣先谟。

今宜授律启行，分麾届路，掩勃澥而雷震，历夫余以电扫。比戈按甲，誓旅而后行，先令五申，必胜而后战。左第一军可镂方道，第二军可长岑道，第三军可海冥道，第四军可盖马道，第五军可建安道，第六军可南苏道，第七军可辽东道，第八军可玄菟道，第九军可扶余道，第十军可朝鲜道，第十一军可沃沮道，第十二军可乐浪道。右第一军可黏蝉道，第二军可含资道，第三军可浑弥道，第四军可临屯道，第五军可候城道，第六军可提奚道，第七军可踏顿道，第八军可肃慎道，第九军可碣石道，第十军可东暆道，第十一军可带方道，第十二军可襄平道。凡此众军，先奉庙略，骆驿引途，总集平壤。莫非如豺如貙之勇，百战百胜之雄，顾盻则山岳倾颓，叱咤则风云腾郁，心德攸同，爪牙斯在。朕躬驭元戎，为其节度，涉辽而东，循海之右，解倒悬于遐裔，问疾苦于遗黎。其外轻赍游阙，随机赴响，卷甲衔枚，出其不意。又沧海道军舟舻千里，高帆电逝，巨舰云飞，横断沮江，迳造平壤，岛屿之望斯绝，坎井之路已穷。其余被发左衽之人，控弦待发，微、卢、彭、濮之旅，不谋同辞。杖顺临逆，人百其勇，以此众战，势等摧枯。

然则王者之师，义存止杀，圣人之教，必也胜残。天罚有罪，本在元恶，人之多僻，胁从罔治。若高元泥首辕门，自归司寇，即宜解缚焚榇，弘之以恩。其余臣人归朝奉顺，咸加慰抚，各安生业，随才任用，无隔夷夏。营垒所次，务在整肃，刍荛有禁，秋毫勿犯，布以恩宥，喻以祸福。若其同恶相济，抗拒官军，国有常刑,俾无遗类。明加晓示,称朕意焉。总一百一十三万三千八百,号二百万,其馈运者倍之。癸未,第一军发,终四十日,引师乃尽,旌旗亘千里。近古出师之盛,未之有也。乙未,以右候卫大将军卫玄为刑部尚书。甲辰,内史令元寿卒。

二月甲寅,诏曰:"朕观风燕裔,问罪辽滨。文武协力,爪牙思奋,莫不执锐勤王,舍家从役,罕蓄仓廪之资,兼损播殖之务。朕所以夕惕愀然,虑其匮乏。虽复素饱之众,情在忘私,悦使之人,宜从其厚。诸行从一品以下,迨飞募人以上家口,郡县宜数存问。若有粮食乏少,皆宜赈给;或虽有田畴,贫弱不能自耕种,可于多丁富室劝课相助。使夫居者有敛积之丰,行役无顾后之虑。"壬戌,司空、京兆尹、光禄大夫观王雄薨。

三月辛卯,兵部尚书、左候卫大将军段文振卒。癸巳,上御师。甲午,临戎于辽水桥。戊戌,大军为贼所拒,不果济。右屯卫大将军、左光禄大夫麦铁杖,武贲郎将钱士雄、孟金叉等,皆死之。甲午,车驾渡辽。大战于东岸,击贼破之,进围辽东。乙未,大顿,见二大鸟,高丈余,皬身朱足,游泳自若。上异之,命工图写,并立铭颂。

五月壬午,纳言杨达卒。

于时诸将各奉旨,不敢越机。既而高丽各城守,攻之不下。

六月己未,幸辽东,责怒诸将。止城西数里,御六合城,

七月壬寅,宇文述等败绩于萨水,右屯卫将军薛世雄死之。九军并陷,将帅奔还亡者二千余骑。癸卯,班师。

九月庚辰,上至东都。己丑,诏曰:"军国异容,文武殊用,匡危拯难,则霸德攸兴,化人成俗,则王道斯贵。时方拨乱,屠贩可以登朝,世属隆平,经术然后升仕。丰都爰肇,儒服无预于周行,建武之朝,功臣不参于吏职。自三方未一,四海交争,不遑文教,唯尚武功。设官分职,罕以才授,班朝治人,乃由勋叙,莫非拔足行阵,出自勇夫,教学之道,既所不习,政事之方,故亦无取。是非暗于在己,威福专于下吏,贪冒货贿,不知纪极,蠹政害民,实由于此。自今已后,诸授勋官者,并不得回授文武职事,庶遵彼更张,取类于调瑟,求诸名

制,不伤于美锦。若吏部辄拟用者,御史即宜纠弹。"

冬十月甲寅,工部尚书宇文恺卒。

十一月己卯,以宗女华容公主嫁于高昌王。辛巳,光禄大夫韩寿卒。甲申,败将宇文述、于仲文等并除名为民,斩尚书右丞刘士龙以谢天下。是岁,大旱,疫,人多死,山东尤甚。密诏江、淮南诸郡阅视民间童女,姿质端丽者,每岁贡之。

九年春正月丁丑,征天下兵,募民为骁果,集于涿郡。壬午,贼帅杜彦冰、王润等陷平原郡,大掠而去。辛卯,置折冲、果毅、武勇、雄武等郎将官,以领骁果。乙未,平原李德逸聚众数万,称"阿舅贼",劫掠山东。灵武白榆妄,称"奴贼",劫掠牧马,北连突厥,陇右多被其患。遣将军范贵讨之,连年不能克。戊戌,大赦。己亥,遣代王侑、刑部尚书卫玄镇京师。辛丑,以右骁骑将军李浑为右骁卫大将军。

二月己未,济北人韩进洛聚众数万为群盗。壬午,复宇文述等官爵。又征兵讨高丽。

三月景子,济阴人孟海公起兵为盗,众至数万。丁丑,发丁男十万城大兴。戊寅,幸辽东。以越王侗、民部尚书樊子盖留守东都。庚子,北海人郭方顶聚徒为盗,自号卢公,众至三万,攻陷郡城,大掠而去。

夏四月庚午,车驾渡辽。壬申,遣宇文述、杨义臣趣平壤。

五月丁丑,荧惑入南斗。己卯,济北人甄宝车聚众万余,寇掠城邑。

六月乙巳,礼部尚书杨玄感反于黎阳。景辰,玄感逼东都。河南赞务裴弘策拒之,反为贼所败。戊辰,兵部侍郎斛斯政奔于高丽。庚午,上班师。高丽犯后军,敕右武卫大将军李景为后拒。遣左翊卫大将军宇文述、左候卫将军屈突通等驰传发兵,以讨玄感。

秋七月己卯,令所在发人城县府驿。癸未,余杭人刘元进举兵反,众至数万。

八月壬寅,左翊卫大将军宇文述等破杨玄感于阌乡,斩之。余党悉平。癸卯,吴人朱燮、晋陵人管崇拥众十万余,自称将军,寇江左。甲辰,制骁果之家蠲免赋役。丁未,诏郡县城去道过五里已上者,徙就之。戊申,制盗贼籍没其家。乙卯,贼帅陈瑱等众三万,攻陷信安郡。辛酉,司农卿、光禄大夫、葛国公赵元淑以罪伏诛。

九月己卯,济阴人吴海流、东海人彭孝才并举兵为盗,众数万。庚辰,贼帅梁慧尚率众四万,陷苍梧郡。甲午,车驾次上谷,以供费不给,上大怒,免太守虞荷等官。丁酉,东阳人李三儿、向但子举兵作乱,众至万余。

闰月己巳,幸博陵。庚午,上谓侍臣曰:“朕昔从先朝周旋于此,年甫八岁,日月不居,倏经三纪,追惟平昔,不可复希!”言未卒,流涕呜咽,侍卫者皆泣下沾襟。

冬十月丁丑,贼帅吕明星率众数千围东郡,武贲郎将费青奴击斩之。乙酉,诏曰:“博陵昔为定州,地居冲要,先皇历试所基,王化斯远,故以道冠《豳风》,义高姚邑。朕巡抚岷庶,爰届兹邦,瞻望郊廛,缅怀敬止,思所以宣播德泽,覃被下人,崇纪显号,式光令绪。可改博陵为高阳郡。赦境内死罪已下。给复一年。”于是召高祖时故吏,皆量材授职。壬辰,以纳言苏威为开府仪同三司。朱燮、管崇推刘元进为天子。遣将军吐万绪、鱼俱罗讨之,连年不能克。齐人孟让、王薄等众十余万,据长白山,攻剽诸郡,清河贼张金称众数万,渤海贼帅格谦自号燕王,孙宣雅自号齐王,众各十万,山东苦之。丁亥,以右候卫将军郭荣为右候卫大将军。

十一月己酉,右候卫将军冯孝慈讨张金称于清河,反为所败,孝慈死之。

十二月甲申,车裂玄感弟朝请大夫积善及党与十余人,仍焚而扬之。丁亥,扶风人向海明举兵作乱,称皇帝,建元白乌。遣太仆卿杨义臣击破之。

十年春正月甲寅,以宗女为信义公主,嫁于突厥曷娑那可汗。

二月辛未，诏百僚议讨伐高丽，数日无敢言者。戊子，诏曰："竭力王役，致身戎事，咸由徇义，莫匪勤诚，委命草泽，弃骸原野，兴言念之，每怀愍恻。往年出车问罪，将届辽滨，庙算胜略，具有进止。而谅愔凶，阇识成败，高颎愎很，本无智谋，临三军犹儿戏，视人命如草芥，不遵成规，坐贻挠退，遂令死亡者众，不及埋藏。今宜遣使人分道收葬，设祭于辽西郡，立道场一所。恩加泉壤，庶弭穷魂之冤，泽及枯骨，用弘仁者之惠。"辛卯，诏曰：

黄帝五十二战，成汤二十七征，方乃德施诸侯，令行天下。卢芳小盗，汉祖尚且亲戎，隗嚣余烬，光武犹自登陇，岂不欲除暴止戈，劳而后逸者哉！

朕纂成宝业，君临天下，日月所照，风雨所沾，孰非我臣，独隔声教。蕞尔高丽，僻居荒表，鸱张狼噬，侮慢不恭，抄窃我边陲，侵轶我城镇。是以去岁出军，问罪辽、碣，殪长蛇于玄菟，戮封豕于襄平。扶余众军，风驰电逝，追奔逐北，径逾沮水，沧海舟楫，冲贼复心，焚其城郭，污其宫室。高元伏锧泥首，送款军门，寻请入朝，归罪司寇。朕以许其改过，乃诏班师。而长恶靡悛，宴安鸩毒，此而可忍，孰不可容！便可分命六师，百道俱进。朕当亲执武节，临御诸军，秣马丸都，观兵辽水，顺天诛于海外，救穷民于倒悬，征伐以正之，明德以诛之，止除元恶，余无所问。若有识存亡之分，悟安危之机，翻然北首，自求多福；必其同恶相济，抗拒王师，若火燎原，刑兹无赦。有司便宜宣布，咸使知闻。

丁酉，扶风人唐弼举兵反，众十万，推李弘为天子，自称唐王。

三月壬子，行幸涿郡。

癸亥，次临渝宫，亲御戎服，祃祭黄帝，斩叛军者以衅鼓。夏四月辛未，彭城贼张大彪聚众数万，保悬薄山为盗。遣榆林太守董纯击破，斩之。甲午，车驾次北平。

五月庚子，诏举郡孝悌廉洁各十人。壬寅，贼帅宋世谟陷琅邪郡。庚申，延安人刘迦论举兵反，自称皇王，建元大世。

六月辛未，贼帅郑文雅、林宝护等众三万，陷建安郡，太守杨景祥死之。

秋七月癸丑，车驾次怀远镇。乙卯，曹国遣使贡方物。甲子，高丽遣使请降，囚送斛斯政。上大悦。

八月己巳，班师。庚午，右卫大将军、左光禄大夫郑荣卒。

冬十月丁卯，上至东都。己丑，还京师。

十一月景申，支解斛斯政于金光门外。乙巳，有事于南郊。己酉，贼帅司马长安破长平郡。乙卯，离石胡刘苗王举兵反，自称天子，以其弟六儿为永安王，众至数万。将军潘长文讨之，不能克。是月，贼帅王德仁拥众数万，保林虑山为盗。

十二月壬申，上如东都。其日，大赦天下。戊子，入东都。庚寅，贼帅孟让众十余万，据都梁宫。遣江都郡丞王世充击破之，尽虏其众。

十一年春正月甲午朔，大宴百僚。突厥、新罗、靺鞨、毕大辞、诃咄、传越、乌那曷、波腊、吐火罗、俱虑建、忽论、靺鞨、诃多、沛汗、龟兹、疏勒、于阗、安国、曹国、何国、穆国、毕、衣密、失范延、伽折、契丹等国并遣使朝贡。戊戌，武贲郎将高建毗破贼帅颜宣政于齐郡，虏男女数千口。乙卯，大会蛮夷，设鱼龙曼延之乐，颁赐各有差。

二月戊辰，贼帅杨仲绪率众万余，攻北平，滑公李景破斩之。庚午，诏曰："设险守国，著自前经，重门御暴，事彰往策，所以宅土宁邦，禁邪固本。而近代战争，居人散逸，田畴无伍，郛郭不修，遂使游惰实繁，寇攘未息。今天下平一，海内晏如，宜令人悉城居，田随近给，使强弱相容，力役兼济，穿窬无所厝其奸宄，萑蒲不得聚其逋逃。有司具为事条，务令得所。"景子，土谷人王须拔反，自称漫天王，国号燕，贼帅魏刁儿自称历山飞，众各十余万，北连突厥，南寇赵。

五月丁酉，杀右骁卫大将军、光禄大夫、郇公李浑，将作监、光禄大夫李敏，并族灭其家。癸卯，贼帅司马长安破西河郡。己酉，幸太原,避署汾阳宫。

秋七月己亥,淮南人张起绪举兵为盗,众至三万。辛丑,光禄大夫、右御卫大将军张寿卒。

八月乙丑,巡北塞。戊辰,突厥始毕可汗率骑数十万,谋袭乘舆,义成公主遣使告变。壬申,车驾驰幸雁门。癸酉,突厥围城,官军频战不利。上大惧,欲率精骑溃围而出,民部尚书樊子盖固谏乃止。齐王暕以后军保于崞县。甲申,诏天下诸郡募兵,于是守令各来赴难。

九月甲辰,突厥解围而去。丁未,曲赦太原、雁门郡死罪已下。

冬十月壬戌,上至于东都。丁卯,彭城人魏骐骥聚众万余为盗,寇鲁郡。壬申,贼帅卢明月聚众十余万,寇陈、汝间。东海贼帅李子通拥众度淮,自号楚王,建元明政,寇江都。

十一月乙卯,贼帅王须拔破高阳郡。

十二月戊寅,有大流星如斛,坠明月营,破其冲车。庚辰,诏民部尚书樊子盖发关中兵,讨绛郡贼敬盘陀、柴保昌等,经年不能克。谯郡人朱粲拥众数十万,寇荆襄,僭称楚帝,建元昌达。汉南诸郡多为所陷焉。

十二年春正月甲午,雁门人翟松柏起兵于灵丘,众至数万,转攻傍县。

二月己未,真腊国遣使贡方物。甲子;夜有二大鸟似雕,飞入大业殿,止于御幄,至明而去。癸亥,东海贼卢公暹率众万余,保于苍山。

夏四月丁巳,显阳门灾。癸亥,魏刁儿所部将甄翟儿复号历山飞,众十万,转寇太原。将军潘长文讨之,反为所败,长文死之。

五月景戌朔,日有蚀之,既。癸巳,大流星陨于吴郡,为石。壬午,上于景华宫征求萤火,得数斛,夜出游山,放之,光遍岩谷。

秋七月壬戌,民部尚书、光禄大夫齐北公樊子盖卒。甲子,幸江都宫,以越王侗、光禄大夫段达、太府卿元文都、检校民部尚书韦津、右武卫将军皇甫无逸、右司郎卢楚等总留后事。奉信郎崔民象以盗贼充斥，于建国门上表，谏不宜巡幸。上大怒，先解其颐，乃斩之。戊辰，冯翊人孙华自号总管，举兵为盗。高凉通守洗瑶彻举兵作乱，岭南溪洞多应之。己巳，荧惑守羽林，月余乃退。车驾次汜水，奉信郎王爱仁以盗贼日盛，谏上请还西京。上怒，斩之而行。

八月乙巳，贼帅赵万海众数十万，自恒山寇高阳。壬子，有大流星如斗，出王良阁道，声如隤墙。癸丑，大流星如瓮，出羽林。

九月丁酉，东海人杜伏威、扬州沈觅敌等作乱，众至数万。右御卫将军陈稜击破之。戊午，有二枉矢出北斗魁，委曲蛇形，注于南斗。壬戌，安定人荔非世雄杀临泾令，举兵作乱，自号将军。

冬十月己丑，开府仪同三司、左翊卫大将军、光禄大夫、许公宇文述薨。

十二月癸未，鄱阳贼操天成举兵反，自号元兴王，建元始兴，攻陷豫章郡。乙酉，以右翊卫大将军来护儿为开府仪同三司、行左翊卫大将军。壬辰，鄱阳人林士弘自称皇帝，国号楚，建元太平，攻陷九江、卢陵郡。唐公破甄翟儿于西河，虏男女数千口。

十三年春正月壬子，齐郡贼杜伏威率众渡淮，攻陷历阳郡。景辰，勃海贼窦建德设坛于河间之乐寿，自称长乐王，建元丁丑。辛巳，贼帅徐圆朗率众数千，破东平郡。弘化人到佥成聚众万余人为盗，傍郡苦之。

二月壬午，朔方人梁师都杀郡丞唐世宗，据郡反，自称大丞相。遣银青光禄大夫张世隆击之，反为所败。戊子，贼帅王子英破上谷郡。己丑，马邑校尉刘武周杀太守王仁恭，举兵作乱，北连突厥，自称定杨可汗。庚寅，贼帅李密、翟让等陷兴洛仓。越王侗遣武贲郎将刘长恭、光禄少卿房崱击之，反为所败，死者十五六。庚子，李密自号魏公，称元年，开仓以振群盗，众至数十万，河南诸郡相继皆陷焉。壬寅，刘武周破武贲郎将王智辩于桑乾镇，智辩死之。

三月戊午，卢江人张子路举兵反。遣右御卫将军陈稜讨平之。

丁丑,贼帅李通德众十万,寇卢江,左屯卫将军张镇州击破之。

夏四月癸未,金城校尉薛举率众反,自称西秦霸王,建元秦兴,攻陷陇右诸郡。己丑,贼帅孟让,夜入东都外郭,烧丰都市而去。癸巳,李密陷迴洛东仓。丁酉,贼帅房宪伯陷汝阴郡。是月,光禄大夫裴仁基、淮阳太守赵佗等并以众叛归李密

五月辛酉,夜有流星如瓮,坠于江都。甲子,唐公起义师于太原。景寅,突厥数千寇太原,唐公击破之。

秋七月壬子,荧惑守积尸。景辰,武威人李轨举兵反,攻陷河西诸郡,自称凉王,建元安乐。

八月辛巳,唐公破武牙郎将宋老生于霍邑,斩之。

九月己丑,帝括江都人女寡妇,以配从兵。是月,武阳郡丞元宝藏以郡叛归李密,与贼帅李文相攻陷黎阳仓。彗星见于营室。

冬十月丁亥,太原杨世洛聚众万余人,寇掠城邑。景申,罗令萧铣以县反,鄱阳人董景珍以郡反,迎铣于罗县,号为梁王,攻陷傍郡。戊戌,武贲郎将高毗败济北郡贼甄宝车于嵫山。

十一月景辰,唐公入京师。辛酉,遥尊帝为太上皇,立代王侑为帝,改元义宁。上起宫丹阳,将逊于江左。有乌鹊来巢幄帐,驱不能止。荧惑犯太微。有石自江浮入于扬子。日光四散如流血。上甚恶之。

二年三月,右屯卫将军宇文化及,武贲郎将司马德戡、元礼,监门直阁裴虔通,将作少监宇文智及,武勇郎将赵行枢,鹰扬郎将孟景,内史舍人元敏,符玺郎李覆、牛方裕,千牛左右李孝本、弟孝质,直长许弘仁、薛世良,城门郎唐奉义,医正张恺等,以骁果作乱,入犯宫闱。上崩于温室,时年五十。萧后令宫人撤床箦为棺以埋之。化及发后,右御卫将军陈棱奉梓宫于成象殿,葬吴公台下。发敛之始,容貌若生,众咸异之。大唐平江南之后,改葬雷塘。

初,上自以藩王,次不当立,每矫情饰行,以钓虚名,阴有夺宗之计。时高祖雅信文献皇后,而性忌妾媵。皇太子勇内多嬖幸,以

此失爱。帝后庭有子，皆不育之，示无私宠，取媚于后。大臣用事者，倾心与交。中使至第，无贵贱，皆曲承颜色，申以厚礼。婢仆往来者，无不称其仁孝。又常私入宫掖，密谋于献后，杨素等因机构扇，遂成废立。自高祖大渐，暨谅暗之中，烝淫无度，山陵始就，即事巡游，以天下承平日久，士马全盛，慨然慕秦皇、汉武之事。乃盛治宫室，穷极侈靡，召募行人，分使绝域。诸蕃至者，厚加礼赐，有不恭命，以兵击之。盛兴屯田于玉门、柳城之外。课天下富室，益市武马，匹直十余万，富强坐是冻馁者十家而九。帝性多诡谲，所幸之处，不欲人知。每之一所，辄数道置顿，四海珍羞殊味，水陆必备焉，求市者无远不至。郡县官人，竞为献食，丰厚者进擢，疏俭者获罪。奸吏侵渔，内外虚竭，头会箕敛，人不聊生。于时军国多务，日不暇给，帝方骄怠，恶闻政事，冤屈不治，奏请罕决。又猜忌臣下，无所专任，朝臣有不合意者，必构其罪而族灭之。故高颎、贺若弼先皇心膂，参谋帷幄，张衡、李金才藩邸惟旧，绩著经纶，或恶其直道，或忿其正议，求其无形之罪，加以刎颈之诛。其余事君尽礼，謇謇匪躬，无辜无罪，横受夷戮者，不可胜纪。政刑弛紊，贿货公行，莫敢正言，道路以目。六军不息，百役繁兴，行者不归，居者失业。人饥相食，邑落为墟，上不之恤也。东西游幸，靡有定居，每以供费不给，逆收数年之赋。所至唯与后宫流连躭湎，惟日不足，招迎姥媪，朝夕共肆丑言，又引少年，令与宫人秽乱，不轨不逊，以为娱乐。区宇之内，盗贼蜂起，劫掠从官，屠陷城邑，近臣互相掩蔽，陷贼数不以实对。或有言贼多者，辄大被诘责，各求苟免，上下相蒙，每出师徒，败亡相继。战士尽力，必不加赏，百姓无辜，咸受屠戮。黎庶愤怨，天下土崩，至于就擒而犹未之寤也。

史臣曰：炀帝爰在弱龄，早有令闻，南平吴、会，北却匈奴，昆弟之中，独著声绩。于是矫情饰貌，肆厌奸回，故得献后钟心，文皇革虑，天方肇乱，遂登储两，践峻极之崇基，承丕显之休命。地广三代，威振八纮，单于顿颡，越裳重译。赤仄之泉，流溢于都内，红腐之众，委积于塞下。负其富强之资，思逞无厌之欲，狭殷、周之制度，尚秦、汉之规摹。恃才矜己，傲狠明德，内怀险躁，外示凝简，盛冠服以饰其奸，除谏官以掩其过。淫荒无度，法令滋章，教绝四维，刑参五虐，锄诛骨肉，屠剿忠良，受赏者莫见其功，为戮者不知其罪。骄怒之兵屡动，土木之功不息，频出朔方，三驾辽左，旌旗万里，征税百端，猾吏侵渔，人不堪命。乃急令暴条以扰之，严刑峻法以临之，甲兵威武以董之，自是海内骚然，无聊生矣。俄而玄感肇黎阳之乱，匈奴有雁门之围，天子方弃中土，远之扬、越。奸宄乘衅，强弱相陵，关梁闭而不通，皇舆往而不反。加之以师旅，因之以饥馑，流离道路，转死沟壑，十八九焉。于是相聚萑蒲，蝟毛而起，大则跨州连郡，称帝称王，小则千百为群，攻城剿邑，流血成川泽，死人如乱麻，炊者不及析骸，食者不遑易子。茫茫九土，并为糜鹿之场，慄慄黔黎，俱充蛇豕之饵。四方万里，简书相续，犹谓鼠窃狗盗，不足为虞，上下相蒙，莫肯念乱，振蜉蝣之羽，穷长夜之乐。土崩鱼烂，贯盈恶稔，普天之下，莫匪雠仇，左右之人，皆为敌国。终然不悟，同彼望夷，遂以万乘之尊，死于一夫之手。亿兆靡感恩之士，九牧无勤王之师。子弟同就诛夷，骸骨弃而莫掩，社稷颠陨，本枝殄绝，自肇有书契以迄于兹，宇宙崩离，生灵涂炭，丧身灭国，未有若斯之甚也。《书》曰："天作孽，犹可违，自作孽，不可逭。"《传》曰："吉凶由人，祆不妄作。"又曰："兵犹火也，不戢将自焚。"观隋室之存亡，斯言信而有征矣！

隋书卷五
帝纪第五

恭　帝

　　恭皇帝讳侑，元德太子之子也。母曰韦妃。性聪敏，有气度。大业三年，立为陈王。后数载，徙为代王，邑万户。及炀帝亲征辽东，令于京师总留事。十一年，从幸晋阳，拜太原太守。寻镇京师。义兵入长安，尊炀帝为太上皇，奉帝纂业。

　　义宁元年十一月壬戌，上即皇帝位于大兴殿。诏曰："王道丧乱，天步不康，古往今来，代有其事，属之于朕，逢此百罹，彼苍者天，胡宁斯忍！襁褓之岁，夙遭悯凶，孺子之辰，太上播越，兴言感动，实疚于怀。太尉唐公，膺期作宰，时称舟楫，大拯横流，纠合义兵，翼戴皇室，与国休戚，再匡区夏，爰奉明诏，弼予幼冲，显命光临，天威咫尺，对扬尊号，悼心失图。一人在远，三让不遂，俛俛南面。厝身无所，苟利社稷，莫敢或违，俯从群议，奉遵圣旨。可大赦天下，改大业十三年为义宁元年。十一月十六日昧爽以前，大辟罪已下，皆赦除之；常赦所不免者，不在赦限。"甲子，以光禄大夫、大将军、太尉唐公为假黄钺、使持节、大都督内外诸军事、尚书令、大丞相，进封唐王。景寅，诏曰："朕惟孺子，未出深宫，太上远巡，追踪穆满。时逢多难，委当尊极，辞不获免，恭己临朝，若涉大川，罔知所济，抚躬永叹，忧心孔棘。民之情伪，曾未之闻，王业艰难，载云其易。赖股肱戮力，上宰贤良，匡佐冲人，辅其不逮。军国机务，事无大小，文武设官，位无贵贱，宪章赏罚，咸归相府，庶绩其凝，责成斯属，遂听前史，兹为典故。因循仍旧，非曰徒言，所存至公，无为让德。"己巳，以唐王子陇西公建成为唐国世子，敦煌公为京兆尹，改封秦公，元吉为齐公，食邑各万户。太原置镇北府。乙亥张掖康老和举兵反。

十二月癸未，薛举自称天子，寇扶风。秦公为元帅，击破之。丁亥，桂阳人曹武徹举兵反，建元通圣。丁酉，义师擒骁卫大将军屈突通于阌乡，虏其众数万。乙巳，贼帅张善安陷卢江郡。

二年春正月丁未，诏唐王剑履上殿，入朝不趋，赞拜不名，加前后羽葆鼓吹。壬戌，将军王世充为李密所败，河内通守孟善谊、武贲郎将王辩、杨威、刘长恭、梁德、董智通皆死之。庚戌，河阳郡尉独孤武都降于李密。

三月景辰，右屯卫将军宇文化及杀太上皇于江都宫，右御卫将军独孤盛死之。齐王暕、赵王杲，燕王倓，光禄大夫、开府仪同三司、行右翊卫大将军宇文协，金紫光禄大夫、内史侍郎虞世基，银青光禄大夫、御史大夫裴蕴，通议大夫、行给事郎许善心，皆遇害。化及立秦王浩为帝，自称大丞相，朝士文武皆受其官爵。光禄大夫、宿公麦才，折冲郎将、朝请大夫沈光，同谋讨贼，夜袭化及营，反为所害。戊辰，诏唐王备九锡之礼，加玺绂、远游冠、绿綟绶，位在诸侯王上。唐国置丞相已下，一依旧式。

五月乙巳朔，诏唐王冕十有二旒，建天子旌旗，出警入跸，金根车驾，备五时副车，置旄头云罕车，舞八佾，设钟虡宫悬。王后、王子、王女爵命之号，一遵旧典。戊午，诏曰：

天祸隋国，大行太上皇遇盗江都，酷甚望夷，衅深骊北。悯予小子。奄逮丕愆，哀号承感，心情糜溃，仰惟荼毒，仇复靡申，形影相吊，罔知启处。

相国唐王，膺期命世，扶危拯溺，自北徂南，东征西怨，总九合于一匡，决百胜于千里，纠率夷夏，大庇氓黎，保乂朕躬，

縶王是赖。德侔造化，功格苍旻，兆庶归心，历数斯在，屈为人
臣，载违天命。在昔虞、夏，揖让相推，苟非重华，谁堪命禹！当
今九服崩离，三灵改卜，大运去矣，请避贤路，兆谋布德，顾己
莫能，私僮命驾，须归藩国。

予本代王，及予而代，天之所废，岂期如是！庶凭稽古之
圣，以诛四凶，幸值惟新之恩，预充三恪。雪冤耻于皇祖，守禋
祀为孝孙，朝闻夕殒，及泉无恨，今遵故事，逊于旧邸。庶官群
辟，改事唐朝，宜依前典，趣上尊号。若释重负，感泰兼怀，假手
真人，俾除丑逆。济济多士，明知朕意。

仍敕有司，凡有表奏，皆不得以闻。是日，上逊位于大唐，以为酅国
公。武德二年夏五月崩，时年十五。

史臣曰：恭帝年在幼冲，遭家多难，一人失德，四海土崩。群盗
蜂起，豺狼塞路，南巢遂往，流彘不归。既锺百六之期，躬践数终之
运，讴歌有属，笙钟变响，虽欲不遵尧舜之迹，其庸可得乎！

隋书卷六
志第一

礼仪一

唐、虞之时，祭天之属为天礼，祭地之属为地礼，祭宗庙之属为人礼。故《书》云：命伯夷典朕三礼，所以弥纶天地，经纬阴阳，辨幽赜而洞几深，通百神而节万事。殷因于夏，有所损益，旁垂祇训，以劝生灵。商辛无道，雅章湮灭。周公救乱，弘制斯文，以吉礼敬鬼神，以凶礼哀邦国，以宾礼亲宾客，以军礼诛不虔，以嘉礼合姻好，谓之五礼。故曰"礼经三百，威仪三千，未有入室而不由户者"也。成、康由之，而刑厝不用。

自犬戎弑后，迁周削弱，礼失乐微，风凋俗敝。仲尼预蜡宾而叹曰："丘有志焉，禹、汤、文、武、成王、周公未有不谨于礼者也。"于是缉礼兴乐，欲救时弊。君弃不顾，道郁不行。故败国丧家亡人，必先废其礼。昭公娶孟子而讳姓，杨侯窃女色而伤人。故曰"婚姻之礼废，则淫僻之罪多矣。"群饮而逸，不知其邮，乡饮酒之礼废，则争斗之狱繁矣。鲁侯逆五庙之祀，汉帝罢三年之制，丧祭之礼废，则骨肉之恩薄矣。诸侯下堂于天子，五伯召君于河阳，朝聘之礼废，则侵陵之渐起矣。

秦氏以战胜之威，并吞九国，尽收其仪礼，归之咸阳。唯采其尊君抑臣，以为时用。至于退让起于趋步，忠孝成于动止，华叶靡举，鸿纤并摈。甚刍狗之弃路，若章甫之游越，儒林道尽，《诗书》为烟。

汉高祖既平秦乱，初诛项羽，放赏元勋，未遑朝制。群臣饮酒争功，或拔剑击柱，高祖患之。叔孙通言曰："儒者难与进取，可与守成。"于是请起朝仪而许焉，犹曰"度吾能行者为之。"微习礼容，皆知顺轨。若祖述文、武，宪章洙、泗，则良由不暇，自畏之也。武帝兴典制而爱方术，至于鬼神之祭，流宕不归。世祖中兴，明皇纂位，祀明堂，袭冠冕，登灵台，望云物，得其时制，百姓悦之。而朝廷宪章，其来已旧，或得之于升平之运，或失之于凶荒之年，而世载遐邈，风流讹舛。必有人情，将移礼意，殷、周所以异轨，秦、汉于焉改辙。至于增辉风俗，广树堤防，非礼威严，亦何以尚！譬山祇之有嵩、岱，海若之有沧溟，饰以涓尘，不赊伊败。而高堂生于所传《士礼》亦谓之仪，弘畅人情，粉饰行事。泊西京以降，用相裁准，咸称当世之美，自有周旋之节。黄初之详定朝仪，太始之削除乖谬，则《宋书》言之备矣。

梁武始命群儒，裁成大典。吉礼则明山宾，凶礼则严植之，军礼则陆琏，宾礼则贺玚，嘉礼则司马褧。帝又命沈约、周捨、徐勉、何佟之等，咸在参详。陈武克平建业，多准梁旧，仍诏尚书左丞江德藻、员外散骑常侍沈洙、博士沈文阿、中书舍人刘师知等，或因行事，随时取舍。后齐则左仆射阳休之、度支尚书元修伯、鸿胪卿王晞、国子博士熊安生，在同则苏绰、卢辩、宇文弼，并习于仪礼者也，平章国典，以为时用。高祖命牛弘、辛彦之等采梁及北齐《仪注》，以为五礼云。

《礼》曰："万物本乎天，人本乎祖，所以配上帝也。"秦人荡六籍以为煨烬，祭天之礼残缺，儒者各守其所见物而为之义焉。一云：祭天之数，终岁有九，祭地之数，一岁有二，圆丘、方泽，三年一行。若圆丘、方泽之年，祭天有九，祭地有二。若天不通圆丘之祭，终岁有八。地不通方泽之祭，终岁有一。此则郑学之所宗也。一云：唯有昊天，无五精之帝。而一天岁二祭，坛位唯一。圆丘之祭，即是南郊，南郊之祭，即是圆丘。日南至，于其上以祭天，春又一祭，以祈农事，谓之二祭，无别天也。五时迎气，皆是祭五行之人帝太皞之属，非祭天也。天称皇天,亦称上帝,亦直称帝。五行人帝亦得称上帝,但不得称天。故五时迎气及文、武配祭明堂,皆祭人帝,非祭天也。此则王学之所宗也。梁、陈以降,以迄于隋,议者各宗所师,故郊丘互有变易。

梁南郊,为圆坛,在国之南。高二丈七尺,上径十一丈,下径十八丈。其外再壝,四门。常与北郊间岁。正月上辛行事,用一特牛,祀天皇上帝之神于其上,以皇考太祖文帝配。礼以苍璧制币。五方上帝、五官之神、太一、天一、日、月、五星、二十八宿、太微、轩辕、文昌、北斗、三台、老人、风伯、司空、雷电、雨师,皆从祀。其二十八宿及雨师等座有坎,五帝亦如之,余皆平地。器以陶匏,席用稿秸。太史设柴坛于景地。皇帝斋于万寿殿,乘玉辂,备大驾以行礼。礼毕,变服通天冠而还。

北郊为方坛于北郊。上方十丈,下方十二丈,高一丈。四面各有陛。其外为墙再重。与南郊间岁。正月上辛,以一特牛,祀后地之神于其上,以德后配。礼以黄琮制币。五官之神、先农、五岳、沂山、岳山、白石山、霍山、无闾山、蒋山、四海、四渎、松江、会稽江、钱塘江、四望,皆从祀。太史设埋坎于壬地焉。

天监三年,左丞吴操之启称:“《传》云‘启蛰而郊’,郊应立春之后。”尚书左丞何佟之议:“今之郊祭,是报昔岁之功,而祈今年之福。故取岁首上辛,不拘立春之先后。周冬至于圆丘,大报天也。夏正又郊,以祈农事,故有启蛰之说。自晋太始二年,并圆丘、方泽同于二郊。是知今之郊禋,礼兼祈报,不得限以一途也。”帝曰:“圆丘自是祭天,先农即是祈谷。但就阳之位,故在郊也。冬至之夜,阳气起于甲子,既祭昊天,宜在冬至。祈谷时可依古,必须启蛰。在一郊坛,分为二祭。”自是冬至谓之祀天,启蛰名为祈谷。何佟之又启:“案鬯者盛以六彝,覆以画幂,备其文饰,施之宗庙。今南北二郊,《仪注》有祼,既乖尚质,谓宜革变。”博士明山宾议,以为:“《表记》‘天子亲耕,粢盛秬鬯,以事上帝’,盖明堂之祼耳。郊不应祼。”帝从之。又有司以为祀竟,器席相承还库,请依典烧埋之。佟之等议:

"案《礼》'祭器弊则埋之'。今一用便埋,费而乖典。"帝曰:"荐藉轻物,陶匏贱器,方还付库,容复秽恶。但敝则埋之,盖谓四时祭器耳。"自是从有司议,烧埋之。

四年,佟之六:"《周礼》'天曰神,地曰祇'。今天不称神,地不称祇,天蚕题宜曰皇天座,地蚕宜曰后地座。又南郊明堂用沉香,取本天之质,阳所宜也。北郊用上和香,以地于人亲,宜加杂馥。"帝并从之。

五年,明山宾称:"伏寻制旨,周以建子祀天,五月祭地。殷以建丑祀天,六月祭地。夏以建寅祀天,七月祭地。自顷代以来,南北二郊,同用夏正。"诏更详议。山宾以为二仪并尊,三朝庆始,同以此日二郊为允。并请迎五帝于郊,皆以始祖配飨。及郊庙受福,唯皇帝再拜,明上灵降祚,臣下不敢同也。"诏并依议。

六年,议者以为北郊有岳镇海渎之座,而又有四望之座,疑为烦重。仪曹郎朱异议曰:"望是不即之名,岂容局于星海,拘于岳渎?"明山宾曰:"《舜典》云'望于山川'。《春秋传》曰'江、汉、沮、漳,楚之望也'。而今北郊设岳镇海渎,又立四望,窃谓烦黩,宜省。"徐勉曰:"岳渎是山川之宗。至于望祀之义,不止于岳渎也。若省四望,于义为非。"议久不能决。至十六年,有事北郊,帝复下其议。于是八座奏省四望、松江、浙江、五湖等座。其钟山、白石,既土地所在,并留如故。

七年,帝以一献为质,三献则文,事天之道,理不应然,诏下详议。博士陆玮、明山宾,礼官司马褧,以为"宗祧三献,义兼臣下,上天之礼,主在帝王,约理申义,一献为允。"自是天地之祭皆一献,始省太尉亚献,光禄终献。又太常丞王僧崇称:"五祀位在北郊,圆丘不宜重设。"帝曰:"五行之气,天地俱有,故宜两从。"僧崇又曰:"风伯、雨师,即箕、毕星矣。而今南郊祀箕、毕二星,复祭风师、雨师,恐繁祀典。"帝曰:"箕、毕自是二十八宿之名,风师、雨师自是箕、毕星下隶。两祭非嫌。"

十一年,太祝牒,北郊止有一海,及二郊相承用柴俎盛牲,素案承玉。又制南北二郊坛下众神之座，悉以白茅，诏下详议。八座奏：
"《礼》云'观天下之物，无可以称其德'。则知郊祭为俎，理不应柴。
又藉用白茅，礼无所出。皇天大帝坐既用俎，则知郊有俎义。"于是
改用素俎，并北郊置四海座。五帝以下，悉用蒲席藁荐，并以素俎。
又帝曰："《礼》'祭月于坎'，良由月是阴义。今五帝天神，而更居坎。
又《礼》云'祭日于坛，祭月于坎'，并是别祭，不关在郊，故得各从阴
阳，而立坛坎。兆于南郊，就阳之义，居于北郊，就阴之义。既云就
阳，义与阴异。星月与祭，理不为坎。"八座奏曰："五帝之义，不应居
坎。良由齐代圆丘，小而且峻，边无安神之所。今丘形既大，易可取
安。请五帝座悉于坛上，外域二十八宿及雨师等座，悉停为坎。"自
是南北二郊，悉无坎位矣。

十七年，帝以威仰、魄宝俱是天帝，于坛则尊，于下则卑。且南
郊所祭天皇，其五帝别有明堂之祀，不烦重设。又郊祀二十八宿而
无十二辰，于义阙然。于是南郊始除五帝祀，加十二辰座，与二十八
宿各于其方而为坛。

陈制，亦以间岁。正月上辛，用特牛一，祀天地于南北二郊。永
定元年，武帝受禅，修南郊，圆坛高二丈二尺五寸，上广十丈，柴燎
告天。明年正月上辛，有事南郊，以皇考德皇帝配，除十二辰座，加
五帝位，其余准梁之旧。北郊为坛，高一丈五尺，广八丈，以皇妣昭
后配，从祀亦准梁旧。及文帝天嘉中，南郊改以高祖配，北郊以德皇
帝配天。

太中大夫、领大著作、摄太常卿许亨奏曰："昔梁武帝云：'天数
五，地数五，五行之气，天地俱有。'故南北郊内，并祭五祀。臣按《周
礼》：'以血祭社稷五祀。'郑玄云：'阴祀自血起，贵气臭也。五祀，五
官之神也。'五神主五行，隶于地，故与埋沈副辜同为阴祀。既非烟
柴，无关阳祭。故何休云：'周爵五等者，法地有五行也。'五神位在
北郊，圆丘不宜重设。"制曰："可。"亨又奏曰："梁武帝议，箕、毕自
是二十八宿之名，风师、雨师自是箕、毕下隶，非即星也。故郊雩之
所，皆两祭之。臣案《周礼》大宗伯之职云：'禋燎祀司中、司命、风

师、雨师。'郑众云：'风师，箕也；雨师，毕也。'《诗》云：'月离于毕，
俾滂沱矣。'如此则风伯、雨师即箕、毕星矣。而今南郊祀箕、毕二
星，复祭风伯、雨师，恐乖祀典。"制曰："若郊设星位，任即除之。"亨
又奏曰："《梁仪注》曰：'一献为质，三献为文。事天之事，故不三
献。'臣案《周礼》、《司樽》所言，三献施于宗祧，而郑注'一献施于郡
小祀'。今用小祀之礼施于天神大帝，梁武此义为不通矣。且樽俎
之物，依于质文，拜献之礼，主于虔敬。今请凡郊丘祀事，准于宗祧，
三献为允。"制曰："依议。"

　　废帝光大中，又以昭后配北郊。及宣帝即位，以南北二郊卑下，
更议增广，久而不决。至太建十一年，尚书祠部郎王元规议曰：

　　　　案前汉《黄图》，上帝坛径五丈，高九尺；后土坛方五丈，高
　　六尺。梁南郊坛上径十一丈，下径十八丈，高二丈七尺，北郊坛
　　上方十丈，下方十二丈，高一丈。即日南郊坛广十丈，高二丈二
　　尺五寸，北郊坛广九丈三尺，高一丈五寸。今议增南郊坛上径
　　十二丈，则天大数，下径十八丈，取于三分益一，高二丈七尺，
　　取三倍九尺之堂。北郊坛上方十丈，以则地义，下至十五丈，亦
　　取二分益一，高一丈二尺，亦取二倍汉家之数。

　　　　《礼记》云："为高必因丘陵，为下必因川泽。因名山升中于
　　天，因吉土飨帝于郊。"《周官》云："冬日至，祠天于地上之圆
　　丘。夏日至，祭地于泽中之方丘。"《祭法》云："燔柴于泰坛，祭
　　天也。瘗埋于泰折，祭地也。"《记》云："至敬不坛，扫地而祭。"
　　于其质也，以报覆焘持载之功。《尔雅》亦云："丘，言非人所造
　　为。"古圆方两丘，并因见有而祭。本无高广之数。后世随事迁
　　都，而建立郊礼。或有地吉而未必有丘，或有见丘而不必广洁。
　　故有筑建之法，而制丈尺之仪。愚谓郊祀事重，圆方二丘，高下
　　广狭，既无明文，但五帝不相沿，三王不相袭。今谨述汉、梁并
　　即日三代坛不同，及更增修丈尺如前。听旨。

尚书仆射臣缛，左户尚书臣元饶、左丞臣周确、舍人臣萧淳、仪曹郎
臣沈客卿周元规议。诏遂依用。

后主嗣立，无意典礼之事，加旧儒硕学，渐以凋丧，至于朝亡，竟无改作。

后齐制，圆丘方泽，并三年一祭，谓之禘祫。圆丘在国南郊。丘下广轮二百七十尺，上广轮四十六尺，高四十五尺。三成，成高十五尺，上中二级，四面各一陛，下级方维八陛。周以三壝，去丘五十步。中壝去内壝，外壝去中壝，各二十五步。皆通八门。又为大营于外壝之外，轮广三百七十步。其营堑广一十二尺，深一丈，四面各通一门。又为燎坛于中壝之外，当丘之景地。广轮三十六尺，高三尺，四面各有陛。方泽为坛在国北郊。广轮四十尺，高四尺，面各一陛。其外为三壝，相去广狭同圆丘。壝外大营，广轮三百二十步。营堑广一十二尺，深一丈，四面各通一门。又为瘗坎于坛之壬地，中壝之外，广深一丈二尺。

圆丘则以苍璧束帛，正月上辛，祀昊天上帝于其上，以高祖神武皇帝配。五精之帝，从祀于其中丘。面皆内向。日月、五星、北斗、二十八宿、司中、司命、司人、司禄、风师、雨师、灵星于下丘，为众星之位，迁于内壝之中。合用苍牲九。夕牲之旦，太尉告庙，陈币于神武庙讫，埋于两楹间焉。皇帝初献，太尉亚献，光禄终献。司徒献五帝，司空献日月、五星、二十八宿，太常丞已下荐众星。方泽则以黄琮束帛，夏至之日，禘昆仑皇地祇于其上，以武明皇后配。其神州之神、社稷、岱岳、沂镇、会稽镇、云云山、亭亭山、蒙山、羽山、峄山、崧岳、霍岳、衡镇、荆山、内方山、大别山、敷浅原山、桐柏山、陪尾山、华岳、太岳镇、积石山、龙门山、江山、岐山、荆山、蟠冢山、壶口山、雷首山、底柱山、析城山、王屋山、西倾朱圉山、鸟鼠同穴山、熊耳山、敦物山、蔡蒙山、梁山、岷山、武功山、太白山、恒岳、医无闾山镇、阴山、白登山、碣石山、太行山、狼山、封龙山、漳山、宣务山、阏山、方山、苟山、狭龙山、淮水、东海、泗水、沂水、淄水、潍水、江水、南海、汉水、谷水、洛水、伊水、漾水、沔水、河水、西海、黑水、涝水、渭水、泾水、酆水、济水、北海、松水、京水、桑乾水、漳水、呼沱水、卫水、洹水、延水，并从祀。其神州位在青陛之北甲寅地，社宗赤陛之西未地,稷位白陛之南庚地;自余并内壝之内,内向,各如其方。合用牲十二,仪同圆丘。其后诸儒定礼,圆丘改以冬至云。

其南北郊则岁一祀,皆以正月上辛。南郊为坛于国南,广轮三十六尺,高九尺,四面各一陛。为三壝,内壝去坛二十五步,中壝、外壝相去如内壝。四面各通一门。又为大营于外壝之外,广轮二百七十步。营堑广一丈,深八尺,四面各一门。又为燎坛于中壝之外景地,广轮二十七尺,高一尺八寸,四面各一陛。祀所感帝灵威仰于坛,以高祖神武皇帝配。礼用四圭有邸,币各如方色。其上帝及配帝,各用骍特牲一,仪燎同圆丘。其北郊则为坛如南郊坛,为瘗坎如方泽坎,祀神州神于其上,以武明皇后配。礼用两圭有邸,各用黄牲一,仪瘗如北郊。

后周宪章姬周,祭祀之式,多依《仪礼》。司量掌为坛之制,圆丘三成,成崇一丈二尺,深二丈上径六丈,十有二阶,每等十有二节。在国阳七里之郊。圆壝径三百步,内壝半之。方一成,下崇一丈,径六丈八尺,上崇五尺,方四丈,八方,方一阶,阶十级,级一尺。方丘在国阴六里之郊。丘一成,八方,下崇一丈,方六丈八尺,上崇五尺,方四丈。方一阶,尺一级。其壝八面,径百二十步,内壝半之。南郊为方坛于国南五里。其崇一丈二尺,其广四丈。其壝方百二十步,内壝半之。神州之坛,崇一丈,方四丈,在北郊方丘之右。其壝如方丘。

其祭圆丘及南郊,并正月上辛。圆丘则以其先炎帝神农氏配昊天上帝于其上。五方上帝、日月、内官、中官、外官、众星,并从祀。皇帝乘苍辂,载玄冕,备大驾而行。预祭者皆苍服。南郊,以始献侯莫那配所感帝灵威仰于其上。北郊方丘,则以神农配后地之祇。神州则以献侯莫那配焉。

其用牲之制,祀昊天上帝,祭皇地祇及五帝、日月、五星、十二辰、四望、五官,各以其方色毛。宗庙以黄,社稷以黝,散祭祀用纯,表貉碟禳用厖。

高祖受命,欲新制度。乃命国子祭酒辛彦之议定祀典。为圆丘

于国之南,太阳门外道东二里。其丘四成,各高八尺一寸。下成广
二十丈,再成广十五丈,又三成广十丈,四成广五丈。再岁冬至之
日,祀昊天上帝于其上,以太祖武元皇帝配。五方上帝、日月、五星、
内官四十二座、次官一百三十六座、外官一百一十一座、众星三百
六十座,并皆从祀。上帝、日月在丘之第二等,北斗五星、十二辰、河
汉、内官在丘第三等,二十八宿、中官在丘第四等,外官在内壝之
内,众星在内壝之外。其牲,上帝、配帝用苍犊二,五帝、日月用方色
犊各一,五星已下用羊豕各九。

　　为方丘于宫城之北十四里。其丘再成,成高五尺,下成方十丈,
上成方五丈。夏至之日,祭皇地祇于其上,以太祖配。神州、迎州、
冀州、戎州、拾州、柱州、营州、咸州、阳州九州山、海、川、林、泽、丘
陵、坟衍、原隰,并皆从祀。地祇及配帝在坛上,用黄犊二。神州九
州神座于第二等八陛之间:神州东南方,迎州南方,冀州、戎州西南
方,拾州西方,柱州西北方,营州北方,咸州东北方,阳州东方,各用
方色犊一。九州山海已下,各依方面八陛之间。其冀州山林川泽、
丘陵坟衍,于坛之南,少西,加羊豕各九。南郊为坛于国之南,太阳
门外道西一里。去宫十里。坛高七尺,广四丈。孟春上辛,祠所感
帝赤熛怒于其上,以太祖武元皇帝配。其礼四圭有邸,牲用骍犊二。
北郊孟冬祭神州之神,以太祖武元皇帝配。牲用犊二。

　　凡大祀,斋官皆于其晨集尚书省,受誓戒。散斋四日,致斋三
日。祭前一日,昼漏上水五刻,到祀所,沐浴,著明衣,咸不得闻见衰
绖哭泣。昊天上帝、五方上帝、日月、皇地祇、神州社稷、宗庙等为大
祀,星辰、五祀、四望等为中祀,司中、司命、风师、雨师及诸星、诸山
川等为小祀。大祀养牲,在涤九旬,中祀三旬,小祀一旬。其牲方色
难备者,听以纯色代。告祈之牲者不养。祭祀牺牲,不得捶扑。其
死则埋之。

　　初帝既受周禅,恐黎元未惬,多说符瑞以耀之。其或造作而进
者,不可胜计。仁寿元年冬至祠南郊,置昊天上帝及五方天帝位,并
于坛上,如封禅礼。板曰:

维仁寿元年，岁次作噩，嗣天子臣讳，敢昭告于昊天上帝。璇玑运行，大明南至。臣蒙上天恩造，群灵降福，抚临率土，安养兆人。顾惟虚薄，德化未畅，夙夜忧惧，不敢荒怠。天地灵祇，降锡休瑞，镜发区宇，昭彰耳目。爰始登极，蒙授龟图，迁都定鼎，醴泉出地，平陈之岁，龙引舟师。省俗巡方，展礼东岳，盲者得视，喑者得言，复有躄人，忽然能步。自开皇已来，日近北极，行于上道，晷度延长。天启太平，兽见一角，改元仁寿，杨树生松。石鱼彰合符之征。玉龟显永昌之庆，山图石瑞，前后继出，皆载臣姓名，褒纪国祚。经典诸纬，爰及玉龟，文字义理，递相符会。

宫城之内，及在山谷，石变为玉，不可胜数。桃区一岭，尽是琉璃，黄银出于神山，碧玉生于瑞嶻。多杨山响，三称国兴，连云山声，万年临国。野鹅降天，仍住池沼，神鹿入苑，频赐引导。驺虞见质，游骊在野，鹿角生于杨树，龙漱出于荆谷。庆云发彩，寿星垂耀。宫殿楼阁，咸出灵芝，山泽川原，多生宝物。威香散馥，零露凝甘。敦煌乌山，黑石变白，弘禄岩岭，石华远照。玄狐玄豹，白兔白狼，赤雀苍乌，野蚕天豆，嘉禾合穗，珍木连理。神瑞休征，洪恩景福，降赐无疆，不可具纪。此皆昊天上帝，爰降明灵，矜愍苍生，宁静海内。故锡兹嘉庆，咸使安乐，岂臣微诚，所能上感。虔心奉谢，敬荐玉帛牺齐粢盛庶品，燔祀于昊天上帝。皇考太祖武元皇帝，配神作主。

大业元年，孟春祀感帝，孟冬祀神州，改以高祖文帝配。其余并用旧礼。十年，冬至祀圆丘，帝不斋于次。诘朝，备法驾，至便行礼。是日大风，帝独献上帝，三公分献五帝。礼毕，御马疾驱而归。

明堂在国之阳。梁初，依宋、齐，其祀之法，犹依齐制。礼有不通者，武帝更与学者议之。旧齐仪，郊祀，帝皆以衮冕。至天监七年，始造大裘，而《明堂仪注》犹云衮服。十年，仪曹郎朱异以为："《礼》大裘而冕，祭昊天上帝。五帝亦如之。良由天神高远，义须诚质，今从汜祭五帝,理不容文。"于是改服大裘。异又以为:"齐仪初献樽彝,明堂贵质,不应三献。又不应象樽。《礼》云:'朝践用太樽。'郑云:'太樽,瓦也。'《记》又云:'有虞氏瓦樽。'此皆在庙所用,犹以质素,况在明堂,礼不容象。今请改用瓦樽,庶合文质之衷。"又曰:"宗庙贵文,故庶羞百品,天义尊远,则须简约。今《仪注》所荐,与庙不异,即理征事,如为未允。请自今明堂肴膳准二郊。但帝之为名,本主生育,成岁之功,实为显著。非如昊天,义绝言象,虽曰同郊,复应微异。若水土之品,蔬果之属,犹宜以荐,止用梨枣橘栗四种之果,姜蒲葵韭四种之菹,粳稻黍粱四种之米。自此以外,郊所无者,请并从省除。"

初,博士明山宾制《仪注》,明堂祀五帝,行礼先自赤帝始。异又以为:"明堂既汜祭五帝,不容的有先后,东阶而升,宜先春帝。请改从青帝始。"又以为:"明堂笾豆等器,皆以雕饰。寻郊祀贵质,改用陶匏,宗庙贵文,诚宜雕俎。明堂之礼,既方郊为文,则不容陶匏,比庙为质,又不应雕俎。斟酌二途,须存厥衷,请改用纯漆。"异又以"旧仪,明堂祀五帝,先酌郁鬯,灌地求神,及初献清酒,次鄜终酺。礼毕,太祝取俎上黍肉,当御前以授。请依郊仪,止一献清酒。且五帝天神,不可求之于地,二郊之祭,并无黍肉之礼。并请停灌及授俎法。"又以为:"旧明堂皆用太牢。案《记》云'郊用特牲',又云'天地之牛,角茧栗'。五帝既曰天神,理无三牲之祭。而《毛诗》《我将》篇云,祀文王于明堂,有'维羊维牛'之说。良由周监二代,其义贵文,明堂方郊,未为极质,故特用三牲,止为一代之制。今斟酌百王,义存通典,蔬果之荐,虽符周礼,而牲牢之用,宜遵夏、殷。请自今明堂止用特牛,既合质文之中,又见贵诚之义。"帝并从之。

先是,帝欲有改作,乃下制旨,而与群臣切磋其义。制曰:"明堂准《大戴礼》:'九室八牖,三十六户。以茅盖屋,上圆下方。'郑玄据《援神契》亦云'上圆下方',又云'八窗四达'。明堂之义,本是祭五帝神,九室之数,未见其理。若五堂而言,虽当五帝之数,向南北则背叶光纪,向北则背赤熛怒,东向西向,又亦如此,于事殊未可安。

且明堂之祭五帝,则是总义,在郊之祭五帝,则是别义。宗祀所配,复应有室,若专配一室,,则是义非配五,若皆配五,则便成五位。以理而言,明堂本无有室。"朱异以为:"《月令》'天子居明堂左个、右个'。听朔之礼,既在明堂,今若无室,则于义成阙。"制曰:"若如郑玄之义,听朔必在明堂,于此则人神混淆,庄敬之道有废。《春秋》云:'介居二大国之间。'此言明堂左右个者,谓所祀五帝堂之南,又有小室,亦号明堂,分为三处听朔。既三处,则有左右之义。在营域之内,明堂之外,则有个名,故曰明堂左右个也。以此而言,听朔之处,自在五帝堂之外,人神有别,差无相干。"其议是非莫定,初尚未改。十二年,太常丞虞爵复引《周礼》明堂九尺之筵,以为高下修广之数,堂崇一筵,故阶高九尺。汉家制度,犹遵此礼,故张衡云,"度堂以筵"者也。郑玄以庙寝三制既同,俱应以九尺为度。制曰:"可。"于是毁宋太极殿,以其材构明堂十二间,基准太庙。以中央六间安六座,悉南向。东来第一青帝,第二赤帝,第三黄帝,第四白帝,第五黑帝。配帝总配享五帝,在阼阶东上,西向。大殿后为小殿五间,以为五佐室焉。

　　陈制,明堂殿屋十二间。中央六间,依齐制,安六座。四方帝各依其方,黄帝居坤维,而配飨坐依梁法。武帝时,以德帝配。文帝时,以武帝配。废帝已后,以文帝配。牲以太牢,粢盛六饭,铏羹果蔬备荐焉。

　　后齐采《周官考工记》为五室,周采汉《三辅黄图》为九室,各存其制,而竟不立。

　　高祖平陈,收罗杞梓,郊丘宗社,典礼粗备,唯明堂未立。开皇十三年,诏命议之。礼部尚书牛弘、国子祭酒辛彦之等定议,事在《弘传》。后检校将作大匠事宇文恺,依《月令》文,造明堂木样,重檐复庙,五房四达,丈尺规矩,皆有准凭,以献。高祖异之,命有司于郭内安业里为规兆。方欲崇建,又命详定,诸儒争论,莫之能决。弘等又条经史正文重奏。时非议既多,久而不定,又议罢之。及大业中,恺又造《明堂议》及样奏。炀帝下其议,但令于霍山采木,而建都兴役,其制遂寝。终隋代,祀五方上帝,止于明堂,恒以季秋在雩坛上而祀。其用币各于其方。人帝各在天帝之左。太祖武元皇帝在太昊南,西向。五官在庭,亦各依其方。牲用犊十二。皇帝、太尉、司农行三献礼于青帝及太祖。自余有司助奠。祀五官于堂下,行一献礼。有燎。其省牲进熟,如南郊仪。

隋书卷七
志第二

礼仪二

《春秋》"龙见而雩"，梁制不为恒祀。四月后旱，则祈雨，行七事：一，理冤狱及失职者；二，振鳏寡孤独者；三，省徭轻赋；四，举进贤良；五，黜退贪邪；六，命会男女，恤怨旷；七，撤膳羞，弛乐悬而不作。天子又降法服。七日，乃祈社稷；七日，乃祈山林川泽常兴云雨者；七日，乃祈群庙之主于太庙；七日，乃祈古来百辟卿士有益于人者；七日，乃大雩，祈上帝，遍祈所有事者。大雩礼，立圆坛于南郊之左，高及轮广四丈，周十二丈，四陛。牲用黄牯牛一。祈五天帝及五人帝于其上，各依其方，以太祖配，位于青帝之南，五官配食于下。七日乃去乐。又遍祈社稷山林川泽，就故地处大雩。国南除地为墠，舞童六十四人。祈百辟卿士于雩坛之左，除地为墠，舞童六十四人，皆袚服，为八列，各执羽翳。每列歌《云汉》诗一章而毕，旱而祈澍，则报以太牢，皆有司行事。唯雩则不报。若郡国县旱请雨，则五事同时并行：一，理冤狱失职；二。存鳏寡孤独；三，省徭役；四，进贤良；五，退贪邪。守令皆洁斋三日，乃祈社稷。七日不雨，更斋祈如初。三变仍不雨，复斋祈其界内山林川泽常兴云雨者。祈而澍，亦各有报。

陈氏亦因梁制，祈而澍则报以少牢。武帝时，以德皇帝配，文帝时，以武帝配。废帝即位，以文帝配青帝。牲用黄牯牛，而以清酒四升洗其首。其坛墠配飨歌舞，皆如梁礼。天子不亲奉，则太宰、太常、光禄行三献礼。其法皆采齐建武二年事也。

梁、陈制,诸祠官皆给除秽气药,先斋一日服之,以取清洁。

天监九年,有事雩坛。武帝以为雨既类阴,而求之正阳,其谬已甚。东方既非盛阳,而为生养之始,则雩坛应在东方,祈晴亦宜此地。于是遂移于东郊。

十年,帝又以雩祭燔柴,以火祈水,于理为乖。仪曹郎朱异议曰:"案周宣《云汉》之诗,毛注有瘗埋之文,不见有燔柴之说。若以五帝必柴,今明堂又无其事。"于是停用柴,从坎瘗典。

十一年,帝曰:"四望之祀,顷来遂绝。宜更议复。"朱异议:"郑众云:'四望谓日月星海。'郑玄云:'谓五岳四镇四渎。'寻二郑之说,互有不同。窃以望是不即之名,凡厥遥祭,皆有斯目。岂容局于星汉,拘于海渎?请命司天,有关水旱之义,爰有四海名山大川,能兴云致雨,一皆备祭。"帝从之。又扬州主簿顾协又云:"《礼》'仲夏大雩',《春秋》'龙见而雩',则雩常祭也,水旱且又祷之,谓宜式备斯典。"太常博士亦从协议。祠部郎明岩卿以为:"祈报之祀,已备郊禋,沿革有时,不必同揆。"帝从其议,依旧不改。

大同五年,又筑雩坛于藉田兆内。有祈祟,则斋官寄藉田省云。

后齐以孟夏龙见而雩,祭太微五精帝于夏郊之东。为圆坛,广四十五尺,高九尺,四面各一陛。为三壝外营,相去深浅,并燎坛,一如南郊。于其上祈谷实,以显宗文宣帝配。青帝在甲寅之地,赤帝在景巳之地,黄帝在己未之地,白帝在庚申之地,黑帝在壬亥之地。面皆内向,藉以藁秸。配帝在青帝之南,小退,藉以莞席,牲以骍。其仪同南郊。又祈祷者有九焉:一曰雩,二曰南郊,三曰尧庙,四曰孔、颜庙,五曰社稷,六曰五岳,七曰四渎,八曰滢口,九曰豹祠。水旱疠疫,皆有事焉。无牲,皆以酒脯枣栗之馔。若建午、建未、建申之月不雨,则使三公祈五帝于雩坛。礼用玉币,有燎,不设金石之乐,选伎工端洁善讴咏者,使歌《云汉》诗于坛南。自余同正雩。南郊则使三公祈五天帝于郊坛,有燎,座位如雩。五人帝各在天帝之左。其仪如郊礼。尧庙,则遣使祈于平阳。孔、颜庙,则遣使祈于国学,如尧庙。社稷如正祭。五岳，遣使祈于岳所。四渎如祈五岳，滏口如祈尧庙，豹祠如祈滏口。

隋雩坛，国南十三里启夏门外道左。高一丈，周百二十尺。孟夏之月，龙星见，则雩五方上帝，配以五人帝于上，以太祖武元帝配飨，五官从配于下。牲用犊十，各依方色。京师孟夏后旱，则祈雨，理冤狱失职，存鳏寡孤独，振困乏，掩骼埋胔，省徭役，进贤良，举直言，退佞谄，黜贪残，命有司会男女，恤怨旷。七日，乃祈岳镇海渎及诸山川能兴云雨者；又七日，乃祈社稷及古来百辟卿士有益于人者；又七日，乃祈宗庙及古帝王有神祠者；又七日，乃修雩，祈神州；又七日，仍不雨，复从岳渎已下祈如初典。秋分已后不雩，但祷而已。皆用酒脯。初请后二旬不雨者，即徙市禁屠。皇帝御素服，避正殿，减膳撤乐，或露坐听政。百官断伞扇。令人家造土龙。雨澍，则命有司报。州郡尉祈雨，则理冤狱，存鳏寡孤独，掩骼埋胔，洁斋祈于祈。七日，乃祈界内山川能兴雨者，徙市断屠如京师。祈而澍，亦各有报。霖雨，则崇京城诸门，三崇不止，则祈山川岳镇海渎社稷。又不止，则祈宗庙神州。报以太牢。州郡县苦雨，亦各崇其城门，不止则祈界内山川。及祈报，用羊豕。

《礼》，天子每以四立之日及季夏，乘玉辂，建大旂，服大裘，各于其方之近郊为兆，迎其帝而祭之。所谓燔柴于泰坛，扫地而祭者也。春迎灵威仰者，三春之始，万物禀之而生，莫不仰其灵德，服而畏之也。夏迎赤熛怒者，火色熛怒，其灵炎至明盛也。秋迎白招拒者，招集，拒大也，言秋时集成万物，其功大也。冬迎叶光纪者，叶拾，光华，纪法也，言冬时收拾光华之色，伏而藏之，皆有法也。中迎含枢纽者，含容也，枢机有开阖之义，纽者结也。言土德之帝，能含容万物，开阖有时，纽结有法也。然此五帝之号，皆以其德而名焉。梁、陈、后齐、后周及隋，制度相循，皆以其时之日，各于其郊迎，而以太皞之属五人帝配祭。并以五官、三辰、七宿于其方从祀焉。

梁制，迎气以始祖配，牲用特牛一，其仪同南郊。天监七年，尚书左丞司马筠等议:"以昆虫未蛰,不以火田,鸠化为鹰,罻罗方设。仲春之月,祀不用牲,止珪璧皮币。斯又事神之道,可以不杀,明矣。况今祀天,岂容尚此?请夏初迎气,祭不用牲。"帝从之。八年,明山宾议曰:"《周官》祀昊天以大裘,祀五帝亦如之。顷代郊祀之服,皆用衮冕,是以前奏迎气、祀五帝,亦服衮冕。愚谓迎气、祀五帝亦宜用大裘,礼俱一献。"帝从之。

陈迎气之法,皆因梁制。

后齐五郊迎气,为坛各于四郊,又为黄坛于未地。所祀天帝及配帝五官之神同梁。其玉帛牲各以其方色。其仪与南郊同。帝及后各以夕牲日之旦,太尉陈币,告请其庙,以就配焉。其从祀之官,位皆南陛之东,西向。坛上设馔毕,太宰丞设馔于其座。亚献毕,太常少卿乃于其所献。事毕,皆撤。又云,立春前五日,于州大门外之东,造青土牛两头,耕夫犁具。立春,有司迎春于东郊,竖青幡于青牛之傍焉。

后周五郊坛,其崇及去国,如其行之数。其广皆四丈,其方具百二十步。内墙皆半之。祭配皆同后斋。星辰、七宿、岳镇、海渎、山林、川泽、丘陵、坟衍,亦各于其方配郊而祀之。其星辰为坛,崇五尺,方二丈。岳镇为坎,方二丈,深二尺。山林已下,亦为坎。坛,崇三尺,坎深一尺,俱方一丈。其仪颇同南郊。冢宰亚献,宗伯终献,礼毕。

隋五时迎气。青郊为坛,国东春明门外道北,去宫八里。高八尺。赤郊为坛,国南明德门外道西,去宫十三里。高七尺。黄郊为坛,国南安化门外道西,去宫十二里。高七尺。白郊为坛,国西开远门外道南,去宫八里。高九尺。黑郊为坛,宫北十一里田地。高六尺。并广四丈。各以四方立日,黄郊以季夏土王日。祀其方之帝,各配以人帝,以太祖武元帝配。五官及星三辰七宿,亦各依其方从祀。其牲依方色,各用犊二,星辰加羊豕各一。其仪同南郊。其岳渎镇海,各依五时迎气日,遣使就其所,祭之以太牢。

晋江左以后,乃至宋、齐,相承始受命之主,皆立六庙,虚太祖之位。宋武初为宋王,立庙于彭城,但祭高祖已下四世。

中兴二年,梁武初为梁公。曹文思议:"天子受命之日,便祭七庙。诸侯始封,即祭五庙。"祠部郎谢广等并驳之,遂不施用。乃建台于东城立四亲庙,并妃郗氏而为五庙。告祠之礼,并用太牢。其年四月,即皇帝位。谢广又议,以为初祭是四时常祭,首月既不可移易,宜依前克日于东庙致斋。帝从之。遂于东城时祭讫,迁神主于太庙。始自皇祖太中府君、皇祖淮阴府君、皇高祖济阴府君、皇曾祖中从事史府君、皇祖特进府君,并皇考,以为三昭三穆。凡六庙。追尊皇考为文皇帝,皇妣为德皇后,庙号太祖。皇祖特进以上,皆不追尊。拟祖迁于上,而太祖之庙不毁,与六亲庙为七,皆同一堂,共庭而别室。春祠、夏礿、秋尝、冬蒸并腊,一岁凡五,谓之时祭。三年一祔,五年一祫,谓之殷祭。禘以夏,祫以冬,皆以功臣配。其仪颇同南郊。又有小庙,太祖太夫人庙也。非嫡,故别立庙。皇帝每祭太庙讫,乃诣小庙,亦以一太牢,如太庙礼。

天监三年,尚书左丞何佟之议曰:"禘于首夏,物皆未成,故为小。祫于秋冬,万物皆成,其礼尤大。司勋列功臣有六,皆祭于大蒸,知祫尤大,乃及之也。近代禘祫,并不及功臣,有乖典制。宜改。"诏从之。自是祫祭乃及功臣。是岁,都令史王景之,列自江左以来,郊庙祭祀,帝已入斋,百姓尚哭,以为乖礼。佟之等奏:"案《礼》国门在皋门外,今之篱门是也。今古殊制,若禁凶服不得入篱门为太远,宜以六门为断。"诏曰:"六门之内,士庶甚多,四时蒸尝,俱断其哭。若有死者,棺器须来,既许其大,而不许其细也。到斋日,宜去庙二百步断哭。"

四年,何佟之议:"案《礼》未祭一日,大宗伯省牲镬,祭日之晨,君亲牵牲丽碑。后代有冒暗之防,而人主犹必亲奉,故有夕牲之礼。顷代人君,不复躬牵,相承丹阳尹牵牲,于古无取。宜依以未祭一日之暮,太常省牲视镬,祭日之晨,使太尉牵牲出入也。《少牢馈食》杀牲于庙门外,今《仪注》诣厨烹牲,谓宜依旧。"帝可其奏。佟之又曰:

"郑玄云：'天子诸侯之祭礼，先有裸尸之事，乃迎牲。'今《仪注》乃至荐熟毕，太祝方执珪瓒裸地，违谬若斯。又近代人君，不复躬行裸礼。太尉既摄位，实宜亲执其事，而越使卑贱太祝，甚乖旧典。愚谓祭日之晨，宜使太尉先行裸献，乃后迎牲。"帝曰："裸尸本使神有所附。今既无尸，裸将安设？"佟之曰："如马、郑之意，裸虽献尸，而义在求神。今虽无尸，求神之义，恐不可阙。"帝曰："此本因尸以祀神。今若无尸，则宜立寄求之所。"裸义乃定。佟之曰："《祭统》云：'献之属，莫重于裸。'今既存尸卒食之献，则裸鬯之求，实不可阙。又送神更裸经记无文。宜依礼革。"奏未报而佟之卒。后明山宾复申其理。帝曰："佟之既不复存，宜从其议也。"自是始使太尉代太祝行裸而又牵牲。太常任昉，又以未明九刻呈牲，加又太尉裸酒，三刻施馔，间中五刻，行仪不办。近者临祭从事，实以二更，至未明三刻方办。明山宾议："谓九刻已疑太早，况二更非复祭旦。"帝曰："夜半子时，即是晨始。宜取三更省牲，余依《仪注》。"又有司以为三牲或离杙，依制埋瘗，猪羊死则不埋。请议其制。司马褧等议，以为"牲死则埋，必在涤矣。谓三牲在涤死，悉宜埋。"帝从之。

五年，明山宾议："樽彝之制，《祭图》唯有三樽：一曰象樽，周樽也；二曰山罍，夏樽也；三曰著樽，殷樽也。徒有彝名，竟无其器，直酌象樽之酒，以为珪瓒之宝。窃寻裸重于献，不容共樽，宜循彝器，以备大典。案礼器有六彝，春祠夏礿，裸用鸡彝鸟彝。王以珪瓒初裸，后以璋瓒亚裸，故春夏两祭，俱用二彝。今古礼殊，无复亚裸，止循其二。春夏鸡彝，秋冬牛彝，庶礼物备也。"帝曰："鸡是金禽，亦主巽位。但金火相伏，用之通夏，于义为疑。"山宾曰："臣愚管，不奉明诏，则终年乖舛。案鸟彝是南方之物，则主火位，木生于火，宜以鸟彝春夏兼用。"帝从之。

七年，舍人周捨以为："《礼》'玉辂以祀，金辂以宾'，则祭日应乘玉辂。"诏下其议。左丞孔休源议："玉辂既有明文，而《仪注》金辂，当由宋、齐乖谬，宜依捨议。"帝从之。又礼官司马筠议："自今大事，遍告七庙，小事止告一室。"于是议以封禅，南、北郊，祀明堂，巡省四方，御临戎出征，皇太子加元服，寇贼平荡，筑宫立阙，纂戎戒严、解严，合十一条，则遍告七庙。讲武修宗庙明堂、临轩封拜公王，四夷款化贡方物，诸公王以愆削封，及诏封王绍袭，合六条，则告一室。帝从之。

九年，诏簠簋之实，以藉田黑黍。

十二年，诏曰："祭祀用洗匜中水盥，仍又涤爵。爵以礼神，宜穷精洁，而一器之内，杂用洗手，外可详议。"于是御及三公应盥及洗爵，各用一匜。

十六年四月，诏曰："夫神无常飨，飨于克诚，所以西邻礿祭，实受其福。宗庙祭祀，犹有牲牢，无益至诚，有累冥道。自今四时蒸尝外，可量代。"八座议："以大脯代一元大武。"八座又奏："既停宰杀，无复省牲之事，请立省馔仪。其众官陪列，并同省牲。"帝从之。十月，诏曰："今虽无复牲腥，犹有脯脩之类，即之幽明，义为未尽。可更详定，悉荐时蔬。"左丞司马筠等参议："大饼代大脯，余悉用蔬菜。"帝从之。又舍人朱异议："上庙祀，相承止有一钘羹，盖祭祀之礼，应有两羹，相承止一钘，即礼为乖。请加熬油莼羹一钘。"帝从之。于是起至敬殿、景阳台，立七庙座。月中再设净馔。自是迄于台城破，诸庙遂不血食。

普通七年，祔皇太子所生丁贵嫔神主于小庙。其仪，未祔前，先修坎室，改涂。其日，有司行扫除，开坎室，奉皇考太夫人神主于坐。奠制币讫，众官入自东门，位定，祝告讫，撤币，埋于两楹间。有司迁太夫人神主于上，又奉穆贵嫔神主于下，陈祭器，如时祭仪。礼毕，纳神主，闭于坎室。

陈制，立七庙，一岁五祠，谓春夏秋冬腊也。每祭共以一太牢，始祖以三牲首，余唯骨体而已。五岁再殷，殷大祫而合祭也。初文帝入嗣，而皇考始兴昭烈王庙在始兴国，谓之东庙。天嘉四年，徙东庙神主，祔于梁之小庙，改曰国庙。祭用天子仪。

后齐文襄嗣位，犹为魏臣，置王高祖秦州使君、王曾祖太尉武贞公、王祖太师文穆公、王考相国献武王，凡四庙。文宣帝受禅，置六庙：曰皇祖司空公庙、皇祖吏部尚书庙、皇祖秦州使君庙、皇祖文穆皇帝庙、太祖献武皇帝庙、世宗文襄皇帝庙，为六庙。献武已下不毁，已上则递毁。并同庙而别室。既而迁神主于太庙。文襄、文宣，并太祖之子，文宣初疑其昭穆之次，欲别立庙。众议不同。至二年秋，始祔太庙。春祠、夏礿、秋尝、冬蒸，皆以孟月，并腊，凡五祭。禘祫如梁之制。每祭，室一太牢，始以皇后预祭。河清定令，四时祭庙禘祭及元日庙庭，并设庭燎二所。

王及五等开国，执事官、散官从三品已上，皆祀五世。五等散品及执事官、散官正三品已下从五品已上，祭三世。三品已上，牲用一太牢，五品已下，少牢。执事官正六品已下，从七品已上，祭二世。用特牲。正八品已下，达于庶人，祭于寝，牲用特肫，或亦祭祖祢。诸庙悉依其宅堂之制，其间数各依庙多少为限。其牲皆子孙见官之牲。

后周之制，思复古之道，乃右宗庙而左社稷。置太祖之庙，并高祖已下二昭二穆，凡五。亲尽则迁。其有德者谓之祧，庙亦不毁。闵帝受禅，追尊皇祖为德皇帝，文王为文皇帝，庙号太祖。拟已上三庙递迁，至太祖不毁。其下相承置二昭二穆为五焉。明帝崩，庙号世宗，武帝崩，庙号高祖，并为祧庙而不毁。其时祭，各于其庙，祫禘则于太祖庙，亦以皇后预祭。其仪与后齐同。所异者，皇后亚献讫，后又荐加豆之笾，其实菱芡芹菹兔醢。冢宰终献讫，皇后亲撤豆，降还板位。然后太祝撤焉。

高祖既受命，遣兼太保宇文善、兼太尉李询，奉策诣同州，告皇考桓王庙，兼用女巫，同家人之礼。上皇考桓王尊号为武元皇帝，皇妣尊号为元明皇后，奉迎神主，归于京师。牺牲尚赤，祭用日出。是时帝崇建社庙，改周制，左宗庙而右社稷。宗庙未言始祖，又无受命之祧，自高祖已下，置四亲庙，同殿异室而已。一曰皇高祖太原府君庙，二曰皇曾祖康王庙，三曰皇祖献王庙，四曰皇考太祖武元皇帝庙。拟祖迁于上，而太祖之庙不毁。各以孟月，飨以太牢。四时荐新于太庙，有司行事，而不出神主。祔祭之礼，并准时飨。其司命，户以春,灶以夏,门以秋,行以冬,各于享庙日,中霤则以季夏祀黄郊日,各命有司,祭于庙西门道南。牲以少牢。三年一祫,以孟冬,迁主、未迁主合食于太祖之庙。五年一禘,以孟夏,其迁主各食于所迁之庙,未迁之主各于其庙。禘祫之月,则停时飨,而陈诸瑞物及伐国所获珍奇于庙庭,及以功臣配飨。并以其日,使祀先代王公帝尧于平阳,以契配;帝舜于河东,咎繇配;夏禹于安邑,伯益配;殷汤于汾阴,伊尹配;文王、武王于酆渭之郊,周公、召公配;汉高帝于长陵,萧何配。各以一太牢而无乐。配者飨于庙庭。

大业元年,炀帝欲遵周法,营立七庙,诏有司详定其礼。礼部侍郎、摄太常少卿许善心,与博士褚亮等议曰:

> 谨案《礼记》:“天子七庙,三昭三穆,与太祖之庙而七。”郑玄注曰:“此周制也。七者,太祖及文王、武王之祧,与亲庙四也。殷则六庙,契及汤与二昭二穆也。夏则五庙,无太祖,禹与二昭二穆而已。”玄又据王者禘其祖之所自出,而立四庙。案郑玄义,天子唯立四亲庙,并始祖而为五。周以文、武为受命之祖,特立二祧,是为七庙。王肃注《礼记》:“尊者尊统上,卑者尊统下。故天子七庙,诸侯五庙。其有殊功异德,非太祖而不毁,不在七庙之数。”案王肃以为天子七庙,是通百代之言,又据《王制》之文“天子七庙,诸侯五庙,大夫三庙”,降二为差。是则天子立四亲庙,又立高祖之父,高祖之祖,并太祖而为七。周有文、武、姜嫄,合为十庙。汉诸帝之庙各立,无迭毁之义,至元帝时,贡禹、匡衡之徒,始建其礼,以高帝为太祖,而立四亲庙,是为五庙。唯刘歆以为天子七庙,诸侯五庙,降杀以两之义。七者,其正法,可常数也,宗不在数内,有功德则宗之,不可预毁为数也。是以班固称,考论诸儒之议,刘歆博而笃矣。光武即位,建高庙于洛阳,乃立南顿君以上四庙,就祖宗而为七。至魏初,高堂隆为郑学,议立亲庙四,太祖武帝,犹在四亲之内,乃虚置太祖及二祧,以待后代。至景初间,乃依王肃,更立五世、六世祖,就四亲而为六庙。晋武受禅,博议宗祀,自文帝以上六

世祖征西府君，而宣帝亦序于昭穆，未升太祖，故祭止六也。江左中兴，贺循知礼，至于寝庙之仪，皆依魏、晋旧事。宋武帝初受晋命为王，依诸侯立亲庙四。即位之后，增祠五世祖相国掾府君、六世祖右北平府君，止于六庙。逮身殁，主升从昭穆，犹太祖之位也。降及齐、梁，守而弗革，加崇迭毁，礼无违旧。

　　臣等又案姬周自太祖已下，皆别立庙，至于禘祫，俱合食于太祖。是以炎汉之初，诸庙各立，岁时尝享，亦随处而祭，所用庙乐，皆象功德而哥舞焉。至光武乃总立一堂，而群主异室，斯则新承寇乱，欲从约省。自此以来，因循不变。伏惟高祖文皇帝，睿哲玄览，神武应期，受命开基，垂统圣嗣，当文明之运，定祖宗之礼。且损益不同，沿袭异趣，时王所制，可以垂法。自历代以来，杂用王、郑二义，若寻其指归，校以优劣，康成止论周代，非谓经通，子雍总贯皇王，事兼长远。今请依据古典，崇建七庙。受命之祖，宜别立庙祧，百代之后，为不毁之法。至于鉴驾亲奉，申孝享于高祖，有司行事，竭诚敬于群主，俾夫规模可则，严祀易遵，表有功而彰明德，大复古而贵能变。

　　臣又案周人立庙，亦无处置之文。据冢人处职而言之，先王居中，以昭穆为左右。阮忱撰《礼图》，亦从此义。汉京诸庙既远，又不序禘祫。今若依周制，理有未安，杂用汉仪，事难全采。谨详立别图，附之议末。

其图，太祖、高祖各一殿，准周文武二祧，与始祖而三。余并分室而祭。始祖及二祧之外，从迭毁之法。诏可，未及创制。

既营建洛邑，帝无心京师，乃于东都固本里北，起天经宫，以游高祖衣冠，四时致祭。于三年，有司奏，请准前议，于东京建立宗庙。帝谓秘书监柳晋曰：“今始祖及二祧已具，今后子孙，处朕何所？”又下诏，唯议别立高祖之庙，属有行役，遂复停寝。

自古帝王之兴，皆禀五精之气。每易姓而起，以致太平，必封乎太山，所以告成功也。封讫而禅乎梁甫，梁甫者，太山之支山卑下者也,能以其道配成高德。故禅乎梁甫,亦以告太平也。封禅者,高厚之谓也。天以高为尊,地以厚为德,增太山之高,以报天也,厚梁甫之基,以报地也。明天之所命,功成事就,有益于天地,若天地之更高厚云。《记》曰:"王者因天事天,因地事地。因名山升中于天,而凤凰降,龟龙格。"齐桓公既霸而欲封禅,管仲言之详矣。秦始皇既黜儒生,而封太山,禅梁甫,其封事皆秘之,不可得而传也。汉武帝颇采方士之言,造为玉牒,而编以金绳,封广九尺,高一丈二尺。光武中兴,聿遵其故。晋、宋、齐、梁及陈,皆未遑其议。后齐有巡狩之礼,并登封之仪,竟不之行也。

开皇十四年,群臣请封禅。高祖不纳。晋王广又率百官抗表固请,帝命有司草《仪注》。于是牛弘、辛彦之、许善心、姚察、虞世基等创定其礼,奏之。帝逡巡其事,曰:"此事体大,朕何德以堪之。但当东狩,因拜岱山耳。"十五年春,行幸兖州,遂次岱岳。为坛,如南郊,又壝外为柴坛,饰神庙,展宫悬于庭。为埋坎二,于南门外。又陈乐设位于青帝坛,如南郊。帝服衮冕,乘金辂,备法驾而行。礼毕,遂诣青帝坛而祭焉。

开皇十四年闰十月,诏东镇沂山,南镇会稽山,北镇医无间山,冀州镇霍山,并就山立祠。东海于会稽县界,南海于南海镇南,并近海立祠。及四渎、吴山,并取侧近巫一人,主知洒扫,并命多莳松柏。其霍山,雩祀日遣使就焉。十六年正月,又诏北镇于营州龙山立祠。东镇晋州霍山镇,若修造,并准西镇吴山造神庙。

大业中,炀帝因幸晋阳,遂祭恒岳。其礼颇采高祖拜岱宗仪,增置二坛,命道士女官数十人,于壝中设醮。十年,幸东都,过祀华岳,筑场于庙侧。事乃不经,盖非有司之定礼也。

《礼》天子以春分朝日于东郊,秋分夕月于西郊。汉法,不俟二分于东西郊,常以郊泰畤。且出竹宫东向揖日,其夕西向揖月。魏文讥其烦亵,似家人之事,而以正月朝日于东门之外。前史又以为非时。及明帝太和元年二月丁亥,朝日于东郊。八月己丑,夕月于西郊。始合于古。

后周以春分朝日于国东门外，为坛，如其郊。用特牲青币，青圭有邸。皇帝乘青辂，及祀官俱青冕，执事者青弁。司徒亚献，宗伯终献。燔燎如圆丘。秋分夕月于国西门外，为坛，于坎中，方四丈，深四尺，燔燎礼如朝日。

开皇初，于国东春明门外为坛，如其郊。每以春分朝日。又于国西开远门外为坎，深三尺，广四丈。为坛于坎中，高一尺，广四尺。每以秋分夕月。牲币与周同。

凡人非土不生，非谷不食，土谷不可偏祭，故立社稷以主祀。古先圣王，法施于人则祀之，故以勾龙主社，周弃主稷而配焉。岁凡再祭，盖春求而秋报，列于中门之外，外门之内，尊而亲之，与先祖同也。然而古今既殊，礼亦异制。故左社稷而右宗庙者，得质之道也。右社稷而左宗庙者，文之道也。

梁社稷在太庙西，其初盖晋元帝建武元年所创，有太社、帝社、太稷，凡三坛。门墙并随其方色。每以仲春仲秋，并令郡国县祠社稷、先农，县又兼祀灵星、风伯、雨师之属。及腊，又各祠社稷于坛。百姓则二十五家为一社，其旧社及人稀者，不限其家。春秋祠水旱，祷祈祠具，随其丰约。其郡国有五岳者，置宰祝三人，及有四渎若海应祠者，皆以孟春仲冬祠之。

旧太社，廪牺吏牵牲、司农省牲，太祝吏赞牲。天监四年，明山宾议，以为："案郊庙省牲日，则廪牺令牵牲，太祝令赞牲。祭之日，则太尉牵牲。《郊特牲》云'社者神地之道'，国主社稷，义实为重。今公卿贵臣，亲执盛礼，而令微吏牵牲，颇为轻末。且司农省牲，又非其义，太常礼官，实当斯职。《礼》，祭社稷无亲事牵之文。谓宜以太常省牲，廪牺令牵牲，太祝令赞牲。"帝唯以太祝赞牲为疑，又以司农省牲，于理似伤，牺吏执纼，既事成卑。议以太常丞牵牲，余依明议。于是遂定。至大同初，又加官社、官稷，并前为五坛焉。

陈制皆依梁旧。而帝以三牲首，余以骨体。荐粱盛为六饭：粳以敦，稻以牟，黄梁以簠，白梁以簋，黍以瑚，粱以琏。又令太中署，常以二月八日，于署庭中，以太牢祠老人星，兼祠天皇大帝、太一、日月、五星、钩陈、北极、北斗、三台、二十八宿、大人星、子孙星，都四十六坐。

凡应预祠享之官，亦太医给除秽气散药，先斋一日服之，以自洁。其仪本之齐制。

后齐立太社、帝社、太稷三坛于国方。每仲春秋月之元辰及腊，各以一太牢祭焉。皇帝亲祭，则司农卿省牲进熟，司空亚献，司农终献。

后周社稷，皇帝亲祀，则冢宰亚献，宗伯终献。

开皇初，社稷并列于含光门内之右，仲春、仲秋、吉戊，各以一太牢祭焉。牲色用黑。孟冬下亥，又腊祭之。州郡县二仲月，并以少牢祭，百姓亦各为社。又于国城东南七里延兴门外，为灵星坛，立秋后辰，令有司祠以一少牢。

古典有天子东耕仪。江左未暇，至宋始有其典。

梁初藉田，依宋、齐，以正月用事，不斋不祭。天监十二年，武帝以为："启蛰而耕，则在二月节内。《书》云：'以殷仲春。'藉田理在建卯。"于是改用二月。"又《国语》云：'王即斋宫，与百官御事并斋三日。'乃有沐浴裸飨之事。前代当以耕而不祭，故阙此礼。《国语》又云："稷临之，太史赞之。"则知耕藉应有先农神座，兼有赞述耕旨。今藉田应散斋七日，致斋三日，兼于耕所设先农神坐，陈荐羞之礼。赞辞如社稷法。"又曰："齐代旧事，藉田使御史乘马车，载耒耜，于五辂后。《礼》云：'亲载耒耜，措干参保介之间。'则置所乘辂上。若以今辂与古不同，则宜升之次辂，以明慎重。而远在余处，于义为乖。且御史掌视，尤为轻贱。自今宜以侍中奉耒耜，载于象辂，以随木辂之后。"

普通二年，又移籍田于建康北岸，筑兆域大小，列种梨柏，便殿及斋官省，如南北郊。别有望耕台，在坛东。帝亲耕毕，登此台，以观公卿之推伐。又有祈年殿云。

北齐籍于帝城东南千亩内，种赤粱、白谷、大豆、赤黍、小豆、黑穄、麻子、小麦，色别一顷。自余一顷，地中通阡陌，作祠坛于陌南阡西，广轮三十六尺，高九尺，四陛三壝四门。又为大营于外，又设御耕坛于阡东陌北。每岁正月上辛后吉亥，使公卿以一太牢祠先农神农氏于坛上，无配飨。祭讫，亲耕。先祠，司农进穜稑之种，六宫主之。行事之官并斋，设齐省。于坛所列宫悬。又置先农坐于坛上。众官朝服，司空一献，不燎。祠讫，皇帝乃服通天冠、青纱袍、黑介帻，佩苍玉，黄绶，青带、袜、舄，备法驾，乘木辂。耕官具朝服从。殿中监进御耒于坛南，百官定列。帝出便殿，升耕坛南陛，即御座。应耕者各进于列。帝降自南陛，至耕位，释剑执耒，三推三反，升坛即坐。耕，官一品五推五反，二品七推七反，三品九推九反。藉田令帅其属以牛耕，终千亩。以青箱奉穜稑种，跪呈司农，诣耕所洒之。耰讫，司农省功，奏事毕。皇帝降之便殿，更衣飨宴。礼毕，班赉而还。

隋制，于国南十四里启夏门外，置地千亩，为坛，孟春吉亥，祭先农于其上，以后稷配。牲用一太牢。皇帝服衮冕，备法驾，乘金根车。礼三献讫，因耕。司农授耒，皇帝三推讫，执事者以授应耕者，各以班九推五推。而司徒帅其属，终千亩。播殖九谷，纳于神仓，以拟粢盛。穰稿以饲牺牲云。

《周礼》王后蚕于北郊，而汉法皇后蚕于东郊。魏遵《周礼》，蚕于北郊。吴韦昭制《西蚕颂》，则孙氏亦有其礼矣。晋太康六年，武帝杨皇后蚕于西郊，依汉故事。江左至宋孝武大明四年，始于台城西白石里，为西蚕设兆域。置大殿七间，又立蚕观。自是有其礼。后齐为蚕坊于京城北之西，去皇宫十八里之外，方千步。蚕宫方九十步，墙高一丈五尺，被以棘。其中起蚕室二十七口，别殿一区。置蚕宫令丞佐史，皆宦者为之。路西置皇后蚕坛，高四尺，方二丈，四出，阶广八尺。置先蚕坛于桑坛东南，大路东，横路之南。坛高五尺，方二丈，四出，阶广五尺。外兆方四十步，面开一门。有绿襦褠、褠衣、黄履,以供蚕母。每岁季春,谷雨后吉日,使公卿以一太牢祀先蚕黄帝轩辕氏于坛上,无配,如祀先农。礼讫,皇后因亲桑于桑坛。备法驾,服鞠衣,乘重翟,师六宫升桑坛东陛,即御座。女尚书执筐,女主衣执钩,立坛下。皇后降自东陛,执筐者处右,执钩者居左,蚕母在后。乃躬桑三条讫,升坛,即御座。内命妇以次就桑,鞠衣五条,展衣七条,褖衣九条,以授蚕母。还蚕室,初授世妇,洒一簿。领预桑者并复本位。后乃降坛,还便殿,改服,设劳酒,班赍而还。后周制,皇后乘翠辂,率三妃、三㚤、御媛、御婉、三公夫人、三孤内子至蚕所,以一太牢亲祭,进奠先蚕西陵氏神。礼毕,降坛,昭化嫔亚献,淑嫔终献,因以公桑焉。隋制,于宫北三里为坛,高四尺。季春上巳,皇后服鞠衣,乘重翟,率三夫人、九嫔、内外命妇,以一太牢制。币,祭先蚕于坛上,用一献礼。祭讫,就桑位于坛南,东面。尚功进金钩,典制奉筐。皇后采三条,反钩。命妇各依班采,五条九条而止。世妇亦有蚕母受功桑,洒讫,还依位。皇后乃还宫。自后齐、后周及隋,其典大抵多依晋仪。然亦时有损益矣。

《礼》仲春以玄鸟至之日,用太牢祀于高禖。汉武帝年二十九,乃得太子,甚喜,为立禖祠于城南,祀以特牲,因有其祀。晋惠帝元康六年,禖坛石中破为二。诏问,石毁今应复不?博士议:“《礼》无高禖置石之文,未知造设所由;既已毁破,可无改造。”更下西府博议。而贼曹属束晳议:“以石在坛上,盖主道也。祭器弊则埋而置新,今宜埋而更造,不宜遂废。”时此议不用。后得高堂隆故事,魏青龙中,造立此石,诏更镌石,令如旧,置高禖坛上。埋破石入地一丈。

案梁太庙北门内道西有石,文如竹叶,小屋覆之,宋元嘉中修庙所得。陆澄以为孝武时郊禖之石。则江左亦有此礼矣。

后齐高禖,为坛于南郊傍,广轮二十六尺,高九尺,四陛壝三。每岁春分玄鸟至之日,皇帝亲师六宫,祀青帝于坛,以太昊配,而祀高禖之神以祈子。其仪,青帝北方南向,配帝东方西向,禖神坛下东陛之南西向。礼用青珪束帛,牲共以一太牢。祀日,皇帝服衮冕,乘玉辂。皇后服袆衣,乘重翟。皇帝初献,降自东陛,皇后亚献,降自西陛,并诣便坐。夫人终献,上嫔献于禖神讫。帝及后并诣欑位,乃送神。皇帝皇后及群官皆拜。乃撤就燎,礼毕而还。

隋制亦以玄鸟至之日,祀高禖于南郊坛。牲用太牢一。

旧礼祀司中、司命、风师、雨师之法,皆随其类而祭之。兆风师于西方者,就秋风之劲,而不从箕星之位。兆司中、司命于南郊,以天神是阳,故兆于南郊也。兆雨师于北郊者,就水位,在北也。

隋制,于国城西北十里亥地,为司中、司命、司禄三坛,同壝。祀以立冬后亥。国城东北七里通化门外为风师坛,祀以立春后丑。国城西南八里金光门外为雨师坛,祀以立夏后申。坛皆三尺,牲并以一少牢。

昔伊耆氏始为蜡。蜡者,索也。古之君子,使人必报之。故周法,以岁十二月,合聚万物而索飨之。仁之至,义之尽也。其祭法,四方各自祭之。若不成之方,则阙而不祭。

后周亦存其典,常以十一月,祭神农氏、伊耆氏、后稷氏、田畯、鳞、羽、蠃、毛、介、水、墉、坊、邮、表、畷、兽、猫之神于五郊。五方上帝、地祇、五星、列宿、苍龙、朱雀、白兽、玄武、五人帝、王官之神、岳镇海渎、山林川泽、丘陵坟衍原隰,各分其方,合祭之。日月,五方皆祭之。上帝、地祇、神农、伊耆、人帝于坛上,南郊则以神农,既蜡,无其祀。三辰七宿则为小坛于其侧,岳镇海渎、山林川泽、丘陵坟衍原隰,则各为坎,余则于平地。皇帝初献上帝、地祇、神农、伊耆及人帝,冢宰亚献,宗伯终献。上大夫献三辰、五官、后稷、田畯、岳镇海渎,中大夫献七宿、山林川泽已下。自天帝、人帝、田畯、羽、毛之类,牲币玉帛皆从燎;地祇、邮、表、畷之类,皆从埋。祭毕,皇帝如南郊便殿致斋,明日乃蜡祭于南郊,如东郊仪。祭讫,又如黄郊便殿致斋,明日乃祭。祭讫,又如西郊便殿,明日乃祭。祭讫,又如北郊便殿,明日蜡祭讫,还宫。隋初因周制,定令亦以孟冬下亥蜡百神,腊宗庙,祭社稷。其方不熟,则阙其方之蜡焉。

又以仲冬祭名源川泽于北郊,用一太牢。祭井于社宫,用一少牢。季冬藏冰,仲春开冰,并用黑牡秬黍,于冰室祭司寒神。开冰,加以桃弧棘矢。

开皇四年十一月,诏曰:“古称腊者,接也。取新故交接。前周岁首,今之仲冬,建冬之月,称蜡可也。后周用夏后之时,行姬氏之蜡。考诸先代,于义有违。其十月行蜡者停,可以十二月为腊。”于是始革前制。

后齐,正月晦日,中书舍人奏祓除。年暮上台,东宫奏择吉日诣殿堂,贵臣与师行事所须,皆移尚书省备设云。

后主末年,祭非其鬼,至于躬自鼓舞,以事胡天。邺中遂多淫祀,兹风至今不绝。后周欲招来西域,又有拜胡天制,皇帝亲焉。其仪并从夷俗,淫僻不可纪也。

隋书卷八
志第三

礼仪三

陈永定三年七月,武帝崩。新除尚书左丞庾持称:"晋、宋以来,皇帝大行仪注,未祖一日,告南郊太庙,奏策奉谥。梓宫将登辒辌,侍中版奏,已称某谥皇帝。遣奠,出于陛阶下,方以此时,乃读哀策。而前代策文,犹云大行皇帝,请明加详正。"国子博士、领步兵校尉、知仪礼沈文阿等谓:"应劭《风俗通》,前帝谥未定,臣子称大行,以别嗣主。近检梁仪,自梓宫将登辒辌,版奏皆称某谥皇帝登辒辌。伏寻今祖祭已奉策谥,哀策既在庭遣祭,不应犹称大行。且哀策篆书,藏于玄宫。"谓"依梁仪称谥,以传无穷"。诏可之。

天嘉元年八月癸亥,尚书仪曹请今月晦皇太后服安吉君禫除仪注。沈洙议:"谓至新期断,加降故再期,而再周之丧,断二十五月。但重服不可顿除,故变之以纤缟,创巨不可便愈,故称之以详禫。禫者,淡也,所以渐祛其情。至加父在为母出适后之子,则屈降之以期。期而除服,无复衰麻,缘情有本同之义,许以心制。心制既无杖经可除,不容复改玄缫,既是心忧,则无所更淡其心也。且禫杖期者,十五月已有禫制,今申其免怀之感,故断以再周,止二十五月而已。所以宋元嘉立义,心丧以二十五月为限。大明中,王皇后父丧,又申明其制。齐建元中,太子穆妃丧,亦同用此礼。唯王俭《古今集记》云,心制终二十七月,又为王逡所难。何佟之《仪注》用二十五月而除。案古循今,宜以再周二十五月为断。今皇太后于安吉君心丧之期,宜除于再周,无复心禫之礼。"诏可之。

隋制,诸岳崩渎竭,天子素服,避正寝,撤膳三日。遣使祭崩竭之山川,牲用太牢。

皇帝本服大功已上亲及外祖父母、皇后父母、诸官正一品丧,皇帝不视事三日。皇帝本服五服亲及嫔、百官正二品已上丧,并一举哀。太阳亏、国忌日,皇帝本服小功缌麻亲、百官三品已上丧,皇帝皆不视事一日。

皇太后、皇后为本服五服内诸亲及嫔,一举哀。皇太子为本服五服之内亲及东宫三师、三少、宫臣三品已上,一举哀。

梁天监元年,齐临川献王所生姜谢墓被发,不至埏门。萧子晋传重,谘礼官何佟之。佟之议,以为:"改葬服缌,见枢不可无服故也。此止侵坟土,不及于椁,可依新宫火处三日哭假而已。"帝以为得礼。二年,何佟之议:"追服三年无禫。"尚书仪,并以佟之言为得。

又二年,始兴王嗣子丧。博士管喧议,使国长从服缌麻。

四年,掌凶礼严植之定《仪注》,以亡月遇闰,后年中祥,疑所附月。帝曰:"闰盖余分,月节则各有所隶。若节属前月,则宜以前月为忌,节属后月,则宜以后月为忌。祥逢闰则宜取远日。"

又四年,安成国刺称:"庙新建,欲克今日迁立所生吴太妃神主。国王既有妃丧,欲使臣下代祭。"明山宾议,以为:"不可。宜待王妃服竟,亲奉盛礼。"

五年,贵嫔母车丧,议者疑其仪。明山宾以为:"贵嫔既居母忧,皇太子出贵嫔别第,一举哀,以申圣情,庶不乖礼。"帝从之。

又五年,祠部郎司马褧牒:"贵嫔母车亡,应有服制",谓"宜准公子为母麻衣之制,既葬而除。"帝从之。

六年,申明葬制,凡墓不得造石人兽碑,唯听作石柱,记名位而已。

七年,安成王慈太妃丧,周舍牒:"使安成、始兴诸王以成服日一日为位受吊。"帝曰："丧无二主。二王既在远,嗣子宜祭摄事。"周舍牒："嗣子著细布衣、绢领带、单衣用十五升葛。凡有事及岁时节朔望,并于灵所朝夕哭。三年不听乐。"十四年,舍人朱异议:"《礼》,年虽未及成人,已有爵命者,则不为殇。封阳侯年虽中殇,已有拜封,不应殇服。"帝可之。于是诸王服封阳侯依成人之服。

大同六年,皇太子启:"谨案下殇之小功,不行婚冠嫁三嘉之礼,则降服之大功,理不得有三嘉。今行三嘉之礼,窃有小疑。"帝曰:"《礼》云:'大功之末,可以冠子。父小功之末,可以冠子、嫁子、娶妇。己虽小功,既卒哭,可以冠、娶妻。下殇之小功则不可。'晋代蔡谟、谢沈、丁纂、冯怀等遂云:'降服大功,可以嫁女。'宋代裴松之、何承天又云:'女有大功之服,亦得出嫁。'范坚、荀伯子等,虽复率意致难,亦未能折。太始六年,虞龢立议:'大功之末,乃可娶妇。'于时博询,咸同龢议。齐永明十一年,有大司马长子之丧,武帝子女同服大功。左丞顾杲之议云:'大功之末,非直皇女嫔降无疑,皇子娉纳,亦在非硋。'凡此诸议皆是公背正文,务为通耳。徐爰王文宪并云:期服降为大功皆不可以婚嫁。"于义乃为不乖,而又不释其意。天监十年,信安公主当出适,而有临川长子大功之惨,具论此义,粗已详悉。太子今又启审大工之末及下殇之小功行婚冠嫁三吉之事。案《礼》所言下殇小功,本是期服,故不得有三吉之礼。况本服是期,降为大功,理当不可。人间行者,是用郑玄逆降之义。《杂记》云:'大功之末,可以冠子嫁子。'此谓本服大功,子则小功,逾月以后,于情差轻,所以许有冠嫁。此则小功之末,通得取妇。前所云'大功之末,可以冠子嫁子',此是简出大功之身,不得取妇。后言'小功之末,可以冠子嫁子',非直子得冠嫁,亦得取妇。故有出没。婚礼,国之大典,宜有画一。今宗室及外戚,不得复辄有干启,礼官不得辄为曲议。可依此以为法。"

后齐定令,亲王、公主、太妃、妃及从三品已上丧者,借白鼓一面,丧毕进输。王、郡公主、太妃、仪同三司已上及令仆,皆听立凶门柏历。三品已上及五等开国,通用方相。四品已下,达于庶人,以魌头。旌则一品九旒,二品、三品七旒,四品、五品五旒,六品、七品三旒,八品已下,达于庶人,唯旐而已。其建旐,三品已上及开国子、男,其长至轸,四品、五品至轮,六品至于九品,至较。勋品达于庶人,不过七尺。

王元轨子欲改葬祖及祖母,列上未知所服。邢子才议曰:"《礼》'改葬缌麻'。郑玄注:'臣为君,子为父,妻为夫。'唯三人而已。然嫡曾孙、孙承重者,曾祖父母、祖父母改葬,既并三年之服,皆应服缌。而止言三人,若非遗漏,便是举其略耳。"

开皇初,高祖思定典礼。太常卿牛弘奏曰:"圣教陵替,国章残缺,汉、晋为法,随俗因时,未足经国庇人,弘风施化。且制礼作乐,事归元首,江南王俭,偏隅一臣,私撰仪注,多违古法。就庐非东阶之位,凶门岂设重之礼?两萧累代,举国遵行。后魏及齐,风牛本隔,殊不寻究,遥相师祖,故山东之人,浸以成俗。西魏已降,师旅弗遑,宾嘉之礼,尽未详定。今休明启运,宪章伊始,请据前经,革兹俗弊。"诏曰:"可。"弘因奏征学者,撰《仪礼》百卷。悉用东齐《仪注》以为准,亦微采王俭礼。修毕,上之,诏遂班天下,咸使遵用焉。

其丧纪,上自王公,下逮庶人,著令皆为定制,无相差越。正一品薨,则鸿胪卿监护丧事,司仪令示礼制。二品已上,则鸿胪丞监护,司仪丞示礼制。五品已上薨、卒,及三品已上有期亲已上丧,并掌仪一人示礼制。官人在职丧,听敛以朝服,有封者,敛以冕服,未有官者,白帢单衣。妇人有官品者,亦以其服敛。棺内不得置金银珠玉。诸重,一品悬鬲六,五品已上四,六品已下二。辒车,三品已上油幰,朱丝络网,施襈,两箱画龙,幰竿诸末垂六旒苏。七品已上油幰,施襈,两箱画云气,垂四旒苏。八品已下,达于庶人,鳖甲车,无幰襈旒苏画饰。执绋,一品五十人,三品已上四十人,四品三十人,并布帻布深衣。三品已上四引、四披、六铎、六翣。五品已上二引、二披、四铎、四翣。九品已上二铎、二翣。四品已上用方相,七品已上用魌头。在京师葬者,去城七里外。三品已上立碑,螭首龟趺。趺上高不得过九尺。七品已上立碣,高四尺。圭首方趺。若隐沦道素,孝义著闻者,虽无爵,奏,听立碣。

三年及期丧,不数闰。大功已下数之。以闰月亡者,祥及忌日,皆以闰所附之月为正。

凶服不入公门。期丧已下不解官者,在外曹褠缘纱帽。若重丧被起者,皂绢下裙帽。若入宫殿及须朝见者,冠服依百官例。

齐衰心丧已上,虽有夺情,并终丧不吊不贺不预宴。期丧未练,大功未葬,不吊不贺,并终丧不预宴。小功已下,假满依例。居五服之丧,受册及之职,仪卫依常式,唯鼓乐从而不作。若以戎事,不用此制。

自秦兼天下,朝觐之礼遂废。及周封萧詧为梁王,讫于隋,恒称藩国,始有朝见之仪。梁王之朝周,入畿,大冢宰命有司致积。其饩五牢,米九十筥,醯醢各三十五瓮,酒十八壶,米禾各五十车,薪刍各百车。既至,大司空设九傧以致馆。梁王束帛乘马,设九介以待之。礼成而出。明日,王朝,受享于庙。既致享,大冢宰又命公一人,玄冕乘车,陈九傧,以束帛乘马,致食于宾及宾之从各有差。致食讫,又命公一人,弁服乘车,执贽,设九傧以劳宾。王设九介,迎于门外。明日,朝服乘车,还贽于公。公皮弁迎于大门,授贽受贽,并于堂之中楹。又明日,王朝服,设九介,乘车,备仪卫,以见于公。事毕,公致享。明日,三孤一人,又执贽劳于梁王。明日,王还贽。又明日,王见三孤,如见三公。明日,卿一人,又执贽劳王。王见卿,又如三孤。于是三公、三孤、六卿,又各饩宾,并属官之长为使。牢米束帛同三公。

开皇四年正月,梁主萧岿朝于京师,次于郊外。诏广平王杨雄、吏部尚书韦世康,持节以迎。卫尉设次于驿馆。雄等降就便幕。岿服通天冠、绛纱袍、端珽,立于东阶下,西面。文武陪侍,如其国。雄等立于门右,东面。岿摄内史令柳顾言出门请事。世康曰:"奉诏劳于梁帝。"顾言入告。峃出,迎于馆门之外,西面再拜。持节者导雄与峃俱入,至于庭下。峃北面再拜受诏讫。雄等乃出,于馆门外道右东向。峃送于门外,西面再拜。及奉见,高祖冠通天冠,服绛纱袍,御大兴殿,如朝仪。峃服远游冠,朝服以入,君臣并拜,礼毕而出。

古者天子征伐,则宜于社,造于祖,类于上帝。还亦以牲遍告。梁天监初,陆琏议定军礼,遵其制。帝曰:"宜者请征讨之宜,造者禀谋于庙,类者奉天时以明伐,并明不敢自专。陈币承命可也。"琏不能对。严植之又争之,于是告用牲币,反亦如之。

后齐天子亲征纂严,则服通天冠,文物充庭。有司奏更衣,乃入,冠武弁,弁左貂附蝉以出。誓讫,择日备法驾,乘木辂,以造于庙。载迁庙主于斋车,以俟行。次宜于社,有司以毛血衅军鼓,载帝社石主于车,以俟行。次择日陈六军,备大驾,类于上帝。次择日祈后土、神州、岳镇、海渎、源川等。乃为坎盟,督将列牲于坎南,北首。有司坎前读盟文,割牲耳,承血。皇帝受牲耳,遍授大将,乃置于坎。又歃血,歃遍,又以置坎。礼毕,埋牲及盟书。又卜日,建牙旗于墠,祭以太牢,及所过名山大川,使有司致祭。将届战所,卜刚日,备玄牲,列军容,设柴于辰地,为墠而祃祭。大司马莫矢,有司莫毛血,乐奏《大护》之音。礼毕,彻牲,柴燎。战前一日,皇帝祷祖,司空祷社。战胜则各报以太牢。又以太牢赏用命战于祖,引功臣入旌门,即神庭而授版焉。又罚不用命于社,即神庭行戮讫,振旅而还。格庙诣社讫,择日行饮至礼,文物充庭。有司执简,纪年号月朔,陈六师凯入格庙之事,饮至策勋之美,因述其功,不替赏典焉。

隋制,行幸所过名山大川,则有司致祭。岳渎以太牢,山川以少牢。亲征及巡狩,则类上帝、宜社、造庙,还礼亦如之。将发轫,则軷祭。其礼,有司于国门外,委土为山象,设埋坎。有司剞羊,陈俎豆。驾将至,委奠币,荐脯醢,加羊于軷,西首。又奠酒解羊,并馔埋于坎。驾至,太仆祭两轵及轨前,乃饮,授爵,遂轹軷上而行。

大业七年,征辽东,炀帝遣诸将,于蓟城南桑乾河上,筑社稷二

坛,设方墠,行宜社礼。帝斋于临朔宫怀荒殿,预告官及侍从,各斋
于其所。十二卫士并斋。帝衮冕玉辂,备法驾。礼毕,御金辂,服通
天冠,还宫。又于宫南类上帝,积柴于燎坛,设高祖位于东方。帝服
大裘以冕,乘玉辂,祭奠玉帛,并如宜社。诸军受胙毕,帝就位,观
燎,乃出。又于蓟城北设坛,祭马祖于其上,亦有燎。又于其日,使
有司并祭先牧及马步,无钟鼓之乐。

　　众军将发,帝御临朔宫,亲授节度。每军,大将、亚将各一人。骑
兵四十队。队百人置一纛。十队为团,团有偏将一人。第一团,皆
青丝连明光甲、铁具装、青缨拂,建狻猊旗。第二团,绛丝连朱犀甲、
兽文具装、赤缨拂,建貔豻旗。第三团,白丝连明光甲、铁具装、素缨
拂,建辟邪旗。第四团,乌丝连玄犀甲、兽文具装、建六驳旗。前部
鼓吹一部,大鼓、小鼓及鼗、长鸣、中鸣等各十八具,㧪鼓、金钲各二
具。后部铙吹一部,铙二面,歌箫及笳各四具,节鼓一面,吴吹筚篥、
横笛各四具,大角十八具。又步卒八十队,分为四团。团有偏将一
人。第一团,每队给青隼荡幡一。第二团,每队黄隼荡幡一。第三
团,每队白隼荡幡一。第四团,每队苍隼荡幡一。长槊楯弩及甲毦
等,各称兵数。受降使者一人,给二马轺车一乘,白兽幡及节各一,
骑吏三人,车辐白从十二人。承诏慰抚,不受大将制。战阵则为监
军。

　　军将发,候大角一通,步卒第一团出营东门,东向阵。第二团出
营南门,南向阵。第三团出营西门,西向阵。第四团出营北门,北向
阵。阵四面团营,然后诸团严驾立。大角三通,则铙鼓俱振,骑第一
团引行。队间相去各十五步。次第二团,次前部鼓吹,次弓矢一队,
合二百骑。建蹲兽旗,炮穽二张,大将在其下。次诞马二十匹,次大
角,次后部铙,次第三团,次第四团,次受降使者。次及辎重戎车散
兵等,亦有四团。第一辎重出,收东面阵,分为两道,夹以行。第二
辎重出,收南面阵,夹以行。第三辎重出,收西面阵,夹以行。第四
辎重出,收北面阵,夹以行。亚将领五百骑,建腾豹旗,殿军后。至
营,则第一团骑阵于东面,第二团骑阵于西面,鼓吹翊大将居中,驻

马南向。第三团骑阵于西面,第四团骑阵于北面,合为方阵。四团外向,步卒翊辎重入于阵内,以次安营。营定,四面阵者,引骑入营。亚将率骁骑游弈督察。其安营之制,以车外布,间设马枪,次施兵幕,内安杂畜。事毕,大将、亚将等,各就牙帐。其马步队与军中散兵,交为两番,五日而代。

于是每日遣一军发,相去四十里,连营渐进。二十四日续发而尽。首尾相继,鼓角相闻,旌旗亘九百六十里。天子六军次发,两部前后先置,又亘八十里。通诸道合三十军,亘一千四十里。诸军各以帛为带,长尺五寸,阔二寸,题其军号为记。御营内者,合十二卫、三台、五省、九寺,并分隶内外前后左右六军,亦各题其军号,不得自言台省。王公已下,至于兵丁厮隶,悉以帛为带,缀于衣领,名"军记带"。诸军并给幡数百,有事,使人交相去来者,执以行。不执幡而离本军者,他国验军记带,知非部兵,则所在斩之。

是岁也,行幸望海镇,于秃黎山为坛,祀黄帝,行裪祭。诏太常少卿韦霁、博士褚亮奏定其礼。皇帝及诸预祭臣近侍官诸军将,皆斋一宿。有司供帐设位,为埋坎神坐西北,内壝之外。建二旗于南门外。以熊席设帝轩辕神坐于壝内,置甲胄弓矢于坐侧,建槊于坐后。皇帝出次入门,群官定位,皆再拜奠。礼毕,还宫。

隋制,常以仲春,用少牢祭马祖于大泽,诸预祭官,皆于祭所致斋一日,积柴于燎坛,礼毕,就燎。仲夏祭先牧,仲秋祭马社,仲冬祭马步,并于大泽,皆以刚日。牲用少牢,如祭马祖,埋而不燎。

开皇二十年,太尉晋王广北伐突厥,四月己未,次于河上,裪祭轩辕黄帝,以太牢制币,陈甲兵,行三献之礼。

后齐命将出征,则太卜诣太庙,灼灵龟,授鼓旗于庙。皇帝陈法驾,服衮冕,至庙,拜于太祖。遍告讫,降就中阶,引上将,操钺授柯,曰:"从此上至天,将军制之。"又操斧授柯,曰:"从此下至泉,将军制之。"将军既受斧钺,对曰:"国不可从外理,军不可从中制。臣既受命,有鼓旗斧钺之威,愿无一言之命于臣。"帝曰:"苟利社稷,将军裁之。"将军就车,载斧钺而出。皇帝推毂度阃,曰:"从此以外,将军制之。"周大将出征,遣太祝,以羊一,祭所过名山大川。明帝武成元年,吐谷浑寇边。帝常服乘马,遣大司马贺兰祥于太祖之庙,司宪奉钺,进授大将。大将拜受,以授从者。礼毕,出受甲兵。

隋制,皇太子亲戎,及大将出师,则以犙胐一衅鼓,皆告社庙。受斧钺讫,不得反宿于家。开皇八年,晋王广将伐陈,内史令李德林摄太尉,告于太祖庙。礼毕,又命有司宜于太社。

古者三年练兵,入而振旅,至于春秋搜狝,亦以讲其事焉。

梁、陈时,依宋元嘉二十五年搜宣武场。其法,置行军殿于幕府山南冈,并设王公百官幕。先猎一日,遣马骑布围。右领军将军督右,左领军将军督左,大司马董正诸军。猎日,侍中三奏,一奏,捶一鼓为严,三严讫,引仗为小驾卤簿。皇帝乘马戎服,从者悉绛衫帻,黄麾警跸,鼓吹如常仪。猎讫,宴会享劳,比校多少。戮一人以征乱法。会毕,还宫。

后齐常以季秋,皇帝讲武于都外。有司先莱野为场,为二军进止之节。又别埒于北场,舆驾停观。遂命将简士教众,为战阵之法。凡为阵,少者在前,长者在后。其还,则长者在前,少者在后。长者持弓矢,短者持旌旗。勇者持钲鼓刀楯,为前行,战士次之,槊者次之,弓箭为后行。将帅先教士目,使习见旌旗指麾之踪,发起之意,旗卧则跪。教士耳,使习金鼓动止之节,声鼓则进,鸣金则止。教士心,使知刑罚之苦,赏赐之利。教士手,使习持五兵之便,战斗之备。教士足,使习跪及行列崄泥之涂。前五日,皆请兵严于场所,依方色建旗为和门。都埒之中及四角,皆建五采牙旗。应讲武者,各集于其军。戒鼓一通,军士皆严备。二通,将士贯甲。三通,步军各为直阵,以相俟。大将各处军中,立旗鼓下。有司陈小驾卤簿,皇帝武弁,乘革辂,大司马介胄,乘奉引入行殿。百司陪列。位定,二军迭为客主。先举为客,后举为主。从五行相胜法,为阵以应之。

后齐春搜礼,有司规大防,建获旗,以表获车。搜前一日,命布围。领军将军一人，督左甄，护军将军一人，督右甄。大司马一人，居中，节制诸军。天子陈小驾，服通天冠，乘木辂，诣行宫。将亲禽，服戎服，钑戟者皆严。武卫张甄围，旗鼓相望，衔枚而进。甄常开一方，以令三驱。围合，吏奔骑令曰："鸟兽之肉，不登于俎者不射。皮革齿牙，骨角毛羽，不登于器者不射。"甄合，大司马鸣鼓促围，众军鼓噪鸣角，至期处而止。大司马屯北旌门，二甄帅屯左右旌门。天子乘马，从南旌门入，亲射禽。谒者以获车收禽，载还，陈于获旗之北。王公已下以次射禽，皆送旗下。事毕，大司马鸣鼓解围，复屯。殿中郎中率其属收禽，以实获车。天子还行宫。命有司，每禽择取三十，一曰乾豆，二曰宾客，三曰充君之庖。其余即于围下量犒将士。礼毕，改服，钑者韬刃而还。夏苗、秋狝、冬狩，礼皆同。

河清中定令，每岁十二月半后讲武，至晦遂除。二军兵马，右入千秋门，左入万岁门，并至永巷南下，至昭阳殿北，二军交。一军从西上阁，一军从东上阁，并从端门南，出阊阖门桥南，戏射并讫，送至城南郭外罢。

后齐三月三日，皇帝常服乘舆，诣射所，升堂即坐，皇太子及群官坐定，登歌，进酒行爵。皇帝入便殿，更衣以出，骅骝令进御马，有司进弓矢，帝射讫，还御坐，射悬侯，又毕，群官乃射五埒。一品。二品三十发一发调马，十发射下，十发射上，三发射獐，三发射帖，三发射兽头。三品二十五发，一发调马，五发射下，十发射上，三发射獐，三发射帖，三发射兽头。四品二十发，一发调马，五发射下，八发射上，二发射獐，二发射帖，二发射兽头。五品十五发，一发调马，四发射下，五发射上，二发射獐，二发射帖，一发射兽头。侍官御仗已上十发。一发调马，四发射下，五发射上。

季秋大射，皇帝备大驾，常服，御七宝辇，射七埒。正三品已上，第一埒，一品五十发，一发调马，十五发射下，二十五发射上，三发射獐，三发射帖，三发射兽头。二品四十六发。一发调马，十五发射下，二十二发射上，二发射獐，三发射帖，三发射兽头。从三品四品第二埒，三品四十二发，一发调马，十二发射下，二十二发射上，二发射獐，二发射帖，三发射兽头。四品三十七发。一发调马，十一发射下，十九发射上，一发射獐，二发射贴，三发射兽头。五品第三埒，三十二发。一发调马，九发射下，十七发射上，一发射獐，二发射贴，二发射兽头。六品第四埒，二十七发。一发调马，八发射下，十六发射上，一发射獐，一发射贴。七品第五埒，二十一发。一发调马，六发射下，十二发射上，一发射獐，一发射贴。八品第六埒，十六发。一发调马，四发射下，九发射上，一发射獐，一发射贴。九品第七埒，十发。一发调马，三发射下，四发射上，一发射獐，一发射贴。

大射置大将、太尉公为之。射司马各一人，录事二人。七埒各置埒将、射正参军各一人，埒士四人，威仪一人，乘白马以导，的别参军一人，悬侯下府参军一人。又各置令史埒士等员，以司其事。

后周仲春教振旅，大司马建大麾于莱田之所。乡稍之官，以旗物鼓铎钲铙，各帅其人而致。诛其后至者。建麾于后表之中，以集众庶。质明，偃麾，诛其不及者。乃陈徒骑，如战之阵。大司马北面誓之。军中皆听鼓角，以为进止之节。田之日，于所莱之北，建旗为和门。诸将帅徒骑序入其门。有司居门，以平其人。既入而分其地，险野则徒前而骑后，易野则骑前而徒后。既阵，皆坐，乃设驱逆骑，有司表貉于阵前。以太牢祭黄帝轩辕氏，于狩地为埒，建二旗，列五兵于坐侧，行三献礼。遂搜田致禽以祭社。仲夏教茇舍，如振旅之阵，遂以苗田如搜法，致禽以享礿。仲秋教练兵，如振旅之阵，遂以狝田如搜法，致禽以祀方。仲冬教大阅，如振旅之阵，遂以狩田如搜法，致禽以享烝。

孟秋迎太白，候太白夕见于西方。先见三日，大司马戒期，遂建旗于阳武门外。司空除坛兆，有司荐毛血，登歌奏《昭夏》。在位者拜，事毕出。其日中后十刻，六军士马，俱介胄集旗下。左右武伯督十二帅严街，侍臣文武，俱介胄奉迎。乐师撞黄钟，右五钟皆应。皇帝介胄，警跸以出，如常仪而无鼓角，出国门而轪祭。至则舍于次。太白未见五刻，中外皆严，皇帝就位，六军鼓噪，行三献之礼。每献，鼓噪如初献。事讫，燔燎赐胙，毕，鼓噪而还。

隋制，大射祭射侯于射所，用少牢。军人每年孟秋阅戎具，仲冬教战法。及大业三年，炀帝在榆林，突厥启民及西域、东胡君长，并来朝贡。帝欲夸以甲兵之盛，乃命有司，陈冬狩之礼。诏虞部量拔延山南北周二百里，并立表记。前狩二日，兵部建旗于表所。五里一旗，分为四十军，军万人，骑五千匹。前一日，诸将各帅其军，集于旗下。鸣鼓，后至者斩。诏四十道使，并扬旗建节，分申佃令，即留军所监猎。

布围，围阙南面，方帻而前。帝服紫袴褶、黑介帻，乘阘猪车，其饰如木辂，重辋漫轮，蚪龙绕毂，汉东京卤薄所谓猎车者也。驾六黑骊。太常陈鼓笛铙箫角于帝左右，各百二十。百官戎服骑从，鼓行入围。诸将并鼓行赴围。乃设驱逆骑千有二百。阘猪停轫，有司敛大绥，王公已下，皆整弓矢，陈于驾前。有司又敛小绥，乃驱兽出，过于帝前。初驱过，有司整御弓矢以前，待诏。再驱过，备身将军奉进弓矢。三驱过，帝乃从禽，鼓吹皆振，坐而射之。每驱必三兽以上。帝发，抗大绥。次王公发，则抗小绥。次诸将发射之，无鼓，驱逆之骑乃止。然后三军四夷百姓皆猎。凡射兽，自左膘而射之，达于右腢，为上等。达右耳本，为次等。自左髀达于右䯗为下等。群兽相从，不得尽杀。已伤之兽，不得重射。又逆向人者，不射其面。出表者不逐之。佃将止，虞部建旗于围内。从驾之鼓及诸军鼓俱振，卒徒皆噪。诸获禽者，献于旗所，致其左耳。大兽公之，以供宗庙，使归，荐腊于京师。小兽私之。

齐制，季冬晦，选乐人子弟十岁以上，十二以下为侲子，合二百四十人。一百二十人，赤帻、皂襦衣，执鼗。一百二十人，赤布裤褶，执鞞角。方相氏黄金四目，熊皮蒙首，玄衣朱裳，执戈扬楯。又作穷奇、神明之类，凡十二兽，皆有毛角。鼓吹令率之，中黄门行之，冗从仆射将之，以逐恶鬼于禁中。其日戊夜三唱，开诸里门，傩者各集，被服器仗以待事。戊夜四唱，开诸城门，二衞皆严。上水一刻，皇帝常服，即御座。王公执事官第一品已下、从六品已上，陪列预观。傩者鼓噪，入殿西门，遍于禁内。分出二上阁，作方相与十二兽舞戏，喧呼周遍，前后鼓噪。出殿南门，分为六道，出于郭外。

隋制，季春晦，傩，磔牲于宫门及城四门，以禳阴气。秋分前一日，禳阳气。季冬傍磔、大傩亦如之。其牲，每门各用羝羊及雄鸡一。选侲子，如后齐。冬八队，二时傩则四队。问事十二人，赤帻褠衣，执皮鞭。工人二十二人。其一人方相氏，黄金四目，蒙熊皮，玄衣朱裳。其一人为唱师，著皮衣，执棒。鼓角各十。有司预备雄鸡羝羊及酒，于宫门为坎。未明，鼓噪以入。方相氏执戈扬楯。周呼鼓噪而出，合趣显阳门，分诣诸城门。将出，诸祝师执事，预副牲胸，磔之于门，酌酒禳祝。举牲并酒埋之。

后齐制，日蚀，则太极殿西厢东向，堂东厢西向，各设御座。群官公服。昼漏上水一刻，内外皆严。三门者闭中门，单门者掩之。蚀前三刻，皇帝服通天冠，即御座，直卫如常，不省事。有变，闻鼓音，则避正殿，就东堂，服白袷单衣。侍臣皆赤帻，带剑，升殿侍。诸司各于其所，赤帻，持剑，出户向日立。有司各率官属，并行宫内诸门、掖门，屯卫太社。邺令以官属围社，守四门，以朱丝绳绕系社坛三匝。太祝令陈辞责社。太史令二人，走马露版上尚书，门司疾上之。又告清都尹鸣鼓，如严鼓法。日光复，乃止，奏解严。

后魏每攻战克捷，欲天下知闻，乃书帛，建于竿上，名为露布，其后相因施行。开皇中，乃诏太常卿牛弘、太子庶子裴政撰宣露布礼。及九年平陈，元帅晋王，以驲上露布。兵部奏，请依新礼宣行。承诏集百官、四方客使等，并赴广阳门外，服朝衣，各依其列。内史令称有诏，在位者皆拜。宣讫，拜，蹈舞者三，又拜。郡县亦同。

隋书卷九
志第四

礼仪四

　　周大定元年，静帝遣兼太傅、上柱国、杞国公椿，大宗伯、大将军、金城公煦，奉皇帝玺绶策书，禅位于隋。司录虞庆则白，请设坛于东第。博士何妥议，以为受禅登坛，以告天也。故魏受汉禅，设坛于繁昌，为在行旅，郊坛乃阙。至如汉高在氾，光武在鄗，尽非京邑所筑坛。自晋、宋揖让，皆在都下，莫不并就南郊，更无别筑之义。又后魏即位，登朱雀观，周帝初立，受朝于路门，虽自我作古，皆非礼也。今即府为坛，恐招后诮。议者从之。

　　二月，甲子，椿等乘象辂，备卤簿，持节，率百官至门下，奉策入次。百官文武，朝服立于门南，北面。高祖冠远游冠，府僚陪列。记室入白，礼曹导高祖，府僚从，出大门东厢西向。椿奉策书，煦奉玺绶，出次，节导而进。高祖揖之，入门而左，椿等入门而右。百官随入庭中。椿南向，读册书毕，进授高祖。高祖北面再拜，辞不奉诏。上柱国李穆进喻朝旨，又与百官劝进，高祖不纳。椿等又奉策书进而敦劝，高祖再拜，俯受策，以授高颎；受玺，以授虞庆则。退就东阶位。使者与百官，皆北面再拜，搢笏，三称万岁。有司请备法驾，高祖不许，改服纱帽、黄袍，入幸临光殿。就阁内服衮冕，乘小舆，出自西序，如元会仪。礼部尚书以案承符命及祥瑞牒。进东阶下。纳言跪御前以闻。内史令奉宣诏大赦，改元曰开皇。是日，命有司奉册祀于南郊。

后齐将崇皇太后，则太尉以玉帛告圆丘方泽，以币告庙。皇帝乃临轩，命太保持节，太尉副之。设九傧，命使者受玺绶册及节，诣西上阁。其日，昭阳殿文物具陈，临轩讫，使者就位，持节及玺绶称诏。二侍中拜进，受节及册玺绶，以付小黄门。黄门以诣阁。皇太后服褘衣，处昭阳殿，公主及命妇陪列于殿，皆拜。小黄门以节绶入，女侍中受，以进皇太后。皇太后兴，受，以授左右。复坐，反节于使者，使者受节出。

册皇后，如太后之礼。

后齐册皇太子，则皇帝临轩，司徒为使，司空副之。太子服远游冠，入至位。使者入，奉册读讫，皇太子跪受册于使，以授中庶子。又受玺绶于尚书，以授庶子。稽首以出。就册，则使者持节至东宫，宫臣内外官定列。皇太子阶东，西面。若幼，则太师抱之，主衣二人奉空顶帻服从，以受册。明日，拜章表于东宫殿庭，中庶子、中舍人乘轺车，奉章诣朝堂谢。择日斋于崇正殿，服冕，乘石山安车谒庙。择日群臣上礼，又择日会。明日，三品以上笺贺。

册诸王，以临轩日上水一刻，吏部令史乘马，赍召版，诣王第。王乘高车，卤簿至东掖门止，乘轺车。既入，至席。尚书读册讫，以授王，又授章绶。事毕，乘轺车，入卤簿，乘高车，诣阊阖门，伏阙表谢。报讫，拜庙还第。就第，则鸿胪卿持节，吏部尚书授册，侍御史授节。使者受而出，乘轺车，持节，诣王第。入就西阶，东面。王入，立于东阶，西面。使者读册，博士读版，王俯伏。兴，进受册章绶茅土，俯伏三稽首，还本位，谢如上仪。在州镇，则使者受节册，乘轺车至州，如王第。

诸王、三公、仪同、尚书令、五等开国、太妃、妃、公主恭拜册，轴一枚，长二尺，以白练衣之。用竹简十二枚，六枚与轴等，六枚长尺二寸。文出集书，书皆篆字。哀册，赠册亦同。

诸王、五等开国及乡男恭拜，以其封国所在，方取社坛方面土，包以白茅，内青箱中。函方五寸，以青涂饰，封授之，以为社。

隋临轩册命三师、诸王、三公，并阵车辂。余则否。百官定列，内史令读册讫,受册者拜受出。又引次受册者,如上仪。若册开国,郊社令奉茅土,立于仗南,西面。每受册讫,授茅土焉。

后齐皇帝加元服,以玉帛告圆丘方泽,以币告庙,择日临轩。中严,群官位定,皇帝著空顶介帻以出。太尉盥讫,升,脱空顶帻,以黑介帻奉加讫,太尉进太保之右,北面读祝讫,太保加冕,侍中系玄纮,脱绛纱袍,加衮服。事毕,太保上寿,群官三称万岁。皇帝入温室,移御坐,会而不上寿。后日,文武群官朝服,上礼酒十二钟,米十二囊,牛十二头。又择日,亲拜圆丘方泽,谒庙。

皇太子冠,则太尉以制币告七庙,择日临轩。有司供帐于崇正殿。中严,皇太子空顶帻公服出,立东阶之南,西面。使者入,立西阶之南,东面。皇太子受诏讫,入室盥栉,出,南面。使者进揖,诣冠席,西面坐。光禄卿盥讫,诣太子前疏栉。使者又盥,奉进贤三梁冠,至太子前,东面祝,脱空顶帻,加冠。太子兴,入室更衣,出,又南面就席。光禄卿盥栉。使者又盥祝,脱三梁冠,加远游冠。太子又入室更衣。设席中楹之西,使者揖就席,南面。光禄卿洗爵酌醴,使者诣席前,北面祝。太子拜受醴,即席坐,祭之,啐之,奠爵,降阶,复本位,西面。三师、三少及在位群官拜事讫。又择日会宫臣,又择日谒庙。

隋皇太子将冠,前一日,皇帝斋于大兴殿。皇太子与宾赞及预从官,斋于正寝。其日质明,有司告庙,各设筵于阼阶。皇帝衮冕入拜,即御座。宾揖皇太子进,升筵,西向坐。赞冠者坐栉,设纚。宾盥讫,进加缁布冠。赞冠进设頍缨。宾揖皇太子适东序,衣玄衣素裳以出。赞冠者又坐栉,宾进加远游冠。改服讫,宾又受冕。太子适东序,改服以出。宾揖皇太子南面立,宾进受醴,进筵前,北面立祝。皇太子拜受觯。宾复位,东面答拜。赞冠者奉馔于筵前,皇太子祭奠。礼毕,降筵,进当御东面拜。纳言承诏,诣太子戒讫,太子拜。赞冠者引太子降自西阶。宾少进,字之。赞冠者引皇太子进,立于庭,东面。诸亲拜讫,赞冠者拜,太子皆答拜。与宾赞俱复位。

纳言承诏降，令有司致礼。宾赞又拜。皇帝降复阼阶，拜，皇太子已下皆拜。皇帝出，更衣还宫。皇太子从至阙，因入见皇后，拜而还。

后齐皇帝纳后之礼，纳采、问名、纳征讫，告圆丘方泽及庙，如加元服。是日，皇帝临轩，命太尉为使，司徒副之。持节诣皇后行宫，东向，奉玺绶册，以授中常侍。皇后受册于行殿。使者出，与公卿以下皆拜。有司备迎礼。太保太尉，受诏而行。主人公服，迎拜于门。使者入，升自宾阶，东面。主人升自阼阶，西面。礼物陈于庭。设席于两楹间，童子以玺书版升，主人跪受。送使者，拜于大门之外。有司先于昭阳殿两楹间供帐，为同牢之具。皇后服大严绣衣，带绶珮，加幂。女长御引出，升画轮四望车。女侍中负玺陪乘。卤簿如大驾。皇帝服衮冕出，升御坐。皇后入门，大卤簿住门外。小卤簿入。到东上阁，施步鄣，降车，席道以入昭阳殿。前至席位，姆去幂。皇后先拜后起，皇帝后拜先起。帝升自西阶，诣同牢坐，与皇后俱坐。各三饭讫，又各酳二爵一卺。奏礼毕，皇后兴，南面立。皇帝御太极殿，王公已下拜，皇帝兴，入。明日，后展衣，于昭阳殿拜表谢。又明日，以榛栗枣脩，见皇太后于昭阳殿，择日，群官上礼。又择日，谒庙。皇帝使太尉，先以太牢告，而后遍见群庙。

皇太子纳妃礼，皇帝遣使纳采，有司备礼物。会毕，使者受诏而行。主人迎于大门外。礼毕，会于听事。其次问名、纳吉，并如纳采。纳征，则使司徒及尚书令为使，备礼物而行。请期，则以太常宗正卿为使，如纳采。亲迎，则太尉为使。三日，妃朝皇帝于昭阳殿，又朝皇后于宣光殿。择日，群官上礼。他日，妃还。又他日，皇太子拜阁。

隋皇太子纳妃礼，皇帝临轩，使者受诏而行。主人俟于庙。使者执雁，主人迎拜于大门之东。使者入，升自西阶，立于楹间，南面。纳采讫，乃行问名仪。事毕，主人请致礼于从者。礼有币马。其次择日纳吉，如纳采。又择日，以玉帛乘马纳征。又择日告期。又择日，命有司以特牲告庙，册妃。皇太子将亲迎，皇帝临轩，醮而诫曰："往迎尔相，承我宗事，勖帅以敬。"对曰："谨奉诏。"既受命，羽仪而行。主人几筵于庙,妃服褕翟,立于东房。主人迎于门外,西面拜。
皇太子答拜。主人揖皇太子先入,主人升,立于阼阶,西面。皇太子
升进,当房户前,北面,跪奠雁,俯伏,兴拜,降出。妃父少进,西面戒
之。母于西阶上,施衿结帨,及门内,施鞶申之。出门,妃升辂,乘以
几。姆加幜。皇太子乃御,轮三周,御者代之。皇太子出大门,乘辂,
羽仪还宫。妃三日,鸡鸣夙兴以朝。奠笲于皇帝,皇帝抚之。又奠
笲于皇后,皇后抚之。席于户牖间,妃立于席西,祭奠而出。

后齐娉礼,一曰纳采,二曰问名,三曰纳吉,四曰纳征,五曰请
期,六曰亲迎。皆用羔羊一口,雁一只,酒黍稷稻米面各一斛。自皇
子王已下,至于九品,皆同。流外及庶人,则减其半。纳征,皇子王
用玄三匹,纁二匹,束帛十匹,大璋一,第一品已下至从三品,用璧玉,
四品已下皆无。兽皮二,第一品已下至从五品,用豹皮,二六品已下至从九
品,用鹿皮。锦采六十匹,一品锦采四十匹,二品三十匹,三品二十匹,四品
杂采十六匹,五品十匹,六品、七品五匹。绢二百匹,一品一百四十匹,二品
一百二十匹,三品一百匹,四品八十匹,五品六十匹,六品、七品五十匹,八品、
九品三十匹。羔羊一口,羊四口,犊二头,酒黍稷稻米面各十斛。一品
至三品,减羊二口,酒黍稷稻米面各减六斛,四品、五品减一犊,酒黍稷稻米面
又减二斛,六品已下无犊,酒黍稷稻米面各一斛。诸王之子,已封未封,礼皆
同第一品。亲婚从车,皇子百乘,一品五十乘,第二、第三品三十乘,
第四、第五品二十乘,第六、第七品十乘,八品达于庶人五乘。各依
其秩之饰。

梁大同五年,临城公婚,公夫人于皇太子妃为姑侄。进见之制,
议者互有不同。令曰:“纁雁之议,既称合于二姓,酒食之会,亦有姻
不失亲。若使榛栗腶脩,贽馈必举,副笄编珈,盛饰斯备,不应妇见
之礼,独以亲阙。顷者敬进醯醴,已传妇事之则,而奉盘沃盥,不行
侯服之家。是知繁省不同,质文异世,临城公夫人于妃既是姑侄,宜
停省。”

后齐将讲于天子,先定经于孔父庙,置执经一人,侍讲二人,执读一人,摘句二人,录义六人,奉经二人。讲之旦,皇帝服通天冠、玄纱袍,乘象辂,至学,坐庙堂上。讲讫,还便殿,改服绛纱袍,乘象辂,还宫。讲毕,以一太牢释奠孔父,配以颜回,列轩悬乐,六佾舞。行三献,礼毕,皇帝服通天冠、绛纱袍,升阼,即坐。宴毕,还宫。皇太子每通一经,亦释奠,乘石山安车,三师乘车在前,三少从后而至学焉。

梁天监八年,皇太子释奠。周舍议,以为:"释奠仍会,既惟大礼,请依东宫元会,太子著绛纱襈,乐用轩悬。预升殿坐者,皆服朱衣。"帝从之。又有司以为:"《礼》云:'凡为人子者,升降不由阼阶。'案今学堂凡有三阶,愚谓客若降等,则从主人之阶。今先师在堂,义所奠敬,太子宜登阼阶,以明从师之义。若释奠事讫,宴会之时,无复先师之敬,太子升堂,则宜从西阶,以明不由阼义。"吏部郎徐勉议:"郑玄云:'由命士以上,父子异宫。'宫室既异,无不由阼阶之礼。请释奠及宴会,太子升堂,并宜由东阶。若舆驾幸学,自然中陛。又检《东宫元会仪注》,太子升崇正殿,不欲东西阶。责东宫典仪,列云:'太子元会,升自西阶',此则相承为谬。请自令东宫大公事,太子升崇正殿,并由阼阶。其预会宾客,依旧西阶。"

大同七年,皇太子表其子宁国、临城公入学,时议者以与太子有齿胄之义,疑之。侍中、尚书令臣敬容、尚书仆射臣缵、尚书臣僧旻、臣之遴、臣筠等,以为:'参、黠并事宣尼,回、路同诸泗水,邹鲁称盛,洙汶无讥。师道既光,得一资敬,无亏亚贰,况于两公,而云不可?'制曰:"可。"

后齐制,新立学,必释奠礼先圣先师,每岁春秋二仲,常行其礼。每月旦,祭酒领博士已下及国子诸学生已上,太学、四门博士升堂,助教已下、太学诸生阶下,拜孔揖颜。日出行事而不至者,记之为一负。雨沾服则止。学生每十日给假,皆以景日放之。郡学则于坊内立孔、颜庙,博士已下,亦每月朝云。

隋制，国子寺，每岁以四仲月上丁，释奠于先圣先师。年别一行乡饮酒礼。州郡学则以春秋仲月释奠。州郡县亦每年于学一行乡饮酒礼。学生皆乙日试书，景日给假焉。

梁元会之礼，未明，庭燎设，文物充庭。台门僻，禁卫皆严，有司各从其事。太阶东置白兽樽。群臣及诸蕃客并集，各从其班而拜。侍中奏中严，王公卿尹各执珪璧入拜。侍中乃奏外办，皇帝服衮冕，乘舆以出。侍中扶左，常侍扶右，黄门侍郎一人，执曲直华盖从。至阶，降舆，纳舄升坐。有司御前施奉珪藉。王公以下，至阼阶，脱舄剑，升殿，席南奉赞珪璧毕，下殿，纳舄佩剑，诣本位。主客即徙珪璧于东厢。帝兴，入，徙御坐于西壁下，东向。设皇太子王公已下位。又奏中严，皇帝服通天冠，升御坐。王公上寿礼毕，食。食毕，乐伎奏。太官进御酒，主书赋黄甘，逮二品已上。尚书驸骑引计吏，郡国各一人，皆跪受诏。侍中读五条诏，计吏每应诺讫，令陈便宜者，听诣白兽樽，以次还坐。宴乐罢，皇帝乘舆以入。皇太子朝，则远游冠服，乘金辂，卤簿以行。预会则剑履升坐。会讫，先兴。

天监六年诏曰："顷代以来，元日朝毕，次会群臣，则移就西壁下，东向坐。求之古义，王者宴万国，唯应南面，何更居东面？"于是御坐南向，以西方为上。皇太子以下，在北壁坐者，悉西边东向。尚书令以下在南方坐者，悉东边西向。旧元日，御坐东向，酒壶在东壁下。御坐既南向，乃诏壶于南兰下。又诏："元日受五等赞，珪璧并量付所司。"周舍案："《周礼》冢宰，大朝觐，赞玉币。尚书，古之冢宰。顷王者不亲抚玉，则不复须冢宰赞助。寻尚书主客曹郎。既冢宰隶职，今元日五等奠玉既竟，请以主客郎受。郑玄注《觐礼》云：'既受之后，出付玉人于外。'汉时少府，职掌珪璧，请主客受玉，付少府掌。"帝从之。又尚书仆射沈约议："《正会仪注》，御出，乘舆至太极殿前，纳舄升阶。寻路寝之设，本是人君居处，不容自敬宫室。案汉氏，则乘小车升殿。请自今元正及大公事，御宜乘小舆至太极阶，仍乘版舆升殿。"制："可。"

陈制，先元会十日，百官并习仪注，令仆已下，悉公服监之。设庭燎，街阙、城上、殿前皆严兵，百官各设部位而朝。宫人皆于东堂，隔绮疏而观。宫门既无籍，外人但绛衣者，亦得入观。是日，上事人发白兽樽。自余亦多依梁礼云。

后齐正日，侍中宣诏慰劳州郡国使。诏牍长一尺三寸，广一尺，雌黄涂饰，上写诏书三。计会日，侍中依仪劳郡国计吏，问刺史太守安不，及谷价麦苗善恶，人间疾苦。又班五条诏书于诸州郡国使人，写以诏牍一枚，长二尺五寸，广一尺三寸，亦以雌黄涂饰，上写诏书。正会日，依仪宣示使人，归以告刺史二千石。一曰，政在正身，在爱人，去残贼，择良吏，正决狱，平徭赋。二曰，人生在勤，勤则不匮，其劝率田桑，无或烦扰。三曰，六极之人，务加宽养，必使生有以自救，没有以自给。四曰，长吏华浮，奉客以求小誉，逐末舍本，政之所疾，宜谨察之。五曰，人事意气，干乱奉公，外内混淆，纲纪不设，所宜纠劾。正会日，侍中黄门宣诏劳诸郡上计。劳讫付纸，遣陈土宜。字有脱误者，呼起席后立。书迹滥劣者，饮墨水一升。文理孟浪，无可取者，夺容刀及席。既而本曹郎中，考其文迹才辞可取者，录牒吏部，简同流外三品叙。

元正大飨，百官一品已下，流外九品已上预会。一品已下、正三品已上、开国公侯伯、散品公侯及特命之官、下代刺史，并升殿。从三品已下、从九品以上及奉正使人比流官者，在阶下。勋品已下端门外。

隋制，正旦及冬至，文物充庭，皇帝出西房，即御座。皇太子卤簿至显阳门外，入贺。复诣皇后御殿，拜贺讫，还宫。皇太子朝讫，群官客使入就位，再拜。上公一人，诣西阶，解剑，升贺；降阶，带剑，复位而拜。有司奏诸州表。群官在位者又拜而出。皇帝入东房，有司奏行事讫，乃出西房。坐定，群官入就位，上寿讫，上下俱拜。皇帝举酒，上下舞蹈，三称万岁。皇太子预会，则设坐于御东南，西向。群臣上寿毕，入，解剑以升。会讫，先兴。

　　后齐元日，中宫朝会，陈乐，皇后衣袆乘舆，以出于昭阳殿。坐定，内外命妇拜，皇后兴，妃主皆跪。皇后坐，妃主皆起，长公主一人，前跪拜贺。礼毕，皇后入室，乃移幄坐于西厢。皇后改服褕狄以出。坐定，公主一人上寿讫，就坐。御酒食，赐爵，并如外朝会。

　　隋仪如后齐制，而又有皇后受群臣贺礼。则皇后御坐，而内侍受群臣拜以入，承令而出，群拜而罢。

　　后齐皇太子月五朝。未明二刻，乘小舆出，为三师降。至承华门，升石山安车，三师辂车在前，三少在后，自云龙门入。皇帝御殿前，设拜席位，至柏阁，斋帅引，洗马、中庶子从。至殿前席南，北面再拜。

　　天保元年，皇太子监国，在西林园冬会。群议，皆东面。二年，于北城第内冬会，又议东面。吏部郎陆印疑非礼，魏收改为西面。邢子才议欲依前，曰：

　　　　凡礼有同者，不可令异。《诗》说，天子至于大夫，皆乘四马，况以方面之少，何可皆不同乎？若太子定西面者，王公卿大夫士，复何面邪？南面，人君正位。今一官之长，无不南面，太子听政，亦南面坐。议者言皆晋旧事，太子在东宫西面，为避尊位，非为向台殿也。子才以为东晋博议，依汉魏之旧，太子普臣四海，不以为嫌，又何疑于东面？《礼》“世子绝旁亲”，“世子冠于阼”，“冢子生，接以太牢”。汉元著令，太子纸张驰道。此皆礼同于君。又晋王公世子，摄命临国，乘七旒安车，驾用三马，礼同三公。近宋太子乘象辂，皆有同处，不以为嫌。况东面者，君臣通礼，独何为避？明为向台，所以然也。

　　　　近皇太子在西林园，在于殿，犹且东面，于北城非宫殿之处，更不得邪？诸人以东面为尊，宴会避。案《燕礼》、《燕义》，君位在东，宾位则在西，君位在阼阶，故有《武王践阼篇》，不在西也。《礼》“乘君之车，不敢旷左”。君在，恶空其位，左亦在东，不在西也。“君在阼，夫人在房”。郑注“人君尊东也”。前代及今，皇帝宴会接客，亦东堂西面。若以东面为贵，皇太子以储后之礼，监国之重，别第宴臣宾，自得申其正位。礼者皆东宫臣属，公卿接宴，观礼而已。若以西面为卑，实是君之正位，太公不肯北面说《丹书》，西面则道之，西面乃尊也。君位南面，有东有西，何可皆避？且事虽少异，有可相比者，周公，臣也，太子，子也。周公为冢宰，太子为储贰。明堂尊于别第，朝诸侯重于宴臣宾，南面贵于东面。臣疏于子，冢宰轻于储贰。周公摄政，得在明堂南面朝诸侯，今太子监国，不得于别第异宫东面宴客，情所未安。且君行以太子监国，君宴不以公卿为宾，明父子无嫌，君臣有嫌。案《仪注》，亲王受诏冠婚，皇子皇女皆东面。今不约王公南面，而独约太子，何所取邪？议者南尊改就西面，转君位，更非合礼。方面既少，难为节文。东西二面君臣通用，太子宜然，于礼为允。

魏收议云：

去天保初，皇太子监国。冬会群官于西园都亭，坐从东面，义取于向中宫台殿故也。二年于宫冬会，坐乃东面，收窃以为疑。前者遂有别议，议者同之。邢尚书以前定东面之议，复申本怀，此乃国之大礼，无容不尽所见。收以为太子东宫，位在于震，长子之义也。案《易》八卦，正位向中。皇太子今居北城，于宫殿为东北，南面而坐，于义为背也。前者立议，据东宫为本。又案《东宫旧事》，太子宴会，多以西面为礼，此又成证，非徒言也。不言太子常无东南二面之坐，但用之有所。至如西园东面，所不疑也。未知君臣车服有同异之议，何为而发？就如所云，但知礼有同者，不可令异。不知礼有异者，不可令同。苟别君臣同异之礼，恐重纸累札，书不尽也。

子才竟执东面，收执西面，援引经据，大相往复。其后竟从西面为定。

时议又疑宫吏之姓与太子名同。子才又谓曰："案《曲礼》'大夫士之子，不与世子同名。'《郑注》云：'若先之生，亦不改。'汉法，天子登位,布名于天下,四海之内,无不咸避。案《春秋经》'卫石恶出奔晋',在卫侯衎卒之前。衎卒,其子恶始立。明石恶于长子同名。诸侯长子,在一国之内,与皇太子于天子,礼亦不异。郑言先生不改,盖以此义。卫石恶、宋向戌,皆与君同名,《春秋》不讥。皇太子虽有储贰之重,未为海内所避,何容便改人姓。然事有消息,不得皆同于古。宫吏至微,而有所犯。朝名从事,亦是难安。宜听出宫,尚书更补他职。"制曰:"可。"

后周制,正之二日,皇太子南面,列轩悬,宫官朝贺。

及开皇初,皇太子勇准故事张乐受朝,宫臣及京官,北面称庆。高祖诮之。是后定仪注,西面而坐,唯宫臣称庆,台官不复总集。炀帝之为太子,奏降章服,宫官请不称臣。诏许之。

后齐立春日,皇帝服通天冠、青介帻、青纱袍,佩苍玉,青带、青裤、青袜舄,而受朝于太极殿。尚书令等坐定,三公郎中诣席,跪读时令讫,典御酌酒卮,置郎中前,郎中拜,还席伏饮,礼成而出。立夏、季夏、立秋读令,则施御座于中楹,南向。立冬如立春,于西厢东向。各以其时之色服,仪并如春礼。

后齐每策秀孝,中书策秀才,集书策考贡士,考功郎中策廉良,皇帝常服,乘舆出,坐于朝堂中楹。秀孝各以班草对。其有脱误、书滥、孟浪者,起立席后,饮墨水,脱容刀。

后齐宴宗室礼,皇帝常服,别殿西厢东向。七庙子孙皆公服,无官者,单衣介帻,集神武门。宗室尊卑,次于殿庭。七十者二人扶拜,八十者扶而不拜。升殿就位,皇帝兴,宗室伏。皇帝坐,乃兴拜而坐。尊者南面,卑者北面,皆以西为上。八十者一坐。再至,进丝竹之乐。三爵毕,宗室避席,待诏而后复位。乃行无算爵。

正晦泛舟,则皇帝乘舆,鼓吹至行殿。升御坐,乘版舆,以与王公登舟,置酒。非预泛者,坐于便幕。

仲春令辰,陈养老礼。先一日,三老五更斋于国学。皇帝进贤冠、玄纱袍，至璧雍，入总章堂。列宫悬。王公已下及国老庶老各定位。司徒以羽仪武贲安车，迎三老五更于国学。并进贤冠、玄服、黑舄、素带。国子生黑介帻、青衿、单衣，乘马从以至。皇帝释剑，执珽，迎于门内。三老至门，五更去门十步，则降车以入。皇帝拜，三老更摄齐答拜。皇帝揖进，三老在前，五更在后，升自右阶，就筵。三老坐，五更立。皇帝升堂，北面。公卿升自左阶，北面。三公授几杖，卿正履，国老庶老各就位。皇帝拜三老，群臣皆拜。不拜五更。乃坐，皇帝西向，肃拜五更。进珍羞酒食，亲祖割，执酱以馈，搢爵以酳。以次进五更。又设酒酏于国老庶老。皇帝升御坐，三老乃论五孝六顺，典训大纲。皇帝虚躬请受，礼毕而还。又都下及外州人年七十已上，赐鸠杖黄帽。有敕即给，不为常也。

后周保定三年，陈养老之礼。以太傅、燕国公于谨为三老。有司具礼择日，高祖幸太学以食之。事见《谨传》。

隋书卷一○
志第五

礼仪五

舆辇之别，盖先王之所以列等威也。然隋时而变，代有不同。

梁初，尚遵齐制，其后武帝既议定礼仪，乃渐有变革。始永明中，步兵校尉伏曼容奏，宋大明中，尚书左丞荀万秋议，金玉二辂，并建碧旗，象革木辂，并建赤旗，非时运所上，又非五方之色。今五辂五牛及五色幡旗，并请准齐所尚青色。时议所驳，不行。及天监三年，乃改五辂旗同用赤而旒不异，以从行运所尚也。

七年，帝曰："据《礼》'玉辂以祀，金辂以宾'，而今大礼，并乘金辂。"诏下详议。周捨以为："金辂以之斋车，本不关于祭祀。"于是改陵庙皆乘玉辂，大驾则太仆卿御，法驾则奉车郎驭。其余四辂，则使人执𣚙，以朱丝为之。执者武冠、朱衣。

又齐永明制，玉辂上施重屋，栖宝凤皇，缀金铃，镊珠珰、玉蚌佩。四角金龙，衔五彩眊。又画麒麟头加于马首者。十二年，帝皆省之。

初齐武帝造大小辇，并如轺车，但无轮毂，下横辕轭。梁初，漆画代之。后帝令上可加笨辇，形如犊车，自兹始也。中方八尺，左右开四望。金为龙首。饰其五末，谓辕毂头及衡端也。金鸾栖轭。其下施重层，以空青雕镂为龙凤象。漆木横前，名为望板。其下交施三十六横。小舆形似轺车，金装漆画，但施八横。元正大会，乘出上殿。西堂举哀亦乘之。行则从后。一名舆车。

羊车一名辇，其上如轺，小儿衣青布裤褶，五辫髻，数人引之。时名羊车小史。汉氏或以人牵，或驾果下马。梁贵贱通得乘之，名曰牵子。

画轮车，一乘，驾牛。乘用如齐制，旧史言之详矣。

衣书车，十二乘，驾牛。汉皂盖朱里，过江加绿油幢。朱丝络，青交路，黄金涂五末。一曰副车。梁朝谓之衣书车。

皇太子鸾辂，驾三马，左右骓。朱班轮，倚兽较，伏鹿轼，九旒，画降龙，青盖画幡，文輈，黄金涂五末。近代亦谓之鸾辂，即象辂也。梁东宫初建及太子释奠、元正朝会则乘之。以画轮为副。若常乘画轮，以轺衣书车为副。画轮车，上开四望，绿油幢，朱绳络，两箱里饰以锦，黄金涂五末。

二千石四品已上及列侯，皆给轺车，驾牛。伏兔箱，青油幢，朱丝络，毂辋皆黑漆。天监二年令，三公、开府、尚书令，则给鹿幡轺，施耳，后户，皂辋。尚书仆射、左右光禄大夫、侍中、中书监令、秘书监，则给凤辖轺，后户，皂辋。领、护、国子祭酒、太子詹事、尚书、侍中、列卿、散骑常侍，给聊泥轺，无后户，漆轮。车骑、骠骑及诸王除刺史、带将军，给龙雀轺，以金银饰。御史中丞给方盖轺，形如小伞。

诸王三公有勋德者，皆特加皂轮车，驾牛，形如犊车。但乌漆轮毂，黄金雕装，上加青油幢，朱丝络，通幰或四望。上台，三夫人亦乘之，以拓幢涅幰为副。王公加礼者，给油幢络车，驾牛。朱轮华毂。天监二年令，上台、六宫、长公主、公主、诸王太妃、妃，皆乘青油舆幢通幰车，拓幢涅幰为副。采女、皇女、诸王嗣子、侯夫人，皆乘赤油拓幢车，以涅幰为副。侍女、直乘涅幰之乘。

诸王三公并乘通幰平乘车，竹箕子壁、仰，檖榆为辋。如今犊车，但举幰通覆上。

方州刺史，并乘通幰平肩舆，从横施八横，亦得金渡装较。天子至于下贱，通乘步舆，方四尺，上施隐膝以及襻，举之。无禁限。载舆亦如之，但不施脚，以其就席便也。优礼者，人舆以升殿。司徒谢朏，以脚疾优之。

五牛旗,左青赤,右白黑,黄居其中,盖古之五时副车也。旧有五色立车,五色安车,合十乘,名为五时车。建旗十二,各如车色。立车则正竖其旗,安车则斜注。马亦随五时之色,白马则朱其鬣尾。左右骓骖,金鋄镂钖,黄屋左纛,如金根之制。行则从后。名五时副车。晋过江,不恒有事,则权以马车代之,建旗其上。后但以五色木牛象车,竖旗于牛背,使人舆之。旗常缠不舒,唯天子亲戎,乃舒其旆。周迁以为晋武帝平吴后造五牛之旗,非过江始也。指南车,大驾出,为先启之乘。汉初,置俞儿骑,并为先驱。左太冲曰:“俞骑骋路,指南司方。”后废其骑而存其车。

记里车,驾牛。其中有木人执槌,车行一里,则打一槌。鼓吹车,上施层楼,四角金龙,衔旒苏羽葆。凡鼓吹,陆则楼车,水则楼船,在殿庭则画笋虡为楼。楼上有翔鹭楼乌,或为鹄形。

陈承梁末,王琳纵火,延烧车府。至天嘉元年,敕守都官尚书、宝安侯到仲举,议造玉金象革木等五辂及五色副车。皆金薄交龙,为舆倚较,文貔伏轼,蚪首衔轭,左右吉阳筩,鸾雀立衡,虡文画轓,绿油盖,黄绞里,相思榱,金华末。斜注旂旗于车之左,各依方色。加綮戟于车之右,韬以黻绣之衣。兽头幡,长丈四尺,悬于戟枚。玉辂,正副同驾六马,余辂皆驾四马。马并黄金为文髦,插以翟尾,玉为镂钖。又以采画赤油,长三尺,广八寸,系两轴头,古曰飞轮,改以采画蛙蟆幡,缀两轴头,即古飞轮遗象也。五辂两箱后,皆用玳瑁为鸱翅,加以金银雕饰,故俗人谓之金鸱车。两箱之里,衣以红锦,金花帖钉,上用红紫锦为后檐,青绞纯带,夏用簟,冬用绮绣褥。此后渐修,具依梁制。

后魏天兴初,诏仪曹郎董谧撰朝飨仪,始制轩冕,未知古式,多违旧章。孝文帝时,仪曹令李韶,更奏详定,讨论经籍,议改正之。唯备五辂,各依方色,其余车辇,犹未能具。至熙平九年,明帝又诏侍中崔光与安丰王延明、博士崔瓒采其议,大造车服。定制,五辂并驾五马。皇太子乘金辂，朱盖赤质，四马。三公及王，朱屋青表，制同于辂，名曰高车，驾三马。庶姓王、侯及尚书令、仆已下，列卿已上，并给轺车，驾用一马。或乘四望通幰车，驾一牛。自斯以后，条章粗备，北齐咸取用焉。其后因而著令，并无增损。

王、庶姓王、仪同三司已上、亲公主，雉尾扇，紫伞。皇宗及三品已上官，青伞朱里。其青伞碧里，达于士人，不禁。

正从第一品执事官、散官及仪同三司、诸公主，得乘油色朱络网车，车牛饰得用金涂及纯银。二品、三品得乘卷通幰车，车牛饰用金涂。四品已下，七品已上，得乘偏幰车，车牛饰用铜。

尚书令给哄士十五人，左右仆射、御史中丞，各十二人。

周氏设六官，置司辂之职，以掌公车之政，辩其名品，与其物色。

皇帝之辂，十有二等：一曰苍辂，以祀昊天上帝。二曰青辂，以祀东方上帝。三曰朱辂，以祀南方上帝及朝日。四曰黄辂，以祭地祇中央上帝。五曰白辂，以祀西方上帝及夕月。六曰玄辂，以祀北方上帝及感帝，祭神州。此六辂，通漆之而已，不用他物为饰。皆疏面，旌就以方色，俱十有二。疏面，刻皮当顺。七曰玉辂，以享先皇，加元服，纳后。八曰碧辂。以祭社稷，享诸先帝，大贞于龟食三老五更，享食诸侯及耕籍。九曰金辂，以祀星辰，祭四望，视朔，大射，宾射，飨群臣，巡牲牲，养国老。十曰象辂，以望秩群祀，视朝，燕诸侯及群臣，燕射，养庶老，适诸侯家，巡省，临太学，幸道法门。十一曰革辂，以巡兵即戎。十二曰木辂，以田猎，行乡畿。此六辂，又以六色漆而画之，用玉碧金象革物，以饰诸末。皆锡面、金钩，就以五采，俱十有二。锡面，镂金当顺。钩以属勒鞶缨。

皇后之车，亦十二等：一曰重翟，以从皇帝，重翟羽为车蕃。祀郊禖，享先皇，朝皇太后。二曰厌翟，以祭阴社。次其羽也。三曰翟辂，以采桑。翟羽饰之。四曰翠辂，以从皇帝，见宾客。翠羽饰之。五曰雕辂，以归宁。刻诸末也。六曰篆辂，以临诸道法门。篆诸饰也。六辂皆锡面，朱总、总以朱丝为之，置马勒，直两耳与两镳也。金钩。七曰苍辂，以适命妇家。八曰青辂，九曰朱辂，十曰黄辂，十一曰白辂，十二曰玄辂。五时常出入则供之。六辂皆疏面，缋总。以画缯为之。

诸公之辂九：方辂、各象方之色。碧辂、金辂，皆锡面，鞶缨九就，金钩。象辂、犀辂、贝辂、革辂、篆辂、木辂，皆疏面，鞶缨九就。凡就，皆以朱白苍三采。诸侯自方辂而下八，又无碧辂。诸伯自方辂而下七，又夫金辂。诸子自方辂而下六，又无象辂。诸男自方辂而下五，又无犀辂。凡就，各如其命。

诸公夫人之辂车九、厌翟、翟辂、翠辂，皆锡面，朱总，金钩。雕辂、篆辂，皆勒面，刻白黑韦为当颅。缋总。朱辂、黄辂、白辂、玄辂，皆雕面，刻漆韦为当颅。鹥总。总青黑色缯，其著如朱总。诸侯夫人自翟辂而下八，诸伯夫人自翠辂而下七，诸子夫人自雕辂而下六，诸男夫人自篆辂而下五。鞶缨就数，各视其君。

公孤卿大夫，皆以中之色乘祀辂。士乘祀车。

三公之辂车九：祀辂、犀辂、贝辂、篆辂、木辂、夏篆、夏缦、墨车、栈车。自篆已上，金涂诸末，疏锡，鞶缨，金钩。木辂已下，铜饰诸末，疏，鞶缨皆九就。三孤自祀辂而下八，无犀辂。六卿自祀辂而下七，又无贝辂。上大夫自祀辂而下六，又无篆辂。中大夫自祀辂而下五，又无木辂。下大夫自祀而下四，又无夏篆。士车三：祀车、墨车、栈车。凡就，各如其命之数。自孤下，就以朱绿二采。

三妃、三公夫人之辂九：篆辂、朱辂、黄辂、白辂、玄辂，皆勒面，缋总。夏篆、夏缦、墨车、栈车，皆雕面，鹥总。三妣、三孤内子，自朱辂已下八。六嫔、六卿内子，自黄辂而下七。上媛妇、中大夫孺人，自玄辂而下五。下媛妇、大夫孺人，自夏篆而下四。御婉、士妇人，自夏缦而下三。其鞶缨就，各以其等。

皆簟笰，漆之。君以赤，卿大夫士以玄。

君驾四，三辀六辔。卿大夫驾三，二辀五辔。士驾二，一辀四辔。

辂之制，重轮重较而加耳焉。皇帝、皇后之辂，舆广六尺有六寸，轮高七尺。画轮毂、辀衡以云牙，箱轼以虡文，虡内画以杂兽。兽伏轼,鹿倚较。诸侯及夫人,命夫、命妇之辂车,广六尺有二寸,轮崇六尺有六寸。画毂以云牙,轼以虡文,虡内画以云华。鹿倚较。士不画。后、夫人、内子已下,同去兽与鹿。

凡旗,太常画三辰,日、月、五星。旂画青龙,皇帝升龙,诸侯交龙。旟画朱雀,旃画黄麟,旗画白兽,旐画玄武,皆加云。其旆物在军,亦书其事号,加之以云气。徽帜亦如之。通帛为旜,杂帛为物。在军亦书其人官与姓名之事号。徽帜亦书之,但画其所书之例。旌节又画白兽,而析羽于其上。

司常,掌旗物之藏。通帛之旗六,以供郊丘之祀。一曰苍旗,二曰青旗,三曰朱旗,四曰黄旗,五曰白旗,六曰玄旗。画缋之旗六,以充玉辂之等。一曰三辰之常,二曰青龙之旗,三曰朱鸟之旟,四曰黄麟之旃,五曰白兽之旗,六曰玄武之旐。皆左建旗而右建阖戟。又有继旗四,以施军旅。一曰麾,以供军将。二曰旞,以供师帅。三曰旐,以供旅帅。四曰旆,以供倅长。诸公方辂、碧辂建旐,金辂建旂,象辂建物,木辂建旒。诸侯自金辂而下,如诸公之旗。诸伯自象辂而下,如诸侯之旗。诸子自犀辂而下,如诸伯之旗。诸男自象辂而下,如诸子之旗。三公犀辂、贝辂、篆辂建旃,木辂建以旒,夏篆、夏缦及栈车建物。孤卿已下,各以其等建其旗。

旌杠,皇帝六刃,诸侯五刃,大夫四刃,士三刃。

旒,皇帝曳地,诸侯及轵,大夫及毂,士及軫。凡注毛于杠首曰绥,析羽曰旌,全羽曰旞。其幨,皇帝诸侯加以弧韣。阖戟,方六尺而被之以黻,唯皇帝诸侯辂建焉。阖戟、杠绸与旗同。

车之盖圆,以象天,舆方,以象地。轮辐三十,以象日月。盖橑二十有八,以象列宿。设和銮以节趋行,被旗旒以表贵贱。其取象也大,其彰德也明,是以王者尚之。

皇帝、皇后在丧之车五:一曰木车,初丧乘之。二曰素车,卒哭乘之。三曰藻车,既练乘之。四曰駹车,祥而乘之。五曰漆车,禫而乘之。

及平齐,得其舆辂,藏于中府,尽不施用。至大象初,遣郑译阅视武库，得魏旧物，取尤异者，并加雕饰，分给六宫。有乾象辇，羽葆圆盖，画日月五星、二十八宿、天街云罕、山林奇怪及游麟飞凤、朱雀玄武、驺虞青龙，驾二十四马，以给天中皇后，助祭则乘。又有大楼辇车，龙辀十二，加以玉饰，四毂六衡，方舆圆盖，金鸡树羽，宝铎旒苏，鸾雀立衡，六螭龙衔轭，建太常，画升龙日月，驾二十牛。又有象辇，左右金凤，白鹿仙人，羽葆旒苏，金铃玉佩，初驾二象，后以六驼代之。并有游观小楼等辇，驾十五马车等，合十余乘，皆魏天兴中之所制也。宣帝至是，咸复御之。复令天下车，皆以浑成木为轮。

开皇元年，内史令李德林奏，周、魏舆辇乖制，请皆废毁。高祖从之。唯留魏太和时仪曹令李韶所制五辂，齐天保所遵用者。又留魏熙平中，太常卿穆绍议皇后之辂，其从祭则御金根车，亲桑则御云母车，并驾四马。归宁则御紫罽车，游行则御安车，吊问则御绀罽辀车，并驾三马。于后著令，制五辂。

玉辂，青质，以玉诸末。重箱盘舆，左青龙，右白虎，金凤翅，画虡文鸟兽。黄屋左纛，金凤在轼前，八鸾在衡，二铃在轼。龙辀，前设鄣尘。青盖黄里，绣饰。博山镜子，树羽。轮皆朱斑重牙。左建旗，十有二旒，縿旒皆画升龙，其长曳地。右载阔戟，长四尺，广三尺，黻文。旂首金龙头，衔结绶及铃绶。驾苍龙，金錣方釳，插翟尾五隼，镂锡，鞶缨十有二就。锡马当颅，镂金为之。鞶马大带，缨马鞦，皆以五彩饰之。就成也，一币为一就。祭祀、纳后则供之。

金辂，赤质，以金饰诸末。左建旗，右建阔戟。阔画鸟隼。余与玉辂同。驾赤骝。朝觐会同，飨射饮至则供之。

象辂，黄质，以象饰诸末。左建旌，右建阔戟。旌画黄麟。驾黄骝。行道则供之。

革辂，白质，挽之以革。左建旗，右建阔戟。旗画白兽。驾白辂。巡守临兵事则供之。

木辂，漆之。左建旐，右建阔戟。旐画龟蛇。驾黑骝。田猎则供之。

五辂之盖，旌旗之质，及鞶缨，皆从辂之色。盖之里，俱用黄。其镂锡，五辂同。

安车，饰重舆，曲壁，紫油纁朱里，通幰，朱丝络网，朱鞶缨，朱覆发，具络。驾赤骊。临幸则供之。

四望车，制同犊车。金饰，青油纁朱里，通幰。拜陵临吊则供之。

皇后、皇太后重翟，青质，金饰诸末。朱输，金根朱牙。其箱饰以重翟羽，青油纁朱里，通幰，绣紫帷，朱丝络网，绣紫络带。八銮在衡，锡，鞶缨十二就，金鍐方釳，插翟尾，朱总。总以朱为之，如马缨而小，著马勒，在两耳两镳也。驾苍龙。受册、从郊禖、享庙则供之。

厌翟，赤质，金饰诸末。轮画朱牙。其箱饰以次翟羽，紫油纁朱里，通幰，红锦帷，朱丝络网，红锦络带。其余如重翟。驾赤骊。亲桑则供之。

翟车，黄质，金饰诸末。轮画朱牙。其车侧饰以翟羽，黄油纁黄里，通幰，白红锦帷，朱丝络网，白红锦络带。其余如重翟。驾黄骝。归宁则供之。

诸鞶缨之色，皆从车质。

安车，赤质，金饰。紫通幰朱里。驾四马。临幸及吊则供之。

皇太子金辂，赤质，金饰诸末。重较，箱画虡文鸟兽，黄屋，伏鹿轼，龙辀。金凤一，在轼前。设鄣尘。朱盖黄里。轮画朱牙。左建旂，九旒，右载阘戟。旂首金龙头，衔结绶及铃緌。驾赤骊四。八銮在衡，二铃在轼。金鍐方釳，插翟尾五隼、镂锡，鞶缨九就。从祀享、正冬大朝、纳妃则乘之。

轺车，金饰诸末。紫通幰朱里。驾一马。五日常朝及朝飨宫臣，出入行道乘之。

四望车，金饰诸末。紫油纁通幰朱里，朱丝络网。驾一马，吊临则乘之。

公及一品象辂，黄质，以象饰诸末。建旃，画以鸟隼。受册告庙，升坛上任，亲迎及葬则乘之。

侯伯及二品三品革辂，白质，以革饰诸末。建旃，画熊兽。受册告庙,亲迎及葬则乘之。

子男及四品木辂,黑质,以漆饰之。建旐,画以龟蛇。受册告庙,亲迎及葬则乘之。

象辂已下,旒及就数,各依爵品,虽依礼制名,未及创造。开皇三年闰十二月,并诏停造,而尽用旧物。至九年平陈,又得舆辇。旧著令者,以付有司,所不载者,并皆毁弃。虽从俭省,而于礼多阙。

十四年,诏又以见所乘车辂,因循近代,事非经典,令更议定。于是命有司详考故实,改造五辂及副。玉辂青质,祭祀乘之。金辂赤质,朝会礼还乘之。象辂黄质,临幸乘之。革辂白质,戎事乘之。木辂玄质,耕藉乘之。五辂皆朱斑轮、龙辀、重舆,建十二旒,并画升龙。左建阘戟。旐旒与辂同色。樊缨十有二就。王、五等开国、第一第二品及刺史辂,朱质,朱盖,斑轮。左建旂,旂画龙,一升一降。右建阘戟。第三第四品辂,朱质,朱盖,左建旜,通帛为之,旂旜皆赤。其旒及樊缨就数,各依其品。

大业元年,更制车辇,五辂之外,设副车。诏尚书令楚公杨素、吏部尚书奇章公牛弘、工部尚书安平公宇文恺、内史侍郎虞世基、礼部侍郎许善心、太府少卿何稠、朝请郎阎毗等,详议奏决。于是审择前朝故事,定其取舍云。

玉辂,禋祀所用,饰以玉。《白武通》云:“玉辂,大辂也。”《周礼》巾车氏所掌,“镂锡,樊缨十有再就,建太常,十有二旒。”虞氏谓之鸾车,夏后氏谓之钩车,殷谓之大辂,周谓之乘辂。《大戴礼》著其形式,上盖如规象天,二十八橑象列星,下方舆象地,三十辐象一月。前视则睹銮和之声,侧观则睹四时之运。昔成汤用而郊祀,因有山车之瑞,亦谓桑根车。蔡邕《独断》论汉制度,凡乘舆车,皆有六马,羽盖金瓜,黄屋左纛,镂锾方釳,重毂繁缨,黄缯为盖里也。左纛,以旄牛尾建于竿上,其大如斗,立于左騑也。镂锾高阔各五寸,上如伞形,施于发上,而插翟尾也。方釳当额,盖马冠也。繁缨,膺前索也。重毂,重施毂也。应劭《汉官》,大辂龙旂,画龙于旂上也。董巴志谓为瑞山车,秦谓金根,即殷辂矣。司马彪志亦云:“汉备五辂，或谓德车，其所驾马，皆如方色。"唯晋太常卿挚虞，独疑大辂，谓非玉辂。挚虞之说，理实可疑，而历代通儒，混为玉辂，详其施用，义亦不殊。左建太常。案《释名》："日月为常，画日月于旗端，言常明也。"又云："自夏始也。"奚仲为夏车正，加以旐常，于是旗就有差，用明尊卑之别也。董巴所述，全明汉制。天子建太常，十二旒，曳地，日月升龙，象天明也。今之玉辂，参用旧典，消息取舍，裁其折中。以青为质，玉饰其末。重箱盘舆，左龙右兽，金凤翅，画虞文。轭左立䡮。金凤一，在轼前。八鸾在衡，二铃在轼。龙辀之上，前设郫尘。青盖黄里，绣游带。金博山，缀以镜子，下垂八佩。树四十葆羽。轭皆朱斑重牙，复辖。左建太常，十有二旒，皆画升龙日月，其长曳地。右载阖戟，长四尺，阔三尺，黻文。旗首金龙头，衔铃及绥，垂以结绥。驾苍龙，金鍐方釳，插翟尾五隼，镂钖，鋚缨十有二就，皆五缯罽，以为文饰。天子祭祀、纳后则乘之。驭士二十八人，余辂准此。

副车，案蔡邕《独断》，五辂之外，乃复设五色安车、立车各一乘，皆驾四马，是为五时副车。俗人名曰五帝车者，盖副车也。故张良狙击秦皇帝，误中副车。汉家制度，亦备副车。司马彪云："德车驾六，后驾四，是为副车。《魏志》亦云："天子命太祖驾金根六马，设五时副车"。江左乃阙，至梁始备。开皇中，不置副车，平陈得之，毁而弗用。至是复并设之。副玉辂色及旗章，一同正辂，唯降二等。驾用四马、驭士二十四人。余四副准此。

金辂，案《尚书》，即缀辂也。《周官》："金辂，镂钖，繁缨九就，建大旂，以宾，同姓以封。"夫礼穷则通，下得通于上也，故天子乘之，接宾宴，同姓诸侯，受而出封。是以汉太子、诸王，皆乘金辂及安车，并朱斑轮，倚兽较，伏鹿轼，黑虞文，画藩，青盖，金华施橑，朱画辕，金涂饰。非皇子为王，不锡此乘，皆左右绯，驾三马。旂九旒，画降龙。皇孙乘绿车，亦驾之。魏、晋制，太子及诸王，皆驾四马。依挚虞议，天子金辂，次在第二。又云，金辂以朝，象辂以宾。则是晋用辂与周异矣。《宋起居注》，泰始四年，尚书令建安王休仁议："天子之元子，士也，故齿胄于辟雍，欲使知教而后尊，不得生而贵矣。既命之后,礼同上公,故天子赐之金辂,但减旂章为等级。象及革木,赐异姓诸侯。在朝卿士,亦准斯例。"此则皇太子及帝子王者,通得乘之。自晋过江,王公以下,车服卑杂,唯有太子,礼秩崇异。又乘山石安车,义不经见,事无所出。赐金辂者,此为古制,降乘舆二等,驾用四马。唯天子五辂,通驾六马。旌旗旂旐,并十二旒。左建旞。案《尔雅》:"错革鸟曰旟。"郭璞云:"此谓全剥鸟皮毛,置之竿上也。"旧说,刻为革鸟。孙叔敖云:"革,急也。言画急疾鸟于旒上也。"《周官》所谓鸟隼为旟,亦是急义。今之金辂,赤质,黄金饰诸末。左建旞,画飞隼右建阃戟,鸾舆凤翅等,并同玉辂。驾赤骝。临朝会同,飨射饮至则用之。

皇太子辂,古者金饰。宋、齐以来,并乘象辂。宇文恺、阎毗奏:"案宋大明六年,初备五辂,有司奏云:'秦改周辂,创制金根,汉、魏因循,其形莫改。而金玉二辂,雕饰略同,造次瞻睹,殆无差别。若锡于东储,在礼嫌重,非所以崇峻陛级,表示等威。今皇太子宜乘象辂,碧旂九叶,进不斥尊,退不逼下,酌时沿古,于礼为中。'观宋此义,乃无副车。新置五辂,金玉同体,至象已下,即为差降。所以太子不得乘金辂,欲示等威,故令给象。今取《周礼》之名,依汉家之制,天子五辂,形饰并同。旒及繁缨,例皆十二,黄屋左纛,金根重毂,无不悉同,唯应五方色以为殊耳。若用此辂,给于太子,革木尽皆不可,何况金象者乎?既制副车,驾用四马,至于金辂,自有等差。《春秋》之义,降下以两。今天子金辂,驾用六马,十二旒,太子金辂,驾用四马,降龙九旒,制颇同于副车,又有旌旗之别。并嫡皇孙及亲王等辂,并给金辂,而减其雕饰,合于古典。臣谓非嫌。"制曰:"可。"于是太子金辂,赤质,制同副车,具体而小,亦驾四马,驭士二十人。皇嫡孙金辂,绿质,降太子一等。去盘舆重毂,辕上起箱,末以金饰,旌长七刃,七旒。驾用四马,驭士一十八人。亲王金辂,以赤为质,余同于皇嫡孙。唯在其国及纳妃亲迎则给之,常朝则乘象辂。

象辂,案《尚书》,即先辂也。《周礼》:"象辂,朱繁缨五就,建大赤,以朝,异姓以封。"左建旟。案《尔雅注》"旐首曰旐",许慎所说

"游车载旌"。《广雅》云:"天子旌高九刃,诸侯七刃,大夫五刃。"《周书王会》:"张羽凫旌。"《礼记》云:"龙旂九旒,天子之旌也。"今象辂,以黄为质,象饰诸末。左建旌,画绿麟,右建阘戟。驾黄骝。祀后土则用之。

革辂,案《释名》"天子车也"。《周礼》:"革辂,龙勒,条缨五就,建大白,用之即戎,以封四卫。"古者革挽而漆之,更无他饰。又有"戎辂之革,广车之革,阙车之革,轻车之革"。此皆兵车,所谓五戎。然革辂亦名戎辂,天子在军所乘。广车,横阵车也。阙车,补阙车也。饰并以革,故"师供革车,各以其革"。挚虞议云,革辂第四。左建旌。案《释名》"熊兽为旗",《周官》"龙旂九旒,以象大火。"今革辂白质,鞔之以革。左建旗,画驳虞,右建阘戟,驾白骆。巡守临兵则用之。三品已下,并乘革辂,朱色为质。驭士十六人。

木辂,案《尚书》,即次辂也。《周官》:"木辂,缟樊鹄缨,建麾,以畋,以封藩国。"晋挚虞云,畋辂第五。唯宋泰始诏,乘木辂以耕稼。徐爰《释疑略》曰:"天子五辂,晋迁江左,阙其三,唯有金辂以郊,木辂即戎。宋大明时,始备其数。"凡五辂之盖,旌旗之斿及肇缨,皆从方色。盖里并黄,雕饰如一。沈约曰:"金象革木,《礼图》不载其形。"今斿数羽葆,并同玉辂。左建旗。案《周官》:"龟蛇为旐。"《释名》云:"龟知气兆之吉凶也。"许慎云:"旐有四斿,以象营室。"今木辂黑质,漆之。左建旐,画玄武,右建阘戟。驾黑骝。畋猎用之。四品方伯乘木辂,赤质,驾士十四人。

安车,案《礼》,卿大夫致事则乘之。其制如辎軿。蔡邕《独断》有五色安车,皆画轮重毂。今画轮,重舆,曲壁,紫油幢绛里,通幰,朱丝络网,赤肇缨。驾四马。省问临幸则乘之。皇太子安车,斑轮,赤质,制略同乘舆,亦驾四马。

四望车,案晋《中朝大驾卤簿》,四望车,驾牛中道。《东宫旧仪》皇太子及妃,皆有画轮四望车。今四望车,制同犊车,黄金饰,青油幢朱里,紫通幰,紫丝网。驾一牛。拜陵临吊则用之。皇太子四望车,绿油幢,青通幰,朱丝络网。

耕根车，案沈约云："亲幸耕籍御之。三盖车，一名芝车，又名耕根车。置耒耜于轼上。"即潘岳所谓"绀辕属于黛耜"者也。开皇无之，驾出亲耕，则乘木辂，盖依宋泰始之故事也。今耕根车，以青为质，三重施盖，羽葆雕装，并同玉辂。驾六马。其轼平，以青囊盛耒耜而加于上。籍千亩，行三推礼，则亲乘焉。

羊车，案晋司隶校尉刘毅，奏护军羊琇私乘者也。开皇无之，至是始置焉。其制如轺车，金宝饰，紫锦幰，朱丝网。驾童二十人，皆两鬟髻，服青衣，取年十四五者为，谓之羊车小史。驾以果下马，其大如羊。

属车，案古者诸侯贰车九乘，秦灭九国，兼其车服，故为八十一乘。汉遵不改。武帝祠太一甘泉，则尽用之。明帝上原陵，又用之。法驾三十六乘，小驾十二乘。开皇中，大驾十二乘，法驾减半。大业初，属车备八十一乘，并如轷车，紫通幰，朱丝络网，黄金饰。驾一牛。在卤簿中，单行正道。至三年二月，帝嫌其多，问起部郎阎毗。毗曰："臣共宇文恺参详故实，此起于秦，遂为后式，故张衡赋云'属车九九'是也。次及法驾，三分减一，此汉制也。故《文帝纪》'奉天子法驾迎代邸'，如淳曰'属车三十六乘'是也。又据宋孝建时，有司奏议，晋迁江左，唯设五乘，尚书令建平王宏曰：'八十一乘，无所准凭，江左五乘，俭不中礼。但帝王旂旒之数，皆用十二，今宜准此，设十二乘。'开皇平陈，因以为法令。宪章往古，大驾依秦，法驾依汉，小驾依宋，以为差等。"帝曰："大驾宜用三十六，法驾宜用十二，小驾除之可也。"

辇，案《释名》"人所辇也"。汉成帝游后庭则乘之。徐爰《释问》云："天子御辇，侍中陪乘。"今辇，制象轺车，而不施轮，通幰朱络，饰以金玉，用人荷之。

副辇，加笨，制如轷车，亦通幰朱络，谓之蓬辇。自梁武帝始也。

舆，案《说文》云："篮，竹舆也。"《周官》曰："周人上舆。"汉室制度，以雕为之，方径六尺。今舆，制如辇而但小耳，宫苑宴私则御之。

小舆，幰方，形同幄帐。自阁出升正殿则御之。

辎车,案《六韬》,一名遥车,盖言遥远四顾之车也。汉武帝迎申公,弟子二人乘辎传从。此又是驰传车也。《晋氏卤簿》,御史辎车行中道。《晋公卿礼秩》云:"尚书令辎,黑耳后户。"今辎车,青通幰,驾二马。王侯入学,五品朝婚,通给之。司隶刺史及县令、诏使品第六七,则并驾一马。

犊车,案魏武书,赠杨彪七香车二乘,用牛驾之。盖犊车也。《长沙耆旧传》曰:"刘寿常乘通幰车。"今犊车通幰,自王公已下,至五品已上,并给乘之。三品已上,青幰朱里,五品已上,绀幰碧里,皆白铜装。唯有惨及吊丧者,则不张幰而乘铁装车。六品已下不给,任自乘犊车,弗许施幰。初,五品已上,乘偏幰车,其后嫌其不美,停不行用,以亘幰代之。三品已上通幰车则青壁,一品辎车,油幰朱网,唯车辂一等,听敕始得乘之。

马珂,三品已上九子,四品七子,五品五子。

皇后重翟车,案《周礼》,正后亦有五辂:一曰重翟,二曰厌翟,三曰安车,四曰翟车,五曰辇车。汉制,后法驾,乘重翟车。今重翟,青质,金饰诸末。画轮,金根朱牙,重毂。其箱饰以重翟羽。青油幢朱里,通幰,紫绣帷,朱丝络,紫绣带。八銮在衡,镂锡,鞶缨十有二就,金錣方鈒,插翟尾,朱总,缀于马勒及两金镳之上。驾苍龙。受册从祀郊禖享庙则供之。

厌翟,赤质,金饰诸末。朱轮,画朱牙。其箱饰以次翟羽,紫油幢朱里,通幰,红锦帷,朱丝络网,红锦带。其余如重翟。驾赤骍。采桑则供之。

翟车,黄质,金饰诸末。轮画朱牙。其箱饰以翟羽,黄油幢黄里,通幰,白红锦帷,朱丝络网,白红锦带。其余如重翟。驾黄骍。归宁则供之。诸鞶缨之色,皆从车质。

安车,金饰,紫通幰,朱里。驾四马。临幸及吊则供之。

辇车,金饰,同于蓬辇,通幰,斑轮,驾用四马。宫苑近行则乘之。

皇后属车三十六乘,初宇文恺、阎毗奏定,请减乘舆之半。礼部侍郎许善心奏驳曰:"谨案《周礼》,后备六服,并设五辂,采章之数,并与同,属车之制,不应独异。又宋孝建时,议定舆辇,天子属车,十有二乘。至大明元年九月,有司奏皇后副车,未有定式,诏下礼官,议正其数。博士王燮之议:'郑玄云:后象王立六宫,亦正寝一而燕寝五。推其所立,每与王同,谓十二乘通关为允。'宋帝从之,遂为后式。今请依乘舆,不须差降。"制曰:"可。"

三妃乘翟车,以赤为质,驾二马。九嫔以下,并乘褕车,青幰,朱络网。

皇太子妃乘翟车,以赤为质,驾三马,画辕金饰。褕车为副,紫幰,朱络网。良娣已下,并乘褕车,青幰朱里。

三公夫人、公主、王妃,并褕车,紫幰,朱络网。五品已上命妇,并乘青幰,与其夫同。

隋书卷一一
志第六

礼仪六

梁制，乘舆郊天、祀地、礼明堂、祠宗庙、元会临轩，则黑介帻，通天冠平冕，俗所谓平天冠者也。其制，玄表，朱绿里，广七寸，长尺二寸，加于通天冠上。前垂四寸，后垂三寸，前圆而后方。垂白玉珠，十有二旒，其长齐肩。以组为缨，各如其绶色，傍垂黈纩，琇珠以玉瑱。其衣，皂上绛下，前三幅，后四福。衣画而裳绣。衣则日、月、星辰、山、龙、华虫、火、宗彝，画以为缋。裳则藻、粉、米、黼黻，以为绣。凡十二章。素带，广四寸，朱里，以朱绣裨饰其侧。中衣以绛缘领袖。赤皮为韠，盖古之韨也。绛裤袜，赤舄。佩白玉，垂朱黄大绶，黄赤缥绀四采，革带，带剑，绲带以组为之，如绶色。黄金辟邪首为带镼，而饰以白玉珠。又有通天冠，高九寸，前加金博山、述，黑介帻，绛纱袍，皂缘中衣，黑舄，是为朝服。元正贺毕，还储更衣，出所服也。其释奠先圣，则皂纱袍，绛缘中衣，绛裤袜，黑舄。临轩亦服衮冕，未加元服，则空顶介帻。拜陵则笺布单衣，介帻。又有五梁进贤冠、远游、平上帻武冠。单衣，黑介帻，宴会则服之。

单衣、白帢，以代古之疑衰、皮弁为吊服，为群臣举哀临丧则服之。

天监三年，何佟之议：“公卿以下祭服，里有中衣，即今之中单也。案后汉《舆服志》明帝永平二年，初诏有司采《周官》、《礼记》、《尚书》，乘舆服，从欧阳说；公卿以下服，从大、小夏侯说。祭服，绛缘领袖为中衣,绛裤袜,示其赤心奉神。今中衣绛缘,足有所明,无俟于裤。既非圣法,请不可施。"遂依议除之。

四年,有司言:平天冠等一百五条,自齐以来,随故而毁,未详所送。何佟之议:"《礼》'祭服敝则焚之'。"于是并烧除之,其珠玉以付中署。

七年,周捨议:"诏旨以王者衮服,宜画凤皇,以示差降。按《礼》:'有虞氏皇而祭,深衣而养老。'郑玄所言,皇则是画凤皇羽也。又按《礼》所称杂服,皆以衣定名,犹如衮冕,则是衮衣而冕。明有虞言皇者,是衣名,非冕,明矣。画凤之旨,事实灼然。"制:"可。"又王僧崇云:"今祭服,三公衣身画兽,其腰及袖,又有青兽,形与兽同,义应是蜼,即宗彝也。两袖各有禽鸟,形类鸾凤,似是华虫。今画宗彝,即是周礼。但郑玄云:'蜼,蜼属,昂鼻长尾。'是兽之轻小者。谓宜不得同兽。寻冕服无凤,应改为雉。又裳有圆花。于礼无碍,疑是画师加葩花耳。藻米黼黻,并乖古制,今请改正,并去圆花。"帝曰:"古文日月星辰,此以一辰摄三物也。山龙华虫,又以一山摄三物也。藻火粉米,又以一藻摄三物也。是为九章。今衮服画龙,则宜应画凤,明矣。孔安国云:'华者,花也。'则为花非疑。若一向画雉,差降之文,复将安寄?郑义是所未允。"又帝曰:"《礼》:'王者祀昊天上帝,则大裘而冕,祀五帝亦如之。'又云:'莞席之安,而蒲越稿秸之用。'斯皆至敬无文,贵诚重质。今郊用陶匏,与古不异,而大裘蒲秸,独不复存,其于质敬,恐有未尽。且一献为质,其剑佩之饰及公卿所著冕服,可共详定。"五经博士陆玮等并云:"祭天犹存扫地之质,而服章独取黼黻为文,于义不可。今南郊神座,皆用茈席,此独莞类,未尽质素之理。宜以稿秸为下藉,蒲越为上席。又《司服》云'王祀昊天,服大裘',明诸臣礼不得同。自魏以来,皆用衮服,今请依古,更制大裘。"制:"可。"玮等又寻大裘之制,唯郑玄注《司服》云"大裘,羔裘也",既无所出,未可为据。案六冕之服,皆玄上纁下。今宜以玄缯为之。其制式如裘,其裳以纁,皆无文绣。冕则无旒。诏:"可。"

又乘舆宴会，服单衣，黑介帻。旧三日九日小会，初出乘金辂服之。

八年，帝改去还皆乘辇，服白纱帽。

九年，司马筠等参议："《礼记》《玉藻》云：'诸侯玄冕以祭，裨冕以朝。'《杂记》又云：'大夫冕而祭于公，弁而祭于己。'今之尚书，上异公侯，下非卿士，止有朝衣，本无冕服。但既预斋祭，不容同在于朝，宜依太常及博士诸斋官例，著皂衣，绛襈，中单，竹叶冠。若不亲奉，则不须入庙。"帝从之。

十一年，尚书参议："按《礼》，跣袜，事由燕坐，履不宜陈尊者之侧。今则极敬之所，莫不皆跣。清庙崇严，既绝恒礼，凡有履行者，应皆跣袜。"诏："可。"

陈永定元年，武帝即位，徐陵白："所定乘舆御服，皆采梁之旧制。"又以为"冕旒，后汉用白玉珠，晋过江，服章多阙，遂用珊瑚杂珠，饰以翡翠。"侍中顾和奏："今不能备玉珠，可用白璇。"从之。萧骄子云："白璇，蚌珠是也。"帝曰："形制依此。今天下初定，务从节俭。应用绣、织成者，并可彩画，金色宜涂，珠玉之饰，任用蚌也。"至天嘉初，悉改易之，定令具依天监旧事，然亦往往改革。今不同者，皆随事于注言之；不言者，盖无所改制云。

皇太子，金玺龟钮，朱绶，三百二十首。朝服，远游冠，金博山，佩瑜玉翠绥，垂组，朱衣，绛纱袍，皂缘白纱中衣，白曲领，带鹿卢剑，火珠首，素革带，玉钩鳠，兽头鞶囊。其大小会、祠庙、朔望、五日还朝，皆朝服，常还上宫则朱服。若释奠，则远游冠，玄朝服，绛缘中单，绛裤袜，玄舄。讲，则著介帻。又有三梁进贤冠。其侍祀则平冕九旒，衮衣九章，白纱绛缘中单，绛缯韠，赤舄，绛袜。若加元服，则中舍执冕从。皇太子旧有五时朝服，自天监之后则朱服。在上省则乌帽，永福省则白帽云。

诸王，金玺龟钮，缥朱绶，一百六十首。朝服，远游冠，介，朱衣，绛纱袍，皂缘中衣，素带，黑舄。佩山玄玉，垂组，大带，兽头鞶，腰剑。若加余官,则服其加官之服。

开国公,金章龟钮,玄朱绶,二百四十首。朝服,纱朱衣,进贤三梁冠,佩山玄玉,兽头鞶,腰剑。

开国侯、伯,金章龟钮,青朱绶,一百二十首。朝服,纱朱衣,进贤三梁冠,佩水苍玉,兽头鞶,腰剑。

开国子、男,金章龟钮,青绶,二百首。朝服,纱朱衣,进贤三梁冠,佩水苍玉,兽头鞶,腰剑。县、乡、亭、关内、关中及名号侯,金印龟钮,紫绶,朝服,进贤二梁冠,兽头鞶,腰剑。关内、关中及名号侯则珪钮。

关外侯,银印珪钮,青绶,朝服,进贤二梁冠,兽头鞶,腰剑。

诸王嗣子,金印珪钮,紫绶,八十首。朝服,进贤二梁冠,佩山玄玉,兽头鞶,腰剑。

开国公、侯嗣子,银印珪钮,青绶,八十首。朝服,进贤二梁冠,佩水苍玉,兽头鞶,腰剑。

太宰、太傅、太保、司徒、司空,金章龟钮,紫绶,八十首。朝服,进贤三梁冠,佩山玄玉,兽头鞶,腰剑。《陈令》加有相国丞相,服制同。

大司马、大将军、太尉、诸位从公者,金章龟钮,紫绶,八十首。朝服,武冠,佩山玄玉,兽头鞶,腰剑。直将军则不带剑。凡公及位从公、言以将军及以左右光禄、开府仪同者,各随本位号。其文则曰"某位号仪同之章。"

五等诸侯,助祭郊庙,皆平冕九旒,青玉为珠,有前无后。各以其绶色为组缨,旁垂黈纩。衣,玄上纁下,画山龙已下九章,备五采,大佩,赤舄,胸履。录尚书无章绶品秩,悉以余官总司其任,服则余官之服,犹执笏紫荷。其在都坐,则东面最上。

尚书令、仆射、尚书,铜印墨绶,朝服,纳言帻、进贤冠,佩水苍玉,尚书则无印绶。腰剑,紫荷,执笏。陈尚书令、仆射,金章龟钮,紫绶,八十首,兽头鞶。尚书无印绶及鞶。余并同梁。

侍中散骑常侍、通直常侍、员外常侍,朝服,武冠貂蝉,侍中左插,常侍右插。皆腰剑,佩水苍玉。其员外常侍不给佩。旧至尊朝会登殿,侍中常侍夹御,御下舆,则扶左右。侍中骖乘,则不带剑。

中书监、令、秘书监,铜印墨绶,朝服,进贤两梁冠,佩水苍玉,腰剑,兽头鞶。陈制,银章龟钮,青绶,八十首,兽头鞶,腰剑。余同梁。

左、右光禄大夫,皆与加金章紫绶同。其但加金紫者,谓之金紫光禄,但加银青者,谓之光禄大夫。《陈令》有特进,进贤二梁冠,朝服,佩水苍玉,腰剑。《梁令》不载。

光禄、太中、中散大夫,太常、光禄、弘训太仆、太仆、廷尉、宗正、大鸿胪、大司农、少府、大匠诸卿,丹阳尹,太子保、傅,大长秋,太子詹事,银章龟钮,青绶,兽头鞶,朝服,进贤冠二梁,佩水苍玉。卿大夫助祭,则冠平冕五旒,黑玉为珠,有前无后。各以其绶采为组缨,旁垂黈纩。衣,玄上纁下,画华虫七章,皆佩五采大佩,赤舄,朐履。陈宫卿改云慈训,余皆同梁。又有太舟卿,服章同。

骠骑、车骑、卫将军、中军、冠军、辅国将军、四方中郎将,金章紫绶,中郎将则青绶。朝服,武冠,佩水苍玉。《陈令》:镇、卫、骠骑、车骑、中军、中卫、中抚军、中权、四征、四镇、四安、四翊、四平将军,金章兽钮。其冠军、四方中郎将,金章豹钮,并紫绶,八十首,兽头鞶,朝服,武冠,佩水苍玉。自中军已下诸将军及冠军、四方中郎将,并官不给佩。

领、护军,中领、护军,五营校尉,银印青绶,朝服,武冠,佩水苍玉,兽头鞶。其屯骑,夹御日,假给佩,余校不给。《陈令》:领、护,金章龟钮,紫绶,八十首。中领、护,银章龟钮,青绶,八十首。其五营校尉,银印珪钮,青绶,八十首。官不给佩。余并同梁。

弘训卫尉,卫尉,陈宫卿云慈训,服同诸卿,但武冠。司隶校尉,陈无官服。左右卫、骁骑、游击、前、左、右、后军将军,龙骧、宁朔、建威、振威、奋威、扬威、广威、武威、建武、振武、奋武、扬武、广武等将军,积弩、积射、强弩将军,监军,银章青绶,朝服,武冠,佩水苍玉,兽头鞶。骁、游已下,并不给佩。骁、游夹侍日,假给。《陈令》:左、右卫,银章龟钮,不给剑。左右骁骑、游击、云骑、游骑、前、左、右、后军将军,左右中郎将,银印珪钮。余同服饰同梁,亦官不给佩。其骁、游、云骑,夹御日,假给。其积弩、积射、强弩,铜印环钮,墨绶,带剑。余服同梁。又有忠武、军师、武臣、爪牙、龙骑、云麾、镇兵、翊帅、宣惠、宣毅、智威、仁威、勇威、信威、严威、智武、仁武、勇武、信武、严武,金章豹钮,紫绶,八十首。官不给。轻车、镇朔、武旅、贞毅、朔威、宁远、安远、征远、振远、宣远等将军,金章貔钮,紫绶,并兽头鞶,朝服,武冠,佩水苍玉。

国子祭酒,皂朝服,进贤二梁冠,佩水苍玉。

御史中丞、都水使者,银印,墨绶,朝服,进贤二梁冠,兽头鞶,腰剑,佩水苍玉。陈中丞,银章龟钮,青绶,八十首,二梁冠。余同梁。其都水,陈、梁改为太舟卿,服在诸卿中见。

谒者仆射,铜印环钮,墨绶,八十首。朝服,高山冠,兽头鞶,佩水苍玉,腰剑。

诸军司,银章龟钮,青绶,朝服,武冠,兽头鞶。

给事中、黄门侍郎、散骑通直员外、散骑侍郎、奉朝请、太子中庶子、庶子、武卫将军、武骑常侍,朝服,武冠,腰剑。《陈令》:庶子已上簪笔。其武卫不剑,正直夹御,白布裤褶。

中书侍郎,朝服,进贤一梁冠,腰剑。冗从仆射、太子卫率,铜印,墨绶,兽头鞶,朝服,武冠。陈卫率,银章龟钮,青绶,不剑。冗从,铜印环钮,墨绶,腰剑。余并同梁。

武贲中郎将、羽林监,铜印环钮,墨绶,朝服,武冠,兽头鞶,腰剑。其在陛牙及备卤簿,著毦尾,绛纱縠单衣。

护匈奴中郎将,护羌、戎、夷、蛮、越、乌丸、西域校尉,银印珪钮,青绶,朝服,武冠,兽头鞶。《陈令》,无此官。其庶子、镇蛮、宁蛮、平戎、西戎校尉,平越中郎将,服章同。

安夷、抚夷护军,州郡国都尉,奉车、驸马、骑都尉,诸护军,银印珪钮,青绶,兽头鞶,朝服,武冠。陈安远、镇蛮护军,州、郡、国都尉,奉车、驸马、骑都尉,诸护军,服章同。无余文。

州刺史,铜印,墨绶,兽头鞶,腰剑,绛朝服,进贤二梁冠。陈铜章龟钮,青绶。余同梁。

郡国太守、相、内史,银章龟钮,青绶,兽头鞶,单衣,介帻。加中二千石,依卿尹冠服剑佩。

尚书左、右丞,秘书丞,铜印环钮,黄绶,兽爪鞶,朝服,进贤一梁冠。

尚书，秘书著作郎，太子中舍人、洗马、舍人，朝服，进贤一梁冠，腰剑。

诸王友、文学，朱服，进贤一梁冠。《陈令》：诸王师服同。

治书侍御史、侍御史，朝服，腰剑，法冠。治书侍御史，则有铜印环钮，墨绶。陈又有殿中、兰台侍御史，朝服，法冠，腰剑，簪笔。

诸博士，给皂朝服，进贤两梁冠，佩水苍玉。

太学博士，正限八人，著佩，限外六人不给。

廷尉律博士，无佩。并簪笔。

国子助教，皂朝服，进贤一梁冠，簪笔。

公府长史，兽头鞶。诸卿尹丞，黄绶，兽爪鞶，簪笔。

诸县署令、秩千石者，兽爪鞶，铜印环钮，墨绶，朝服，进贤两梁冠。长史朱服，诸卿尹丞、建康令、玄服。

公府掾属、主簿、祭酒，朱服，进贤一梁冠。公府令史亦同。

领、护军长史，朱服，兽头鞶。诸军长史，单衣，介帻，兽头鞶。

诸卿部丞、狱丞，并皂朝服，一梁冠，黄绶，兽爪鞶，簪笔。

太子保、傅、詹事丞，皂朝服，一梁冠，簪笔，兽爪鞶，黄绶。

郡国相、内史丞、长史，单衣，介帻。长史，兽头鞶。其丞，黄绶，兽爪鞶。

诸县署令、长、相，单衣，介帻，兽头鞶，铜印环钮，墨绶，朝服，进贤一梁冠。诸署令，朱衣，武冠。州都大中正、郡中正，单衣，介帻。

太子门大夫，兽头鞶，陵令、长，兽爪鞶，铜印环钮，墨绶，朝服，进贤一梁冠。令、长朱服，率更、家令、仆，朝服，两梁冠，兽头鞶，腰剑。

黄门诸署令、仆、长丞，朱服，进贤一梁冠，铜印环钮，墨绶。丞，黄绶。黄门冗从仆射监、太子寺人监，铜印环钮，墨绶，朝服，武冠，兽头鞶。

公府司马，领、护军司马，诸军司马，护匈奴中郎将，护羌、戎、夷、蛮、越、乌丸、戊己校尉长史、司马，铜印环钮，墨绶，兽头鞶，朝服，武冠。诸军司马，单衣，平巾帻。长史，介帻。《陈令》：公府司马，领、护军司马,诸军司马,镇安蛮安远护军,蛮、戎、越校尉中郎将长史、司马,其服章与梁官同。

公府从事中郎,朱服,进贤一梁冠。诸将军开府功曹、主簿,单衣,介帻,革带。廷尉,建康正,监平,铜印环钮,墨绶,皂零辟,朝服,法冠,兽爪鞶。

左、右卫司马,铜印环钮,墨绶,单衣,带,平巾帻,兽头鞶。

诸府参军,单衣,平巾帻。

诸州别驾、治中、从事、主簿、西曹从事,玄朝服,进贤一梁冠,簪笔。常公事,单衣,介帻,朱衣。

直阁将军,朱服,武冠,铜印珪钮,青绶,兽头鞶。

直阁将军、诸殿主帅,朱服,武冠。正直绛衫,从则裲裆衫。

诸开国郎中令、大农,公、傅中尉,铜印环钮,青绶,朝服,进贤两梁冠,中尉武冠,皆兽头鞶。

诸开国三将军,铜印环钮,青绶,朝服,武冠。限外者不给印。陈制:墨绶,余并同梁。

开国掌书中尉、司马,陵庙食官,厩牧长,典医典府丞,铜印。

常侍、侍郎、世子、庶子、谒者、中大夫、舍人,不给印。典书、典祠、学官令,典膳丞、长,铜印。限外者不给印。

左右常侍、侍郎、典卫中尉司马,朝服,武冠。典书、典祠、学官令,朝服,进贤一梁冠。余悉朱服,一梁冠。常侍、侍郎、典书、典祠、学官令,簪笔,腰剑。

太子卫率、率更、家令丞,铜印环钮,黄绶,皂朝服,进贤一梁冠,兽爪鞶。

太子常从武贲督,铜印环钮,墨绶,朝服,武冠,兽爪鞶。

殿中将军、员外将军,朱服,武冠。

州郡国都尉司马,铜印环钮,墨绶,朱服,武冠,兽头鞶。

诸谒者,朝服,高山冠。

中书通事舍人门下令史、主书典书令史、门下朝廷局书令史、太子门下通事守舍人、主书典守舍人、二宫斋内职左右职局斋干已上,朱服,武冠。

殿中内外局监、太子内外监、殿中守舍人,铜印环钮,朱服,武冠。

内外监典事书吏,朱服,进贤一梁冠。内监朝廷人领局典事、外监统军队谘详发遣局典事,武冠。外监及典事书吏,悉著朱衣,唯正直及斋监并受使,不在例。其东宫内外监、殿典事书吏,依台格。五校、三将将军主事,内监主事,外监主事,三校主事,朱服,武冠。

尚书都令史,都水参事,门下书令史,集书、中书、尚书、秘书著作掌书主书主图主谱典客令史书令史,监、令、仆射省事,兰台、殿中兰台、谒、都水令史,公府令史书令史,太子导客、次客守舍人及诸省典事,朱衣,进贤一梁冠。

尚书都算、度支算、左户校吏,朱服,进贤一梁冠。

诸县署丞、太子诸署丞、王公侯诸署及公主家令丞、仆,铜印环钮,黄绶,朱服,进贤一梁冠。太官、太医丞,武冠。

诸县尉,铜印环钮,单衣,介帻,黄绶,兽爪鞶。节骑郎,朱服,武冠。其在陛列及备卤簿者,緷尾,绛纱縠单衣。御节郎、黄钺郎,朝服,赤介帻,簪笔。典仪、唱警、唱奏事、持兵、主麾等诸职,公事及备卤簿,朱服,武冠。

殿中书郎将、校尉、都尉,银印珪钮,青绶,朱服,武冠,兽头鞶。

城门候,铜印环钮,墨绶,朱服,武冠,兽头鞶。

部曲督、司马吏、部曲将,铜印环钮,朱服,武冠。司马吏,假墨绶,兽爪鞶。

太中、中散、谏议大夫,议郎、中郎、郎中、舍人,朱服,进贤一梁冠。

诸门郎、仆射、佐吏,东宫门吏,其郎朱服仆射皂零辟,朝服,进贤冠,吏却非冠,佐吏著进贤冠。

总章协律,铜印环钮,艾绶,兽爪鞶,朱服,武冠。

黄门后阁舍人、主书、斋帅、监食、主食、主客、扶侍、鼓吹,朱服,武冠。鼓吹进贤冠,斋帅墨绶,兽头鞶。

殿中司马,铜印环钮,墨绶,朱服,武冠,兽头鍪。

总章监、鼓吹监,铜印环钮,艾绶,朱服,武寇。

诸四品将兵都尉、牙门将、崇毅、材官、折难、轻骑、扬烈、威远、宁远、宣威、光威、骧威、威烈、威房、平戎、绥远、绥狄、绥边、绥戎、兽威、威武、烈武、毅武、奋武、讨寇、讨房、珍难、讨难、讨夷、厉武、横野、陵江、鹰扬、执讯、荡寇、荡房、荡难、荡逆、珍房、扫房、扫难、扫逆、扫寇、厉锋、武奋、武牙、广野,领兵满五十人,给银章,不满五十,除板而已,不给章,朱服,武冠。以此官为刺史、太守,皆青绶。此条已下,皆陈制,与梁不同。

典仪但帅、典仪正帅,朱衣,武冠。其本资有殿但、正帅,得带艾绶,兽头鍪。殿但帅、正帅,艾绶,兽头鍪,朱服,武冠。殿帅、羽仪帅、员外帅,朱衣,武冠。

威雄、猛烈、振、信、胜、略、风、力、光等十威将军,武猛、略、胜、力、毅、键、烈、威、锐、勇等十武将军,并银章熊钮,青绶,兽头鍪,武冠,朝服。

猛毅、烈、威、锐、震、进、智、威、胜、骏等七猛将军,银章熊钮,青绶,兽头鍪,武冠朝服。

壮武、勇、烈、猛、锐、威、毅、志、意、力等十壮将军,骁雄、桀、猛、烈、武、勇、锐、名、胜、迅等十骁将军,雄猛、威、明、烈、信、武、勇、毅、壮、健等十雄将军,并银章羔钮,青绶,兽头鍪,武冠,朝服。

忠勇、烈、猛、锐、壮、毅、捍、信、义、胜等十忠将军,明智、略、远、勇、烈、威、胜、进、锐、毅等十明将军,光烈、明、英、远、胜、锐、命、勇、武、野等十光将军,飚勇、猛、烈、锐、奇、决、起、略、胜、出等十飚将军,并银章鹿钮,青绶,兽头鍪,武冠,朝服。

龙骧、武视、云旗、风烈、电威、雷音、驰锐、进锐、羽骑、突骑、折冲、冠武、和戎、安垒、起猛、英果、扫房、扫狄、武锐、摧锋、开远、略远、贞威、决胜、清野、坚锐、轻锐、拔山、云勇、振旅等三十号将军,银印菟钮,青绶,兽头鍪,朝服,武冠。

超武、铁骑、楼船、宣猛、树功、克狄、平房、稜威、戎昭、威戎、伏波、雄戟、长剑、冲冠、雕骑、饮飞、勇骑、破敌、克敌、威虏、前锋、武毅、开边、招远、全威、破阵、荡寇、殄虏、横野、驰射等三十号将军，铜印环钮，墨绶，兽头鞶，朝服，武冠。并左十二件将军，除并假给章印绶，板则止朱服、武冠而已。其勋选除，亦给章印。

建威、牙门、期门已下诸将军，并铜印环钮，墨绶，兽头鞶，朱服，武冠。板则无印绶，止冠服而已。其在将官，以功次转进，应署建威已下诸号，不限板除，悉给印绶。若武官署位转进，登上条九品驰尉已上诸戎号，亦不限板除，悉给印绶。

千人督、校督司马，武贲督、牙门将、骑督督、守将兵都尉、太子常从督别部司马、假司马，假铜印环钮，朱服，武冠，墨绶，兽头鞶。

武猛中郎将、校尉、都尉，铜印环钮，朱服，武冠。其以此官为千人司马、道贲督已上及司马，皆假墨绶，兽头鞶。已上陈制，梁所无及不同者。

陛长、甲仆射、主事吏将骑、廷上五牛旗假吏武贲，在陛列及备卤簿，服锦文衣，武冠，髦尾。陛长者，假铜印环钮，墨绶，兽头鞶。

假旄头羽林，在陛列及备卤簿，服绛单衣，上著韦画腰襦，假旄头。舆辇、迹禽、前驱、由基强弩司马，给绛科单衣，武冠。其本位佩武猛都尉已上印者，假墨绶，别部司马已下假墨绶，并兽头鞶。

殿中冗从武贲、殿中武贲、持钑戟冗从武贲，假青绶，绛科单衣，武冠。《陈令》：绛科单衣，其本位职佩武猛、都尉等印，假鞶绶，依前条。

持椎斧武骑武贲、五骑传诏武贲、殿中羽林、太官尝食武贲、称饭宰人、诸宫尝食武贲，假墨绶，给绛褠，武冠。其佩武猛、都尉等位印，皆依上条假鞶绶之例。

其在陛列及备卤簿，五骑武贲，服锦文衣，髦尾。宰人服离支衣。领军捉刀人，乌总帽，裤褶，皮带。

绖是羽葆眊鼓吹，悉改著进贤冠，外给系眊。鼓吹著武冠。诸官鼓吹，尚书廊下都坐门下使守藏守阁、殿中威仪驺，武贲常直殿门云龙门者、门下左右部武贲羽林驺，给传事者诸导驺，门下中书守阁、尚书门下武贲羽林驺，兰台五曹节藏仆射廊下守阁、威仪发符驸，都水使者廊下守给驸，谒者威仪驸，诸宫谒者驸，绛褠，武冠，衣服如旧。大谁、天门士，皂科单衣，樊哙冠。卫士，涅布褠，却敌冠。

诸将军、使持节、都督执节史，朱衣，进贤一梁冠。自此条已下皆陈制，梁所无。

持节节史，单衣，介帻。其纂戎戒严时，同时持节。制假节节史，单衣，介帻。凡节跗，以石为之。持节皆刻为鳌螭形，假节及给蛮夷节，皆刻为狗头跗。

诸王典签帅，单衣，平巾帻。典签书吏，裤褶，平巾帻。

诸王书佐，单衣，介帻。

公府书佐，朱衣，进贤冠。

诸王国舍人、司理、谒者、阁下令史、中卫都尉，朱衣，进贤一梁冠。司理假铜印，谒者高山冠，令史已下武冠。

太子太傅五官功曹、主簿，皂朝服，进贤一梁冠。

太子二傅门下主记、录事、功曹书佐，门下书佐，记室帐下督、都督省事，法曹书佐，太傅外都督，皂衣，进贤一梁冠。

太子妃家令，绛朝服，进贤一梁冠。

太子三校、二将、积弩、殿中将军，衣服皆与上宫官同。

太子正员司马督、题阁监，铜印墨绶。三校内主事、主章、扶持、守舍人，衣带伏局、服饰衣局、珍宝朝廷主衣统，奏事干，内局内干，朱衣，武冠。

诸公府御属及省事，录尚书省事，太子门下及内外监丞、典事、导客、算书吏，次功、典书函、典书、典经、五经典书诸守宫舍人，市买清慎食官督，内直兵吏，宣华、崇贤二门舍人，诸门吏，朱衣，进贤一梁冠。

太子妃传令，朱衣，武冠，执刀，乌信幡。

太子二傅骑吏，玄衣，赤帻，武冠，常行则裤褶。执仪、斋帅、殿帅、典仪帅、传令、执刀戟、主盖扇麾伞、殿上持兵、车郎、扶车、注疏、萌床、斋阁食司马、唱导饭、主食、殿前帅、殿前威仪、武贲威仪、散给使、阁将、鼓吹士帅副，武冠，绛褠。案轵、小舆、持车、辒车给使，平巾帻，黄布裤褶，赤镼带。

太子诸门将，涅布裤，樊哙冠。

太子卤簿戟史，赤帻，武冠，绛裤。廉帅、整阵、禁防、平巾帻，白布裤褶。鞊角五音帅、长麾，青布裤褶，岑帽，绛绞带。都伯，平巾帻，黄布裤褶。

文官曹干，白纱单衣、介帻。尚书二台曹干亦同。

武官问讯、将士给使，平巾帻，白布裤褶。

通天冠，高九寸，正竖顶，少斜却，乃直下，铁为卷梁，前有展筩，冠前加金博山、述。乘舆所常服。

远游冠，制似通天，而前无山、述，有展筩，横于冠前。皇太子及王者后、诸王服之。诸王加官者，自服其官之冠服，唯太子及王者后常冠焉。太子则以翠羽为緌，缀以白珠。其余但青丝而已。

进贤冠，古缁布冠遗象也，斯盖文儒者之服。前高九寸，后高三寸，长八寸。有五梁、三梁、二梁、一梁之别。五梁唯天子所服，其三梁已下，为臣高卑之别云。

武冠，一名武弁，一名大冠，一名繁冠，一名建冠，今人名曰笼冠，即古惠文冠也。天子元服，亦先加大冠。今左右侍臣及诸将军武官通服之。侍中常侍，则加金珰附蝉焉，插以貂尾，黄金为饰云。

高山冠，一名侧注，高九寸，铁为卷梁。制似通天，顶直竖，不斜，无山述展筩。高山者，取其矜庄宾远，中外谒者仆射服之。

法冠，一名柱后，或谓之獬豸冠，高五寸，以縰为展筩，铁为柱卷，取其不曲挠也。侍御史、廷尉正监平，凡执法官，皆服之。

鹖冠，犹大冠也，加双鹖尾，竖插两边，故以名焉。武贲中郎将、羽林监、节骑郎，在陛列及卤簿者服之。

长冠，一名斋冠。高七寸，广三寸，漆纚为之。制如版，以竹为里。汉高祖微时，以竹皮为此冠，所谓刘氏冠。后除竹，用漆纚焉。司马彪曰：“长冠，楚制也。人间或谓之鹊尾冠，非也。”后代以为祭服，尊敬之也。至天监三年，祠部郎沈宏议：“案竹叶冠，是高祖为亭长时所服，安可绵代为祭服哉？《礼》：‘士弁祭于公。’请令太常丞、博士奉斋之服,宜改用爵弁。"明山宾同宏议。司马褧云:"若必遵三王,则惧所改非一。长冠谓宜仍旧。案今之宗丞博士之服,未有可非。"帝竟不敢。

建华冠,以铁为柱卷,贯大铜珠九枚。祀天地、五郊、明堂,舞人服之。

樊哙冠,广九寸,高七寸,前后出各四寸,制似平冕,凡殿门司马卫士服之。却敌冠,高四寸,通长四寸,后高三寸,制似进贤冠。凡宫殿门卫士服之。

却非冠,高五寸,制似长冠。宫殿门吏仆射冠之。

帻,尊卑贵贱皆服之。文者长耳,谓之介帻;武者短耳,谓之平上帻。各称其冠而制之。尚书令、仆射、尚书帻,收方三寸,名曰纳言。未冠章子帻,无屋,施假髻者,示未成人也。

帢,《傅子》云:"先未有歧,苟文若巾触树成歧,时人慕之,因而弗改。"今通为庆吊之服。白纱为之,或单或袷。初婚冠送饯亦服之。

巾,国子生服,白纱为之。晋太元中,国子生见祭酒博士,单衣角巾,执经一卷,以代手版。宋末,阙其制。齐立学,太尉王俭更造。今形如之。

帽,自天子下及士人,通冠之。以白纱者,名高顶帽。皇太子在上省则乌纱,在永福省则白纱。又有缯皂杂纱为之,高屋下裙,盖无定准。

裤褶,近代服以从戎。今纂严,则文武百官咸服之。车驾亲戎,则缚裤,不舒散也。中官紫褶,外官绛褶,腰皮带,以代鞶革。

笏,中世以来,唯八座尚书执笏。笏者白笔缀其头,以紫囊裹之。其余公卿,但执手版。荷紫者,以紫生为袷囊,缀之服外,加于左肩。周迁云:"昔周公负成王,制此衣,至今以为朝服。"萧骄子云:"名契囊。"案《赵充国传》云:"张子孺持囊簪笔,事孝武帝。"张晏云:"囊,契囊也。近臣负囊簪笔,从备顾问,有所记也。"

入殿门,有笼冠者著之,有缨则下之。缘厢行,得提衣。省阁内得著履、乌纱帽。入斋阁及横度殿庭,不得人提衣及捉服饰。入阁则执手板，自抠衣。几席不得入斋正阁。介帻不得上正殿及东、西堂。仪仗伞扇，有幰牵车，不得入台门。台官问讯皇太子，亦皆朱服，著袜；谒诸王，单衣，帻；庶姓，单衣，帢。诣三公，必衣帢。至黄阁，下履，过阁还，著履。

古者君臣佩玉，尊卑有序，绶者，所以贯佩相承受也。又上下施韨，如蔽膝，贵贱亦各有殊。五霸之后，战兵不息，佩非兵器，韨非战仪，于是解去佩韨，留其系襚而已。韨佩既废，秦乃以采组连结于襚，转相结受，又谓之绶。汉承用之。至明帝始复制佩，而汉末又亡绝。魏侍中王粲识其形，乃复造焉。今之佩，粲所制也。

皇后谒庙，服裤襦大衣，盖嫁服也，谓之裤衣，皁上皁下。亲蚕则青上缥下。皆深衣制，隐领袖缘以縧。首饰则假髻、步摇，俗谓之珠松是也。簪珥步摇，以黄金为山题，贯白珠，为支相缪。八爵九华，熊、兽、赤罴、天鹿、辟邪、南山丰大特六兽。诸爵兽皆以翡翠为华。绶佩同乘舆。

贵妃、贵嫔、贵姬，是为三夫人，金章龟纽，紫绶，八十首。佩于窴玉，兽头鞶。

淑媛、淑仪、淑容、昭华、昭仪、昭容、修华、修仪、修容，是为九嫔，金章龟钮，青绶，八十首。兽头鞶，佩采瓄玉。

婕妤、容华、充华、承徽、列荣五职，亚九嫔，银印珪钮，艾绶，兽头鞶。

美人、才人、良人三职，散位，铜印环钮，墨绶，兽头鞶。

皇太子妃，金玺龟钮，纁朱绶，一百六十首。佩瑜玉，兽头鞶。

良娣，银印珪钮，佩瓄采玉，青绶，八十首。兽爪鞶。

保林，银印珪钮，佩水苍玉，青绶，八十首。兽爪鞶。

诸王太妃、妃、诸长公主、公主封君，金印龟钮，紫绶，八十首。佩山玄玉，兽头鞶。

开国公、侯太夫人，银印珪钮，青绶，八十首。佩水苍玉，兽头鞶。

公主、三夫人，大手髻，七钿蔽髻。九嫔及公夫人，五钿；世妇，三钿。其长公主得有步摇。公主、封君已上，皆带绶。以采组为绲带，各以其绶色。金辟邪，首为带玦。

公、特进、列侯、卿、校、中二千石夫人，绀缯帼，黄金龙首衔白珠，鱼须插，长一尺，为簪珥。入庙佐祭者，皂绢上下，助蚕者，缥绢上下，皆深衣制，缘。自二千石夫人已上至皇后，皆以蚕衣为朝服。

自晋左迁，中原礼仪多缺。后魏天兴六年，诏有司始制冠冕，各依品秩，以示等差，然未能皆得旧制。至太和中，方考故实，正定前谬，更造衣冠，尚不能周洽。及至熙平二年，太傅、清河王怿、黄门侍郎韦廷祥等，奏定五时朝服，准汉故事，五郊衣帻，各如方色焉。及后齐因之。河清中，改易旧物，著令定制云。

乘舆，平冕，黑介帻，垂白珠十二旒，饰以五采玉，以组为缨，色如其绶，黈纩，玉笄。白玉玺，黄赤绶，五采，黄赤缥绿绀，纯黄质，长二丈九尺，五百首，广一尺二寸。小绶长三尺二寸，二分，螭兽兽钮。“天子行玺”，封拜外国则用之。“天子之玺”，赐诸外国书则用之。“天子信玺”，发兵外国，若徵召外国，及有事鬼神，则用之。并黄金为之，方一寸二分，螭兽钮。又有传国玺，白玉为之，方四寸，螭兽钮，上交五蟠螭，隐起鸟篆书。文曰“受天之命，皇帝寿昌”，凡八字。在六玺外，唯封禅以封石函。又有督摄万机印一钮，以木为之，长一尺二寸，广二寸五分。背上为鼻钮，钮长九寸，厚一寸，广七分。腹下隐起篆书为“督摄万机”，凡四字。此印常在内，唯以印籍缝。用则左户郎中、度支尚书奏取，印讫输内。

皇太子平冕，黑介帻，垂白珠九旒，饰以三采玉，以组为缨，色如其绶。金玺，朱绶，四采，赤黄缥绀。绶朱质，长二丈一尺，三百二十首，广九寸。小绶长三尺二寸，与绶同色，而首半之。衮服，同乘舆而九章，绛绂，佩瑜玉、玉具剑、火珠标首，绛裤袜，赤舄。非谒庙则不服。未加元服，则空顶黑介帻，双童髻，双玉导。中舍人执远游冠以从。其远游三梁冠，黑介帻，翠緌缨，绛纱袍，皂缘中单，黑舄。大朝所服，亦服进贤三梁冠，黑介帻，皂朝服，绛缘中单，玄舄。为宫臣举哀,白帢,单衣,乌皮履。未加元服,则素服。

皇太子玺,黄金为之,方一寸,龟钮,文曰"皇太子玺"。宫中大事用玺,小事用门下典事坊印。

诸公卿平冕,黑介帻,青珠为旒,上公九,三分八,诸卿六,以组为缨,色如其绶。衣皆玄上𫄸下。三公山龙八章,降皇太子一等,九卿藻火六章,唯郊祀天地宗庙服之。

远游三梁,诸王所服。其未冠,则空顶黑介帻。开国公、侯、伯、子、男及五等散爵未冠者,通如之。

进贤冠,文官二品已上,并三梁,四品已上,并两梁,五品已下,流外九品已上,皆一梁。致事者,通著委貌冠。主兵官及侍臣,通著武弁。侍臣加貂珰。御史大理著法冠。诸谒者、太子中导客舍人,著高山冠。宫门仆射、殿门吏、亭长、太子率更寺、宫门督、太子内坊察非吏、诸门吏等,皆著却非冠。羽林、武贲,著鹖。录令已下,尚书以上,著纳言帻。又有赤帻,卑贱者所服。救日蚀,文武官皆免冠,著赤介帻,对朝服。贱者平巾,赤帻,示威武,以助于阳也。止雨亦服之。请雨则服绀帻,东耕则服青帻,庖人则服绿帻。

印绶,二品已上,并金章,紫绶;三品银章,青绶;三品已上,凡是五省官及中侍中省,皆为印,不为章。四品得印者,银印,青绶;五品、六品得印者,铜印,墨绶;四品已下,凡是开国子、男及五等散品名号侯,皆为银章,不为印。七品、八品、九品得印者,铜印,黄绶。金银章印及铜印,并方一寸,皆龟钮,东西南北四藩诸国王章,上藩用中金,中藩用银,并方寸,龟钮。佐官唯公府长史、尚书二丞,给印绶。六品已下,九品已上,唯当曹为官长者给印。余自非长官,虽位尊,并不给。

诸王𫄸朱绶,四采,赤黄缥绀,纯朱质,𫄸文织,长二丈一尺,二百四十首,广九寸。开国郡县公、散郡县公,玄朱绶,四采,玄赤骠绀,朱质,玄文织,长一丈八尺,百八十首,广八寸。开国县子男、散县子男,名号侯、开国乡男,素朱绶,三采,青赤白,朱质,白文织,长一丈四尺,百二十首,广六寸。一品、二品,紫绶,三采,紫黄赤,纯紫质,长一丈八尺,百八十首,广八寸。三品、四品,青绶,三采,青白红，纯青质，长一丈六尺，百四十首，广七寸。五品、六品，墨绶，二采，青绀，纯绀质，长一丈四尺，百首，广六寸。七品、八品、九品，黄绶，二采，黄白，纯黄质，长一丈二尺，六十首，广五寸。官品从第二已上，小绶间得施玉环。凡绶，先合单纺为一丝，丝四为一扶，扶五为一首，首五成一文。采纯为质。首多者丝细，首少者丝粗。官有绶者，则有纷，皆长八尺，广三寸，各随绶色。若服朝服则佩绶，服公服则佩纷。官无绶者，不合佩纷。

鞶囊，二品已上金缕，三品金银缕，四品银缕，五品、六品采缕，七、八、九品采缕，兽爪鞶。官无印绶者，并不合佩鞶囊及爪。

一品，玉具剑，佩山玄玉。二品，金装剑，佩水苍玉。三品及开国子男、五等散品名号侯虽四、五品，并银装剑，佩水苍玉。侍中已下，通直郎已上，陪位则像剑。带真剑者，入宗庙及升殿，若在仗内，皆解剑。一品及散郡公、开国公侯伯，皆双佩。二品、三品及开国子男、五等散品名号侯，皆只佩。绶亦如之。

百官朝服公服，皆执手板。尚书录令、仆射、吏部尚书，手板头复有白笔，以紫皮裹之，名曰笏。朝服缀紫荷，录令、左仆射左荷，右仆射、吏部尚书右荷。七品已上文官朝服，皆簪白笔。正王公侯伯子男、卿尹及武职，并不簪。朝服，冠、帻各一，绛纱单衣，白纱中单，皂领袖，皂襈，革带，曲领，方心，蔽膝，白笔，舄、袜，两绶，剑佩，簪导，钩䚢，为具服。七品已上服也。公服，冠、帻，纱单衣，深衣，革带，假带，履袜，钩䚢，谓之从省服。八品已下，流外四品已上服也。

流外五品已下，九品已上，皆著褠衣为公服。

皇后玺、绶、佩同乘舆，假髻，步摇，十二钿，八雀九华。助祭朝会以褘衣，祠郊禖以褕狄，小宴以阙狄，亲蚕以鞠衣，礼见皇帝以展衣，宴居以褖衣。六服俱有蔽膝、织成绲带。皇太后、皇后玺，并以白玉为之，方一寸二分，螭兽钮，文各如其号。玺不行用，有令，则太后以宫名卫尉印，皇后则以长秋印。

内外命妇从五品已上，蔽髻，唯以钿数花钗多少为品秩。二品已上金玉饰，三品已下金饰。内命妇、左右昭仪、三夫人视一品，假髻，九钿，金章，紫绶，服褕翟，双佩山玄玉。九嫔视三品，五钿蔽髻，银章，青绶，服鞠衣，佩水苍玉。世妇视四品，三钿，银印，青绶，服展衣，无佩。八十一御女视五品，一钿，铜印，墨绶，服褖衣。又有宫人女官服制，第二品七钿蔽髻，服阙翟；三品五钿，鞠衣；四品三钿，展衣；五品一钿，褖衣；六品褖衣；七品青纱公服。俱大首髻。八品、九品，俱青纱公服，偏髻髻。皇太子妃玺、绶、佩同皇太子，假髻，步摇，九钿，服褕翟。从蚕则青纱公服。

皇太子妃玺，以黄金，方一寸，龟钮，文曰"皇太子妃之玺。"若有封书，则用内坊印。

郡长公主、公主、王国太妃、妃，缫朱绶，髻章服佩同内命妇一品。郡长君七钿蔽髻，玄朱绶，阙翟，章佩与公主同。郡君、县主，佩水苍玉，余与郡长君同。太子良娣视九嫔服。县主青朱绶，余与良娣同。女侍中五钿，假金印、紫绶，服鞠衣，佩水苍玉。县君银章，青朱绶，余与女侍中同。太子孺人同世妇。太子家人子同御女。乡主、乡君，素朱绶，佩水苍玉，余与御女同。外命妇章印绶佩，皆如其夫。若夫假章印绶佩，妻则不假。一品、二品，七钿蔽髻，服阙翟。三品五钿，服鞠衣。四品三钿，服展衣。五品一钿，服褖衣。内外命妇、宫人女官从蚕，则各依品次，还著蔽髻，皆服青纱公服。如外命妇，绶带鞶囊，皆准其夫公服之例。百官之母诏加太夫人者，朝服公服，各与其命妇服同。

后周设司服之官，掌皇帝十二服。祀昊天上帝，则苍衣苍冕；祀东方上帝及朝日，则青衣青冕；祀南方上帝，则朱衣朱冕；祭皇地祇、祀中央上帝，则黄衣黄冕；祀西方上帝及夕月，则素衣素冕；祀北方上帝，祭神州、社稷，则玄衣玄冕；享先皇、加元服、纳后、朝诸侯，则象衣象冕。十有二章，日月星辰山龙华虫六章在衣，火宗彝藻粉米黼黻六章在裳，凡十二等。享诸先帝、大贞于龟、食三老五更、享诸侯、耕籍，则服衮冕，自龙已下，凡九章十二等。宗彝已下五章在衣，藻、火已下四章在裳，衣重宗彝。祀星辰、祭四望、视朔、大射、飨群臣、巡牺牲、养国老,则服山冕,八章十二等。衣裳各四章,衣重火与宗彝。群祀、视朝、临太学、入道法门、宴诸侯与群臣及燕射、养庶老、适诸侯家,则服鷩冕,七章十二等。衣三章,裳四章,衣重三章。衮、山、鷩三冕,皆裳重黼黻,俱十有二等。通以升龙为领褾。冕通十有二旒。巡兵即戎,则服韦弁,谓以韎韦为弁,又以为裳衣也。田猎行乡畿,则服皮弁,谓以鹿子皮为弁,白布衣而素裳也。皇帝凶服斩衰。父母之丧上下达。其吊服,锡衰以哭三公,缌衰以哭诸侯,皆十五升抽其半。锡者,浣其布,不浣其缕,哀在内。缌者,浣其缕,不浣其布,哀在外也。疑衰以哭大夫,十四升。皆素弁,如爵弁之数。环绖。一服缠绖。凡大疫、大荒、大灾则素服缟冠。凡疫病、荒讥、年灾水旱也。

　　诸公之服九:一曰方冕。二曰衮冕,九章,宗彝已上五章在衣,藻已下四章在裳。三曰山冕,八章,衣裳各四章,衣重宗彝,为九等。四曰鷩冕,七章,衣三章,裳四章,衣重火与宗彝。五曰火冕,六章,衣裳各三章,衣重宗彝及藻,裳重黻。六曰毳冕,五章,衣三章,裳二章,衣重藻粉米,裳重黼黻。山冕已下俱九等,皆以山为领褾,冕俱九旒。七曰韦弁。八曰皮弁。九曰玄冠。

　　诸侯服,自方冕而下八,无衮冕。山冕八章,衣裳各四章。鷩冕七章,衣三章,裳四章,衣重宗彝。火冕六章,衣裳各三章,衣重藻,裳重黻。毳冕五章,衣三章,裳二章,衣重粉米,裳重黼黻。鷩冕已下俱八等,皆以华虫为领褾。冕俱八旒。

　　诸伯服,自方冕而下七,又无山冕。鷩冕七章,衣三章,裳四章。火冕六章,衣裳各三章,裳重黻。毳冕五章,衣三章,裳二章,裳重黼黻。火冕已下俱七等,皆以火为领褾。冕俱七旒。

　　诸子服,自方冕而下六,又无鷩冕。火冕六章,衣裳各三章。毳冕五章,衣三章,裳二章,裳重黻。毳冕已下俱六等,皆以宗彝为领褾。冕俱六旒。

　　诸男服,自方冕而下五,又无火冕。毳冕五章,衣三章,裳二章。以藻为领褾。冕五旒。

　　三公之服九:一曰祀冕。二曰火冕,六章,衣裳各三章,衣重宗彝与藻,裳重黻。三曰毳冕,五章,衣三章,裳二章,衣重藻与粉米,裳重黼黻。四曰藻冕,四章,衣裳俱二章,衣重藻与粉米,裳重黼黻。五曰绣冕,三章,衣一章,裳二章,衣重粉米,裳重黼黻。俱九等,皆以宗彝为领褾。六曰爵弁。七曰韦弁。八曰皮弁。九曰玄冠。

三孤之服,自祀冕而下八,无火冕。毳冕五章,衣三章,裳二章,衣重粉米,裳重黼黻。藻冕四章,衣裳各二章,衣重藻与粉米,裳重黼黻。俱八等,皆以藻为领褾。绣冕三章,衣一章,裳二章,衣重粉米,裳重黼黻,为八等。

公卿之服,自祀冕而下七,又无毳冕。藻冕四章,衣裳各二章,衣重粉米,裳重黼黻,为七等,皆以粉米为领褾,各七。绣冕三章,衣一章,裳二章,衣重粉米,裳重黼黻,为七等。

上大夫之服,自祀冕而下六,又无藻冕。绣冕三章,衣一章,裳二章,衣重粉米,裳重黼,为六等。

中大夫之服,自祀冕而下五,又无皮弁。绣冕三章,衣一章,裳二章,衣重粉米,为五等。

下大夫之服,自祀冕而下四,又无爵弁。绣冕三章,衣一章,裳二章,衣重粉米,为四等。

士之服三:一曰祀弁,二曰爵弁,三曰玄冠。玄冠皆玄衣。其裳,上士以玄,中士以黄,下士杂裳,谓前玄后黄也。庶士之服一:玄冠。庶士,庶人在官,府史之属。其服缁衣裳。

后令文武俱著常服,冠形如魏恰,无簪有缨。其凶服皆与庶人同。其吊服,诸侯于其卿大夫,锡衰;同姓,缌衰;于士,疑衰。其当事则弁绖,否则皮弁。公孤卿大夫之吊服,锡衰弁绖,皮弁亦如士之吊服,疑衰素裳,当事弁绖,否则徒弁。

皇后衣十二等。其翟衣六,从皇帝祀郊禖,享先皇,朝皇太后,则服翚衣。素质,五色。祭阴社,朝命妇,则服褕衣。青质,五色。祭群小祀,受献玺,则服鷩衣。赤衣。采桑则服鸼衣。黄色。从皇帝见宾客,听女教,则服鹐衣。白色。食命妇,归宁,则服翈衣。玄色。俱十有二等,以翟雉为领褾,各有二。临妇学及法道门,命妇,有时见命妇,则苍衣。春斋及祭还,则青衣。夏斋及祭还,则朱衣,采桑斋及采桑还,则黄衣。秋斋及祭还,则素衣。冬斋及祭还,则玄衣。自青衣而下,其领褾以相生之色。

诸公夫人九服,其翟衣雉皆九等,俱以褕雉为领褾,各九。自褕衣已下五,曰褕衣、鷩衣、鳪衣、鹖衣、翙衣,并朱衣、黄衣、素衣、玄衣而九。自朱衣而下,其领褾亦同用相生之色。

诸侯夫人,自鷩而下八。其翟衣雉皆八等,俱以鷩雉为领褾。无褕衣。

诸伯夫人,自鳪而下七。其翟衣雉皆七等,俱以鳪雉为领褾。又无鷩衣。

诸子夫人,自鹖而下六。其翟衣俱以鹖雉为领鳪。又无鳪衣。

诸男夫人,自翙而下五。其翟衣雉皆五等,俱以翙雉为领褾。又无鹖衣。

三妃,三公夫人之服九:一曰鳪衣,二曰鹖衣,三曰翙衣,四曰青衣,五曰朱衣,六曰黄衣,七曰素衣,八曰玄衣,九曰髾衣。似发。华皆九树。其雉衣亦皆九等,以鳪雉为领褾,各九。

三㢟,三孤之内子,自鹖衣而下八。雉衣皆八等,以鹖雉为领褾,各八。

六嫔,六卿之内子,自翙衣而下七。雉衣皆七等,以翙雉为领褾,各七。

上媛,上大夫之孺人,自青衣而下六。

中媛,中大夫之孺人,自朱衣而下五。

下媛,下大夫之孺人,自黄衣而下四。

御婉士之妇人,自素衣而下三。

中宫六尚,一曰缁衣。其色赤而微玄。

诸命秩之服,曰公服,其余常服,曰私衣。皇后华皆有十二树。诸侯之夫人,亦皆以命数为之节。三妃,三公夫人已下,又各依其命。一命再命者,又俱以三为节。

皇后及诸侯夫人之服,皆舄履。三妃,三公夫人已下,翟衣则舄，其余皆履。舄、履各如其裳之色。

皇后之凶服，斩衰、齐衰，降旁期已下吊服。为妃、嫔、三公之夫人、孤卿内子之丧，锡衰。锡者，十五升去其半。无事其缌，有事其布，衰在内也。为诸侯夫人之丧，缌衰。缌亦十五升去其半。有事其缌，无事其布，衰在外也。为媛、御婉及大夫孺人、士之妇人之丧，疑衰。十四升，疑于吉。皆吉笄，无首。象笄，去首饰。太阴亏则素服。荡天下阴事。诸侯之夫人及三妃与三公之夫人已下凶事，则五衰："自缌已上皆服之。其吊，诸侯夫人于卿之内子、大夫孺人，锡衰。于己之同姓之臣，缌衰。于士之妇人，疑衰。皆吉笄，无首。其三妃已下及缌，三公夫人已下及孺人，其吊服锡衰。御婉及士之妇人，吊服疑衰。疑衰同笄。九族已下皆骨笄。

韠，皇帝三章，龙、火、山；诸侯二章，去龙；卿大夫一章，以山。皆织采以成之。

皇帝八玺，有神玺，有傅国玺，皆宝而不用。神玺明受之于天，传国玺明受之于运。皇帝负扆，则置神玺于筵前之右，置传国玺于筵前之左。又有六玺。其一"皇帝行玺"，封命诸侯及三公用之。其二"皇帝之玺"，与诸侯及三公书用之。其三"皇帝信玺"，发诸夏之兵用之。其四"天子行玺"，封命蕃国之君用之。其五"天子之玺"，与蕃国之君书用之。其六"天子信玺"，征蕃国之兵用之。六玺皆白玉为之，方一寸五分，高寸，螭兽钮。

皇后玺，文曰"皇后之玺"，白玉为之，方寸五分，高寸，麟钮。

三公诸侯皆金印，方寸二分，高八分，龟钮。七命已上银，四命已上铜，皆龟钮。三命已上，铜印铜鼻。其方皆寸，其高六分，文曰"某公官之印。"

皇帝之组绶，以苍，以青，以朱，以黄，以白，以玄，以缥，以红，以紫，以纁，以碧，以绿，十有二色诸公九色，自黄以下。诸侯八色，自白以下。诸伯七色，自玄以下。诸子六色，自缥已下。诸男五色，自红已下。三公之绶，如诸公。三孤之绶，如诸侯。六卿之绶，如诸伯。上大夫之绶，如诸子。中大夫之绶，如诸男。下大夫绶，自紫已下。士之绶，自缌已下。其玺印之绶，亦如之。

保定四年，百官始执笏，常服上焉。宇文护始命袍加下栏。

宣帝即位，受朝于路门，初服通天冠，绛纱袍。群臣皆服汉、魏衣冠。大象元年，制冕二十四旒，衣服以二十四章为准。二年下诏，天台近侍及宿卫之官，皆著五色衣，以锦绮缋绣为缘，名曰品色衣。有大礼则服冕。内外命妇皆执笏，其拜俯伏方兴。

隋书卷一二
志第七

礼仪七

高祖初即位,将改周制,乃下诏曰:"宣尼制法,云行夏之时,乘殷之辂。弈叶共遵,理无可革。然三代所尚,众论多端,或以为所建之时,或以为所感之瑞,或当其行色,因以从之。今虽夏数得天,历代通用,汉尚于赤,魏尚于黄,骊马玄牲,已弗相踵,明不可改,建寅岁首,常服于黑。朕初受天命,赤雀来仪,兼姬周已还,于兹六代。三正回复,五德相生,总以言之,并宜火色。垂衣已降,损益可知,尚色虽殊,常兼前代。其郊丘庙社,可依衮冕之仪,朝会衣裳,宜尽用赤。昔丹乌木运,姬有大白之旂,黄星土德,曹乘黑首之马,在祀与戎,其尚恒异。今之戎服,皆比可尚黄,在外常所著者,通用杂色。祭祀之服,须合礼经,宜集通儒,更可详议。"太子庶子、摄太常少卿裴正奏曰:"窃见后周制冕,加为十二,既与前礼数乃不同,而色应五行,又非典故。谨案三代之冠,其名各别。六等之冕,承用区分,璪玉五采,随班异饰,都无迎气变色之文。唯《月令》者,起于秦代,乃有青旗赤玉,白骆黑衣,与四时而色变,全不言于弁冕。五时冕色,《礼》既无文,稽于正典,难以经证。且后魏已来,制度咸阙。天兴之岁,草创缮修,所造车服,多参胡制。故魏收论之,称为违古,是也。周氏因袭,将为故事,大象承统,咸取用之,舆辇衣冠,甚多迁怪。今皇隋革命,宪章前代,其魏、周辇辂不合制者,已敕有司尽令除废,然衣冠礼器,尚且兼行。乃有立夏衮衣,以赤为质,迎秋平冕,用白成形,既越典章,须革其谬。谨案《续汉书礼仪志》云‘立春之日,京都皆著青衣’,秋夏悉如其色。逮于魏、晋,迎气五郊,行礼之人,皆同此制。考寻故事,唯帻从衣色。今请冠及冕,色并用玄,唯应著帻者,任依汉、晋。”制曰:“可。”

于是定令,采用东齐之法。乘舆衮冕,垂白珠十有二旒,以组为缨,色如其绶,黈纩充耳,玉笄。玄衣,纁裳。衣,山、龙、华虫、火、宗彝五章;裳,藻、粉米、黼、黻四章。衣重宗彝,裳重黼黻,为十二等。衣褾、领织成升龙,白纱内单,黼领,青褾、襈、裾。革带,玉钩𮜤,大带,素带朱里,纰其外,上以朱,下以绿。韨随裳色,龙、火、山三章。鹿卢玉具剑,火珠镖首。白玉双佩,玄组。双大绶,六采,玄黄赤白缥绿,纯玄质,长二丈四尺,五百首,广一尺;小双绶,长二尺六寸,色同大绶,而首半之,间施三玉环。朱袜赤舄,舄加金饰。祀圆丘、方泽、感帝、明堂、五郊、雩、褅、封禅、朝日、夕月、宗庙、社稷、籍田、庙遣上将、征还饮至、元服、纳后、正月受朝及临轩拜王公,则服之。通天冠,加金博山,附蝉,十二首,施珠翠,黑介帻,玉簪导。绛纱袍,深衣制,白纱内单,皂领、褾、襈、裾,绛纱蔽膝,白假带,方心曲领。其革带、剑、佩、绶、舄,与上同。若未加元服,则双童髻,空顶黑介帻,双玉导,加宝饰。朔日受朝、元会及冬会、诸祭还,则服之。武弁,金附蝉,平巾帻,余服具服。讲武、出征、四时搜狩、大射、祃、类、宜社、赏祖、罚社、纂严,则服之。黑介帻,白纱单衣,乌皮履,拜陵则服之。白纱帽,白练裙襦,乌皮履,视朝、听讼及宴见宾客,皆服之。白帢,白纱单衣,乌皮履,举哀则服之。

神玺,宝而不用。受命玺,封禅则用之。“皇帝行玺”,封命诸侯及三师、三公,则用之。“皇帝之玺”,赐诸侯及三师、三公书,则用之。“皇帝信玺”,徵诸夏兵,则用之。“天子行玺”,封命蕃国之君,则用之。“天子之玺”,赐蕃国之君书,则用之。“天子信玺”,徵蕃国兵,则用之。常行诏敕,则用内史门下印。

皇帝临臣之丧,三品已上,服锡衰;五等诸侯,缌衰;四品已下,疑衰。

皇太子衮冕，垂白珠九旒，青纩充耳，犀笄。玄衣，纁裳。衣，山、龙、华虫、火、宗彝五章；裳，藻、粉米、黼黻四章。织成为之。白纱内单。黼领，青褾、襈、裾。革带，金钩䚢，大带，素带不朱里，亦纰以朱绿。黼随裳色，火、山二章。玉具剑，火珠镖首。瑜玉双佩，朱组。双，大绶，四采，赤白缥绀，纯朱质，长一丈八尺，三百二十首，广九寸；小双绶，长二尺六寸，色同大绶，而首半之，间施二玉环。朱袜，赤舄，以金饰。侍从皇帝祭祀及谒庙、元服、纳妃，则服之。

远游三梁冠，加金附蝉，九首，施珠翠，黑介帻，缨翠緌，犀簪导。绛纱袍，白纱内单，皂领、褾、襈、裾，白假带，方心曲领，绛纱蔽膝，袜、舄。其革带、剑、佩、绶与上同。未冠则双童髻，空顶黑介帻，双玉导，加宝饰。谒庙、还宫、元日朔日入朝、释奠，则服之。

远游冠，公服，绛纱单衣，革带，金钩䚢，假带，方心。纷长六尺四寸，广二寸四分，色同其绶。金缕鞶囊，袜、履。五日常朝，则服之。白帢，单衣，乌皮履，为宫臣举哀，则服之。

皇太子玺，宫内大事用之。小事用左、右庶子印。

皇太子临吊三师、三少，则锡衰；宫臣四品已上，缌衰；五品已下，疑衰。

衮冕，青珠九旒，以组为缨，色如其绶。自此已下，缨皆如之。服九章，同皇太子。王、国公、开国公初受册，执贽，入朝，祭，亲迎，则服之。三公助祭者亦服之。

鷩冕，侯八旒，伯七旒。服七章。衣，华虫、火、宗彝三章；裳、藻、粉、米、黼黻四章。八旒者，重宗彝，候伯初受册，执贽，入朝，祭，亲迎，则服之。

毳冕，子六旒，男五旒。服五章。衣、宗彝、藻、粉米三章，裳、黼黻二章。六旒者，裳重黻。子男初受册，执贽，入朝，祭、亲迎，则服之。

絺冕，三品七旒，四品六旒，五品五旒。服三章。七旒者，衣粉米一章为三重，裳黼黻二章各二重。六旒者，减黼一重，五旒又减黻一重。正三品已下，从五品已上，助祭则服之。自王公已下服章，皆绣为之。祭服冕，皆簪导、青纩充耳。玄衣，纁裳，白纱内单，黼领，褾冕已下，内单青领。

青襈、襈、裾。革带，钩䚢，大带，王、三公及公、侯、伯、子、男，素带，不朱里，皆紃其外，上以朱，下以绿。正三品已下，从五品已上，素带，紃其垂，外以玄，内以黄。纽约皆用青组。朱韨，凡韨皆随裳色，衮、鷩虋，火、山二章。襗，山一章。剑，佩，绶，袜，赤舄。

爵弁，玄缨无旒，从九品已上，助祭，则服之。其制服簪导，玄衣、纁裳无章，白绢内单，青领、襈、襈、裾，革带，大带，练带紃其垂，内外以缁。纽约用青组。爵韠，袜，赤履。

武弁，平巾帻，诸武职及侍臣通服之。侍臣加金珰附蝉，以貂为饰，侍左者左珥，右者右珥。

远游三梁冠，黑介帻，诸王服之。

进贤冠，黑介帻，文官服之。从三品已上三梁，从五品已上两梁，流内九品已上一梁。

法冠，一名獬豸冠，铁为柱，其上施珠两枚，为獬豸角形。法官服之。

高山冠，谒者服之。

却非冠，门者及禁防伺非服之。

黑介帻，平巾黑帻，应服者，并上下通服之。庖人则绿帻。

白帢，白纱单衣，乌皮履，上下通服之。

委貌冠，未冠则双童髻，空顶黑介帻，皆深衣，青领，乌皮履。国子太学四门生服之。

朝服，亦名具服。冠，帻，簪导，白笔，绛纱单衣，白纱内单，皂领、袖，皂襈，革带，钩，假带，曲领方心，绛纱蔽膝，袜，舄，绶，剑，佩。从五品已上，陪祭、朝飨、拜表，凡大事则服之。六品已下，从七品已上，去剑、佩、绶，余并同。

自余公事，皆从公服。亦名从省服。冠，帻，簪导，绛纱单衣，革带，钩䚢，假带，方心，袜，履，纷，鞶囊。从五品已上服之。

绛褠衣公服，褠衣即单衣之不垂胡也。袖狭，形直如褠内。馀同从省。流外五品以下，九品已上服之。

绶，王，纁朱绶，四采，赤黄缥绀，纯朱质，纁文织，长一丈八尺，二百四十首,广九寸。公,玄朱绶,四采,玄赤缥绀,纯朱质,玄文织,长一丈八尺,二百四十首,广九寸。侯、伯,青朱绶,四采,青赤白缥,纯朱质,青文织,长一丈六尺,百八十首,广八寸。子、男,素朱绶,三采,青赤白,纯朱质,白文织成,一丈四尺,百四十首,广七寸。正、从一品,绿綟绶,四采,绿紫黄赤,纯绿质,长一丈八尺,二百四十首,广九寸。从三品已上,紫绶,三采,紫黄赤,纯紫质,长一丈六尺,百八十首,广八寸。银青光禄大夫,朝议大夫人及正、从四品,青绶,三采,青白红,纯青质,长一丈四尺,百四十首,广七寸。正、从五品,墨绶,二采,青绀,纯绀质,长一丈二尺,百首,广六寸。自王公已下,皆有小双绶,长二尺六寸,色同大绶,而首半之。正、从一品,施二玉环,已下不合。其有绶者则有纷,皆长六尺四寸,广二寸四分,各随其绶色。

鞶囊,二品已上金缕,三品金银缕,四品及开国男银缕,五品采缕。官无绶者,则不合剑佩。一品及五等诸侯,并佩山玄玉。五品已上,佩水苍玉。

年高致仕及以理去官,被召谒见,皆服前官从省服。州郡秀孝,试见之日,皆假进贤一梁冠,绛公服。

隐居道素之士,被召入谒见者,黑介帻,白单衣,革带,乌皮履。

左右卫、左右武卫、左右武候大将军、领左右大将军,并武弁,绛朝服,剑,佩,绶。侍从则平巾帻,紫衫,大口裤褶,金玳瑁装两裆甲。唯左右武卫大将军执赤桴杖。左右卫、左右武卫、左右武候将军、领左右将军、左右监门卫将军、太子左右卫、左右宗卫、左右内等率、左右监门郎将及诸副率,并武弁,绛朝服,剑,佩,绶。侍从则平巾帻,紫衫,大口裤,金装两裆甲。唯左右武卫将军、太子左右宗卫率,执白檀杖。

直阁将军、直寝、直斋、太子直阁,武弁,绛朝服,剑,佩,绶。侍从则平巾帻,绛衫,大口裤褶,银装两裆甲。

皇后首饰,花十二树。皇太子妃,公主,王妃,三师、三公及公夫人,一品命妇,并九树。侯夫人,二品命妇,并八树。伯夫人,三品命妇,并七树。子夫人,世妇及皇太子昭训,四品已上官命妇,并六树。男夫人,五品命妇,五树。女御及皇太子良娣,三树。自皇后已下,小花并如大花之数,并两博鬓也。

皇后褘衣,深青织成为之。为翚翟之形,素质,五色,十二等。青纱内单,黼领,罗縠褾、襈、蔽膝,随裳色,用翟为章,三等。大带,随衣色,朱里,紕其外,上以朱锦,下以绿锦。纽约用青组。以青衣,革带,青袜、舄,舄加金饰。白玉佩,玄组、绶。章采尺寸,与乘舆同。祭及朝会,凡大事则服之。

鞠衣,黄罗为之。应服者皆同。其蔽膝、大带及衣、革带、舄,随衣色。余与褘衣同,唯无雉。亲蚕则服之。应服者皆以助祭。

青衣,青罗为之,制与鞠衣同。去花、大带及佩绶。以礼见皇帝,则服之。

朱衣,绯罗为之,制如青衣。宴见宾客则服之。

皇太后服与皇后同。皇太后玺,不行用,若封令书,则用宫官之印。

皇后玺,不行用,若封令书,则用内侍之印。

皇太子妃褕翟,青织成为之。为摇翟之形,青质,五色,九等。青纱内单,黼领,罗縠褾、襈、蔽膝,随衣色,以摇翟为章,三等。大带,随衣色,下朱里,紕其外,上以朱锦,下以绿锦。纽约用青组。以青衣,革带,青袜、舄,舄加金饰。瑜玉佩,纯朱绶。章采尺寸,与皇太子同。助祭朝会,凡大事则服之。亦有鞠衣。

皇太子妃玺,不行用,若封书,则用典内之印。

公主,王妃,三师、三公及公侯伯夫人,服褕翟。绣为之。公主,王妃,三师三公及公夫人为九等,侯夫人八等,伯夫人七等。助祭朝会,凡大事则服之。亦有鞠衣。

子、男夫人,服阙翟。绯罗为之。刻赤缯为翟形,不绣,缀于服上。子夫人六等,男夫人五等。助祭朝会,凡大事则服之。亦有鞠衣。

诸王、公、侯、伯、子、男之母,与妃、夫人同。其郡县君,各视其夫及子。若郡县君品高及无夫、子者,准品。

嫔及从三品已上官命妇，青服。制与褕翟同，青罗为之，唯无雉。助祭朝会，凡大事则服之。亦有鞠衣。

世妇及皇太子昭训，从五品已上官命妇，服青服。助祭从蚕朝会，凡大事则服之。

女御及皇太子良媛，朱服。制与青服同，去佩绶。助祭从蚕朝会，凡大事则服之。

六尚，朱丝布公服。助祭从蚕朝会，凡大事则服之。

六司、六典及皇太子三司、三典、三掌，青纱公服。助祭从蚕朝会，凡大事则服之。

佩绶，嫔同九卿，世妇及皇太子昭训同五品，公主、王妃同诸王，三师、三公、五等国夫人及从五品已上官命妇，皆准其夫。无夫者准品。

定令讫。

高祖元正朝会，方御通天服，郊丘宗庙，尽用龙衮衣，大裘毳襕，皆未能备。至平陈，得其器物，衣冠法服，始依礼具。然皆藏御府，弗服用焉。百官常服，同于匹庶，皆著黄袍，出入殿省。高祖朝服亦如之，唯带加十三环，以为差异。盖取于便事。及大业元年，炀帝始诏吏部尚书牛弘、工部尚书宇文恺、兼内史侍郎虞世基、给事郎许善心、仪曹郎袁郎等，宪章古制，创造衣冠，自天子逮于胥皂，服章皆有等差。若先所有者，则因循取用，弘等议定乘舆服，合八等焉。

大裘冕之制，案《周礼》，大裘之冕，无旒。《三礼衣服图》：“大裘而冕，王祀昊天上帝及五帝之服。”至秦，除六冕，唯留玄冕。汉明帝永平中，方始创制。董巴志云：“汉六冕同制，皆阔七寸，长尺二寸，前圆后方。”于是遂依此为大裘冕制，青表，朱里，不施旒纩，不通于下。其大裘之服，案《周官》注“羔裘也”。其制，准《礼图》，以羔正黑者为之，取同色缯以为领袖。其裳用缥，而无章饰，绛袜，赤舄。祀圆丘、感帝、封禅、五郊、明堂、雩、褚，皆服之。

衮冕之制，案《礼玉藻》"十有二旒"。《大戴礼》云："冕而加旒，以蔽明也，琇纩塞耳，以蔽聪也。"又《礼含文嘉》："前后邃延，不视邪也，加以黈纩，不听谗也。"三王之冕，既不通制，故夫子云："行夏之时，服周之冕。"今以采綖贯珠，为旒十二。邃延者，出冕前后而下垂之，旒齐于髆，纩齐于耳，组为缨，玉笄导。其为服之制，案《释名》云"衮，卷也"，谓画龙于上也。是时虞世基奏曰：

　　后周故事，升日月于旌旗，乃阙三辰，而章无十二。但有山、龙、华虫作绘，宗彝、藻、火、粉米、黼、黻，乃与三公不异。开皇中，就里欲生分别，故衣重宗彝，裳重黼黻，合重二物，以就九章，为十二等。但每一物，上下重行。衮服用九，鷩服用七，今重此三物，乃非典故。且周氏执谦，不敢负于日月，所以缀此三象，唯施太常，天王衮衣，章乃从九。但天子譬日，德在照临，辰为帝位，月主正后，负此三物，合德齐明，自古有之，理应无惑。周执谦道，殊未可依，重用宗彝，又垂法服。

　　今准《尚书》："予欲观古人之服，日、月、星辰、山、龙、华虫作会，宗彝、藻、火、粉米、黼黻絺绣。"具依此，于左右髆上为日月各一，当后领下而为星辰，又山、龙九物，各重行十二。又近代故实，依《尚书大传》："山龙纯青，华虫纯黄，作会；宗彝纯黑，藻纯白，火纯赤。"以此相间，而为五采。郑玄议已自非之，云："五采相错，非一色也。"今并用织成于绣，五色错文，准孔安国，衣质以玄，加山、龙、华虫、火、宗彝等，并织成为五物；裳质以纁，加藻、粉米、黼、黻之四。衣裳通数，此为九章，兼上三辰，而备十二也。衣禩、领上各帖升龙，汉、晋以来，率皆如此。既是先王法服，不可乖于夏制，徵而用之，理将为允。

墨敕曰："可。"承以单衣。又案董巴《舆服志》宗庙冕服云："绛领、袖为内单衣。"又《车服杂记》曰："天子释奠、郊祭而单衣，以绛缘。"今用白纱为内单，黼领，绛禩，青裾及襈。革带，玉钩䚢，大带朱里，紕其外。纽约用组，上加朱韨。又案《说文》："韠，韨也。所以蔽前。"《礼记》曰："有虞氏韨，夏后氏山，殷火，周龙章。"郑玄曰："冕之韨也,舜始作之,以尊祭服。禹、汤至周,增以文饰。"《礼记》曰:"君朱韠。"郑曰:"韠象裳色。"今依《白武通《注,以蔽裳前,上阔一尺,象天数也;下阔二尺,象地数也;长三尺,象三才也;加龙章山火,以备三代之法也。于是制衮冕之服,玄衣,𫄸裳,合九章为十二等。白纱内单,黼领、青褾、襈。革带,玉钩𫌀,大带,韍,鹿卢玉具剑,火珠镖首,白玉双佩,玄组,大、小绶。朱袜,赤舃,舃饰以金。宗庙、社稷、籍田、方泽、朝日、夕月、遣将授律、征还饮至、加元服、纳后、正冬受朝、临轩拜爵,皆服之。

通天冠之制,案董巴志:"冠高九寸,形正竖,顶少邪却,后乃下直为铁卷梁,前有高山。"故《礼图》或谓之高山冠也。《晋起居注》,成帝咸和五年,制诏殿内曰:"平天、通天冠,并不能佳,可更修理之。"虽在《礼》无文,故知天子所冠,其来久矣。又徐氏《舆服注》曰:"通天冠,高九寸,黑介帻,金博山。"徐爰亦曰:"博山附蝉,谓之金颜。"今制依此,不通于下,独天子元会临轩服之。其服绛纱袍,深衣制,白纱内单,皂领、褾、裾、襈,绛纱蔽膝,白假带,方心曲领。其剑、佩、绶、舃、革带,皆与上同。元冬飨会、诸祭还,则服这。四时视朔,则内单、领、襈,各随其方色。唯秋方色白,以绿代之。

远游冠之制,案《汉杂事》曰:"太子诸王服之。"故《淮南子》曰:"楚庄王冠通梁,组缨。"注云:"通梁,远游也。"晋令:"皇太子诸王,给远游冠。"徐氏《杂注》曰:"天子杂服,远游五梁。太子诸王三梁。"董巴志曰:"制如通天,有展筩,横之帻上。"今制依此,天子加金博山,九首,施珠翠,黑介帻,金缘,以承之。翠绥缨,犀簪导。太子亲王加金附蝉,宗室王去附蝉,并不通于庶姓。其乘舆远游冠服,白纱单衣,承以裙襦,乌皮履。拜山陵则服之。

武弁之制,案徐爰《宋志》,谓笼冠是也。《礼图》曰:"武士服之。"董巴《舆服志》云:"诸常侍、内常侍,加黄金附蝉、貂尾,谓之惠文冠。"今制,天子金博山,三公已上玉冠枝,四品已上金枝。侍臣加附蝉,貂丰貂,文官七品已上貂白笔,八品已下及武官,皆不貂笔。其乘舆武弁之服,衣、裳、绶如通天之服。讲武、出征、四时搜狩、大射、祃、类、宜社、赏祖、罚社、纂严，皆服之。

弁之制，案《五经通义》："高五寸，前后玉饰。"《诗》云："珧弁如
星。"董巴曰："以鹿皮为之。"《尚书顾命》："四人綦弁，执戈。"故知
自天子至于执戈，通贵贱矣。《魏台访议》曰："天子以五采玉珠十二
饰之。"命参准此，通用乌漆纱而为之。天子十二琪，皇太子及一品
九琪，二品八琪，三品七琪，四品六琪，五品五琪，六品已下无琪。唯
文官服之，不通武职。案《礼图》，有结缨而无笄导。少府少监何稠，
请施象牙簪导。诏许之。弁加簪导，自兹始也。乘舆鹿皮弁服，绯
大襦，白罗裙，金乌皮履，革带，小绶长二尺六寸，色同大绶，而首半
之，间施三玉环，白玉佩一只。视朝听讼则服之。凡弁服，自天子已
下，内外九品已上，弁皆以乌为质，并衣裤褶。五品已上以紫，六品
已下以绛。宿卫及在仗内，加两裆，腾蛇绛裤衣，连裳。典谒赞引，
流外冗吏，通服之，以缦。后制鹿皮弁，以赐近臣。

帽，古野人之服也。董巴云："上古穴居野处，衣毛帽皮。"以此
而言，不施衣冠，明矣。案宋、齐之间，天子宴私，著白高帽，士庶以
乌，其制不定。或有卷荷，或有下裙，或有纱高屋，或有乌纱长耳。后
周之时，咸著突骑帽，如今胡帽，垂裙覆带，盖索发之遗象也。又文
帝项有瘤疾，不欲人见，每常著焉。相魏之时，著而谒帝，故后周一
代，将为雅服，小朝公宴，咸许戴之。开皇初，高祖常著乌纱帽，自朝
贵已下，至于冗吏，通著入朝。今复制白纱高屋帽，其服，练裙襦乌
皮履，宴接宾客则服之。

白帢，案《傅子》："魏太祖以天下凶荒，资财乏匮，拟古皮弁，裁
缣帛以为之。"盖自魏始也。梁令，天子为朝臣等举哀则服之。今亦
准此。其服，白纱单衣，承以裙襦，乌皮履。举哀临丧则服之。

帻，案董巴云："起于秦人，施于武将，初为绛袙，以表贵贱焉。
至汉孝文时，乃加以高颜。"孝元帝额有壮发，不欲人见，乃始进帻。
又董偃召见，绿帻傅韝。《东观记》云："诏赐段颍赤帻大冠一具"故
知自上已下，至于皂隶，及将帅等，皆通服之。今天子畋猎御戎，文
官出游田里，武官自一品已下，至于九品，并流外吏色，皆同乌。厨

人以绿，卒以及驭人以赤，举辇人以黄。驾五辂人，逐其车色。承远游、进贤者，施以掌导，谓之介帻。承武弁者，施以笄导，谓之平巾。其乘舆黑介帻之服，紫罗褶，南布裤，玉梁带，紫丝鞋，长勒靴。畋猎豫游则服之。

皇太子服六等，衮冕九旒，朱组缨，青纩珫耳，犀簪导。绀衣，纁裳，去日月星辰为九章。白纱内单，黼黻领，青褾、襈、裾。革带，金钩𫖂，大带，黻二章，玉具剑。侍从祭祀，及谒庙、加元服、纳妃，则服之。据晋咸宁四年故事，衣色用玄，改用绀。旧章用织成，降以绣。玉具剑，故事以火珠镖首，改以白珠。开皇中，皇太子冕同天子，贯白珠。及仁寿元年，炀帝为太子，以白珠太逼，表请从青珠。于是太子衮冕，与三公王等，皆青珠九旒。旒短不及髆，降天子二寸。

远游冠，金附蝉，加宝饰珠翠绥，九首，珠缨翠绥，犀簪导。绛纱袍，白纱内单，皂领、褾、襈、裾。白假带，方心曲领，绛纱蔽膝。袜、舄，革带，剑，佩，绶同衮冕。未冠则双童髻，空顶黑介帻，双玉导，加宝饰珠翠，二首。谒庙还，元日、朔旦入朝，释奠，则服之。

始后周采用《周礼》，皇太子朝贺，皆衮冕九章服。开皇初，自非助祭，皆冠远游冠。至此，牛弘奏云："皇太子冬正大朝，请服衮冕。"帝问给事郎许善心曰："太子朝谒，著远游冠有何典故？"对曰："晋令皇太子给五时朝服、远游冠。至宋泰始六年，更议仪注，仪曹郎丘仲起议："案《周礼》，公自衮冕已下，至卿大夫之玄冕，皆其朝聘之服也。伏寻古之公侯，尚得服衮，以入朝见，况皇太子储副之尊，谓宜式遵盛典，服衮朝贺。"兼左丞陆澄议："服冕以朝，实著经典，自秦除六冕之制，后汉始备古章。魏、晋以来，非祀宗庙，不欲令臣下服于衮冕，位为公者，必加侍官，故太子入朝，因亦不著。但承天作副，礼绝群后，宜遵前王之令典，革近代之陋制，皇太子朝，请服冕。"自宋以下，始定此仪。至梁简文之为太子，嫌于上逼，还冠远游，下及于陈，皆依此法。后周之时，亦言服衮入朝。至于开皇，复遵魏、晋故事。臣谓衮冕之服，章玉虽差，一日而观，颇欲相类。臣子之道，义无上逼。故晋武帝太始三年，诏太宰安平王孚著侍内之服，四年，又赐赵、燕、乐安王等散骑常侍之服。自斯以后，台鼎贵臣，并加貂珰武弁，故皇太子遂著远游，谦不逼尊，于理为允。”帝曰：“善。”竟用开皇旧式。

远游三梁冠，从省服，绛纱单衣，革带，金钩艓，假带，方心，佩一只，纷长六尺四寸，阔二寸四分，色同绶。金缕鞶囊，白袜乌皮履，金饰。五日常朝则服之。

鹿皮弁，九琪，服绛罗襦，白罗裙，革带，履，袜，佩，纷，如从省服。在宫听正则服之。

平巾，黑帻，王冠枝，金花饰，犀簪导，紫罗褶，南布裤，玉梁带，长鞧靴。侍从田狩则服之。

白帢，素单衣，乌皮履。为宫臣举哀吊丧则服之。

诸王三公已下，为服之制，衮冕九章服。三公摄祭及诸王初受册、贽、入朝、助祭、亲迎，则服之。绶各依其色。

鷩冕，案《礼图》：“王祭先公及卿之服。”天子九旒，用玉二百一十六。侯伯服以助祭，七旒，用玉八十。新制依此。服七章。三品及公侯助祭则服之。

毳冕，案《礼图》：“王祀四望山川之服。”天子七旒，用玉百六十八。子男服以助祭，五旒，用玉五十。新制依此。服五章。四品及伯助祭则服之。

絺冕，案《礼图》：“王者祭社稷五祀之服。”天子五旒，用玉百二十。孤卿服以助祭，四旒，用玉三十二。新制依此。服三章。五品及子男助祭则服之。

玄冕，案《礼图》：“王祭群小祀及视朝服。”天子四旒，用玉三十二。诸侯服以祭其宗庙，三旒，用玉十八。新制依此。服三章。通给庶姓。一品已下，五品已上，自制于家，祭其私庙。三品省衣纷米，加三重；裳黼黻，加二重。四品减黼一重，五品减黻一重。礼自玄冕以上，加旒一等，天子祭祀，节级服之。

开皇以来，天子用衮冕，自鷩之下，不施于尊，具依前式。而六等之冕，皆有黈纩，黄绵为之，其大如桔。自皇太子以下，三犀导，青缨爵弁。案董巴志："同于爵形，一名冕，有收持弁，所谓夏收、殷哻者也。"祠天地、五郊、明堂，《云翘》舞人服之。《礼》云："朱干玉戚，冕而舞《大夏》。"此之谓也。《礼图》云："士助君祭服之，色如爵头，无旒有纩。"新制依此。角为簪导，衣青，裳缥，并缦，无章。六品已下，皆通服之。

远游冠服，王所服也。衣裳内单。如皇太子，佩山玄玉，金章龟钮。宋孝建故事亦谓之玺，今文曰"印"。又并归于官府，身不自佩，例以铜易之。大绶四采，小绶同色，施二玉环，玉具剑，乌皮舄，舄加金饰。唯帝子宗室封国王者服之。

进贤冠，案《汉官》云："平帝元始五年，令公卿列侯冠三梁，二千石两梁，千石以下一梁。"梁别贵贱，自汉始也。董巴释曰："如缁布冠，文儒之服也。"前高七寸而却，后高三寸而立。王莽之时，以帻承之。新制依此。内外文官通服之。三品已上三梁，五品已上两梁，九品已上一梁，用明尊卑之等也。其朝服，亦名具服。绛纱单衣，白纱内单，玄领、裾、襈、袖，革带，金钩䚢，假带，曲领方心，绛纱蔽膝，白袜，乌皮舄。双佩、绶，如远游之色。自一品已下，五品已上，衣服尽同，而绶依其品。陪祭朝飨拜表，凡大事皆服之。六品、七品，去剑，佩，绶。八品、九品，去白笔、内单，而用履代舄。其五品已上，一品已下，又有公服，亦名从省服。并乌皮履，去曲领、内单、白笔、蔽膝。开皇故事，亦去鞶囊、佩、绶。何稠请去大绶，而偏垂一小绶，缀于兽头鞶囊，独一只佩，正当于后。诏从之。一品已下，五品已上，同。

高山冠，案董巴志云："一曰侧注，谒者仆射之所服也。"胡伯始以为齐王冠，秦灭齐，以赐谒者。《傅子》曰："魏明帝以高山似通天，乃毁变其形，除去卷筩，令如介帻。帻上加物，以象山峰，行人使者，通皆服之。"新制参用其事，形如进贤，于冠前加三峰，以象魏制。谒者大夫已下服之。梁依其品。

獬豸冠，案《礼图》曰："法冠也，一曰柱后惠文。"如淳注《汉官》曰："惠，蝉也，细如蝉翼。"今御史服之。《礼图》又曰："獬豸冠，高五寸,秦制也。法官服之。"董巴志曰:"獬豸,神羊也。"蔡邕云:"如麟,一角。"应劭曰:"古有此兽,主触不直,故执宪者,为冠以象之。秦灭楚,以其冠赐御史。"此即是也。开皇中,御史戴却非冠,而无此色。新制又以此而代却非。御史大夫以金,治书侍御史以犀,侍御史已下,用羚羊角,独御史、司隶服之。

巾,案《方言》云:"巾,赵、魏间通谓之承露。"《郭林宗传》曰:"林宗尝行遇雨,巾沾角折。"又袁绍战败,幅巾渡河。此则野人及军旅服也。制有二等。今高人道士所著,是林宗折角;庶人农夫常服,是袁绍幅巾。故事,用全幅皂而向后襆发,俗人谓之襆头。自周武帝裁为四脚,今通于贵贱矣。

簪导,案《释名》云:"簪,建也,所以建冠于发也。一曰笄。笄,系也,所以拘冠使不坠也。导所以导㧑鬓发,使入巾帻之里也。"今依《周礼》,天子以玉笄,而导亦如之。又《史记》曰:"平原君夸楚,为玳瑁簪。"班固《与弟书》云:"今遗仲升以黑犀簪。"《土燮集》云:"遗功曹史贡皇太子通天犀导。"故知天子独得用玉,降此通用玳瑁及犀。今并准是,唯弇用白牙笄导焉。

貂蝉,案《汉官》:"侍内金蝉左貂,金取刚固,蝉取高洁也。"董巴志曰:"内常侍,右貂金珰,银附蝉,内书令亦同此。"今宦者去貂,内史令金蝉右貂,纳言金蝉左貂。开皇时,加散骑常侍在门下者,皆有貂蝉,至是罢之。唯加常侍聘外国者,特给貂蝉,还则输纳于内省。

白笔,案徐氏《杂注》云:"古者贵贱皆执笏,有事则书之,故带簪笔。今之白笔,是遗象也。"《魏略》曰:"明帝时大会而史簪笔。"今文官七品已上,通耽之。武职虽贵,皆不耽也。

缨案《仪礼》曰:"天子朱缨,诸侯丹组缨。"今冕,天子已下皆朱缨。又《尉缭子》曰:"天子玄缨,诸侯素缨。"别尊卑也。今不用素,并从冠色焉。

佩,案《礼》,天子佩白玉。董巴、司马彪云:"君臣佩玉,尊卑有序,所以章德也。"今参用杜夔之法,天子白玉,太子瑜玉,王山玄玉。自公已下，皆水苍玉。

绶，案《礼》："天子玄组绶，侯伯朱组绶，大夫纯组绶，世子綦组绶。"《汉官》云："萧何为相国，佩绿绶，公侯紫，卿二千石青，令长千石黑。"今大抵准此。天子以双绶，六采，玄黄赤白縹绿，纯玄质，长二丈四尺，五百首，阔一尺，双小绶，长二尺六寸，色同大绶，而首半之，间施四玉环。开皇用三，今加一。皇太子，朱双绶，四采，赤白缥绀，纯朱质，长一丈八尺，三百二十首，阔九寸；双小绶，长一尺六寸，色同大绶，而首半之，间施三玉环。开皇用二，今加一。三公，绿綟绶，四采，绿黄缥紫，纯绿质，黄文织之，长一丈八尺，二百四十首，阔九寸，与亲王绶，俱施二玉环。诸王，缥朱绶，四采，赤黄缥绀，纯朱质，缥文织之，长一丈八尺，二百四十首，阔九寸。公，玄朱绶，四采，赤缥玄绀，纯朱质，玄文织之，长一丈八尺，二百四十首，阔九寸。侯、伯，青朱绶，四采，青赤白缥，纯朱质，青文织，长一丈六尺，百八十首，阔八寸。子、男，素朱绶，三采，青赤白，纯朱质，素文织之，长一丈四尺，百四十首，阔七寸。二品已上，缥紫绶，四采，紫赤黄，纯紫质，缥文织之，长一丈四尺，百四十首，阔八寸。三品，绀紫绶，四采，紫绀黄缥，纯紫质，绀文织之，长一丈六尺，百八十首，阔八寸。四品，青绶，三采，青白红，纯青质，长一丈四尺，百四十首，七寸。五品，墨绶，二采，青绀，纯绀质，长一丈二尺，百二十首，阔六寸。自王公已下，皆有小绶二枚，色同大绶，而首半之。正、从一品，施二玉环。凡有绶者，皆有纷，并长六尺四寸，阔二寸四分，随于绶色。

鞶囊，案《礼》："男鞶革，女鞶丝。"《东观书》："诏赐邓遵兽头鞶囊一枚。"班固《与弟书》："遗仲升兽头旁囊，金错钩也。"古佩印皆贮悬之，故有囊称。或带于旁，故班氏谓为旁囊，绶印钮也。今虽不佩印，犹存古制，有佩绶者，通得佩之。无佩则不。今采梁、陈、东齐制，品极尊者，以金织成，二品以上服之。次以银织成，三品已上服之。下以綖织成，五品已上服之。分为三等。

革带，案《礼》"博二寸"。《礼图》曰："珌缀于革带。"阮谌以为有章印则于革带佩之。《东观记》：“杨赐拜太常，诏赐自所著革带。”故知形制尊卑不别。今博三寸半，加金缕鲽，螳螂钩，以相拘带。自大裘至于小朝服，皆用之。

剑，案汉自天子至于百官，无不佩刀。蔡谟议云：“大臣优礼，皆剑履上殿。非侍臣，解之。”盖防刃也。近代以木，未详所起。东齐著令，谓为象剑，言象于剑。周武帝时，百官燕会，并带刀升座。至开皇初，因袭旧式，朝服登殿，亦不解焉。十二年，因蔡征上事，始制凡朝会应登殿坐者，剑履俱脱。其不坐者，敕召奏事及须升殿，亦就席解剑，乃登。纳言、黄门、内史令、侍郎、舍人，既夹侍之官，则不脱。其剑皆真刃，非假。既合旧典，弘制依定。又准晋咸康元年定令故事，自天子已下，皆衣冠带剑。今天子则玉具火珠镖首，余皆玉镖首。唯侍臣带剑上殿，自王公已下，非殊礼引升殿，皆就席解而后升。六品以下，无佩绶者，皆不带。

曲领，案《释名》，在单衣内襟领上，横以雍颈。七品已上有内单者则服之，从省服及八品已下皆无。

珽，案《礼》：“天子搢珽，方正于天下也。”又《五经异义》：“天子笏曰珽，珽直无所屈也。”今制准此，长尺二寸，方而不折。以球玉为之。

笏，案《礼》：“诸侯以象，大夫鱼须文竹，士以竹，本象可也。”凡有指画于君前，受命书于笏，笏毕用也。《五经要义》曰：“所以记事，防忽忘。”《礼图》云：“度二尺有六寸，中博二寸，其杀六分去一。”晋、宋以来，谓之手板，此乃不经，今还谓之笏，以法古名。自西魏以降，五品已上，通用象牙，六品已下，兼用竹木。

履、舄，案《图》云：“复下曰舄，单下曰履。夏葛冬皮。”近代或以重皮，而不加木，失于乾腊之义。今取乾腊之理，以木重底。冕服者色赤，冕衣者色乌，履同乌色。诸非侍臣，皆脱而升殿。凡舄，唯冕服及具服著之，履则诸服皆用。唯褶服以靴。靴，胡履也，取便于事，施于戎服。

诸建华、鹬鸩、鹖冠、委貌、长冠、樊哙、却敌、巧士、术氏、却非等,前代所有,皆不采用。

皇后服四等,有褘衣、鞠衣、青服、朱服。

褘衣深青质,织成领袖,文以翚翟,五采重行,十二等。首饰花十二钿,小花毦十二树,并两博鬓。素纱内单,黼领,罗縠褾、襈,色皆以朱。蔽膝随裳色,以缇为缘,用翟三章。大带随衣裳,饰以朱绿之锦,青缘。革带,青袜、舄,舄以金饰。白玉佩,玄组,绶,章采尺寸同于乘舆。祭及朝会,凡大事皆服之。

鞠衣,黄罗为质,织成领袖,小花十二树。蔽膝、革带及舄,随衣色。余准褘衣,亲蚕服也。

青服,去花、大带及佩绶,金饰履。礼见天子则服之。

朱服,制如青服。宴见宾客则服之。

有金玺,盘螭钮,文曰"皇后之玺"。冬正大朝,则并黄琮,各以笥贮,进于座隅。

皇太后服,同于后服。而贵妃以下,并亦给印。

贵妃、德妃、淑妃,是为三妃。服褕翟之衣,首饰花九钿,并二博鬓。金章龟钮,文从其职。紫绶,一百二十首,长一丈七尺,金缕织成兽头鞶囊,佩于阗玉。

顺仪、顺容、顺华、修仪、修容、修华、充仪、充容、充华,是为九嫔。服阙翟之衣,处饰花八钿,并二博鬓。金章龟钮,文从其职。紫绶,一百首,长一丈七尺,金缕织成兽头鞶囊,佩采璚玉。

婕妤,银缕织成兽头鞶囊,首饰花七钿。他如嫔服。

美人、才人,服鞠衣,首饰花六钿,并二博鬓。银印珪钮,文从其职。青绶,八十首,长一丈六尺。采缕织成兽爪鞶囊,佩水苍玉。

宝林,服展衣,首饰花五钿,并二博鬓。银印环钮,文如其职。艾绶,八十首,长一丈六尺。鞶囊,佩玉,同于婕妤。

承衣刀人、采女,皆服褖衣,无印绶。参准宋泰始四年及梁、陈故事,增损用之。

皇太子妃,服褕翟之衣,青质,五采织成为摇翟,以备九章。首饰花九钿,并二博鬓。金玺龟钮,文如其职。素纱内单,黼领,罗褾、襈，色皆用朱，蔽膝二章。大带，同裤衣，青绿革带，朱袜，青舃，舃加金饰。佩瑜玉，缥朱绶，一百六十首，长二丈，兽头鞶囊。凡大礼见皆服之。唯侍亲桑，则用鞠衣之服，花钿佩绶，与褕衣同。准宋孝建二年故事而增损之。

良娣，鞠衣之服，银印珪钮，文如其职。佩采瓒玉，青绶，八十首，长一丈六尺，兽爪鞶囊。余同世妇。

保林、八子，展衣之服，铜印环钮，文如其职。佩水苍玉，艾绶，八十首，长一丈六尺，兽爪鞶囊，自良绨等，准宋大明六年故事而损益之。

诸王太妃、妃、长公主、公主、三公夫人、一品命妇，褕翟之服，绣为九章。首饰花九钿，佩山玄玉，兽头鞶囊。绶同夫色。

公夫人，县主，二品命妇，亦服褕翟，绣为八章。首饰八钿。侍从亲桑，同用鞠衣。自此之下，佩皆水苍玉。

侯、伯夫人、三品命妇，亦服褕翟，绣为七章。首饰七钿。

子夫人、四品命妇，服阙翟之衣，刻赤缯为翟，缀于服上，以为六章。首饰六钿。

男夫人、五品命妇，亦服阙翟之衣，刻缯为翟，缀于服上，以为五章。首饰五钿。若当从侍亲桑，皆同鞠衣。

议既定，帝幸修文殿览之，乃令何稠、起部郎阎毗等造样上呈。二年总了，始班行焉，轩冕之盛，贯古今矣。

三年正月朔旦，大陈文物。时突厥染干朝见，慕之，请袭冠冕，帝不许，明日，率左光禄大夫、褥但特勤阿史那职御，左光禄大夫、特勤阿史伊顺，右光禄大夫、意利发史蜀胡悉等，并拜表，固请衣冠。帝大悦，衣谓弘等曰："昔汉制初成，方知天子之贵。今衣冠大备，足致单于解辫，此乃卿等功也。"弘、恺、善心、世基、何稠、阎毗等赐帛各有差，并事出优厚。

是后师旅务殷，车驾多行幸。百官行从，唯服裤褶，而军旅间不便。至六年后，诏从驾涉远者，文武官等皆戎衣。贵贱异等，杂用五色。五品已上，通着紫袍，六品已下，兼用绯绿，胥吏以青，庶人以白,屠商以皂,士卒以黄。

卓彼上天,宫室混成,玄戈居其左,上将居其右,弧矢扬威,羽林置陈。《易》曰:“天垂象,圣人则之。”昔轩辕氏之有天下也,以师兵为营卫,降至三代,其仪大备。西汉武帝,每上甘泉,则列卤簿,车千乘,骑万匹。其居前殿,则植戟悬楯,以戒不虞。其所由来者尚矣。

梁武受禅于齐,侍卫多循其制。正殿便殿阁及诸门上下,各以直阁将军等直领。又置刀钐、御刀、御楯之属,直御左右。兼有御仗、铤稍、赤氅、角抵、勇士、青氅、卫仗、长刀、刀剑、细仗、羽林等左右二百七十六人,以分直诸门。行则仪卫左右。又有左右夹毂、蜀客、楯剑、格兽羽林、八从游荡、十二不从游荡、直从细射、廉察、刀戟、腰弩、大弩等队,凡四十九队,亦分直诸门上下。行则量为仪卫。东西掖、端、大司马、东西华、承明、大通等门,又各二队,及防殿三队,虽行幸不从。又有八马游荡、马左右夹毂、左右马百骑等各二队,及骑官、阅武马容、杂伎马容及左右马骑直队,行则侍卫左右,分为警卫。车驾晨夜出入及涉险,皆作函。卤簿应宿卫军骑,皆执兵持满,各当其所保护方面。天明及度险,乃奏解函,挝鼓而依常列。

乘舆行则有大驾、法驾、小驾。大驾以郊飨上天,临驭九伐。法驾以祭方泽,祀明堂,奉宗庙,藉千亩。小驾以敬园陵,亲搜狩。大驾则公卿奉引,大将军骖乘,太仆驭。法驾小驾,皆侍中骖乘,奉车郎驭,公卿不引。其余行幸,送往劳旋,则槊仗。近宴则队仗。三驾法天,三仗法地,其动也参天而两地也。

陈氏承梁,亦无改革。

齐文宣受禅之后,警卫多循后魏之仪。及河清中定令,宫卫之制,左右各有羽林郎十二队。又有持鈒队、铤槊队、长刀队、细仗队,楯鍒队、雄戟队、格兽队、赤氅队、角抵队、羽林队、步游荡队、马游荡队。又左右各武贲十队,左右翊各四队,又步游荡、马游荡左右各三队,是为武贲。又有直从武贲,左右各六队,在左者为前驱队,在右者为后拒队。又有募员武贲队、强弩队,左右各一队,在左者皆左卫将军总之，在右者皆右卫将军总之，以备警卫。其领军、中领将军，侍从出入，则著两裆甲，执手柽杖。左右卫将军、将军则两裆甲，手执檀杖。侍从左右，则有千牛备身、左右备身、刀剑备身之属。兼有武威、熊渠、鹰扬等备身三队，皆领左右将军主之，宿卫左右，而戎服执仗。兵有斧钺弓箭刀楯，旌旗皆囊首，五色节文，施悉赭黄。天子御正殿，唯大臣夹侍，兵仗悉在殿下。郊祭卤簿，则督将平巾帻，绯衫甲，大口裤。

后周警卫之制，置左右宫伯，掌侍卫之禁，各更直于内。小宫伯贰之。临朝则分在前侍之首，并金甲，各执龙环金饰长刀。行则夹路车左右。中侍，掌御寝之禁，皆金甲，左执龙环，右执兽环长刀，并饰以金。次左右侍，陪中侍之后，并银甲，左执凤环，右执麟环长刀。次左右前侍，掌御寝南门之左右，并银甲，左执师子环，右执象环长刀。次左右后侍，掌御寝北门之左右，并银甲，左执犀环，右执兕环长刀。左右骑侍，立于寝之东西阶，并银甲，左执罴环，右执熊环长刀，十二人，兼执师子彤楯，列左右侍之外。自左右侍以下，刀并以银饰。左右宗侍，陪左右前侍之后，夜则卫于寝庭之中，皆服金涂甲，左执豹环，右执貔环长刀，并金涂饰，十二人，兼执师子彤楯，列于左右骑侍之外。自左右中侍已下，皆行则兼带黄弓矢，巡田则常服，带短刀，如其长刀之饰。左右庶侍，掌非皇帝所御门阁之禁，并服金涂甲，左执解豸环，右执獬环长剑，并金饰，十二人，兼执师子彤楯，列于左右宗侍之外。行则兼带皓弓矢。左右勋侍，掌陪左右庶侍而守出入，则服金涂甲，左执吉良环，右执狞环长剑，十二人，兼执师子彤楯，列于左右庶侍之外。行则兼带卢弓矢，巡田则与左右庶侍，俱常服，佩短剑，如其长剑之饰。诸侍官，大驾则俱侍，中驾及露寝半之，小驾三分之一。

左右武伯，掌内外卫之禁令，兼六率之士。皇帝临轩，则备三仗于庭，服金甲，执金钑杖，立于殿上东西阶之侧。行则列兵于帝之左右，从则服金甲，被绣袍。左右小武伯各二人，贰之，服执同于武伯，分立于大武伯下及露门之左右塾。行幸则加锦袍。左右武贲，率掌武贲之士，其队器服皆玄，以四色饰之，各总左右持钺之队。皇帝临露寝，则立于左右三仗第一行之南北。出则分在队之先后。其副率贰之。左右旅贲，率掌旅贲士，其队器服皆青，以朱为饰，立于三仗第二行之南北。其副率贰之。左右射声，率掌射声之士，其器服皆朱，以黄为饰，立于三仗第三行之南北。其副率贰之。左右骁骑，率掌骁骑之士，器服皆黄，以皓为饰，立于三仗第四行之南北。其副率贰之。左右羽林，率掌羽林之士，其队器服皆皓，以玄为饰，立于三仗第五行之南北。其副率贰之。左右游击，率掌游击之士，其器服皆玄，以青为饰。其副率贰之。武贲已下六率，通服金甲师子文袍，执银钑檀杖。副率通服金甲兽文袍。各有倅长、帅长，相次陪列。行则引前。倅长通服银甲鹔文袍，帅长通服银甲鹮文袍。自副率已下，通执兽环银饰长刀。凡大驾则尽行，中驾及露寝则半之，小驾半中驾。常行军旅，则衣色尚乌。

高祖受命，因周、齐宫卫，微有变革。戎服临朝大仗，则领左右大将军二人，分在左右厢。左右直寝、左右直斋、左右直后、千牛备身、左右备身等，夹侍供奉于左右及坐后。左右卫大将军、左右直阁将军、以次左右卫将军，各领仪刀，为十二行。内四行亲卫，行别以大都督领。次外四行勋卫，以帅都督领。次外四行翊卫，以都督领。行各二人执金花师子楯、猨刀。一百四十人，分左右，带横刀。后监门直长十二人，左青龙旗，右白兽旗。左右武卫开府，各领三仗六行，在大仗内，行别六十人，大都督一人领之，帅都督一人后之。大驾则执黄麾仗。其次戟二十四，左青龙幢，右白兽幢，罕、毕各一，钑金二十四，金节十二道，盖兽，又绛引幡，朱幢，为持钑前队，应跸，大都督二人领之，在御前横街南。左右武卫大将军，领大仗左右厢，各六行，行别三百六十人，大都督一人领之。

及大业四年，炀帝北巡出塞，行宫设六合城。方一百二十步，高四丈二尺。六合，以木为之，方六尺，外面一方有板，离合为之，涂以青色。垒六板为城，高三丈六尺，上加女墙板，高六尺。开南北门。又于城四角起楼敌二，门观、门楼槛皆丹青绮画。又造六合殿、千人帐,载以枪车,车载六合三板。其车轮解合交叉,即为马枪。每车上张幕,幕下张平一弩,傅矢,五人更守。两车之间,施车轮马枪,皆外其辕,以为外围。次内布铁菱,次内施蒺藜。每一蒺藜,中施弩床,长六尺,阔三尺。床桄陛插钢锥,皆长五寸,谓之虾须。皆施机关,张则锥皆外向。其床上施旋机弩,以绳连弩机,人从外来,触绳则弩机旋转,向触所而发。其外又以矰周围行宫,二丈一铃一柱,柱举矰,去地二尺五寸。当行宫南北门,施椎磬,连矰,以机发之。有人触矰,则众铃发响,椎击两磬,以知所警,名为击警。八年征辽,又造钩陈,以木板连如帐子。张之则绮文,卷之则直焉。帝御营与贼城相对,夜中设六合城,周回八里。城及女垣,合高十仞,上布甲士,立仗建旗。又四隅有阙,面别一观,观下开三门。其中施行殿,殿上容侍臣及三卫仗,合六百人。一宿而毕,望之若真,高丽旦忽见,谓之为神焉。

隋书卷一三
志第八

音乐上

　　夫音本乎太始，而生于人心，随物感动，播于形气。形气既著，协于律吕，宫商克谐，名之为乐。乐者，乐也。圣人因百姓乐己之德，正之以六律，文之以五声，咏之以九歌，舞之以八佾。实升平之冠带，王化之源本。《记》曰："感于物而动，故形于声。"夫人者，两仪之播气，而性情之所起也，恣其流湎，往而不归。是以五帝作乐，三王制礼，标举人伦，削平淫放。其用之也，动天地，感鬼神，格祖考，谐邦国。树风成化，象德昭功，启万物之情，通天下之志。若夫升降有则，宫商垂范。礼逾其制，则尊卑乖，乐失其序，则亲疏乱。礼定其象，乐平其心，外敬内和，合情饰貌，犹阴阳以成化，若日月以为明也。

　　《记》曰："大夫无故不撤悬，士无故不撤琴瑟。"圣人造乐，导迎和气，恶情屏退，善心兴起。伊耆有苇籥之音，伏牺有网罟之咏，葛天八阕，神农五弦，事与功偕，其来已尚。黄帝乐曰《咸池》，帝喾曰《六英》，帝颛顼曰《五茎》，帝尧曰《大章》，帝舜曰《箫韶》，禹曰《大夏》，殷汤曰《护》，武王曰《武》，周公曰《勺》。教之以风赋，弘之以孝友，大礼与天地同节，大乐与天地同和，礼意风猷，乐情膏润。《传》曰："如有王者，必世而后仁。"成、康化致升平，刑厝而不用也。古者天子听政，公卿献诗，秦人有作，罕闻斯道。汉高祖时，叔孙通爰定篇章，用祀宗庙。唐山夫人能楚声，又造房中之乐。武帝裁音律之

响,定郊丘之祭,颇杂讴谣,非全雅什。汉明帝时,乐有四品:一曰
《大予乐》,郊庙上陵之所用焉。则《易》所谓"先王作乐崇德,殷荐之
上帝,以配祖考"者也。二曰雅颂乐,辟雍飨射之所用焉。则《孝
经》所谓"移风易俗,莫善于乐"者也。三曰黄门鼓吹乐,天子宴群臣
之所用焉。则《诗》所谓"坎坎鼓我,蹲蹲舞我"者也。其四曰短箫铙
歌乐,军中之所用焉。黄帝时,歧伯所造,以建武扬德,风敌励兵,则
《周官》所谓"王师大捷,则令凯歌"者也。又采百官诗颂,以为登歌,
十月吉辰,始用蒸祭。董卓之乱,正声咸荡。汉雅乐郎杜夔,能晓乐
事,八音七始,靡不兼该。魏武平荆州,得夔,使其刊定雅律。魏有
先代古乐,自夔始也,自此迄晋,用相因循,永嘉之寇,尽沦胡、羯。
于是乐人南奔,穆皇罗钟磬,苻坚北败,孝武获登歌。晋氏不纲,魏
图将霸,道武克中山,太武平统万,或得其宫悬,或收其古乐,于时
经营是迫,雅器斯寝。孝文颇为诗歌,以勖在位,谣俗流传,布诸音
律。大臣驰骋汉、魏,旁罗宋、齐,功成奋豫,代有制作。莫不各扬庙
舞,自造郊歌,宣畅功德,辉光当世,而移风易俗,浸以陵夷。

　　梁武帝本自诸生,博通前载,未及下车,意先风雅,爰诏凡百,
各陈所闻。帝又自纠捇前违,裁成一代。周太祖发迹关、陇,躬安戎
狄,群臣请功成之乐,式遵周旧,依三材而命管,承六典而挥文。而
《下武》之声,岂姬人之唱,登歌之奏,协鲜卑之音,情动于中,亦人
心不能已也。昔仲尼返鲁,风雅斯正,所谓有其艺而无其时。高祖
受命惟新,八州同贯,制氏全出于胡人,迎神犹带于边曲。及颜、何
骤请,颇涉雅音,而继想闻《韶》,去之弥远。若夫二南斯理,八风扬
节,顺序旁通,妖淫屏弃,宫征流唱,翱翔率舞,弘仁义之道,安性命
之真,君子益厚,小人无悔,非大乐之懿,其孰能与于此者哉!是以
舜咏《南风》而虞帝昌,纣歌北鄙而殷王灭。大乐不紊,则王政在焉。
故录其不相因袭,以备于志。《周官·大司乐》一千三百三十九人。
汉郊庙及武乐,三百八十人。炀帝矜奢,颇玩淫曲,御史大夫裴蕴,
揣知帝情,奏括周、齐、梁、陈乐工子弟,及人间善声调者,凡三百余
人,并付太乐。倡优獶杂,咸来萃止。其哀管新声,淫弦巧奏,皆出

邺城之下,高齐之旧曲云

　　梁氏之初,乐缘齐旧。武帝思弘古乐,天监元年,遂下诏访百僚曰:"夫声音之道,与政通矣,所以移风易俗,明贵辨贱。而《韶》、《护》之称空传,《咸》、《英》之实靡托,魏晋以来,陵替滋甚。遂使雅郑混淆,钟石斯谬,天人缺九变之节,朝宴失四悬之仪。朕昧旦坐朝,思求厥旨,而旧事匪存,未获厘正,瘝瘝有怀,所为叹息。卿等学术通明,可陈其所见。"于是散骑常侍、尚书仆射沈约奏答曰:"窃以秦代灭学,《乐经》残亡。至于汉武时,河间献王与毛生等,共采《周官》及诸子言乐事者,以作《乐记》。其内史丞王定,传授常山王禹。刘向校书,得《乐记》二十三篇,与禹不同。向《别录》,有《乐歌诗》四篇、《赵氏雅琴》七篇、《师氏雅琴》八篇、《龙氏雅琴》百六篇,唯此而已。《晋中经簿》,无复乐书,《别录》所载,已复亡逸。案汉初典章灭绝,诸儒捃拾沟渠墙壁之间,得片简遗文,与礼事相关者,即编次以为礼,皆非圣人之言。《月令》取《吕氏春秋》,《中庸》、《表记》、《防记》、《缁衣》,皆取《子思子》,《乐记》取《公孙尼子》,《檀弓》残杂,又非方幅典诰之书也。礼既是行已经邦之切,故前儒不得不补缀以备事用。乐书事大而用缓,自非逢钦明之主,制作之君,不见详议。汉氏以来,主非钦明,乐既非人臣急事,故言者寡。陛下以至圣之德,应乐推之符,实宜作乐崇德,殷荐上帝。而乐书沦亡,寻案无所。宜选诸生,分令寻讨经史百家,凡乐事无小大,皆别纂录。乃委一旧学,撰为乐书,以起千载绝文,以定大梁之乐。使《五英》怀惭,《六茎》兴愧。"

　　是时对乐者七十八家,咸多引流略,浩荡其词,皆言乐之宜改,不言改乐之法。帝既素善钟律,详悉旧事,遂自制定礼乐。又立为四器,名之为通。通受声广九寸,宣声长九尺,临岳高一寸二分。每通皆施三弦。一曰玄英通:应钟弦,用一百四十二丝,长四尺七寸四分差强;黄钟弦,用一百七十丝,长九尺;大吕弦,用二百五十二丝,长八尺四寸三分差弱。二曰青阳通:太簇弦,用二百四十丝,长八尺；夹钟弦，用二百二十四丝，长七尺五寸弱；姑洗弦，用一百四十二丝，长七尺一寸一分强。三曰朱明通：中吕弦，用一百九十九丝，长六尺六寸六分弱；蕤宾弦，用一百八十九丝，长六尺三寸二分强；林钟弦，用一百八十丝，长六尺四寸。四曰白藏通：夷则弦，用一百六十八丝，长五尺六寸二分弱；南吕弦，用一百六十丝，长五尺三寸二分大强；无射弦，用一百二十九丝，长四尺九寸一分强。因以通声，转推月气，悉无差违，而还相得中。又制为十二笛，黄钟笛长三尺八寸，大吕笛长三尺六寸，太簇笛长三尺四寸，夹钟笛长三尺二寸，姑洗笛长三尺一寸，中吕笛长二尺九寸，蕤宾笛长二尺八寸，林钟笛长二尺七寸，夷则笛长二尺六寸，南吕笛长二尺五寸，无射笛长二尺四寸，应钟笛长二尺三寸。用笛以写通声，饮古钟玉律并周代古钟，并皆不差。于是被以八音，施以七声，莫不和韵。

是时北中郎司马何佟之上言："案《周礼》"王出入则奏《王夏》，尸出入则奏《肆夏》，牲出入则奏《昭夏》。"今乐府之《夏》，唯变《王夏》为《皇夏》，盖缘秦、汉以来称皇故也。而齐氏仍宋仪注，迎神奏《昭夏》，皇帝出入奏《永至》，牲出入更奏引牲之乐。其为舛谬，莫斯之甚。请下礼局改正。"周舍议，以为《礼》："王入奏《王夏》"，大祭祀与朝会，其用乐一也。而汉制，皇帝在庙，奏《永至》乐，朝会之日，别有《皇夏》。二乐有异，于礼为乖，宜除《永至》，还用《皇夏》又《礼》"尸出入奏《肆夏》，宾入大门奏《肆夏》，则所设唯在人神，其与迎牲之乐，不可滥也。宋季失礼，顿亏旧则，神入庙门，遂奏《昭夏》，乃牲牢之乐，用接祖考之灵。斯皆前代之深疵，当今所宜改也。时议又以为《周礼》云："若乐六变，天神皆降。"神居上玄，去还恍忽，降则自至，迎则无所。可改迎为降，而选依前式。又《周礼》云"若乐八变，则地祇皆出，可得而礼"，地宜依旧为迎神。并从之。又以明堂设乐，大略与南郊不殊，惟坛堂异名，而无就燎之位。明堂则遍歌五帝，其余同于郊式焉。

初宋、齐代，祀天地，祭宗庙，准汉祠太一后土，尽用宫悬。又太常任昉，亦据王肃议云："《周官》'以六律、五声、八音、六舞大合乐，以致鬼神，以和邦国，以谐兆庶，以安宾客，以悦远人'。是谓六同，一时皆作。今六代舞，独分用之，不厌人心。"遂依肃议，祀祭郊庙，备六代乐。至是帝曰："《周官》分乐飨祀，《虞书》止鸣两悬，求之于古，无宫悬之议。何？事人礼缛，事神礼简也。天子袭衮，而至敬不文，观天下之物，无可以称其德者，则以少为贵矣。大合乐者，是使六律与五声克谐，八音与万舞合节耳。岂谓致鬼神祇用六代乐也？其后即言"分乐序之，以祭以享。"此乃晓然可明，肃则失其旨矣。推检载籍，初无郊祂宗庙遍舞六代之文。唯《明堂位》曰："禘祀周公于太庙，朱干玉戚，冕而舞《大武》，皮弁素积，裼而舞《大夏》。纳夷蛮之乐于太庙，言广鲁于天下也。"夫祭尚于敬，无使乐繁礼黩。是以季氏逮暗而祭，继之以烛，有司跛倚。其为不敬大矣。他日祭，子路与焉，质明而始，晏朝而退。孔子闻之，曰：'谁谓由也不知礼乎？'若依肃议，郊既有迎送之乐，又有登歌，各颂功德，遍以六代，继之出入，方待乐终。此则乖于仲尼黜晏朝之意矣。"于是不备宫悬，不遍舞六代，逐所应须。即设悬，则非宫非轩，非判非特，宜以至敬所应施用耳。宗庙省迎送之乐，以其閟宫灵宅也。

齐永明中，舞人冠帻并簪笔，帝曰："笔笏盖以记事受言，舞不受言，何事簪笔？岂有身服朝衣，而足綦燕履？"于是去笔。

又晋及宋、齐，悬钟磬大准相似，皆十六架。黄钟之宫：北方，北面，编磬起西，其东编钟，其东衡大于镈，不知何代所作。其东镈钟。太簇之宫：东方，西面，起北。蕤宾之宫：南方，北面，起东。姑洗之宫：西方，东面，起南。所次皆如北面。设建鼓于四隅，悬内四面，各有敔柷。帝曰："著晋、宋史者，皆言太元、元嘉四年，四厢金石大备。今检乐府，止有黄钟、姑洗、蕤宾、太簇四格而已。六律不具，何谓四厢？备乐之文，其义焉在？"于是除去衡钟，设十二镈钟，各依辰位，而应其律。每一镈钟，则设编钟磬各一虡，合三十六架。植建鼓于四隅。元正大会备用之。

乃定郊祂宗庙及三朝之乐，以武舞为《大壮舞》，取《易》云"大者壮也"，正大而天地之情可见也。以文舞为《大观舞》，取《易》云

"大观在上"，观天之神道而四时不忒也。国乐以"雅"为称，取《诗序》云："言天下之事，形四方之风，谓之雅。雅者，正也。"止乎十二，则天数也。乃去阶步之乐，增撤食之雅焉。众官出入，宋元徽三年《仪注》奏《肃咸乐》，齐及梁初亦同。至是改为《俊雅》，取《礼记》："司徒论选士之序者而升之学，曰俊士也。"二郊、太庙、明堂，三朝同用焉。皇帝出入，宋孝建二年秋《起居注》奏《永至》，齐及梁初亦同。至是改为《皇雅》，取《诗》"皇矣上帝，临下有赫"也。二郊、太庙同用。皇太子出入，奏《胤雅》，取《诗》"君子万年，永锡尔胤"也。王公出入，奏《寅雅》，取《尚书》、《周官》'三公弘化，寅亮天地"也。上寿酒，奏《介雅》，取《诗》"君子万年，介尔景福"也。食举，奏《需雅》，取《易》"云上于天，需，君子以饮食宴乐"也。撤馔，奏《雍雅》取《礼记》"大飨客出以《雍》撤也。并三朝用之。牲出入，宋元徽二年《仪注》奏《引牲》，齐及梁初亦同。至是改为《涤雅》，取《礼记》"帝牛必在涤三月"也。荐毛血，宋元徽三年《仪注》奏《嘉荐》，齐及梁初亦同。至是改为《牷雅》，取《春秋左氏传》"牲牷肥腯"也。北郊明堂、太朝并同用。降神及迎选，宋元徽三年《仪注》奏《昭夏》，齐及梁初亦同。至是改为《诚雅》，取《尚书》"至诚感神"也。皇帝饮福酒，宋元徽三年《仪注》奏《嘉祚》，至齐不改，梁初，改为《永祚》。至是改为《献雅》，取《礼记》《祭统》"尸饮五，洗玉爵献卿。"今之福酒，亦古献之义也。北郊、明堂太朝同用。就燎位，宋元徽三年《仪注》奏《昭远》，齐及梁不改。就埋位，齐永明六年《仪注》奏《隶幽》。至是燎埋俱奏《禋雅》，取《周礼》《大宗伯》"以禋祀祀昊天上帝"也。其辞并沈约所制。今列其歌诗二十曲云。

《俊雅》，歌诗三曲，四言：

设官分职，髦俊攸俟。髦俊伊何？贵德尚齿。唐义咸事，周宁多士。区区卫国，犹赖君子。汉之得人，帝猷乃理。

开我八袭，辟我九重。珩佩流响，缨绂有容。袞衣前迈，列辟云从。义兼东序，事美西雍。分阶等肃，异列齐恭。

重列北上，分庭异陛。百司扬职，九宾相礼。齐、宋舅甥，鲁、卫兄弟。思皇蔼蔼,群龙济济。我有嘉宾,实惟恺悌。

《皇雅》,三曲,五言:

帝德实广运,车书靡不宾。执瑁朝群后,
乘旒御百神。八荒重译至,万国婉来亲。

华盖拂紫微,勾陈统太一。容裔被缇组,
参差罗甲毕。星回照以烂,天行徐且谧。

清跸朝万宇,端冕临正阳。青绚黄金缛,衮衣文绣裳。既散华
虫采,复流日月光。

《胤雅》,一曲,四言:

自昔殷代,哲王迭有。降及周成,惟器是守。上天乃眷,大梁既
受。灼灼重明,仰承元首。体乾作贰,命服斯九。置保置师,居前居
后。前星北耀,克隆万寿。

《寅雅》,一曲,三言:

礼莫违,乐具举。延藩辟,朝帝所。执桓蒲,列齐、莒。垂衮冕,
纷容与。升有仪,降有序。齐簪绂,忘笑语。始矜严,终酣醻。

《介雅》,三曲,五言:

百福四象初,万寿三元始。拜献惟衮职,
同心协卿士。北极永无穷,南山何足拟。

寿随百礼洽,庆与三朝升。惟是集繁祉,景福互相仍。申锡永
无遗,穰简必来应。

百昧既含馨,六饮莫能尚。玉垒信湛湛,金卮颇摇漾。敬举发
天和,祥祉流嘉贶。

《需雅》,八曲,七言:

实体平心待和味,庶羞百品多为贵。或鼎或鬲宣九沸,楚桂胡
盐芼芳卉。加笾列俎彫且蔚。

五味九变兼六和,令芳甘旨庶且多。三危之露九期禾,圆案方
丈粲星罗。皇举斯乐同山河。

九州上腴非一族,玄芝碧树寿华木。终朝采之不盈掬,用拂腥
羶和九谷。既甘且饫致遐福。

人欲所大味为先，兴和尽敬咸在旃。碧鳞朱尾献嘉鲜，红毛绿翼坠轻翾。臣拜稽首万斯年。

击钟以俟惟大国，况乃御天流至德。侑食斯举扬盛则，其礼不愆仪不忒。风猷所被深且塞。

膳夫奉职献芳滋，不靡不夭咸以时。调甘适苦别渑、淄，基德不爽受福厘。于焉逸豫永无期。

备味斯飨惟至圣，咸降人神礼为盛。或风或雅流歌咏，负鼎言归启殷命。悠悠四海同兹庆。

道我六穗罗八珍，洪鼎自爨匪劳薪。荆包海物必来陈，滑甘滫瀡味和神。以斯至德被无垠。

《雍雅》，三曲，四言：

明明在上，其仪有序。终事靡愆，收铏撤俎。乃升乃降，和乐备举。天德莫违，人谋是与。敬行礼达，兹焉燕语。

我馂惟阜，我肴孔庶。嘉味既充，食旨斯饫。属厌无爽，冲和在御。击壤齐欢，怀生等豫。蒸庶乃粒，实由仁恕。

百司警列，皇在在陛。既饫且醹，卒食成礼。其容穆穆，其仪济济。凡百庶僚，莫不恺悌。奄有万国，抑由天启。

《涤雅》，一曲，四言：

将修盛礼，其仪孔炽。有脤斯牷，国门是置。不黎不腐，靡愆靡忌。呈肌献体，永言昭事。俯休皇德，仰绥灵志。百福具膺，嘉祥允洎。骏奔伊在，庆覃遐嗣。

《牷雅》，一曲，四言：

反本兴敬，复古昭诚。礼容宿设，祀事孔明。华俎待献，崇碑丽牲。充哉茧握，肃矣簪缨。其肯既启，我豆既盈。庖丁游刃，葛卢验声。多祉攸集，景福来并。

《诚雅》，一曲，三言：南郊降神用。

怀忽慌，瞻浩荡。尽诚洁，致虔想。出杳冥，降无象。皇情肃，具僚仰。人礼盛，神途敞。傃明灵，申敬飨。感苍极，洞玄壤。

《诚雅》，一曲，三言：北郊迎神用。

地德溥，昆丘峻。扬羽翟，鼓应棘。出尊祇，展诚信。招海渎，罗岳镇。惟福祉，咸昭晋。

《诚雅》，一曲，四言："南北郊、明堂、太庙送神同用。

我有明德，馨非稷黍。牲玉孔备，嘉荐惟旅。金悬宿设，和乐具举。礼达幽明，敬行樽俎。鼓钟云送，遐福是与。

《献雅》，一曲四言：

神宫肃肃，天仪穆穆。礼献既同，膺此厘福。我有馨明，无愧史祝。

《禋雅》，一曲，四言：就燎。

紫宫昭焕，太一微玄。降临下土，尊高上天。载陈珪璧，式备牲牷。云孤清引，枸虞高悬。俯昭象物，仰致高烟。肃彼灵祉，咸达皇虔。

《禋雅》，一曲，四言就埋。

盛乐斯举，协征调宫。灵飨庆洽，祉积化融。八变有序，三献已终。坎牲瘗玉，酬德报功。振垂成吕，投壤生风。道无虚致，事由感通。于皇盛烈，双祚华、嵩。

普通中，荐蔬之后，改诸雅歌，敕萧子云制词。既无牲牢，遂省《涤雅》、《牷雅》云。

南郊，舞奏黄钟，取阳始化也。北郊，舞奏林钟，取阴始化也。明堂宗庙，所尚者敬，雍宾是为敬之各，复有阴主之义，故同奏焉。其南北郊、明堂、宗庙之礼，加有登歌。今又列其歌诗一十八曲云。

南郊皇帝初献奏登歌，二曲，三言：

曒既明，礼告成。惟圣祖，主上灵。爵已献，罍又盈。息羽龠，展歌声。偄如在，结皇情。

礼容盛，樽俎列。玄酒陈，陶匏设。献清旨，致虔洁。王既升，乐已阕。降苍昊，垂芳烈。

北郊皇帝初献奏登歌，二曲，四言：

方坛既坎，地祇已出。盛典弗愆，群望咸秩。乃升乃献，敬成礼卒。灵降无兆，神飨载谧。允矣嘉祚，其升如日。

至哉坤元，实惟厚载。躬兹奠飨，诚交显晦。或升或降，摇珠动佩。德表成物,庆流皇代。纯嘏不愆,祺福是赉。

　　宗庙皇帝初献奏登歌,七曲,四言:

功高礼洽,道尊乐备。三献具举,百司在位。诚敬罔愆,幽明同致。茫茫亿兆,无思不遂。盖之如天,容之如地。

殷兆玉筐,周始邠王。于赫文祖,基我大梁。肇土七十,奄有四方。帝轩百祀,人思未忘。永言圣烈,祚我无疆。

有夏多罪,殷人涂炭。四海倒悬,十室思乱。自天命我,歼凶殄难。既跃乃飞,言登天汉。爰飨爰祀,福禄攸赞。

牺象既饰,罍俎斯具。我郁载馨,黄流乃注。峨峨卿士,骏奔是务。佩上鸣楷,缨还拂树。悠悠亿兆,天临日煦。

猗与至德,光被黔首。铸镕苍昊,甄陶区有。肃恭三献,对扬万寿。比屋可封,含生无咎。匪徒七百,天长地久。

有命自天,于皇后帝。悠悠四海,莫不来祭。繁祉具膺,八神耸卫。福至有兆,庆来无际。播此余休,于彼荒裔。

祀典昭洁,我礼莫违。八簋充室,六龙解𬴂。神宫肃肃,灵寝微微。嘉荐既飨,景福攸归。至德光被,洪祚载辉。

　　明堂遍歌五帝登歌,五曲,四言:

　　歌青帝辞:

帝居在震,龙德司春。开元布泽,含和尚仁。群居既散,岁云阳止。饬农分地,人粒惟始。雕梁绣拱,丹楹玉墀。灵威以降,百福来绥。

　　歌赤帝辞:

炎光在离,火为威德。执礼昭训,持衡受则。靡草既凋,温风以至。嘉荐惟旅,时羞孔备。齐醍在堂,笙镛在下。匪惟七百,无绝终始。

　　歌黄帝辞:

郁彼中坛,含灵阐化。回环气象,轮无辍驾。布德焉在,四序将收。音宫数五,饭稷骖骊。宅屏居中,旁临外宇。升为帝尊,降为神主。

歌白帝辞：

神在秋方，帝居西皓。允兹金德，裁成万宝。鸿来雀化，参见火邪。幕无玄鸟，菊有黄华。载列笙磬，式陈彝俎。灵闶常怀，惟德是与。

歌黑帝辞：

德盛乎水，玄冥纪节。阴降阳腾，气凝象闭。司智莅坎，驾铁衣玄。祁寒坼地，咎度回天，悠悠四海，骏奔奉职。祚我无疆，永隆人极。

太祖太夫人庙舞歌：

闷宫肃肃，清庙济济。于穆夫人，固天攸启。祚我梁德，膺斯盛礼。文楹达响，重檐丹陛。饰我俎彝，挈我粢盛。躬事奠飨，推尊尽敬。悠悠万国，具承兹庆。大孝追远，兆庶攸咏。

太祖太夫人庙登歌：

光流者远，礼贵弥巾。喜飨云备，盛典必陈。追养自本，立爱惟亲。皇情乃慕，帝服来尊。驾齐六辔，旗耀三辰。感兹霜露，事彼冬春。以斯孝德，永被蒸民。

大壮舞奏夷则，《大观舞》奏姑洗，取其月王也。二郊、明堂、太庙、三朝并同用。今亦列其歌诗二曲云。

《大壮舞》歌，一曲，四言：

高高在上，实爱期人。眷求圣德，大拯彝伦。率土方燎，如火在薪，慄慄黔首，暮不及晨。朱光启耀，兆发穷旻。我皇郁起，龙跃汉津。言届牧野，电激雷震。阙巩之甲，彭、濮之人。或貔或武，漂杵浮轮。我邦虽旧，其命惟新。六伐乃止，七德必陈。君临万国，遂抚八赟。

《大观舞》歌，一曲，四言：

皇矣帝烈，大哉兴圣。奄有四方，受天明命。居上不息，临下唯敬。举无愆则，动无失正。物从其本，人遂其性。昭播九功，肃齐八柄。宽以惠下，德以为政。三趾晨仪，重轮夕映。栈壑忘阻，梯山匪复。如日有恒，与天无竟。载陈金石，式流舞咏。《咸》、《英》、《韶》、

《夏》,于兹比盛。

相和五引:

角引:

萌生触发,岁在春。《咸池》始奏,德尚仁。滞滞以息,和且均。

徵引:

执衡司事,宅离方。滔滔夏日,火德昌。八音备举,乐无疆。

宫引:

八音资始,君五声。兴此和乐,感百精。优游律吕,被《咸》、《英》。

商引:

司秋纪兑,奏西音。激扬钟石,和瑟琴。风流福被,乐愔愔。

羽引:

玄英纪运,冬冰折。物为音本,和且悦。穷高测深,长无绝。

普通中,荐蔬以后,敕萧子云改诸歌辞为相和引,则依五音宫商角徵羽为第次,非随月次也。

旧三朝设乐有登歌,以其颂祖宗之功烈,非君臣之所献也,于是去之。三朝,第一,奏《相和五引》;第二,众官入,奏《俊雅》;第三,皇帝入阁,奏《皇雅》;第四,皇太子发西中华门,奏《胤雅》;第五,皇帝进,王公发足;第六,王公降殿,同奏《寅雅》;第七,皇帝入储变服;第八,皇帝变服出储,同奏《皇雅》;第九,公卿上寿酒,奏《介雅》;第十,太子入预会,奏《胤雅》;十一,皇帝食举,奏《需雅》;十二,撤食,奏《雍雅》;十三,设《大壮》武舞;十四,设《大观》文舞;十五,设《雅歌》五曲;十六,设俳伎;十七,设《鼙舞》;十八,设《铎舞》;十九,设《拂舞》;二十,设《巾舞》并《白纻》;二十一,设舞盘伎;二十二,设舞轮伎;二十三,设刺长追花幢伎;二十四,设受猾伎;二十五,设车轮折脰伎;二十六,设长跷伎;二十七,须弥山、黄山、三峡等伎;二十八,设跳铃伎;二十九,设跳剑伎;三十,设掷倒伎;三十一,设掷倒案伎;三十二,设青丝幢伎;三十三,设一缴花幢伎;三十四,设雷幢伎;三十五,设金轮幢伎、三十六,设白兽幢伎、三十七,设掷跻伎;三十八,设猕猴幢伎;三十九,设啄木幢伎;四十,设五案幢呪愿伎;四十一,设辟邪伎;四十二,设青紫鹿伎;四十三,设白武伎,作讫,将白鹿来迎下;四十四,设寺子遵安息孔雀、凤凰、文鹿胡舞登连《上云乐》歌舞伎;四十五,设缘高緪伎;四十六,设变黄龙弄龟伎;四十七,皇太子起,奏《胤雅》;四十八,众官出,奏《俊雅》;四十九,皇帝兴,奏《皇雅》。

自宋、齐已来,三朝有凤凰衔书伎。至是乃下诏曰:“朕君临南面,道风盖阙,嘉祥时至,为愧已多。假令巢伟轩阁,集同昌户,犹当顾循寡德,推而不居。况于名实顿爽,自欺耳目。一日元会,太乐奏凤凰衔书伎,至乃舍人受书,升殿跪奏。诚复兴乎前代,率由自远,内省怀惭,弥与事笃。可罢之。”

天监四年,掌宾礼贺玚,请议皇太子元会出入所奏。帝命别制养德之乐。玚谓宜名《元雅》,迎送二傅亦同用之。取《礼》“一有元良,万国以贞”之义。明山宾、严植之及徐勉等,以为周有九《夏》,梁有十二《雅》。此并则天数,为一代之曲。今加一雅,便成十三。玚又疑东宫所奏舞,帝下其议。玚以为,天子为乐,以赏诸侯之有德者。观其舞,知其德。况皇储养德春宫,式瞻攸属。谓宜备《大壮》、《大观》二舞,以宣文武之德。帝从之。于是改皇太子乐为《元贞》,奏二舞。是时礼乐制度,粲然有序。其后如台城沦没,简文帝受制于侯景。景以简文女溧阳公主为妃,请帝及主母范淑妃宴于西州,奏梁所常用乐。景仪同索超世亦在宴筵。帝潸然屑涕。景兴曰:“陛下何不乐也?”帝强笑曰:“丞相言索超世闻此以为何声?”景曰:“臣且不知,何独超世?”自此乐府不修,风雅咸尽矣。及王僧辩破侯景,诸乐并送荆州。经乱,工器颇阙,元帝诏有司补缀才备。荆州陷没,周人不知采用,工人有知音者,并入关中,随例没为奴婢。

鼓吹,宋、齐并用汉曲,又充庭用十六曲。高祖乃去四曲,留其十二,合四时也。更制新歌,以述功德。其第一,汉曲《朱鹭》改为《木纪谢》,言齐谢梁升也。第二,汉曲《思悲翁》改为《贤首山》,言武帝破魏军于司部，肇王迹也。第三，汉曲《艾如张》改为《桐柏山》，言武帝牧司，王业弥章也。第四，汉曲《上之回》改为《道亡》，言东昏丧道，义师起樊邓也。第五，汉曲《拥离》改为《忧威》，言破加湖元勋也。第六，汉曲《战城南》改为《汉东流》，言义师克鲁山城也。第七，汉曲《巫山高》改为《鹤楼峻》，言平郢城，兵威无敌也。第八，汉曲《上陵》改为《昏言恣淫慝》，言东昏政乱，武帝起义，平九江、姑熟，大破朱雀，伐罪吊人也。第九，汉曲《将进酒》改《石首局》，言义师平京城，仍废昏，定大事也。第十，汉曲《有所思》改为《期运集》，言武帝应箓受禅，德盛化远也。十一，汉曲《芳树》改为《于穆》，言大梁阐运，君臣和乐，休祚方远也。十二，汉曲《上邪》改为《惟大梁》，言梁德广运，仁化洽也。

天监七年，将有事太庙。诏曰：“《礼》云‘斋日不乐’，今亲奉始出宫，振作鼓吹。外可详议。”八座丞郎参议，请舆驾始出，鼓吹从而不作，还宫如常仪。帝从之，遂以定制。

初武帝之在雍镇，有童谣云：“襄阳白铜蹄，反缚扬州儿。”识者言，白铜谓马也。白，金色也。及义师之兴，实以铁骑，扬州之士，皆面缚，果如谣言。故即位之后，更造新声，帝自为之词三曲，又令沈约为三曲，以被弦管。帝既笃敬佛法，又制《善哉》、《大乐》、《大欢》、《天道》、《仙道》、《神王》、《龙王》、《灭过恶》、《除爱水》、《断苦转》等十篇，名为正乐，皆述佛法。又有法乐童子伎、童子倚歌梵呗，设无遮大会则为之。

陈初，武帝诏求宋、齐故事。太常卿周弘让奏曰：“齐氏承宋，咸用元徽旧式，宗祀朝飨，奏乐俱同，唯北郊之礼，颇有增益。皇帝入坛门，奏《永至》；《饮福酒》，奏《嘉胙》；太尉亚献，奏《凯容》；埋牲，奏《隶幽》；帝还便殿，奏《休成》；众官并出，奏《肃成》。此乃元徽所阙，永明六年之所加也，唯送神之乐，宋孝建二年秋《起居住》云‘奏《肆夏》’永明中，改奏《昭夏》。帝遂依之。是时并用梁乐，唯改七室舞辞，今列之云。

皇祖步兵府君神室奏《凯容舞》辞：

于赫皇祖,宫墙高巍。迈彼厥初,成兹峻极。缦乐简简,闷寝翼翼。裸飨若存,惟灵靡测。

皇祖正员府君神室奏《凯容舞》辞:

昭哉上德,浚彼洪源。道光前训,庆流后昆。神献缅邈,清庙斯存。以享以祀,惟祖惟尊。

皇祖怀安府君神室奏《凯容舞》辞:

选辰崇飨,饰礼严敬。靡爱牲牢,兼馨粢盛。明明列祖,龙光远映。肇我王风,形斯舞咏。

皇高祖安成府君神室奏《凯容舞》辞:

道遥积庆,德远昌基。永言祖武,致享从思。九章停列,八舞回墀。灵其降止,百福来绥。

皇曾祖太常府君神室奏《凯容舞》辞:

肇迹帝基,义标鸿篆。恭惟载德,琼源方阐。享荐三清,筵陈四琏。增我堂构,式敷帝典

皇祖景皇帝神室奏《景德凯容舞》辞:

皇祖执德,长发其祥。显仁藏用,怀道韬光。宁斯闷寝,合此萧芗。永昭贻厥,还符覆商。

皇考高祖武皇帝神室奏《武德舞》辞:

丞哉圣祖,抚运升离。道周经纬,功格玄祇。方轩迈虞,比舜陵妫。缉熙是咏,钦明在斯。云雷遘屯,晷南共举。大定杨越,震威衡、楚。四奥宅心,九畴还叙。景星出翼,非云入吕。德畅容辞,庆昭羽缀。于穆清庙,载扬徽烈。嘉玉既陈,丰盛斯洁。是将是享,鸿献无绝。

天嘉元年,文帝始定圆丘、明堂及宗庙乐。都官尚书到仲举权奏:"众官入出,皆奏《肃成》。牲入出,奏《引牺》。上毛血,奏《嘉荐》。迎送神,奏《昭夏》。皇帝入坛,奏《永至》。皇帝升陛,奏登歌。皇帝初献及太尉亚献、光禄勋终献,并奏《宣烈》。皇帝饮福酒,奏《嘉胙》;就燎位,奏《昭远》;还便殿,奏《休成》。"

至太建元年,定三庙之乐,采梁故事:第一,奏《相和》五引,各

随王月,则先奏其钟。唯众官入,奏《俊雅》,林钟作,太簇参应之,取其臣道也。鼓吹作。皇帝出阁,奏《皇雅》,黄钟作,太簇、夹钟、姑洗、大吕皆应之。鼓吹作。皇太子入至十字陛,奏《胤雅》,太簇作,南吕参应之,取其二月少阳也。皇帝延王公登,奏《寅雅》,夷则作,夹钟应之,取其月法也。皇帝入宁变服,奏《皇雅》,黄钟作,林钟参应之。鼓吹作。皇帝出宁及升座,皆奏《皇雅》,并如变服之作。上寿酒,奏《介雅》,太簇作,南吕参应之,取其阳气盛长,万物辐凑也。食举,奏《需雅》,蕤宾作,大吕参应之,取火主于礼,所谓“食我以礼”也。撤馔,奏《雍雅》,无射作,中吕参应之,取其津润已竭也。武舞奏《大壮》,夷则作,夹钟参应之,七月金始王,取其坚断也。鼓吹引而去来。文舞奏《大观》,姑洗作,应钟参应之,三月万物必荣,取其布惠者也。鼓吹引而去来。众官出,奏《俊雅》,蕤宾作,林钟、夷则、南吕、无射、应钟、太簇参应之。鼓吹作。皇帝起,奏《皇雅》,黄钟作,林钟、夷则、南吕、无射参应之。鼓吹作。祠用宋曲,宴准梁乐,盖取人神不杂也。制曰:“可”。

五年,诏尚书左丞刘平、仪曹郎张崔,定南北郊及明堂仪注。改天嘉中所用齐乐,尽以“韶”为名。工就位定,协律校尉举麾,太乐令跪赞云:“奏《恋韶》之乐。”降神,奏《通韶》;牲入出,奏《洁韶》;帝入坛及还便殿,奏《穆韶》。帝初再拜,舞《七德》,工执干楯,曲终复缀。出就悬东,继舞《九序》,工执羽龠。献爵于天神及太祖之座,奏登歌。帝饮福酒,奏《嘉韶》:“就望燎,奏《报韶》。

至六年十一月,侍中尚书左仆射、建昌侯徐陵,仪曹郎中沈罕,奏来年元会仪注,称舍人蔡景历奉敕,先会一日,太乐展宫悬、高絙、五案于殿庭。客入,奏《相和》五引。帝出,黄门侍郎举麾于殿上,掌故应之,举于阶下,奏《康韶》之乐。诏延王公登,奏《变韶》。奉珪璧讫,初引下殿,奏亦如之。帝兴,入便殿,奏《穆韶》。更衣又出,奏亦如之。帝举酒奏《绥韶》进膳,奏《侑韶》。帝御茶果,太常丞跪请进舞《七德》,继之《九序》。其鼓吹杂伎,取晋、宋之旧,微更附益。旧元会有黄龙变、文鹿、师子之类,太建初定制,皆除之。至是蔡景历奏,悉复设焉。其制,鼓吹一部十六人,则箫十三人,笳二人,鼓一人。东宫一部,降三人,箫减二人,笳减一人。诸王一部,又降一人,减箫一。庶姓一部,又降一人,复减箫一。

及后主嗣位,耽荒于酒,视朝之外,多在宴筵。尤重声乐,遣宫女习北方箫鼓,谓之《代北》,酒酣则奏之。又于清乐中造《黄鹂留》及《玉树后庭花》、《金钗两臂垂》等曲,与幸臣等制其歌词,绮艳相高,极于轻薄。男女唱和,其音甚哀。

隋书卷一四
志第九

音乐中

　　齐神武霸迹肇创，迁都于邺，犹曰人臣，故咸遵魏典。及文宣初禅，尚未改旧章。宫悬各设十二镈钟，于其辰位，四面并设编钟磬各一簴簴，合二十架。设建鼓于四隅。郊庙朝会同用之。其后将有创革，尚乐典御祖珽自言。旧在洛下，晓知旧乐。上书曰："魏氏来自云、朔，肇有诸华，乐操土风，未移其俗。至道武帝皇始元年，破慕容宝于中山。获晋乐器，不知采用，皆委弃之。天兴初，吏部郎邓彦海，奏上庙乐，创制宫悬，而钟管不备。乐章既阙，杂以《簸逻回歌》。初用八佾，作《皇始》之舞。至太武帝平河西，得沮渠蒙逊之伎，宾嘉大礼，皆杂用焉。此声所兴，盖苻坚之末，吕光出平西域，得胡戎之乐，因又改变，杂以秦声，所谓《秦汉乐》也。至永熙中，录尚书长孙承业，共臣先人太常卿莹等，斟酌缮修，戎华兼采，至于钟律，焕然大备。自古相袭，损益可知，今之创制，请以为准。"珽因采魏安丰王延明及信都芳等所著《乐说》，而定正声。始具宫悬之器，仍杂西凉之曲，乐名《广成》，而舞不立号，所谓"洛阳旧乐"者也。

　　武成之时，始定四郊、宗庙、三朝之乐。群臣入出，奏《肆夏》。牲入出，荐毛血，并奏《昭夏》。迎送神及皇帝初献礼五方上帝，并奏《高明》之乐，为《覆焘》之舞。皇帝入坛门及升坛饮福酒，就燎位，还便殿，并奏《皇夏》。以高祖配飨，奏《武德》之乐，为《昭烈》之舞。裸地，奏登歌。其四时祭庙及禘祫皇六世祖司空、五世祖吏部尚书、高祖秦州刺史、曾祖太尉武贞公、祖文穆皇帝诸神室，并奏《始基》之乐，为《恢祚》之舞。高祖神武皇帝神室，奏《武德》之乐，为《昭烈》之舞。文襄皇帝神室，奏《文德》之乐，为《宣政》之舞。显祖文宣皇帝神室，奏《文正》之乐为《光大》之舞。肃宗孝昭皇帝神室，奏《文明》之乐，为《休德》之舞。其入出之仪，同四郊之礼。今列其辞云。

大褅圜丘及北郊歌辞：

夕牲群臣入门，奏《肆夏》乐辞：

肇应灵序，奄字黎人。乃朝万国，爰征百神。祇展方望，幽显咸臻。礼崇声协，赞列珪陈。翼差鳞次，端笏垂绅。来趋动色，式赞天人。

迎神奏《高明乐》辞：登歌辞同。

惟神监矣，北郊云："惟祇监矣。"皇灵肃止。圆璧展事，北郊云："方琮展事。"成文即始。北郊云："即阴成理。"士备八能，乐合六变。北郊云：乐合八变。"风凑伊雅，光华袭荐。宸卫腾景，灵驾霏烟。严坛生白，绮席凝玄。

牲出入，奏《昭夏》辞：

刚柔设位，惟皇配之。言肃其礼，念畅在兹。饰牲举兽，载歌且舞。既舍伊脤，致精灵府。物色惟典，斋沐加恭。宗族咸暨，罔不率从。

荐毛血，奏《昭夏》辞：群臣出，奏《肆夏》，进熟，群臣入，奏《肆夏》，辞同初入。

展礼上月，肃事应时。茧粟为用，交畅有期。弓矢斯发，盆簋将事。圆神致祀，北郊云：方只致祀。"率由先志。和以銮刀，臭以血膋。至哉敬矣，厥义孔高。

进熟，皇帝入门，奏《皇夏》辞：

帝敬昭宣，皇诚肃致。玉帛齐轨，屏摄咸次。三垓上列，北郊云："重垓上列。"四陛旁升。北郊云："分陛旁升。"龙陈万骑，凤动千乘。神仪天蔼，晬容离曜。金根停轸，奉光先导。

皇帝升丘，奏《皇夏》辞：坛上登歌辞同。

紫坛云暧，北郊云："层坛云暧。"绀幄霞褰。北郊云："严幄霞褰。"我其陟止，载致其虔。百灵竦听，万国咸仰。人神眕尺，玄应肸蚃。

皇帝初献，奏《高明乐》辞：

上下眷，旁午从。爵以质，献以恭。咸斯畅，乐惟雍。孝敬阐，临万邦。

皇帝奠爵讫，奏《高明乐》、《覆焘》之舞辞：

自天子之，会昌神道。丘陵肃事，北郊云："方泽祇事。"克光天保。九关洞开，百灵环列。八樽呈备，五声投节。

皇帝献太祖配飨神座，奏《武德》之乐、《昭烈》之舞辞：皇帝小退，当昊天上帝神座前，奏《皇夏》，辞同上《皇夏》。

配神登圣，主极尊灵。敬宣昭烛，咸达窅冥。礼弘化定，乐赞功成。穰穰介福，下被群生。

皇帝饮福酒，奏《皇夏》之乐：皇帝诣东陛，还便坐，又奏《皇夏》，辞同初入门。

皇心缅且感，吉蠲奉至诚。赫哉光盛德，乾坤诏百灵。报福归昌运，承佑播休明。风云驰九域，龙蛟跃四溟。浮幕呈光气，俪象烛华精。《护》、《武》方知耻，《韶》、《夏》仅同声。

送神，降丘南陛，奏《高明乐》辞：皇帝之望燎位，又奏《皇夏》，辞同上《皇夏》。

献享毕，应佾周。神之驾，将上游。北郊云："将下游。"超斗极，北郊云："超荒极。"绝河流。北郊云："憩昆丘。"怀万国，宁九州。欣帝道，心顾留。币上下，荷皇休。

紫坛既燎，奏《昭夏》乐辞：皇帝自望燎还本位，奏《皇夏》，辞同上《皇夏》。

玄黄覆载，元首照临。合德致礼，有契其心。敬申事阕，洁诚云报。玉帛载升，北郊云："牲玉载陈。"栈朴斯燎。寥廓幽暧，播以馨香。皇灵惟监，降福无疆。

皇帝还便殿，奏《皇夏》辞：群臣出，奏《肆夏》，辞同上《肆夏》。祠感帝用圆丘辞。

天大亲严，匪敬伊孝。永言肆觞，宸明增耀。阳丘既畅，北郊云："阴泽云畅。"大典逾光。乃安斯息，钦若旧章。天回地旋，鸣銮引警。且万且亿，皇历惟永。

五郊迎气乐辞：

青帝降神，奏《高明乐》辞：

岁云献，谷风归。斗东指，雁北飞。电鞭激，雷车遽。虹旌靡，青龙驭。和气洽。具物滋。翾降止，应帝期。

赤帝降神，奏《高明乐》辞。

婺女司旦，中吕宣。朱精御节，离景延。根荄俊茂，温风发。柘火风水，应炎月。执衡长物，德孔昭。赤旗霞嘽曳，会今朝。

黄帝降神，奏《高明乐》辞：

居中帀五运，乘衡毕四时。含养资群物，协德固皇基。嘽缓契王风，持载符君德。良辰动灵驾，承祀昌邦国。

白帝降神，奏《高明乐》辞：

风凉露降，驰景飔寒精。山川摇落，平秩在西成。盖藏成积，蒸人被嘉祉。从享来仪，鸿休溢千祀。

黑帝降神，奏《高明乐》辞：

虹藏雉化，告寒。冰壮地坼，年殚。日次月纪，方极。九州万邦，献力。叶光是纪，岁穷。微阳潜兆，方融。天子赫赫，明圣。享神降福，惟敬。

祠五帝于明堂乐歌辞：

先祀一日，夕牲，群官入自门，奏《肆夏》：

国阳崇祀，严恭有闻。荒华胥暨，乐我大君。冕瑞有列，禽帛恭叙。群后师师，威仪容与。执礼辨物，司乐考章。率由靡坠，休有烈光。

太祝令迎神，奏《高明乐》、《覆焘舞》辞：

祖德光，国图昌。祗上帝，礼四方。辟紫宫，洞华阙。龙兽奋，风云发。飞朱雀，从玄武。携日月，带雷雨。耀宇内，溢区中。眷帝道，感皇风。帝道康，皇风扇。粢盛列，椒糈荐。神且宁，会五精。归福禄,幸闻亭。

太祖配飨,奏《武德乐》、《昭烈舞》辞:五方天帝奏《高明》之乐、《覆焘》之舞,辞同迎气。

我惟我祖,自天之命。道被归仁,时屯启圣。运钟千祀,授手万姓。夷凶掩虐,匡颓翼正。载经载营,庶士咸宁。九功以洽,七德兼盈。丹书入告,玄玉来呈。露甘泉白,云郁河清。声教咸往,舟车毕会。仁加有形,化洽无外。严亲惟重,陟配惟大。既佑斯歌,率土攸赖。

牲出入,奏《昭夏乐》辞:

孝飨不匮,精洁临年。涤牢委溢,形色博辁。于以用之,言承歆祀。肃肃威仪,敢不敬止。载饰载省,维牛维羊。明神有察,保兹万方。

荐血毛,奏《昭夏》辞:群臣出,奏《肆夏》,进熟,群臣入,奏《肆夏》同上《肆夏》辞。

我将宗祀,貟献厥诚。鞠躬如在,侧听无声。荐色斯纯,呈气斯臭。有涤有濯,惟神其佑。五方来格,一人多祉。明德惟馨,于穆不已。

进熟,皇帝入门,奏《皇夏》辞:皇帝升坛,奏《皇夏》,辞同。

象乾上构,仪坤下基。集灵崇祖,永言孝思。室陈笾豆,庭罗悬俏。夙夜畏威,保兹贞吉。舞贵其夜,歌重其升。降斯百录,惟响惟应。

皇帝初献,奏《高明乐》、《覆焘舞》辞:

度几筵,辟牖户。礼上帝,感皇祖。酌惟洁,涤以清。荐心款,达神明。

皇帝祼献,奏《高明乐》、《覆焘舞》辞:

帝精来降,应我明德。礼殚义展,流祉邦国。既受多祉,实资孝敬。祀竭其诚,荷天休命。

皇帝饮福酒,奏《皇夏》辞:

恭祀洽,盛礼宣。英猷烂层景,广泽同深泉。上灵钟百福,群神归万年。月轨咸梯岫,日域尽浮川。瑞鸟飞玄扈,潜鳞逾翠涟。皇家膺宝历,两地复参天。

太祝送神,奏《高明乐》、《覆焘舞》辞:

青阳奏,发朱明。歌西皓,唱玄冥。大礼馨,广乐成。神心怿,将远征。饰龙驾,矫凤旇。指阊阖,憩层城。出温谷,迈炎庭。跨西汜,过北溟。忽万亿,耀光精。比电驽,与雷行。嗟皇道,怀万灵。固王业,震天声。

皇帝还便殿,奏《皇夏》辞:

文物备矣,声明有章。登荐唯肃,礼邈前王。邕齐云终,折旋告罄。穆穆旒冕,蕴诚毕敬。屯卫按部,銮跸回途。暂留紫殿,将及清都。

享庙乐辞:

先祀一日,夕牲,群臣入,奏《肆夏》辞:

霜凄雨畅,烝哉帝心。有敬其祀,肃事惟歆。昭昭车服,济济衣簪。鞠躬贡酎,磬折奉琛。差以五列,和以八音。式祗王度,如玉如金。

迎神奏《高明》登歌乐辞:

日卜惟吉,辰择其良。奕奕清庙,黼黻周张。大吕为角,应钟为羽。路鼗阴竹,德歌昭舞。祀事孔明,百神允穆。神心乃顾,保兹介福。

牲出入,奏《昭夏乐》辞:

大祀云事,献奠有仪。既歌既展,赞顾迎牺。执人伊谏,刍饰惟慄。俟用于庭,将升于室。且握且骍,以致其诚。惠我贻颂,降祉千龄。

荐血毛,奏《昭夏》辞:三公出,奏《肆夏》,进熟,群臣入,奏《肆夏》,辞同。恫彼遐慨,悠然永思。留连七享,缠绵四时。神升魄沈,靡闻靡见。阴阳载俟,臭声兼荐。祖考其鉴,言萃王休。降神敷锡,百福是由。

进熟,皇帝入北门,奏《皇夏乐》辞:

齐居严殿，夙驾层闱。车辂垂彩，旒衮腾辉。耸诚载仰，翘心有慕。洞洞自形，斤斤表步。闷宫有邃，神道依俙。孝心缅邈，爰属爰依。

太祝裸地，奏登歌乐辞：皇帝诣东陛，奏《皇夏》，升殿，又奏《皇夏》，辞同。

太室窅窅，神居宿设。郁鬯惟芬，珪璋惟洁。彝斝应时，龙蒲代用。藉茅无咎，福录攸降。端感会事，俨思修礼。齐齐勿勿，俄俄济济。

皇帝升殿，殿上作登歌乐辞：

我祠我祖，永惟厥先。炎农肇圣，灵祉蝉联。霸图中造，帝业方宣。道昌基构，抚运承天。奄家六合，爰光八埏。尊神致礼，孝思惟缠。寒来暑反，惕荐在年。匪敬伊慕，备物不愆。设簴设业，鞉鼓填填。辟公在位，有容伊虔。登歌启佾，下管应悬。厥容无爽，幽明肃然。诚币厚地，和达穹玄。既调风雨，载协山川。周庭有列，汤孙永延。教声惟被。迈后光前。

皇帝初献皇祖司空公神室，奏《始基乐》、《恢祚舞》辞：

克明克俊，祖武惟昌。业弘营土，声被海方。有流厥德，终耀其光。明神幽赞，景祚攸长。

皇帝初献皇祖吏部尚书神室，奏《始基乐》、《恢祚舞》辞：

显允盛德，隆我前构。瑶源弥泻，琼根愈秀。诞惟有族，丕绪克茂。大业崇新，洪基增旧。

皇帝初献皇祖秦州使君神室，奏《始基乐》，《恢祚舞》辞：

祖德丕显，明哲知机。豹变东国，鹊起西归。礼申官次，命改朝衣。敬思孝享，多福无违。

皇帝献太祖太尉武贞公神室，奏《始基乐》、《恢祚舞》辞：

兆灵有业，潜德无声。韬光戢耀，贯幽洞冥。道弘舒卷，施博藏行。缅追岁事，夜遽不宁

皇帝献皇祖文穆皇帝神室，奏《始基乐》、《恢祚舞》辞：

皇皇祖德，穆穆其风。语默自已，明睿在躬。荷天之锡，圣表克

隆。高山作矣，宝祚其崇。离光旦旦，载焕载融。感荐惟永，神保无穷。

皇帝献高祖神武皇帝神室，奏《武德乐》、《昭烈舞》辞：

天造草昧，时难纠纷。孰拯斯溺，靡救其焚。大人利见，纬武经文。顾指惟极，吐吸风云。开天辟地，峻岳夷海。冥工掩迹，上德不宰。神心有应，龙化无待。义征九服，仁兵告凯。上平下成，靡或不宁。匪王伊帝，偶机崇灵。享亲则孝，洁祀惟诚。礼备乐序，肃赞神明。

皇帝献文襄皇帝神室，奏《文德乐》、《宣政舞》辞：

圣武丕基，睿文显统。眇哉神启，郁矣天纵。道则人弘，德云迈种。昭冥咸叙，崇深毕综。自中徂外，经朝庇野。政反沦风。威还缺雅。旁作穆穆，格于上下。维享维宗，来鉴来假。

皇帝献显祖文宣皇帝，奏《文正乐》、《光大舞》辞：

玄历已谢，苍灵告期。图玺有属，揖让惟时。龙升兽变，弘我帝基。对扬穹昊，实启雍熙，钦若皇猷，永怀王度。欣赏斯穆，威刑允措。轨物俱宣，宪章咸布。俗无邪指，下归正路。茫茫九域，振以乾纲。混通华裔，配括天壤。作礼视德，列乐传响。荐祀惟虔，衣冠载仰。

皇帝还东壁，钦福酒，奏《皇夏》乐辞：

孝心翼翼，率礼兢兢。时洗时荐，或降或升。在堂在户，载湛载凝。多品斯奠，备物攸膺。兰芬敬挹，玉俎恭承。受祭之佑，如彼冈陵。

送神，奏《高明乐》辞：

仰榱桷，慕衣冠。礼云馨，祀将阑。神之驾，纷奕奕。乘白云，无不适。穷昭域，极幽涂。归帝祉，眷皇都。

皇帝诣便殿，奏《皇夏》乐辞：群官出，奏《肆夏》，辞同。

礼行斯毕，乐奏以终。受嘏先退，载畅其衷。銮轩循辙，麾旌复路。光景徘徊，弦歌顾慕。灵之相矣，有锡无疆。国图日镜，家历天长。

元会大飨,协律不得升陛,黄门举麾于殿上。今列其歌辞云。

宾入门,四箱奏《肆夏》辞:

昊苍眷命,兴王统天。业高帝始,道邈皇先。礼成化穆,乐合风宣。宾朝荒夏,扬对穹玄。

皇帝出阁,奏《皇夏乐》辞:

夏正肇旦,周物充庭。具僚在位,俯伏无声。大君穆穆,宸仪动晬。日煦天回。万灵胥萃。

皇帝当宸,群臣奉贺,奏《皇夏》辞:

天子南面,乾覆离明。三千咸列,万国填并。犹从禹会,如次汤庭。奉兹一德,上下和平。

皇帝入宁变服,黄钟、太簇二箱奏《皇夏》辞:

我应天历,四海为家。协同内外,混一戎华。鹤盖龙马,风乘云车。夏章夷服,其会如麻。九宾有仪,八音有节。肃肃于位,饮和在列。四序氤氲,三光昭晰。君哉大矣,轩、唐比辙。

皇帝变服,移幄坐于西箱,帝出升御坐,姑洗奏《皇夏》辞:

皇运应箓,廓定区宇。受终以文,构业以武。尧昔命舜,舜亦命禹。大人驭历,重规沓矩。钦明在上,昭纳八赆。从灵体极,诞圣穷神。化生群品,陶育蒸人。展礼肆乐,协此元春。

王公奠璧,奏《肆夏》辞:

万方咸暨,三揖以申。垂旒冯玉,五瑞交陈。拜稽有章,升降有节。圣皇负宸,虞唐比烈。

上寿黄钟箱奏上寿曲辞:

仰三光,奏万寿。人皇御六气,天地同长久。

皇太子入,至坐位,酒至御,殿上奏登歌辞:

大齐统历,道化光明。马图呈宝,龟箓告灵。百蛮非众,八荒非逖。同作尧人,俱包禹迹。其一。

天覆地载,成以四时。惟皇是则,比大于兹。群星拱极,众川赴海。万宇骏奔,一朝咸在。其二。

齐之以礼,相趋帝庭。应规蹈矩,玉色金声。动之以乐,和风四布。龙申凤舞，鸾歌麟步。其三。

食至御前，奏食举乐辞：

三端正启，万方观礼。具物充庭，二仪合体。百华照晓，千门洞晨。或华或裔，奉贽惟新。悠悠亘六合。员首莫不臣。仰施如雨，晞和犹春。风化表笙镛，歌讴被琴瑟。谁言文轨异，今朝混为一。其一。

彤庭烂景，丹陛流光。怀黄绾白，鹓鹭成行。文赞百揆，武镇四方。折冲鼓雷电，献替协阴阳。大矣哉，道迈上皇。陋五帝，狭三王。穷礼物，该乐章。序冠带，垂衣裳。其二。

天壤和，家国穆。悠悠万类，咸孕育。契冥化，侔大造。灵效珍，神归宝。兴云气，飞龙苍。麟一角，凤五光。朱雀降，黄玉表。九尾驯，三足扰。化之定，至矣哉。瑞感德，四方来。其三。

图圄空，水火菽粟。求贤振滞，弃珠玉。衣不靡，宫以卑。当阳端默，垂拱无为。云云万有，其乐不訾。其四。

嗟此举时，逢至道。肖形咸自持，赋命无伤夭。行气进皇舆，游龙服帝皂。圣主宁区宇，乾坤永相保。其五。

牧野征，鸣条战。大齐家万国，拱揖应终禅。奥主廓清都，大君临赤县。高居深视，当宸正殿。旦暮之期，今一见。其六。

两仪分，牧以君。陶有象，化无垠。大齐德，邈谁群。超凤火，冠龙云。露以洁，风以薰。荣光至，气氤氲。其七。

神化远，人灵协。寒暑调，风雨燮。披泥检，受图谍。图谍启，期运昌。分四序，缀三光。延实祚，眇无疆。其八。

惟皇道，升平日。河水清，海不溢。云干吕，风入律。驱黔首，入仁寿。与天高，并地厚。其九。

刑以厝，颂声扬。皇情邈，眷汾襄，岱山高，配林壮。亭亭耸，云云望。旆葳蕤，驾骙骙。刊金阙，奠玉龟。其十。

文舞将作，先设阶步辞：

我后降德，肇峻皇基。摇铃大号，振铎命期。云行雨洽，天临地持。茫茫区宇，万代一时。文来武肃，成定于兹。象容则舞，歌德言诗。锵锵金石，列列匏丝。凤仪龙至，乐我雍熙。

文舞辞：

皇天有命，归我大齐。受兹华玉，爰锡玄珪。奄家环海，实子蒸黎。图开宝匣，检封芝泥。无思不顺，自东徂西。教南暨朔，罔敢或携。比日之明，如天之大。神公斯洽，率土无外。眇眇舟车，华戎毕会。祠我春秋，服我冠带。仪协震象，乐均天籁。蹈武在庭，其容蔼蔼。

武舞将作，先设阶步辞：

大齐统历，天鉴孔昭。金人降汛，火凤来巢。眇均虞德，干戚降苗。凤沙攻主，归我轩朝。礼符揖让，乐契《咸》、《韶》。蹈扬惟序，律度时调。

武舞辞：

天眷横流，宅心玄圣。祖功宗德，重光袭映。我皇恭己，诞膺灵命。宇外斯烛，域中咸镜。悠悠率土，时惟保定。微微动植，莫违其性。仁丰庶物，施洽群生。海宁洛变，契此休明。雅宣茂烈，颂纪英声。铿锽钟鼓，掩抑箫笙。歌之不足，舞以礼成。铄矣王度，缅迈千龄。

皇帝入，钟鼓奏《皇夏》辞：

礼终三爵，乐奏九成。允也天子，穹壤和平。载色载笑，反寝宴息。一人有祉，百神奉职。

鼓吹二十曲，皆改古名，以叙功德。第一，汉《朱鹭》改名《水德谢》，言魏谢齐兴也。第二，汉《思悲翁》改名《出山东》，言神武帝战广阿，创大业，破尔朱兆也。第三，汉《艾如张》改名《战韩陵》，言神武灭四胡，定京洛，远近宾服也。第四，汉《上之回》改名《殄关陇》，言神武遣侯莫陈悦诛贺拔岳，定关、陇，平河外，漠北款，秦中附也。第五，汉《拥离》改名《灭山胡》，言神武屠刘蠡升，高车怀殊俗，蠕蠕来向化也。第六，汉《战城南》改名《立武定》，言神武立魏主，天下既安，而能迁于邺也。第七，汉《巫山高》改名《战芒山》，言神武斩周十万之众，其军将脱身走免也。第八，汉《上陵》改名《擒萧明》，言梁遣兄子贞阳侯来寇彭、宋,文襄帝遣太尉、清河王岳,一战擒殄,俘馘万计也。第九,汉《将进酒》改名《破侯景》,言文襄遣清河王岳,摧殄侯景,克复河南也。第十,汉《君马黄》改名《定汝颍》,言文襄遣清河王岳,擒周大将军王思政于长葛,汝、颍悉平也。第十一,汉《芳树》改名《克淮南》。言文襄遣清河王岳,南翦梁国,获其司徒陆法和,克寿春、合肥、钟离、淮阴,尽取江北之地也。第十二,汉《有所思》改名《嗣丕基》,言文宣帝统缵大业也。第十三,汉《稚子班》改名《圣道洽》,言文宣克隆堂构,无思不服也。第十四,汉《圣人出》改名《受魏禅》,言文宣应天顺人也。第十五,汉《上邪》改名《平瀚海》,言蠕蠕尽部落入寇武州之塞,而文宣命将出征,平殄北荒,灭其国也。第十六,汉《临高台》改名《服江南》,言文宣道洽无外,梁主萧绎来附化也。第十七,汉《远如期》改名《刑罚中》,言孝昭帝举直措枉,狱讼无怨也。第十八,汉《石留行》改名《远夷至》,言时主化沾海外,西夷诸国,遣使朝贡也。第十九,汉《务成》改名《嘉瑞臻》,言时主应期,河清龙见,符瑞总致也。第二十,汉《玄云》改名《成礼乐》,言时主功成化洽,制礼作乐也。古又有《黄雀》、《钓竿》二曲,略而不用。并议定其名,被于鼓吹。诸州镇戍,各给鼓吹乐,多少各以大小等级为差。诸王为州,皆给赤鼓、赤角,皇子则增给吴鼓、长鸣角,上州刺史皆给青鼓、青角,中州已下及诸镇戍,皆给黑鼓、黑角。乐器皆有衣,并同鼓色。

杂乐有西凉鼙舞,清乐、龟兹等。然吹笛、弹琵琶、五弦及歌舞之伎,自文襄以来,皆所爱好。至河清以后,传习尤盛。后主唯赏胡戎乐,耽爱无已。于是繁手淫声,争新哀怨。故曹妙达、安未弱、安马驹之徒,至有封王开府者,遂服簪缨而为伶人之事。后主亦自能度曲。亲执乐器,悦玩无倦,倚弦而歌。别采新声,为《无愁曲》,音韵窈窕,极于哀思,使胡儿阉官之辈,齐唱和之,曲终乐阕,莫不殒涕。虽行幸道路,或时马上奏之,乐往哀来,竟以亡国。

周太祖迎魏武入关,乐声皆阙。恭帝元年,平荆州,大获梁氏乐器，以属有司，及建六官，乃诏曰："六乐尚矣，其声歌之节，舞蹈之容，寂寥已绝，不可得而详也。但方行古人之事，可不本于兹乎？自宜依准，制其歌舞，祀五帝日月星辰。"于是有司详定：郊庙祀五帝日月星辰，用黄帝乐，歌大吕，舞《云门》。祭九州、社稷、水旱雩禜，用唐尧乐，歌应钟，舞《大咸》。祀四望，飨诸侯，用虞舜乐，歌南吕，舞《大韶》。祀四类，幸辟雍，用夏禹乐，歌函钟，舞《大夏》。祭山川，用殷汤乐，歌小吕，舞《大护》。享宗庙，用周武王乐，歌夹钟，舞《大武》。皇帝出入，奏《皇夏》。宾出入，奏《肆夏》。牲出入，奏《昭夏》。蕃国客出入，奏《纳夏》。有功臣出入，奏《章夏》。皇后进羞，奏《深夏》。宗室会聚，奏《族夏》。上酒宴乐，奏《陔夏》。诸侯相见，奏《骜夏》。皇帝大射，歌《驺虞》，诸侯歌《狸首》，大夫歌《采苹》，士歌《采繁》。虽著其文，竟未之行也。

及闵帝受禅，居位日浅。明帝践阼，虽革魏氏之乐，而未臻雅正。天和元年，武帝初造《山云舞》，以备六代。南北郊、雩坛、太庙、禘祫，俱用六舞。南郊则《大夏》降神，《大护》献熟，次作《大武》、《正德》、《武德》、《山云之舞》。北郊则《大护》降神，《大夏》献熟，次作《大武》、《正德》、《武德》、《山云之舞》。雩坛以《大武》降神，《正德》献熟，次作《大夏》、《大护》、《武德》、《山云之舞》。太庙禘祫，则《大武》降神，《山云》献熟，次作《正德》、《大夏》、《大护》、《武德之舞》。时享太庙，以《山云》降神，《大夏》献熟，次作《武德之舞》。拜社，以《大护》降神，《大武》献熟，次作《正德之舞》。五郊朝日，以《大夏》降神，《大护》献熟。神州、夕月、籍田，以《正德》降神，《大护》献熟。

建德二年十月甲辰，六代乐成，奏于崇信殿。群臣咸观。其宫悬，依梁三十六架。朝会则皇帝出入，奏《皇夏》。皇太子出入，奏《肆夏》。王公出入，奏《骜夏》。五等诸侯正日献玉帛，奏《纳夏》。宴族人，奏《族夏》。大会至尊执爵，奏登歌十八曲。食举，奏《深夏》舞六代《大夏》、《大护》、《大武》、《正德》、《武德》、《山云》之舞。于是正定雅音，为郊庙乐。创造钟律，颇得其宜。宣帝嗣位，郊庙皆循用之，无所改作。今采其辞云。

员丘歌辞：

　　降神，奏《昭夏》：

重阳禋祀，大报天。景午封坛，肃且圜。孤竹之管，云和弦。神光未下，风肃然。王城七里，通天台。紫微斜照，影徘徊。连珠合璧，重光来。天策暂转，钩陈开。

　　皇帝将入门，奏《皇夏》。

旌回外壝，跸静郊门。千乘按辔，万骑云屯。藉茅无咎，扫地惟尊。揖让展礼，衡璜节步。星汉就列，风云相顾。取法于天，降其永祚。

　　俎入，奏《昭夏》：

日至大礼，丰牺上辰。牲牢修牧，茧栗毛纯。俎豆斯立，陶匏以陈。大报反命，居阳兆日。六变鼓钟，三和琴瑟。俎奇豆偶，惟诚惟质。

　　奠玉帛，奏《昭夏》：

员玉已奠，苍币斯陈。瑞形成象，璧气含春。礼从天数，智总员神。为祈为祀，至敬咸遵。

　　皇帝升坛，奏《皇夏》：

七星是仰，八陛有凭。就阳之位。如日之升。思虔肃肃，施敬绳绳。祝史陈信，玄象斯格。惟类之典，惟灵之泽。幽显对扬，人神咫尺。

　　皇帝初献，作《云门》之舞：

献以诚，郁以清。山罍举，沈齐倾。惟尚飨，洽皇情。降景福，通神明。

　　皇帝初献配帝，作《云门》之舞：

长丘远历，大电遥源。弓藏高陇，鼎没寒门。人生于祖，物本于天。尊神配德，迄用康年。

　　皇帝初献及献配帝毕，奏登歌：

岁之祥，国之阳。苍灵敬，翠云长。象为饰，龙为章。乘长日，坏蛰户。列云汉，迎风雨。六吕歌，《云门舞》。省涤濯，奠牲牷。郁金酒,凤凰樽。回天眷,顾中原。

帝饮福酒,奏《皇夏》:

国命在礼,君命在天。陈诚惟肃,饮福惟虔。洽斯百礼,福以千年。钩陈掩映,天驷徘徊。雕禾饰斝,翠羽承罍。受斯茂祉,从天之来。

撤奠奏《雍乐》:

礼将毕,乐将阑。回日辔,动天关。翠凤摇,和銮响。五云飞,三步上。风为驭,雷为车。无辙迹,有烟霞。畅皇情,休灵命。雨留甘,云余庆。

帝就望燎位,奏《皇夏》:

六典联事,九司咸则。率由旧章,于焉允塞。掌礼移次,燔柴在焉。烟升玉帛,气敛牲牷。休气馨香,胥芳昭晰。翼翼虔心,明明上彻。

帝还便座,奏《皇夏》:

玉帛礼毕,人神事分。严承乃眷,瞻仰回云。辇路千门,王城九轨。式道移候,司方回指。得一惟清,于万斯宁。受兹景命,于天告成。

方泽歌辞:

降神,奏《昭夏》:

报功阴泽,展礼玄郊。平琮镇瑞,方鼎升庖。调歌丝竹,缩酒江茅。声舒钟鼓,器质陶匏。列耀秀华,凝芳都荔。川泽茂祉,丘陵容卫。云饰山罍,兰浮泛齐。日至之礼,歆兹大祭。

奠玉,奏《昭夏》:

曰若厚载,钦明方泽。敢以敬恭,陈之玉帛。德包含养,功藏灵迹。斯箱既千,子孙则百。

初献,奏登歌辞:舞词同员丘。

质明孝敬,求阴顺阳。坛有四陛,琮为八方。牲牷荡涤,萧合馨香。和銮戾止,振鹭来翔。威仪简简,钟鼓喤喤。声和孤竹,韵入空桑。封中云气,坎上神光。下元之主,功深盖藏。

望坎位，奏《皇夏》：

司筵撤席，掌礼移次。回顾封坛，恭临坎位。瘗玉埋俎，藏芬敛气。是曰就幽，成斯地意。

祀五帝歌辞：

奠玉帛，奏《皇夏》辞：

嘉玉惟芳，嘉币惟量。成形依礼，禀色随方。神班有次，岁礼惟常。威仪抑抑，率由旧章。

初献，奏《皇夏》：

惟令之月，惟嘉之辰。司坛藉设，掌史诚陈。敢用明礼，言功上神。钩陈旦辟，阊阖朝分。旒垂象冕，乐奏山云。将回霆策，暂转天文。五运周环，四时代序。郯次玉帛，循回樽俎。神其降之，介福斯许。

皇帝初献青帝，奏《云门舞》：

甲在日，鸟中星。礼东后，奠苍灵。树春旗，命青史。候雁还，东风起。歌木德，舞震宫。泗滨石，龙门桐。孟之月，阳之天。亿斯庆，兆斯年。

皇帝初献配帝，奏舞：

帝出于震，苍德于神。其明在日，其位居春。劳以定国，功以施人。言从配祀，近取诸身。

皇帝初献赤帝，奏《云门舞》：

招摇指午，对南宫。日月相会，实沈中。离光布政，动温风。纯阳之月，乐炎精。赤雀丹书，飞送迎。朱弦绛鼓，馨虔诚。万物含养，各长生。

皇帝献配帝，奏舞：

以炎为政，以火为官。位司南陆，享配离坛。三和实俎，百味浮兰。神其茂豫，天步艰难。

皇帝初献黄帝，奏《云门舞》：

三光仪表正，四气风云同。戊己行初历，黄钟始变宫。平琮礼内镇，阴管奏司中。斋坛芝晔晔，清野桂冯冯。夕牢芬六鼎，安歌韵八风。神光乃超忽,佳气恒葱葱。

皇帝初献配帝,舞:

四时咸一德,五气或同论。犹吹凤凰管,尚对桐梧园。器圜居土厚,位总配神尊。始知今奏乐,还用我《云门》。

皇帝初献白帝,奏《云门舞》:

肃灵兑景,承配秋坛。云高火落,露白蝉寒。帝律登年,金精行令。瑞兽霜辉,祥禽雪映。司藏肃杀,万保咸宜。厥田上上,收功在斯。

皇帝初献配帝,奏舞:

金行秋令,白帝朱宣。司正五雉,歌庸九川。执文之德,对越彼天。介以福祉,君子万年。

皇帝初献黑帝,奏云门舞:

北辰为政玄坛,北陆之祀员官。宿设玄圭浴兰,坎德阴风御寒。次律将回穷纪,微阳欲动细泉。管犹调于阴竹,声未入于春弦。待归余于送历,方履庆于斯年。

皇帝初献配帝,奏舞:

地始坼,虹始藏。服玄玉,居玄堂。沐蕙气,浴兰汤。匏器洁,水泉香。陟配彼,福无疆。君欣欣,此乐康。

宗庙歌辞

皇帝入庙门,奏《皇夏》:

肃肃清庙,岩岩寝门。欹器防满,金人戒言。应辣悬鼓,崇牙树羽。阶变升歌,庭纷象舞。闲安象设,缉熙清奠。春蒩初登,新萍先荐。偃然入室,俨乎其位。悽怆履之,非寒之谓。

降神奏《昭夏》:

永惟祖武,潜庆灵长。龙图革命,凤历归昌。功移上墋,德耀中阳。清庙肃肃,猛虡煌煌。曲高大夏,声和盛唐。牲牷荡涤,萧合馨香。和銮戾止,振鹭来翔。永敷万国,是则四方。

俎入,皇帝升阶,奏《皇夏》。

年祥辩日,上协龟言。奉酎承列,来庭骏奔。雕禾饰罍,翠羽承樽。敬殚如此,恭惟执燔。

皇帝献皇高祖,奏《皇夏》。

庆绪千重秀,鸿源万里长。无时犹戢翼,有道故韬光。盛德必有后,仁义终克昌。明星初肇庆,大电久呈祥。

皇帝献皇曾祖德皇帝,奏《皇夏》:

克昌光上烈,基圣穆西藩。崇仁高涉渭,积德被居原。帝图张往迹,王业茂前尊。重芬德阳庙,叠庆寿陵园。百灵光祖武,千年福孝孙。

皇帝献皇祖太祖文皇帝,奏《皇夏》:

雄图属天造,宏略遇群飞。风云犹听命,龙跃遂乘机。百二当天险,三分拒乐推。函谷风尘散,河阳氛雾晞。济弱沦风起,扶危颓运归。地纽崩还正,天枢落更追。原祠乍超忽,毕陇或绵微。终封三尺剑,长卷一戎衣。

皇帝献文宣皇太后,奏《皇夏》:

月灵兴庆,沙祥发源。功参禹迹,德赞尧门。言容典礼,榆狄徽章。仪形温德,令问昭阳。日月不居,岁时晼晚。瑞云缠心,闳宫惟远。

皇帝献闵皇帝,奏《皇夏》:

龙图基代德,天步属艰难。讴歌还受瑞,揖让乃登坛。升舆芒刺重,入位据关寒。卷舒云泛滥,游扬日浸微。出郑终无反,居桐竟不归,祀夏今惟旧,尊灵谥更追。

皇帝献明皇帝,奏《皇夏》:

若水逢降君,穷桑属惟政。丕哉驭帝策,郁矣当天命。方定五云官,先齐八风令。文昌气似珠,太史河如镜。南宫学已开,东观书还聚。文辞金石韵,毫翰风飚竖。清室桂冯冯,斋房芝诩诩。宁思玉管笛,空见灵衣舞。

皇帝献高祖武皇帝,奏《皇夏》:

南河吐云气,北斗降星辰。百灵咸仰德,千年一圣人。书成紫微动,律定凤凰驯。六军命西土,甲子陈东邻。戎衣此一定,万里更无尘。烟云同五色，日月并重轮。流沙既西静，盘木又东臣。凯乐闻朱雁，铙歌见白麟。今为六代祀，还得九疑宾。

皇帝还东壁，饮福酒，奏《皇夏》：

礼殚裸献，乐极休成。长离前掞，宗祀文明。缩酌浮兰，澄罍合鬯。磬折礼容，旋回灵贶。受厘彻俎，饮福移樽。惟光惟烈，文子文孙。

皇帝还便坐，奏《皇夏》：

庭阕四始，筵终三荐。顾步阶墀，徘徊余奠。六龙矫首，七萃警途。鼓移行漏，风转相乌。翼翼从事，绵绵四时。惟神降歆，永言保之。

太祖辅魏之时，高昌款附，乃得其伎，教习以备飨宴之礼。及天和六年，武帝罢掖庭四夷乐。其后帝娉皇后于北狄，得其所获康国、龟兹等乐，更杂以高昌之旧，并于大司乐习焉。采用其声，被于钟石，取《周官》制以陈之。

明帝武成二年正月朔旦，会群臣于紫极殿，始用百戏。武帝保定元年，诏罢之。及宣帝即位，而广召杂伎，增修百戏。鱼龙漫衍之伎，常陈殿前，累日继夜，不知休息。好令城市少年有容貌者，妇人服而歌舞相随，引入后庭，与宫人观听。戏乐过度，游幸无节焉。

武帝以梁鼓吹熊罴十二案，每元正大会，列于悬间，与正乐合奏。宣帝时，革前代鼓吹，制为十五曲。第一，改汉《朱鹭》为《玄精季》，言魏道陵迟，太祖肇开王业也。第二，改汉《思悲翁》为《征陇西》，言太祖起兵，诛侯莫陈悦，扫清陇右也。第三，改汉《艾如张》为《迎魏帝》，言武帝西幸，太祖奉迎，宅关中也。第四，改汉《上之回》为《平窦泰》，言太祖拥兵讨泰，悉擒斩也。第五，改汉《拥离》为《复恒农》言太祖攻复陕城，关东震肃也。第六，改汉《战城南》为《克沙苑》，言太祖俘斩齐十万众于沙苑，神武脱身至河，单舟走免也。第七，改汉《巫山高》为《战河阴》，言太祖破神武于河上，斩其将高敖曹、莫多娄贷文也。第八，改汉《上陵》为《平汉东》，言太祖命将平随郡安陆，俘馘万计也。第九，改汉《将进酒》为《取巴蜀》，言太祖遣军平定蜀地也。第十，改汉《有所思》为《拔江陵》言太祖命将擒萧绎，平南土也。第十一，改汉《芳树》为《受魏禅》，言闵帝受终于魏，君临万国也。第十二，改汉《上邪》为《宣重光》，言明帝入承大统，载隆皇道也。第十三，改汉《君马黄》为《哲皇出》，言高祖以圣德继天，天下向风也。第十四，改汉《稚子班》为《平东夏》，言高祖亲率六师破齐，擒齐主于青州，一举而定山东也。第十五，改古《圣人出》为《擒明彻》，言陈将吴明彻，侵轶徐部，高祖遣将，尽俘其众也。宣帝晨出夜还，恒陈鼓吹。尝幸同州，自应门至赤岸，数十里间，鼓乐俱作。祈雨仲山还，令京城士女，于衢巷奏乐以迎之。公私顿敝，以至于亡。

高祖既受命，定令，宫悬四百各二虡，通十二镈钟，为二十虡。壎各一人。建鼓四人，祝敔各一人。歌、琴、瑟、萧、筑、筝、挡筝、卧箜篌、小琵琶，四面各十人，在编磬下。笙、竽、长笛、横笛、箫、筚篥、篪、壎，四面各八人，在编钟下。舞各八佾。宫悬簨虡，金五博山。饰以旒苏树羽。其乐器应漆者，天地之神皆朱，宗庙加五色漆画。天神悬内加雷鼓，地祇加灵鼓，宗庙加路鼓。登歌，钟一虡，磬一虡，各一人；歌四人，兼琴瑟；箫、笙、竽、横笛、篪、壎各一人。其漆画及博山旒苏树羽，与宫悬同。登歌人介帻、朱连裳、乌皮履。宫悬及下管人，平巾帻。朱连裳。凯乐人，武弁，朱褠衣，履袜。文舞，进贤冠，绛纱连裳，帛内单，皂领袖襈，乌皮鞾，左执龠，右执翟。二人执纛，引前，在舞人数外，衣冠同舞人。武弁，朱褠衣，乌皮履。三十二人，执戈，龙楯。三十二人执戚，龟。二人执旍，居前。二人执鼗，二人执铎，二人执铙，二人执錞。四人执弓矢，四人执殳，四人执戟，四人执矛。自旍已下夹引，并在舞人数外，衣冠同舞人。

皇帝宫悬及登歌，与前同。应漆者皆五色漆画。悬内不设鼓。

皇太子轩悬，去南面，设三镈钟于辰丑申。三建鼓亦如之。其登歌，去兼歌者，减二人。其簨虡金三博山。乐器漆者，皆朱漆之。其余与宫悬同。

大鼓、小鼓、大驾鼓吹，并朱漆画。大鼓加金镯，凯乐及节鼓，饰以羽葆。其长鸣、中鸣、横吹,皆五采衣幡,绯掌,画交龙,五采脚。大角幡亦如之。大鼓、长鸣工人,皂地苣文;金钲、枹鼓、小鼓、中鸣、吴横吹工人,青地苣文;凯乐工人,武弁,朱褠衣;横吹,绯地苣文。并为帽、裤褶。大角工人,平巾帻、绯衫,白布大口裤。内宫鼓乐服色,皆准此。

皇太子,铙及节鼓,朱漆画,饰以羽葆。余鼓吹并朱漆。大鼓、小鼓无金镯。长鸣、中鸣、横吹,五采衣幡,绯掌,画蹲兽,五采脚。大角幡亦如之。大鼓、长鸣、横吹工人,紫帽,绯裤褶。金钲、枹鼓、小鼓、中鸣工人,青帽,青裤褶;铙吹工人,武弁,朱褠衣。大角工人,平巾帻,绯衫,白布大口裤。

正一品,铙及节鼓,朱漆画,饰以羽葆。余鼓吹并朱漆。长鸣、中鸣、横吹,五采衣幡,绯掌,画蹲兽,五采脚。大角幡亦如之。大鼓、长鸣、横吹工人,紫帽,赤布裤褶。金钲、鏖鼓、小鼓、中鸣工人,青帽,青布裤褶。铙吹工人,武弁,朱褠衣。大角工人,平巾帻,绯衫,白布大口裤。三品以上,朱漆铙,饰以五采。驺、哄工人,武弁,朱褠衣。余同正一品。四品,铙及工人衣服同三品。余鼓皆绿沈。金钲、鏖鼓、大鼓工人,青帽,青布裤褶。

开皇二年,齐黄门侍郎颜之推上言:"礼崩乐坏,其来自久。今太常雅乐,并用胡声,请凭梁国旧事,考寻古典。"高祖不从,曰:"梁乐亡国之音,奈何遣我用邪?"是时尚因周乐,命工人齐树提检校乐府,改换声律,益不能通。俄而柱国、沛公郑译奏上,请更修正。于是诏太常卿牛弘、国子祭酒辛彦之、国子博士何妥等议正乐。然沦谬既久,音律多乖,积年议不定。高祖大怒曰:"我受天命七年,乐府犹歌前代功德邪?"命治书侍御史李谔,引弘等下,将罪之。谔奏:"武王克殷,至周公相成王,始制礼乐。斯事体大,不可速成。"高祖意稍解。

又诏求知音之士,集尚书,参定音乐。译云:"考寻乐府钟石律吕,皆有宫、商、角、徵、羽、变宫、变徵之名。七声之内,三声乖应,每恒求访,终莫能通,先是周武帝时,有龟兹人曰苏祗婆,从突厥皇后

入国,善胡琵琶。听其所奏,一均之中间有七声。因而问之,答云:
父在西域,称为知音。代相传习,调有七种。"以其七调,勘校七声,
冥若合符。一曰'娑陁力,'华言平声,即宫声也。二曰'鸡识',华言
长声,即南吕声也。三曰'沙识'华言质直声,即角声也。四曰'沙侯
加滥'华言应声,即变徵声也。五曰'沙腊'华言应和声,即徵声也。
六曰:"般赡"华言五声,即羽声也。七曰:"俟利筵"华言斛牛声,即
变宫声也。"译因习而弹之,始得七声之正,然其就此七调,又有五
旦之名,旦作七调。以华言译之,旦者则谓"均"也。其声亦应黄钟、
太簇、林钟、南吕、姑洗五均,已外七律,更无调声。译遂因其所捻琵
琶,弦柱相饮为均,推演其声,更立七均。合成十二,以应十二律,律
有七音,音立一调,故成七调十二律,合八十四调,旋转相交,尽皆
和合。仍以其声考校太乐所奏,林钟之宫,应用林钟为宫,乃用黄钟
为宫;应用南吕为商,乃用太簇为商;应用应钟为角,乃取姑洗为
角。故林钟一宫七声,三声并戾。其十一宫七十七音,例皆乖越,莫
有通者。又以编悬有八,因作八音之乐。七音之外,更立一声,谓之
应声,译因作书二十余篇,以明其指。至是译以其书宣示朝廷,并立
议正之。时邳国公世子苏夔,亦称明乐,驳译曰:"《韩诗外传》所载
乐声感人,及《月令》所载五音所中,并皆有五,不言变宫、变徵。又
《春秋左氏》所云:'七音六律,以奉五声。'准此而言,每宫应立五
调,不闻更加变宫、变徵二调为七调。七调之作,所出未详。"译答之
曰:"周有七音之律,《汉书·律历志》,天地人及四时,谓之七始。黄
钟为天始,林钟为地始,太簇为人始,是为三始。姑洗为春,蕤宾为
夏,南吕为秋,应钟为冬,是为四时。四时三始,是以为七。今若不
以二变为调曲,则是冬夏声阙,四时不备。是故每宫须立七调。"众
从译议。

　　译又与夔俱云:"案今乐府黄钟,乃以林钟为调首,失君臣之
义,清乐黄钟宫,以小吕为变徵,乖相生之道。今请雅乐黄钟宫,以
黄钟为调首,清乐去小吕,还用蕤宾为变徵。"众皆从之。

　　夔又与译议,欲累黍立分,正定律吕。时以音律久不通,译、夔

等一朝能为之，以为乐声可定。而何妥旧以学闻，雅为高祖所信。高祖素不悦学，不知乐，妥又耻己宿儒，不逮译等，欲沮坏其事。乃立议非十二律旋相为宫，曰："经文虽道旋相为宫，恐是直言其理，亦不通随月用调，是以古来不取。若依郑玄及司马彪，须用六十律，方得和韵。今译唯取黄钟之正宫，兼得七始之妙义。非止金石谐韵，亦乃箫虡不繁，可以享百神，可以合万舞矣。"而又非其七调之义，曰："近代书记所载，缦乐鼓琴吹笛之人，多云'三调'。三调之声，其来久矣。请存三调而已。"时牛弘总知乐事，弘不能精知音律。又有识音人万宝常，修洛阳旧曲，言幼学音律，师于祖孝征，知其上代修调古乐。周之璧翣，殷之崇牙，悬八用七，尽依《周礼》备矣。所谓正声，又近前汉之乐，不可废也。是时竞为异议，各立朋党，是非之理，纷然淆乱。或欲令各修造，待成，择其善者而从之。妥恐乐成，善恶易见，乃请高祖张乐试之。遂先说曰："黄钟者，以象人君之德。"及奏黄钟之调，高祖曰："滔滔和雅，甚与我心会。"妥因陈用黄钟一宫，不假余律，高祖大悦，班赐妥等修乐者。自是译等议寝。

隋书卷一五
志第一〇

音乐下

开皇九年平陈，获宋、齐旧乐，诏于太常置清商署，以管之。求陈太乐令蔡子元、于普明等，复居其职。由是牛弘奏曰：

臣闻周有六代之乐，至《韶》、《武》而已。秦始皇改周舞曰《五行》，汉高帝改《韶武》曰《文始》，以示不相袭也。又造《武德》，自表其功，故高帝庙奏《武德》、《文始》、《五行》之舞。又作《昭容》、《礼容》，增演其意。《昭容》生于《武德》，盖犹古之《韶》也。《礼容》生于《文始》，矫秦之《五行》也。文帝又作《四时》之舞，故孝景帝立，追述先功，采《武德舞》作《昭德舞》，被之管弦，荐于太宗之庙。孝宣采《昭德舞》为《盛德舞》更造新歌，荐于武帝之庙。据此而言，递相因袭，纵有改作，并宗于《韶》。至明帝时，东平献王采《文德舞》为《大武》之舞，荐于光武之庙。汉末大乱，乐章沦缺，魏武平荆州，获杜夔，以为军谋祭酒，使创雅乐。时散骑侍郎邓静善咏雅歌，乐师尹胡能习宗祀之曲，舞师冯肃晓知先代诸舞。总练研精，复于古乐，自夔始也。文帝黄初，改《昭容》之乐为《昭业乐》，《武德》之舞为《武颂舞》，《文始》之舞为《大韶舞》，《五行》之舞。为《大武舞》。明帝初，公卿奏上太祖武皇帝乐曰《武始》之舞，高祖文皇帝乐曰《咸熙》之舞。又制乐舞，名曰《章斌》之舞，有事于天地宗庙，及临朝大飨，并用之。

晋武帝泰始二年,遣傅玄等造行礼及上寿食举歌诗。张华表曰:"按汉、魏所用,虽诗章辞异,兴废随时,至其韵逗曲折,并系于旧,一皆因袭,不敢有所改也。"九年,荀勖典乐,使郭夏、宋识造《正德》、《大豫》之舞。改魏《昭武舞》曰《宣武舞》,羽籥舞曰《宣文舞》。江左之初,典章埋紊,贺循为太常卿,始有登歌之乐。大宁末,阮孚等又增益之。咸和间,鸠集遗逸,邺没胡后,乐人颇复南度,东晋因之,以具钟律。太元间,破符永固,又获乐工杨蜀等,闲练旧乐,于是金石始备。寻其设悬音调,并与江左是同。

慕容垂破慕容永于长子,尽获符氏旧乐。垂息为魏所败,其钟律令李佛等,将大乐细伎,奔慕容德于邺。德迁都广固,子超嗣立,其母先没姚兴,超以太乐伎一百二十人诣兴赎母。

及宋武帝入关,悉收南度。永初元年,改《正德舞》曰《前舞》,《大武舞》曰《后舞》。文帝元嘉九年,太乐令钟宗之,更调金石。至十四年,曲书令奚纵,复改定之。又有《凯容》、《宣业》之舞,齐代因而用之。萧子显《齐书志》曰:"宋孝建初,朝议以《凯容舞》为《韶舞》,《宣业舞》为《武德舞》。据《韶》为言,《宣业》即是古之《大武》,非《武德》也。"故《志》有《前舞·凯容》歌辞,《后舞·凯容》歌辞者矣。至于梁初,犹用《凯容》、《宣业》之舞,后改为《大壮》《大观》焉。今人犹唤《大观》为《前舞》,故知乐名虽随代而改,声韵曲折,理应常同。

前克荆州,得梁家雅曲,今平蒋州,又得陈氏正乐。史传相承,以为合古。且观其曲体,用声有次,请修缉之,以备雅乐。其后魏洛阳之曲,据《魏史》云:"太武平赫连昌所得,"更无明证。后周所用者,皆是新造,杂有边裔之声,戎音乱华,皆不可用。请悉停之。

制曰:"制礼作乐,圣人之事也,功成化洽,方可议之。今宇内初平,正化未洽。遽有变革,我则未暇。"晋王广又表请,帝乃许之。

牛弘遂因郑译之旧,又请依五声六律,旋相为宫。雅乐每宫但

一调,唯迎气奏五调,谓之五音。缦乐用七调,祭祀施用。各依声律
尊卑为次。高祖犹忆妥言。注弘奏下,不许作旋宫之乐,但作黄钟
一宫而已。于是牛弘及秘书丞姚察、通直散骑常侍许善心、仪同三
司刘臻、通直郎虞世基等,更共详议曰:

后周之时,以四声降神,虽采《周礼》,而年代深远,其法久
绝,不可依用。谨案《司乐》:"凡乐,圜钟为宫,黄钟为角,太簇
为徵,姑洗为羽,舞《云门》以祭天。函钟为宫,太簇为角,姑洗
为徵,南吕为羽,舞《咸池》以祭地。黄钟为宫,大吕为角,太簇
为徵,圜钟为羽,舞《韶》以祀宗庙。"马融曰:"圜钟,应钟也。"
贾逵,郑玄曰:"圜钟,夹钟也。郑玄又云:"此乐无商声,祭尚柔
刚,故不用也。"干宝云:"不言商,商为臣。王者自谓,故置其实
而去其名,若曰,有天地人物,无德以主之,谦以自牧也。"先儒
解释,既莫知适从。然此四声,非直无商,又律管乖次,以其为
乐,无克谐之理。今古事异,不可得而行也。

按《东观书·马防传》,太子丞鲍邺等上作乐事,下防。防
奏言:"建初二年七月邺上言,天子食饮,必顺于四时五味,而
有食举之乐。所以顺天地,养神明,求福应也。今官雅乐独有
黄钟,而食举乐但有太簇,皆不应月律,恐伤气类。可作十二月
均,各应其月气。公卿朝会,得闻月律,乃能感天,和气宜应。诏
下太常评焉。太常上言,作乐器直钱百四十六万,奏寝。今明
诏复下,臣防以为可须上天之明时,因岁首之嘉月,发太簇之
律,奏雅颂之音,以迎和气。"其条贯甚具,遂独施行。起于十
月,为迎气之乐矣。又《顺帝纪》云:"阳嘉二年冬十月庚午,以
春秋为辟雍,隶太学,随月律。十月作应钟,三月作姑洗。元和
以来,音戾不调,修复黄钟,作乐器,如旧典。"据此而言,汉乐
宫悬有黄钟均,食举太簇均,止有二均,不旋相为宫,亦以明
矣。计从元和至阳嘉二年,才五十岁,用而复止。验黄帝听凤
以制律吕,《尚书》曰:"予欲闻六律五声",《周礼》有"分乐而
祭"。此圣人制作,以合天地阴阳之和,自然之理,乃云音戾不

调,斯言诬之甚也。

今梁、陈雅曲,并用宫声。按《礼》:"五声十二律,还相为宫。"卢植云:"十二月三管流转用事,当用事者为宫,宫,君也。"郑玄曰:"五声宫、商、角、徵、羽。其阳管为律,阴管为吕。布十二辰,更相为宫,始自黄钟,终于南吕,凡六十也。"皇侃疏:"还相为宫者,十一月以黄钟为宫,十二月以大吕为宫,正月以太簇为宫。余月放此。凡十二管,各备五声,合六十声。五声成一调,故十二调。"此即释郑义之明文,无用商、角、徵、羽为别调之法矣。《乐稽耀嘉》曰:"东方春,其声角,乐当宫于夹钟,余方各以其中律为宫。"若有商、角之理,不得云宫于夹钟也。又云:"五音非宫不调,五味非甘不和。"又《动声仪》:"宫唱而商和,是谓善本,太平之乐也。"《周礼》:"奏黄钟,歌大吕,以祀天神。"郑玄"以黄钟之钟,大吕之声为均。"均,调也。故崔灵恩云:"六乐十二调,亦不独论商、角、徵、羽也。"又云:"凡六乐者,皆文之以五声,播之以八音。"故知每曲皆须五声八音错综而能成也。《御寇子》云:"师文鼓琴,命宫而总四声,则庆云浮,景风翔。"唯《韩诗》云:"闻其宫声,使人温厚而宽大;闻其商声,使人方廉而好义。"及古有清角、清徵之流。此则当声为曲。今以五引为五声,迎气所用者是也。余曲悉用宫声,不劳商、角、徵、羽。何以得知?荀勖论三调为均首者,得正声之名,明知雅乐悉在宫调。已外徵、羽、角,自为谣俗之音耳。且西凉、龟兹杂伎等,曲数既多,故得隶于众调,调各别曲,至如雅乐少,须以宫为本,历十二均而作。不可分配余调,更成杂乱也。其奏大抵如此。帝并从之。故隋代雅乐,唯奏黄钟一宫,郊庙飨用一调,迎气用五调。旧工更尽,其余声律,皆不复通。或有能为蕤宾之宫者,享祀之际肆之,竟无觉者。

弘又修皇后房内之乐,据毛苌、侯苞、孙毓故事,皆有钟声,而王肃之意,乃言不可。又陈统云:"妇人无外事,而阴教尚柔,柔以静为体,不宜用于钟。"弘等采肃、统以取正焉。高祖龙潜时,颇好音乐,常倚琵琶,作歌二首,名曰《地厚》、《天高》,托言夫妻之义。因即取之为房内曲。命妇人并登歌上寿并用之。职在宫内,女人教习之。

初后周故事,悬钟磬法,七正七倍,合为十四。盖准变宫、变徵,凡为七声,有正有倍。而为十四也。长孙绍远引《国语》泠州鸠云:"武王伐殷,岁在鹑火。"自鹑及驷,七位故也。既以七同其数,而以律和其声,于是有七律。又引《尚书大传》:"谓之七始",其注云:"谓黄钟、林钟、太簇、南吕、姑洗、应钟、蕤宾也。"歌声不应此者,皆去之。然据一均言也。宫、商、角、徵、羽为正,变宫、变徵为和,加倍而有十四焉。又梁武帝加以浊倍,三七二十一而同为架,虽取繁会,声不合古。又后魏时,公孙崇设钟磬正倍,参悬之。弘等以为非,而据《周官小胥职》"悬钟磬,半之为堵,全之为肆。"郑玄曰:"钟磬编悬之,二八十六而在一虡。钟一堵,磬一堵,谓之肆。"又引《乐纬》"宫为君,商为臣,君臣皆尊,各置一副,故加十四而悬十六。"又据汉成帝时,犍为水滨,得石磬十六枚,此皆悬八之义也。悬钟磬法,每虡准之,悬八用七,不取近周之法悬七也。

又参用《仪礼》及《尚书大传》,为宫悬陈布之法。北方北向,应钟起西,磬次之,黄钟次之,钟次之,大吕次之,皆东陈。一建鼓在其东,东鼓。东方西向,太簇起北,磬次之,夹钟次之,钟次之,姑洗次之,皆南陈。一建鼓在其南,东鼓。南方北向,钟吕起东,钟次之,蕤宾次之,磬次之,林钟次之,皆西陈。一建鼓在其西,西鼓。西方东向,夷则起南,钟次之,南吕次之,磬次之,无射次之,皆北陈。一建鼓在其北,西鼓。其大射,则撤北面而加钲鼓。祭天用雷鼓、雷鼗,祭地用灵鼓、灵鼗,宗庙用路鼓、路鼗。各两设在悬内。

又准《仪礼》,宫悬四面设镈钟十二虡,各依辰位。又甲、丙、庚、壬位,各设钟一虡,乙、丁、六辛、癸位,各陈磬一虡。共为二十虡。其宗庙殿庭郊丘社并同。树建鼓于四隅,以象二十四气。依月为均,四箱同作,盖取毛传《诗》云"四悬皆同"之义。古者镈钟据《仪礼》击为节检,而无合曲之义。又大射有二镈,皆乱击焉,乃无成曲之理。依后周以十二镈相生击之,声韵克谐。每镈钟、建鼓各一人。每钟、磬簨虡各一人，歌二人，执节一人，琴、瑟、筝、筑各一人。每钟虡，竽、笙、箫、笛、埙、篪各一人。悬内柷敔各一人，柷在东，敔在西。二舞各八佾。乐人皆平巾帻、绛褠衣。乐器并采《周官》，参之梁代，择用其尤善者。其簨虡皆金五博山，饰以崇牙，树羽旒苏。其乐器应漆者，天地之神皆朱漆，宗庙及殿庭则五色漆画。晋、宋故事，箱别各有柷、敔，既同时戛之，今则不用。

　　又《周官大司乐》：“奏黄钟，歌大吕，舞《云门》，以祀天神。奏太簇，歌应钟，舞《咸池》，以祭地祇。奏姑洗，歌南吕，舞《大韶》，以祀四望。奏蕤宾，歌函钟，舞《大夏》，以祭山川。奏夷则，歌小吕，舞《大濩》，以享先妣。奏无谢，歌夹钟，舞《大武》，以享先祖。”此乃周制，立二王三恪，通已为六代之乐。至四时祭祀，则分而用之。以六乐配十二调，一代之乐，则用二调矣。隋去六代之乐，又无四望、先妣之祭，今既与古祭法有别，乃以神祇位次分乐配焉。奏黄钟，歌大吕，以祀圆丘。黄钟所以宣六气也，耀魄天神，最为尊极，故奏黄钟以祀之。奏太簇，歌应钟，以祭方泽。太簇所以赞阳出滞，昆仑厚载之重，故奏太簇以祀之。奏姑洗，歌南吕，以祀五郊、神州。姑洗所以涤洁百物，五郊神州，天地之次，故奏姑洗以祀之，奏蕤宾，歌函钟，以祭宗庙。蕤宾所以安静神人，祖宗有国之本，故奏蕤宾以祀之。奏夷则，歌小吕，以祭社稷，先农。夷则所以咏歌九谷，贵在秋成，故奏夷则以祀之。奏无射，歌夹钟，以祭巡狩方岳。无射所以示人轨物，观风望秩，故奏无射以祀之。同用文武二舞。其圆丘降神六变，方泽降神八变，宗庙禘祫降神九变，皆用《昭夏》。其余祭享皆一变。又《周礼》，王出，奏《王夏》，尸出，奏《肆夏》。叔孙通法，迎神奏《嘉至》。今亦随事立名。皇帝入出，皆奏《皇夏》。群官入出，皆奏《肆夏》。食举上寿，奏《需夏》。迎、送神，奏《昭夏》。荐献郊庙，奏《诚夏》。宴飨殿上，奏登歌。并文舞武舞，合为八曲。古有宫、商、角、徵、羽五引，梁以三朝元会奏之。今改为五音，其声悉依宫商，不使差越。唯迎气于五郊，降神奏之，《月令》所谓“孟春其音角”是也。通前为十三曲。并内宫所奏《天高》、《地厚》二曲，于房中奏之，合十五曲。

其登歌法，准《礼郊特牲》"歌者在上，匏竹在下。"《大戴》云："清庙之歌，悬一磬而尚拊搏。"又在汉代，独登歌者，不以丝竹乱人声。近代以来，有登歌五人，别升于上，丝竹一部，进处阶前。此盖《尚书》"戛击鸣球，搏拊琴瑟以咏，祖考来格"之义也。梁武《乐论》以为登歌者颂祖宗功业，检《礼记》乃非元日所奏。若三朝大庆，百辟俱陈，升工籍殿，以咏祖考，君臣相对，便须涕洟。以此说非通，还以嘉庆用之。后周登歌，备钟、磬、琴、瑟，阶上设笙、管。今遂因之。合于《仪礼》荷瑟升歌，及笙入，立于阶下，间歌合乐，是燕饮之事矣。登歌法，十有四人，钟东磬西，工各一人，琴、瑟、筝、筑各一人，并歌者三人，执节七人，并坐阶上。笙、竽、箫、笛、埙、篪各一人，并立阶下。悉进贤冠，绛公服。斟酌古今，参而用之。祀神宴会通行之。若有大祀临轩，陈于阶坛之上，若册拜王公，设宫悬，不用登歌。释奠则唯用登歌，而不设悬。

古者人君食，皆用当月之调，以取时律之声。使不失五常之性，调畅四体，令得时气之和。故鲍邺上言，天子食饮，必顺四时，有食举乐，所以顺天地，养神明，可作十二月均，感天和气。此则殿庭月调之义也。祭祀既已分乐，临轩朝会，并用当月之律。正月悬太簇之均，乃至十二月悬大吕之均，欲感君人情性，允协阴阳之序也。

又文舞六十四人，并黑介帻，冠进贤冠，绛纱连裳，内单，皂褾领、襈、裾、革带，乌皮履。十六人执翟。十六人执帔。十六人执旄。十六人执羽，左手皆执龠。二人执纛，引前，在舞人数外，衣冠同舞人。武舞六十四人，并服武弁，朱褠衣，革带，乌皮履，左执朱干，右执大戚，依朱干玉戚之文。二人执旌，居前，二人执鼗，二人执铎。金镯二，四人舆，二人作。二人执铙次之。二人执相，在左，二人执雅，在右，各工一人作。自旌以下夹引，并在舞人数外，衣冠同舞人。《周官》所谓"以金镯和鼓，金镯节鼓，金铙止鼓，金铎通鼓"也。又依《乐记》象德拟功，初来就位，总干而山立，思君道之难也。发扬蹈厉，威而不残也。舞乱皆坐，四海咸安也。武，始而受命，再成而定山东，三成而平蜀道，四成而北狄是通，五成而江南是拓，六成复缀，以阐太平。高祖曰："不须象功德，真象事可也。"然竟用之。近代舞出入皆作乐，谓之阶步，咸用《肆夏》。今亦依定，即《周官》所谓乐出入奏钟鼓也。又魏、晋故事，有《矛俞》、《弩俞》及朱儒导引。今据《尚书》直云干羽，《礼》文称羽籥干戚。今文舞执羽籥，武舞执干戚，其《矛俞》、《弩俞》等，盖汉高祖自汉中归，巴、俞之兵，执仗而舞也。既非正典，悉罢不用。

十四年三月，乐定。秘书监、奇章县公牛弘，秘书丞、北绛郡公姚察，通直散骑常侍、虞部侍郎许善心，兼内史舍人虞世基，仪同三司、东宫学士饶阳伯刘臻等奏曰："臣闻蒉桴土鼓，由来斯尚，雷出地奋，著自《易经》。邃古帝王，经邦驭物，揖让而临天下者，礼乐之谓也。秦焚经典，乐书亡缺，爰至汉兴，始加鸠采，祖述增广，缉成朝宪。魏、晋相承，更加论讨，沿革之宜，备于故实。永嘉之后，九服崩离，燕、石、苻、姚，递据华土。此其戎乎，何必伊川之上，吾其左袵，无复微管之功。前言往式，于斯而尽。金陵建社，朝士南奔，帝则皇规，粲然更备，与内原隔绝，三百年于兹矣。伏惟明圣膺期，会昌在运。今南征所获梁、陈乐人，及晋、宋旗章，宛然俱至。曩代所不服者，今悉服之，前朝所未得者，今悉得之。化洽功成，于是乎在。臣等伏奉明诏，详定雅乐，博访知音，旁求儒彦，研校是非，定其去就，取为一代正乐，具在本司。"于是并撰歌辞三十首，诏并令施用，见行者皆停之。其人间音乐，流僻日久，弃其旧体者，并加禁约，务存其本。

先是高祖遣内史侍郎李元操、直内史省卢思道等，列清庙歌辞十二曲。令齐乐人曹妙达，于太乐教习，以代周歌。其初迎神七言，象《元基曲》，献奠登歌六言，象《倾盃曲》，送神礼毕五言，象《行天曲》。至是弘等但改其声，合于钟律，而辞经敕定，不敢易之。至仁寿元年，炀帝初为皇太子，从飨于太庙，闻而非之。乃上言曰："清庙歌辞，文多浮丽，不足以述宣功德，请更议定。"于是制诏吏部尚书、奇章公弘，开府仪同三司、领太子洗马柳顾言，秘书丞、摄太常少卿许善心,内史舍人虞世基,礼部侍郎蔡征等,更详故实,创制雅乐歌辞。其祠圆丘,皇帝入,至版位定,奏《昭夏》之乐,以降天神。升坛,奏《皇夏》之乐。受玉帛,登歌,奏《昭夏》之乐。皇帝降南陛,诣罍洗,洗爵讫,升坛,并奏《皇夏》。初升坛,俎入,奏《昭夏》之乐。皇帝初献,奏《诚夏》之乐。皇帝既献,作文舞之舞。皇帝饮福酒,作《需夏》之乐。皇帝反爵于坫,还本位,奏《皇夏》之乐。武舞出,作《肆夏》之乐。送神作《昭夏》之乐。就燎位,还大次,并奏《皇夏》。

圜丘:

降神,奏《昭夏》辞:

肃祭典,协良辰。具嘉荐,俟皇臻。礼方成,乐已变。感灵心,回天眷。辟华阙,下乾宫。乘精气,御祥风。望燧火,通田烛。膺介圭,受瑄玉。神之临,庆阴阴。烟衢洞,宸路深。善既福,德斯辅。流鸿祚,遍区宇。

皇帝升坛,奏《皇夏》辞:

于穆我君,昭明有融。道济区域,功格玄穹。百神警卫,万国承风。仁深德厚,信洽义丰。明发思政,勤忧在躬。鸿基惟永,福祚长隆。

登歌辞:

德深礼大,道高缋穆。就阳斯恭,陟配惟肃。血膋升气,冕裳标服。诚感清玄,信陈史祝。祗承灵贶,载膺多福。

皇帝初献,奏《诚夏》辞:

肇禋崇祀,大报尊灵。因高尽敬,扫地推诚。六宗随兆,五纬陪营。云和发韵,孤竹扬清。我粢既洁,我酌惟明。元神是鉴,百录来成。

皇帝既献,奏文舞辞:

皇矣上帝,受命自天。睿图作极,文教遐宣。四方监观,万品陶甄。有苗斯格,无得称焉。天地之经,和乐具举。休征咸萃,要荒式序。正位履端,秋霜春雨。

皇帝饮福酒,奏《需夏》辞:

礼以恭事，荐以飨时。载清玄酒，备洁芗萁。回旒分爵，思媚轩墀。惠均撤俎，祥降受厘。十伦以具，百福斯滋。克昌厥德，永祚鸿基。

武舞辞：

御历膺期，乘乾表则。成功戡乱，顺时经国。兵畅五材，武弘七德。懵彼遐裔，化行充塞。三道备举，二仪交泰。情发自中，义均莫大。祀敬恭肃，钟鼓繁会。万国斯欢，兆人斯赖。享兹介福，康哉元首。惠我无疆，天长地久。

送神奏《昭夏》辞：

享序洽，祀礼施，神之驾，严将驰。奔精驱，长离耀。牲烟达，洁诚照。腾日驭，鼓电鞭。辞下土，升上玄。瞻寥廓，杳无际。澹群心，留余惠。

皇帝就燎，还大次，并奏《后夏》，辞同上。

五郊歌辞五首：迎送神、登歌，与圜丘同。

青帝歌辞，奏角音：

震宫初动，木德惟仁。龙精戒旦，鸟历司春。阳光煦物，温风先导。岩处载惊，膏田已冒。牺牲丰洁，金石和声。怀柔备礼，明德惟馨。

赤帝歌辞，奏徵音：

长嬴开序，炎上为德。执礼司萌，持衡御国。重离得位，芒种在时。含樱荐实，木槿垂蕤。庆赏既行，高明可处。顺时立祭，事昭福举。

黄帝歌辞，奏宫音：

爰稼作土，顺位称坤。孕金成德，履艮为尊。黄本内色，宫实声始。万物资生。四时咸纪。灵坛汎扫，盛乐高张。威仪孔备，福履无疆。

白帝歌辞，奏商音：

西成肇节，盛德在秋。三农稍已，九谷行收。金气肃杀，商威飋戾。严风鼓茎，繁霜殒带。历兵诘暴，敕法慎刑。神明降嘏，国步惟宁。

黑帝歌辞,奏羽音:

玄英启候,冥陵初起。虹藏于天,雉化于水。严关重闭,星回日穷。黄钟动律,广莫生风。玄樽示本,天产惟质。恩覃外区,福流景室。

感帝奏《诚夏》辞:迎送神、登歌,与圜丘同。

禘祖垂典,郊天有章。以春之孟,于国之阳。茧栗惟诚,陶匏斯尚。人神接礼,明幽交畅。火灵降祚,火历载隆。蒸哉帝道,赫矣皇风。

雩祭奏《诚夏》辞:迎送神、登歌,与圜丘同。

朱明启候,时载阳。肃若旧典,延五方。嘉荐以陈,盛乐奏。气序和平,资灵佑。公田既雨,私亦濡。人殷俗富,政化敷。

蜡祭奏《诚夏》辞:迎送神、登歌,与圜丘同。

四方有祀,八蜡酬功。收藏既毕,榛葛送终。使之必报,祭之斯索。三时告劳,一日为泽。神祇必来,鳞羽咸致。惟义之尽,惟仁之至。年成物阜,罢役息人。皇恩已洽,灵庆无垠。

朝日、夕月歌诗二首:迎送神、登歌,与圜丘同。

朝日奏《诚夏》辞:

扶木上朝暾,嶵山沉暮景,寒来游晷促,暑至驰辉永。时和合璧耀,俗泰重轮明。执圭尽昭事,服冕磬虔诚。

夕月奏《诚夏》辞:

澄辉烛地域,流耀镜天仪。历草随弦长,珠胎逐望亏。成形表蟾兔,窃药资王母。西郊礼既成,幽坛福惟厚。

方丘歌辞四首:唯此四者异,余并同圜丘。

迎神奏《昭夏》辞:

柔功畅,阴德昭。陈瘗典,盛玄郊。筐幂清,青芑馥。皇情虔,具僚肃。笙颂合,鼓鼗会。出桂旗,屯孔盖。敬如在,肃有承。神胥乐,庆福膺。

奠玉帛登歌:

道惟生育,器乃包藏。报功称范,殷荐有常。六瑚已馈,五齐流香。贵诚尚质,敬洽义彰。神祚惟永,帝业增昌。

皇地祇歌辞,奏《诚夏》辞:

厚载垂德,昆丘主神。阴坛吉礼,北至良辰。鉴水呈洁,牲栗表纯。樽壶夕视,币玉朝陈。群望咸秩,精灵毕臻。祚流于国,祉被于人。

送神歌辞,奏《昭夏》辞:

奠既彻,献已周。竦灵驾,逝远游。洞四极,币九县。庆方流,祉恒遍。埋玉气,掩牲芬。晰神理,显国文。

神州奏《诚夏》辞:迎送神、登歌,与方丘同。

四海之内,一和之壤。地曰神州,物赖生长。咸池既降,泰折斯飨。牲牷尚黑,珪玉实两。九宇载宁,神功克广。

社稷歌辞四首:迎送神、登歌,与方丘同。

春祈社,奏《诚夏》辞:

厚地开灵,方坛崇祀。达以风露,树之松梓。勾萌既申,芟柞伊始。恭祈粢盛,载膺休祉。

春祈稷,奏《诚夏》辞:

粒食兴教,播厥有先。尊神致洁,报本惟虔。瞻榆束末,望杏开田。方凭戬福,佇咏丰年。

秋报社,奏《诚夏》辞:

北墉申礼,单出表诚。丰牺入荐,华乐在庭。原隰既平,泉流又清。如云已望,高廪斯盈。

秋报稷,奏《诚夏》辞:

人天务急,农亦勤止。或蓑或薙,惟蕫惟芑。凉风戒时,岁云秋矣。物成则报,功施必祀。

先农,奏《诚夏》辞:迎送神,与方丘同。

农祥晨晰,土膏初起。春原俶载,青坛致祀。敛趾长阡,回旌外壝。房俎饰荐,山罍沈滓。亲事朱弦,躬持黛耜。恭神务穑,受厘降祉。

先圣先师，奏《诚夏》辞：

经国立训，学重教先。《三坟》肇册，《五典》留篇。开凿理著，陶铸功宣。东胶西序，春诵夏弦。芳尘载仰，祀典无骞。

太庙歌辞：

迎神歌辞：

务本兴教，尊神体国。霜露感心，享祀陈则。官联式序，奔走在庭。几筵结慕，祼献惟诚。嘉乐载合，神其降止。永言保之，锡以繁祉。

登歌辞：

孝熙严祖，师象敬宗。惟皇肃事，有来雍雍。雕梁霞复，绣橑云重。观德自感，奉璋伊恭。彝斝尽饰，羽缀有容。升歌发藻，景福来众。

俎入歌辞：郊丘、社、庙同。

祭本用初，祀由功举。骏奔咸会，供神有序。明酌盈樽，丰牺实俎。幽金既荐，缋错维旅。享由明德，香非稷黍。载流嘉庆，克固鸿绪。

皇高祖太原府君神室歌辞：

缔基发祥，肇源兴庆。乃仁乃哲，克明克令。庸宣国图，善流人咏。开我皇业，七百同盛。

皇曾祖康王神室歌辞：

皇条俊茂，帝系灵长。丰功迭轨，厚利重光。福由善积，代以德彰。严恭尽礼，永锡无疆。

皇祖献王神室歌辞：

盛才必达，丕基增旧。涉魏同符，迁邠等构。弘风迈德，义高道富，神鉴孔昭，王猷克懋。

皇考太祖武元皇帝神室歌辞：

深仁冥著，至道潜敷。皇矣太祖，耀名天衢。翦商隆祚，奄宅隋区。有命既集，诞开灵符。

饮福酒歌辞：郊丘、社、庙同。

神道正直,祀事有融。肃雍备礼,壮敬在躬。羞燔已具,奠酹将终。降祥惟永,受福无穷。

送神歌辞:

缩礼具,利事成。伫旒冕,肃簪缨。金奏终,玉俎撤。尽孝敬,穷严洁,人祇分,哀乐半。降景福,凭幽赞。

元会:

皇帝出入殿庭,奏《皇夏》辞:郊丘、社、庙同。

深哉皇度,粹矣天仪。司陛整跸,式道先驰。八屯雾拥,七萃云披。退扬进揖,步矩行规。勾陈乍转,华盖徐移。羽旗照耀,珪组陆离,居高念下,处安思危。照临有度,纪律无亏。

皇太子出入,奏《肆夏》辞:

惟熙帝载,式固王猷。体乾建本,是曰孟侯。驰道美汉,寝门称周。德心既广,道业惟优。傅保斯导,贤才与游。瑜玉发响,画轮停辀。皇基方峻,七鬯恒休。

食举歌辞八首:

燔黍设教,礼之始。五味相资,火为纪。平心和德,在甘旨。牢羞既陈,钟石俟。以斯而御,扬盛轨。

养身必敬,礼食昭。时和岁阜,庶物饶。盐梅既济,鼎铉调。特以肤腊,加胹脁。威仪济济,懋皇朝。

饔人进羞,乐侑作。川潜之胳,云飞腊。甘酸有宜,芬勺药。金敦玉豆,盛交错。御鼓既声,安以乐。

玉食惟后,膳必珍。芳菰既洁,重秬新。是能安体,又调神。荆包毕至,海贡陈。用之有节,德无垠。

嘉羞入馈,犹化谧。沃土名滋,帝台实。阳华之菜,雕陵栗。鼎俎芬芳,豆笾溢。通幽致远,车书一。

道高物备,食多方。山肤既善,水豢良。桓蒲在位,簠簋张。加笾折俎,烂成行。恩风下济,道化光。

礼以安国,仁为政。具物必陈,饔牢盛。置斤斧,顺时令。怀生熙熙,皆得性。于兹宴喜,流嘉庆。

皇道四达,礼乐成。临朝日举,表时平。甘芳既饫,醑以清。扬休玉卮,正性情。隆我帝载,永明明。

上寿歌辞:

俗已义,时又良。朝玉帛,会衣裳。基同北辰久,寿共南山长。黎元鼓腹,乐未央。

宴群臣登歌辞:

皇明驭历,仁深海县。载择良辰,式陈高宴。颙颙卿士,昂昂侯甸。车旗煜爚,衣缨葱蒨。乐正展悬,司宫饰殿。三揖称礼,九宾为传。圆鼎临碑,方壶在面。《鹿鸣》成曲,嘉鱼入荐。筐篚相辉,献酬交遍。饮和饱德,恩风长扇。

文舞歌辞:

天眷有属,后德惟明。君临万宇,昭事百灵。濯以江、汉,树之风声。罄地必归,穷天皆至。六戎仰朔,八蛮请吏。烟云献彩,龟龙表异。缉和礼乐,燮理阴阳。功由舞见,德以歌彰。两仪同大,日月齐光。

武舞歌辞:

惟皇御宇,惟帝乘乾。五材并用,七德兼宣。平暴夷险,拯溺救燔。九域载安,兆庶斯赖。续地之厚,补天之大。声隆有截,化覃无外。鼓钟既奋,千戚攸陈。功高德重,政谧化淳。鸿休永番,久而弥新。

大射登歌辞:

道谧金科照,时乂玉条明。优贤飨礼洽,选德射仪成。銮旗郁云动,宝軷俨天行。巾车整三乏,司裘饰五正。鸣球响高殿,华钟震广庭。乌号传昔美,淇卫著前名。揖让皆时杰,升降尽朝英。附枝观体定,杯水睹心平。丰觚既来去,燔炙复从横。欣看礼乐盛,喜遇黄河清。

《凯乐》歌辞三首:

述帝德:

于穆我后,睿哲钦明。膺天之命,载育群生。开元创历,迈德垂声。朝宗万宇,祇事百灵。焕乎皇道,昭哉帝则。惠政滂流,仁风四塞。淮海未宾,江湖背德。运筹必胜,濯征斯克。八荒雾卷,四表云赛。雄图盛略,迈后光前。环区已泰,福祚方延。长歌凯乐,天子万年。

述诸军用命:

帝德远覃,天维宏布。功高云天,声隆《韶》、《护》。惟彼海隅,未从王度。皇赫斯怒,元戎启路。桓桓猛将,赳赳英谟。攻如燎发,战似摧枯。救兹涂炭,克彼妖逋。尘清两越,气静三吴。鲸鲵已夷,封疆载辟。班马萧萧,归旌弈弈。云台表效,司勋纪绩。业并山河、道固金石。

述天下太平:

阪泉轩德,丹浦尧勋。始实以武,终乃以文。嘉乐圣主,大哉为君。出师命将,廓定重氛。书轨既并,干戈是戢。弘风设教,政成人立。礼乐聿兴,衣裳载缉。风云自美,嘉祥爰集,皇皇圣政,穆穆神猷。牢笼虞、夏,度越姬、刘。日月比曜,天地同休。永清四海,长帝九州。

皇后房内歌辞:

至顺垂典,正内弘风。母仪万国,训范六宫。求贤启化,进善宣功。家邦载序,道业斯融。

大业元年,炀帝又诏修高庙乐,曰:"古先哲王,经国成务,莫不因人心而制礼,则天明而作乐。昔汉氏诸庙别所,乐亦不同,至于光武之后,始立共堂之制,魏文承运,初营庙寝,太祖一室,独为别宫。自兹之后,兵车交争,制作规模,日不暇给。伏惟高祖文皇帝,功侔造物,道济生灵,享荐宜殊,乐舞须别。今若月祭时飨,既与诸祖共庭,至于舞功,独于一室,交违礼意,未合人情。其详议以闻。"有司未及陈奏,帝又以礼乐之事,总付秘书监柳顾言、少府副监何稠、著作郎诸葛颖、秘书郎袁庆隆等,增多开皇乐器,大益乐员,郊庙乐悬,并令新制。顾言等后亲,帝复难于改作,其议竟寝。诸郊庙歌辞,亦并依旧制,唯新造《高祖庙歌》九首。今亡。又遣秘书省学士,定殿前乐工歌十四首,终大业世,每举用焉。帝又诏博访知钟律歌管者,皆追之。时有曹士立、裴文通、唐罗汉、常宝金等,虽知操弄,雅郑莫分,然总付太常,详令删定。议修一百四曲,其五曲在宫调,黄钟也;一曲应调,大吕也;二十五曲商调,太簇也;一十四曲角调,姑洗也;一十三曲变徵调,蕤宾也;八曲徵调,林钟也,二十五曲羽调,南吕也,一十三曲变宫调,应钟也。其曲大抵以诗为本,参以古调,渐欲播之弦歌,被之金石。仍属戎车,不遑刊正,礼乐之事,竟无成功焉。

自汉至梁、陈乐工,其大数不相逾越。及周并齐,隋并陈,各得其乐工,多为编户。至六年帝乃大括魏、齐、周、陈乐人子弟,悉配太常,并于关中为坊置之,其数益多前代。顾言等又奏,仙都宫内,四时祭享,还用太庙之乐,歌功论德,别制其辞。七庙同院,乐依旧式。又造飨宴殿庭宫悬乐器布陈簨簴,大抵同前,而于四隅各加二建鼓、三案。又设十二镈,镈别钟磬二架,各依辰位为调,合三十六架。至于音律节奏,皆依雅曲,意在演令繁会,自梁武帝之始也,开皇时,废不用,至是又复焉。高祖时,宫悬乐器,唯有一部,殿庭飨宴用之。平陈所获,又有二部,宗庙郊丘分用之。至是并于乐府藏而不用。更造三部:五郊二十架,工一百四十三人。庭庭二十架,工一百五十人。飨宴二十架,工一百七人。舞郎各二等,并一百三十二人。

顾言又增房内乐,益其钟磬,奏议曰:"房内乐者,主为王后弦歌讽诵而事君子,故以房室为名。燕礼乡饮酒礼,亦取而用也。故云:'用之乡人焉,用之邦国焉。'文王之风,由近及远,乡乐以感人,须存雅正。既不设钟鼓,义无四悬,何以取正于妇道也。《磬师职》云:'燕乐之钟磬。'郑玄曰:'燕乐房内乐也,所谓阴声,金石备矣,'以此而论,房内之乐,非独弦歌,必有钟磬也。《内宰职》云'正后服位,诏其礼乐之仪。'郑玄云:'荐撤之礼,当与乐相应。'荐撤之言,虽施祭祀,其入出宾客,理亦宜同。请以歌钟歌磬,各设二虡,土革丝竹并副之,并升歌下管,总名房内之乐。女奴肄习,朝燕用之。"制曰:"可。"于是内宫悬二十虡其镈钟十二,皆以大磬充。去建鼓,余饰并与殿庭同。

皇太子轩悬，去南面，设三镈钟于辰丑申，三建鼓亦如之。编钟三虡，编磬三虡，共三镈钟为九虡。其登歌减者二人。簨簴金三博山。乐器应漆者朱漆之。其二舞用六佾。

其雅乐鼓吹，多依开皇之故。雅乐合二十器，今列之如左：

金之属二：一曰镈钟，每钟悬一簨簴，各应律吕之音，即黄帝所命伶伦铸十二钟，和五音者也。二曰编钟，小钟也。各应律吕，大小以次，编而悬之。上下皆八，合十六钟，悬于一簨簴。

石之属一：曰磬，用玉若石为之，悬如编钟之法。

丝之属四：一曰琴，神农制为五弦，周文王加二弦为七者也。二曰瑟，二十七弦，伏牺所作者也。三曰筑，十二弦，四曰筝，十三弦，所谓秦声，蒙恬所作者也。

竹之属三：一曰箫，十六管，长二尺，舜所造者也。二曰篪，长尺四寸，八孔，苏公所作者也。三曰笛，凡十二孔，汉武帝时丘仲所作者也。京房备五音，有七孔，以应七声。黄钟之笛，长二尺八寸四分四厘有奇，其余上下相次，以为长短。

匏之属二：一曰笙，二曰竽，并女娲之所作也。笙列管十九，于匏内施簧而吹之。竽大，三十六管。

土之属一：曰埙，六孔，暴辛公之所作者也。

革之属五：一曰建鼓，夏后氏加四足，谓之足鼓。殷人柱贯之，谓之楹鼓。周人悬之，谓之悬鼓。近代相承植而贯之，谓之建鼓。盖殷所作也。又栖翔鹭于其上，不知何代所加。或曰，鹄也，取其声扬而远闻。或曰，鹭，鼓精也。越王勾践击大鼓于雷门以厌吴。晋时移于建康，有双鹭晥鼓而飞入云。或曰，皆非也。《诗》云："振振鹭，鹭于飞。鼓咽咽，醉言归。"古之君子，悲周道之衰，颂声之辍，饰以鹭，存其风流。未知孰是。灵鼓、灵鼗，并八面。雷鼓、雷鼗，六面。路鼓、路鼗，四面。鼓以桴击，鼗贯其中而手摇之。又有节鼓，不知谁所造也。

木之属二：一曰柷，如桶，方二尺八寸，中有椎柄，连底动之，令左右击,以节乐。二曰敔,如伏兽,背有二十七鉏铻,以竹长尺,横栎之,以止乐焉。

簨簴,所以悬钟磬,横曰簨,饰以鳞属,植曰簴,饰以蠃及羽属。簨加木板于上,谓之业。殷人刻其上为崇牙,以挂悬。周人画缯为翣,戴之以璧,垂五采羽于其下,树于簨簴之角。近代又加金博山于簨上,垂流苏,以合采羽。五代相因,同用之。

始开皇初定令,置《七部乐》:一曰《国伎》,二曰《清商伎》,三曰《高丽伎》,四曰《天竺伎》,五曰《安国伎》,六曰《龟兹伎》,七曰《文康伎》。又杂有疏勒、扶南、康国、百济、突厥、新罗、倭国等伎。其后牛弘请存《鞞》、《铎》、《巾》、《拂》等四舞,与新伎并陈。因称:"四舞,按汉、魏以来,并施于宴飨。《鞞舞》,汉巴、渝舞也。至章帝造《鞞舞辞》云'关东有贤女',魏明代汉曲云'明明魏皇帝'。《铎舞》,传玄代魏辞云'振铎鸣金',成公绥赋云《鞞铎》舞庭,八音并陈'是也。《拂舞》者,沈约《宋志》云:'吴舞,吴思晋化。'其辞本云'白符鸠'是也。《巾舞》者,《公莫舞》也。伏滔云:'项庄因舞,欲剑高祖,项伯纾长袖以扞其锋,魏、晋传为舞焉。'检此虽非正乐,亦前代旧声。故梁武报沈约云:'《鞞》、《铎》、《巾》、《拂》,古之遗风。'杨泓云:'此舞本二八人,桓玄即真,为八佾。后因而不改。'齐人王僧虔已论其事。平陈所得者,犹充八佾,于悬内纪二舞后作之,为失斯大。检四舞由来,其实已久。请并在宴会,与杂伎同设,于西凉前奏之。"帝曰:"其声音节奏及舞,悉宜定依旧。惟舞人不须捉鞞拂等。"

及大业中,炀帝乃定《清乐》、《西凉》、《龟兹》、《天竺》、《康国》、《疏勒》、《安国》、《高丽》、《礼毕》,以为《九部》。乐器工依创造既成,大备于兹矣。

《清乐》其始即《清商三调》是也,并汉来旧曲。乐器形制,并歌章古辞,与魏三祖所作者,皆被于史籍。属晋朝迁播,夷羯窃据,其音分散。符永固平张氏,始于凉州得之。宋武平关中,因而入南,不复存于内地。及平陈后获之。高祖听之,善其节奏,曰:"此华夏正声也。昔因永嘉，流于江外，我受天明命，今复会同。虽赏逐时迁，而古致犹在。可以此为本，微更损益，去其哀怨，考而补之。以新定律吕，更造乐器。"其歌曲有《阳伴》，舞曲有《明君》、《并契》。其乐器有钟、磬、琴、瑟、击琴、琵琶、箜篌、筑、筝、节鼓、笙、笛、箫、篪、埙等十五种，为一部。工二十五人。

西凉者，起苻氏之末，吕光、沮渠蒙逊等，据有凉州，变龟兹声为之，号为秦汉伎。魏太武既平河西得之，谓之《西凉乐》。至魏、周之际，遂谓之《国伎》。今曲项琵琶、竖头箜篌之徒，并出自西域，非华夏旧器。《杨泽新声》、《神白马》之类，生于胡戎。胡戎歌非汉魏遗曲，故其乐器声调，悉与书史不同。其歌曲有《永世乐》，解曲有《万世丰》，舞曲有《于阗佛曲》。其乐器有钟、磬、弹筝、捣筝、卧箜篌、竖空篌、琵琶、五弦、笙、萧、大筚篥、竖小筚篥、横笛、腰鼓、齐鼓、担鼓、铜拔、贝等十九种，为一部。工二十七人。

《龟兹》者，起自吕光灭龟兹，因得其声。吕氏亡，其乐分散，后魏平中原，复获之。其声后多变易。至隋有《西国龟兹》、《齐朝龟兹》、《土龟兹》等，凡三部。开皇中，其器大盛于闾闬。时有曹妙达、王长通、李士衡、郭金乐、安进贵等，皆妙绝弦管，新声奇变，朝改暮易，持其音技，估衒公王之间，举时争相慕尚。高祖病之，谓群臣曰："闻公等皆好新变，所奏无复正声，此不祥之大也。自家形国，化成人风，勿谓天下方然，公家家自有风俗矣。存亡善恶，莫不系之。乐感人深，事资和雅，公等对亲宾宴饮，宜奏正声；声不正，何可使儿女闻也！"帝虽有此敕，而竟不能救焉。炀帝不解音律，略不关怀。后大制艳篇，辞极淫绮。令乐正白明达造新声，创《万岁乐》、《藏钩乐》、《七夕相逢乐》、《投壶乐》、《舞席同心髻》、《玉女行觞》、《神仙留客》、《掷砖续命》、《斗鸡子》、《斗百草》、《泛龙舟》、《还旧宫》、《长乐花》及《十二时》等曲。掩抑摧藏，哀音断绝。帝悦之无已，谓幸臣曰："多弹曲者，如人多读书。读书多则能撰书，弹曲多即能造曲。此理之然也。"因语明达云："齐氏偏隅，曹妙达犹自封王。我今天下大同，欲贵汝，宜自修谨。"六年，高昌献《圣明乐》曲，帝令知音者，于馆所听之,归而肄习。及客方献,先于前奏之,胡夷皆惊焉。其歌曲有《善善摩尼》,解曲有《婆伽儿》,舞曲有《小天》,又有《疏勒盐》。其乐器有竖箜篌、琵琶、五弦、笙、笛、箫、筚篥、毛员鼓、都昙鼓、答腊鼓、腰鼓、羯鼓、鸡娄鼓、铜拔、贝等十五种,为一部。工二十人。

天竺者,起自张重华据有凉州,重四译来贡男伎,《天竺》即其乐焉。歌曲有《沙石强》,舞曲有《天曲》。乐器有凤首箜篌、琵琶、五弦、笛、铜鼓、毛员鼓、都昙鼓、铜拔、贝等九种,为一部。工十二人。

康国,起自周代娉北狄为后,得其所获西戎伎,因其声。歌曲有《戢殿农和正》,舞曲有《贺兰钵鼻始》、《末奚波地》、《农惠钵鼻始》、《前拔地惠地》等四曲。乐器有笛、正鼓、加鼓、铜拔等四种,为一部。工七人。

《疏勒》、《安国》、《高丽》,并起自后魏平冯氏及通西域,因得其伎。后渐繁会其声,以别于太乐。

《疏勒》,歌曲有《亢利死让乐》,舞曲有《远服》,解曲有《盐曲》。乐器有竖箜篌、琵琶、五弦、笛、箫、筚篥、答腊鼓、腰鼓、羯鼓、鸡娄鼓等十种,为一部,工十二人。

《安国》,歌曲有《付萨单时》,舞曲有《末奚》,解曲有《居和祇》。乐器有箜篌、琵琶、五弦、笛、箫、筚篥、双筚篥、王鼓、和鼓、铜拔等十种,为一部。工十二人。

《高丽》,歌曲有《芝栖》,舞曲有《歌芝栖》。乐器有弹筝、卧箜篌、竖箜篌、琵琶、五弦、笛笙、箫、小筚篥、桃皮筚篥、腰鼓、齐鼓、担鼓、贝等十四种,为一部。工十八人。

《礼毕》者,本出自晋太尉庾亮家。亮卒,其伎追思亮,因假为其面,执翳以舞,象其容,取其谥以号之,谓之为《文康乐》。每奏《九部乐》终则陈之,故以礼毕为名。其行曲有《单交路》,舞曲有《散花》。乐器有笛、笙、箫、篪、铃槃、鞞、腰鼓等七种,三悬为一部。工二十二人。

始齐武平中,有鱼龙烂漫、俳优、朱儒、山车、巨象、拔井、种瓜、

杀马、剥驴等,奇怪异端,百有余物,名为百戏。周时,郑译有宠于宣
帝,奏征齐散乐人,并会京师为之。盖秦角抵之流者也。开皇初,并
放遣之。及大业二年,突厥染干来朝,炀帝欲夸之,总追四方散乐,
大集东都。初于芳华苑积翠池侧,帝帷宫女观之。有舍利先来,戏
于场内,须臾跳跃,激水满衢,鼋鼍龟鳖,水人虫鱼,遍覆于地。又有
大鲸鱼,喷雾翳日,倏忽化成黄龙,长七八丈,耸踊而出,名曰《黄龙
变》。又以绳系两柱,相去十丈,遣二倡女,对舞绳上,相逢切肩而
过,歌舞不辍。又为夏育扛鼎,取车轮石臼大瓮器等,各于掌上而跳
弄之。并二人戴竿,其上有舞,忽然腾透而换易之。又有神鳌负山,
幻人吐火,千变万化,旷古莫俦。染干大骇之。自是皆于太常教习。
每岁正月,万国来朝,留至十五日,于端门外,建国门内,绵亘八里,
列为戏场。百官起棚夹路,从昏达旦,以纵观之。至晦而罢。伎人
皆衣锦绣缯采。其歌舞者,多为妇人服,鸣环佩,饰以花眊者,殆三
万人。初课京兆、河南制此衣服,而两京缯锦,为之中虚。三年,驾
幸榆林,突厥启民,朝于行宫,帝又设以示之。六年,诸夷大献方物,
突厥启民以下,皆国主亲来朝贺。乃于天津街盛陈百戏,自海内凡
有奇伎,无不总萃。崇侈器玩,盛饰衣服,皆用珠翠金银,锦罽绤绣。
其营费钜亿万。关西以安德王雄总之,东都以齐王暕总之,金石匏
革之声,闻数十里外,弹弦擪管以上,一万八千人。大列炬火,光烛
天地,百戏之盛,振古无比。自是每年以为常焉。

　　故事,天子有事于太庙,备法驾,陈羽葆,以入于次。礼毕升车,
而鼓吹并作。开皇十七年诏曰:“昔五帝异乐,三王殊礼,皆随事而
有损益,因情而立节文。仰惟祭享宗庙,瞻敬如在,罔极之感,情深
兹日,而礼毕升路,鼓吹发音,还入宫门,金石振响。斯则哀乐同日,
心事相违,情所不安,理实未允。宜改兹往式,用弘礼教。自今以后,
享庙日不须设鼓吹,殿庭勿设乐悬。在庙内及诸祭,并依旧。其王
公已下,祭私庙日,不得作音乐。”

　　至大业中,炀帝制宴飨设鼓吹,依梁为十二案。案别有錞于、
钲、铎、军乐鼓吹等一部。案下皆熊罴貔豹,腾倚承之,以象百兽之

舞。其大驾鼓吹,并朱漆画。大驾鼓吹、小鼓加金镯、羽葆鼓、铙鼓、节鼓,皆五采重盖,其羽葆鼓,仍饰以羽葆。长鸣、中鸣、大小横吹,五采衣幡,绯掌,画交龙,五采脚。大角幡亦如之。大鼓、长鸣、大横吹、节鼓及横吹后笛、箫、笙篥、笳、桃皮筚篥等工人服,皆绯地苣文为袍裤及帽。金钲、枹鼓,其钲鼓皆加八角紫缴。小鼓、中鸣、小横吹及横吹后笛、箫、笙篥、笳、桃皮筚篥等工人服,并青地苣文袍裤及帽。羽葆鼓、铙及歌、箫、笳工人服,并武弁,朱褠衣,革带。大角工人,平巾帻,绯衫,白布大口裤。其鼓吹督帅服,与大角同。以下准督帅服,亦如之。

枹鼓一曲,十二变,与金钲同。夜警用一曲俱尽,次奏大鼓。大鼓,一十五曲供大驾,一十二曲供皇太子,一十曲供王公等。小鼓,九曲供大驾,三曲供皇太子及王公等。

长鸣色角,一百二十具供大驾,三十六具供皇太子,十八具供王公等。

次鸣色角,一百二十具供大驾,十二具供皇太子,一十具供王公等。

大角,第一曲起捉马,第二曲被马,第三曲骑马,第四曲行,第五曲入阵,第六曲收军,第七曲下营。皆以三通为一曲。其辞并本之鲜卑。

铙鼓,十二曲供大驾,六曲供皇太子,三曲供王公等。其乐器有鼓,并歌、箫、笳。

大横吹,二十九曲供大驾,九曲供皇太子,七曲供王公。其乐器有角、节鼓、笛、箫、笙篥、笳、桃皮筚篥。

小横吹,十二曲供大驾,夜警则十二曲俱用。其乐器有角、笛、箫、笙篥、笳、桃皮筚篥。

隋书卷一六
志第一一

律历上

自夫有天地焉,有人物焉,树司牧以君临,悬政教而成务,莫不拟乾坤之大象,禀中和以建极,揆影响之幽赜,成律吕之精微。是用范围百度,财成万品。昔者淳古苇籥,创睹人籁之源,女娲笙簧,仍昭凤律之首。后圣广业,稽古弥崇,伶伦含少,乃擅比竹之工,虞舜昭华,方传刻玉之美。是以《书》称:"叶时月正日,同律度量衡。"又曰:"予欲闻六律、五声、八音、七始训,以出纳五言。"此皆候金常而列管,凭璿玑以运钧,统三极之元,纪七衡之响,可以作乐崇德,殷荐上帝。故能动天地,感鬼神,和人心,移风俗,考得失,征成败者也。粤在夏、商,无闻改作。其于《周礼》,典同则"掌六律六同之和,以辨天地四方阴阳之声,以为乐器"。景王铸钟,问律于泠州鸠,对曰:"夫律者,所以立钧出度。"钧有五,则权衡规矩准绳咸备。故《诗》曰:"尹氏太师,执国之钧,天子是裨,俾众不迷"是也。太史公《律书》云:"王者制事立物,法度轨则,一禀于六律,为万事之本。其于兵械,尤所重焉。故云'望敌知吉凶,闻声效胜负。'百王不易之道也。"

及秦氏灭学,其道浸微。汉室初兴,丞相张苍,首言音律,未能审备,孝武帝创置协律之官,司马迁言律吕相生之次,详矣。及王莽之际,考论音律,刘歆条奏,班固因志之。蔡邕又记建武以后言律吕者,司马绍统采而续之。炎历将终,而天下大乱,乐工散亡,器法湮灭。魏武始获杜夔，使定音律，夔依当时尺度，权备典章。及晋武受命，遵而不革。至泰始十年，光录大夫荀勖，奏造新度，更铸律吕。元康中，勖子藩，复嗣其事。未及成功，属永嘉之乱，中朝典章，咸没于石勒。及帝南迁，皇度草昧，礼容乐器，扫地皆尽。虽稍加采掇，而多所沦胥，终于恭、安，竟不能备。宋钱乐之衍京房六十律，更增为三百六十，梁博士沈重，述其名数。后魏、周、齐，时有论者。今依班志，编录五代声律度量，以志于篇云。

《汉志》言律，一曰备数，二曰和声，三曰审度，四曰嘉量，五曰衡权。自魏、晋已降，代有沿革。今列其增损之要云

备数

五数者，一、十、百、千、万也。《传》曰："物生而后有象，滋而后有数。"是以言律者，云数起于建子，黄钟之律，始一，而每辰三之，历九辰至酉，得一万九千六百八十三，而五数备成，以为律法。又参之，终亥，凡历十二辰，得十有七万七千一百四十七，而辰数该矣，以为律积。以成法除该积，得九寸，即黄钟宫律之长也。此则数因律起，律以数成，故可历管万事，综核气象。其算用竹，广二分，长三寸，正策三廉，积二百一十六枚，成六觚，乾之策也。负策四廉，积一百四十四枚，成方，坤之策也。觚方皆经十二，天地之大数也。是故探赜索隐，钩深致远，莫不用焉。一、十、百、千、万，所同由也。律、度、量、衡、历、率，其别用也。故体有长短，检之以度，则不失毫厘。物有多少，受之以器，则不失圭撮。量有轻重，平之以权衡，则不失黍丝。声有清浊，协之以律吕，则不失宫商。三光运行，纪以历数，则不差晷刻。事物糅见，御之以率，则不乖其本。故幽隐之情，精微之变，可得而综也。

夫所谓率者，有九流焉：一曰方田，以御田畴界域。二曰粟米，以御交质变易。三曰衰分，以御贵贱廪税。四曰少广，以御积幂方圆。五曰商功，以御功程积实。六曰均输，以御远近劳费。七曰盈朒，以御隐杂互见。八曰方程，以御错糅正负。九曰句股，以御高深

广远。皆乘以散之，除以聚之，齐同以通之，今有以贯之。则算数之方，尽于斯矣。

古之九数，圆周率三，圆径率一，其术疏舛。自刘歆、张衡、刘徽、王蕃、皮延宗之徒，各设新率，未臻折衷。宋末，南徐州从事史祖冲之，更开密法，以圆径一亿为一丈，圆周盈数三丈一尺四寸一分五厘九毫二秒七忽，朒数三丈一尺四寸一分五厘九毫二秒六忽，正数在盈朒二限之间。密率，圆径一百一十三，圆周三百五十五，约率，圆径七，周二十二。又设开差幂，开差立，兼以正圆参之。指要精密，算氏之最者也。所著之书，名为《缀术》，学官莫能究其深奥，是故废而不理。

和声

传称黄帝命伶伦断竹，长三寸九分，而吹以为黄钟之宫，曰含少。次制十二管，以听凤鸣，以别十二律，双雌雄之声，以分律吕。上下相生，因黄钟为始。《虞书》云：“叶时月正日，同律度量衡。”夏禹受命，以声为律，以身为度。《周礼》，乐器以十二律为之度数。司马迁《律书》云：“黄钟长八寸七分之一，太簇长七寸七分二，林钟长五寸七分三，应钟长四寸三分二。”此乐之三始，十二律之本末也。班固、司马彪《律志》：“黄钟长九寸，声最浊；太簇长八寸、林钟长六寸；应钟长四寸七分四厘强，声最清。”郑玄《礼·月令注》、蔡邕《月令章句》及杜夔、荀勖等所论，虽尺有增损，而十二律之寸数并同。汉志京房又以隔八相生，一始自黄钟，终于中吕，十二律毕矣。中吕上生黄钟，不满九寸，谓之执始，下生去灭。上下相生，终于南事，更增四十八律，以为六十。其依行在辰，上生包育，隔九编于冬至之后。分焉、迟内，其数遂减应钟之清。宋元嘉中，太史钱乐之，因京房南事之余，引而伸之，更为三百律，终于安运，长四寸四分有奇。总合旧为三百六十律。日当一管，宫徵旋韵，各以次从。何承天《立法制议》云：“上下相生，三分损益其一，盖是古人简易之法。犹如古历周天三百六十五度四分之一，后人改制，皆不同焉。而京房不悟，谬为六十。”承天更设新率，则从中吕还得黄钟，十二旋宫，声韵无失。黄钟长九寸,太簇长八寸二厘,林钟长六寸一厘,应钟长四寸七分九厘强。其中吕上生所益之分,还得十七万七千一百四十七,复十二辰参之数。

梁初,因晋、宋及齐,无所改制。其后武帝作《钟律纬》,论前代得失。其略云:

案律吕,京、马、郑、蔡,至蕤宾,并上生大吕;而班固《律历志》,至蕤宾,仍以次下生,若从班义,夹钟唯长三寸七分有奇。律若过促,则夹钟之声成一调,中吕复去调半,是过于无调。仲春孟夏,正相长养,其气舒缓,不容短促。求声索实,班义为乖。郑玄又以阴阳六位,次第相生。若如玄义,阴阳相逐生者,止是升阳。其降阳复将何寄?就筮数而论,乾主甲壬而左行,坤主乙癸而右行,故阴阳得有升降之义。阴阳从行者,真性也,六位升降者,象数也。今郑乃执象数以配真性,故言比而理穷。云九六相生,了不释十二气所以相通,郑之不思,亦已明矣。

案京房六十,准依法推,乃自无差。但律吕所得,或五,或六,此一不例也。而分焉上生,乃复迟内上生盛变,盛变仍复上生分居,此二不例也。房妙尽阴阳,其当有以,若非深理难求,便是传者不习。

比敕详求,莫能辨正。聊以余日,试推其旨,参校旧器,及古夹钟玉律,更制新尺,以证分毫,制为四器,名之为通。四器弦间九尺,临岳高一寸二分。黄钟之弦二百七十丝,长九尺,以次三分损益其一,以生十二律之弦丝数及弦长。各以律本所建之月,五行生王,终始之音,相次之理,为其名义,名之为通。通施三弦,传推月气,悉无差舛。即以夹钟玉律命之,则还相中。

又制为十二笛,以写通声。其夹钟笛十二调,以饮玉律,又不差异。《山谦之记》云:“殿前三钟,悉是周景王所铸无射也。”遣乐官以今无射新笛饮,不相中。以夷则笛饮,则声韵合和。端门外钟,亦案其铭题,定皆夷则。其西厢一钟,天监中移度东。以今笛饮,乃中南吕。验其镌刻,乃是太簇,则下今笛二调。重敕太乐丞斯宣达,令更推校,钟定有凿处,表里皆然。借访旧识,乃是宋泰始中,便张永凿之,去铜既多,故其调嘽下。以推求钟律,便可得而见也。宋武平中原,使将军陈倾致三钟,小大中各一。则今之太极殿前二钟,端门外一钟是也。案西钟铭则云"清庙撞钟",秦无清庙,此周制明矣。又一铭云"太簇钟徵",则林钟宫所施也。京房推用,似有由也。检题既无秦、汉年代,直云夷则、太簇,则非秦、汉明矣。古人性质,故作僮仆字,则题而言,弥验非近。且夫验声改政,则五音六律,非可差舛。工守其音,儒执其文,历年永久,隔而不通。无论乐奏,求之多缺,假使具存,亦不可用。周颂汉歌,各叙功德,岂容复施后王,以滥名实?今率详论,以言所见,并诏百司,以求厥中。

未及改制,遇侯景乱。

陈氏制度,亦无改作。

西魏废帝元年,周文摄政。又诏尚书苏绰,详正音律。绰时得宋尺,以定诸管,草创未就。会闵帝受禅,政由冢宰,方有齐寇,事竟不行。后掘太仓,得古玉斗,按以造律及衡,其事又多湮没。

至开皇初,诏太常牛弘,议定律吕。于是博征学者,序论其法,又未能决。遇平江右,得陈氏律管十有二枚,并以付弘。遣晓音律者陈山阳太守毛爽及太乐令蔡子元、于普明等,以候节气,作《律谱》。时爽年老,以白衣见高祖,授淮州刺史,辞不赴官。因遣协律郎祖孝孙,就其受法。弘又取此管,吹而定声。既天下一统,异代器物,皆集乐府,晓音律者,颇议考核,以定钟律。更造乐器,以被《皇夏》十四曲,高祖与朝贤听之,曰:"此声滔滔和雅,令人舒缓。"

然万物人事,非五行不生,非五行不成,非五行不灭。故五音用火尺,其事火重。用金尺则兵,用木尺则丧,用土尺则乱,用水尺则律吕合调,天下和平。魏及周、齐,贪布帛长度,故用土尺。今此乐声,是用水尺。江工尺短于土,长于水。俗间不知者,见玉作,名为玉尺,见铁作,名为铁尺。诏施用水尺律乐,其前代金石,并铸毁之,以息物议。

　　至仁寿四年,刘焯上启于东宫,论张胄玄历,兼论律吕。其大旨曰:"乐主于音,音定于律,音不以律,不可克谐,度律均钟,于是乎在。但律终小吕,数复黄钟,旧计未精,终不复始。故汉代京房,妄为六十,而宋代钱乐之,更为三百六十。考礼诠次,岂有得然,化未移风,将恐由此。匪直长短失于其差,亦自管围乖于其数。又尺寸意定,莫能详考,既乱管弦,亦舛度量。焯皆校定,庶有明发。"其黄钟管六十三为实,以次每律减三分,以七为寸法。约之,得黄钟长九寸,太簇长八寸一分四厘,林钟长六寸,应钟四寸二分八厘七分之四。其年,高祖崩,炀帝初登,未遑改作,事遂寝废。其书亦亡。大业二年,乃诏改用梁表律调钟磬八音之器,比之前代,最为合古。其制度文议,并毛爽旧律,并在江都沦丧。

　　　律管围容黍

　　《汉志》云:"黄钟围九分,林钟围六分,太簇围八分。"《续志》及郑玄,并云:"十二律空,皆径三分,围九分。"后魏安丰王,依班固志,林钟空围六分,及太簇空围八分,作律吹之,不合黄钟商徵之声。皆空围九分,乃与均钟器合。开皇九年平陈后,牛弘、辛彦之、郑译、何妥等,参考古律度,各依时代,制其黄钟之管,俱径三分,长九寸。度有损益,故声有高下;圆径长短,与度而差,故容黍不同。今列其数云:

　　晋前尺黄钟容黍八百八粒。

　　梁法尺黄钟容八百二十八。

　　梁表尺黄钟三:"其一容九百二十五,其一容九百一十,其一容一千一百二十。

　　汉官尺黄钟容九百三十九。

　　古银错题黄钟篪容一千二百。

　　宋氏尺,即铁尺,黄钟凡二:其一容一千二百,其一容一千四十七。

　　后魏前尺黄钟容一千一百一十五。

　　后周玉尺黄钟容一千二百六十七。

后魏中尺黄钟容一千五百五十五。

后魏后尺黄钟容一千八百一十九。

东魏尺黄钟容二千八百六十九。

万宝常水尺律母黄钟容黍一千三百二十。

梁表、铁尺律黄钟副别者，其长短及口空之围径并同，而容黍或多或少，皆是作者旁庛其腹，使有盈虚。

候气

后齐神武霸府田曹参军信都芳，深有巧思，能以管候气，仰观云色。尝与人对语，即指天曰："孟春之气至矣。"人往验管，而飞灰已应。第月所候，言皆无爽。又为轮扇二十四，埋地中，以测二十四气。每一气感，则一扇自动，他扇并住，与管灰相应，若符契焉。

开皇九年平陈后，高祖遣毛爽及蔡子元、于普明等，以候节气。依古，于三重密屋之内，以木为案，十有二具。每取律吕之管，随十二辰位，置于案上，而以土埋之，上平于地。中实葭莩之灰，以轻缇素覆律口。每其月气至，与律冥符，则灰飞冲素，散出于外。而气应有早晚，灰飞有多少，或初入月其气即应；或至中下旬间，气始应者；或灰飞出，三五夜而尽；或终一月，才飞少许者。高祖异之，以问牛弘。弘对曰："灰飞半出为和气，吹灰全出为猛气，吹灰不能出为衰气。和气应者其政平，猛气应者其臣纵，衰气应者其君暴。"高祖驳之曰："臣纵君暴，其政不平，非月别而有异也。今十二月律，于一岁内，应并不同。安得暴君纵臣。若斯之甚也？"弘不能对。

令爽等草定其法。爽因稽诸故实，以著于篇，名曰《律谱》。其略云：

> 臣爽按，黄帝遣伶伦氏取竹于嶰谷，听凤阿阁之下，始造十二律焉。乃致天地气应，是则数之始也。阳管为律，阴管为吕，其气以候四时，其数以纪万物。云隶首作数，盖律之本也。夫一、十、百、千、万、亿、兆者，引而申焉，历度量衡，出其中矣。故有虞氏用律和声，邹衍改之，以定五始。正朔服色，亦由斯而别也。夏正则人，殷正则地，周正则天。孔子曰："吾得夏时焉。"

谓得气数之要矣。

汉初兴也，而张苍定律，乃推五胜之法，以为水德。实因战国官失其守，后秦灭学，其道浸微，苍补缀之，未获详究。及孝武创制，乃置协律之官，用李延年以为都尉，颇解新声变曲，未达音律之源，故其服色不得而定也。至于元帝，自晓音律，郎官京房，亦达其妙，因使韦玄成等，杂试问房。房自叙云："学焦延寿，用六十律相生之法。以上生下，皆三生二，以下生上，皆三生四。阳下生阴，阴上生阳，乃还相为宫之正法也。"于后刘歆典领条奏，著其始末，理渐研精。班氏《汉志》，尽歆所出也，司马彪志，并房所出也。

至于后汉，尺度稍长。魏代杜夔，亦制律吕，以之候气，灰悉不飞。晋光禄大夫荀勖，得古铜管，校夔所制，长古四分，方知不调，事由其误。乃依《周礼》，更造古尺，用之定管，声韵始调。

左晋之后，渐又讹谬。至梁武帝时，尤有汲冢玉律，宋苍梧时，钻为横吹，然其长短厚薄，大体具存。臣先人栖诚，学算于祖暅，问律于何承天，沈研三纪，颇达其妙。后为太常丞，典司乐职，乃取玉管及宋太史尺，并以闻奏。诏付大匠，依样制管。自斯以后，律又飞灰。候景之乱，臣兄喜于太乐得之。后陈宣帝诣荆州为质，俄遇梁元帝败，喜没于周。适欲上闻，陈武帝立，遂又以十二管衍为六十律，私候气序，并有征应。至太建时，喜为吏部尚书，欲以闻奏。会宣帝崩，后主嗣立，出喜为永嘉内史，遂留家内，贻诸子孙。陈亡之际，竟并遗失。

今正十二管在太乐者，阳下生阴，始于黄钟，阴上生阳，终于中吕，而一岁之气，毕于此矣。中吕上生执始，执始下生去灭，终于南事。六十律候，毕于此矣。仲冬之月，律中黄钟。黄钟者，首于冬至，阳之始也。应天之数而长九寸，十一月气至，则黄钟之律应，所以宣养六气，缉和九德也。自此之后，并用京房律准，长短宫徵，次日而用。凡十二律，各有所摄，引而申之，至于六十,亦由八卦衍而重之,以为六十四也,相生者相变。始黄钟之管,下生林钟,以阳生阴,故变也。相摄者相通。如中吕之管,摄于物应,以母权子。故相变者,异时而各应,相通者,同月而继应。应有早晚者,非正律气,乃子律相感,寄母中应也。其律,大业末于江都沦丧。

律直日

宋钱乐之因京房南事之余,更生三百律。至梁博士沈重钟律议曰:"《易》以三百六十策当期之日,此律历之数也。《淮南子》云:'一律而生五音,十二律而为六十音,因而六之,故三百六十音,以当一岁之日,律历之数,天地之道也'此则自古而然矣。"重乃依《淮南》本数,用京房之术求之,得三百六十律。各因月之本律,以为一部。以一部律数为母,以一中气所有日为子,以母命子,随所多少,各一律所建日辰分数也。以之分配七音,则建日冬至之声,黄钟为宫,太簇为商,林钟为徵,南吕为羽,姑洗为角应钟为变宫,蕤宾为变徵。五音七声,于斯和备。其次日建律,皆依次类运行。当日者各自为宫,而商徵亦以次从。以考声徵气,辨识时序,万类所宜,各顺其节。自黄钟终于壮进,一百五十律,皆三分损一以下生,自依行终于亿兆,二百九律,皆三分益一以上生。唯安运一律为终,不生。其数皆取黄钟之实十七万七千一百四十七为本,以九三为法,各除其实,得寸分及小分,余皆委之。即各其律之长也。修其律部,则上生下生宫徵之次也。今略其名次云。

黄钟:

包育	含微	帝德	广运	下济	克终	执始
握鉴	持枢	黄中	通圣	潜升	殷普	景盛
滋萌	光被	咸亨	乃文	乃圣	微阳	分动
生气	云繁	郁湮	升引	屯结	开元	质未
偊昧	逋建	玄中	玉烛	调风		

右黄钟一部,三十四律。每律直三十四分日之三十一。

大吕:

荄动	始赞	大有	坤元	辅时	匡弼	分否
又繁	唯微	弃望	庶几	执义	秉强	陵阴
侣阳	识沈	缉熙	知道	适时	权变	少出
阿衡	同云	承明	善述	休光		

右大吕一部,二十七律。每律直一日及二十七分日之三。

太簇:

未知	其己	义建	亭毒	条风	凑始	时息
达生	匏奏	初角	少阳	柔桄	商音	屈齐
扶弱	承齐	动植	咸擢	兼山	止速	随期
龙跃	勾芒	调序	青要	结萼	延敷	刑晋
辨秩	东作	赞扬	显滞	俶落		

右太簇一部,三十四律。

夹钟:

明庶	协侣	阴赞	风从	布政	万化	开时
震德	乘条	芬芳	散朗	淑气	风驰	佚喜
橐党	四隙	种生	恣性	逍遥	仁威	争南
旭旦	晨朝	生遂	群分	洁新		

右夹钟一部,二十七律。

姑洗:

南授	怀来	考神	方显	携角	洗陈	变虞
擢颖	嘉气	始升	卿云	媚岭	疏道	路时
日旅	实沈	炎风	首节	柔条	方结	刑始
方齐	物华	革萋	茂实	登明	壮进下生安运。	

依行上生包育。

少选	道从	朱黻	扬庭	含贞

右姑洗一部,三十四律。

中吕:

朱明	启运	景风	初缓	羽物	斯奋	南中
离春	率农	有程	南讹	敬致	相趣	内贞

　　　　朱草　含辉　屈轶　曜畴　巳气　清和　物应
　　　　戒莽　荒落　贞轸　天庭　祚周

右中吕一部，二十七律。

蕤宾：

　　　　南事_{京房终律}。

　　　　谧静　则选　布莩　满赢　潜动
　　　　盛变　宾安　怀远　声暨　轨同　海水　息沴
　　　　离躬　安壮　崇明　远眺　升中　凤翥　朝阳
　　　　制时　瑞通　鹑火　乂次　高焰　其煌

右蕤宾一部，二十七律。

林钟：

　　　　谦侍　崇德　循道　方壮　阴升　靡慝　去灭
　　　　华销　朋庆　云布　均任　仰成　宽中　安度
　　　　德均　无寒　礼溢　智深　任肃　纯恪　归嘉
　　　　美音　温风　候节　蕣华　绣岭　物无　否与
　　　　景口　曜井　日焕　重轮　财华

右林钟一部，三十四律。

夷则：

　　　　升商　清爽　气精　阴德　白藏　御叙　鲜刑
　　　　贞克　金天　刘弥　会道　归仁　阴侣　去南
　　　　阳消　柔辛　延乙　和庚　靡卉　奠晋　分积
　　　　孔修　九德　咸茛　金惟　俾乂

右夷则一部，二十七律。

南吕：

　　　　白吕　捐秀　敦实　素风　劲物　酉稔　结躬
　　　　肥遯　赢中　晟阴　抗节　威远　有截　归期
　　　　中德　王猷　允塞　蕣收　搏譬　摇落　未印
　　　　质随　分满　道心　贞坚　蓄止　归藏　夷汗
　　　　均义　悦使　亡劳　九有　光贲

　　右南吕一部，三十四律。

无射：

思冲	怀谦	恭俭	休老	恤农	销祥	闭奄
降娄	藏邃	日在	旋春	阖藏	明奎	邻齐
轨众	大蓄	啬敛	下济	息肩	无边	期保
延年	秋深	野色	玄月	澄天		

　　右无射一部，二十七律。

应钟：

分焉	祖微	据始	功成	乂定	静谧	迟内
无为	而乂	姑射	凝晦	动寂	应征	未育
万机	万寿	无疆	地久	天长	修复	迟时
方制	无休	九野	八荒	亿兆	安运	

　　右应钟一部，二十八律。

　　审度

　　《史记》曰："夏禹以身为度，以声为律。"《礼记》曰："丈夫布手为尺。"《周官》云："璧羡起度。"郑司农云："羡，长也。此璧径尺，以起度量。"《易纬通卦验》："十马尾为一分。"《淮南子》云："秋分而禾薒定，薒定而禾熟。律数十二薒而当一粟，十二粟而当一寸。"薒者，禾穗芒也。《说苑》云："度量权以粟生，一粟为一分。"孙子算术云："蚕所生吐丝为忽，十忽为秒，十秒为毫，十毫为厘，十厘为分。"此皆起度之源，其文舛互。唯《汉志》："度者，所以度长短也，本起黄钟之长。以子谷秬黍中者，一黍之广度之，九十黍为黄钟之长。一黍为一分，十分为一寸，十寸为一尺，十尺为一丈，十丈为一引，而五度审矣。"后之作者，又凭此说，以律度量衡，并因秬黍，散为诸法。其率可通故也。黍有大小之差，年有丰耗之异，末代量校，每有不同，又俗传讹替，渐致增损。今略诸代尺度一十五等，并异同之说如左。

　　一、周尺

　　《汉志》王莽时刘歆铜斛尺。

后汉建武铜尺

晋泰始十年荀勖律尺，为晋前尺。

祖冲之所传铜尺。

徐广、徐爰、王隐等《晋书》云："武帝泰始九年，中书监荀勖，校太乐八音，不和，始知为后汉至魏，尺长于古四分有余。勖乃部著作郎刘恭，依《周礼》制尺，所谓古尺也。依古尺更铸铜律吕，以调声韵。以尺量古器，举本铭尺寸无差。又汲郡盗发魏襄王冢，得古周时玉律及钟磬，与新律声韵暗同。于时郡国或得汉时故钟，吹新律命之，皆应。"梁武《钟律纬》云："祖冲之所传铜尺，其铭曰：'晋泰始十年，中书考古器，揆校今尺，长四分半。所校古法有七品：一曰姑洗玉律，二曰小吕玉律，三曰西京铜望臬，四曰金错望臬，五曰铜斛，六曰古钱，七曰建武铜尺。姑洗微强，西京望臬微弱，其余与此尺同。'铭八十二字也。此尺者，勖新尺也。今尺者，杜夔尺也。雷次宗、何胤之二人作《钟律图》，所载荀勖校量古尺文，与此铭同。而萧吉《乐谱》，谓为梁朝所考七品，谬也。今以此尺为本，以校诸代尺"云。

二、晋田父玉尺

梁法尺，实比晋前尺一尺七厘。

《世说》称，有田父于野地中得周时玉尺，便是天下正尺。荀勖试以校尺，所造金石丝竹，皆短校一米。梁武帝《钟律纬》称，主衣从上相承，有周时铜尺一枚，古玉律八枚。检主衣周尺，东昏用为章信，尺不复存。玉律一□簫，余定七枚夹钟，有昔题刻。乃制为尺，以相参。取细毫中黍，积次筹定，今之最为详密，长祖冲之尺校半分。以新尺制为四器，名为通。又依新尺为笛，以命古钟，按刻夷则，以笛命饮和韵，夷则定合。案此两尺长短近同。

三、梁表尺。实比晋前尺一尺二分二厘一毫有奇。

萧吉云："出于《司马法》。梁朝刻其度于影表，以测影。"案此即奉朝请祖暅所算造铜圭影表者也。经陈灭入朝。大业中，议以合古，乃用之调律，以制钟磬等八音乐器。

四、汉官尺。实比晋前尺一尺三分七毫。

晋时始平掘地得古铜尺。

萧吉《乐谱》云："汉章帝时,零陵文学史奚景,于冷道县舜庙下得玉律,度为此尺。"傅畅《晋诸公赞》云:荀勖造钟律,时人并称其精密,唯陈留阮咸,讥其声高。后始平掘地得古铜尺,岁久欲腐,以荀勖今尺,短校四分。时人以咸为解。"此两尺长短近同。

五、魏尺。杜夔所用调律,比晋前尺一尺四分七厘。

魏陈留王景元四年,刘徽注《九章》云,王莽时刘歆斛尺,弱于今尺四寸五厘,比魏尺,其斛深九寸五分五厘。即晋荀勖所云:"杜夔尺长于今尺四分半"是也。

六、晋后尺。实比晋前尺一尺六分二厘。

萧吉云,晋氏江东所用。

七、后魏前尺。实比晋前尺一尺二寸七厘。

八、中尺。实比晋前尺一尺二寸一分一厘。

九、后尺。实比晋前尺一尺二寸八分一厘。即开皇官尺及后周市尺。

后周市尺,比玉尺一尺九分三厘。

开皇官尺,即铁尺,一尺二寸。

此后魏初及东西分国,后周未用玉尺之前,杂用此等尺。

甄鸾《算术》云:"周朝市尺,得玉尺九分二厘。"或传梁时有志公道人作此尺,寄入周朝,云与多须老翁。周太祖及隋高祖,各自以为谓己。周朝人间行用,及开皇初,著令以为官尺,百司用之,终于仁寿。大业中,人间或私用之。

十、东后魏尺。实比晋前尺一尺五寸八毫。

此是魏中尉元延明,累黍用半周之广为尺,齐朝因而用之。魏收《魏史律历志》云:"公孙崇永平中,更造新尺,以一黍之长,累为寸法。寻太常卿刘芳,受诏修乐,以秬黍中者一黍之广,即为一分。而中尉元匡,以一黍之广,度黍二缝,以取一分。三家纷竞,久不能决。太和十九年高祖诏,以一黍之广,用成分体,九十之黍,黄钟之长,以定铜尺。有司奏从前诏,而芳尺同高祖所制,故遂典修金石。

迄武定未有论律者。"

十一、蔡邕铜籥尺

后周玉尺，实比晋前尺一尺一寸五分八厘。

从上相承，有铜籥一，以银错题，其铭曰："籥，黄钟之宫，长九寸，空围九分，容秬黍一千二百粒，称重十二铢，两之为一合。三分损益，转生十二律。"祖孝孙云："相传是蔡邕铜籥。"

后周武帝保定中，诏遣大宗伯卢景宣、上党公长孙绍远、歧国公斛斯征等，累黍造尺，从横不定。后因修仓掘地，得古玉斗，以为正器，据斗造律度量衡。因用此尺，大赦，改元天和，百司行用，终于大象之末。其律黄钟，与蔡邕古籥同。

十二、宋氏尺。实比晋前尺一尺六分四厘。

钱乐之浑天仪尺。

后周铁尺。

开皇初调钟律尺及平陈后调钟律水尺。

此宋代人间所用尺，传入齐、梁、陈，以制乐律。与晋后尺及梁时俗尺、刘曜浑天仪尺，略相依近。当由人间恒用，增损讹替之所致也。

周建德六年平齐后，即以此同律度量，颁于天下。其后宣帝时，达奚震及牛弘等议曰：

窃惟权衡度量，经邦懋轨，诚须详求故实，考校得衷。谨寻今之铁尺，是太祖遣尚书故苏绰所造，当时检勘，用为前周之尺。验其长短，与宋尺符同，即以调钟律，并用均田度地。今以上党羊头山黍，依《汉书律历志》度之。若以大者稠累，依数满尺，实于黄钟之律，须撼乃容。若以中者累尺，虽复小稀，实于黄钟之律，不动而满。计此二事之殊，良由消息未善，其于铁尺，终有一会。且上党之黍，有异他乡，其色至乌，其形圆重，用之为量，定不徒然。正以时有水旱之差，地有肥瘠之异，取黍大小，未必得中。案许慎解，秬黍体大，本异于常。疑今之大者，正是其中，累百满尺，即是会古。实籥之外，才剩十余，此恐围径或差，造律未妙。就如撼动取满，论理亦通。

今勘周汉古钱，大小有合，宋氏浑仪，尺度无舛。又依《淮南》，累粟十二成寸。明先王制法，索隐钩深，以律计分，义无差异。《汉书食货志》云：“黄金方寸，其重一斤。”今铸金校验，铁尺为近。依文据理，符会处多。且平齐之始，已用宣布，今因而为定，弥合时宜。至于玉尺累黍，以广为长，累既有剩，实复不满。寻访古今，恐不可用。其晋、梁尺量，过为短小，以黍实管，弥复不容，据律调声，必致高急。且八音克谐，明玉盛范，同律度量，哲后通规。臣等详校前经，斟量时事，谓用铁尺，于理为便。

未及详定，高祖受终，牛弘、辛彦之、郑译、何妥等，久议不决。

既平陈，上以江东乐为善，曰：“此华夏旧声，虽随俗改变，大体犹是古法。”祖孝孙云：“平陈后，废周玉尺律，便用此铁尺律，以一尺二寸即为市尺。

十三、开皇十年万宝常所造律吕水尺。实比晋前尺一尺一寸八分六厘。

今太乐库及内出铜律一部，是万宝常所造，名水尺律。说称其黄钟律当铁尺南吕倍声。南吕，黄钟羽也，故谓之水尺律。

十四、杂尺。赵刘曜浑天仪土圭尺，长于梁法尺四分三厘，实比晋前尺一尺五分。

十五、梁朝俗间尺。长于梁法尺六分三厘、于刘曜浑仪尺二分，实比晋前尺一尺七分一厘。

梁武《钟律纬》云、：“宋武平中原，送浑天仪土圭，云是张衡所作。验浑仪铭题，是光初四年铸，土圭是光初八年作。并是刘曜所制，非张衡也。制以为尺，长今新尺四分三厘，短俗间尺二分。”新尺谓梁法尺也。

嘉量

《周礼》，栗氏“为量，鬴深尺，内方尺而圆其外，其实一鬴；其臋一寸，其实一豆；其耳三寸，其实一升。重一钧。其声中黄钟。概而不税。其铭曰："时文思索,允臻其极。嘉量既成,以观四国。永启厥后,兹器维则。"《春秋左氏传》曰:"齐旧四量,豆、区、釜、钟。四升曰豆,各自其四,以登于釜"六斗四升也。"釜十则钟,六十四斗也。郑玄以为方尺积千寸,比《九章·粟米法》少二升、八十一分升之二十二。祖冲之以算术考之,积凡一千五百六十二寸半。方尺而圆其外,减傍一厘八毫。其径一尺四寸一分四毫七秒二忽有奇而深尺,即古斛之制也。《九章商功法》程粟一斛,积二千七百寸。米一斛,积一千六百二十寸。菽合麻麦一斛,积二千四百三十寸。此据精粗为率,使价齐而不等。其器之积寸也,以米斛为正,则同于《汉志》。《孙子算术》曰:"六粟为圭,十圭为秒,十秒为撮,十撮为勺,十勺为合。"应劭曰:"圭者自然之形,阴阳之始。四圭为撮。"孟康曰:"六十四黍为圭。"《汉志》曰"量者,龠、合、升、斗、斛也,所以量多少也。本起于黄钟之龠。用度数审其容,以子谷秬黍中者千有二百,实其龠,以井水准其概。合龠为合,十合为升,十升为斗,十斗为斛,而五量嘉矣。其法用铜,方尺而圆其外,旁有庣焉。其上为斛,其下为斗,左耳为升,右耳为合、龠。其状似爵,以縻爵禄。上三下二,参天两地。圆而函方,左一右二,阴阳之象也。圆象规,其重二钧,备气物之数,各万有一千五百二十也。声中黄钟,始于黄钟而反覆焉。"其斛铭曰:"律嘉量斛,方尺而圆其外,庣旁九厘五毫,幂百六十二寸,深尺,积一千六百二十寸,容十斗。"祖冲之以圆率考之,此斛当径一尺四寸三分六厘一毫九秒二忽,庣旁一分九毫有奇,刘歆庣旁少一厘四毫有奇,歆数术不精之所致也。

　　魏陈留王景元四年,刘徽注《九章商功》曰:"当今大司农斛圆径一尺三寸五分五厘,深一尺积一千四百四十一寸十分之三。王莽铜斛于今尺为深九寸五分五厘,径一尺三寸六分八厘七毫。以徽术计之,于今斛为容九斗七升四合有奇。"此魏斛大而尺长,王莽斛小而尺短也。

　　梁、陈依古。

　　齐以古升五升为一斗。

后周武帝"保定元年辛巳五月,晋国造仓,获古玉升。暨五年乙酉冬十月,诏改制铜律度,遂致中和。累黍积籥,同兹玉量,与衡度无差。准为铜升,用颁天下。内径七寸一分,深二寸八分,重七斤八两。天和二年丁亥,正月癸酉朔,十五日戊子校定,移地官府为式。"此铜升之铭也。其玉升铭曰:"维大周保定元年,岁在重光,月旅蕤宾,晋国之有司,修缮仓廪,获古玉升,形制典正,若古之嘉量。太师晋国公以闻,敕纳于天府。暨五年岁在叶洽,皇帝乃诏稽准绳,考灰律,不失圭撮,不差累黍。遂容金写之,用颁天下,以合太平权衡度量。"今若以数计之,玉升积玉尺一百一十寸八分有奇,斛积一千一百八十五分七厘三毫九秒。又甄鸾《算术》云:"玉升一升,得官斗一升三合四勺。"此玉升大而官斗小也。以数计之,甄鸾所据后周官斗,积玉尺九十七寸有奇,斛积九百七十七寸有奇。后周玉斗并副金错铜斗及建德六年金错题铜斗实,同以秬黍定量,以玉称权之,一升之实,皆重六斤十三两。

开皇以古斗三升为一升。大业初,依复古斗。

衡权

衡者,平也;权者,重也。衡所以任权而钧物平轻重也。其道如底,以见准之正,绳之直。左旋见规,右折见矩。其在天也,佐助琁玑,斟酌建指,以齐七政,故曰玉衡。权者,铢、两、斤、钧、石也,以秤物平施,知轻重也。古有黍、絫、锤、锱、钧、锊、镒之目,历代差变,其详未闻。前志曰:权本起于黄钟之重。一籥容千二百黍,重十二铢。两之为两,二十四铢为两。十六两为斤。三十斤为钧。四钧为石。五权谨矣。其制以义立之,以物钧之。其余大小之差,以轻重为宜。圜而环之,令之肉好者,周旋亡端,终而复始,亡穷已也。权与物钧而生衡,衡运生规,规圆生矩,矩方生绳,绳直生准。准正则衡平而钧权矣。是为五则,备于钧器,以为大范。案《赵书》,石勒十八年七月,造建德殿,得圆石,状如水碓。其铭曰:"律权石,重四钧,同律度量衡。有辛氏造。"续咸议是王莽时物。后魏景明中,并州人王显达,献古铜权一枚,上铭八十一字。其铭云:"律权石,重四钧。"又云:

"黄帝初祖，德币于虞，虞帝始祖，德币于辛。岁在大梁，龙集戊辰。直定，天命有人，据土德，受正号即真。改正建丑，长寿隆崇。同律度量衡，稽当前人。龙在已巳，岁次实沈，初班天下，万国永遵。子子孙孙，享传亿年。"此亦王莽所制也。其时太乐令公孙崇，依《汉志》先修称尺，及见此权，以新称称之，重一百二十斤。新称与权，合若符契。于是付崇调乐。孝文时，一依《汉志》作斗尺。

梁、陈依古称。

齐以古称一斤八两为一斤。

周玉称四两，当古称四两半。

开皇以古称三斤为一斤，大业中，依复古秤。

隋书卷一七
志第一二

律历中

夫历者,纪阴阳之通变,极往数以知来,可以迎日授时,先天成务者也。然则悬象著明,莫大于二曜,气序环复,无信于四时。日月相推而明生矣,寒暑迭进而岁成焉,遂能成天地之文,极乾坤之变。天数五,地数五,五位相乘而各有合。天数二十有五,地数三十,凡天地之数五十有五,所以成变化而行鬼神也。乾之策二百一十有六,坤之策一百四十有四,凡三百六十,以当期之日也。至乃阴阳迭用,刚柔相摩,四象既陈,八卦成列,此乃造文之元始,创历之厥初者欤?洎乎炎帝分八节,轩辕建五部,少昊以凤鸟司历,颛顼以南正司天,陶唐则分命和、仲,夏后乃备陈《鸿范》,汤、武革命,咸率旧章。然文质既殊,正朔斯革,故天子置日官,诸侯有日御,以和万国,以协三辰。至于寒暑晦明之征,阴阳生杀之数,启闭升降之纪,消息盈虚之节,皆应躔次而不淫,遂得该浃生灵,堪舆天地,开物成务,致远钩深。周德既衰,史官废职,畴人分散,机祥莫理。秦兼天下,颇推五胜,自以获水德之瑞,以十月为正。汉氏初兴,多所未暇,百有余载,犹行秦历。至于孝武,改用夏正。时有古历六家,学者疑其纰缪,刘向父子,咸加讨论,班固因之,采以为志。光武中兴,未能详考。逮于永平之末,乃复改行四分,七十余年,仪式方备。其后复命刘洪、蔡邕,共修律历,司马彪用之以续《班史》。当涂受命,亦有史官,韩翊创之于前,李伟继之于后,咸遵刘洪之术,未及洪之深妙。

中、左两晋，迭有增损。至于西凉，亦为蔀法，事迹纠纷，未能详记。宋氏元嘉，何承天造历，迄于齐末，相仍用之。梁武初兴，因循齐旧，天监中年，方改行宋祖冲之《甲子元历》。陈武受禅，亦无创改。后齐文宣，用宋景业历。西魏入关，行李业兴历。逮于周武帝，乃有甄鸾造《甲寅元历》，遂参用推步焉。大象之初，太史上士马显，又上《景寅元历》，便即行用。迄于开皇四年，乃改用张宾历，十七年，复行张胄玄历，至于义宁。今采梁天监以来五代损益之要，以著于篇云。

　　梁初因齐，用宋《元嘉历》。天监三年下诏定历，员外散骑侍郎祖暅奏曰："臣先在晋已来，世居此职。仰寻黄帝至今十二代，历元不同，周天、斗分，疏密亦异，当代用之，各垂一法。宋大明中，臣先人考古法，以为正历，垂之于后，事皆符验，不可改张。"八年，暅又上疏论之。诏使太史令将匠道秀等，候新旧二历气朔、交会及七曜行度，起八年十一月，讫九年七月，新历密，旧历疏。暅乃奏称："史官今所用何承天历，稍与天乖，纬绪参差，不可承案。被诏付灵台，与新历对课疏密，前期百日，并又再申，始自去冬，终于今朔，得失之效，并已月别启闻。夫七曜运行，理数深妙，一失其源，则岁积弥爽。所上脱可施用，宜在来正。"至九年正月，用祖冲之所造《甲子元历》颁朔。至大同十年，制诏更造新历，以甲子为元，六百一十九为章岁，一千五百三十六为日法，一百八十三年冬至差一度，月朔以迟疾定其小余，有三大二小，未及施用而遭侯景乱，遂寝。陈氏因梁，亦用祖冲之历，更无所创改。

　　后齐文宣受禅，命散骑侍郎宋景业协图谶，造《天保历》。景业奏："依《握诚图》及《元命包》，言齐受录之期，当魏终之纪，得乘三十五以为蔀，应六百七十六以为章"文宣大悦，乃施用之。期历统曰："上元甲子，至天保元年庚午，积十一万五百六算外，章岁六百七十六，度法二万三千六百六十，斗分五千七百八十七，历余十六万二千二百六十一。"至后主武平七年，董峻、郑元伟立议非之，曰：

"宋景业移闰于天正,退命于冬至交会之际,承二大之后,三月之交,妄减平分。臣案,景业学非探颐,识殊深解,有心改作,多依旧章,唯写子换母,颇有变革,妄诞穿凿,不会真理,乃使日之所在,差至八度,节气后天,闰先一月。朔望亏食,既未能知其表里,迟疾之历步,又不可以傍通。妄设平分,虚退冬至,虚退则日数减于周年,平分妄设,故加时差于异日。五星见伏,有违二旬,迟疾逆留,或乖两宿。轨箄之术,妄刻水旱。今上《甲寅元历》,并以六百五十七为率,二万二千三百三十八为蔀,五千四百六十一为斗分,甲寅岁甲子日为元纪。"又有广平人刘孝孙、张孟宾二人,同知历事。孟宾受业于张子信,并弃旧事,更制新法。又有赵道严,准晷影之长短,定日行之进退,更造盈缩,以求亏食之期。刘孝孙以百一十九为章,八千四十七为纪,九百六十六为岁余,甲子为上元,命日度起虚中。张孟宾以六百一十九为章,四万八千九百为纪,九百四十八为日法,万四千九百四十五为斗分。元纪共命,法略旨远。日月五星,并从斗十一起。盈缩转度,阴阳分至,与漏刻相符,共日影俱合,循转无穷。上拒春秋,下尽天统,日月亏食及五星所在,以二人新法考之,无有不合。其年,讫于敬礼及历家豫刻日食疏密。六月戊申朔,太阳亏,刘孝孙言食于卯时,张孟宾言食于申时,郑元伟、董峻言食于辰时,宋景业言食于巳时。至日食,乃于卯甲之间,其言皆不能中。争论未定,遂属国亡。

　　西魏入关,尚行李业兴《正光历》法。至周明帝武成元年,始诏有司造周历。于是露门学士明克让、麟趾学士庾季才,及诸日者,采祖暅旧议,通简南北之术,自斯已后,颇睹其谬,故周、齐并时,而历差一日。克让儒者,不处日官,以其书下于太史,及武帝时,甄鸾造《天和历》。上元甲寅至天和元年景戌,积八十七万五千七百九十二算外。章岁三百九十一,蔀法二万三千四百六十,日法二十九万一百六十,朔余十五万三千九百九十一,斗分五千七百三十一,会余九万三千五百一十六,历余一十六万八百三十,冬至斗十五度,参用推步。终于宣政元年。

大象元年，太史上士马显等，又上《景寅元历》，抗表奏曰：

臣案九章、五纪之旨，三统、四分之说，咸以节宣发敛，考详晷纬，布政授时，以为皇极者也。而乾维难测，斗宪易差，盈缩之期致舛，咎征之道斯应。宁止蛇或乘龙，水能渗火，因亦玉羊掩曜，金鸡丧精。王化关以盛衰，有国由其隆替，历之时义，于斯为重。

自炎汉已还，迄于有魏，运经四代，事涉千年，日御天官，不乏于世，命元班朔，互有沿改。验近则选璧应辰，经远则连珠失次，义难循旧，其在兹乎？

大周受图膺录，牢笼万古，时夏乘殷，斟酌前代，历变壬子，元用甲寅。高祖武皇帝索隐探赜，尽性穷理，以为此历虽行，未臻其妙，爰降诏旨，博访时贤，并敕太史上士马显等，更事刊定，务得其宜。然术艺之士，各封异见，凡所上历，合有八家，精粗踳驳，未能尽善。去年冬，孝宣皇帝乃诏臣等，监考疏密，更令同造。谨案史曹旧簿及诸家法数，弃短取长，共定今术。开元发统，肇自景寅，至于两曜亏食，五星伏见，参校积时，最为精密。庶铁炭轻重，无失寒燠之宜。灰箭飞浮，不爽阴阳之度。上元景寅至大象元年己亥，积四万一千五百五十四算上。日法五万三千五百六十三，亦名蔀会法。章岁四百四十八，斗分三千一百六十七，蔀法一万二千九百九十二。章中为章会法。日法五万三千五百六十三，历余二万九千六百九十三，会日百七十三，会余一万六千六百一十九，冬至日在斗十二度，小周余、盈缩积，其历术别推入蔀会，分用阳率四百九十九，阴率九。每十二月下各有日月蚀转分，推步加减之，乃为定蚀大小余，而求加时之正。

其术施行。

时高祖作辅，方行禅代之事，欲以符命曜于天下。道士张宾，揣知上意，自云玄相，洞晓星历，因盛言有代谢之征，又称上仪表非人臣相。由是大被知遇，恒在幕府。及受禅之初，擢宾为华州刺史，使与仪同刘晖、骠骑将军董琳、索卢县公刘佑、前太史上士马显、太学博士郑元伟、前保章上士任悦、开府掾张彻、前荡边将军张膺之、校书郎衡洪建、太史监候粟相、太史司历郭翟、刘宜、兼算学博士张乾叙、门下参人王君瑞、荀隆伯等,议造新历,仍令太常卿卢贲监之。宾等依何承天法,微加增损。四年二月撰成奏上。高祖下诏曰:"张宾等存心算数,通洽古今,每有陈闻,多所启沃。毕功表奏,具已披览。使后月复育,不出前晦之宵,前月之余,罕留后朔之旦。减朓就朒,悬殊旧准。月行表里,厥途乃异,日交弗食,由循阳道。验时转算不越纤毫,迨听前修,斯秘未启。有一于此,实为精密,宜颁天下,依法施用。"

张宾所造历法,其要:

以上元甲子己巳已来,至开皇四年岁在甲辰,积四百一十二万九千一,算上。

蔀法,一十万二千九百六十。

章岁,四百二十九。

章月,五千三百六。

通月,五百三十七万二千二百九。

日法,一十八万一千九百二十。

斗分,二万五千六十三。

会月,一千二百九十七。

会率,二百二十一。

会数,一百一十半。

会分,一十一亿八千七百二十五万八千一百八十九。

会日法,四千二十万四千三百二十。

会日,百七十三。

余,五万六千一百四十三。

小分,一百一十。

交法,五亿一千二百一十万四千八百。

交分法,二千八百一十五。

阴阳历，一十三。

余，十一万二百六十三。

小分，二千三百二十八。

朔差，二。

余，五万七千九百二十一。

小分，九百七十四。

蚀限，一十二。

余，八万一千三百三。

小分，四百三十三半。

定差，四万四千五百四十八。

周日，二十七。

余，一十万八百五十九。亦名少大法。

木精曰岁星，合率四千一百六万三千八百八十九。

火精曰荧惑，合率八千二十九万七千九百二十六。

土精曰镇星，合率三千八百九十二万五千四百一十三。

金精曰太白，合率六千一十一万九千六百五十五。

水精曰辰星，合率一千一百九十三万一千一百二十五。

　　张宾所创之历既行，刘孝孙与冀州秀才刘焯，并称其失，言学无师法，刻食不中，所驳凡有六条：其一云，何承天不知分闰之有失，而用十九年之七闰。其二云，宾等不解宿度之差改，而冬至之日守常度。其三云，连珠合璧，七曜须同，乃以五星别元。其四云、宾等唯知日气余分恰尽而为立元之法，不知日月不合，不成朔旦冬至，其五云、宾等但守立元定法，不须明有进退。其六云，宾等唯识转加大余二十九以为朔，不解取日月合会准以为定。此六事微妙，历数大纲，圣贤之通术，而晖未晓此，实管窥之谓也。若乃验影定气，何氏所优，宾等推测，去之弥远。合朔顺天，何氏所劣，宾等依据，循彼迷踪。盖是失其菁华，得其糠粃者也。又云，魏明帝时，有尚书郎杨伟，修《景初历》，乃上表立义，驳难前非，云："加时后天，食不在朔。"然观杨伟之意，故以食朔为真，未能详之而制其法。至宋元嘉中，何承天著历，其上表云："月行不定，或有迟疾，合朔月食，不在朔望，亦非历之意也。"然承天本意，欲立合朔之术，遭皮延宗饰非致难，故事不得行。至后魏献帝时，有龙宜弟，复修延兴之历，又上表云："日食不在朔，而习之不废，据《春秋》书食，乃天之验朔也。"此三人者，前代善历，皆有其意，未正其书。但历数所重，唯在朔气。朔为朝会之首，气为生长之端，朔有告饩之文，气有郊迎之典，故孔子命历而定朔旦冬至，以为将来之范。今孝孙历法，并按明文，以月行迟疾定其合朔，欲令食必在朔，不在晦、二之日也。纵使频月一小、三大，得天之统。大抵其法有三，今列之云。

第一，勘日食证恒在朔。

引《诗》云"十月之交，朔日辛卯，日有食之。"今以甲子元历术推算，符合不差。《春秋经》书日合三十五。二十七日食，经书有朔，推与甲子元历不差。八食，经书并无朔字。《左氏传》云："不书朔，官失之也。"《公羊传》云："不言朔者，食二日也。"《谷梁传》云："不言朔者，食晦也。"今以甲子元历推算，俱是朔日。丘明受经夫子，于理尤详，《公羊》、《谷梁》皆臆说也。

《春秋左氏》隐公三年二月己巳，日有食之。推合己巳朔。

庄公十八年春三月，日有食之。推合壬子朔。

僖公十二年三月庚午，日有食之。推合庚午朔。

十五年夏五月，日有食之。推合癸未朔。

襄公十五年秋八月丁未，日有食之。推合丁巳朔。

前、后汉及魏、晋四代所记日食，朔、晦及先晦，都合一百八十一，今以甲子元历术推之，并合朔日而食。

前汉合有四十五食。三食并先晦一日，三十二食并皆晦日，十食并是朔日。

后汉合有七十四食。三十七食并皆晦日，三十七食并皆朔日。

魏合有十四食。四食并皆晦日，十食并皆朔日。

晋合有四十八食。二十五食并皆晦日，二十三食并皆朔日。

第二，勘度差变验。

《尚书》云:"日短星昴,以正仲冬。"即是唐尧之时,冬至之日,日在危宿,合昏之时,昴正午。案《竹书纪年》,尧元年景子。今以甲子元历术推算得合尧时冬至之日,合昏之时,昴星正午。《汉书》武帝太初元年丁丑岁,落下闳等考定太初历冬至之日,日在牵牛初。今以甲子元历术算,即得斗末牛初矣。晋时有姜岌,又以月食验于日度,知冬至之日日在斗十七度。宋文帝元嘉十年癸酉岁,何承天考验乾度,亦知冬至之日日在斗十七度。虽言冬至后上三日,前后通融,只合在斗十七度。但尧年汉日,所在既殊,唯晋及宋,所在未改,故知其度,理有变差。至今大隋甲辰之岁,考定历数象,以稽天道,知冬至之日日在斗十三度。

第三,勘气影长验。

《春秋纬命历序》云:"鲁僖公五年正月壬子朔旦冬至。"今以甲子元历术推算,得合不差。《宋书》元嘉十年,何承天以土圭测影,知冬至已差三日。诏使付外考验,起元嘉十三年为始,毕元嘉二十年,八年之中,冬至之日恒与影长之日差校三日。今以甲子元历术推算,但是冬至之日恒与影长之符合不差。详之如左:

十三年景子,

天正十八日历注冬至,

　　十五日影长,

　　即是今历冬至日。

十四年丁丑,

天正二十九日历注冬至,

　　二十六日影长,

　　即是今历冬至日。

十五年戊寅,

天正十一日历注冬至,

　　阴无影可验,

　　今历八日冬至。

十六年己卯,

天正二十一日历注冬至，

　　十八日影长，

　　　即是今历冬至日。

十七年庚辰，

天正二日历注冬至，

　　十月二十九日影长，

　　　即是今历冬至日。

十八年辛巳，

天正十三日历注冬至，

　　十一日影长，

　　　即是今历冬至日。

十九年壬午，

天正二十九日历注冬至，

　　阴无影可验，

　　　今历二十二日冬至。

二十年癸未，

天正六日历注冬至，

　　三日影长，

　　　即是今历冬至日。

　　于是新历初颁，宾有宠于高祖，刘晖附会之，被升为太史令。二人协议，共短孝孙，言其非毁天历，率意迁怪，焊文妄相扶证惑乱时人。孝孙、焊等，竟以他事斥罢。后宾死，孝孙为掖县丞，委官入京，又上，前后为刘晖所诘，事寝不行。仍留孝孙直太史，累年不调，寓宿观台，乃抱其书，弟子舆榇，来诣阙下，伏而恸哭。执法拘以奏之。高祖异焉，以问国子祭酒何妥。妥言其善，即日擢授大都督，遣与宾历比校短长。先是信都人张胄玄，以算术直太史，久未知名。至是与孝孙共短宾历，异论锋起，久之不定。

　　至十四年七月，上令参问日食事。杨素等奏："太史凡奏日食二十有五，唯一晦三朔，依克而食，尚不得其时，又不知所起，他皆无验。胄玄所克，前后妙衷，时起分数，合如符契。孝孙所克，验亦过半。"于是高祖引孝孙、胄玄等，亲自劳徕。孝孙因请先斩刘晖，乃可定历。高祖不怿，又罢之。俄而孝孙卒，杨素、牛弘等伤惜之，又荐胄玄。上召见之，胄玄因言日长影短之事，高祖大悦，赏赐甚厚，令与参定新术。刘焯闻胄玄进用，又增损孝孙历法，更名《七曜新术》，以奏之。与胄玄之法，颇相乖爽，袁充与胄玄害之，焯又罢。至十七年，胄玄历成，奏之。上付杨素等校其短长。刘晖与国子助教王颇等执旧历术，迭相驳难，与司历刘宜，援据古史影等，驳胄玄云：

《命序历》僖公五年天正壬子朔旦日至，《左氏传》僖公五年正月辛亥朔日南至。张宾历，天正壬子朔冬至，合《命历序》，差《传》一日。张胄玄历，天正壬子朔，合《命历序》，差《传》一日；三日甲寅冬至，差《命历序》二日，差《传》三日。成公十二年，《命历序》天正辛卯朔旦日至。张宾历，天正辛卯朔冬至，合《命历序》。张胄玄历，天正辛卯朔，合《命历序》；二日壬辰冬至，差《命历序》一日。昭公二十年，《春秋左氏传》二月己丑朔日南至，准《命历序》庚寅朔旦日至。张宾历，天正庚寅朔冬至，并合《命历序》，差《传》一日。张胄玄历，天正庚寅朔，合《命历序》，差《传》一日；二日辛卯冬至，差《命历序》一日，差《传》二日。宜案《命序》及《春秋左氏传》，并闰余尽之岁，皆须朔旦冬至。若依《命历序》勘《春秋》三十七食，合处至多；若依《左传》，合者至少，是以知《传》为错。今张胄玄信情置闰，《命历序》及《传》气朔并差。

又宋元嘉冬至影有七，张宾历合者五，差者二，亦在前一日。张胄玄历合者三，差者四，在后一日。元嘉十二年十一月甲寅朔，十五戊辰冬至，日影长。张宾历合戊辰冬至，张胄玄历己巳冬至，差后一日。十三年十一月己酉朔，二十六日甲戌冬至，日影长。张宾历癸酉冬至，差前一日，张胄玄历合甲戌冬至。十五年十一月丁卯朔，十八日甲申冬至，日影长。二历并合甲申冬至。十六年十一月辛酉朔，二十九日己丑冬至，日影长。张宾历合己丑冬至,张胄玄历庚寅冬至,差后一日。十七年十一月乙酉朔,十日甲午冬至,日影长。张宾历合甲午冬至,张胄玄历乙未冬至,差后一日。十八年十一月己卯朔,二十一日己亥冬至,日影长。张宾历合己亥冬至,张胄玄庚子冬至,差后一日。十九年十一月癸卯朔,三日乙巳冬至,影长。张宾历甲辰冬至,差前一日,张胄玄历合乙巳冬至。

又周从天和元年景戌至开皇十五年乙卯,合得冬夏至日影一十四。张宾历合得者十,差者四,三差前一日,一差后一日。张胄玄历合者五,差者九,八差后一日,一差前一日。天和二年十一月戊戌朔,三日庚子冬至,日影长。张宾合庚子冬至,张胄玄历辛丑冬至,差后一日。三年十一月壬辰朔,十四日乙巳冬至,日影长。张宾历合乙巳冬至,张胄玄历景午冬至,差后一日。建德元年十一月己亥朔,二十九日丁卯冬至,日影长。张宾历景寅冬至,差前一日,张胄玄历合丁卯冬至。二年五月景寅朔,三日戊辰夏至,日影短。张宾历己巳夏至,差后一日,张胄玄历庚午夏至,差后二日。三年十一月戊午朔,二十日丁丑冬至,日影长。张宾历合丁丑冬至,张胄玄历戊寅冬至,差后一日。六年十一月庚午朔,二十三日壬辰冬至,日影长。张宾历合壬辰冬至,张胄玄历癸巳冬至,差后一日。宣政元年十一月甲午朔,五日戊戌冬至,日影长。两历并合戊戌冬至。开皇四年十一月己未朔,十一日己巳冬至,日影长。张宾历合己巳冬至,张胄玄历庚午冬至,差后一日。五年十一月甲寅朔,二十二日乙亥冬至,日影长。张宾历甲戌冬至,差前一日,张胄玄历合庚辰冬至。七年五月乙亥朔,九日癸未夏至,日影短。张宾历壬午夏至,差前一日,张胄玄历合癸未夏至。十一月壬申朔,十四日乙酉冬至,日影长。张宾历合乙酉冬至,张胄玄历景戌冬至,差后一日。十一年十一月己卯朔,二十八日景午冬至,日影长。张宾历合景午冬至,张胄玄历丁未冬至,差后一日。十四年十一月辛酉朔旦冬至。张宾历合十一月辛酉朔旦冬至,张胄玄历十一月辛酉朔,二日壬戌冬至,差后一日。建德四年四月大、乙酉朔,三十日甲寅,月晨见东方。张宾历四月大、乙酉朔,三十日甲寅,月晨见东方,张胄玄历四月小、乙酉朔,五月大,甲寅朔,月晨见东方。宜案影极长为冬至,影极短为夏至,二至自古史分可勘者二十四,其二十一有影,三有至日无影。见行历合一十八,差者六。旅骑尉张胄玄历合者八,差者一十六,二差后二日,一十四差后一日。又开皇四年,在洛州测冬至影,与京师二处,进退丝毫不差。周天和已来案验并在后。更检得建德四年,晦朔东见;张胄玄历,五月朔日,月晨见东方。今十七年,张宾历闰七月,张胄玄历闰五月。又审至以定闰,胄玄历至既不当,故知置闰必乖。见行历四月、五月频大,张胄玄历九月、十月频大,为胄玄朔弱,频大在后晨,故朔日残月晨见东方。

宜又案开皇四年十二月十五日祭卯,依历月行在鬼三度,时加酉,月在卯上,食十五分之九,亏起西北。今伺候,一更一筹起食东北角,十五分之十,至四筹还生,至二更一筹复满。五年六月三十日,依历太阳亏,日在七星六度,加时在午少强上,食十五分之一半强,亏起西南角。今伺候,日乃在午后六刻上始食,亏起西北角,十五分之六,至未后一刻还生,至五刻复满。六年六月十五日,依历太阴亏,加时酉,在卯上,食十五分之九半弱,亏起西南。当其时阴云不见月。至辰巳,云里见月,已食三分之二,亏从东北,即还云合。至巳午间稍生,至午后,云里暂见,已复满。十月三十日丁丑,依历太阳亏,日在斗九度,时加在辰少弱上,食十五分之七强,亏起东北角。今候所见,日出山一丈,辰二刻始食,亏起正西,食三分之二,辰后二刻始生,入巳时三刻上复满。十年三月十六日癸卯,依历月行在氐七度,时加戌,月在太半上,食十五分之七半强,亏起东北。今候,月初出卯南,带半食,出至辰初三分,可食二分许,渐生,辰未巳复满。见行历九月十六日庚子,月行在胃四度,时加丑,月在未半强上,食十分之三半强,亏起正东。今伺候,月以午后二刻,食起正东,须臾如南,至未正上,食南畔五分之四,渐生,入申一刻半复满。十二年七月十五日己未,依历月行在室七度,时加戌,月在辰太强上,食十五分之十二半弱,亏起西北。今伺候,一更三筹起西北上,食准三分之二强,与历注同。十三年七月十六日,依历月在申半强上,食十五分之半弱,亏起西南。十五日夜,从四更候月,五更一筹起东北上,食半强,入云不见。十四年七月一日,依历时加巳弱上,食十五分之十二半强,至未后三刻,日乃食,亏起西北,食半许,入云不见,食顷暂见,犹未复生,因即云鄣。十五年十一月十六日庚午,依历月行在井十七度,时加亥,月在巳半上,食十五分之九半强,亏西北。其夜一更四筹后,月在辰上起食,亏东南,至二更三筹,月在巳上,食三分之二许,渐生,至三更一筹,月在景上,复满。十六年十一月十六日乙丑,依历月行在井十七度,时加丑,月在未太弱上,食十五分之十二半弱,亏起东南。十五日夜伺候,至三更一筹,月在景上,云里见,已食十五分之三许,亏起正东,至丁上,食既,后从东南生,至四更三筹,月在未末,复满。而胄玄不能尽中。

迭相驳难,高祖惑焉,逾时不决。

会通事舍人颜愍楚上书云:“汉落下闳改《颛顼历》作《太初历》,云后八百岁,此历差一日。”语在《胄玄传》。高祖欲神其事,遂下诏曰:“朕应运受图,君临万宇思欲兴复圣教,恢弘令典,上顺天道,下授人时,搜扬海内,广延术士。旅骑尉张胄玄,理思沉敏,术艺宏深,怀道白首,来上历法。令与太史旧历,并加勘审。仰观玄象,参验璿机,胄玄历数与七曜符合,太史所行,乃多疏舛,群官博议,咸以胄玄为密。太史令刘晖,司历郭翟、刘宜,骁骑尉任悦,往经修造,致此乖谬。通直散骑常侍、领太史令庾季才,太史丞邢隽,司历郭远,历博士苏粲,历助教傅隽、成珍等,既是职司,须审疏密。遂虚行此历,无所发明。论晖等情状,已合科罪,方共饰非护短,不从正法。季才等附下罔上，义实难容。"于是晖等四人，元造诈者，并除名；季才等六人，容隐奸慝，俱解见任。胄玄所造历法，付有司施行。擢拜胄玄为员外散骑侍郎，领太史令，胄玄进袁充，互相引重，各擅一能，更为延誉。胄玄言充历，妙极前贤，充言胄玄历术，冠于今古。胄玄学祖冲之，兼传其师法。自兹厥后，克食颇中。其开皇十七年所行历术，命冬至起虚五度。后稍觉其疏，至大业四年刘焯卒后，乃敢改法，命起虚七度，诸法率更有增损，朔终义宁。今录戊辰年所定历术著之于此云。

自甲子元至大业四年戊辰，百四十二万七千六百四十四年，算外。

章岁，四百一十。

章闰，百五十一。

章月，五千七十一。

日法，千一百四十四。

月法，三万三千七百八十三。

辰法，二百八十六。

岁分，一千五百五十七万二千九百六十三。

度法，四万二千六百四十。

没分，五百一十九万一千三百一十一。

没法，七万四千五百二十一。

周天分，一千五百五十七万四千四百六十六。

斗分，一万八百六十六。

气法，四十六万九千四十。

气时法，一万六百六十。

周日，二十七。

日余，一千四百一十三。

周通，七万二百九。

周法，二千五百四十八。

推积月术：

置入元已来至所求年，以章月乘之，如章岁得一，为积月，余为闰余。闰余三百九十七已上，若冬至不在其月，加积月一。

推月朔弦望术：

以月法乘积月，如法得一，为积日，余为小余。以六十去积日，余为大余，命以甲子算外，为所求年天正月朔日。天正月者，建子月也，今为去年十一月。凡朔小余五百四十七已上，其月大。加大余七，小余四百三十七太；凡四分一为少，二为半，三为太。小余满日法去之，从大余；满六十去之，命如前，为上弦日。又加，得望、下弦、后月朔。朔余满五百三十七，其月大，减者小。

推二十四气术：

以月法乘闰余，又以章岁乘朔小余，加之，如气法得一，为日，命朔算外，为冬至日。不尽者，以十一约之，为日分。

求次气：加日十五，日分九千三百一十五，小分一；小分满八从日分一，日分满度法从日一；如月大小去之，日不满月，算外，为次气日。其月无中气者，为闰。

二十四气	损益率	盈缩数
冬至十一月中	益七十	缩初
小寒十二月节	益三十五	缩七十
大寒十二月中	益三十五	缩百五
立春正月节	益二十	缩百三十
雨水正月中	益二十	缩百六十
启蛰二月节	益三十五	缩百九十
春分二月中	损五十五	缩二百二十五
清明三月节	损三十五	缩百七十
谷雨三月中	损四十	缩百二十五
立夏四月节	损三十	缩八十五
小满四月中	损五十五	缩五十五
芒种五月节	益六十五	盈初
夏至五月中	益五十五	盈六十五
小暑六月节	益四十	盈百二十

大暑六月中	益二十五	盈百六十
立秋七月节	益五	盈百八十五
处暑七月中	益三十	盈百九十
白露八月节	益四十	盈二百二十
秋分八月中	益六十	盈二百六十
寒露九月节	损五十五	盈二百
霜降九月中	损五十	盈百四十五
立冬十月节	损四十五	盈九十五
小雪十月中	损四十	盈五十
大雪十一月节	损十	盈十

求朔望入气盈缩术：

以入气日算乘损益率，如十五得一，余八已上，从一；以损益盈缩数为定盈缩。其入气日十五算者，如十六得一，余半法已上亦从一，以下皆准此。

推土王术：

加分至日二十七，日分一万六千七百六十七，小分九；小分满四十从日分一，满去如前，即分至后土始王日。

推没日术：

其气有小分者，以水乘日分，内小分，又以十五乘之，以减没分；无小分者，以百二十乘日分，以减之；满没法为日，不尽为日分，以其气去朔日加之，去、命如前。

求次没：加日六十九，日分四万九千三百七十二；日分满没法，从日，去、命如前。

推入迟疾历术：

以周通去朔积日，余以周法乘之，满周通又去之，余满周法得一日，余为日余，即所求年天正朔算外夜半入历日及余。

求次月：大月加二日，小月加一日，日余皆千一百三十五，满周日及日余去之。

求次日：加一，满、去如前。

求朔望加时入历术：

以四十九乘朔小余，满二十二得一为日余，不尽为小分，以加夜半入历日及余分。

求次月：加日一，余二千四百八十六，小分二十一。满、去如前，即次月入历日及余。

求望：加日十四日，余千九百四十九，小分二十一半，满、去如前，为望入历日及余。

历日转分	转法	益损率	盈缩积分	差法
一日六百一	退六	益二百四十八	盈初	五千六百
二日五百九十五	退七	益二百一十八	盈六十万五千一百五十九	五千五百四十
三日五百八十八	退八	益一百七十九	盈一百一十四万一千六百七十八	五千四百七十
四日五百八十	退九	益一百四十二	盈一百五十九万八千一百一十七	五千三百九十
五日五百七十一	退九	益一百三	盈一百九十六万三千三十六	五千三百
六日五百六十二	退九	益六十二	盈二百二十二万四千九百九十五	五千二百一十
七日五百五十三	退十	益二十二	盈二百三十八万三千九百九十四	五千一百二十
八日五百四十三	退十	损二十三	盈二百三十四万三十三	五千二十

九日五百三十三	退九	损六十八	盈二百三十八万一千六百七十二	四千九百二十
十日五百二十四	退八	损一百八	盈二百二十万八千九百一十一	四千八百三十
十一日五百一十六	退七	损一百四十四	盈一百九十三万三千一百九十	四千七百五十
十二日五百九	退七	损一百七十六	盈一百五十六万五千九百四十七	四千六百八十
十三日五百二	退六	损二百七	盈一百一十八万八千六百二十八	四千六百一十
十四日四百九十六	进二	损二百三十四	盈五十九万一千二百二十七	四千五百五十
十五日四百九十八	进六	益二百二十五	缩四千八百一十四	四千五百七十
十六日五百四	进七	益一百九十八	缩五十七万七千九百七十五	四千六百四十
十七日五百一十一	进八	益一百六十七	缩一百八万二千四百九十六	四千七百
十八日五百一十九	进八	益一百三十一	缩一百五十万六千九百三十七	四千七百八十
十九日五百二十七	进九	益九十五	缩一百八十三万九千八百五十八	四千八百六十
二十日五百三十六	进九	益五十四	缩二百八万二千一百五十九	四千九百五十

二十一日五百四十五	进十	益十四	缩二百二十一万九千七百	五千四十
二十二日五百五十五	进九	损三十一	缩二百二十五万五千一百八十一	五千一百四十
二十三日五百六十四	进九	损七十一	缩二百一十七万六千二百六十二	五千二百四十
二十四五百七十三	进八	损一百一十二	缩一百九十九万四千三百八十三	五千三百二十
二十五日五百八十一	进八	损一百四十八	缩一百七十万九千五百四十四	五千四百
二十六日五百八十九	进六	损一百八十四	缩一百三十三万二千一百八十五	五千四百八十
二十七日五百九十五	进五	损二百一十六	缩八十六万五千三百六	五千五百四十
二十八日六百	进一	损二百三十三	缩三十二万八千七百八十七	五千五百九十

推朔望加时定日及小余术：

以入历日余乘所入历所日损益率，以损益盈缩积分，如差法而一，为定积分。(如差法)乃与入气定盈缩，皆以盈减、缩加本朔望小余；不足减者，加日法乃减之，加时在往日；加之，满日法者去之，则在来日；余为定小余，无食者不须气盈缩。

角十二度　　亢九度　　氐十五度　　房五度　　心五度
尾十八度　箕十一度

　　东方七宿七十五度

　　斗二十六度　　牛八度　　　女十二度　　虚十度　　　危十七度
室十六度　　壁九度

　　　　北方七宿九十八度

　　奎十六度　　　娄十二度　　胃十四度　　昴十一度　　毕十六度
觜二度　　　参九度

　　　　西方七宿八十度

　　井三十三度　　鬼四度　　　柳十五度　　星七度　　　张十八度
翼十八度　　轸十七度

　　　　南方七宿百一十二度

　　推日度术：

　　置入元至所求年，以岁分乘之，为通实，满周天分去之，余如度
法而一，为积度，不尽为度分。命度以虚七度宿次去之，经斗去其分
度不满宿，度以虚七度宿次去之，经斗去其分，度不满宿，算外，即
所求年天正冬至日所在度及分。以冬至去朔日以减分度数，分不足
减者，减度一，加度法，乃减之，命如前，即天正朔前夜半日所在度
及分。须求朔共度者，用去定用日数减之，俟后所须。

　　求次月：大月加度三十，小月加度二十九，宿次去去其分。

　　求次日：加度一，去、命如前。

　　求朔望加时日所在度术：

　　各以定小余乘章岁，满十一为度分，以加其前夜半度分，满之
去如前。凡朔加时日月同度。

　　求转分：以千四十约度分，不尽为小分。

　　求望加时月所在度术：

　　置望加时日所在度及分，加度一百八十二，转分二十五，小分
七百五十三；小分满千四十从转分一，转分满四十一从度，去、命如
前，经斗去转分十，小分四百六十六。

　　求月行迟疾日转定分术：

　　以夜半入历日余乘转差，满周法得一为变差，以进加、退减日
转分为定分。

推朔望夜半月定术：

以定小余乘所入历日转定分，满日法得一为分，分满四十一为度，各以减加时月所在度，即各其前夜半定度。

求次日：以日转定分加转分，满四十一从度，去、命如前；朔日不用前加。

推五星术：

木数，千七百万八千三百三十二四分。

火数，三千三百二十五万六千二十六。

土数，千六百一十二万一千七百六十七。

金数，二千四百八十九万八千四百一十七。

水数，四百九十四万一千九十八。

木终日，三百九十八，日分，三万七千六百一十二四分。

火终日，七百七十九，日分，三万九千四百六十六。

土终日，三百七十八，日分，三千八百四十七。

金终日，五百八十三，日分，三万九千二百九十七。晨见伏，三百二十七日，分同；夕见伏，二百五十六日。

水终日，百一十五，日分，三万七千四百九十八。晨见伏，六十三日，分同；夕见伏，五十二日。

求星见术：

置通实，各以数去之，余以减数，其余如度法得一为日，不尽为日分，即所求年天正冬至后晨平见日及分。其金、水，以夕见伏日去之，得者余为夕平见日及分。

求平见见月日：置冬至去朔日数及分，各以冬至后日数及分加之，分满度法从日，起天正月，依大小去之，不满月者为去朔日，命日算卯，即星见所在月日及分。求后见：各以终日及分加之，满去如前。其金、水各以晨夕加之，满去如前，加晨得夕，加夕得晨。

木：平见在春分前者，以三千三百四十乘去大寒后十日数，以加平见分，满法之，以为定见日及分。立秋后者，以四千二百乘去寒露日，加之，满同前。春分至清明均加四日，后至立夏五日，以后至芒种加六日,均至立秋。小雪前者,以七千四百乘去寒露日数,以减平见日分;冬至后者,以八千三百乘去大寒后十日数,以减之;小雪至冬至均减八日,为定见日数。初见伏去日各十四度。

火:平见在雨水前,以二万六千八百八十乘去大寒日数;在立夏后,以万三千四百四十乘去立秋日数,以见日分,满去如前;雨水至立夏,均加二十九日。小雪前,以万一千五百八十乘去处暑日数;冬至后,以三万四千三百八十乘去大寒日数,满去如前,以减之;小雪至冬至,均减二十五日。初见伏去日各十七度。

土:平见在处暑前,以万二千三百七十乘去大暑日数;白露后,以八千三百四十乘去霜降日数,以加见日分,满如前;处暑至白露均加九日。小寒前,以四千九百八十乘去霜降日数。小寒至立春均减九日,立春后减八日,启蛰后去七,气别去一,至谷雨去三,夏至后十日去一,至大暑去尽。初见伏去各十七度。

金:晨平见,在立春前者,以四千一百二十乘去小满后,以乘去夏至日数,以加见日分,满均加三日。立秋前,以乘去冬至日数,满去如前,以减之,立秋至小雪均减三日。夕平见,在启蛰前,以六千三百九十乘去小雪日数。清明后,以六千二百九十乘去芒种日数,满去如前,以减之,启蛰至清明均减九日。处暑前,以六千二百九十乘去夏至日数;寒露,以六千二百九十乘去大雪日数;以加之,处暑至寒露均加九日。初伏去日各十一度。

水:晨平见,在雨水后、立夏前者,应见不见。启蛰至雨水,去日十八度外、四十六度内,晨有木、火、土、金一星已上者,见;无者不见。立夏至小满,去日度如前,晨有木、火、土、金一星已上者,见;无者亦不见。从霜降至小雪加一日,冬至至小寒减四日,立春至雨水减三日。冬至前,一去三,二去二,三去一。夕平见,在处暑后、霜降前者,应见不见。立秋至处暑,夕有星,去日如前者,见;无者亦不见。霜降至立冬,夕有星,去日如前者,见;无者亦不见。从谷雨至夏至,减二日。初见伏去日各十七度。

行五星法:

置星定见之前夜半日所在宿度算及分,各以定见日分加其分,满度法从。又以星初见去日度数,晨减、夕加之,满去如前,即星初见所在度及分。

求次日:各加一日所行度及分,有小分者,各日数为母,小分满其母去从分,分满度法从度。其行有益疾迟者,副置一日行分,各以其分疾迟损乃加之。留者因前,退则减之,伏不注度,顺行出斗去其分,退行入斗先加分。讫,皆以千四十约分,为大分,以四十一为母。

木:初见,顺,日行万六百一十八分,日益迟六十分,一百一十四日行十九度、万三千八百三十二分而留。二十六日乃退,日六千一百一分,八十四日退十二度、八百四分。又留二十五日、三万七千六百一十二分、小分四,乃顺。初日行三千八百三十七分,日益疾六十分,百一十四日行十九度、万三千七百一十八分而伏。

土:初见,顺,日行三千八百一十四分,八十三日行七度、万八千八十二分而留。三十八日乃退,日二千五百六十三分,百日退六度、四百六十分。又留三十七日、三千八百四十七分乃顺,日三千八百一十三分,八十三日行七度万七千九百九十九分如初乃伏。

火:初见已后各如其法:

损益日度各一。	冬至初	二百四十一日	行百六十三度
二日损一	尽百二十八日	百七十七日	行九十九度尽百六十一日同。
三日损一	尽百八十二日	百七十日	行九十二度尽百八十日同。
三日益一	尽二百二十七日	百八十三日	行一百五度
二日益一	尽二百四十九日	百九十四日	行百一十六度
一日益一	尽三百一十日	二百五十五日	行百七十七度尽三百四十七日同。

二日损一　尽三百六十　复二百四十一日　行百七十七度
　　　五日

　　见在雨水前，以见去小寒日数，小满后，以去大暑日数；三约
之，所得减日为定日；雨水至小满，均去二十日为定日。已前皆前疾
日数及度数。各计冬至后日数，依损益之，为定日数及度数。以度法乘定度，
如定日得一，即平行一日分，不尽为小分。大寒至立秋差行，余平行。处
暑至白露，皆去定皆度六日。白露至寒露，初日行半度，四十日行二
十度，余日及余度续同前。置日数减一，三十乘之，加平行一日分，为初日
分。差行者，日益迟六十分，各尽其日度而迟。初日行二万六百分，
日益迟百分，六十日行二十四度，三万五千六百四十分其前去度六
者，此迟初日加四千二百六十四分，六十日行三十度，分同。而留。十三日
前去日者，分、日于二留，奇从后留。乃退，日万二千八十二分，六十日退
十七度、四十分。又留，十二日三万九千四百六十六分。又顺，迟，
初日行万四千七百分，日益疾百分，六十日行二十四度，分同前，此
迟在立秋至秋分加一日，行分四千二百六十四，六十日行四十度，分同前。而
后疾。

损益	冬至初	二百一十四日	行百三十六度
一日损一	尽三十七日	百七十七日	行九十九度
二日损一	尽五十五日	一百六十七日	行八十九度尽七十九日同。
三日益一	尽百四十日	百八十四日	行百六度
一日益一	尽百九十日	二百三十七日	行百五十九度
一日益一	尽二百日	二百五十七日	行百七十九度
一日益一	尽二百一十日	二百六十七日	行百八十九度尽二百五十九日同。
二日损一	尽三百六十五日	复二百一十四日	行百三十六度

　　后迟加六度者，此后疾去度为定度，已前皆后疾日数及度数。

其在立夏至,小暑、至立秋,尽四十日,行二十度,计余日及度,从前法。前法皆平行。求行分亦如前。各尽其日度而伏。

金:晨初见,乃退,日半度,十日退五度而留。九日乃顺,迟,差行,先迟日益五百分,四十日行三十度,小暑前以去芒种日数,十日减一度;立冬后以去大雪日数,十日减一度;小暑至立冬,均减三度为定度。大雪至芒种不加减。求初日,以三十乘度法,四十得一为平分。又以三十九乘二百五十,以减半分为初日行分。平行,日一度,十五日行十五度。小寒后十日,益日度各一,至雨水二十一日,行二十一度。均至春分后十日减一,至小满,复十五行十五度。其后六日减一,至处暑,日及度皆尽。至霜降后,四日益一,至复十五日行十五度。疾,百七十日行二百四度。前顺迟减度者,计减数益此度为定度。求一日行度分者,以百七十日日一度以减定度,余乘度法,加百七十得一,为一日平行度分。晨伏东方。夕初见,顺,疾,百七十日行二百四度。夏至前,以见去小满日数,六日加一度;大暑后,以去立秋日数,五日加一度,夏至至大暑均加五度,为定度,白露至清明,差行,先度日益百分。清明至白露,平行,求一日平行(周),晨疾求差行,以五十乘百六十九,加之,为初日行度分。平行,日一度,十五日行十五度。冬至后十日减日度各一,至启蛰九日行九度。均至夏至后五日益一,至大暑复十五日行十五度。均至立秋后六日益一,至寒露二十五日日行五度。后六日减一,至大雪复十五日行十五度,均至冬至。顺,迟,差行,先疾,日益五百分,四十日行三十度。前加度者,此依数减之,求一日行分。如晨迟,唯减者为加之。又留,九日乃退,日半度,十日退五度,而夕伏西方。

水:晨初见,留六日。顺,迟,日行万六百六十分,四日行一度。大寒至雨水不须此迟行。平行,日一度,十日行十度。大寒后二日,去日度各一,尽二十日,日及度俱尽。疾,日行一度三万八千三百七十六分,十日行十九度,前无迟行者,减此分万二千七百九十二分,十日行十六度,晨伏东方。夕初见,顺,疾,日行一度三万八千三百七十六分,十日行十九度。小暑至白露减万二千七百九十二分,十日行十六度,平行,日一度,十日行十度。大暑后二日,去日度各一,尽二十日,日及度具尽。迟,行日万六百六十分,四日行一度。疾减万二千七百九十二分者,不须此迟。又留六日,夕伏西方。

推交会行：

会通，千六十四万六千七百二十九。

朔差，九十万七千五十七。

望差，四十五万三千五百二十八半。

单数，五百三十二万三千三百六十四半。

时法，三万二千六百四。

望数，五百七十七万六千八百九十三。

外限，四百八十六万九千八百三十六。

内限，千一十九万三千二百半。

中限，五百六十四万九千四百四半。

次限，千三十二万六百八十九。

推入交法：

以会通去积月，余以朔望差乘之，满会通又去之，余为所求年天正朔入交余。

求望数加之，满、如前。

求次月，以朔差加之，满、去如前。

推交道内外及先后去交术：

其朔望在启蛰前，以一千三百八十乘去小寒日数；在谷雨雨水后，以乘去芒种日数，为气差以加之，启蛰至谷雨均加六万三千六百；满会通之，余为定余。其小寒至春分，立夏至芒种，朔值盈二时已下，皆半气差而加之，二时已上，皆不加。朔入交余如望差、望数已下，中限已上，有星伏，木、土去见十日外，火去见四十日外，金、晨伏去见二十二日外。有一星者不加气差。朔望在白露前者，以九百乘去小暑日数；在立冬后者，以千七百七十乘去大雪日数，以减之；白露至立冬均减五万五千，不足减者，加会通乃减之，余为定余。朔入交余如外限、内限已上，单数次限已上有星伏。如前者，不减气差。定余不满单数者，为在外；满去之，余在内。其余如望差已下、外限已上，望则月食；在内者，朔则日。其余如望差已下者，即为去先交余；如外限已上者，以减单数，余为去后交余。如时法得一，然为去交时数。

推月食加时术：

置食定日小余，三之，如辰法得一辰，命以子算外，即所在辰。不尽为时余，四之，如法，无所得为辰初，一为少，二为半，三为太。又不尽者，三之，如法，得一为强，以并少为少强，并半为半强，并太为太强，得二强者为少弱，并少为半弱，并半为太弱，并太为辰末。此加时谓食四时月在冲也。

推日食四时术：

置食定日小余，秋三月，内道，去交八时已上，加二十四，十二时以加四十八；春三月，内道，去交七时已上，加二十四。乃以三乘之，如辰法得一辰，以命子算外，即所在辰。不尽为时余。副置时余，仲辰不满半辰，减半辰已上云半辰；季辰者直加半辰；孟辰者减辰法，余加半辰为差率。

又，置去交时数，三已下加三，六已下加二，九已下加一，九已上依数，十二已上从十二；以乘差率，如十四得一为时差。子半至卯半、午半至酉半，以加时余；卯半至午半、酉半至子半，以减时余。加之，满辰法去之，进一辰，余为定时余。乃如月食法，子午卯酉为仲，辰戌丑未为季，寅申巳亥为孟。日出前入后各二时外，不注日食。三乘气时法得一，命子算外为时。

求外道日食法：

去交一时内者，食。夏去交二时内，加时在南方三辰者，食。若去至十二时内，去交六时内者，亦食。若去春分三日内，后交二时内，秋分三日内，先交二时内者，亦食。先交二时内，值盈二时外，及后交二时内，值缩二时外，亦食。诸志交三时内，星伏如前者，食。

求内道日不食法：

加时南方三辰，五月朔先交十三时外，六月朔后交十三时外，不食。启蛰至谷雨，先交十三时，值缩加时在未以西者，不食。处暑至霜降，后交十三时外，值盈加时在巳以东者，不食。

求月食分：

春后交、秋先交、冬后交，皆去不食余一时，不足去者，食既。余以三万二百三十五为法,得一为不食分。不尽者,半法已上为半强,已下为半弱,以减十五,余为食分。

推日食分术:

在秋分前者,以去夏至日数乘二千,以减去交余,余为不食余;不足减者,反减十八万四千,余为不食余,亦减望差为定法。其交值缩,并不减望差,直以望差为定法。在启蛰后者,以去夏至日数乘千五百以减之;秋分至启蛰,均减十八万四千,不足减者,如前;大寒至小满,去后交五时外,皆去不食余一时。时差减者,先交减之,后交加之,不足减者食既;值加,先交减之,不足减者食。

求所起:内道西北,亏东北;外道西南,亏东南。十三分以上,正左起。亏皆据甚时,月则行上起。

气	日出	日入
冬至	辰六十八刻之五十	申七刻分刻之四十
小寒	辰三十二分	申七刻四十八分
大寒	卯八刻四十九分	酉一分
小雪立春	卯七刻二十九分	酉五十二分
立冬启蛰	卯六刻二十五分	酉一刻五十一分
霜降雨水	卯五刻十三分	酉三刻七分
寒露春分	卯三刻五十五分	酉四刻十五分
秋分清明	卯二刻四十七分	酉五刻四十三分
白露谷雨	卯一刻二十八分	酉六刻五十二分
处暑立夏	卯二十八分	酉七刻五十三分
立秋小满	寅八刻三分	戌十七分
大暑芒种	寅七刻三十六分	戌四十四分
小暑夏至	寅七刻四十分	戌五十分

求日出入所在术:

以所入气辰刻及分,与后气辰刻及分相减,余乘入气日算,如十五得一,以损益所入气,依刻及分为定刻。

隋书卷一八
志第一三

律历下

开皇二十年，袁充奏日长影短，高祖因以历事付皇太子，遣更研详著日长之候。太子征天下历算之士，咸集于东宫。刘焯以太子新立，复增修其书，名曰《皇极历》，驳正胄玄之短。太子颇嘉之，未获考验，焯为太学博士，负其精博，志解胄玄之印，官不满意，又称疾罢归。至仁寿四年，焯言胄玄之误于皇太子。

其一曰，张胄玄所上见行历，日月交食，星度见留，虽未尽善，得其大较，官至五品，诚无所愧。但因人成事，非其实录，就而讨论，违舛甚众。

其二曰，胄玄弦望晦朔，违古且疏，气节闰候，乖天爽命。时不从子半，晨前别为后日。日躔莫悟缓急，月逡妄为两种，月度之转，辄遗盈缩，交会之际，意造气差。七曜之行，不循其道，月星之度，行无出入，应黄反赤，当近更远，亏食乖准，阴阳无法。星端不协，珠璧不同，盈缩失伦，行度愆序。去极晷漏，应有而无，食分先后，弥为烦碎，测今不审，考古莫通，立术之疏，不可纪极。今随事纠驳，凡五百三十六条。

其三曰，胄玄以开皇五年，与李文琮，于张宾历行之后，本州贡举，即赍所造历拟以上应。其历在乡阳流布，散写甚多，今所见行，与焯前历不异。玄前拟献，年将六十，非是匆迫仓卒始为，何故至京未几，即变同焯历，与旧悬殊，焯作于前，玄献于后,舍己从人,异同暗会。且孝孙因焯,胄玄后附孝孙,历术之文,又皆是孝孙所作,则元本偷窃,事甚分明。恐胄玄推讳,故依前历为驳,凡七十五条,并前历本俱上。

其四曰,玄为史官,自奏亏食,前后所上,多与历违,今算其乖舛有一十三事。又前与太史令刘晖等校其疏密五十四事,云五十三条新。计后为历应密于旧,见用算推,更疏于本。今纠发并前,凡四十四条。

其五曰,胄玄于历,未为精通。然孝孙初造,皆有意,征天推步,事必出生,不是空文,徒为臆断。

其六曰,焯以开皇三年,奉敕修造,顾循记注,自许精微,秦、汉以来,无所与让。寻圣人之迹,悟暴哲之心,测七曜之行,得三光之度,正诸气朔,成一历象,会通今古,符允经传,稽于庶类,信而有征。胄玄所违,焯法皆合,胄玄所阙,今则尽有,隐括始终,谓为总备。

仍上启曰:“自木铎寝声,绪言成烬,群生荡析,诸夏沸腾,曲技云浮,畴官雨绝,历纪废坏,千百年矣。焯以庸鄙,谬荷甄擢,专精艺业,耽玩数象,自力群儒之下,冀睹圣人之意。开皇之初,奉敕修撰,性不谐物,功不克终,犹被胄玄窃为已法,未能尽妙,协时多爽,尸官乱日,实点皇猷。请征胄玄答,验其长短。”

焯又造历家同异,名曰《稽极》。大业元年,著作郎王劭、诸葛颍二人,因入侍宴,言刘焯善历,推步精审,证引阳明。帝曰:“知之久矣。”仍下其书与胄玄参校。胄玄驳难云:“焯历有岁率、月率,而立定朔月,有三大、三小。案岁率、月率者,平朔之章岁、章月也。以平朔之率而求定朔,值三小者,犹似减三五为十四;值三大者,增三五为十六也。校其理实,并非十五之正。故张衡及何承天创有此意,为难者执数以校其率,率皆自败,故不克成。今焯为定朔,则须除其平率,然后为可。”互相驳难,是非不决,焯又罢归。

四年,驾幸汾阳宫,太史奏曰:“日食无效。”帝召焯,欲行其历。袁充方幸于帝,左右胄玄,共排焯历,又会焯死,历竟不行。术士咸

称其妙,故录其术云

甲子元,距大隋仁寿四年甲子,称一百万八千八百四十算。

岁率,六百七十六。

月率,八千三百六十一。

朔日法,千二百四十二。

朔实,三万六千六百七十七。

旬周,六十。

朔辰,百三半。

日干元,五十二。

日限,十一。

盈泛,十六。

亏总,十七。

推经朔术:

置入元距所求年,月率乘之,如岁率而一,为积月,不满为闰衰。朔实乘积月,满朔日法得一,为积日,不满为朔余。旬周去积日,不尽为日,即所求年天正经朔日及余。

求上下弦、望:加经朔日七、余四百七十五小,即上弦经日及余,又加得望、下弦及后月朔。就径求望者,加日十四、余九百五十半;下弦加日二十二、余百八十四;余九百五十半下弦加五十九。每月加闰衰二十大,即各其月闰衰也。

凡月建子为天正,建丑为地正,建寅为人正。即以人正为正月,统求所起,本于天正。若建岁历从正月始,气、候、月、星,所值节度,虽有前却,并亦随之。其前地正为十二月,天正为十一月,并诸气度皆属往年。其日之初,亦从星起,晨前多少俱归昨日。若气在夜半之后,量影以后日为正。诸因加者,各以其余减法,残者为全余。若所因之余满全余以上,皆增全一而加之,减其全余;即因余少于全余者,不增全加,皆得所求。分度亦尔。凡日不全为余,积以成余者曰秒;度不全为分,积以成分者曰篾;其有不成秒曰幺,不成篾曰幺。其分、余、秒、篾,皆一为小,二为半,三为大,四为全。加满全者从一。其三分者,一为少,二为太。若加者,秒筭成法,分余满法从日度一,百度有所满,则从去之。而日命以日辰者,满旬周则亦除;命有连分、余、秒、筭者,亦随全而从去。其日度虽满,而分秒不满者,未可从去,仍依本数。若减者,秒筭不足,减分余一,加法而减之;分余不足减者,加所从去或前日度乃减之。即其名有总,而日度全及分余共者,须相加除,当皆连全及分余共加除之。若须相乘,有分余者,母必通全内子,乘讫报除。或分余相并,母不同者,子乘而并之,母相乘为法,其并,满法从一为全,此即齐同之也。既除为分余而有不成,若例有秒筭,法乘而又法除,得秒筭数。已为秒筭及正有分余,而所不成不复须者,须过半从一,无半弃之。若分余其母不等,须变相通,以彼所法之母乘此而分余,而此母除之,得彼所须之子。所有秒筭者,亦法乘,不满此母,又除而得其数,么幺亦然。其所除去而不尽全,则谓之不尽,亦曰不如。其不成全,全乃为不满分、余、秒、筭,更曰不成。凡以数相减,而有小及半、太须相加减,同于分余法者,皆以其母三四除其气度日法,以半及太、大本率二三乘之,少、小即须因所除之数随其分余而加减焉。秋分后春分前为盈泛,春分后秋分前为亏总,须取其数,泛总为名,指用其时,春分为主,亏日分后,盈日分前。凡所不见,皆放于此。

气日法,四万六千六百四十四。

岁数,千七百三万六千四百六十六半。

度准,三百四十八。

约率,九。

气辰,三千八百八十七。

余通,八百九十七。

秒法,四十八。

么法,五

　推气术:

　半闰衰乘朔实,又准度乘朔余,加之,如约率而一,所得满气日法为去经朔日,不满为气余。以去经朔日,即天正月冬至恒日定余,乃加夜数之半者,减日一,满者因前,皆为定日。命日甲子算外,即定冬至日。其余如半气辰千九百四十三半以下者,为气加子半后也;过以上,先加此数,乃气辰而一,命以辰算外,即气所在辰。十二辰外,为子初以后余也。又十二乘辰余:

四为小太,亦曰少;

五为半少;

六为半;

七为半太;

八为大少,亦曰太;

九为太;

十为大太;

十一为穷辰少。

其又不成法者,半以上为进,以下为退。退以配前为强,进以配后为弱。即初不成一而有退者,为之沾辰;初成十一而有进者,谓之穷辰。未旦其名有重者,则于间可以加之,命辰通用其余,辨日分辰而判诸日。因别亦皆准此。因冬至有减日者,还加之。每加日十五、余万一百九十秒三十七,即各次气恒日及余。诸月齐其闰衰,如求冬至法,亦即其月中气恒日去经朔数。其求后月节气恒日,如次之求前节者减之。

月	气	躔衰	衰总	陟降率	迟速数
十一月	大雪	增二十八	先端	陟五十	速本
	冬至中				
十二月	小寒节	增二十四	先二十八	陟五十三	速五十
	大寒中	增二十	先五十二	陟三十六	速九十三
正月	立春节	增二十	先七十二	陟三十六	速一百二十九
	雨水中	增二十四	先九十二	陟四十三	速一百六十五
二月	惊蛰节	增二十八	先一百一十六	陟五十	速二百
	春分中	损二十八	先一百四十四	陟五十	速二百五十八
三月	清明节	损二十四	先一百一十六	降四十三	速二百八
	谷雨中	损二十	先九十二	降三十六	速二百六十五

四月	立夏节	损二十	先七十二	降三十六	速一百二十九
	小满中	损二十四	先五十二	降四十三	速九十三
五月	芒种节	损二十八	先后端	降五十	速五十
	夏至中	增二十八	后端	降五十	迟九十
六月	小暑节	增二十	后五十二	陟三十六	迟九十三
	大暑中	增二十	后五十二	陟三十六	迟九十三
七月	立秋节	增二十	后七十二	陟三十六	迟一百二十九
	处暑中	增二十四	后九十二	陟四十四	迟一百六十九
八月	白露节	增二十八	后一百一十六	陟五十	迟二百八
	秋分中	损二十八	后一百四十四	陟五十	迟二百五十八
九月	寒露节	损二十四	后一百一十六	陟四十三	迟二百八
	霜降中	损二十	后九十二	降三十六	迟一百六十三
十月	立冬节	损二十	后七十二	降三十六	迟一百二十九
	小雪中	损二十四	后五十二	降四十三	迟九十三
十一月	大雪节	损二十八	后二十八	降五十	迟五十
	冬至				

推每日迟速数术：

见求所在气陟降率，并后气率半之，以日限乘而泛总除，得气末率。又日限乘二率相减之残，泛总除，为总差。其总差亦日限乘而泛总除，为别差。率前少者，以总差减末率，为初率乃别差加之；前多者，即以总差加末率，皆为气初陟降数。以别差前多者日减，前少者日加初数，得每日数。所历推定气日随算其数，陟加、降减其迟速，为各迟速数。其后气无同率及有数同者，皆因前末，以末数为初率，加总差为末率，及差渐加初率，为每日数，通计其秒，调而御之。

求月朔弦望应平会日所入迟速：各置其经余为辰，以入气辰减之，乃日限乘日，日内辰为入限，以乘其气前多之末率，前少之初率，日限而一，为总率。其前多者，入限减泛总之残，乘总差，泛总而一，为入差，并于总差，入限乘，倍日限除，以总率；前少者，入限再乘差别，日限自乘，倍而除，亦加总率，皆为总数。乃以陟加、降减其气迟速数，为定，即速加、迟减其经余，各其月平会日所入迟速定日及余。

求每日所入先后：各置其气朏衰与衰总，皆以余通乘之，所乃朏衰如陟降；衰总如迟速数，亦如求迟速法，即得每所入先后及定数。

求定气：其每日所入先后数即为气余，其所历日皆以先加之，以后减之，随算其日，通准其余，满一恒气，即为二至后一气之数。以加二，如法用别其日而命之。又算其次，每相加命，各得其定气日及余也。亦以其先后已通者，先减、后加其恒气，即次气定日及余。亦因别其日，命以甲子，各得所求。

求土王：距四立各四气外所入先后加减，满二日、余八千一百五十四、秒十、么。除所满外，即土始王日。

求候日：定气即初候日也。三除恒气，各为平候日。余亦以所入先后数为气余，所历之日皆以先加、后减，随计其日，通准其余，每满其平，以加气日而命之，即得次候日。亦算其次，每相加命，又得末候及次气日。

气	初候	次候	末候	夜半漏	昏去中星
冬至	武始交	芸始生	荔挺出	二十七刻 分四十二	八十二度 转分四十七
小寒	蚯蚓结	麋角解	水泉动	二十七刻 二十六	八十三度 十六
大寒	雁北向	鹊始巢	雉始雊	二十六刻 七十六	八十五度 六
立春	鸡始乳	东风解冻	蛰虫始振	二十五刻 八十六半	八十七度 四十九
雨水	鱼上冰	獭祭鱼	鸿雁来	二十四刻 九十六半	九十一度 四十八
惊蛰	始雨水	桃始华	仓庚鸣	二十三刻 七十七半	九十六度 三
春分	鹰化为鸠	玄鸟至	雷始发声	二十二刻 五十	一百度 三十七半

清明	电始见	蛰虫咸动	蛰虫启户	二十一刻 二十二半	百五度 二十一
谷雨	桐始华	田鼠为鴽	虹始见	二十刻 三半	百九度 三十九
立夏	萍始生	戴胜降桑	蝼蝈鸣	十九刻 一半	百一十三度 二十五
小满	蚯蚓出	王瓜生	苦菜秀	十八刻 二十三	百十六度 十九
芒种	蘼草死	小暑至	螳螂生	十七刻 六十九	百一十八度 十八
夏至 夜四十 刻十四分	鵙始鸣	反舌无声	鹿角解	十七刻 五十七	百一十八度 四十
小暑	蝉始鸣	半夏生	木堇荣	十七刻 六十九	百一十八度 十八
大暑	温风至	蟋蟀居壁	鹰乃学习	十八刻 二十三	百一十六度 十九
立秋	腐草为萤	土润溽暑	凉风至	十九刻 一半	百一十三度 二十五
处暑	白露降	寒蝉鸣	鹰祭鸟	二十刻 三	百九度 三十九
白露	天地始肃	暴风至	鸿雁来	二十一刻 三半	百五度 二十一
秋分	玄鸟归	鵙养羞	雷始收声	二十二刻 五十	百度 二十七半
寒露	蛰虫附户	杀气盛	阳气始衰	二十三刻 七十七半	九十六度 三
霜降	水始涸	鸿雁来宾	雀入水为蛤	二十四刻 九十六半	九十一度 三十六
立冬	菊有黄华	豺祭兽	水始冰	二十五刻 九十八半	八十七度 三十九

| 小雪 | 地始冻 | 雉入水为蜃虹藏不见 | 二十六刻 九十六 | 八十五度 六 |
| 大雪 | 冰益壮 | 地始坼 | 鹖旦鸣 | 二十七刻 二十六 | 八十三度 十六 |

倍夜半之漏，得夜刻也。以减百刻，不尽为昼刻。每减昼刻五，以加夜刻，即其昼为日见，夜为不见刻数。刻分以百为母。

求日出入辰刻：十二除百刻，十二除百刻，得辰刻数，为法。半不见刻以半辰加之，为日出实；又加日出见刻，为日入实。如法而一，命子算外，即所在辰，不满法，为刻及分。

求辰前余数：气、朔日法乘夜半刻，百而一，即其余也。

求每日刻差：每气准为十五日，全刻二百二十五为法。其二至各前后于二分，而数因相加减，间皆六气；各尽于四立，为三气。至与前日为一，乃每日增太；又各二气，每日增少；其末之气，每日增少之小，而末六日，不加而裁焉。二望至前后一气之末日，终于十少；二气初日，稍增为十二半，终于二十太；三气初日，二十一，终于三十少；四立初日，三十一，终于三十五太；五气亦少增，初日三十六太，终四十一少；末气初日，四十一少，终于四十二。每气前后累算其数，又百八十乘为实，各泛总乘法而除，得其刻差。随而加减夜刻而半之，各得入气夜之半刻。其分后十五日外，累算尽日，乃副置之，百八十乘，亏总除，为其所因数。以减上位，不尽为所加也。不全日者，随辰率之。

求晨去中星：加周度一，各昏去中星减之，不尽为辰去度。

求每日度差：准日因增加裁，累算所得，百四十三之，四百而一，亦百八十乘，泛总除，为度差数。满转法为度，随日加减，各得所求。分后气间，亦求准外与前求刻，至前加减，皆因日数逆算求之。亦可因至向背其刻，各减夏加；而度各加夏减。若至前，以入气减气间，不尽者，因后气而反之，以不尽日累算乘除所定，从后气而逆以加减，皆得其数。此但略校其总，若精存于《稽极》云。

转终日,二十七,余,千二百五十五。

终法,二千二百六十三。

终实,六万二千三百五十六。

终全余,千八。

转法,五十二。

篾法,八百九十七。

闰限,六百七十六。

推入转术:终实去积日,不尽,以终法乘而又去,不如终实者,满终法得一日,不满为余,即其年天正经朔夜半入转日及余。

求次日:加一日,每日满转终则去之,且二十八日者加全余为夜半入初日余。

求弦望:皆因朔加其经日,各得夜半所入日余。

求次月:加大月二日,小月一日,皆及全余,亦其夜半所入。

求经辰所入朔弦望:经余变从转,不成为秒,加其夜半所入,皆其辰入日及余。因朔辰所入,每加日七、余八百六十五、秒千一百六十大,秒满日法成余,亦得上弦。望、下弦、次朔经辰所入径求者,加望日十四、余千七百三十一、秒千七十九半,下弦日二十二、余三百三十四、秒八百九十七小,次朔日一、余二千二百八、秒九百一十七。亦朔望各增日一,减其全余,望五百三十一、秒百六十二半,朔五十四、秒三百二十五。

求月平应会日所入:以月朔弦望会日所入迟速定数,亦变从转余,乃速加、迟减其经辰所入余,即各平会所入日余。

转日	速分	违差	加减	朓朒积
一日	七百六十四	消七	加六十八	朓初
二日	七百五十七	消八	加六十一	朓百二十三
三日	七百四十九	消十一	加五十三	朓二百四十四
四日	七百四十八	消十二	加四十二	朓三百三十一
五日	七百二十六	消十三	加三十一	朓四百八
六日	七百一十三	消十三	加十八	朓四百六十四

日				
七日	七百	消十三 加五 减秒太	九分八加 一减	朓四百九十六
八日	六百八十八	消十四	减七	朓五百五
九日	六百七十四	消十四	减二十一	朓四百九十二
十日	六百六十	消十二	减三十四	朓四百五十四
十一日	六百四十八	消九	减四十六	朓三百九十一
十二日	六百三十九	消七	减五十五	朓三百七
十三日	六百三十二	消六	减六十二	朓二百七
十四日	六百二十六	息二	减五十六 减七加 十六二加	朓九十四
十五日	六百二十八	息七	加六十六	朒二十八
十六日	六百三十五	息九	加五十九	朒百四十八
十七日	六百四十四	息十一	加五十	朒二百五十六
十八日	六百五十五	息十一	加三十九	朒三百四十七
十九日	六百六十六	息十三	加二十九	朒四百一十九
二十日	六百七十九	息十四	加十六	朒四百七十一
二十一日	六百九十三	息十二	加三六加 减大三减	朒五百
二十二日	七百五	息十四	减十七	朒五百五 当日自减 减见为五百四
二十三日	七百一十九	息十三	减二十三	朒四百八十七
二十四日	七百三十一	息十二	减三十六	朒四百四十六
二十五日	七百四十四	息十	减四十八	朒三百八十
二十六日	七百五十四	息七	减五十八	朒二百九十三
二十七日	七百六十一	息五篾四	减六十五	朒百八十八

二十八日	七百六十六	平五息	减七十三	朒七十
	篾	四消	十八少终	
			余四十一	
			太全余	

推朔弦望定日术：

各以月平会所入之日加减限，限并后限而半之，为通率；又二限相减，为限衰。前多者，以入余减终法，残乘限衰，终法而一，并于限衰而半之；前少者，半入余乘限衰，亦终法而一，皆加通率，入余乘之，日法而一，所得为平会加减限数。其限数又别从转余为变余，朓减、朒加本入余。限前多者，朓以减与未减，朒以加与未加，皆减终法，并而半之，以乘限衰；前少者，亦朓朒各并二入余，半，以乘限衰；皆终法而一，加于通率，变余乘之，日法而一。所得以朓减、朒加限数，加减朓朒积而定朓朒。乃朓减、朒加其平会日所入余，满若不足进退之，即朔弦望定日及余。不满晨前数者，借减日算，命甲子算外，各其日也。不减与减，朔日立算与后月同。若俱无立算者，月大，其定朔算后加所借减算。闰衰限满闰限，定朔无中气者为闰，满之前后，在分前若近春分后、秋分前，而或月有二中者，皆量置其朔，不必依定。其后无同限者，亦因前多以通率数为半衰而减之，前少，即为通率。其加减变余进退日者，分为一日，随余初末如法求之，所得并以加减限数。凡分余秒篾，事非因旧，文不著母者，皆十为法。若法当求数，用相加减，而更不过通远，率少数微者，则不须算。其入七百余二千一十一，十四日余千七百五十九，二十一日余千五百七，二十八日始终余以下为初数，各减终法以上为末数。其初末数皆加减相返，其要各为九分，初则七日八分，十四日七分，二十一日六分，二十八日五分；末则七日一分，十四日二分，二十一日三分，二十八日四分。虽初稍弱而末微强，余差止一，理势兼举，皆今有转差，各随其数。若恒算所求，七日与二十一日得初衰数，而末初加隐而不显，且数与平行正等。亦初末有数而恒算所无，其十四日、二十八日既初末数存,而虚衰亦显,其数当去,恒法不见。

求朔弦望之辰所加:

定余半朔辰五十一大以下,为加子过;以上,加此数,乃朔辰而一,亦命以子,十二算外,又加子初。以后其求入辰强弱,如气。

求入辰法度:

度法,四万六千六百四十四。

周数,千七百三万七千七十六。

周分,万二千一十六。

转,十三。

篾,三百五十五。

周差,六百九半。

在日谓之余通,在度谓之篾法,亦气为日法,为度法,随事名异,其数本同。女末接虚,谓之周分。变周从转,谓之转。晨昏所距日在黄道中,准度赤道计之。

斗二十六　牛八　　女十二　虚十　　危十七　室十六　壁九
　　　　　北方玄武七宿,九十八度。

奎十六　　娄十二　胃十四　昴十一　毕十六　觜三　　参九
　　　　　西方白虎七宿,八十度。

井三十三　鬼四　柳十五　星七　　张十八　翼十八　轸十七
　　　　　南方朱雀七宿,百一十二度。

角十二　　亢九　氐十五　房五　　心五　　尾十八　箕十一
　　　　　东方苍龙七宿,七十五度。

前皆赤道度,其数常定,弦带天中,仪极攸准。

推黄道术:

准冬至所在为赤道度,后于赤道西度为限。初数九十七,每限增一,以终百七。其三度少弱,平。乃初限百九,亦每限增一,终百一十九,春分所在。因百一十九每损一,又终百九。亦三度少弱,平。乃初限百七,每限损一,终九十七,夏至所在。又加冬至后法,得秋分、冬至所在数。各以数乘其限度,百八而一,累而总之,即皆黄道度也。度有分者,前辈之,宿有前却,度亦依体,数逐差迁,道不常定,准令为度,见步天行,岁久差多,随术而变。

斗二十四　牛七　　女十一半　虚十　　危十七　　室十七　壁十
　　　　北方九十六度半。

奎十七　　娄十三　　胃十五　　昴十一　毕十五半　觜二　　参八
　　　　西方八十一度半。

井三十　　鬼四　　柳十四半　星七　　张十七　　翼十九　轸十八
　　　　南方一百九度半。

角十三　　亢十　　氐十六　　房五　　心五　　　尾十七　箕十
　　　　东方七十六度半。

前见黄道度,步日所行。月与五星出入,循此。

推月道所行度术:

准交定前后所在度半之,亦于赤道四度为限,初十一,每限损一,以终于一。其三度强,平。乃初限数一,每限增一,亦终十一,为交所在。即因十一,每限损一,以终于一。亦三度强,平。又初限数一,每限增一,终于十一,复至交半,返前表里。仍因十一增损,如道得后交及交半数。各积其数,百八十而一,即道所行每与黄道差数。其月在表,半后交前,损增加;交后半前,损加增减于黄道。其月在里,各返之,即得月道所行度。其限未尽四度,以所直行数乘入度,四而一。若月在黄道度,增损于黄道之表里,不正当于其极,可每日准去黄道度,增损于黄道,而计去赤道之远近,准上黄道之率以求之,道伏相消,朓朒互补,则可知也。积交差多,随交为正。其五星先候,在月表里出入之渐,又格以黄仪,准求其限。若不可推明者,依黄道命度。

推日度术:

置入元距所求年岁数乘之,为积实,周数去之,不尽者,满度法得积度,不满为分。以冬至余减分;命积度以黄道起于虚一宿次除之,不满宿算外,即所求年天正冬至夜半日所在度及分。

求年天正定朔度:

以定朔日至冬至每日所入先后余为分,日为度,加分以减冬至
度,即天正定朔夜半日在所度分。亦去朔日乘衰总已通者,以至前
定气除之,又如上求差加以并去朔日乃减度,亦即天正定朔日所在
度。皆日为度,余为分。其所入先后及衰总用增损者,皆分前增、分
后损其平日之度。

求次日:

每日所入先后分增损度,以加定朔度,得夜半。

求弦望:

去定朔每日所入分,累而增损去定朔日,乃加定朔度,亦得其
夜半。

求次月:

历算大月三十日,小月二十九日,每日所入先后分增损其月,
以加前朔度,即各夜半所在至虚去周分。

求朔弦望辰所加:

各以度准乘定余,约率而一,为平分。又定余乘其日所入先后
分,日法而一,乃增损其平分,以加其夜半,即各辰所加。其分皆筭
法约之,为转分,不成为筭。凡朔辰所加者,皆为合朔日月同度。

推月而与日同度术:

各以朔平会加减限数加减朓朒,为平会朓朒。以加减定朔,度
准乘,约率除,以加减定朔辰所加日度,即平会辰日所在。又平会余
乘度准,约率除,减其辰所在,为平会夜半日所在。乃以四百六十四
半乘平会余,亦以周差乘,朔实除,从之,以减夜半日所在,即月平
会夜半所。三十七半乘平会余,增其所减,以加减半,得月平会辰
平行度。五百三乘朓朒,亦以周差乘,朔实除而从之,朓减、朒加其
平行,即月定朔辰所在度,而与日同。若即以平会朓朒所得分加减
平会辰所在,亦得同度。

求月弦望定辰度:

各置其弦望辰所加日度及分,加上弦度九十一,转分十六,筭
三百一十三;望度百八十二,转分三十二,筭六百二十六;下弦度二

百七十三,转分四十二,皆至虚,去转周求之。

定朔夜半入转:

经朔夜半所入准于定朔日有增损者,亦以一日加减之,否者因经朔为定

其因定求朔次日、弦望、次月夜半者,如于经月法为之。

推月转日定分术:

以夜半入转余乘逡差,终法而一,为见差。以息加、消减其日逡分,为月每日所行逡定分。

求次日:

各以逡定分加转分,满转法从度,皆其夜半。因日转若各加定日,皆得朔、弦夜半月所在定度。其就辰加以求夜半,各以逡分,消者,定余乘差,终法除,并差而半之;息者,半定余以乘差,终法而一。皆加所减,乃以定余乘之,日法而一,各减辰所加度,亦得其夜半度。因夜半亦如此求逡分,以加之,亦得辰所加度。诸转可初以逡分及差为筭,而求其次,皆讫,乃除为转分。因经朔夜半求定辰度者,以定辰去经夜半减,而求其增损数,乃以数求逡定分,加减其夜半,亦各定辰度。

求月晨昏度:

如前气与所求每日夜之半,夜以逡定分乘之,百而一,为晨分;减逡定分,为昏分。除为转度,望前以昏,后以晨,加夜半定度,得所在。

求晨昏中星:

各以度数加夜半定度,即中星度。其朔、弦、望,以百刻乘定余,满日法得一刻,即各定辰近入刻数。皆减其夜半漏,不尽为晨,初刻不满者属昨日。

复月,五千四百五十八。

交月,二千七百二十九。

交率,四百六十五。

交数,五千九百二十三。

交法，七百三十五万六千三百六十六。

会法，五十七万七千五百三十。

交复日，二十七。	余，二百六十三。	秒，三千四百三十五。
交日，十三。	余，七百五十三。	秒，四千六百七十九。
交限，日，十三。	余，三百五十五	秒，四百七十三半。
望差，日，一。	余，百九十七。	秒，四千二百五十。
朔差，日，二。	余，三百九十五。	秒，二千四百八十八。
会限，百五十八	余，六百七十六	秒，五十半。
会日，百七十三。	余，三百八十四。	秒，二百八十三

推月行入交表里术：

置入元积月，复月去之，不尽。交率乘而复去之，不如复月者，满交月去之，为在里数；不满为在表数，即所求年天正经入交表里数。

求次月：以交率加之，满交月去之，前表者在里，前里者在表。

入　交　日	去　交　衰	衰　积
一日	进十四	衰始
二日余百九十八以下 食限	进十三	十四
三日	进十一半	二十七
四日	进九半	三十八半
五日	进七	三十八
六日	进四	五十五
七日	进五分四进强 退一分一退弱	五十九
八日	退二	六十 六十又一分 一分当日限
九日	退五	五十八
十日	退八	五十三
十一日	退十半	四十五
十二日	退十二半	四十四半

十三日余五百五十五　　　退十三半　　　　　　　二十二

以上食限

十四日　　　　　　　　　退十四小三退强二退弱　八半

推月入交日术：

以朔实乘表里数，为交实；满交法为日，不满者交数而一，成余，不为秒，命日算外，即其经朔月平入交日余。

求望：以望差加之，满交日去之，则月在表里与朔同；不满者与朔返。其月食者，先交与当月朔，后交与月朔表里同。

求次月：朔差加月朔所入，满交日去之，表里与前月进；不满者，与前月同。

求经朔望入交常日：

以月入气朔望平会日迟速定数，速加、迟减其平入交日余，为经交常日及余。

求定朔望入交定日：

以交率乘定朓朒，交数而一，所得以朓减、朒加常日余，即定朔望所入定日余。其去交如望差以下、交限以上者月食，月在衰者日食。

推日入会术：

会法除交实为日，不满者，如交率为余，不成为秒，命日算外，即经朔日入平会日及余。

求望：加望日及余，次月加经朔，其表里皆准入交。

求入会常日：以交数乘月入气朔望所平会日迟违速定数，交率而一，以速加、迟减其入平会日余，即所入常日余。亦以定朓朒，而朓、朒加其常日余，即日定朔望所入会日及余。皆满会日去之，其朔望去会，如望以下、会限以上者，亦月食；月在日道里则日食。

求月定朔望入交定日夜半：

交率乘定余，交数而一，以减定朔望所入定日余，即其夜半所定入。

求次日：以每日迟速数，分前增、分后损定朔所入定日余，以加其日,各得所入定日及余。

求次月:加定朔,大月二日,小月一日,皆余九百七十八,秒二千四百八十八。各以一月迟速数,分前增、分后损其所加,为定。其入七日,余九百九十七,秒二千三百三十九半以下者,进;其入此以上,尽全余二百四十四,秒三千五百八十三半者,退。其入十四日,如交余及秒以下者,退;其入此以上,尽全余四百八十九,秒千二百四十四者,进而复也。其要为五分,初则七日四分,十四日三分;末则七日后一日,十四日后二分,虽初强末弱,衰率有检。

求月入交去日道:皆同其数,以交余为秒积,以后衰并去交衰,半之,为通数。进则秒积减衰法,以乘衰,交法除,而并衰以半之;退者,半秒积以乘衰,交法而一;皆加通数,秒积乘,交法除,所得以进退衰积,十而一为度,不满者求其强弱,则月去日道数。月朔望入交,如限以上,减交日,残为去后交数;如望差以即为去先交数。有全日同为余,各朔辰而一,得去交辰。其月在日道里,日应食而有不食者;月在日不应食而亦有食者。

推应食不食术:

朔先后在夏至十日内,去交十二辰少;二十日内,十二辰半;一月内,十二辰大。闰四月、六月,十三辰以上,加南方三辰。若朔在夏至二十日内,去交十三辰,以加辰申半以南四辰;闰四月、六日,亦加四辰;谷雨后、处暑前,加三辰、清明后、白露前,加巳半以西、未半以东二辰;春分前,加午一辰。皆去交十三辰半以上者,并或不食。

推不应食而食术:

朔在夏至前后一月内,去交二辰;四十六日内,一辰半,以加二辰;又一月内,亦一辰半,加三辰及加四辰,与四十六日内加三辰;谷雨后、处暑前,加巳少后、未太前;清明后、白露前,加二辰;春分后;秋分前,加一辰。皆去交半辰以下者,并得食。

推月食多少术:

望在分后,以去夏至气数三之;其分前,又以去分气数位而加分后者；皆又以十加去交辰位而并并之，减其去交余，为不食定余。乃以减望差，残者九十六而一，不满者求其强弱，亦如气辰法，以十五为限，命之，即各月食多少。

推日食多少术：

月在内者，朔在夏至前后二气，加南二辰，增去交余一辰太；加三辰，增一辰少；加四辰，增太。三气内，加二辰，增一辰；加三辰，增太；加四辰，增少。四气内，加二辰，增太；加辰及五气内，加二辰，增小。自外所加辰，立夏后、立秋前，依本其气内加四辰，五气内加三辰，六气内加二辰。六气内加二辰者，亦依平。自外所加之北诸辰，各依其去立夏、立秋、白露数，随其依平辰，辰北每辰以其数三分减去交余，雨水后，霜降前，又半其去分日数，以加二分去二立之日，乃减去交余；其在冬至前后，更以去霜降、雨水日数三除之，以加霜降雨水当水气所得之数，而减去交余，皆为定不食余。以减望差，乃如月食法。

月在外者，其去交辰数，若日气所系之限，止一而无等次者，加所去辰一，即为食数。若限有等次，加别系同者，随所去交辰数而返其衰，以少为多，以多为少，亦加其一，以为食数。皆以十五为限，乃以命之，即各日之所食多少。

凡日食月行黄道，体所映蔽，大较正交如累璧，渐减则有差，在内食分多，在外无损。虽外全而月下，内损而更高，交浅则间遥；交深则相搏而不淹。因遥而蔽多，所观之地又偏，所食之时亦别。月居外道，此不见亏，月外之人反以为食。交分正等，同在南方，冬损则多，夏亏乃少。假均冬夏，早晚又殊。处南辰体则高，居东西傍而下视有邪正。理不可一，由准率若实而违。古史所详，事有纷互，今故推其梗概，求者知其指归。苟地非于阳城，皆随所而渐异。然月食以月行虚道，暗气所冲，日有暗气，天有虚道，正黄道常与日对，如镜居下，魄耀见阴，名曰暗虚，奄月则食，故称“当月月食，当星星亡。”虽夜半之辰，子午相对，正隔于地，虚道即亏，既月兆日光，当午更耀，时亦隔地，无废禀明。谅以天光神妙，应感玄通，正当夜半，何害亏稟。月由虚道，表里俱食。日之与月，体同势等，校其食分，月尽为多，容或形差，微增亏数，疏而不漏，纲要克举。

推日食所在辰术：

置定余，倍日限，克减之，月在里，三乘朔辰为法，除之，所得以艮巽坤乾为次。命皆算外，不满法者半法减之，无可减者为前，所减之残为后，前则因余，后者减法，各为其率。乃以十加去交辰，三除之，以乘率，十四而一，为差。其朔所在气二分前后一气内，即为定差。近冬至，以去寒露、惊蛰，近夏至，清明、白露气数，倍而三除去交辰，谓增之。近冬至，艮巽以加，坤乾以减；近夏至，艮巽以减，坤乾以加其差为定差。乃艮以坤加，巽以乾减定余。月在外，直三除去交辰，以乘率，十四而一，亦为定差。艮坤以减，巽乾以加定余，皆为食余。如气求入辰法，即日食所在辰及小大。其求辰刻，以辰克乘辰余，朔辰而一，得刻及分。若食近朝夕者，以朔所入气日之出入刻，校食所在，知食见否之少多所在辰，为正见

推月食所在辰术：

三日阻减望定余半。望之所入气日，不见刻，朔日法乘之，百而一，所得若食余与之等、以下，又以此所得减朔日法，其残食余与之等、以上，为食正见数。其食余亦朔辰而一，如求加辰所在。又如前求刻校之，月在冲辰食，日月食既有起讫晚早，亦或变常进退，皆于正见前后十二刻半候之。

推日月食起讫辰术：

准其食分十五分为率，全以下各为衰。十四分以上，以一为衰，以尽于五分。每因前衰每降一分，积衰增二，以加于前，以至三分，每积增四。二分每增四，二分增六，一分增十九，皆累算为各衰。三百为率，各衰减之，各以其残乘朔日法，皆率而一，所得为食衰数。其率全，即以朔日法为衰数，以衰数加减食余，其减者为起，加者为讫，数亦如气。求入辰法及求刻：以加减食所刻等，得起讫晚早之辰，与校正见多少之数。史书亏复起讫不同，今以其全一辰为率。

推日月食所起术：

月在景者，其正南，则起右上，亏左上。若正东，月自日上邪北而下。其在东南维前，东向望之，初不正，横月高日下，乃月稍西北，日渐东南，过于维后，南向望之，月更北，日差西南，以至于午之后，亦南望之，月欹西北，日复东南。西南维后，西向而望，月为东北，日则西南。正西，自日北下邪亏而亦后不正，横月高日下，若食十二以上，起右亏左，其正东，起上近亏下而北，午前则渐自上邪下。维西，起西北，亏东南。维北，起西南，亏东北，午后则稍从下傍下。维东，起西南，亏东北。维北，亏东南。在东则以上为东，在西则以下为西。

月在外者，其正南，起右下，亏左上，在正东，月自日南邪下而映。维北，则月微东南，日返西。维西南，日稍移东北，以至于午，月南日北，过午之后，月稍东南，日更西北。维北，月有西南，日复东北。正西，月自日下邪南而上。皆准此体以定起亏，随其所处，每用不同。其月之所食，皆依日亏起，每随类反之，皆与日食限同表里，而与日返其逆顺，上势过其分。

五星：

岁为木。　　　荧惑为火。　　　镇为土。　　　太白金。　　　辰为水。

木数，千八百六十万五千四百六十八。

伏半平，八十三万六千八百四十八。

复日，三百九十八；余，四万一千一百五十六。

岁一，残日，三十三；万余，二万九千七百三十九半。

见去日，十四度。

平见，在春分前，以四乘去立春日；小满前，又三乘去春分日，增春分所乘者；白露后，亦四乘去寒露日；小暑，加七日；小雪前，以八乘去寒露日、冬至后，以八乘去立春日，为减，小雪至冬至减七日。

见，初日行万一千八百一十八分，益迟七十分，百一十日行十八度、分四万七百三十八而留。二十八日乃逆，日退六千四百三十六分，八十七日退十二度、二百四。又留二十八日。初日行四千一百八十八分，日益疾七十分，百一十日亦行十八度、分四万七百三十八而伏。

火数，三千六百三十七万七千五百九十五。

伏半平，三百三十七万九千三百二十七半。

复日，七百七十九；余，四万一千九百一十九。

岁再，残日，四十九，余，万九千一百六。

见去日，十六度。

平见，在雨水前，以十九乘去大寒日；清明前，又十八乘去雨水日，增雨水所乘者；夏至后，以十六乘去处暑日；小满后，又十五日；寒露前，以十八乘去白露日；小雪前，又十七乘去寒露所乘者；大雪后，二十九乘去大寒日，为减，小雪至大雪减二十五日。

见，初在冬至，则二百三十六日行百五十八度，以后日度随其日数增损各一：尽三十日，一日半损一；又八十六日，二日损一；复三十八日，同；又十五日，三日损一；复十二日，同；又三十九日，三日增一；又二十四日，二日增一；又五十八日，增一；复三十三日，同；又三十日，二日损一，还终至冬至，二百三十六日行百五十八度。其立春尽春分，夏至尽立夏，八日减一日；春分至立夏，减六日；立秋至秋分，减五度，各其初行日及度数。白露至寒露，初日行半度，四十日行二十度。以其残日及度，计充前数，皆差行，日益迟二十分，各尽其日度乃迟，初日行分二万二千六百六十九，日益迟一百一十分，六十一日行二十五度、分万五千四百九。初减度五者，于此初日加分三千八百二十三、簸十七；以迟日为母，尽其日迟日行三十度，分同，而留十三日。

前减日分于二留，乃逆，日退分方二千五百二十六，六三日退十六度，分四万二千八百三十四。又留十三日而行，初日万六千六十九，日益疾百一十分，六十一日行二十五度、分万五千四百九。立秋尽秋分，增行度五，加初日分同前，更疾。在冬至则二百一十三日行百三十五度：尽三十六日，一日损一；又二十日，二日损一；复二十四日，同；又五十四日，三日日增一；又十二日，二日增一，又四十二日，一日增一；又十四日，一日增一半；又十二日，增一，复四十五日，同；又一百六日，二日损一，亦终冬至二百一十三日，行百三十五度。

前增行度五者，于此亦减五度，为疾日及数。其立夏尽夏至日，亦日行半度，六十日行三十度。夏至尽立秋，亦初日行半度，四十日行二十度。其残亦计充如前，皆差行，日尽益疾二十分，各尽其日度而伏。

土数，千七百六十三万五千五百九十四。

伏半平，八十六万四千九百九十五。

复日，三百七十八；余，四千一百六十二。

岁一，残日，十二；余，三万九千三百九十九半。

见去日，十六度半。

平见，在大暑前，以七乘去小满日；寒露后，九乘去小雪日，为加，大暑至寒露加八日。小寒前，以九乘去小雪日；雨水后，以四乘去小满日；立春后，又三乘去雨水日，增雨水所乘者，为减，小寒至立春减八日。

见。日行分四千三百六十四，八十日行七度、分二万七千六百一十二而留三十九日乃逆，日退分二千八百二十，百三日退六度、分万五百九十六。又留三十九日，亦行分日四千三百六十四，八十日行七度、分二万七千六百一十二而伏。

金数，二千七百二十三万六千二百八。

晨伏半平，百九十五万七千一百四。

复日，五百八十三；余，四万二千七百五十六。

岁一，残日，二百一十八；余，三万一千三百四十九半。

夕见伏，二百五十六日。

晨见伏，三日二十七日；余与复同。

见去日，十一度。

夕平见，在立秋前，以六乘去芒种日；秋分后，以五乘去小雪日；小雪后，又四乘去大雪日，增小雪所乘者，为加，立秋至秋分加七日。立春前，以五乘去大雪日；雨水前，又四乘去立春日，增立春所乘者;清明后,以六乘去芒种日,为减,雨水至清明减七日。

晨平见,在小寒前,以六乘去冬至日;立春前,又五乘去小寒日,增小寒所乘者;芒种前,以六乘去夏至日;立夏前,又五乘去芒种日,增芒种所乘者,为加,立春至立夏加五日。小暑前,以六乘去夏至;立秋前,又五乘去小暑日;增小暑所乘者;大雪后,以六乘去冬至日;立冬后,又五乘去大雪日,增大雪所乘者,为减,立秋至立冬减五日。

夕见,百七十一日行二百六度。其谷雨至小满、寒露,皆十日加一度;小满至白露,加三度。乃十二日行十二度。冬至后,十二日减日度各一,雨水尽见夏至,日度七;夏至后六日增一。大暑至立秋,还日度十二;至寒露,日度二十二,后六日减一。自大雪尽冬至,又日度十二而迟。日益迟五百二十分,初日行分二万三千七百九十一、筹三十四,行日为母,四十三行三十二度。

前加度者,此依减之。留九日乃逆,日退太半度,九日退六度,而夕伏晨见。日退太半度,九日退六度。复留,九日而行,日益疾五百二十分,初日行分四万五千六百三十一、筹三十四,四十三行三十二度。芒种至小暑,大雪至立冬,十五日减一度;小暑至立冬,减二度。又十二日行十二度。冬至后十五日增日一。惊蛰至春分,日度十七,后十五日减一,尽夏至,还日度十二。后六日减一,至白露,日度皆尽,霜降后,五日增一,尽冬至,又日度十二。乃疾,百七十一日行二百度。前减者,此亦加之,而晨伏。

水数,五百四十万五千六

晨伏半平,七十九万九十九。

后日,百一十五;余,四万九百四十六。

夕见伏,五十一日。

晨见伏,六十四日;余与复同。

见去日,十七度。

夕应见,在秋及小雪前者不见,其白露前立冬后,时有见者。

晨应见,在春及小满前者不见;其惊蛰前立冬后,时有见者。

　　夕见,日行一度太,十二日行二十度。小暑至白露,行度半,十二日行十八度,及八日行八度。大暑后,二日去度一,讫十六日,而日度俱尽。而迟,日行半度,四日行二度。益迟,日行少半度,三日行一度。前行度半者,去此益迟。乃留四日而夕伏晨见,留四日,为日行少半度,三日行一度。大寒至惊蛰,无此行,更疾,日行半度;四日行二度;又日行八度。亦大寒后,二日去度一;讫十六日;亦日度俱尽。益疾,日行一度太,十二日行二十度。初无迟者,此行度半,十二日行十八度而晨伏。

　　推星平见术:

　　各以伏半减积半实,乃以其数去之;残返减数,满气日法为日,不满为余,即所求年天正冬至后平见日余。金、水满晨见伏日者,去之,晨平见。求平见月日:以冬至去定朔日、余,加其后日及余,满复日又去,起天正月,依定大小朔除之,不尽算外日,即星见所在。求后平见,因前见去其岁一、再,皆以残日加之,亦可。其复日,金水准以晨夕见伏日,加晨得晨。

　　求常见日:以转法除所得加减者,为日;其不满,以余通乘之,为余;并日,皆加减平见日,余,即为常见日及余。

　　求定见日:以其先后已通者,先减、后加常见日,即得定见日余。

　　求星见所在度:

　　置星定见、其日夜半所在宿度及分,以其日先后余,分前加、分后减气日法,而乘定见余,气日法而一所得加夜半度分,乃以星初见去日度数,晨减、夕加之,即星初见所在宿度及分。

　　求次日:各加一日所行度及分。其有益疾、迟者则置一日行分,各以其分疾增、损,乃如之。有篾者,满法从分,其母有不等,齐而进退之。留即因前,逆则依减,入虚去分,逆出光加。皆以篾法除,为转分;其不尽者,仍谓之篾,各得每日所在知去日度。增以日所入先后分,定之。诸行星度求水其外内,准月行增损黄道而步之,不明者,依黄道而求所去日度。先后分亦分明前加后减。其金、火诸日度,计数增损定之者。其日少度多,以日减度之残者,与日多度少之度,皆度法乘之,日数而一,所得为分。不满筴,以日数为母。日少者以分并减之一度,日多者直为度分,即皆一日平行分。其差行者,皆减所行日数一,乃半其益疾、益迟分而乘之,益疾以减、益迟以加一日平行分,皆初日所行分。有计日加减,而日数不满,未得成度者,以气日法若度法乘,见已所行日即日数除之,所得以增损其气日疾法,为日及度。其不成者,亦即为筴。其木、火、土,晨有见而夕有伏;金、水即夕见,还夕伏,晨见即晨伏。然火之初行及后疾,距冬至日计日增损日度者,皆当先置从冬至日余数,累加于位上,以知其去冬至远近,乃以初见与后疾初日去冬至日数而增损定之,而后依其所直日度数行之也。

隋书卷一九
志第一四

天文上

天体　浑天仪　浑天象　盖图
地中　晷影　漏刻　经星中宫

若夫法紫微以居中,拟明堂而布政,依分野而命国,体众星而效官,动必顺时,教不违物,故能成变化之道,合阴阳之妙。爰在庖牺,仰观俯察,谓以天之七曜、二十八星,周于穹圆之度,以丽十二位也。在天成象,示见吉凶。五纬入房,启姬王之肇迹,长星孛斗,鉴宋人之首乱,天意人事,同乎影响。自夷王下堂而见诸侯。赧王登台而避责,《记》曰:"天子微,诸侯僭",于是师兵吞灭,僵仆原野。秦氏以战国之余,怙兹凶暴,小星交斗,长彗横天。汉高祖驱驾英雄,垦除灾害,五精从岁,七重晕毕,含枢曾缅,道不虚行。自西京创制,多历年载。世祖中兴,当涂驭物,金行水德,祗奉灵命,玄兆著明,天人不远。昔者荣河献箓,温洛呈图,六爻摛范,三光宛备,则星官之书,自黄帝始。高阳氏使南正重司天,北正黎司地,帝尧乃命羲、和,钦若昊天。夏有昆吾,殷有巫咸,周之史佚,宋之子韦,鲁之梓慎,郑之裨灶,魏有石氏,齐有甘公,皆能言天文,察微变者也。汉之传天数者,则有唐都、李寻之伦。光武时,则有苏伯况、郎雅光,并能参伍天文,发扬善道,补益当时,监垂来世。而河、洛图纬,虽有星占星官之名,未能尽列。

　　后汉张衡为太史令,铸浑天仪,总序经星,谓之《灵宪》。其大略曰:"星也者,体生于地,精发于天。紫宫为帝皇之居,太微为五帝之坐,在野象物,在朝象官。居其中央,谓之北斗,动系于占,实司王命。四布于方,为二十八星,日月运行,历示休咎。五纬经次,用彰祸福,则上天之心,于是见矣。中外之官,常明者百有二十,可名者三百二十,为星二千五百;微星之数万一千五百二十,庶物蠢动,咸行系命。"而衡所铸之图,遇乱堙灭,星官名数,今亦不存。三国时吴太史令陈卓,始列甘氏、石氏、巫咸三家星官,著于图录。并注占赞,总有二百五十四官,一千二百八十三星,并二十八宿及辅官附坐一百八十二星,总二百八十三官,一千五百六十五星。宋元嘉中,太史令钱乐之所铸浑天铜仪,以朱黑白三色,用殊三家,而合陈卓之数。

　　高祖平陈,得善天官者周坟,并得宋氏浑仪之器。乃命庾季才等,参校周、齐、梁、陈及祖暅,孙僧化官私旧图,刊其大小,正彼疏密,依准三家星位,以为盖图。旁摛始分,甄表常度,并具赤黄二道,内外两规。悬象著明,缠离攸次,星之隐显,天汉昭回,宛若穹苍,将为正范。以坟为太史令。坟博考经书,勤于教习,自此太史观生,始能识天官。炀帝又遣宫人四十人,就太史局,别诏袁充,教以星气,业成者进内,以参占验云。

　　史臣于观台访浑仪,见元魏太史令晁崇所造者,以铁为之,其规有六。其外四规常定,一象地形,二象赤道,其余象二极。其内二规,可以运转,用合八尺之管,以窥星度。周武帝平齐所得,隋开皇三年,新都初成,以置诸观台之上。大唐因而用焉。

　　马迁《天官书》及班氏所载,妖星晕珥,云气虹霓,存其大纲,未能备举。自后史官,更无纪录。《春秋传》曰:"公既视朔遂登观台,凡分至启闭,必书云物。"神道司存,安可诬也!今略举其形名占验,次之经星之末云

　　古之言天者有三家,一曰盖天,二曰宣夜,三曰浑天。
　　盖天之说,即《周髀》是也。其本庖牺氏立周天历度,其所传则

周公受于殷商，周人志之，故曰《周髀》。髀，股也。股者，表也。其言天似盖笠，地法覆槃，天地各中高外下。北极之下，为天地之中，其地最高，而滂沲四隤，三光隐映，以为昼夜。天中高于外衡冬至日之所在六万里，北极下地高于外衡下地亦六万里，外衡高于北极下地二万里。天地隆高相从，日去地恒八万里。日丽天而平转，分冬夏之间日所行道为七衡六间。每衡周径里数，各依算术，用句股重差，推晷影极游，以为远近之数，皆得于表股也，故曰《周髀》。

又《周髀》家云：“天，圆如张盖，地方如棋局。天旁转如推磨而左行，日月右行，天左转，故日月实东行，而天牵之以西没。譬之于蚁行磨石之上，磨左旋而蚁右去，磨疾而蚁迟，故不得不随磨以左回焉。天形南高而北下，日出高故见，日入下故不见。天之居如倚盖，故极在人北，是其证也。极在天之中，而今在人北，所以知天之形如倚盖也。日朝出阴中，暮入阴中，阴气暗冥，故从没不见也。夏时阳气多，阴气少，阳气光明，与日同晖，故日出即见，无蔽之者，故夏日长也。冬时阴气多，阳气少，阴气暗冥，掩日之光，虽出犹隐不见，故冬日短也。”

汉末，扬子云难盖天八事，以通浑天。其一云：“日之东行，循黄道。昼中规，牵牛距北极北百一十度，东井距北极南七十度，并百八十度。周三径一，二十八宿周天当五百四十度，今三百六十度，何也？”其二曰：“春秋分之日正出在卯，入在酉，而昼漏五十刻。即天盖转，夜当倍昼。今夜亦五十刻，何也？”其三曰：“日入而星见，日出而不见，即斗下见日六月，不见日六月，北斗亦当见六月，不见六月。今夜常见，何也？”其四曰：“以盖图视天河，起斗而东入狼弧间，曲如轮。今视天河直如绳，何也？”其五曰：“周天十八宿以盖图视天，星见者当少，不见者当多。今见与不见等，何出入无冬夏，而两宿十四星当见，不以日长短故见有多少，何也？”其六曰：“天至高也，地至卑也。日托天而旋，可谓至高矣。纵人目可夺，水与影不可夺也。今从高上山，以水望日，日出水下，影上行，何也？”其七曰：“视物，近则大，远则小。今日与北斗，近我而小，远我而大，何也？”

其八曰："视盖橑与车辐间，近杠毂即密，益远益疏。今北极为天杠毂，二十八宿为天橑辐。以星度度天，南方次地星间当数倍。今交密，何也？"其后桓谭、郑玄、蔡邕、陆绩，各陈《周髀》考验天状，多有所违。逮梁武帝于长春殿讲义，别拟天体，全同周髀之文，盖立新意，以排浑天之论而已。

宣夜之书，绝无师法，唯汉秘书郎郗萌，记先师相传云："天了无质，仰而瞻之，高远无极，眼瞀精绝，故苍苍然也。譬之旁望远道之黄山而皆青，俯察千仞之深谷而窈黑，夫青非真色，而黑非有体也。日月众星，自然浮生虚空之中，其行其止，皆须气焉。是以七曜或逝或住，或顺或逆，伏见无常，进退不同，由乎无所根系，故各异也。故辰极常居其所，而北斗不与众星西没也。"

晋成帝咸康中，会稽虞喜，因宣夜之说，作《安天论》，以为"天高穷于无穷，地深测于不测。天确乎在上，有常安之形，地魄焉在下，有居静之体，当相覆冒，方则俱方，圆则俱圆，无方圆不同之义也。其光曜布列，各自运行犹江海之有潮汐，万品之有行藏也。"葛洪闻而讥之曰："苟辰宿不丽于天，天为无用，便可言无。何必复云有之而不动乎？"由此而谈，葛洪可谓知言之选也。喜族祖河间相耸，又立《穹天论》云："天形穹隆如鸡子幕，其际周接四海之表，浮乎元气之上。譬如覆奁以抑水而不没者，气充其中故也。日绕辰极，没西还东，而不出入地中。天之有极，犹盖之有斗也。天北下于三十度，极之倾在地卯酉之北亦三十度。人在卯酉之南十余万里，故斗极之下，不为地中，当对天地卯酉之位耳。日行黄道绕极。极北去黄道百一十五度，南去黄道六十七度，二至之所舍，以为长短也。"吴太常姚信，造《昕天论》云："人为灵虫，形最似天。今人颐前侈临胸，而项不能覆背。近取诸身，故知天之体，南低入地，北则偏高也。又冬至极低，而天运近南，故日去人远，而斗去人近，北天气至，故水寒也。夏至极起，而天运近北，而斗去人远，日去人近，南天气至，故蒸热也。极之立时，日行地中浅，故夜短；天去地高，故昼长也。极之低时，日行地中深，故夜长；天去地下，故昼短也。"自虞喜、虞耸、姚信,皆好奇徇异之说,非极数谈天者也。

前儒旧说,天地之体,状如鸟卵,天包地外,犹縠之裹黄,周旋无端,其形浑浑然,故曰浑天。又曰:"天表里有水,两仪转运,各乘气而浮,载水而行。"汉王仲任,据盖天之说,以驳浑仪云:"旧说,天转从地下过。今掘地一丈辄有水,天何得从水中行乎?甚不然也。日随天而转,非入地。夫人目所望,不过十里,天地合矣。实非合也,远使然耳。今视日入,非入也,亦远耳。当日入西方之时,其下之人亦将谓之为中也。四方之人,各以其近者为出,远者为入矣。何以明之?今试使一人把大炬火,夜行于平地,去人十里,火光灭矣。非火灭也,远使然耳。今日西转不复见,是火灭之类也。日月不圆也,望视之所以圆者,去人远也。夫日,火之精也;月,水之精也。水火在地不圆,在天何故圆?"丹阳葛洪释之曰:

《浑天仪注》云:"天如鸡子,地如中黄,孤居于天内,天大而地小。天表里有水,天地各乘气而立,载水而行。周天三百六十五度、四分度之一,又中分之,则半覆地上,半绕地下。故二十八宿,半见半隐。天转如车毂之运也。"诸论天者虽多,然精于阴阳者少。张平子、陆公纪之徒,咸以为推步七曜之道,以度历象昏明之证候,校以四八之气,考以漏刻之分,占晷影之往来,求形验于事情,莫密于浑象也。张平子既作铜浑天仪,于密室中,以漏水转之,与天皆合如符契也。崔子玉为其《碑铭》曰:"数术穷天地,制作侔造化。高才伟艺,与神合契。"盖由于平子浑仪及地动仪之有验故也。

若天果如浑者,则天之出入,行于水中,为必然矣。故《黄帝书》曰:"天在地外,水在天外。水浮天而载地者也。"又《易》曰:"时乘六龙。"夫阳爻称龙,龙者居水之物,以喻天。天阳物也,又出入水中,与龙相似,故比以龙也。圣人仰观俯察,审其如此,故《晋》卦坤上离下,以证日出于地也。又《明夷》之卦离下坤上,以证日入于地也。又《需》卦乾下坎上,此亦天入水中之象也。天为金,金水相生之物也。天出入水中,当有何损,而谓为不可乎？然则天之出入水中，无复疑矣。

又今视诸星出于东者，初但去地小许耳。渐而西行，先经人上，后遂转西而下焉，不旁旋也。其先在西之星，亦稍下而没，无北转者。日之出入亦然。若谓天磨石转者，众星日月，宜随天而回，初在于东，次经于南，次到于西，次及于北，而复还于东，不应横过去也。今日出于东，冉冉转上，及其入西，亦复渐渐稍下，都不绕边北去。了了如此，王生必固谓为不然者，疏矣。

今日径千里，其中足以当小星之数十也。若日以转远之故，但当光曜不能复来照及人耳，宜犹望见其体，不应都失其所在也。日光既盛，其体又大于星。今见极北之小星，而不见日之在北者，明其不北行也。若日以转远之故，不复可见，其比入之间，应当稍小。而日方入之时，反乃更大，此非转远之征也。王生以火炬喻日，吾亦将借子之矛，以刺子之盾焉。把火之人，去人转远，其光转微，而日月自出至入，不渐小也。王生以火喻之，谬矣。

又日之入西方，视之稍稍去，初尚有半，如横破镜之状，须臾沦没矣。若如王生之言，日转北去者，其北都没之顷，宜先如坚破镜之状，不应如横破镜也。如此言之，日入北方，不亦孤子乎？又月之光微，不及日远矣。月盛之时，虽有重云蔽之，不见月体，而夕犹朗然，是月光犹从云中而照外也。日若绕西及北者，其光故应如月在云中之状，不得夜便大暗也。又日入则星月出焉。明知天以日月分主昼夜，相代而照也。若日常出者，不应日亦入而星月出也。

又案河、洛之文，皆云水火者，阴阳之余气也。夫言余气，则不能生日月可知也，顾当言日精生火者可耳。若水火是日月所生，则亦何得尽如日月之圆乎？今火出于阳燧，阳燧圆而火不圆也。水出于方诸，方诸方而水不方也。又阳燧可以取火于日，而无取日于火之理，此则日精之生火明矣。方诸可以取水于月，无取月于水之道，此则月精之生水了矣。王生又云："远故视之圆。"若审然者，月初生之时及既亏之后，何以视之不圆乎？而日食，或上或下，从侧而起，或如钩至尽。若远视见圆，不宜见其残缺左右所起也。此则浑天之体，信而有征矣。

宋何承天论浑天象体曰："详寻前说因观浑仪，研求其意，有悟天形正圆，而水居其半，地中高外卑，水周其下。言四方者，东曰旸谷，日之所出，西曰濛汜，日之所入。《庄子》又云'北溟有鱼，化而为鸟，将徙于南溟。'斯亦古之遗记，四方皆水证也。四方皆水，谓之四海。凡五行相生，水生于金。是故百川发源，皆自山出，由高趣下，归注于海。日为阳精，光曜炎炽，一夜入水，所经焦竭。百川归注，足以相补，故旱不为减，浸不为益。"又云："周天三百六十五度、三百四分之七十五。天常西转，一日一夜，过周一度。南北二极，相去一百一十六度、三百四分度之六十五强，即天经也。黄道邪带赤道，春分交于奎七度，秋分交于轸十五度，冬至斗十四度半强，夏至井十六度半。从北极扶天而南五十五度强，则居天四维之中，最高处也，即天顶也。其下则地中也。"自外与王蕃大同。王蕃《浑天说》，具于《晋史》。旧说浑天者，以日月星辰，不问春秋冬夏，昼夜晨昏，上下去地中皆同，无远近。

《列子》曰："孔子东游，见两小儿斗。问其故？一小儿曰：'我以日始出去人近，而日中时远也。'一小儿曰：'我以为日初出远，而日中时近也。'言初出近者曰：'日初出，大如车盖，及其日中，裁如盘盖。此不为远者小，近者大乎？'言日初出远者曰：'日初出时，沧沧凉凉，及其中时，热如探汤。此不为近者热，远者凉乎？'"

桓谭《新论》云："汉长水校尉平陵关子阳，以为日之去人，上方远而四傍近。何以知之？星宿昏时出东方，其间甚疏，相离丈余。及夜半在上方，视之甚数，相离一二尺。以准度望之，逾益明白，故知天上之远于傍也。日为天阳，火为地阳。地阳上升，天阳下降。今置火于地，从傍与上，诊其热，远近殊不同焉。日中正在上，覆盖人，人当天阳之冲，故热于始出时。又新从太阴中来，故复凉于其西在桑榆间也。桓君山曰:'子阳之言,岂其然乎?'"

张衡《灵宪》曰:"日之薄地,暗其明也。由暗视明,明无所屈,是以望之若大。方其中,天地同明,明还自夺,故望之若小。火当夜而扬光,在昼则不明也。月之于夜,与日同而差微。"

晋著作郎阳平束晳,字广微,以为傍方与上方等。傍视则天体存于侧,故日出时视日大也。日无小大,而所存者有伸厌。厌而形小,伸而体大,盖其理也。又日始出色白者,虽大不甚,始出时色赤者,其大则甚,此终以人目之惑,无远近也。且夫置器广庭,则函牛之鼎如釜,堂崇十仞,则八尺之人犹短,物有陵之非形异也。夫物有惑心,形有乱目,诚非断疑定理之主。故仰游云以观月,月常动而云不移,乘舡以涉水,水去而舡不徙矣。

安岌云:"余以为子阳言天阳下降,日下热,束晳言天体存于目,则日大,颇近之矣。浑天之体,圆周之径,详之于天度,验之于晷影,而纷然之说,由人目也。参伐初出,在旁则其间疏,在上则其间数。以浑验之,度则均也。旁之与上,理无有殊也。夫日者纯阳之精也,光明外曜,以眩人目,故人视日如小。及其初出,地有游气,以厌日光,不眩人目,即日赤而大也。无游气则色白,大不甚矣。地气不及天,故一日之中,晨夕日色赤,而中时日色白。地气上升,蒙蒙四合,与天连者,虽中时亦赤矣。日与火相类,火则体赤而炎黄,日赤宜矣。然日色赤者,犹火无炎也。光衰失常,则为异矣。"

梁奉朝请祖暅曰:

自古论天者多矣,而群氏纠纷,至相非毁。窃览同异,稽之典经,仰观辰极,傍瞩四维,睹日月之升降,察五星之见伏,校之以仪象,覆之以晷漏,则浑天之理,信而有征。辄遗众说,附浑仪云。《考灵曜》先儒求得天地相去十七万八千五百里,以晷影验之,失于过多。既不显求之术,而虚设其数,盖夸诞之辞,宜非圣人之旨也。学者多因其说而未之革,岂不知寻其理欤,抑未能求其数故也?

王蕃所考,校之前说,不甯减半。虽非揆格所知,而求之以理,诚未能遥趣其实,盖近密乎?辄因王蕃天高数,以求冬至、春分日高及南戴日下去地中数.法,令表高八尺与冬至影长一丈三尺各自乘,并而开方除之为法。天高乘表高为实,实如法,得四万二千六百五十八里有奇,即冬至日高也。以天高乘冬至影长为实,实如法,得六万九千三百二十里有奇,即冬至南戴日下去地中数也。求春秋分数法,令表高及春秋分影长五尺三寸九分,各自乘,并而开方除之为法。因冬至日高实,而以法除之,得六万七千五百二里有奇,即春秋分日高也。以天高乘春秋分影长实,实如法而一,得四万五千四百七十九里有奇,即春秋分南戴日下去地中数也。南戴日下,所为丹穴也。推北极里数法,夜于地中表南,傅地遥望北辰细星之末,令与表端参合。以人目去表数及表高各自乘,并而开方除之为法。天高乘表高数为实,实如法而一,即北辰细星高地数也。天高乘人目去表为实,实如法,即去北戴极下之数也。北戴斗极为空桐。

日去赤道表里二十四度,远寒近暑而中和。二分之日,去天顶三十六度。日去地中,四时同度,而有寒暑者,地气上腾,天气下降,故远日下而寒,近日下而暑,非有远近也。犹火居上,虽远而炎,在傍,虽近而微。视日在傍而大,居上而小者,仰瞩为难,平观为易也。由视有夷险,非远近之效也。今悬珠于百仞之上,或置之于百仞之前,从而观之,则大小殊矣。先儒弗斯取验,虚繁翰墨,夷途顿辔,雄辞析辩,不亦迂哉。今大寒在冬至后二气者,寒积而未消也。大暑在夏至后二气者,暑积而未歇也。寒暑均和,乃在春秋分后二气者,寒暑积而未平也。譬之火始入室,而未甚温,弗事加薪,久而逾炽。既已迁之,犹有余热也。

案《虞书》:"舜在璇玑玉衡,以齐七政。"则《考灵曜》所谓观玉仪之游,昏明主时,乃命中星者也。璇玑中而星未中为急,急则日过其度,月不及其宿。璇玑未中而星中为舒,舒则日不及其度,月过其宿。璇玑中而星中为调,调则风雨时,庶草蕃芜,而五谷登,万事康也。所言璇玑者,谓浑天仪也。故《春秋文耀钩》云:"唐尧即位,羲、和立浑仪。"而先儒或因星官书,北斗第二星名璇,第三星名玑,第五星名玉衡,仍七政之言,即以为北斗七星。载笔之官,莫之或辨。史迁、班固,犹且致疑。马季长创谓玑衡为浑天仪。郑玄亦云:"其转运者为玑,其持正者为衡,皆以玉为之。七政者,日月五星也。以玑衡视其行度,以观天意也。"故王蕃云:"浑天仪者,羲、和之旧器,积代相传,谓之玑衡。其为用也,以察三光,以分宿度者也。又有浑天象者,以著天体,以布星辰。而浑象之法,地当在天中,其势不便,故反观其形,地为外匡,于已解者,无异在内。诡状殊体,而合于理,可谓奇巧。然斯二者,以考于天,盖密矣。"又云:"古旧浑象,以二分为一度,周七尺三寸半。而莫知何代所造。"今案虞喜云:"落下闳为汉孝武帝于地中转浑天,定时节,作《泰初历》。"或其所制也。

汉孝和帝时,太史揆候,皆以赤道仪,与天度颇有进退。以问典星待诏姚崇等,皆曰《星图》有规法,日月实从黄道。官无其器。至永元十五年,诏左中郎将贾逵,乃始造太史黄道铜仪。至桓帝延熹七年,太史令张衡,更以铜制,以四分为一度,周天一丈四尺六寸一分。亦于密室中,以漏水转之。令司之者,闭户而唱之,以告灵台之观天者,璇玑所加,某星始见,某星已中,某星今没,皆如合符。蕃以古制局小,以布星辰,相去稠概,不得了察。张衡所作,又复伤大,难可转移。蕃今所作,以三分为一度,周一丈九寸五分、四分之三。张古法三尺六寸五分、四分分之一,减衡法亦三尺六寸五分、四分分之一。浑天仪法,黄赤道各广一度有半。汝今所作浑象,黄赤道各广四分半,相去七寸二分。又云:"黄赤二道,相共交错,其间相去二十四度。以两仪准之,二道俱三百六十五度有奇。又赤道见者,常一百八十二度半强。又南北考之,天见者亦一百八十二度半强。是以知天之体圆如弹丸,南北极相去一百八十二度半强也。而陆绩所作浑象,形如鸟卵,以施二道,不得如法。若使二道同规,则其间相去不得满二十四度。若令相去二十四度,则黄道当长于赤道。又两极相去，不翅八十二度半强。案绩说云：'天东西径三十五万七千里，直径亦然。'则绩意亦以天为正圆也。器与言谬，颇为乖僻。"然则浑天仪者，其制有机有衡。既动静兼状，以效二仪之情，又周旋衡管，用考三光之分。所以揆正宿度，准步盈虚，求古之遗法也。则先儒所言圆规径八尺，汉候台铜仪，蔡邕所欲寝伏其下者是也。

梁华林重云殿前所置铜仪，其制则有双环规相并，间相去三寸许。正竖当子午。其子午之间，应南北极之衡，各合而为孔，以象南北枢。植楗于前后，以属焉。又有单横规，高下正当浑之半。皆周币分为度数，署以维辰之位，以象地。又有单规，斜带南北之中，与春秋二分之日道相应。亦周币分为度数，而署以维辰，并相连著。属楗植而不动。其里又有双规相并，如外双规。内径八尺，周二丈四尺，而属双轴。轴两头出规外各二寸许，合两为一。内有孔，圆径二寸许，南头入地下，注于外双规南枢孔中，以象南极。北头出地上，入于外双规规北枢孔中，以象北极。其运动得东西转，以象天行。其双轴之间，则置衡，长八尺，通中有孔，圆径一寸。当衡之半，两边有关，各注著双轴。衡既随天象东西转运，又自于双轴间得南北低仰。所以准验辰历，分考次度，其于揆测，唯所欲为之者也。检其镂题，是伪刘曜光初六年，史官丞南阳孔挺所造，则古之浑仪之法者也。而宋御史中丞何承天及太中大夫徐爰，各著《宋史》，咸以为即张衡所造。其仪略举天状，而不缀经星七曜。魏、晋丧乱，沉没西戎。义熙十四年，宋高祖定咸阳得之。梁尚书沈约著《宋史》，亦云然，皆失之远矣。

后魏道武天兴初，命太史令晁崇修浑仪，以观星象。十有余载，至明元永兴四年壬子，诏造太史候部铁仪，以为浑天法，考璇玑之正。其铭曰："于皇大代，配天比祚。赫赫明明，声列遐布，爰造兹器，考正宿度。贻法后叶，永垂典故。"其制并以铜铁，唯志星度以银错之。南北柱曲抱双规，东西柱直立，下有十字水平，以植四柱，十字之上，以龟负双规。其余皆与刘曜仪大同。即今太史候台所用也。

　　浑天象者,其制有机而无衡,梁末秘府有,以木为之。其圆如丸,其大数围。南北两头有轴。遍体布二十八宿、三家星、黄赤二道及天汉等。别为横规环,以匡其外。高下管之,以象地。南轴头入地,注于南植,以象南极。北轴头出于地上,注于北植,以象北极。正东西运转。昏明中星,既其应度,分至气节,亦验,在不差而已。不如浑仪,别有衡管,测揆日月,分步星度者也。吴太史令陈苗云:"先贤制木为仪,名曰浑天。"即此之谓耶?由斯而言。仪象二器,远不相涉。则张衡所造,盖亦止在浑象七曜,而何承天莫辨仪象之异,亦为乖失。

　　宋文帝以元嘉十三年,诏太史更造浑仪。太史令钱乐之,依案旧说,采效仪象,铸铜为之。五分为一度,径六尺八分少,周一丈八尺二寸六分少。地在天内,不动。立黄赤二道之规,南北二极之规,布列二十八宿、北斗极星。置日月五星于黄道上。为之杠轴,以象天运。昏明中星,与天相符。梁末,置于文德殿前。至如斯制,以为浑仪,仪则内阙衡管。以为浑象,而地不在外。是参两法,别为一体。就器用而求,尤浑象之流,外内天地之状,不失其位也。吴时又有葛衡,明达天官,能为机巧。改作浑天,使地居于天中。以机动之,天动而地止,以上应晷度,则乐之之所放述也

　　到元嘉十七年,又作小浑天,二分为一度,径二尺二寸,周六尺六寸。安二十八宿中外官星备足。以白表黄等三色珠为三家星。其日月五星,悉居黄道。亦象天运,而地在其中。

　　宋元嘉所造仪象器,开皇九年平陈后,并入长安。大业初,移于东都观象殿。

　　晋侍中刘智云:"颛顼造浑仪,黄帝为盖天。"然此二器,皆古之所制,但传说义者,失其用耳。昔者圣王正历明时,作圆盖以图列宿。极在其中,回之以观天象。分三百六十五度、四分度之一,以定日数。日行于星纪,转回右行,故圆规之,以为日行道。欲明其四时所在:故于春也,则以青为道;于夏也,则以赤为道;于秋也,则以白

为道,于冬也,则以黑为道。四季之末,各十八日,则以黄为道。盖图已定,仰观虽明,而未可正昏明,分昼夜,故作浑仪,以象天体。今案自开皇已后,天下一统,灵台以后魏铁浑天仪,测七曜盈缩,以盖图列星坐,分黄赤二道距二十八宿分度,而莫有更为浑象者矣。

仁寿四年,河间刘焯造《皇极历》,上启于东宫。论浑天云:

璿玑玉衡,正天之器,帝王钦若,世传其象,汉之孝武,详考律历,纠落下闳、鲜于妄人等,共所营定。逮于张衡,又寻述作,亦其体制,不异闳等。虽闳制莫存,而衡造有器。至吴时,陆绩、王蕃,并要修铸。绩小有异,蕃乃事同。宋有钱乐之,魏初晁崇等,总用铜铁。小大有殊,规域经模,不异蕃造。观蔡邕《月令章句》,郑玄注《考灵曜》,势同衡法,迄今不改。

焯以愚管,留情推测,见其数制,莫不违爽。失之千里,差若毫厘,大象一乖,余何可验。况赤黄均度,月无出入,至所恒定,气不别衡。分刻本差,轮回守故。其为疏谬,不可复言。亦既由理不明,致使异家间出。盖及宣夜,三说并驱,平、昕、安、穹,四天腾沸。至当不二,理唯一揆,岂容天体,七种殊说?又影漏去极,就浑可推,百骸共体,本非异物。此真已验,彼伪自彰,岂朗日未晖,爝火不息,理有而阙,拒不可悲者也?昔蔡邕自朔方上书曰:"以八尺之仪,度知天地之象,古有其器,而无其书。常欲寝伏仪下,案度成数,而为立说。"邕以负罪朔裔,书奏不许。邕若蒙许,亦必不能。邕才不逾张衡,衡本岂有遗思也?则有器无书,观不能悟。焯今立术,改正旧浑。又以二至之影,定去极晷漏,并天地高远,星辰运周,所宗有本,皆有其率。祛今贤之巨惑,稽往哲之群疑,豁若云披,朗如雾散。为之错综,数卷已成,待得影差,谨更启送。

又云:"《周官》夏至日影,尺有五寸。张衡、郑玄、王蕃、陆绩先儒等,皆以为影千里差一寸。言南戴日下万五千里,表影正同,天高乃异。考之算法,必为不可。寸差千里,亦无典说,明为意断,事不可依。今交、爱之州,表北无影,计无万里,南过戴日。是千里一寸,非其实差。焯今说浑,以道为率,道里不定,得差乃审。既大圣之年,升平之日,厘改群谬,斯正其时。请一水工,并解算术士,取河南、北平地之所,可量数百里,南北使正。审时以漏,平地以绳,随气至分,同日度影。得其差率,里即可知。则天地无所匿其形,辰象无所逃其数,超前显圣,效象除疑。请勿以人废言。”不用。至大业三年,敕诸郡测影,而焯寻卒,事遂寝废。

《周礼大司徒职》:“以土圭之法,测土深,正日景,以求地中。”此则浑天之正说,立仪象之大本。故云:“日南则景短多暑,日北则景长多寒,日东则景夕多风,日西则景朝多阴。日至之景,尺有五寸,谓之地中。天地之所合也,四时之所交也,风雨之所会也,阴阳之所和也。然则百物阜安,乃建王国焉。”又《考工记匠人》:“建国,水地以县。置槷以县,眡以影。为规,识日出之影与日入之影。昼参诸日中之影,夜考之极星,以正朝夕。”案土圭正影,经文阙略,先儒解说,又非明审。祖暅错综经注,以推地中。其法曰:“先验昏旦,定刻漏,分辰次。乃立仪表于准平之地,名曰南表。漏刻上水,居日之中,更立一表于南表影末,名曰中表。夜依中表,以望北极枢,而立北表,令参相直。三表皆以悬准定,乃观。三表直者,其立表之地,即当子午之正。三表曲者,地偏僻。每观中表,以知所偏。中表在西,则立表处在地中之西,当更向东求地中。若中表在东,则立表处在地中之东也,当更向西求地中。取三表直者,为地中之正。又以春秋二分之日,旦始出东方半体,乃立表于中表之东,名曰东表。令东表与日及中表参相直。是日之夕,日入西方半体,又立表于中表之西,名曰西表。亦从中表西望西表及日,参相直。乃观三表直者,即地南北之中也。若中表差近南,则所测之地卯酉之南。中表差在北,则所测之地在卯酉之北。进退南北,求三表直正东西者,则其地处中,居卯酉之正也。”

昔者周公测晷影于阳城,以参考历纪。其于《周礼》,在《大司徒之职》：“以土圭之法，测土深，正日景，以求地中。日至之景，尺有五寸，则天地之所合，四时之所交。百物阜安，乃建王国。”然则日为阳精，玄象之著然者也。生灵因之动息，寒暑由其递代。观阴阳之升降，揆天地之高远，正位辨方，定时考闰，莫近于兹也。古法简略，旨趣难究，术家考测，互有异同。先儒皆云：“夏至立八尺表于阳城，其影与土圭等。”案《尚书考灵曜》称：“日永，景尺五寸；日短，景尺三寸。”《易通卦验》曰：“冬至之日，树八尺之表，日中视其晷景长短，以占和否。夏至景一尺四寸八分，冬至一丈三尺。”《周髀》云：“成周土中，夏至景一尺六寸，冬至景一丈三尺五寸。”刘向《鸿范传》曰：“夏至景长一尺五寸八分，冬至一丈三尺一寸四分，春秋二分，景七尺三寸六分。”后汉《四分历》、魏《景初历》宋《元嘉历》，大明祖冲之历，皆与《考灵曜》同。汉、魏及宋，所都皆别，四家历法，候影则齐。且纬候所陈，恐难依据。刘向二分之影，直以率推，非因表候，定其长短。然寻晷影尺丈，虽有大较，或地域不改，而分寸参差，或南北殊方，而长短维一。盖术士未能精验，凭古所以致乖。今删其繁杂，附于此云。

梁天监中，祖暅造八尺铜表，其下与圭相连。圭上为沟，置水，以取平正。揆测日晷，求其盈缩。至大同十年，太史令虞劚，又用九尺表，格江左之影，夏至一尺三寸二分，冬至一丈三尺七寸，立夏、立秋二尺四寸五分，春分、秋分五尺三寸九分。陈氏一代，唯用梁法。齐神武以洛阳旧器，并徙邺中。以暨文宣受终，竟未考验。至武平七年，讫干景礼始荐刘孝孙、张孟宾等于后主。刘、张建表测影，以考分至之气。草创未就，仍遇朝亡。周自天和以来，言历者纷纷复出。亦验二至之影，以考历之精粗。

及高祖践极之后，大议造历。张胄玄兼明揆测，言日长之瑞。有诏司存，而莫能考决。至开皇十九年，袁充为太史令，欲成胄玄旧事，复表曰：“隋兴已后，日影渐长。开皇元年冬至之影，长一丈二尺七寸二分，自尔渐短。至十七年冬至影，一丈二尺六寸三分。四年冬至，在洛阳测影，长一丈二尺八寸八分。二年夏至影，一尺四寸八分，自尔渐短。至十六年夏至影，一尺四寸五分。其十八年冬至，阴云不测。元年、十七年、十八年夏至，亦阴云不测。《周官》以土圭之法正日影，日至之影，尺有五寸。郑玄云：'冬至之影，一丈三尺。'今十六年夏至之影，短于旧五分，十七年冬至之影，短于旧三寸七分。日去极近，则影短而日长；去极远，则影长而日短。行内道则去极近，行外道则去极远。《尧典》云：'日短星昴，以正仲冬。'据昴星昏中，则知尧时仲冬，日在须女十度。以历数推之，开皇以来冬至，日在斗十一度，与唐尧之代，去极俱近。谨案《元命包》云：'日月出内道，璇玑得其常，天帝崇灵，圣王初功。'京房《别对》曰：'太平日行上道，升平日行次道，霸代日行下道。'伏惟大隋启运，上感乾元，影短日长，振古希有。"是时废庶人勇，晋王广初为太子，充奏此事，深合时宜，上临朝谓百官曰："影长之庆，天之佑也。今太子新立，当须改元，宜取日长之意，以为年号。"由是改开皇二十一年为仁寿元年。此后百工作役，并加程课，以日长故也。皇太子率百官，诣阙陈贺。案日徐疾盈缩无常，充等以为祥瑞，大为议者所贬。

又《考灵曜》、《周髀》、张衡《灵宪》及郑玄注《周官》，并云："日影于地，千里而差一寸。"案宋元嘉十九年壬午，使使往交州测影。夏至之日，影出表南三寸二分。何承天遥取阳城，云夏至一尺五寸。计阳城去交州，路当万里，而影实差一尺八寸二分。是六百里而差一寸也。又梁大同中，二至所测，以八尺表率取之，夏至当一尺一寸七分强。后魏信都芳注《周髀四术》，称永平元年戊子，当梁天监之七年，见洛阳测影，又见公孙崇集诸朝士，共观秘书影。同是夏至日，其中影皆长一尺五寸八分。以此推之，金陵去洛，南北略当千里，而影差四寸。则二百五十里而影差一寸也。况人路迂回，山川登降，方于鸟道，所校弥多，则千里之言，未足依也。其揆测参差如此，故备论之。

昔黄帝创观漏水，制器取则，以分昼夜。其后因以命官，《周礼》挈壶氏则其职也。其法，总以百刻，分于昼夜。冬至昼漏四十刻，夜漏六十刻。夏至昼漏六十刻,夜漏四十刻。春秋二分,昼夜各五十刻。日未出前二刻半而明,既没后二刻半乃昏。减夜五刻,以益昼漏,谓之昏旦。漏刻皆随气增损。冬夏二至之间,昼夜长短,凡差二十刻。每差一刻为一箭。冬至互起其首,凡有四十一箭。昼有朝,有禺,有中,有晡,有夕。夜有甲、乙、丙、丁、戊。昏旦有星中。每箭各有其数,皆所以分时代守,更其作役。

汉兴,张苍因循古制,犹多疏阔。及孝武考定星历,下漏以追天度,亦未能尽其理。刘向《鸿范传》记武帝时所用法云:"冬夏二至之间,一百八十余日,昼夜差二十刻。"大率二至之后,九日而增损一刻焉。至哀帝时,又改用昼夜一百二十刻,寻亦寝废。至王莽窃位,又遵行之。光武之初,亦以百刻九日加减法,编于《甲令》,为《常符漏品》。至和帝永元十四年,霍融上言:"官历率九日增减一刻,不与天相应。或时差至二刻半,不如夏历漏刻,随日南北为长短。"乃诏用夏历漏刻。依日行黄道去极,每差二度四分,为增减一刻。凡用四十八箭。终于魏、晋,相传不改。

宋何承天,以月蚀所在,当日之衡,考验日宿,知移旧六度,冬至之日,其影极长,测量晷度,知冬至移旧四日。前代诸漏,春分昼长,秋分昼短,差过半刻。皆由气日不正,所以而然。遂议造漏法。春秋二分,昏旦昼夜漏,各五十五刻。齐及梁初,因循不改。至天监六年,武帝以昼夜百刻,分配十二辰,辰得八刻,仍有余分。乃以昼夜为九十六刻,一辰有全刻八焉。至大同十年,又改用一百八刻。依《尚书考灵曜》,昼夜三十六顷之数,因而三之。冬至昼漏四十八刻,夜漏六十刻。夏至昼漏七十刻,夜漏三十八刻。春秋二分,昼漏六十刻,夜漏四十八刻。昏旦之数各三刻。先令祖暅为《漏经》,皆依浑天黄道日行去极远近,为用箭日率。陈文帝天嘉中,亦命舍人朱史造漏,依古百刻为法。周、齐因循魏漏。晋、宋、梁大同,并以百刻分于昼夜。

隋初,用周朝尹公正、马显所造《漏经》。至开皇十四年,鄜州司马袁充上晷影漏刻。充以短影平仪,均布十二辰,立表,随日影所指辰刻,以验漏水之节。十二辰刻,互有多少,时正前后,刻亦不同。其二至二分用箭辰刻之法,今列之云。

冬至:日出辰正,入申正,昼四十刻,夜六十刻。

子、丑,亥各二刻,寅、戌各六刻,卯、酉各十三刻,辰、申各十四刻,巳、未各十刻,午八刻。

右十四日改箭。

春秋二分:日出卯正,入酉正,昼五十刻,夜五十刻。

子四刻,丑、亥七刻,寅、戌九刻,卯、酉十四刻,辰、申九刻,巳、未七刻,午四刻。

右五日改箭。

夏至:日出寅正,入戌正,昼六十刻,夜四十刻。

子八刻,丑、亥十刻,寅、戌十四刻,卯、酉十三刻,辰、申六刻,巳、未二刻,午二刻。

右一十九日,加减一刻,改箭。

袁充素不晓浑天黄道去极之数,苟役私智,变改旧章。其于施用,未为精密。

开皇十七年,张胄玄用后魏浑天铁仪,测知春秋二分,日出卯酉之北,不正当中。与何承天所测颇同,皆日出卯三刻五十五分,入酉四刻二十五分。昼漏五十刻一十分,夜漏四十九刻四十分,昼夜差六十分刻之四十。仁寿四年,刘焯上《皇极历》,有日行迟疾,推二十四气,皆有盈缩定日。春秋分定日,去冬至各八十八日有奇,去夏至各九十三日有奇。二分定日,昼夜各五十刻。又依浑天黄道,验知冬至夜漏五十九刻、一百分刻之八十六,昼漏四十刻一十四分,夏至昼漏五十九刻八十六分,夜漏四十刻一十四分。冬夏二至之间,昼夜差一十九刻、一百分刻之七十二。胄玄及焯漏刻,并不施用。然其法制,皆著在历术,推验加时,最为详审。

大业初,耿询作古欹器,以漏水注之,献于炀帝。帝善之,因令与宇文恺,依后魏道士李兰所修道家上法称漏,制造称水漏器,以充行从。又作候影分箭上水方器,置于东都乾阳殿前鼓下司辰。又作马上漏刻,以从行辨时刻。揆日晷,下漏刻,此二者,测天地,正仪象之本也。晷漏沿革,今古大殊,故列其差,以补前阙。

北极五星,钩陈六星,皆在紫宫中。北极,辰也。其纽星,天之枢也。天运无穷,三光迭耀,而极星不移。故曰:"居其所而众星共之。"贾逵、张衡、蔡邕、王蕃、陆绩,皆以北极纽星为枢,是不动处也。祖暅以仪准候不动处,在纽星之末,犹一度有余。北极大星,太一之座也。第一星主月,太子也。第二星主日,帝王也。第三星主五星,庶子也。所谓第二星者,最赤明者也。北极五星,最为尊也。中星不明,主不用事。右星不明,太子忧。钩陈,后宫也,太帝之正妃也,太帝之坐也。北四星曰女御宫,八十一御妻之象也。钩陈口中一星,曰天皇太帝。其神曰耀魄宝,主御群灵,秉万神图。抱极枢四星曰四辅,所以辅佐北极,而出度授政也。太帝上九星曰华盖,盖所以覆蔽太帝之坐也。又九星直,曰杠。盖下五星,曰五帝内坐,设叙顺帝所居也。客犯紫宫中坐,大臣犯主。华盖杠旁六星曰六甲,可以分阴阳而纪节候,故在帝旁,所以布政教而授人时也。极东一星曰柱下史,主记过。古者有左右史,此之象也。柱史北一星曰女史,妇人之微者,主传漏。故汉有侍史。传舍九星在华盖上,近河,宾客之馆,主胡人入中国。客星守之,备奸使,亦曰胡兵起。传舍南河中五星曰造父,御官也,一曰司马,或曰伯乐。星亡,马大贵。西河中九星如钩状,曰钩星,伸则地动。天一一星,在紫宫门右星南,天帝之神也,主战斗,知人吉凶者也。太一一星,在天一南,相近,亦天帝神也,主使十六神,知风雨水旱,兵革饥馑,疾疫灾害所生之国也。

紫宫垣下五星,其西蕃七,东蕃八,在北斗北。一曰紫微,太帝之坐也。天子之常居也,主命,主度也。一曰长垣,一曰天营,一曰旗星,为蕃卫,备蕃臣也。宫阙兵起,旗星直,天子出,自将宫中兵。东垣下五星曰天柱,建政教,悬图法之所也。常以朔望日悬禁令于天柱,以示百司。《周礼》以正岁之月,悬法象魏,此之类也。门内东南维五星曰尚书,主纳言,夙夜谘谋,龙作纳言,此之象也。尚书西二星曰阴德、阳德,主周急振无。宫门左星内二星曰大理,主平刑断狱也。门外六星曰天床,主寝舍,解息燕休。西南角外二星曰内厨,主六宫之饮食,主后夫人与太子宴饮。东北维外六星曰天厨,主盛馔。

北半七星,辅一星在太微北,七政之枢机,阴阳之元本也。故运乎天中,而临制四方,以建四时,而均五行也。魁四星为璇玑,杓三星为玉衡。又象号令之主,又为帝车,取乎运动之义也。又魁第一星曰天枢,二曰璇,三曰机,四曰权,五曰玉衡,六曰开阳,七曰摇光。一至四为魁,五至七为杓。枢为天,璇为地,机为人,权为时,玉衡为音,开阳为律,摇光为星。石氏云:"第一曰正星,主阳德,天子之象也。二曰法星,主阴刑,女主之位也。三曰令星,主祸害也。四曰伐星,主天理,伐无道。五曰杀星,主中央,助四旁,杀有罪。六曰危星,主天仓五谷。七曰部星,亦曰应星,主兵。"又云:"一主天,二主地,三主火,四主水,五主土,六主木,七主金。"又曰:"一主秦,二主楚,三主梁,四主吴,五主赵,六主燕,七主齐。"

魁中四星,为贵人之牢,曰天理也。辅星傅乎开阳,所以佐斗成功也。又曰:"主危正,矫不平。"又曰:"丞相之象也。"七政星明,其国昌。不明,国殃。斗旁欲多星则安,斗中少星则人恐上,天下多讼法者。无星二十日。有辅星明而斗不明,臣强主弱。斗明辅不明,主强臣弱也。杓南三星及魁第一星,皆曰三公,宣德化,调七政,和阴阳之官也。

文昌六星,在北斗魁前,天之六府也,主集计天道。一曰上将,大将建威武。二曰次将,尚书正左右。三曰贵相,太常理文绪。四曰司禄、司中,司隶赏功进。五曰司命、司怪,太史主灭咎。六曰司寇,大理佐理宝。所谓一者,起北斗魁前,近内阶者也。明润,大小齐,天瑞臻。

文昌北六星曰内阶,天皇之陛也。相一星在北斗南。相者总领百司而掌邦教,以佐帝王安邦国,集众事也。其明吉。太阳守一星,在相西,大将大臣之象也,主戒不虞,设武备也。非其常,兵起。西北四星曰势。势,腐刑人也。天牢六星在北斗魁下,贵人之牢也,主愆过,禁暴淫。

太微,天子庭也,五帝之坐也,亦十二诸侯府也。其外蕃,九卿也。一曰太微为衡。衡,主平也。又为天庭,理法平辞,监升授德,列宿受符,诸神考节,舒情稽疑也。南蕃中二星间曰端门。东曰左执法,廷尉之象也。西曰右执法,御史大夫之象也。执法,所以举刺凶奸者也。左执法之东,左掖门也。右执法之西,右掖门也。东蕃四星,南第一曰上相,其北东太阳门也。第二星曰次相,其北中华东门也。第三星曰次将,其北东太阴门也。第四星曰上将。所谓四辅也。西蕃四星:南第一星曰上将,其北西太阳门也。第二星曰次将,其北中华西门也。第三曰次相,其北西太阴门也。第四星曰上相。亦四辅也。东西蕃有芒及摇动者,诸侯谋天子也。执法移则刑罚尤急。月、五星所犯中坐,成刑。月、五星入太微轨道,吉。

西南角外三星曰明堂,天子布政之宫也。明堂西三星曰灵台,观台也。主观云物,察符瑞,候灾变也。左执法东北一星曰谒者,主赞宾客也。谒者东北三星曰三公内坐,朝会之所居也。三公北三星曰九卿内坐,主治万事。九卿西五星曰内五诸侯,内侍天子,不之国者也。辟雍之礼得,则太微诸侯明。

黄帝坐一星,在太微中,含枢纽之神也。天子动得天度,止得地意,从容中道,则太微五帝坐明,坐以光。黄帝坐不明,人主求贤士以辅法,不然则夺势。又曰太微五坐小弱青黑,天子国亡。四帝坐四星,四星侠黄帝坐。东方星,苍帝灵威仰之神也。南方星,赤帝熛怒之神也。西方星,白帝招距之神也。北方星,黑帝协光纪之神也。

五帝坐北一星曰太子,帝储也。太子北一星曰从官,侍臣也。帝坐东北一星曰幸臣。屏四星在端门之内,近右执法。屏所以壅蔽帝庭也。执法主刺举,臣尊敬君上,则星光明润泽。郎位十五星,在帝坐东北,一曰依乌,郎位也。周官之元士,汉官之光禄、中散、谏议、议郎、三署郎中,是其职也。或曰今之尚书也。郎位主卫守也。其星明，大臣有劫主。又曰，客犯上。其星不具，后死，幸臣诛。客星入之，大臣为乱。郎将一星在郎位北，主阅具，所以为武备也。武贲一星，在太微西蕃北，下台南，静室旄头之骑官也。常陈七星，如毕状，坐北，天子宿卫武贲之士，以设强毅也。星摇动，天子自出，明则武兵用，微则武兵弱。

三台六星，两两而居，起文昌，列招摇，太微。一曰天柱，三公之位也。在天曰三台，主开德宣符也。西近文昌二星曰上台，为司命，主寿。次二星曰中台，为司中，主宗。东二星曰下台，为司禄，主兵，所以昭德塞违也。又曰三台为天阶，太一蹑以上下。一曰泰阶，上星为天子，下星为女主；中阶，上星为诸侯三公，下星为卿大夫；下阶，上星为士，下星为庶人。所以和阴阳而理万物也。其星有变，各以所主占人。君臣和集，如其常度。

南四星曰内平，近职执法平罪之官也。中台之北一星曰大尊，贵戚也。下台南一星曰武贲，卫官也。

摄提六星，直斗杓之南，主建时节，伺機祥。摄提为楯，以夹拥帝席也，主九卿。明大三公恣，客星入之，圣人受制。西三星曰周鼎，主流亡。大角一星，在摄提间。大角者，天王座也。又为天栋，正经纪。北三星曰帝席，主宴献酬酢。梗河三星，在大角北。梗河者，天矛也。一曰天锋，主胡兵。又为丧，故其变动应以兵丧也。星亡，其国有兵谋。招摇一星在其北，一曰矛楯，主胡兵。占与梗河略相类也，招摇与北斗杓间曰天库。星去其所，则有库开之祥也。招摇欲与栋星、梗河、北斗相应，则胡常来受命于中国。招摇明而不正，胡不受命，玄戈二星，在招摇北。玄戈所主，与招摇同。或云主北夷。客星守之，胡大败。天枪三星，在北斗杓东。一曰天钺，天之武备也。故在紫宫之左，所以御难也。女床三星，在其北，后宫御也，主女事。天棓五星，在女床北，天子先驱也，主忿争与刑罚，藏兵，亦所以御难也。枪棓皆以备非常也。一星不具，国兵起。

东七星曰扶筐，盛桑之器，主劝蚕也。七公七星，在招摇东，天之相也，三公之象，主七政。贯索九星在其前，贱人之牢也。一曰连索，一曰连营，一曰天牢，主法律，禁暴强也。牢口一星为门，欲其开也。九星皆明，天下狱烦。七星见，小赦；五星，大赦。动则斧锧用，中空则更元。《汉志》云十五星。天纪九星，在贯索东，九卿也。九河主万事之纪，理怨讼也。明则天下多辞讼，亡则政理坏，国纪乱，散绝则地震山崩。织女三星，在天纪东端，天女也，主果蓏丝帛珍宝也。王者至孝，神祇咸喜，则织女星俱明，天下和平。大星怒角，布帛贵。东足四星曰渐台，临水之台也。主晷漏律吕之事。西之五星曰辇道，王者嬉游之道也，汉辇道通南、北宫象也。

左右角间二星曰平道之官。平道西一星曰进贤，主卿相举逸才。角北二星曰天田。亢北六星曰亢池。亢，舟航也；池，水也。主送往迎来。兵北一星曰天乳，主甘露。房中道一星曰岁守之，阴阳平。房西二星南北列，曰天福，主乘舆之官，若《礼》巾车、公车之政。主祠事。东咸、西咸各四星，在房心北，日月五星之道也。房之户，所以防淫佚也。星明则吉，暗则凶。月、五星犯守之，有阴谋。东咸西三星，南北列，曰罚星，主受金赎。键闭一星，在房东北，近钩钤，主关钥。

天市垣二十二星，在房心东北，主权衡，主聚众。一曰天旗庭，主斩戮之事也。市中星众润泽则岁实，星稀则岁虚。荧惑守之，戮不忠之臣。又曰，若怒角守之，戮者臣杀主。慧星除之，为徙市易都。客星入之，兵大起，出之有贵丧。市中六星临箕，曰市楼市府也，主市价律度。其阳为金钱，其阴为珠玉。变见，各以所主占之。北四星曰天斛，主量者也。斛西北二星曰列肆，主宝玉之货。市门左星内二星日车肆，主众贾之区。

帝坐一星，在天市中，候星西，天庭也。光而润则天子吉，威令行。微小凶，大人当之。候一星，在帝坐东北，主伺阴阳也。明大辅臣强，四夷开。候细微则国安，亡则主失位，移则主不安。宦者四星，在帝坐西南，侍主刑余之人也。星微则吉，明则凶，非其常，宦者有忧。斗五星，在宦者南，主平量。仰则天下斗斛不平，覆则岁穰。宗正二星，在帝坐东南，宗大夫也。慧星守之，若失色，宗正有事。客星守动,则天子亲属有变。客星守之,贵人死。宗星二,在候星东,宗室之象,帝辅血脉之臣也。客星守之,宗人不和。东北二星曰帛度,东北二星曰屠肆,各主其事。

天江四是星在尾北,主太阴。江星不具,天下津河关道不通,明若动摇,大水出,大兵起。参差则马贵。荧惑守之,有立王。客星入之,河津绝闭。

天籥八星,在南半杓西,主关闭,建星六星,在南斗北,亦曰天旗,天之都关也。为谋事,为天鼓,为天马。南二星,天库也。中央二星,市也,铁上二星,旗跗也。斗建之间,三光道也。星动则人劳。月晕之,蛟龙见,牛马疫。月、五星犯之,大臣相谮,臣谋主;亦为关梁不通,有大水。东南四星曰狗国,主鲜卑、乌丸、沃且。荧惑守之,外夷为变。太白逆守之,其国乱。客星犯守之,有大盗,其王且来。狗国北二星曰天鸡,主候时。天弁九星在建星北,市官之长也。主列肆阛阓,若市籍之事,以知市珍也。星欲明,吉。彗星犯守之,籴贵,囚徒起兵。

河鼓三星,旗九星,在牵牛北,天鼓也,主军鼓,主铁钺。一曰三武,主天子三将军。中央大星为大将军,左星为左将军,右星为右将军。左星,南星也,所以备关梁而距难也,设守阻险,知谋征也。旗即天鼓之旗,所以为旌表也。左旗九星,在鼓左旁。鼓欲正直而明,色黄光泽,将吉;不正,为兵忧也。星怒马贵,动则兵起,曲则将失计夺势。旗星戾,乱相陵。旗端四星南北列,曰天桴。桴,鼓桴也。星不明,漏刻失时。前近河鼓,若桴鼓相直,皆为桴鼓用。

离珠五星,在须女北,须女之藏府也,女子之星也。星非故,后宫乱。客星犯之,后宫凶。虚之二星曰司命,北二星曰司禄,又北二星曰司危,又北二星曰司非,司命主举过行罚,灭不祥。司禄增年延德,故在六宗北。犯司危,主骄佚亡下。司非以法多就私。瓠瓜五星,在璃珠北,主阴谋,主后宫,主果食。明则岁熟,微则岁恶,后失势。非其故,则山摇,谷多水。旁五星曰败瓜,主种。天津九星,梁,所以度神通四方也。一星不备,津关道不通。星明动则兵起如流沙,死人乱麻。微而参差，则马贵若死。星亡，若从河水为害，或曰水贼称王也。东近河边七星曰车府，主车之官也。车府东南五星曰人星，主静众庶，柔远能迩。一曰卧星，主防淫。其南三星内析，东南四星曰杵臼，主给军粮。客星入之，兵起，天下聚米。天津北四星如卫状，曰奚仲，古车正也。

　　腾蛇二十二星，在营室北，天蛇星主水虫。星明则不安，客星守之，水雨为灾，水物不收。王良五星，在奎北，居河中，天子奉车御官也。其四星曰天驷，旁一星曰王良，亦曰天马。其星动，为策马，车骑满野。亦曰王良梁，为天桥，主御风雨水道，故或占津梁。其星移，有兵，亦曰马病。客星守之，桥不通。前一星曰策，王良之御策也，主天子仆，在王良旁。若移在马后，是谓策马，则车骑满野。阁道六星，在王良前，飞道也。从紫宫至河，神所乘也。一曰阁道，主道里，天子游别宫之道也。亦曰阁道，所以捍难灭咎也。一曰王良旗，一曰紫宫旗，亦所以为旌表，而不欲其动摇。旗星者，兵所用也。传路一星，在阁道南，旁别道也。备阁道之败，复而乘之也。一曰太仆，主御风雨，亦游从之义也。东壁北十星曰天厩，主马之官，若今驿亭也，主传令置驿，逐漏驰鹜，谓其行急疾，兴晷漏竞驰。

　　天将军十二星，在娄北，主武兵，中央大星，天之大将也。外小星，吏士也。大将星摇，兵起，大将出。小星不具，兵发。南一星曰军南门，主谁何出入。太陵八星，在胃北。陵者，墓也。太陵卷舌之口曰积京，主大丧也。积京中星绝，则诸侯有丧，民多疾，兵起，粟聚。少则粟散。星守之，有土功。太陵中一星曰积尸，明则死人如山。天船九星，在太陵北，居河中。一曰舟星，主度，所以济不通也，亦主水旱。不在汉中，津河不通。中四星欲其均明，即天下大安，不则兵若丧。客彗星出入之，为大水，有兵。中一星曰积水，候水灾。昴西二星曰天街，三光之道，主伺候关梁中外之境。天街西一星曰月。卷舌六星在北，主口语，以知佞谗也。曲者吉，直而动，天下有口舌之害。中一星曰天谗，主巫医。

　　五车五星，三柱九星，在毕北。五车者，五帝车舍也，五帝坐也，主天子五兵，一曰主五谷丰耗。西北大星曰天库，主太白，主秦。次东北星曰狱，主辰星，主燕、赵。次东星曰天仓，主岁星，主鲁、卫。次东南星曰司空，主填星，主楚。次西南星曰卿星，主荧惑，主魏。五星有变，皆以其所主而占之。三柱，一曰三泉，一曰休，一曰旗。五车星欲均明，阔狭有常也。天子得灵台之礼，则五车三柱均明。中有五星曰天潢。天潢南三星曰咸池，鱼圃也。月、五星入天潢，兵起，道不通，天下乱，易政。咸池明，有龙堕死，猛兽及狼害人，若兵起。

五车南六星曰诸王，察诸侯存亡。西五星厉石，金若客星守之，兵动。北八星曰八谷，主候岁。八谷一星亡，一谷不登。天关一星，在五车南，亦曰天门，日月所行也，主边事，主开闭。芒角，有兵。五星守之，贵人多死。

东井钺前四星曰司怪，主候天地日月星辰变异，及鸟兽草木之妖，明主闻灾，修德保福也。司怪西北九星曰坐旗，君臣设位之表也。坐旗西四星曰天高，台榭之高，主远望气象。天高西一星曰天河，主察山林妖变。南河、北河各三星，夹东井。一曰天高天之阙门，主关梁。南河曰南戍，一曰南宫，一曰阳门，一曰越门，一曰权星，主火。北河一曰北戍，一曰北宫，一曰阴门，一曰胡门，一曰衡星，主水。两河戍间，日月五星之常道也。河戍动摇，中国兵起。南河三星曰阙丘，主宫门外象魏也。五诸侯五星，在东井北，主刺举，戒不虞。又主理阴阳，察得失。亦曰主帝心。一曰帝师，二曰帝友，三曰三公，四曰博士，五曰太史。此五者常为帝定疑议。星明大润泽，则天下大治；角则祸在中。五诸侯南三星曰天樽，主盛饘粥，以给酒食之正也。积薪一星，在积水东，代给庖厨之正也。水位四星，在东井东，主水衡。客星若水火守犯之，百川流溢。

轩辕十七星，在七星北。轩辕，黄帝之神，黄龙之体也。后妃之主，士职也。一曰东陵，一曰权星，主雷雨之神。南大星，女主也。次北一星，妃也。次，将军也。其次诸星，皆次妃之属也。女主南小星，女御也。左一星少民，少后宗也。右一星在民，太后宗也。欲其色黄小而明也。轩辕右角南三星曰酒旗，酒官之旗也，主飨宴饮食。五星守酒旗，天下大酺，有酒肉财物，赐若爵宗室。酒旗南二星曰天相，丞相之象也。轩辕西四星曰权，权者，烽火之权也，边亭之警候。

权北四星曰内平。少微四星，在太微西，士大夫之位也。一名处士，亦天子副主，或曰博士官。一曰主卫掖门。南第一星处士，第二星议士，第三星博士，第四星大夫。明大而黄，则贤士举也。月、五星犯守之，处士、女主忧，宰相易。南四星曰长垣，主界域及胡夷。荧惑入之，胡入中国。太白入之，九卿谋。

隋书卷二〇
志第一五

天文中

二十八舍　天占　七曜　瑞星
星杂变　妖星　杂妖　客星　流星
云气　瑞气　妖气

东方。角二星，为天阙，其间天门也，其内天庭也。故黄道经其中，七曜之所行也。左角为天田，为理，主刑，其南为太阳道。右角为将，主兵，其北为太阴道。盖天之三门，犹房之四表。其星明大，王道太平，贤者在朝。动摇移徙，王者行。

亢四星，天子之内朝也。总摄天下奏事，听讼理狱录功者也。一曰疏庙，主疾疫。星明大，辅纳忠，天下宁，人无疾疫。动则多疾。

氐四星，王者之宿宫，后妃之府，休解之房。前二星适也，后二星妾也。将有徭役之事，氐先动。星明大则臣奉度，人无劳。

房四星为明堂，天子布政之宫也，亦四辅也。下第一星，上将也；次，次将也；次，次相也；上星，上相也。南二星君位，北二星夫人位。又为四表，中间为天衢之大道，为天阙，黄道之所经也。南间曰阳环，其南曰太阳。北间曰阴间，其北曰太阴。七曜由乎天衢，则天下平和。由阳道则主旱丧，由阴道则主水兵。亦曰天驷，为天马，主车驾。南星曰左骖，次左服，次右服，次右骖。亦曰天厩，又主开闭，为畜藏之所由也。房星明则王者明。骖星大则兵起,星离则人流。又北二小星曰钩钤,房之铃键,天之管龠,主闭藏,键天心也。王者孝则钩钤明。近房,天下同心,远则天下不和,王者绝后。房钩钤间有星及疏坼,则地动河清。

心三星,天王正位也。中星曰明堂,天子位,为大辰,主天下之赏罚。天下变动,心星见祥。星明大,天下同,暗则主暗。前星为太子,其星不明,太子不得代。后星为庶子,后星明,庶子代。心星变黑,大人有忧。直则王失势,动则国有忧急,角摇则有兵,离则人流。

尾九星,后宫之场,妃后之府。上第一星,后也;次三星,夫人;次星,嫔妾。第三星傍一星,名曰神宫,解衣之内室。尾亦为九子。星色欲均明,大小相承,则后宫有叙,多子孙。星微细暗,后有忧疾。疏远,后失势。动摇则君臣不和,天下乱。就聚则大水。

箕四星,亦后宫妃后之府。亦曰天津,一曰天鸡。主八风,凡日月宿在箕、东壁、翼、轸者,风起。又主口舌,主客蛮夷胡貉,故蛮胡将动,先表箕焉。星大明直则谷熟,内外有差。就聚细微,天下忧。动则蛮夷有使来。离徙则人流动,不出三日,大风。

北方。南斗六星,天庙也,丞相太宰之位,主褒贤进士,禀授爵禄,又主兵。一曰天机。南二星魁,天梁也。中央二星,天相也。北二星杓,天府庭也,亦为天子寿命之期也。将有天子之事,占于斗。斗星盛明,王道平和,爵禄行。芒角动摇,天子愁,兵起移徙,其臣逐。

牵牛六星,天之关梁,主牺牲事。其北二星,一曰即路,一曰聚火。又曰,上一星主道路,次二星主关梁,次三星主南越,摇动变色则占之。星明大,王道昌,关梁通,牛贵。怒则马贵。不明失常,谷不登。细则牛贱。中星移上下,牛多死。小星亡,牛多疫。又曰,牵牛星动为牛灾。

须女四星,天之少府也。须,贱妾之称,妇职之卑者也,主布帛裁制嫁娶。星明,天下丰,女功昌,国充富;小暗则国藏虚。动则有嫁娶出纳裁制之事。

虚二星，冢宰之官也。主北方，主邑居庙堂祭祀祝祷事，又主死丧哭泣。

危三星，主天府天库架屋，余同虚占。星不明，客有诛。动则王者作宫殿，有土功。坟墓四星，属危之下，主死丧哭泣，为坟墓也。星不明，天下旱。动则有丧。

营室二星，天子之宫也。一曰玄宫，一曰清庙。又为军粮之府，及土功事。星明国昌，小不明，祠祀鬼神不享，国家多疾。动则有土功，兵出野。离宫六星，天子之别宫，主隐藏休息之所。

东壁二星，主文章，天下图书之秘府也，主土功。星明，王者兴，道术行，国多君子。星失色，大小不同，王者好武，经士不用，图书隐。星动则有土功。离徙就聚，为田宅事。

西方。奎十六星，天之武库也。一曰天豕，亦曰封豕。主以兵禁暴，又主沟渎。西南大星，所谓天豕目，亦曰大将，欲其明。若帝淫佚，政不平，则奎有角。角动则有兵，不出年中，或有沟渎之事。又曰，奎中星明，水大出。

娄三星，为天狱，主苑牧牺牲，供给郊祀，亦为兴兵聚众。星明，天下平和，郊祀大享，多子孙。动则有聚众。星直则有执主之命者。就聚，国不安。

胃三星，天之厨藏，主仓廪五谷府也。明则和平仓实，动则有输运事，就聚，则谷贵人流。

昴七星，天之耳目也，主西方，主狱事。又为旄头，胡星也。又主丧。昴毕间为天街，天子出，旄头罕毕以前驱，此其义也。黄道之所经也。昴明则天下牢狱平。昴六星皆明，与大星等，大水。七星黄，兵大起。一星亡，为兵丧。摇动有大臣下狱，及白衣之会。大而数尽动，若跳跃者，胡兵大起。一星独跳跃，余不动者，胡欲犯边境也。

毕八星，主边兵，主弋猎。其大星曰天高，一曰边将，主四夷之尉也。星明大则远夷来贡,天下安,失色则边乱。一星亡,为兵丧。动摇,边城兵起,有谗臣。离徙,天下狱乱。就聚,法令酷。附耳一星在毕下,主听得失,伺愆邪,察不详。星盛则中国微,有盗贼,边候惊,外国反,斗兵连年。若移动,佞谗行,兵大起,边尤甚。月入毕,多雨。

觜觿三星,为三军之候,行军之藏府,主葆旅,收敛万物。明则军储盈,将得势。动而明,盗贼群行,葆旅起。动移,将有逐者。

参十星,一曰参伐,一曰大辰,一曰天市,一曰斧钺,主斩刈。又为天狱,主杀伐。又主权衡,所以平理也。又主边城,为九译,故不欲其动也。参,白兽之体。其中三星横列,三将也。东北曰左肩,主左将。西北曰右肩,主右将。东南曰左足,主后将军。西南曰右足,主偏将军。故《黄帝占》参应七将。中央三小星曰伐,天之都尉也,主胡、鲜卑、戎狄之国,故不欲明。七将皆明大,天下兵精也。王道缺则芒角张。伐星明与参等,大臣皆谋,兵起。参星失色,军散。参芒角动摇,边候有急,天下兵起。又曰,有斩伐之事。参星移,客伐主。参左足入玉井中,兵大起,秦大水,若有丧,山石为怪。参星差戾,王臣贰。

南方。东井八星,天之南门,黄道所经,天之亭候。主水衡事,法令所取平也。王者用法平,则井星明而端列。钺一星,附井之前,主伺淫奢而斩之。故不欲其明。明与井齐,则用钺,大臣有斩者,以欲杀也。月宿井,有风雨。

舆鬼五星,天目也,主视,明察奸谋。东北星主积马,东南星主积兵,西南星主积布帛,西北星主积金玉,随变占之。中央为积尸,主死丧祠祀。一曰斧质,主诛斩。鬼星明大,谷成。不明,人散。动而光,上赋敛重,徭役多。星徙,人愁,政令急。鬼质欲其忽忽不明则安,明则兵起,大臣诛。

柳八星,天之厨宰也,主尚食,和滋味,又主雷雨,若女主骄奢。一曰天相,一曰天库,一曰注,又主木功。星明,大臣重慎,国安,厨食具。注举首,王命兴,辅佐出。星直,天下谋伐其主。星就聚,兵满国门。

七星　七星,一名天都,主衣裳文绣,又主急兵,守盗贼。故欲明。星明,王道昌,暗则贤良不处,天下空,天子疾。动则兵起,离则易政。

张六星,主珍宝,宗庙所用及衣服,又主天厨,饮食赏赉之事。星明则王者行五礼,得天之中。动则赏赉,离徙天下有逆人,就聚有兵。

翼二十二星,天之乐府,主俳倡戏乐,又主夷狄远客,负海之宾。星明大,礼乐兴,四夷宾。动则蛮夷使来,离徙则天子举兵。

轸四星,主冢宰辅臣也,主车骑,主载任。有军出入,皆占于轸。又主风,主死丧。轸星明,则车驾备。动则车骑用。离徙,天子忧。就聚,兵大起。辖星,傅轸两傍,主王侯。左辖为王者同姓,右辖为异姓。星明,兵大起。远轸凶。轸辖举,南蛮侵。车无辖,国主忧。长沙一星,在轸之中,主寿命。明则主寿长,子孙昌。

　　　　　右四方二十八宿并辅官一百八十二星。

星官在二十八宿之外者

库楼十星,其六大星为库,南四星为楼,在角南。一曰天库,兵车之府也。旁十五星,三三而聚者,柱也。中央四小星,衡也。主陈兵。又曰,天库空则兵四合。东北二星曰阳门,主守隘塞也。南门二星在库楼南,天之外门也。主守兵。平星二星,在库楼北,平天下之法狱事,廷尉之象也。天门二星,在平星北。

亢南七星曰折威,主斩杀。顿顽二星,在折威东南,主考囚情状,察诈伪也。

骑官二十七星,在氐南,若天子武贲,主宿卫。东端一星,骑阵将军,骑将也。南三星车骑,车骑之将也。阵车三星,在骑官东北,革车也。

积卒十二星,在房心南,主为卫也。他星守之,近臣诛。从官二星,在积卒西北。

龟五星,在尾南,主卜,以占吉凶。傅说一星,在尾后。傅说主章祝巫官也。章,请号之声也。主王后之内祭祀,以祈子孙,广求胤嗣。《诗》云:"克禋克祀,以弗无子。"此之象也。星明大,王者多子孙。鱼一星,在尾后河中,主阴事,知云雨之期也。星不明,则鱼多亡,若鱼少。动摇则大水暴出。出汉中,则大鱼多死。

杵三星,在箕南,杵给庖舂。客星入杵臼,天下有急。糠一星,在箕舌前,杵西北。

鳖十四星,在南斗南。鳖为水虫,归太阴。有星守之,白衣会,主有水令。农丈人一星,在南斗西南,老农主稼穑也。狗二星,在南斗魁前,主吠守。

天田九星,在牛南。罗堰九星,在牵牛东,岠马也,以壅畜水潦,灌溉沟渠也。九坎九星,在牵牛南。坎,沟渠也,所以导达泉源,疏泻瀛溢,通沟洫也。九坎间十星曰天池,一曰三池,一曰天海,主灌溉事。九坎东列星:北一星曰齐,齐北二星曰赵,赵北一星曰郑,郑北一星曰越,越东二星曰周,周东南北列二星曰秦,秦南二星曰代,代西一星曰晋,晋北一星曰韩,韩北一星曰魏,魏西一星曰楚,楚南一星曰燕。其星有变,各以其国。秦、代东三星南北列,曰离瑜。离圭衣也,瑜玉饰,皆妇人之服星也。

虚南二星曰哭,哭东二星曰泣,泣哭皆近坟墓。泣南十三星,曰天垒城,如贯索状,主北夷丁零、匈奴。败臼四星,在虚危南,知凶灾。他星守之,饥兵起。

危南二星曰盖屋,主治宫室之官也。虚梁四星,在盖屋南,主园陵寝庙。非人所处,故曰虚梁。

室南六星曰雷电。室西南二星曰土功吏,主司过度。

壁南二星曰土公,土公西南五星曰礔砺,礔砺南四星曰云雨,皆在垒壁北。

羽林四十五星,在营室南。一曰天军,主军骑,又主翼王也。垒壁阵十二星,在羽林北,羽林之垣垒也。主军位,为营壅也。五星有在天军中者,皆为兵起,荧惑、太白、辰星尤甚。北落师门一星,在羽林南。北者,宿在北方也。落,天之蕃落也。师,众也。师门犹军门也。长安城北门曰北落门,以象北也。主非常,以候兵。有星守之,虏入塞中,兵起。北落西北有十星,曰天钱。北落西南一星,曰天纲,主武帐。北落东南九星,曰八魁,主张禽兽。客星入之,多盗贼。八魁西北三星曰斧质,一曰斧钺。有星入之,皆为大臣诛。

奎南七星曰外屏。外屏南七星曰天溷,厕也。屏所以障之也。天溷南一星曰土司空,主水土之事故,又知祸殃也。客星入之,多土功,天下大疾。

娄东五星曰左更,山虞也,主泽薮竹木之属,亦主仁智。娄西五星曰右更,牧师也,主养牛马之属,亦主礼义。二更,秦爵名也。天仓六星,在娄南,仓谷所藏也。星黄而大,岁熟。西南四星曰天庾,积厨粟之所也。

天囷十三星在胃南。囷,仓廪之属也,主给御粮也。星见则囷仓实,不见即虚。

天廪四星在昴南,一曰天廥,主畜黍稷,以供飨祀,春秋所谓御廪,此之象也。天苑十六星,在昴毕南,天子之苑囿,养禽兽之所也,主马牛羊。星明则牛马盈,希则死。苑西六星曰刍藁,以供牛马之食也。一曰天积,天子之藏府也。星盛则岁丰穰,希则货财散。苑南十三星曰天园,植果菜之所也。

毕附耳南八星,曰天节,主使臣之所持者也。天节下九星,曰九州殊口,晓方俗之官,通重译者也。毕柄西五星曰天阴。

参旗九星在参西,一曰天旗,一曰天弓,主司弓弩之张,候变御难。玉井四星,在参左足下,主水浆,以给厨。西南九星曰九游,天子之旗也。玉井东南四星曰军井,行军之井也。军井未达,将不言渴,名取此也。屏二星在玉井南,屏为屏风。客星入之,四足虫大疾。天厕四星,在屏东,溷也,主观天下疾病。天矢一星在厕南,色黄则吉,他色皆凶。军市十三星,在参东南,天军贸易之市,使有无通也。

野鸡一星,主变怪,在军市中。军市西南二星曰丈人,丈人东二星曰子,子东二星曰孙。

东井西南四星曰水府,主水之官也。东井南垣之东四星,曰四渎,江、河、淮、济之精也。狼一星,在东井东南。狼为野将,主侵掠,色有常,不欲变动也。角而变色动摇,盗贼萌,胡兵起,人相食。躁则人主不静,不居其宫,驰骋天下。北七星曰天狗,主守财。弧九星在狼东南,天弓也,主备盗贼,常向于狼。弧矢动移,不如常者,多盗贼,胡兵大起。狼弧张,害及胡,天下乖乱。又曰,天弓张,天下尽兵,主与臣相谋。弧南六星为天社。昔共工氏之子句龙,能平水土,故祀以配社,其精为星。老人一星在弧南,一曰南极。常以秋分之旦见于影,春分之夕而没于丁。见则化平,主寿昌,亡则君危代天。常以秋分候之南郊。

柳南六星曰外厨。厨南一星曰天纪,主禽兽之齿。

稷五星在七星南。稷,农正也。取乎百谷之长,以为号也。

张南十四星曰天庙,天子之祖庙也。客星守之,祠官有忧。

翼南五星曰东区,蛮夷星也。

轸南三十二星曰器府,乐器之府也。青丘七星在轸东南,蛮夷之国号也。青丘西四星曰土司空,主界域,亦曰司徒。土司空北二星曰军门,主营候豹尾威旗。

自摄提至此,大凡二百五十四官,一千二百八十三星。并二十八宿辅官,名曰经星常宿。远近有度,小大有差。苟或失常,实表灾异。

天汉,起东方,经尾箕之间,谓之汉津。乃分为二道,其南经傅说、鱼、天籥、天弁、河鼓,其北经龟,贯箕下,次络南斗魁、左旗,至天津下而合南道。乃西南行,又分夹匏瓜,络人星、杵、造父、腾蛇、王良,传路、阁道北端、太陵、天船、卷舌而南行,络五车,经北河之南,入东井水位而东南行,络南河、阙丘、天狗、天纪、天稷,在七星南而没。

《鸿范五行传》曰："清而明者，天之体也，天忽变色，是谓易常。天裂，阳不足，是谓臣强，下将害上，国后分裂，其下之主当之。天开见光，流血滂滂。天裂见人，兵起国亡。天鸣有声，至尊忧且惊。皆乱国之所生也。"

汉惠帝二年，天开东北，长三十余丈，广十余丈。后有吕氏变乱。

晋惠帝大安二年，天中裂。穆帝升平五年，又裂，广数丈，并有声如雷。其后皆有兵革之应。

日循黄道东行，一日一夜行一度，三百六十五日有奇而周天。行东陆谓之春，行南陆谓之夏，行西陆谓之秋，行北陆谓之冬。行以成阴阳寒暑之节。是故《传》云："日为太阳之精，主生养恩德，人君之象也。"又人君有瑕，必露其恶，以告示焉。故日月行有道之国则光明，人君吉昌，百姓安宁。日变色，有军军破，无军丧侯王。其君无德，其臣乱国，则日赤无光。日失色所临之国不昌。日昼昏，行人无影，到暮不止者，上刑急，下人不聊生，不出一年，有大水。日昼昏，乌鸟群鸣，国失政。日中乌见，主不明，为政乱，国有白衣会。日中有黑子、黑气、黑云，乍三乍五，臣废其主。日食，阴侵阳，臣掩君之象，有亡国，有死君，有大水。日食见星，有杀君，天下分裂。王者修德以禳之。

月者，阴之精也。其形圆，其质清，日光照之，则见其明。日光所不照，则谓之魄。故月望之日，日月相望，人居其间，尽睹其明，故形圆也。二弦之日，日照其侧，人观其傍，故半明半魄也。晦朔之日，日照其表，人在其里，故不见也。其行有迟疾。其极迟则日行十二度强，极疾则日行十四度半强。迟则渐疾，疾极渐迟，二十七日半强而迟疾一终矣。又月行之道，斜带黄道。十三日有奇在黄道表，又十三日有奇在黄道里。表里极远者，去黄道六度。二十七日有奇，阴阳一终。张衡云："对日之冲，其大如日，日光不照，谓之暗虚。暗虚逢月则月食，值星则星亡。"今历家月望行黄道，则值暗虚矣。值暗虚有表里深浅,故食有南北多少。月为太阴之精,以之配日,女主之象也。以之比德,刑罚之义。列之朝廷,诸侯大臣之类。故君明则月行依度,臣执权则月行失道。大臣用事,兵刑失理,则月行乍南乍北。女主外戚擅权,则或进或退。月变色,将有殃。月昼明,奸邪并作,君臣争明,女主失行,阴国兵强,中国饥,天下谋僭。数月重见,国以乱亡。

岁星曰东方春木。于人五常,仁也;五事,貌也。仁亏貌失,逆春令,伤木气,则罚见岁星。岁星盈缩,以其舍命国。其所居久,其国有德厚,五谷丰昌,不可伐。其对为冲,岁乃有殃。岁星安静中度,吉。盈缩失次,其国有变,不可举事用兵。又曰,人主出象也。色欲明光润泽,德合同。又曰,进退如度,奸邪息;变色乱行,主无福。又主福,主大司农,主齐、吴,主司天下诸侯人君之过,主岁五谷。赤而角,其国昌;赤黄而沉,其野大穰。

荧惑曰南方夏火,礼也,视也。礼亏视失,逆夏令,伤火气,罚见荧惑。荧惑法使行无常,出则有兵,入则兵散。以舍命国,为乱,为贼,为疾,为丧,为饥,为兵,居国受殃。环绕勾巳,芒角动摇变色,乍前乍后,乍左乍右。其殃愈甚。其南丈夫、北女子丧。周旋止息,乃为死丧,寇乱其野,亡地。其失行而速,兵聚其下,顺之战胜。又曰,荧惑主大鸿胪,主死丧,主司空,又为司马,主楚、吴、越以南,又司天下群臣之过,司骄奢亡乱妖孽,主岁成败。又曰,荧惑不动,兵不战,有诛将。其出色赤怒,逆行成钩巳,战凶,有围军。钩巳,有芒角如锋刃,人主无出宫,下有伏兵。芒大则人民怒,君子遑遑,小人浪浪,不有乱臣,则有大丧,人欺吏,吏欺王。又为外则兵,内则理政,为天子之理也。故曰,虽有明天子,必视荧惑所在。其入守犯太微、轩辕、营室、房、心,主命恶之。

填星曰中央季夏土,信也,思心也。仁义礼智,以信为主,貌言视听,以心为政,故四星皆失,填乃为之动。动而盈,侯王不宁。缩,有军不复。所居之宿,国吉,得地及女子,有福,不可伐。去之,失地,若有女忧。居宿久,国福厚,易则薄。失次而上二三宿曰盈,有主命不成，不乃大水。失次而下曰缩，后戚，其岁不复，不乃天裂，若地动。一曰，填为黄帝之德，女主之象，主德厚，安危存亡之机，司天下女主之过。又曰，天子之星也。天子失信，则填星大动。

太白曰西方秋金，义也，言也。义亏言失，逆秋令，伤金气，罚见太白。太白进退以候兵，高埤迟速，静躁见伏，用兵皆象之，吉。其出西方，失行，夷狄败；出东方，失行，中国败。未尽期日，过参天，病其对国。若经天，天下革，人更王，是谓乱纪，人民流亡。昼与日争明，强国弱，小国强，女主昌。又曰，太白大臣，其号上公也。大司马位谨候此。

辰星曰北方冬水，智也，听也。智亏听失，逆冬令，伤水气，罚见辰星。辰星见，主刑，主廷尉，主燕、赵，又为燕、赵、代以北、宰相之象，亦为杀伐之气，战斗之象。又曰，军于野，辰星为偏将之象，无军为刑事。和阴阳，应其时。不和，出失其时，寒暑失其节，邦当大饥。当出不出，是谓击卒，兵大起。在于房心间，地动。亦曰，辰星出入躁疾，常主夷狄。又曰，蛮夷出星，亦主刑法之得失。色黄而小，地大动。

凡五星有色，大小不同，各依其行而顺时应节。色变有类。凡青皆比参左肩，赤比心大星，黄比参右肩，白比狼星，黑比奎大星。不失本色而应其四时者，吉；色害其行，凶。

凡五星所出所行所直之辰，其国为得位者，岁星以德，荧惑有礼，填星有福，太白兵强，辰星阴阳和。所行所直之辰，顺其色而有角者胜，其色害者败。居实，有德也。居虚，无德也。色胜位，行胜色，行得尽胜之。营室为清庙，岁星庙也。心为明堂，荧惑庙也。南斗为文太室，填星庙也。亢为疏庙，太白庙也。七星为员官，辰星庙也。五星行至其庙，谨候其命。

凡五星盈缩失位，其精降于地为人。岁星降为贵臣；荧惑降为童儿，歌谣嬉戏；填星降为老人妇女；太白降为仕夫，处于林麓；辰星降为妇人。吉凶之应，随其象告。

凡五星，木与土合，为内乱、饥；与水合，为变谋而更事；与火合为饥，为旱；与金合为白衣之会，合斗，国有内乱，野有破军，为水。太白在南，岁星在北，名曰牡年，谷大熟。太白在北，岁星在南，年或有或无。火与金合，为烁为丧，不可举事用兵。从军为军忧，离之军却。出太白阴，分宅，出其阳，偏将战。与土合为忧，主孽。与水合，为北军，用兵举事大败。一曰，火与水合为焠，不可举事用兵。土与水合，为壅沮，不可举事用兵，有覆军下师。一曰，为变谋更事，必为旱。与金合，为疾，为白衣会，为内兵，国亡地。与木合，国饥。水与金合，为变谋，为兵忧。入太白中而上出，破军杀将，客胜。下出，客亡地，视旗所指，以命破军。环绕太白，若与斗，大战，客胜。凡木、火、土、金与水斗，皆为战，兵不在外，皆为内乱。凡同舍为合，相陵为斗。二星相近，其殃大，相远无伤，七寸以内必之。

　　凡月蚀五星，其国亡。岁以饥，荧惑以乱，填以杀，太白以强国战，辰以女乱。

　　凡五星入月，其野有逐相。太白，将僇。

　　凡五星所聚，其国王，天下从。岁以义从，荧惑以礼从，填以重从，太白以兵从，辰以法，各以其事致天下也。三星若合，是谓惊立绝行，其国外内有兵，天丧人民，改立侯王。四星若合，是谓太阳，其国兵丧并起，君子忧，小人流。五星若合，是谓易行，有德受庆，改立王者，奄有四方，子孙蕃昌。亡德受殃，离其国家，灭其宗庙，百姓离去，被满四方。五星皆大，其事亦大；皆小，事亦小。

　　凡五星色，其圜白，为丧，为旱；赤中不平，为兵，为忧；青为水；黑为疾疫，为多死；黄为吉。皆角，赤，犯我城；黄，地之争；白，哭泣声；青，有后忧；黑，有水。五星同色，天下偃兵，百姓安宁，歌舞以行，不见灾疾，五谷蕃昌。

　　凡五星为政缓则不行，急则过分，逆则占。荧惑，缓则不入，急则不出，违道则占。填，缓则不还，急则过舍。逆则占。太白，缓则不出，急则不入，逆则占。辰星，缓则不出，急则不入，非时则占。五星不失行，则年谷丰昌。

　　凡五星分天之中，积于东方，中国；积于西方，外国。用兵者利。

辰星不出，太白为客；其出，太白为主。出而与太白不相从，及各出一方，为格，野有军不战。

五星为五德之主，其行或入黄道里，或出黄道表，犹月行出有阴阳也。终出入五常，不可以算数求也。其东行曰顺，西行曰逆，顺则疾，逆则迟，通而率之，终为东行矣。不东不西曰留。与日相近而不见，曰伏。伏与日同度曰合。其留行逆顺掩合犯法陵变色芒角，凡其所主，皆以时政五常、五官、五事之得失，而见其变。

木、火、土三星行迟，夜半经天。其初皆与日合度，而后顺行渐迟，追日不及，晨见东方。行去日稍远，朝时近中则留。留经旦过中则逆行。逆行至夕时近中则又留。留而又顺，先迟渐速，以至于夕伏西方，乃更与日合。

金水二星，行速而不经天。自始与日合之后，行速而先日，夕见西方。去日前稍远，夕时欲近南方则渐迟，迟极则留。留而近日，则逆行而合日，在于日后。晨见东方。逆极则留，留而后迟。迟极去日稍远，旦时欲近南方，则速行以追日，晨伏于东方，复与日合。此五星合见、迟速、逆顺、留行之大经也。昏旦者，阴阳之大分也。南方者，太阳之位，而天地之经也。七曜行至阳位，当天之经，则亏昃留逆而不居焉。此天之常道也。三星经天，二星不经天，三天两地之道也。

凡五星见伏留行，逆顺迟速，应历度者，为得其行，政合于常。违历错度，而失路盈缩者，为乱行。乱行则为天矢彗孛，而有亡国革政，兵饥丧乱之祸云。古历五星并顺行，《秦历》始有金火之逆。又甘、石并时，自有差异。汉初测候，乃知五星皆有逆行，其后相承罕能察。至后魏末，清河张子信，学艺博通，尤精历数。因避葛荣乱，隐于海岛中，积三十许年，专以浑仪测候日月五星差变之数，以算步之，始悟日月交道，有表里迟速，五星见伏，有感召向背。言日行在春分后则迟，秋分后则速。合朔月在日道里则日食，若在日道外，虽交不亏。月望值交则亏，不问表里。又月行遇木、火、土、金四星，向之则速，背之则迟。五星行四方列宿，各有所好恶。所居遇其好者,则留多行迟,见早。遇其恶者,则留少行速,见迟。与常数并差,少者差至五度,多者差至三十许度。其辰星之行,见伏尤异。晨应见在雨水后立夏前,夕应见在处暑后霜降前者,并不见。启蛰、立夏、立秋、霜降四气之内,晨夕去日前后三十六度内,十八度外,有木、火、土、金一星者见,无者不见。后张胄玄、刘孝孙、刘焯等,依此差度,为定入交食分及五星定见定行,与天密会,皆古人所未得也。

梁奉朝请祖暅,天监中,受诏集古天官及图纬旧说,撰《天文录》三十卷。逮周氏克梁,获庾季才,为太史令,撰《灵台秘苑》一百二十卷,占验益备。今略其杂星、瑞星、妖星、客星、流星及云气名状,次之于此云。

一曰景星,如半月,生于晦朔,助月为明。或曰,星大而中空。或曰,有三星,在赤方气,与青方气相连。黄星在赤方气中,亦名德星。二曰周伯星,黄色煌煌然,所见之国大昌。三曰含誉,光耀似彗,喜则含誉射。

一曰星昼见。若星与日并出,名曰嫁女。星与日争光,武且弱,文且强,女子为王,在邑为丧,在野为兵。又曰,臣有奸心,上不明,臣下从横,大水浩洋。又曰,星昼见,虹不灭,臣人生明,星夺日光,天下有立王。二曰恒星不见,恒星者,在位人君之类。不见者,象诸侯之背叛,不佐王者奉顺法度,无君之象也。又曰,恒星不见,主不严,法度消。又曰,天子失政,诸侯横暴。又曰,常星列宿不见,象中国诸侯微灭也。三曰星斗,星斗天下大乱。四曰星摇,星摇人众将劳。五曰星陨。大星陨下,阳失其位,灾害之萌也。又曰,众星坠,人失其所也。凡星所坠,国易政。又曰,星坠,当其下有战场,天下乱,期三年。又曰,奔星之所坠,其下有兵,列宿之所坠,灭家邦,众星之所坠,众庶亡。又曰,填星坠,海水泆,黄星骋,海水跃。又曰,黄星坠,海水倾。亦曰,骑星坠而勃海决。星陨如雨,天子微,诸侯力政，五伯代兴，更为盟主，众暴寡，大并小。又曰，星辰附离天，犹庶人附离王者也。王者失道，纲纪废，下将叛去。故星叛天而陨，以见其象。国有兵凶，则星坠为鸟兽。天下将亡，则星坠为飞虫。天下大兵，则星坠为金铁。天下有水，则星坠为土。国主亡，有兵，则星坠为草木。兵起，国主亡，则星坠为沙。星坠，为人而言者，善恶如其言。又曰，国有大丧，则星坠为龙。

妖星者，五行之气，五星之变名，见其方，以为殃灾。各以其日五色占，知何国吉凶决矣。行见无道之国，失礼之邦，为兵为饥，水旱死亡之征也。又曰，凡妖星所出，形状不同，为殃如一。其出不过一年，若三年，必有破国屠城。其君死，天下大乱，兵士乱行，战死于野，积尸纵横。余殃不尽，为水旱兵饥疾疫之殃。又曰，凡妖星出见，长大，灾深期远；短小，灾浅期近。三尺至五尺，期百日。五尺至一丈，期一年。一丈至三丈，期三年。三丈至五丈，期五年，五丈至十丈，期七年。十丈以上，期九年。审以察之，其灾必应。

彗星，世所谓扫星，本类星，末类彗，小者数寸，长或竟天，见则兵起，大水。主扫除，除旧布新。有五色，各依五行本精所主。史臣案，彗体无光，傅日而为光，故夕见则东指，晨见则西指，在日南北，皆随日光而指。顿挫其芒，或长或短，光芒所及则为灾。

又曰，孛星，彗之属也。偏指曰彗，芒气四出曰孛。孛者，孛然非常，恶气之所生也。内不有大乱，则外有大兵，天下合谋，暗蔽不明，有所伤害。晏子曰："君若不改，孛星将出，彗星何惧乎？"由是言之，灾甚于彗。

岁星之精，流为天棓、天枪、天猾、天冲、国皇、反登。一曰天棓，一名觉星，或曰天格。本类星，末锐，长四丈。主灭兵，主奋争。又曰，天棓出，其国凶，不可举事用兵。又曰，期三月，必有破军拔城。又曰，天棓见，女主用事。其本者为主人。二曰天枪，主捕制。或曰，搀云如牛，枪云如马。或曰，如枪，左右锐，长数丈。天搀本类星，末锐,长丈。三曰天猾,主招乱。又曰,人主自恣,逆天暴物,则天猾起。四曰天冲,状如人,苍衣赤首,不动。主灭位。又曰,冲星出,臣谋主,武卒发。又曰,天冲抱极泣帝前,血浊雾下,天下冤。五曰国皇。或曰,机星散为国皇。国皇之星,大而赤,类南极老人星也。主灭奸,主内寇难。见则兵起,天下急。或云,去地一二丈,如炬火状。后客星内亦有国皇,名同而占状异。六曰反登,主夷分,皆少阳之精,司徒之类,青龙七宿之域。有谋反,若恣虐为害,主失春政者,以出时冲为期。皆主君征也。

荧惑之精,流为析旦、蚩尤旗、昭明、司危、天搀。一曰析旦,或曰昭旦,主弱之符。又曰,析旦横出,参擢百尺,为相诛灭。二曰蚩尤旗。或曰,旋星散为蚩尤旗。或曰,蚩尤旗,五星盈缩之所生也。状类彗而后曲,象旗。或曰,四望无云,独见赤云,蚩尤旗也。或曰,蚩尤旗。如箕,可长二丈,末有星。又曰,乱国之王,众邪并积,有云若植藋竹长,黄上白下,名曰蚩尤旗。主诛逆国。又曰,帝将怒,则蚩尤旗出。又曰,虐王反度,则蚩尤旗出。或曰,本类星,而后委曲,其像旗旛,可长二三丈。见则王者旗鼓,大行征伐。四方兵大起。不然,国有大丧。三曰昭明者,五星出于西方,名曰昭明,金之气也。又曰,赤彗分为昭明。昭明灭光,象如太白,七芒,故以为起霸之征。或曰,机星散为昭明。又曰,西方有星,望之去地可六丈而有光,其类太白,数动,察之中赤,是谓西方之野星,名曰昭明。出则兵大起。其出也,下有丧。出南方,则西方之邦失地。或曰,昭明如太白,不行,主起有德。又曰,西方有星,大而白,有角,目下视之。名曰昭明。金之精,出则兵大起。若守房心,国有丧,必有屠城。昭明下则为天狗,所下者大战流血。四曰司危。或曰,机星散为司危。又曰,白彗之气,分为司危。司危平,以为乖争之征。或曰,司危星大,有毛,两角。又曰,司危星类太白,数动,察之而赤。司危出,强国盈,主击强侯兵也。又曰,司危见则主失法,期八年,豪杰起,天子以不义失国。有声之臣,得主德也。又曰,司危见,则其下国相残贼。又曰,司危星出正西,西方之野星,去地可六丈,大而白,类太白。一曰,见,兵起强，又曰，司危出则非，其下有兵冲不利。五曰天搀，其状白小，数动，是谓搀星，一名斩星。天搀主杀时。又曰，天搀见，女主用事者，其本为主人。又曰，天搀出，其下相搀，为饥为兵，赤地千里，枯骨籍籍。亦曰，天搀出，其国内乱。又曰，太阳之精，赤鸟七宿之域，有谋反，恣虐为害，主失夏政。

填星之精，流为五残、六贼、狱汉、大贲、炤星、绌流、茀星、旬始、击咎。一曰五残。或曰，旋星散为五残。亦曰，苍彗散为五残。故为毁败之征。或曰，五残五分。亦曰，一本而五枝也。期九年，奸与。三九二十七，大乱不可禁。又曰，五残者，五行之变，出于东方。五残木之气也。一曰，五锋又曰五残，星出正东，东方之野星，状类辰星，可去地六七丈，大而白，主乖亡。或曰，东方有星，望之去地可六丈，大而赤，察之中青。或曰，星表青气如晕，有毛，其类岁星，是谓东方之野星，名曰五残。出则兵大起。其出也，下有丧。出北则东方之邦失地。又曰，五残出，四蕃虚，天子有急兵。或曰，五残大而赤，数动，察之有青。又曰，五残出则兵起。二曰六贼者，五行之气，出于南方。或曰，六贼火之气也。或曰六贼星形如彗。又曰，南方有星，望之可去地六丈，赤而数动，察之有光，其类荧惑，是谓南方之野星，名曰六贼。出则兵起，其国乱。其出也，下有丧。出东方则南方之邦失地。又曰，六贼星见，出正南，南方之星，去地可六丈，大而赤，数动有光。三曰狱汉，一曰咸汉。或曰，权星散为狱汉。又曰，咸汉者，五行之气，出于北方，水之气也。狱汉青中赤表，下有三彗从横，主逐王刺王。又曰，北方有星，望之可去地六丈，大而赤，数动，察之中青黑，其类辰星，是谓北方之野星，名曰咸汉。出则兵起。其下有丧。出西方则北方之邦失地。又曰，狱汉动，诸侯惊，出则阴横。四曰大贲，主暴冲，五曰炤星，主灭邦。六曰绌流，动天下散主伏逃。又曰，绌流，主自理，无所逃。七曰茀星，在东南，本有星，末类茀，所当之国，实受其殃。八曰旬始。或曰，枢星散为旬始。或曰，五星盈缩之所生也。亦曰，旬始妖气。又曰，旬始蚩尤也，又曰旬始出于北斗旁，状如雄鸡。其怒青黑，象伏鳖。又曰，黄彗分为旬始。

旬始者,今起也。状如雄鸡,土含阳,以交白接,精象鸡,故以为立主之题。期十年,圣人起代。又曰,旬始主争兵,主乱,主招横。又曰,旬始照,其下必有灭王。五奸争作,暴骨积骸,以子续食。见则臣乱兵作,诸侯为虐。又曰,常以戊戌日,视五车及天军天库中有奇怪,曰旬始。状如鸟有喙,而见者则兵大起,攻战当其首者破死。又曰,出见北斗,圣人受命,天子寿,王者有福。九曰击咎,出,臣下主。一曰,臣禁主,主大兵。又曰,土精,斗七星之域,以长四方,司空之位,有谋反恣虐者,占如上。

　　太白之精,散为天杵、天柎、伏灵、大败、司奸、天狗、天残、卒起。一曰天杵,主牂羊。二曰天柎,主击殃。三曰伏灵,主领谗。伏灵出,天下乱复人。四曰大败,主斗冲。或曰,大败出,击咎谋。五曰司奸,主见妖。六曰天狗。亦曰,五星气合之变,出西南,金火气合,名曰天狗。或曰,天狗星有毛,旁有短彗,下有如狗形者,主征兵,主讨贼。亦曰,天狗流,五将斗。又曰,西北方有星,长三丈,而出水金气交,名曰天狗。亦曰,西北三星,大而白,名曰天狗。见,则大兵起,天下饥,人相食。又曰,天狗所下之处,必有大战,破军杀将,伏尸流血,天狗食之。皆期一年,中二年,远三年,各以其所下之国,以占吉凶。后流星内天狗,名同,占状小异。七曰天残,主贪残。八曰卒起。卒起见,祸无时,诸变有萌,臣运柄。又曰,少阴之精,大司马之类,白兽七宿之域,有谋反,若恣虐为害,主失秋政者,期如上占,祸亦应之。

　　辰星之精,散为枉矢、破女、拂枢、灭宝、绕廷、惊理、大奋祀。一曰枉矢。或曰,填星之变为枉矢。又曰,机星散为枉矢。亦曰,枉矢,五星盈缩之所生也,弓弩之像也。类大流星,色苍黑,蛇行,望之如有毛目,长数匹,著天。主反萌,主射愚。又曰,黑彗分为枉矢。枉矢者,射是也。枉矢见,谋反之兵合,射所诛,亦为以乱伐乱。又曰,人君暴专己,则有枉矢动。亦曰,枉矢类流星,望之有尾目,长可一匹布,皎皎著天。见则大兵起,大将出,弓弩用,期三年。曰,枉矢所触,天下之所伐,射灭之象也。二曰破女。破女若见,君臣皆诛,主

胜之符。三曰拂枢。拂枢动乱,骇扰无调时。又曰,拂枢主制时。四
曰灭宝。灭宝起,相得之。又曰,灭宝主伐之。五曰绕廷。绕廷主
乱孳。六曰惊理。惊理主相署。七曰大奋祀。大奋祀主招邪。或
曰,大奋祀出,主安之。太阴之精,玄武七宿之域,有谋反,若恣虐为
害,主失冬政者,期如上占,祸亦应之。又曰,五精潜潭,皆以类逆所
犯,行失时指,下臣承类者,乘而害之,皆灭亡之征也。入天子宿,主
灭,诸侯五百谋。

　　一曰天锋。天锋,彗象矛锋者也,主从横。天下从横,则天锋星
见。
　　二曰烛星,状如太白,其出也不行,见则不久而灭。或曰,主星
上有三彗上出。烛星所出邑反。又曰,烛星所烛者城邑乱。又曰,
烛星所出,有大盗不成。
　　三曰蓬星,一名王星,状如夜火之光,多即至四五,少即一二。
亦曰,蓬星在西南,修数丈,左右锐,出而易处。又曰,有星,其色黄
白,方不过三尺,名曰蓬星。又曰,蓬星状如粉絮,见则天下道术士
当有出者,布衣之士贵,天下太平,五谷成。又曰,蓬星出北斗,诸侯
有夺地,以地亡,有兵起。星所居者,期不出三年。又曰,蓬星出太
微中,天子立王。
　　四曰长庚,状如一匹布著天。见则兵起。
　　五曰四填,星出四隅,去地六丈余。或曰,四填去地可四丈。或
曰,四填星大而赤,去地二丈,当以夜半时出。四填星见,十月兵起。
又曰,四填星见四隅,皆为兵起其下。
　　六曰地维臧光。地维臧光者,五行之气,出于四季土之气也。又
曰,有星出,大而赤,去地二三丈,如月,始出谓之地维臧光。四隅有
星,望之可去地四丈,而赤黄摇动,其类填星,是谓中央之野星,出
于四隅,名曰地维臧光。出东北隅,天下大水。出东南隅,天下大旱。
出西南隅,则有兵起。出西北隅,则天下乱,兵大起。又曰,地维臧
光见,下有乱者亡,有德者昌。

七曰女帛。女帛者,五星气合变,出东北,水木气合也。又曰,东北有星,长三丈而出,名曰女帛,见则天下兵起,若有大丧。又东北有大星出,名曰女帛,见则天下有大丧。

八曰盗星。盗星者,五星气合之变,出东南,火木气合也。又曰,东南有星,长三丈而出,名曰盗星,见则天下有大盗,多寇贼。

九曰积陵。积陵者,五星气合之变,出西北,金水气合也。又曰,西南有星,长三丈,名曰积陵,见则天下陨霜,兵大起,五谷不成,人饥。

十曰端星。端星者,五星气合之变,出与金木水火,合于四隅。又四隅有星,大而赤,察之中黄,数动,长可四丈。此土之气,效于四季,名曰四隅端星,所出,兵大起。

十一曰昏昌。有星出西北,气青赤以环之,中赤外青,名曰昏昌,见则天下兵起,国易政。先起者昌,后起者亡。高十丈,乱一年。高二十丈,乱二年。高三十丈,乱三年。

十二曰莘星。有星出西北,状如有环二,名山勤。一星见诸侯有失地,西北国。

十三曰白星。有如星非星,状如削瓜,有胜兵,名曰白星。白星出,为男丧。

十四曰菀昌。西北菀昌之星,有赤青环之,有殃,有青为水。此星见,则天下改易。

十五曰格泽,状如炎火。又曰,格泽星也,上黄下白,从地而上,下大上锐,见则不种而获。又曰,不有土功,必有大客邻国来者,期一年、二年。又曰,格泽气赤如火,炎炎中天,上下同色,东西缢天,若于南北,长可四五里。此荧惑之变,见则兵起,其下伏尸流血,期三年。

十六曰归邪,状如星非星,如云非云。或曰,有两赤彗上向,上有盖状如气,下连星。或曰,见必有归国者。

十七曰濛星,夜有赤气如牙旗,长短四面,西南最多。又曰刀星,乱之象。又曰,遍天薄云,四方生赤黄气,长三尺,乍见乍没,寻皆消灭。又曰,刀星见,天下有兵,战斗流血。或曰,遍天薄云,四方合有八气,苍白色,长三尺,乍见乍没。

汉京房著《风角书》,有《集星章》,所载妖星,皆见于月旁,互有五色方云,以五寅日见,各五星所生云。

天枪星生箕宿中,天根星生尾宿中,天荆星生心宿中,真若星生房宿中,天楱星生氐宿中,天楼星生亢宿中,天垣星生左角宿中,皆岁星新生也。见以甲寅日,其星咸有两青方在其旁。

天阴星生轸宿中,晋若星生翼宿中,官张星生张宿中,天惑星生七宿中,天雀星生柳宿中,赤若星生鬼宿中,蚩尤星生井宿中,皆荧惑之所生也。出在丙寅日,有两赤方在其旁。

天上、天伐,从星、天枢、天翟、天沸,荆彗,皆镇星之所生也。出在戊寅日,有两黄方在其旁。

若星生参宿中,帚星生觜宿中,若彗星生毕宿中,竹彗星生昴宿中,墙星生胃宿中,楱星生娄宿中,白雚星生奎宿中,皆太白之所生也。出在庚寅日,有两白方在其旁。

天美星生壁宿中,天龟星生室宿中,天杜星生危宿中,天麻星生虚宿中,天林星生女宿中,天高星生牛宿中,端下星生斗宿中,皆辰星之所生也。出以壬寅日,有两黑方在其旁。

已前三十五星,即五行气所生,皆出月左右方气之中,各以其所生星将出不出日数期候之。当其未出之前而见,见则有水旱兵丧饥乱,所指亡国失地,王死破军杀将。

客星者,周伯、老子、王蓬絮、国皇、温星,凡五星,皆客星也。行诸列舍,十二国分野,各在其所临之邦,所守之宿,以占吉凶。周伯,大而色黄,煌煌然。见其国兵起,若有丧,天下饥,众庶流亡去其乡。瑞星中名状与此同,而占异。老子,明大,色白,淳淳然。所出之国,为饥,为凶,为善,为恶,为喜,为怒。常出见则兵大起,人主有忧。王者以赦除咎则灾消。王蓬絮,状如粉絮,拂拂然。见则其国兵起,若有丧,白衣之会,其邦饥亡。又曰,王蓬絮,星色青而荧荧然。所见之国,风雨不如节,焦旱,物不生,五谷不成登,蝗虫多。国皇星,出而大,其色黄白,望之有芒角。见则兵起,国多变,若有水饥,人主恶之,众庶多疾。温星,色白而大,状如风动摇,常出四隅。出东南,天下有兵,将军出于野。出东北,当有千里暴兵。出西北,亦如之。出西南,其国兵丧并起,若有大水,人饥。又曰,温星出东南,为大将军服屈不能发者。出于东北,暴骸三千里。出西亦然。

凡客星见其分,若留止,即以其色占吉凶。星大事大,星小事小,星色黄得地,色白有丧,色青有忧,色黑有死,色赤有兵,各以五色占之,皆不出三年。又曰,客星入列宿中外官者,各以其所出部舍官名为其事。所之者为其谋,其下之国,皆受其祸。以所守之舍为其期,以五气相贼者为其使。

流星,天使也。自上而降曰流,自下而升曰飞。大者曰奔,奔亦流星也。星大者使大,星小者使小。声隆隆者,怒之象也。行疾者期速,得迟者期迟。大而无光者,众人之事。小而光者,贵人之事。大而光者,其人贵且众也。乍明乍灭者,贼败成也。前大后小者,恐忧也。前小后大者,喜事也。蛇行者,奸事也。往疾者,往而不返也。长者,其事长久也。短者,事疾也。奔星所坠,其下有兵。无风云,有流星见,良久间乃入,为大风发屋折木。小流星百数,四面行者,庶人流移之象。流星异状,名占不同。今略古书及《荆州占》所载云。

流星之尾,长二三丈,晖然有光竟天,其色白者,主使也,色赤者,将军使也。流星有光,其色黄白者,从天坠有音,如炬燨火下地,野雉尽鸣,斯天保也。所坠国安有喜,若水。流星其色青赤,名曰地雁,其所坠者起兵。流星有光青赤,其长二三丈,名曰天雁,军之精华也。其国起兵,将军当从星所之。流星晖然有光,白,长竟天者,人主之星也,主将相军从星所之。凡星如瓮者,为发谋起事。大如桃者为使事。流星大如缶,其光赤黑,有喙者,名曰梁星,其所坠之乡有兵,君失地。

飞星大如缶若瓮，后皎然白，前卑后高，此谓顿顽，其所从者多死亡，削邑而不战，有飞星大如缶若瓮，后皎然白，前卑后高，摇头，乍上乍下，此为降石，所下民食不足。飞星大如缶若瓮，后皎然白，星灭后，白者曲环如车轮，此谓解衔。其国人相斩为爵禄，此谓自相啮食。有飞星大如缶若瓮，其后皎然白，长数丈，星灭后，白者化为云流下，名曰大滑，所下有流血积骨。有飞星大如缶若瓮，后皎白，缦缦然长可十余丈而委曲，名曰天刑，一曰天饰，将军均封疆。

天狗，状如大奔星，色黄有声，其止地类狗，所坠，望之如火光，炎炎冲天，其上锐，其下圆，如数顷田处。或曰，星有毛，旁有短慧，下有狗形者。或曰，星出。其状赤白有光，下即为天狗，一曰，流星有光，见人面，坠无音，若有足者，名曰天狗。其色白，其中黄，黄如遗火状。主候兵讨贼，见则四方相射，千里破军杀将。或曰，五将斗，人相食，所往之乡有流血。其君失地，兵大起，国易政，戒守御。余占同前。营头，有云如坏山堕，所谓营头之星。所堕，其下覆军，流血千里。亦曰，流星昼陨名营头。

一曰庆云，若烟非非烟，若云非云，郁郁纷纷，萧索轮囷，是谓庆云，亦曰景云。此喜气也，太平之应。一曰昌光，赤如龙状。圣人起，帝受终则见。

一曰虹蜺，日旁气也。斗之乱精，主惑心，主内淫，主臣谋君，天子诎后妃，颛妻不一。二曰牂云，如狗，赤色长尾，为乱君，为兵丧。

隋书卷二一
志第一六

天文下

十煇　杂气　五代灾变应

《周礼》眡祲氏掌十煇之法，以观妖祥，辨吉凶。一曰祲，谓阴阳五色气，祲淫相侵。或曰，抱珥背璚之属，如虹而短是也。二曰象，谓云如气，成形象，云如赤鸟，夹日以飞之类是也。三曰镌，日旁气刺日，形如童子所佩之镌也。四月监，谓云气临在日上也。五曰暗，谓日月蚀，或日光暗也，六曰瞢，谓瞢瞢不光明也。七曰弥，谓白虹弥天而贯日也。八曰序，谓气若山而在日上。或曰。冠珥背璚，重迭次序，在于日旁也。九曰隮，谓晕气也。或曰，虹也。《诗》所谓"朝隮于西"者也。十曰想，谓气五色，有形想也，青饥，赤兵，白丧，黑忧，黄熟。或曰，想，思也。赤气为人兽之形，可思而知其吉凶。自周已降，术士间出。今采其著者而言之。

日，君乘土而王，其政太平，则日五色。又曰，或黑或青或黄，师破。又曰，游气蔽天，日月失色，皆是风雨之候。若天气清静，无诸游气，日月不明，乃为失色。或天气下降，地气未升，厚则日紫，薄则日赤，若于夜则月白，皆将雨也。或天气未降，地气上升，厚则日黄，薄则日白，若于夜则月赤，将旱且风。亦为日月晕之候，雨少而多阴。或天气已降，地气又升，上下未交则日青，若于夜则月绿色，将寒候也。或天地气虽交而未密，则日黑，若于夜则月青，将雨不

雨,变为雾雾,晕背虹蜺。又曰,沉阴,日月俱无光,昼不见日,夜不
见星,皆有云郭之,两敌相当,阴相图议也。日曚曚光,士卒内乱。日
薄赤,见日中乌,将军出,旌旗举,此不祥,必有败亡。又曰,数日俱
出若斗,天下兵大战。日斗下有拔城。

　　日戴者,形如直状,其上微起,在日上为戴。戴者德也,国有喜
也。一云,立日上为戴。青赤气抱在日上,小者为冠,国有喜事。青
赤气小,而交于日下,为缨。青赤气小而圆,一二在日下左右者,为
纽。青赤气如小半晕状,在日上为负。负者得地为喜。又曰,青赤
气长而斜倚日傍为戟。青赤气圆而小,在日左右,为珥。黄白者有
喜。又曰,有军。日有一珥为喜,在日西,西军战胜,在日东,东军战
胜。南北亦如之。无军而珥,为拜将。又日旁如半环,向日为抱。青
赤气如月初生,背日者为背。又曰,背气青赤而曲,外向为叛象,分
为反城。璚者如带,璚在日四方。青赤气长,而立日旁,为直。日旁
有一直,敌在一旁欲自立。从直所击者胜。日旁有二直三抱,欲自
立者不成。顺抱击者胜,杀将。气形三抱,在日四方,为提。青赤气
横在日上下为格。气如半晕,在日下为承。承者,臣承君也。又曰,
日下有黄气三重若抱,名曰承福,人主有吉喜,且得地。青白气如
履,在日下者为履。日旁抱五重,战顺抱者胜。日一抱一背为破走。
抱者,顺气也,背者,逆气也。两军相当,顺抱击逆者胜,故曰破走。
日抱且两珥,一虹贯抱,抱至日,顺虹击者胜。日重抱,内有璚,顺抱
击者胜;亦曰军内有欲反者。日重抱,左右二珥,有白虹贯抱,须抱
击胜,得二将。有三虹,得三将。日抱黄白润泽,内赤外青,天子有
喜,有和亲来降者。军不战,敌降,军罢。色青,将喜;赤,将兵争;白,
将有丧;黑将死。日重抱且背,而抱击者胜,得地,若有罢师。日重
抱,抱内外有璚,两珥,顺包击者胜,破军,军中不和,不相信。日旁
有气,圆而周币,内赤而外青,名为晕。日晕者,军营之象。周环币
日无厚薄,敌与军势齐等。若无军在外,天子失御,民多叛。日晕有
五色,有喜。不得五色,有忧。

　　凡占两军相当,必谨审日月晕气,知其所起。留止远近,应与不

应,疾迟大小,厚薄长短,抱背为多少,有无实虚久亟,密疏泽枯。相
应等者势等。近胜远,疾胜迟,大胜小,厚胜薄,长胜短,抱胜背,多
胜少,有胜无,实胜虚,久胜亟,密胜疏,泽胜枯。重背大破,重抱为
和亲,抱多亲者益多,背为不和。分离相去,背于内者离于内,背于
外者离于外也。

　　凡占分离相去,赤内青外,以和相去;青内赤外,以恶相去。日
晕明久,内赤外青,外人胜;内青外赤,内人胜;内黄外青黑,内人
胜;外黄内青黑,外人胜;外白内青,外人胜;内白外青,内人胜;内
黄外青,外人胜;内青外黄,内人胜。日晕周币东北偏厚,厚为军福,
在东北战胜,西南战败。日晕黄白,不斗兵未解;青黑,和解分地;色
黄,土功动,人不安;日色黑,有水,阴国盛。日晕七日无风雨,兵大
作,不可起,众大败。不及日蚀,日晕而明,天下有兵,兵罢;无兵,兵
起不战。日晕始起,前灭而后成者,后成面胜。日晕有兵在外者,主
人不胜。日晕,内赤外青,群臣亲外;外赤内青,群臣亲内其身,身外
其心。日有朝夕晕,是谓失地,主人必败。

　　日晕而珥,主有谋,军在外,外军有悔。日晕抱珥上,将军易。日
晕而珥如井干者,国亡,有大兵交。日晕上西,将军易,两敌相当,日
晕两珥,平等俱起而色同,军势等,色厚润泽者贺喜。日晕有直珥为
破军,贯至日为杀将。日晕员且戴,国有喜,战从戴所击者胜,得地。
日晕而珥背左右,如大车辋者,兵起,其国亡城,兵满野而城复归。

　　日晕,晕内有珥一抱,所谓围城者在内,内人则胜。日晕有重
抱,后有背,战顺抱者胜,得地有军。日晕有一抱,抱为顺,贯晕内,
在日西,西军胜,有军。

　　日晕有一背,背为逆,在日西,东军胜。余方放此。日晕而背,
兵起,其分,失城。日晕有背,背为逆,有降叛者,有反城。在日东,
东有叛。余方放此。日晕背气在晕内,此为不和,分离相去。其色
青外赤内,节臣受王命有所之。日晕上下有两背,无兵兵起,有兵兵
入。日晕四背在晕内,名曰不和,有内乱。日晕而四背如大车辋者
四提,设其国众在外,有反臣。日晕四提,必有大将出亡者。日晕有

四背璚,其背端尽出晕者,反从内起。

日晕而两珥在外,有聚云在内与外,不出三日,城围出战。日晕有背珥直,而有虹贯之者,顺虹击之,大胜得地。日晕,有白虹贯晕至日,从虹所指战胜,破军杀将。日晕,有虹贯晕,不至日,战从贯所击之胜,得小将。日晕,有一虹贯晕内,顺虹击者胜,杀将。日晕,二白虹贯晕,有战,客胜。日重晕,有四五白虹气,从内出外,以此围城,主人胜,城不拨。

又日重晕,攻城围邑不拨。日晕二重,其外清内浊不散,军会聚。日晕三重,有拨城。日交晕无厚薄,交争,力势均厚者胜。日交晕,人主左右有争者,兵在外战。日在晕上,军罢。交晕贯日,天下有破军死将。日交晕而争者先衰,不胜即两敌相向。交晕至日月,顺以战胜,杀将。一法日在上者胜。日有交者,赤青如晕状,或如合背,或正直交者,偏交也,两气相交也,或相贯穿,或相向,或相背也。交主内乱,军内不和,日交晕如连环,为两军兵起,君争地。日有三晕,军分为三。日方晕而上下聚二背,将败人亡。日晕若井垣,若车轮,二国皆兵亡。又曰,有军。

日晕不帀,半晕在东,东军胜,在西,西军胜。南北亦如之。日晕如车轮半,晕在外者罢。日半晕东向者,西夷羌胡来入国。半晕西向者,东夷人欲反入国。半晕北向者,南夷人欲反入国。半晕南向者,北夷人欲反入国。

又曰,军在外,月晕师上,其将战必胜。月晕黄色,将军益秩录,得位。月晕有两珥,白虹贯之,天下大战。月晕而珥,兵从珥攻击者利。月晕有蜺云,乘之以战,从蜺所往者大胜。月晕,虹蜺直指晕至月者,破军杀将。

天子气,内赤外黄正四方,所发之处,当有王者。若天子欲有游往处,其地亦先发此气。或如城门,隐隐在气雾中,恒带杀气森森然,或如华盖在气雾中,或有五色,多在晨昏见。或如千石仓在雾中,恒带杀气,或如高楼在雾气中,或如山镇。苍帝起,青云扶日。赤

帝起,赤云扶日。黄帝起,黄云扶日。白帝起,白云扶日。黑帝起,
黑云扶日。或日气象青衣人,无手,在日西,天子之气也。敌上气如
龙马,或杂色郁郁冲天者,此帝王之气,不可击。若在吾军,战必大
胜。凡天子之气,皆多上达于天,以王相日见。

凡猛将之气如龙。两军相当,若气发其上,则其将猛锐。或如
虎,在杀气中。猛将欲行动,亦先发此气;若无行动,亦有暴兵起。或
如火烟之状,或白如粉沸,或如火光之状,夜照人,或白而赤气绕
之,或如山林竹木,或紫黑如门上楼,或上黑下赤,状似黑旌,或如
张弩,或如埃尘,头锐而卑,本大而高。两军相当,敌军上气如囷仓,
正白,见日逾明,或青白如膏,将勇。大战气发,渐渐如云,变作此
形,将有深谋。

凡气上与天连,军中有贞将,或云贤将。

凡军胜气,如堤如坂,前后磨地,此军士众强盛,不可击。军上
气如火光,将军勇,士卒猛,好击战,不可击。军上气如山堤,山上若
林木,将士骁勇。军上气如埃尘粉沸,其色黄白,旌旗无风而飐,挥
挥指敌,此军必胜。敌上有白气粉沸如楼,绕以赤气者,兵锐。营上
气黄白色,重厚润泽者,勿与战。两敌相当,有气如人,持斧向敌,战
必大胜。两敌相当,上有气如蛇,举首向敌者战胜。敌上气如一匹
帛者,此雍军之气,不可攻。望敌上气如覆舟,云如牵牛,有白气出,
似旌帜,在军上,有云如斗鸡,赤白相随,在气中,或发黄气,皆将士
精勇,不可击。军营上有赤黄气,上达于天,亦不可攻。

凡军营上五色气,上与天连,此天应之军,不可击。其气上小下
大,其军日增益士卒。军上气如堤,以覆其军上,前赤后白,此胜气。
若覆吾军,急往击之,大胜。夫气锐,黄白团团而润泽者,敌将勇猛,
且士卒能强战,不可击。云如日月而赤气绕之,如日月晕状有光者,
所见之地大胜,不可攻。

凡云气,有兽居上者胜。军上有气如尘埃,前下后高者,将士精
锐。敌上气如乳武豹伏者,难攻。军上恒有气者,其军难攻。军上
云如华盖者,勿往与战。云如旌旗,如蜂向人者,勿与战。两军相当,

敌上有云如飞鸟，徘徊其上，或来而高者，兵精锐，不可击。军上云如马，头低尾仰，勿与战。军上云如狗形，勿与战。望四方有气如赤鸟，在乌气中，如乌人在赤气中，如赤杵在乌气中，如人十十五五，或如旌旗，在乌气中，有赤气在前者，敌人精悍，不可当。敌上有云如山，不可说。有云如引素，如阵前锐，或一或四，黑色有阴谋，赤色饥，青色兵有反，黄色急去。

凡气，上黄下白，名曰善气。所临之军，欲求和退。若气出北方，求退向北，其众死散。向东，则不可信，终能为害。向南将死。敌上气囚废枯散，或如马肝色，如死灰色，或类偃盖，或类偃鱼，皆为将败。军上气，乍见乍不见，如雾起，此衰气，可击。上大下小，士卒日减。

凡军营上，十日无气发，则军必胜。而有赤白气，乍出即灭，外声欲战，其实欲退散。黑气如坏山堕军上者，名曰营头之气，其军必败。军上气昏发连夜，夜照人，则军士散乱。军上气半而绝，一败，再绝再败，三绝三败。在东发白气者，灾深。军上气中有黑云如牛形，或如猪形者，此是瓦解之气，军必败。敌上气如粉如尘者，勃勃如烟，或五色杂乱，或东西南北不定者，其军欲败。军上气如群羊群猪在气中，此衰气，击之必胜。军上有赤气，炎降于天，则将死，士众乱。赤光从天流下入军，军乱将死。彼军上有苍气，须臾散去，击之必胜。在我军上，须自坚守。军有黑气如牛形，或如马形，从气雾中下，渐渐入军，名曰天狗下食血，则军破。军上气或如群鸟乱飞，或如悬衣，如人相随，或纷纷如转蓬，或如扬灰，或云如卷席，如匹布乱穰者，皆为败征。气乍见乍没，乍聚乍散，如雾之始起，为败气。气如击牛，如人卧，如败车，如双蛇，如飞鸟，如决堤垣，如坏屋，如人相指，如人无头，如惊鹿相逐，如两鸡相向，皆为败气。

凡降人气，如人十十五五，皆叉手低头。又云，如人叉手相向。白气如群鸟，趣入屯营，连结百余里不绝，而能徘徊，须臾不见者，当有他国来降。气如黑山。以黄为缘者，欲降服。敌上气青而高渐黑者，将欲死散。军上气如燔生草之烟，前虽锐，后必退。黑气临营，或聚或散,如鸟将宿,敌人畏我,心意不定,终必逃背,逼之大胜。

凡白气从城中南北出者,不可攻,城不可屠。城中有黑云如星,名曰军精,急解围去,有突兵出,客败。城上白气如旌旗,或青云临城,有喜庆,黄云临城,有大喜庆,青色从中南北出者,城不可攻。或气如青色,如牛头触人者,城不可屠。城中气出东方,其色黄,此太一。城白气从中出,青气从城北入,反向还者,军不得入。攻城围邑,过旬雷雨者,为城有辅,疾去之,勿攻。城上气如烟火,主人欲出战。其气无极者,不可攻。城上气如双蛇者,难攻。赤气如杵形,从城中向外者,内兵突出,主人战胜。城上有云,分为两彗状,攻不可得。赤气在城上,黄气四面绕之,城中大将死,城降。城上赤气如飞鸟,如败车,及无云气,士卒必散。城营中有赤黑气,如貍皮斑及赤者,并亡。城上气上赤而下白色,或城中气聚如楼,出见于外,城皆可屠。城营上有云,如众人头,赤色,下多死丧流血。城上气如灰,城可屠。气出而北,城可克。其气出复入,城中人欲逃亡。其气出而覆其军,军必病。气出而高,无所止,用日久长。有白气如蛇来指城,可急攻。白气从城指营,宜急固守。攻城若雨雾日死风至,兵胜。日色无光为日死。云气如雄雉临城,其下必有降者。濛氛围城而入城者,外胜,得入。有云如立人五枚,或如三牛,边城围。

凡军上有黑气,浑浑圆长,赤气在其中,其下必有伏兵。白气粉沸起,如楼状,其下必有藏兵万人,皆不可轻击。伏兵之气,如幢节状,在乌云中,或如赤杵在乌云中,或如乌人在赤云中。

凡暴兵气,白如瓜蔓连结,部队相逐,须臾罢而复出,至八九来而不断,急贼卒至,宜防固之。白气如仙人衣,千万连结,部队相逐,罢而复兴,如是八九者,当有千里兵来,视所起备之。黑云从敌上来,之我军上,欲袭我。敌人告发,宜备不宜战。壬子日,候四望无云,独见赤云如旌旗,其下有兵起。若遍四方者,天下尽有兵。若四望无云,独见黑云极天,天下兵大起。半天,半起。三日内有雨,灾解。欲来者,其气上有云,下有氛零,中天而下,敌必至。云气如旌旗,贼兵暴起。暴兵气,如人持刀楯,云如人,赤色,所临城邑,有卒兵至，惊怖，须臾去。赤气如人持节，兵来未息。云如方虹，有暴兵。赤云如火者，所向兵至。天有白气，状如匹布，经丑未者，天下多兵。

凡战气，青白如膏，将勇。大战气，如人无头，如死人卧。敌上气如丹蛇，赤气随之，必大战，杀将。四望无云，见赤气如狗入营，其下有流血。

凡连阴十日，昼不见日，夜不见月，乱风四起，欲雨而无雨，名曰蒙，臣谋君，故曰，久阴不雨，臣谋主。雾气若昼若夜，其色青黄，更相奄冒，乍合乍散，臣谋君，逆者丧。山中冬雾十日不解者，欲崩之候。视四方常有大云，五色具者，其下有贤人隐也。青云润泽蔽日，在西北为举贤良。云气如乱穰，大风将至，视所从来避之。云甚润而厚，大雨必暴。四始之日，有黑云气如阵，厚重大者，多雨。气若雾非雾，衣冠不雨而濡，见则其城带甲而趣。日出没时，有云横截之，白者丧，乌者惊。三日内雨者各解。有黑气入营者，兵相残。有赤青气入营者，兵弱。有云如蛟龙，所见处将军失魄。有云如鹄尾，来荫国上，三日亡。有云如日月晕，赤色，其国凶。青白色，有大水。有云状如龙行，国有大水，人流亡。有云赤黄色，四塞终日，竟夜照地者，大臣纵恣。有云如气，昧而浊，贤人去，小人在位。

凡白虹者，百殃之本，众乱所基。雾者，众邪之气，阴来冒阳。

凡遇四方盛气，无向之战。甲乙日青气在东方，丙丁日赤气在南方，庚辛日白气在西方，壬癸日黑气在北方，戊巳日黄气在中央。四季战当此日气，背之吉。日中有黑气，君有小过而臣不谏，又掩君恶而扬君善，故日中有黑气不明也。

凡白虹雾，奸臣谋君，擅权立威。昼雾夜明，臣志得申，夜雾昼明，臣志不申。雾终日终时，君有忧。色黄小雨。白言兵丧，青言疾，黑有暴水，赤有兵丧，黄言土功，或有大风。

凡夜雾，白虹见，臣有忧。昼雾白虹见，君有忧。虹头尾至地，流血之象。凡雾气不顺四时，逆相交错，微风小雨，为阴阳气乱之象。从寅至辰巳上，周而复始，为逆者不成。积日不解，昼夜昏暗，天下欲分离。凡雾四合，有虹各见其方，随四时色吉，非时色凶。气色青黄,更相掩覆,乍合乍散,臣欲谋君,为逆者不成,自亡。凡雾气四方俱起,百步不见人,名曰昼昏,不有破国,必有灭门。

凡天地四方昏濛若下尘,十日五日以上,或一日,或一时,雨不沾衣而有土,名曰霾。故曰,天地霾,君臣乖,大旱。

凡海傍蜃气象楼台,广野气成宫阙。北夷之气如牛羊群畜穹间,南夷之气类舟船幡旗。自华以南,气下黑上赤。嵩高、三河之郊,气正赤。恒山之北,气青。勃、碣、海、岱之间,气皆正黑。江湖之间,气皆白。东海气如圆簦。附汉、河水,气如引布。江、汉气劲如杅。济水气如黑独。滑水气如狼白尾。淮南气如帛。少室气如白兔青尾。恒山气如黑牛青尾。东夷气如树,西夷气如室屋,南夷气如阇台,或类舟船。阵云如立垣,杼轴云类轴搏,两端锐。忬云如绳,居前亘天,其半半天,其蚳者类阙旗,故钩云勾曲。诸此云见,以五色占而泽搏密。其见,动人及有兵,必起合斗。其直,云气如三匹帛,广前锐后,大军行气也。韩云如布,赵云如牛,楚云如日,宋云如车,鲁云如马,卫云如犬,周云如车轮,秦云如行人,魏云如鼠,郑、齐云如绛衣,越云如龙,蜀云如囷。车气乍高乍下,往往而聚。骑气卑而布。卒气搏。前卑后高者疾,前方而高,后锐而卑者却。其气平者,其行徐,前高后卑者,不止而返。校骑之气正苍黑,长数百丈。游兵之气如彗扫,一云长数百丈,无根本。喜气上黄下白,怒气上下赤,忧气下下黑,土功气黄白,徙气白。

凡候气之法,气初出时,若云非云,若雾非雾,仿佛若可见。初出森森然,在桑榆上,高五六尺者,是千五百里外。平视则千里,举目望则五百里。仰瞻中天,则百里内。平望桑榆间二千里,登高而望,下属地者,三千里。

凡欲知我军气,常以甲巳日及庚、子、辰、戊、午、未、亥日,及八月十八日,去军十里许,登高望之可见,依别记占之。百人以上皆有气。凡占灾异,先推九宫分野,六壬日月,不应阴雾风雨而阴雾者,乃可占。对敌而坐,气来甚卑下,其阴覆人,上掩沟盖道者,是大贼必至。敌在东,日出候。在南,日中候,在西,日入候。在北,夜半候。

王相色吉，囚死色凶。凡军上气，高胜下，厚胜薄，实胜虚，长胜短，泽胜枯。我军在西，贼军在东，气西厚东薄，西长东短，西高东下，西泽东枯，则知我军必胜。

凡气初出，似甑上气，勃勃上升。气积为雾，雾为阴，阴气结为虹蜺晕珥之属

凡气不积不结，散漫一方，不能为灾。必须和杂杀气，森森然疾起，乃可论占。军上气安则军安，气不安则军不安。气南北则军南北，气东西则军亦东西。气散则为军破败。

候气，常以平旦，下晡、日出没时处气，以见知大。占期内有大风雨久阴，则灾不成。故风以散之，阴以谏之，云以幡之，雨以厌之。

梁武帝天监元年八月壬寅，荧惑守南斗。占曰："籴贵，五谷不成，大旱，多火灾，吴、越有忧，宰相死。"是岁大旱，米斗五千，人多饿死。其二年五月，尚书范云卒。

二年五月景辰，月犯心。占曰："有乱臣，不出三年，有亡国。"其四年，交州刺史李凯举兵反。七月景子，太白犯轩辕大星。

四年六月壬戌，岁星昼见。占曰："岁色黄润，立竿影见，大熟。"是岁大穰，米斛三十。又曰："星与日争光，武且弱，文且强。"自此后，帝崇尚文儒，躬自讲说，终于太清，不修武备。八月庚子，老人星见。占曰："老人星见，人主寿昌。"自此后，每年恒以秋分后见于参南，至春分而伏。武帝寿考之象云。

七年九月己亥，月犯东井。占曰："有水灾。"其年京师大水。

十年九月景申，天西北隆隆有声，赤气下至地。占曰："天狗也，所往之乡有流血，其君失地。"其年十二月，马仙琕大败魏军，斩馘十余万，克复朐山城。十二月壬戌朔，日食，在牛四度。

十三年二月景午，太白失行，在天关。占曰："津梁不通，又兵起。"其年填星守天江。占曰："有江河塞，有决溢，有土功。"其年，大发军众造浮山堰，以竭淮水。至十四年，填星移去天江而堰坏，奔流决溢。

十四年十月辛未,太白犯南斗。

十七年闰八月戊辰,月行掩昴。

普通元年春正月景子,日有食之。占曰:"日食,阴侵阳,阳不克阴也,为大水。"其年七月,江、淮、海溢。九月乙亥,有星晨见东方,光烂如火。占曰:"国皇见,有内难,有急兵反叛。"其三年,义州刺史文僧朗以州叛。

四年十一月癸未朔,日有食之,太白昼见。

六年三月景午,岁星入南斗。庚申,月食。五月己酉,太白昼见。六月癸未,太白经天。九月壬子,太白犯右执法。

七年正月癸卯,太白岁星在牛相犯。占曰:"其国君凶,易政。"明年三月,改元,大赦。

大通元年八月甲申,月掩填星。闰月癸酉,又掩之。占曰:"有大丧,天下无主,国易政。"其后中大通元年九月癸巳,上又幸同泰寺舍身,王公以一亿万钱奉赎。十月己酉还宫,大赦,改元。中大通三年,太子薨,皆天下无主、易政及大丧之应。

中大通元年闰月壬戌,荧惑犯鬼积尸。占曰:"有大丧,有大兵,破军杀将。"其二年,萧玩帅众援巴州,为魏梁州军所败,玩被杀。

四年七月甲辰,星陨如雨。占曰:"星陨,阳失其位,灾害之象萌也。"又曰:"星陨如雨,人民叛,下有专讨。"又曰:"大人忧。"其后侯景狡乱,帝以忧崩,人众奔散,皆其应也。

五年正月己酉,长星见。

六年四月丁卯,荧惑在南斗。占曰:"荧惑出入留舍南斗中,有贼臣谋反,天下易政,更元。"其年十二月,北梁州刺史兰钦举兵反,后年改为大同元年。

大同三年三月乙丑,岁星掩建星。占曰:"有反臣。"其年,会稽山贼起。其七年,交州刺史李贲举兵反。

五年十月辛丑,彗出南斗,长一尺余,东南指,渐长一丈余。十一月乙卯,至娄灭。占曰:"天下有谋王者。"其八年正月,安成民刘敬躬挟左道以反,党与数万。其九年,李贲僭称皇帝于交州。

太清二年五月,两月见。占曰:"其国乱,必见于亡国。"

三年正月壬午,荧惑守心。占曰:"王者恶之。"乙酉,太白昼见。占曰:"不出三年,有大丧,天下革政更王,强国弱,小国强。"三月景子,荧惑又守心。占曰:"大人易政,主去其宫。"又曰:"人饥亡,海内哭,天下大溃。"是年,帝为侯景所幽,崩。七月,九江大饥,人相食十四年。九月戊午,月在斗,掩岁星。占曰:"天下亡君。"其后侯景篡杀。

简文帝大宝元年正月景寅,月昼光见。占曰:"月昼光,有隐谋,国雄逃。"又云:"月昼明,奸邪并作,擅君之朝。"其后侯景篡杀,皆国乱亡君,大丧更政之应也。

元帝承圣三年九月甲午,月犯心中星,占曰:"有反臣,王者恶之,有亡国。"其后三年,帝为周军所俘执,陈氏取国,梁氏以亡。

陈武帝永定三年九月辛卯朔,月入南斗。占曰:"月入南斗,大人忧。"一曰:"太子殃。"后二年,帝崩,太子昌在周为质,文帝立。后昌还国,为侯安都遣盗迎杀之。

三年五月景辰朔,日有食之。占曰:"日食君伤。"又曰:"日食帝德消。"六月庚子,填星钺与太白并。占:"太白与填合,为疾为内兵。"

文帝天嘉元年五月辛亥,荧惑犯右执法。占曰:"大臣有忧,执法者诛。"后四年,司空侯安都赐死。

九月癸丑,彗星长四尺,见芒,指西南。占曰:"彗星见则敌国兵起,得本者胜。"其年,周将独孤盛领众趣巴湘,侯瑱袭破之。

二年五月己酉,岁星守南斗。六月景戌,荧惑犯东井。七月乙丑,荧惑入鬼中。戊辰,荧惑犯斧质。十月,荧惑行在太微右掖门内。

三年闰二月己丑,荧惑逆行,犯上相。甲子,太白犯五车,填星。七月,太白犯舆鬼。八月癸卯,月犯南斗。景午,月犯牵牛。庚申,太白入太微。十一月丁丑,月犯毕左股。辛巳,荧惑犯岁星。戊子,月犯角。庚寅,月入氐。

四年六月癸丑，太白犯右执法。七戊子，荧惑犯填星。八月甲午，荧惑犯轩辕大星。丁未，太白犯房。九月戊寅，荧惑入太微，犯右执法。癸未，太白入南斗。占曰："太白入斗，天下大乱，将相谋反，国易政。"又曰："君死，不死则废。"又曰："天下受爵禄。"其后安成王为太傅，废少帝而自立，改官受爵之应也。辛卯，荧惑犯左执法。十一月辛酉，荧惑犯右执法。甲戌，月犯毕左股。

五年正月甲子，月犯毕大星奎。丁卯，月犯星。四月庚子，太白岁星合在奎，金在南，木在北，相去二尺许。壬寅，月入氐，又犯荧惑，太白岁星又合，在娄，相去一尺许。癸卯，月犯房上星。五月庚午，荧惑逆行二十一日，犯氐东南、西南星，占曰："月有贼臣。"又曰："人主无出，廊庙间有伏兵。"又曰："君死，有赦。"后二年，少帝废之应也。六月景申，月犯亢。七月戊寅，月犯毕大星。闰十月庚申，月犯牵牛。丙子，又犯左执法。十一月乙未，月食毕大星。

六年正月己亥，太白犯荧惑，相去二寸。占曰："其野有兵丧，改立侯王。"三月丁卯，日入后，众星未见，有流星白色，大如斗，从太微间南行，尾长尺余。占曰："有兵与丧。"四月丁巳，月犯轩辕。占曰："女主有忧。"五月丁亥，太白犯轩辕。占曰："女主失势。"又曰："四方祸起。"其后年，少帝废，废后慈训太后崩。六月己未，月犯氐。辛酉，有彗长可丈余。占曰："阴谋奸究起。"一曰："宫中火起。"后安成王录尚书、都督中外诸军事，废少帝而自立，阴谋之应。八月戊辰，月掩毕大星。景子，月与太白并，光芒相着，在太微西蕃南三尺所。九月辛巳，荧惑犯左执法。癸未，太白犯右执法。辛卯，犯左执法。乙巳，月犯上相，太白犯荧惑。其夜，月又犯太白。占曰："其国内外有兵丧，改立侯王。"明年，帝崩，又少帝废之应也。

七年二月庚午，日无光，乌见。占曰："王者恶之。"其日庚午，吴、楚之分野。四月甲子，日有交晕，白虹贯之。是月癸酉，帝崩。

废帝天康元年五月庚辰，月犯轩辕女御大星。占曰："女主忧。"后年，慈训太后崩。癸未，月犯左执法。

光大元年正月甲寅，月犯轩辕大星，占曰："女主当之。"八月戊

寅,月食哭星。占曰:"有丧泣事。"明年,太后崩,临海王薨,哭泣之
应也。壬午,镇星辰星合于轸。九月戊午,辰星太白相犯。占曰:
"改立侯王。"己未,月犯岁星,占曰:"国亡君。"十二月辛巳,月又犯
岁星。辛卯,月犯建星。占曰:"大人恶之。"

二年正月戊申,月掩岁星。占曰:"国亡君。"五月乙未,月犯太
白。六月景寅,太白犯右执法。壬子,客星见氐东。八月庚寅,月犯
太微。九月庚戌,太白逆行,与镇星合,在角。占曰:"为白衣之会。"
又曰:"所合之国,为亡地,为疾兵。"戊午,太白昼见。占曰:"太白昼
见,国更政易王。"十一月景午,岁星守右执法。甲申,月犯太微东南
星。戊子,太白入氐。十二月甲寅,慈训太后废帝为临海王,太建二
年四月薨,皆其应也。

宣帝太建七年四月景戌,有星孛于大角。占曰:"人主亡。"五月
庚辰,荧惑犯右执法。壬子,又犯右执法。

十年二月癸亥,日上有背。占曰:"其野失地,有叛兵。"甲子,吴
明彻军败于吕梁,将卒并为周军所虏。来年,淮南之地,尽没于周。
十月癸卯,月食荧惑。占曰:"国败君亡,大兵起,破军杀将。"来年三
月,吴明彻败于吕梁,十三年帝崩,败国亡君之应也。

十一年四月己丑,岁星太白辰星,合于东井。

十二年二月壬寅,白虹见西方。占曰:"有丧。"其后十三年帝
崩。十月戊午,月犯牵牛吴越之野,占曰:"其国亡,君有忧。"后年帝
崩。辛酉,岁星犯执法。十二月癸酉,辰星在太白上,甲戌,辰星太
白相掩。占曰:"大兵在野,大战。"辛巳,彗星见西南。占曰:"有兵
丧。"明年帝崩,始兴王叔陵作乱。

后主至德元年正月壬戌,蓬星见。占曰:"必有亡国乱臣。"后帝
于太皇寺舍身作奴,以祈冥助,不恤国政,为施文庆等所惑,以至国
亡。

魏普泰元年十月,岁星荧惑填星太白,聚于觜参,色甚明大。占
曰:"当有王者兴。"其月,齐高祖起于信都,至中兴二年春而破尔朱

兆,遂开霸业。

魏武定四年九月丁未,高祖围玉璧城,有星坠于营,众驴皆鸣。占曰:"破军杀将。"高祖不豫,五年正月景午崩。

齐文宣帝天保元年十二月甲申,荧惑犯房北头第一星及钩钤。占曰:"大臣有反者。"其二年二月壬申,太尉彭乐谋反,诛。

八年二月己亥,岁星守少微,经六十三日。占曰:"五官乱。"五月癸卯,岁星犯太微上将。占曰:"大将忧,大臣死。"其十年五月,诛诸元宗室四十余家,乾明元年,诛杨遵彦等,皆五官乱,大将忧,大臣死之应也。

八年七月甲辰,月掩心星。占曰:"人主恶之。"十年十月,帝崩。

九年二月,荧惑犯鬼质。占曰:"斧质用有大丧。"三月甲午,荧惑犯轩辕。占曰:"女主恶之。"其十年五月,诛魏氏宗室,十月帝崩,斧质用,有大丧之应也。

十年六月庚子,填星犯井钺,与太白并。占曰:"子为玄枵,齐之分野,君有戮死者,大臣诛,斧钺用。"其明年二月乙巳,太师常山王诛尚书令杨遵彦、右仆射燕子献、领军可朱浑天和、侍中宋钦道等。八月壬午,废少帝为济南王。

废帝乾明元年三月甲午,荧惑入轩辕。中曰:"女主凶"。后太宁二年四月,太后崩。

肃宗皇建二年四月景子,日有食之。子为玄枵,齐之分野。七月乙丑,荧惑入鬼中,戊辰,犯鬼质。占曰:"有大丧。"十一月,帝以暴疾崩。

武成帝河清元年七月乙亥,太白犯舆鬼。占曰:"有兵谋,诛大臣,斧质用。"其年十月壬申,冀州刺史平秦王高归彦反,段孝先讨擒,斩之于都市,又其二年,杀太原王绍德,皆斧质用之应也。八月甲寅,月掩毕。占曰:"其国君死,大臣有诛者,有边兵大战,破军杀将。"其十月,平秦王归彦,以反诛,其三年,周师与突厥入并州,大战城西,伏尸流血百余里,皆其应也。

四年正月己亥,太白犯荧惑,相去二寸,在奎。甲辰,太白、荧

惑、岁星合在娄。占曰："甲为齐。三星若合,是谓惊立绝行,其分有
兵丧,改立侯王,国易政。"三月戊子,彗星见。占曰："除旧布新,有
易王。"至四月,传位于太子,改元。后主天统元年六月壬戌,彗星见
于文昌,长数寸,入文昌,犯上将,然后经紫微宫西垣,入危,渐长一
丈余,指室壁。后百余日,在虚危灭。占曰："有大丧,有亡国易政。"
其四年十二月,太上皇崩。

三年五月戊寅,甲夜,西北有赤气竟天,夜中始灭。十月景午,
天西北频有赤气。占曰："有大兵大战。"后周武帝总众来伐,大战有
大兵之应也。

四年六月,慧星见东井。占曰："大乱,国易政。"七月,孛星见房
心,白如粉絮,大如斗,东行。八月,入天市,渐长四丈,犯瓠瓜,历虚
危,入室,犯离宫。九月入奎,至娄而灭。孛者,孛乱之气也。占曰:
"兵丧并起,国大乱易政,大臣诛。"其后,太上皇崩。至武平二年七
月,领军库狄伏连,治书侍御史王子宜,受琅邪王俨旨,矫诏诛录尚
书、淮南王和士开于南台,伏连等即日伏诛,右仆射冯子琮赐死。此
国乱之应也。

五年二月戊辰,岁星逆行,掩太微上将。占曰："天下大惊,四辅
有诛者。"五月甲午,荧惑犯鬼积尸。甲,齐也。占曰："大臣诛,兵大
起,斧质用,有大丧。"至武平二年九月,诛琅邪王俨,三年五月,诛
右丞相、咸阳王斛律明月,四年七月,诛兰陵王长恭,皆懿亲名将
也。四年十月,又诛崔季舒等,此斧质用之应也。

武平三年八月癸未,填星、岁星、太白合于氐,宋之分野。占曰:
"其国内外有兵丧,改立侯王。"其四年十月,陈将吴明彻寇彭城,右
仆射崔季舒,国子祭酒张雕,黄门裴泽、郭遵,尚书左丞封孝琰等,
谏车驾不宜北境并州。帝怒,并诛之,内外兵丧之应也。九月庚申,
月在娄,食既,至旦不复。占曰："女主凶。"其三年八月,废斛律皇
后,立穆后。四年,又废胡后为庶人。十一月乙亥,天狗下西北。占
曰："其下有大战流血。"后周武帝攻晋州,进兵平并州,大战流血。

三年十二月辛丑,日食岁星。占曰："有亡国。"至七年,而齐亡。

四年五月癸巳，荧惑犯右执法。占曰："大将死，执法者诛，若有罪。"其年，诛右丞相斛律明月，明年，诛兰陵王长恭，后年，诛右仆射崔季舒，皆大将死，执法诛之应也。

周闵帝元年五月癸卯，太白犯轩辕。占曰："太白行轩辕中，大臣出令。"又曰："皇后失势。"辛亥，荧惑犯东井北端第二星。占曰："其国乱。"又曰："大旱。"其年九月，冢宰护逼帝逊位，幽于上邸，月余杀崩，司会李植、军司马孙恒及宫伯乙弗凤等被诛害。其冬大旱。皆大臣出令、大臣死、旱之应也。

明帝二年三月甲午，荧惑入轩辕。占曰："王者恶之，女主凶。"其月，王后独孤氏崩。六月庚子，填星犯井钺，与太白并。占曰："伤成于钺，君有戮死者。"其年，太师宇文护进食，帝迁毒崩。

武帝保定元年九月乙巳，客星见于翼。十月甲戌，日有食之。戊寅，荧惑犯太微上将，合为一。

二年闰正月癸巳，太白入昴。二月壬寅，荧惑犯太微上相。三月壬午，荧惑犯左执法。七月乙亥，太白犯舆鬼。九月戊辰，日有食之，既。十一月壬午，荧惑犯岁星于危南。

三年三月乙丑朔，日有食之。九月甲子，荧惑犯太微上将。占曰："上将诛死。"十月壬辰，荧惑犯左执法。

四年二月庚寅朔，日有食之。甲午，荧惑犯房右骖。三月己未，荧惑又犯房右骖。占曰："上相诛，车驰人走，天下兵起。"其年十月，冢宰晋公护率军伐齐。十二月，柱国、庸公王雄力战死之，遂班师。兵起将死之应也。八月丁亥，朔，日有蚀之。

五年，正月，辛卯，白虹贯日。占曰："为兵丧。"甲辰，太白、荧惑、岁星合于娄。六月庚申，彗星出三台，入文昌，犯上将，后经紫宫西垣，入危，渐长一丈余，指室壁，后百余日稍短，长二尺五寸，在虚危灭，齐之分野。七月辛巳，朔，日有食之。

天和元年正月己卯，日有食之。十月乙卯，太白昼见，经天。

二年，正月癸酉朔，日有食之。五月己丑，岁星与荧惑合在井宿，相去五尺。井为秦分。占曰："其国有兵，为饥旱，大臣匿谋，下有反者，若亡地。"闰六月丁酉，岁星、太白合，在柳，相去一尺七寸。柳为周分。占曰："为内兵。"又曰："主人凶忧，失城。"是岁，陈湘州刺史华皎，率众来附，遣卫公直将兵援之，因而南伐。九月，卫公直与陈将淳于量战于沌口，王师失利。元定、韦世冲以步骑数千先度，遂没陈。七月庚戌，太白犯轩辕大星，相去七寸。占曰："女主失势，大臣当之。"又曰："西方祸起。"其十一月癸丑，太保、许公宇文贵薨，大臣当之验也。十月辛卯，有黑气一，大如杯，在日中。甲午，又加一，经六日乃灭。占曰："臣有蔽主之明者。"十一月戊戌朔，日有食之。庚子，荧惑犯钩钤，去之六寸。占曰："王者有扰。"又曰："车骑惊，三公谋。"

三年三月己未，太白犯井北辕第一星。占曰："将军恶之。"其七月壬寅，隋公杨忠薨。四月辛巳，太白入舆鬼，犯积尸。占曰："大臣诛。"又曰：乱臣在内，有屠城。"六月甲戌，彗见东井，长一丈，上白下赤而锐，渐东行，至七月癸卯，在鬼北八寸所乃灭。占曰："为兵，国政崩坏。"又曰："将军死，大臣诛。"七月己未，客星见房心，白如粉絮，大如斗，渐大，东行；八月，入天市，长如匹所，复东行，犯河鼓右将；癸未，犯瓠瓜，又入室，犯离宫；九月壬寅，入奎，稍小；壬戌，至娄北一尺所灭。凡六十九日。占曰："兵起，若有丧，白衣会，为饥旱，国易政。"又曰："兵犯外城，大臣诛。"

四年二月戊辰，岁星逆行，掩太微上将。占曰："天下大惊，国不安，四辅有诛，必有兵革，天下大赦。"庚午，有流星，大如斗，出左摄提，流至天津灭，有声如雷。五月癸巳，荧惑犯舆鬼，甲午，犯积尸。占曰："午，秦也。大臣有诛，兵大起。"后三年，太师、大冢宰、晋国公宇文护，以不臣诛，皆其应也。

五年正月乙巳，月在氐，晕，有白虹长丈所贯之，而有两珥连接，规北斗第四星。占曰："兵大起，大战，将军死于野。"是冬，齐将斛律明月寇边，于汾北筑城，自华谷至于龙门。其明年正月，诏齐公宪率师御之。三月己酉，宪自龙门渡河，攻拔其新筑五城，兵起大战之应也。

六年二月己丑夜，有苍云，广三丈，经天，自戍加辰。四月戊寅朔，日有蚀之。己卯，荧惑逆行，犯舆鬼。占曰："有兵丧，大臣诛，兵大起。"其月，又率师取齐宜阳等九城。六月，齐将攻陷汾州。六月庚辰，荧惑太白合，在张宿，相去一尺。占曰："主人兵不胜，所合国有殃。"

建德元年三月景辰，荧惑、太白合壁。占曰："其分有兵丧，不可举事，用兵必受其殃。"又曰："改立侯王，有德者兴，无德者亡。"其月，诛晋公护、护子谭公会、莒公至、崇业公静等，大赦。癸亥，诏以齐公宪为大冢宰，是其验也。七月景午，辰与太白合于井，相去七寸。占曰："其下之国，必有重德致天下。"后四年，上帅师平齐，致天下之应也。九月己酉，月犯心中星，相去一寸。占曰："乱臣在傍，不出五年，下有亡国。"后周武伐齐，平之，有亡国之应也。

二年二月辛亥，白虹贯日。占曰："臣谋君，不出三年。"又曰："近臣为乱。"后年七月，卫王直在京师举兵反。癸亥，荧惑掩鬼西北星。占曰："大贼在大人之侧。"又曰："大臣有诛。"四月己亥，太白掩西北星，壬寅，又掩东北星。占曰："国有忧，大臣诛。"六月景辰，月犯心中后二星。占曰："乱臣在傍，不出三年，有亡国。"又曰："人主恶之。"九月癸酉，太白犯左执法。占曰："大臣有忧，执法者诛，若有罪。"十一月壬子，太白掩填星，在尾。占曰："填星为女主，尾为后宫。"明年皇太后崩。

三年二月戊午，客星大如桃，青白色，出五车东南三尺所，渐东行，稍长二尺所；至四月壬辰，入文昌；丁未，入北斗魁中，后出魁，渐小。凡见九十三日。占曰："天下兵起，车骑满野，人主有忧。"又曰："天下有乱，兵大起，臣谋主。"其七月乙酉，卫王直在京师举兵反，讨擒之，废为庶人。至十月，始州民王鞅拥众反，讨平之。四月乙卯，星孛于紫宫垣外，大如拳，赤白，指五帝座，渐东南行，稍长一丈五尺；五月甲子，至上台北灭。占曰："天下易政，无德者亡。"后二年武帝率六军灭齐。十一月景子，岁星与太白相犯，光芒相及，在危。占曰:"其野兵,人主凶,失其城邑。危,齐之分野。"后二年,宇文神举攻拔陆浑等五城。十二月庚寅,月犯岁星,在危,相去二寸。占曰:"其邦流亡,不出三年。"辛卯月行在营室,食太白。占曰:"其国以兵亡,将军战死。营室,卫也,地在齐境。"后齐亡入周。

四年三月甲子,月犯轩辕大星。占曰:"女主有忧,又五官有乱。"

五年十月庚戌,荧惑犯太微西蕃上将星。占曰:"天下不安,上将诛,若有罪,其止。"

六年二月,皇太子巡抚西土,仍讨吐谷浑。八月,至伏俟城而旋。吐谷浑寇边,天下不安之应也。六月庚午,荧惑入鬼。占曰:"有丧旱。"其七月,京师旱。十月戊午,岁星犯大陵。又己未、庚申,月连晕,规昴、毕、五车乃参。占曰:"兵起争地。"又曰:"王自将兵。"又曰:"天下大赦。"癸亥,帝率众攻晋州。是日虹见晋州城上,首向南,尾入紫宫,长十余丈。庚午,克之。丁卯夜,白虹见,长十余丈,头在南,尾入紫宫中。占曰:"其下兵战流血。"又曰:"若无兵,必有大丧。"至六年正月,平齐,与齐军大战。十一月稽胡反,齐王讨平之。

七年四月,先此荧惑入太微宫二百日,犯东蕃上相,西蕃上将,句已往还。至此月甲子,出端门。占曰:"为大臣代主。"又曰:"臣不臣,有反者。"又曰:"必有大丧。"后宣、武继崩,高祖以大运代起。十月癸卯,月食,荧惑在斗。占曰:"国败,其君亡,兵大起,破军杀将。斗为吴越之星,陈之分野。"十一月,陈将吴明彻侵吕梁,徐州总管梁士彦,出军与战,不利。明年三月,郯公王轨讨擒陈将吴明彻,俘斩三万余人。十一月甲辰,晡时,日中有黑子,大如杯。占曰:"君有过而臣不谏,人主恶之。"十二月癸丑,流星大如月,西流有声,蛇行屈曲,光照地。占曰:"兵大起,下有战场。"戊辰平旦,有流星大如三斗器,色赤,出紫宫,凝著天,乃北下。占曰:"人主去其宫殿。"是月,营州刺史高宝宁据州反。其明年五月,帝总戎北伐。后年,武帝崩。

宣政元年正月景子,月食昴。占曰:"有白衣之会。"又曰:"匈奴侵边。"其月,突厥寇幽州,杀略吏人。五月,帝总戎北伐。六月,帝疾甚,还京,次云阳而崩。六月壬午、癸丑,木火金三星合,在井。占曰:"其国霸。"又曰:"其国外内有兵丧,改立侯王。"是月,幽州人卢昌期,据范阳反,改立王侯兵丧之验也。七年辛丑,月犯心前星。占曰:"太子恶之,若失位。"后静帝立为天子,不终之征也。景辰,荧惑、太白合,在七星,相去二尺八寸所。占曰:"君忧。"又曰:"其国有兵,改立王侯,有德兴,无德亡。"后年,改置四辅官,传位太子,改立王侯之应也。己未太白犯轩辕大星。占曰:"女主凶。"后二年,宣帝崩,杨后令其父隋公为大丞相,总军国事。隋氏受命,废后为乐平公主,余四后悉废为比丘尼。八月庚辰,太白入太微。占曰:"为天下惊。"又曰:"近臣起兵,大臣相杀,国有忧。"其后,赵、陈等五王,为执政所诛,大臣相杀之应也。九月丁酉,荧惑入太微西掖门,庚申,犯左执法,相去三寸。占曰:"天下不安,大臣有忧。"又曰:"执法者诛若有罪。"是月,汾州稽胡反,讨平之。十一月,突厥寇边,围酒泉,杀略吏人。明年二月,杀柱国、郯公王轨。皆其应也。十二月癸未,荧惑入氐,守犯之三十日。占曰:"天子失其宫。又曰:"贼臣在内下有反者。"又曰:"国君有系饥死,若毒死者。"静帝禅位,隋高祖幽杀之。

宣帝大成元年正月景午、癸丑,日皆有背。占曰:"臣为逆,有反叛,边将去之。"又曰:"卿大夫欲为主。"其后隋公作霸,尉迥、王谦、司马消难,各举兵反。

大象元年四月戊子,太白、岁星、辰星合,在井。占曰:"是谓惊立,是谓绝行,其国内外有兵丧,改立王公。"又曰:"其国可霸,修德者强,无德受殃。"其五月,赵、陈、越、代、滕五王并入国。后二年,隋王受命,宇文氏宗族相继诛灭。六月丁卯,有流星一,大如鸡子,出氐中,西北流有尾迹,长一丈所,入月中,即灭。占曰:"不出三年,人主有忧。"又曰:"有亡国。"静帝幽闭之应也。己丑,有流星一,大如斗,色青,有光明照地,出营室,抵壁入浊。七月壬辰,荧惑掩房北头第一星。占曰:"亡君之诫。"又曰:"将军为乱,王者恶之,大臣有反者,天子忧。"其十二月,帝亲御驿马,日行三百里。四皇后及文武侍卫数百人,并乘驴以从。房为天驷,荧惑主乱,此宣帝乱道德,驰骋车骑,将亡之诫。八月辛巳,荧惑犯南斗第五星。占曰:"且有反臣,道路不通,破军杀将。"尉迥,王谦等起兵败亡之征也。九月己酉,太白入地斗魁中。占曰:"天下有大乱,将相谋反,国易政。"又曰:"君死,不死则疾。"又曰:"天下爵禄。"皆高祖受命,群臣分爵之征也。十月壬戌,岁星犯轩辕大星。占曰:"女主忧,若失势。"周自宣政元年,荧惑、太白从岁星聚东井。大象元年四月,太白、岁星、辰星又聚井。十月岁星守轩辕,其年,又守翼。东井,秦分,翼,楚分,汉东为楚地,轩辕后族,隋以后族兴于秦地之象,而周之后妃失势之征也。乙酉,荧惑在虚,与填星合。占曰:"兵大起,将军为乱,大人恶之。"是月,相州段德举谋反,伏诛。其明年三月,杞公宇文亮举兵反,擒杀之。

二年四月乙丑,有星大如斗,出天厨,流入紫宫,抵钩陈乃灭。占曰:"有大丧,兵大起,将军戮。"又曰:"臣犯上,主有忧。"其五月,帝崩,隋公执国政,大丧、臣犯主之应。赵王、越王以谋执政被诛。又荆、豫、襄三州诸蛮反,尉迥,王谦、司马消难各举兵叛,不从执政,终以败亡。皆大兵起将军戮之应也。五月甲辰,有流星一,大如三斗器,出太微端门,流入翼,色青白,光明照地,声若风吹幡旗。占曰:"有立王,若徙王。"又曰:"国失君。"其月己酉,帝崩,刘昉矫制,以隋公受遗诏辅政,终受天命,立王、徙王、失君之应也。七月壬子,岁星、太白合于张,有流星,大如斗,出五车东北流,光明烛地。九月甲申,荧惑、岁星合于翼。

静帝大定元年正月乙酉,岁星逆行,守右执法,荧惑掩房北第一星。占曰:"房为明堂,布政之宫,无德者失之。"二月甲子,隋王称尊号。

高祖文皇帝开皇元年三月甲申,太白昼见。占曰:"太白经天昼见,为臣强,为革政。"四月壬午,岁星昼见。占曰:"大臣强,有逆谋,王者不安。"其后,刘昉等谋反,伏诛。十一月己巳,有流星,声如聩

墙,光烛地。占曰:"流星有光有声,名曰天保,所坠国安有喜。"其九
年,平陈,天下一统。五年八月戊申,有流星数百,四散而下。占曰:
"小星四面流行者,庶人流移之象也。"其九年,平陈,江南士人悉播
迁入京师。

八年二月庚子,填星入东井。占曰:"填星所居有德,利以称
兵。"其年大举伐陈,克之。十月甲子,有星孛于牵牛。占曰:"臣杀
君,天下合谋。"又曰:"内不有大乱,则外有大兵。牛,吴、越之星,陈
之分野。"后年,陈氏灭。

九年正月己巳,白虹夹日。占曰:"白虹衔日,臣有背主。"又曰:
"人主无德者亡。"是月,灭陈。十四年十一月癸未,有彗星孛于虚危
及奎娄,齐、鲁之分野。其后鲁公虞庆则伏法,齐公高颎除名。

十九年十二月乙未,星陨于渤海。占曰:"阳失其位,灾害之萌
也。"又曰:"大人忧。"

二十年十月,太白昼见。占曰:"大臣强,为革政,为易王。"右仆
射杨素,荧惑高祖及献后,劝废嫡立庶。其月乙丑,废皇太子勇为庶
人。明年改元。皆阳失位及革政易王之验也。

仁寿四年六月庚午,有星入于月中。占曰:"有大丧,有大兵,有
亡国,有破军杀将。"七月乙未,日青无光,八日乃复。占曰:"主势
夺。"又曰:"日无光,有死王。"甲辰,上疾甚,丁未,宫车晏驾。汉王
谅反,李素讨平之。皆兵丧亡国死王之应。

炀帝大业元年六月甲子,荧惑入太微,占曰:"荧惑为贼,为乱
入宫,宫中不安。"

三年三月辛亥,长星见西方,竟天,干历奎娄、角亢而没;至九
月辛未,转见南方,亦竟天,又干角亢,频扫太微帝座,干犯列宿,唯
不及参、井。经岁乃灭。占曰:"去秽布新,天所以去无道,建有德,
见久者灾深,星大者事大,行迟者期远。兵大起,国大乱而亡。余殃
为水旱饥馑,土功疾疫。"其后,筑长城,讨吐谷浑及高丽,兵戎岁
驾,略无宁息。水旱饥馑疾疫,土功相仍,而有群盗并起,邑落空虚。
九年五月,礼部尚书杨玄感,于黎阳举兵反。丁未,荧惑逆行入南

斗,色赤如血,如三斗器,光芒震耀,长七八尺,于斗中句巳而行。占曰:"有反臣,道路不通,国大乱,兵大起。"斗,吴、越分野,玄感父封于越,后徙封楚地,又次之,天意若曰,使荧惑句巳之,除其分野。至七月,宇文述讨平之。其兄弟悉枭首车裂,斩其党与数万人。其年,朱燮、管崇,亦于吴群拥众反。此后群盗屯聚,剽略郡县,尸横草野,道路不通,赍诏敕使人,皆步涉夜行,不敢遵路。

十一年六月,有星孛于文昌东南,长五六寸,色黑而锐,夜动摇,西北行,数日至文昌,去宫四五寸,不入,却行而灭。占曰:"为急兵。"其八月,突厥围帝于雁门,从兵悉冯城御寇,矢及帝前。七月,荧惑守羽林。占曰:"卫兵反。"十二月戊寅,大流星如斛,坠贼卢明月营,破其冲䡴,压杀十余人。占曰:"奔星所坠,破军杀将。"其年,王充击卢明月城,破之。

十二年五月景戌朔,日有食之,既。占曰:"日食既,人主亡,阴侵阳,下伐上。"其后宇文化及等行杀逆。癸巳,大流星陨于吴郡,为石。占曰:"有亡国,有死王,有大战,破军杀将。"其后大军破逆贼刘元进于吴郡,斩之。八月壬子,有大流星如斗,出王良阁道,声如隤墙,癸丑,大流星如瓮,出羽林。九月戊午,有枉矢二,出北斗魁,委曲蛇形,注于南斗。占曰:"主以兵去,天之所伐。"亦曰:"以乱代乱,执矢者不正。"后二年,化及杀帝僭号,王充亦于东都杀恭帝,篡号郑。皆杀逆无道,以乱代乱之应也。

十三年五月辛亥,大流星如瓮,坠于江都。占曰:"其下有大兵战,流血破军杀将。"六月,有星孛于太微五帝座,色黄赤,长三四尺所,数日而灭。占曰:"有亡国,有杀君。"明年三月,宇文化及等杀帝也。十二月辛酉,荧惑犯太微,日光四散如流血。占曰:"贼入宫,主以急兵见伐。"又曰:"臣逆君。"明年三月,化及等杀帝,诸王及幸臣并被戮。

隋书卷二二
志第一七

五行上

貌不恭　常雨水　大雨雪　木冰
大雨雹　服妖　鸡祸　龟孽
青眚青祥　金沴木　言不从　旱
诗妖　毛蟲之孽　犬祸　白眚白祥
木沴金

《易》以八卦定吉凶,则庖牺所以称圣也。《书》以九畴论休咎,
则大禹所以为明也。《春秋》以灾祥验行事,则仲尼所以垂法也。天
道以星象示废兴,则甘、石所以先知也。是以祥符之兆可得而言,妖
讹之占所以征验。夫神则阴阳不测,天则欲人迁善。均乎影响,殊
致同归。汉时有伏生、董仲舒、京房、刘同之伦,能言灾异,顾盼六
经,有足观者。刘向曰:"君道得则和气应,休征生。君道违则乖气
应,咎征发。"夫天有七曜,地有五行。五事愆违则天地见异,况于日
月星辰乎?况于水火金木土乎?若梁武之降号伽蓝,齐文宣之盘游
市里,陈则蒋山之鸟乎曰"奈何",周则阳武之鱼乘空而斗,隋则鹊
巢黼帐,火炎门阙,岂唯天道,亦曰人妖,则祥眚呈形,于何不至?亦
有脱略政教,张罗罇糈,崇信巫史,重增愆罚。昔怀王事神而秦兵逾
进,苌弘尚鬼而诸侯不来。性者,生之静也;欲者,心之使也。置情

佻往，引类同归。雀乳于空城之侧，鸦飞于鼎耳之上。短长之制，既曰由人；黔隧崇山，同车共轸。必有神道，裁成倚伏。一则以为殃衅，一则以为休征。故曰，德胜不祥而义厌不惠。是以圣王常由德义消伏灾咎也。

《洪范五行传》曰："木者东方，威仪容貌也。古者圣王垂则，天子穆穆，诸侯皇皇。登舆则有鸾和之节，降车则有佩玉之度，田狩则有三驱之制，饮食则有享献之礼。无事不出境。此容貌动作之得节，所以顺木气也。如人君违时令，失威仪，田猎驰骋，不反宫室，饮食沉湎，不顾礼制，纵欲恣睢，出入无度，多繇役以夺人时，增赋税以夺人财，则木不曲直。"

齐后主武平五年，邺城东青桐树，有如人状。京房《易传》曰："王德衰，下人将起，则有木生为人状。"是时，后主怠于国政，耽荒酒色，威仪不肃，驰骋无度，大发繇役，盛修宫室，后二岁而亡。木不曲直之效也。

七年，宫中有树，大数围，夜半无故自拔。齐以木德王，无故自拔，亡国之应也。其年，齐亡。

开皇八年四月，幽州人家以白杨木悬灶上，积十余年，忽生三条，皆长三尺余，甚鲜茂。仁寿二年春，蛰屋人以杨木为屋梁，生三条，长二尺。京房《易传》曰："妃后有颛，木仆反立，断枯复生。"独孤后专恣之应也。

仁寿元年十月，兰州杨树上松生，高三尺，六节十二枝。《宋志》曰："松不改柯易叶，杨者危脆之木，此永久之业，将集危亡之地也。"是时帝惑谗言，幽废冢嫡，初立晋王为皇太子。天戒若曰，皇太子不胜任，永久之业，将致危亡。帝不悟。及帝崩，太子立，是为炀帝，竟以亡国。

仁寿四年八月，河间柳树无故枯落，既而花叶复生。京房《易飞候》曰："木再荣，国有大丧。"是岁，宫车晏驾。

《洪范五行传》曰:"金者西方,万物既成,杀气之始也。古之王者,兴师动众,建立旗鼓,以诛残贼,禁暴虐,安天下,杀伐必应义,以顺金气。如人君乐侵陵,好攻战,贪城邑之赂,以轻百姓之命,人皆不安,外内骚动,则金不从革。"

陈祯明二年五月,东冶铁铸,有物赤色,大如斗,自天坠镕所,隆隆有声,铁飞破屋而四散,烧人家。时后主与隋虽结和好,遣兵度江,掩袭城镇,将士劳敝,府藏空竭。东冶者,陈人铸兵之所。铁飞为变者,金不从革之应。天戒若曰,陈国小而兵弱,当以和好为固,无铸兵而黩武,以害百姓。后主不悟,又遣伪将陈纪、任蛮奴,萧摩诃数寇江北,百姓不堪其役,及隋师渡江,而二将降款,卒以灭亡。

《洪范五行传》曰:"火者南方,阳光为明也。人君向南,盖取象也。昔者圣帝明王,负扆摄袂,南面而听断天下。揽海内之雄俊,积之于朝,以续聪明,推邪佞之伪臣,投之于野,以通壅塞,以顺火气。夫不明之君,惑于谗口,白黑杂揉,代相是非,众邪并进,人君疑惑。弃法律,间骨肉,杀太子,逐功臣,以孽代宗,则火失其性。"

梁天监元年五月,有盗入南、北掖,烧神武门总章观。时帝初即位,而火烧观阙,不祥之甚也。既而太子薨,皇孙不得立。及帝暮年,惑于朱异之口,果有侯景之乱,宫室多被焚烧。天诚所以先见也。

普通二年五月,琬琰殿火,延烧后宫三千余间。中大通元年,朱雀航华表灾。明年,同泰寺灾。大同三年,朱雀门灾。水沴火也。是时,帝崇尚佛道,宗庙牲牷,皆以面代之。又委万乘之重,数诣同泰寺,舍身为奴,令王公已下赎之。初阳为不许,后为默许,方始还宫。天诚若曰,梁武为国主,不遵先王之法,而淫于佛道,横多糜费,将使其社稷不得血食也。天数见变,而帝不悟,后竟以亡。及江陵之败,阖城为贱隶焉。即舍身为奴之应也。

陈永定三年,重云殿灾。

东魏天平二年十一月闾阖门灾。是时齐神武作宰,而大野拔斩樊子鹄,以州来降,神武听谗而杀之,司空元晖免。逐功臣大臣之罚也。

武定五年八月，广宗郡火，烧数千家。

后齐后主天统三年，九龙殿灾，延烧西廊。四年，昭阳、宣光、瑶华三殿灾，延烧龙舟。是时谗言任用，正士道消，祖孝征作歌谣，斛律明月以诛死。谗夫昌，邪胜正之应也。京房《易传》曰："君不思道，厥妖火烧宫。"开皇十四年，将祠泰山，令使者致石像神祠之所。未至数里，野火欻起，烧像碎如小块。时帝颇信谗言，猜阻骨肉，滕王瓒失志而死，创业功臣，多被夷灭，故天见变，而帝不悟，其后太子勇竟被废戮。

大业十二年，显阳门灾，旧名广阳，则帝之姓名也。国门之崇显，号令之所由出也。时帝不遵法度，骄奢荒怠，裴蕴、虞世基之徒，阿谀顺旨，掩塞聪明，宇文述以谗邪显进，忠谏者咸被诛戮。天戒若曰，信谗害忠，则除"广阳"也。

《洪范五行转》曰："水者，北方之藏，气至阴也。宗庙者，祭祀之象也。故天子亲耕以供粢盛，王后亲蚕以供祭服，敬之至也。发号施令，十二月咸得其气，则水气顺。如人君简宗庙，不祷祀，逆天时，则水不润下。"

梁天监二年六月，太末、信安、安丰三县大水。《春秋考异邮》曰："阴盛臣逆人悲，则水出河决。"是时江州刺史陈伯之、益州刺史刘季连举兵反叛，师旅数兴，百姓愁怨，臣逆人悲之应也。

六年八月，建康大水，涛上御道七尺。七年五月，建康又大水。是时数兴师旅，以拒魏军。十二年四月，建康大水。是时大发卒筑浮山堰，以遏淮水，劳役连年，百姓悲怨之应也。

中大通五年五月，建康大水，御道通船。京房《易飞候》曰："大水至国，贱人将贵。"肃栋、侯景借称尊号之应也。

后齐河清二年十二月，兖、赵、魏三州大水。天统三年，并州汾水溢。谶曰："水者纯阴之精。阴气洋溢者，小人专制。"是时，和士开、元文遥、赵彦深专任之应也。

武平六年八月，山东诸州大水。京房《易飞候》曰："小人踊跃，无所畏忌，阴不制于阳，则涌水出。"是时群小用事，邪佞满朝。阉竖嬖倖，伶人封王。此其所以应也。

开皇十八年，河南八州大水。是时独孤皇后干预政事，滥杀宫人，放黜宰相。杨素颇专。水阴气，臣妾盛强之应也。

仁寿二年，河南、河北诸州大水。京房《易传》曰："颛事有智，诛罚绝理，则厥灾水。"赤由帝用刑严急，臣下有小过，帝或亲临斩决，又先是柱国史万岁以忤旨被戮，诛罚绝理之应也。

大业三年，河南大水，漂没三十余郡。帝嗣位已来，未亲郊庙之礼，简宗庙，废祭祀之应也。

《洪范五行传》曰："土者中央，为内事。宫室台榭，夫妇亲属也。古者，自天子至于士，宫室寝居，大小有差，高卑异等，骨肉有恩。故明王贤君，修宫室之制，谨夫妇之别，加亲戚之恩，敬父兄之礼，则中气和。人君肆心纵意，大为宫室，高为台榭，雕文刻镂，以疲人力，淫泆无别，妻妾过度，犯亲戚，侮父兄，中气乱，则稼穑不成。"

齐后主武平四年，山东饥。是时，大兴土木之功于仙都苑。又起宫于邯郸，穷侈极丽。后宫侍御千余人，皆宝衣玉食，逆中气之咎也。

炀帝大业五年，燕、代、齐、鲁诸郡饥。先是建立东都，制度崇侈。又宗室诸王，多远徙边郡。

《洪范五行传》曰："貌之不恭，是谓不肃，则下不敬。阴气胜，故厥咎狂，厥罚常雨，厥极恶。时则有服妖，时则有龟孽，有鸡祸，有下体生上体之痾，有青眚青祥。惟金沴木。"

侯景僭即尊号，升圆丘，行不能正履，有识者知其不免。景寻败。

梁元帝既平侯景，破萧纪，而有骄矜之色，性又沉猜，由是臣下离贰。即位三年而为西魏所陷,帝竟不得其死。

陈后主每祀郊庙,必称疾不行。建宁令章华上奏谏曰:"拜三妃以临轩,祀宗庙而称疾,非祗肃之道。"后主怒而斩之。又引江总、孔范等内宴,无复尊卑之序,号为狎客,专以诗酒为娱,不恤国政。秘书监傅绰上书谏曰:"人君者,恭事上帝,子爱下人,省嗜欲,远邪佞,未明求衣,日旰忘食,是以泽被区宇,庆流子孙。陛下顷来,酒色过度,不虔郊庙大神,专媚淫昏之鬼。小人在侧,宦竖擅权,恶诚直如仇仇,视时人如草芥。后宫曳罗绮,厩马余菽粟,百姓流离,转尸蔽野。神怒人怨,众叛亲离。臣恐东南王气,自斯而尽。"后主不听,骄恣日甚。未几而国灭。

陈司空侯安都,自以有安社稷之功,骄矜日甚,每侍宴酒酣,辄箕踞而坐。尝谓文帝曰:"何如作临川王时?"又借华林园水殿,与妻妾宾客,置酒于其上,帝甚恶之。后竟诛死。

东魏武定五年,后齐文襄帝时为世子,属神武帝崩,秘不发丧,朝魏帝于邺。魏帝宴之,文襄起舞。及嗣位,又朝魏帝于邺,侍宴而惰。有识者知文襄之不免。后果为盗所害。

神武时,司徒高昂尝诣相府,将直入门,门者止之。昂怒,引弓射门者,神武不之罪。寻为西魏所杀。

后齐后主为周师所迫,至邺集兵。斛律孝卿劝后主亲劳将士,宜流涕慷慨,以感激之,人当自奋。孝卿授之以辞,后主然之。及对众,默无所言,因赧然大笑,左右皆哂。将士怒曰:"身尚如此,吾辈何急!"由是皆无战心,俄为周师所虏。

炀帝自负才学,每骄天下之士,尝谓侍臣曰:"天下当谓朕承藉余绪而有四海耶?设令朕与士大夫高选,亦当为天子矣。"谓当世之贤,皆所不逮。《书》云:"谓人莫己若者亡。"帝自矜己以轻天下,能不亡乎?帝又言习吴音,其后竟终于江都,此亦鲁襄公终于楚宫之类也。

梁天监七年七月,雨,至十月乃霁。《洪范五行传》曰:"阴气强积,然后生水雨之灾。"时武帝频年兴师,是岁又大举北伐,诸军颇捷,而士卒罢敝,百姓怨望,阴气畜积之应也。

陈太建十二年八月,大雨霪霖时始兴王叔陵骄恣,阴气盛强之应也。明年,宣帝崩,后主立。叔陵刺后主于丧次。宫人救之,仅而获免。叔陵出阁,就东府作乱。后主令萧摩诃破之,死者千数。

东魏武定五年秋,大雨七十余日,元瑾、刘思逸谋杀后齐文襄之应也。

后齐河清三年六月庚子,大雨,昼夜不息,至甲辰。山东大水,人多饿死。是岁,突厥寇并州,阴戎作梗,此其应也。

天统三年十月,积阴大雨。胡太后淫乱之所感也。

武平七年七月,大霖雨,水涝,人户流失。是时骆提婆、韩长鸾等用事,小人专政之罚也。

后周建德三年七月,霖雨三旬,时卫刺王直潜谋逆乱。属帝幸云阳宫,以其徒袭肃章门,尉迟运逆拒破之。其日雨霁。

梁普通二年三月,大雪,平地三尺。《洪范五行传》曰:"庶征之常,雨也,然尤甚焉。雨,阴也;雪,又阴畜积甚盛也。皆妾不妾、臣不臣之应。"时义州刺史文僧朗以州叛于魏。臣不臣之应也。大同三年七月,青州雪,害苗稼。是时,交州刺史李贲举兵反,僭尊号,置百官,击之不能克。

十年,十二月,大雪,平地三尺。是时邵陵王纶、湘东王绎、武陵王纪并权侔人主,颇为骄恣,皇太子甚恶之,帝不能抑损。上天见变,帝又不悟。及侯景之乱,诸王各拥强兵,外有赴援之名,内无勤王之实,委弃君父,自相屠灭,国竟以亡。

东魏兴和二年五月,大雪。时后齐神武作宰,发卒十余万筑邺城,百姓怨思之征也。

武定四年二月,大雪,人畜冻死,道路相望。时后齐霸政,而步落稽举兵反,寇乱数州,人多死亡。

后齐河清二年二月,大雪连雨,南北千余里,平地数尺,繁霜昼下。是时，突厥木杆可汗与周师入并州，杀掠吏人，不可胜纪。

天统二年十一月，大雪；三年正月，又大雪，平地二尺；武平三年正月，又大雪。是时，冯淑妃、陆令萱内制朝政，阴气盛积，故天变屡见，雷雨不时。

陈太建元年七月，大雨，震万安陵华表，又震慧日寺刹，瓦官寺重阁门下一女子震死。京房《易飞候》曰："雷雨霹雳丘陵者，逆先人令；为火杀人者，人君用谗言杀正人。"时蔡景历以奸邪任用，右仆射陆缮以谗毁获谴，发病而死。

十年三月，震武库。时帝好兵，频年北伐，内外虚竭，将士劳敝。既克淮南，又进图彭、汴，毛喜切谏，不纳。由是吴明彻诸军皆没，遂失淮南之地。武库者，兵器之所聚也，而震之，天戒若曰，宜戢兵以安百姓。帝不悟，又大兴军旅。其年六月，又震太皇寺刹、庄严寺露槃、重阳阁东楼、鸿胪府门。太皇、庄严二寺，陈国奉佛之所，重阳阁每所游宴，鸿胪宾客礼仪之所在，而同岁震者，天戒若曰，国威已丧，不务修德，后必有恃佛道，耽宴乐，弃礼仪而亡国者。陈之君臣竟不悟。至后主之代，灾异屡起，惧而于太皇寺舍身为奴，以祈冥助，不恤国政，耽酒色，弃礼法，不修邻好，以取败亡。

齐武平元年夏，震丞相段孝先南门柱。京房《易传》曰："震击贵臣门及屋者，不出三年，佞臣被诛。"后岁，和士开被戮。

东魏武定四年冬，天雨木冰。《洪范五行传》曰："阴之盛而凝滞也。木者少阳，贵臣象也。将有害，则阴气胁木，木先寒，故得雨而冰袭之。木冰一名介，介者兵之象也。"时司徒侯景制河南，及神武不豫，文襄惧其为乱而征之，景因举兵反。豫州刺史高元成、襄州刺史李密、广州刺史暴显并为景所执辱，贵臣有害之应也。其后左仆射慕容绍宗与景战于涡阳，俘斩五万。

后齐天保二年，雨木冰三日。初清河王岳为高归彦所谮，是岁以忧死

武平元年冬，雨木冰，明年二月，又木冰。时录尚书事和士开专

政。其年七月，太保、琅邪王俨矫诏杀之。领军大将军库狄伏连、尚书右仆射冯子琮，并坐俨赐死。九月，俨亦遇害。

六年、七年，频岁春冬木冰。其年周师入晋阳，因平邺都。后主走青州，贵臣死散，州郡被兵者不可胜数。

梁中大通元年四月，大雨雹。《洪范五行传》曰："雹，阴胁阳之象也。"时帝数舍身为奴，拘信佛法，为沙门所制。

陈大建二年，大雨雹；十年四月，又大雨雹；十三年九月，又雨雹。时始兴王叔陵骄恣，阴结死士，图为不逞，帝又宠遇之，故天三见变。帝不悟。及帝崩，叔陵果为乱逆。

后齐娄后卧疾，寝衣无故自举。俄而后崩。

文宣帝末年，衣锦绮，傅粉黛，数为胡服，微行市里。粉黛者，妇人之饰，阳为阴事，君变为臣之象也。及帝崩，太子嗣位，被废为济南王。又齐氏出自阴山，胡服者，将反初服也。锦彩非帝王之法服，微服者布衣之事，齐亡之效也。

后主好令宫人以白越布折额，状如髽帼；又为白盖。此二者，丧祸之服也。后主果为周武帝所灭，父子同时被害。

武平时，后主于苑内作贫儿村，亲衣缧缕之服而行乞其间，以为笑乐。多令人服乌衣，以相执缚。后主果为周所败，被虏于长安而死，妃后穷困，至以卖烛为业。

后周大象元年，服冕二十有四旒，车服旗鼓，皆以二十四为节。侍卫之官，服五色，杂以红紫。令天下车以大木为轮，不施辐。朝士不得佩绶，妇人墨妆黄眉。又造下帐，如送终之具，令五皇后各居其一，实宗庙祭器于前，帝亲读版而祭之，又将五辂载妇人，身率左右步从。又倒悬鸡及碎瓦于车上，观其作声，以为笑乐。皆服妖也。帝寻暴崩，而政由于隋，周之法度，皆悉改易。

开皇中，房陵王勇之在东宫，及宜阳公王世积家，妇人所服领巾制同㯄幡军帜。妇人为阴，臣象也。而服兵帜，臣有兵祸之应矣。

勇竟而遇害，世积坐伏诛。

开皇中，有人上书，言频岁已来，鸡鸣不鼓翅，类腋下有物而妨之，翮不得举，肘腋之臣，当为变矣，书奏不省。京房《易飞候》曰："鸡鸣不鼓翅，国有大害。"其后大臣多被夷灭，诸王废黜，太子幽废。

大业初，天下鸡多夜鸣。京房《易飞候》曰："鸡夜鸣，急令。"又云："昏而鸣，百姓有事；人定鸣，多战；夜半鸣，流血漫漫，"及中年已后，军国多务，用度不足，于是急令暴赋，责成守宰，百姓不聊生矣，各起而为盗，战争不息，尸骸被野。

开皇中，掖庭宫每夜有人来挑宫人，宫司以闻。帝曰："门卫甚严，人何从而入？当是妖精耳。"因戒宫人曰："若逢，但斫之。"其后有物如人，夜来登床，宫人抽刀斫之，若中枯骨，其物落床而走，宫人逐之，因入池而没。明日，帝令涸池，得一龟，径尺余，其上有刀迹。杀之，遂绝，龟者水居而灵，阴谋之象，晋王谄媚宫掖求嗣之应云。

陈祯明二年四月，群鼠无数，自蔡洲岸入石头淮，至青塘两岸。数日死，随流出江。近青祥也。京房《易飞候》曰："鼠无故群居不穴众聚者，其君死。"未几而国亡。

陈天嘉六年秋七月，仪贤堂无故自压，近金沴木也。时帝盛修宫室，起显德等五殿，称为壮丽，百姓失业，故木失其性也。仪贤堂者，礼贤尚齿之谓，无故自压，天戒若曰："帝好奢侈，不能用贤使能，何用虚名也。帝不悟，明年竟崩。

祯明元年六月，宫内水殿若有刀锯斫伐之声，其殿因无故而倒。七月，朱雀航又无故自沉。时后主盛修园囿，不虔宗庙。水殿者，游宴之所，朱雀航者，国门之大路，而无故自坏。天戒若曰，宫室毁,津路绝,后主不悟,竟为隋所灭,宫庙为墟。

后齐孝昭帝将诛杨愔,乘车向省,入东门,幰竿无故自折,帝甚恶之,岁余而崩。

河清三年,长广郡听事梁忽剥若人状,太守恶而削去之,明日复然。长广,帝本封也;木为变,不祥之兆。其年帝崩。

武平七年秋,穆后将如晋阳,向北宫辞胡太后。至宫内门,所乘七宝车无故陷入于地,牛没四足。是岁齐灭,后被虏于长安。

后周建德六年,青城门无故自崩,青者东方色,春宫之象也。时皇太子无威仪礼节,青城门无故自崩者,皇太子不胜任之应。帝不悟。明年太子嗣位,果为无道。周室危亡,实自此始。

大业中,齐王暕于东都起第,新构寝堂,其栿无故而折。时上无太子,天下皆以暕次当立,公卿属望。暕遂骄恣,呼术者令相,又为厌胜之事。堂栿无故自折,木失其性,奸谋之应也。天见变以戒之,暕不悟,后竟得罪于帝。

《洪范五行传》曰:“言之不从,是谓不乂。厥咎僭,厥罚常阳,厥极忧。时则有诗妖,时则有毛蟲之孽,时则有犬祸。故有口舌之痾,有白眚白祥。惟木沴金。

梁武陵王纪僭即帝位,建元曰天正。永丰侯萧撝曰:“王不克矣。昔桓玄年号大亨,有识者以为‘二月了’而玄之败,实在仲春。今曰天正,正之为文‘一止’其能久乎!”果一年而败。

后齐文宣帝时,太子殷当冠,诏令邢子才制字。子才字之曰正道。帝曰:“正,一止也。吾儿其替乎?”子才请改,帝不许,曰:“天也。”因顾谓常山王演曰:“夺时任汝,慎无杀也。”及帝崩,太子嗣位,常山果废之而自立。殷寻见害。

武成帝时,左仆射和士开言于帝曰:“自古帝王,尽为灰土,尧舜、桀纣,竟亦何异。陛下宜及少壮,恣意欢乐,一日可以当千年,无为自勤约也。”帝悦其言,弥加淫侈。士开既导帝以非道,身又擅权,竟为御史中丞所杀。

武平中，陈人寇彭城，后主发言忧惧，侍中韩长鸾进曰：“纵失河南，犹得为龟兹国子。淮南今没，何足多虑。人生几何时，但为乐，不须忧也。”帝甚悦，遂耽荒酒色，不以天下为虞。未几，为周所灭。

武平七年，后主为周师所败，走至邺，自称太上皇，传位于太子桓，改元隆化。时人离合其字曰“降死”。竟降周而死。

周武帝改元为宣政，梁主萧岿离合其字为“宇文亡日”。其年六月，帝崩。

宣帝在东宫时，不修法度，武帝数挞之。及嗣位，摸其痕而大骂曰：“死晚也。”年又改元为大象，萧岿又离合其字曰“天子冢”。明年而帝崩。

开皇初，梁王萧琮改元为广运。江陵父老相谓曰：“运之为字，军走也，吾君当为军所走乎?”其后琮朝京师而被拘留不反，其叔父严掠居人以叛，梁国遂废。

文帝名皇太子曰勇，晋王曰英，秦王曰俊，蜀王曰秀。开皇初，有人上书曰：“勇者一夫之用。又千人之秀为英，万人之秀为俊。斯乃布衣之美称，非帝王之嘉名也。”帝不省。时人呼杨姓多为嬴者。或言于上曰：“杨英反为嬴殃。”帝闻而不怿，遽改之。其后勇、俊、秀皆被废黜，炀帝嗣位，终失天下，卒为杨氏之殃。

炀帝即位，号年曰大业，识者恶之，曰：“于字离合为‘大若未’也”寻而天下丧乱，率土遭荼炭之酷焉。

炀帝常从容谓秘书郎虞世南曰：“我性不欲人谏。若位望通显而来谏我，以求当世之名者，弥所不耐。至于卑贱之士，虽少宽假，然卒不置之于地。汝其知之!”时议者以为古先哲王之驭天下也，明四目，达四聪，悬敢谏之鼓，立书谤之木，以开言者之路，犹恐忠言之不至，由是泽敷四海，庆流子孙。而帝恶直言，仇谏士，其能久乎!竟逢杀逆。

梁天监元年，大旱，米斗五千，人多饿死。《洪范五行传》曰：“君持亢阳之节，兴师动众，劳人过度，以起城邑，不顾百姓，臣下悲怨。然而心不能从，故阳气盛而失度，阴气沉而不附。阳气盛，旱灾应也。"初帝起兵襄阳，破张冲，败陈伯之，及平建康，前后连战，百姓劳敝，及即位后，复与魏交兵不止之应也。

陈太建十二年春，不雨至四月，先是周师掠淮北，始兴王叔陵等诸军败绩，淮北之地皆没于周，盖其应也。

东魏天平四年，并、肆、汾、建、晋、绛、秦、陕等诸州大旱，人多流散。是岁，齐神武与西魏战于沙苑，败绩，死者数万。

东魏武定二年冬春旱。先是西魏师入洛阳，神武亲帅大军战于芒山，死者数万。

后齐天保九年夏，大旱。先是大发卒筑长城四百余里，劳役之应也。

乾明元年春，旱。先是发卒数十万筑金凤、圣应、崇光三台，穷极侈丽，不恤百性，亢阳之应也。

河清二年四月，并、晋已西五州旱。是岁，发卒筑轵关。突厥二十万众毁长城，寇恒州。

后主天统二年春，旱。是时大发卒，起大明宫。

开皇四年已后，京师频旱。时迁都龙首，建立宫室，百姓劳敝，亢阳之应也。

大业四年，燕、代缘边诸郡旱。时发卒百余万筑长城，帝亲巡塞表，百姓失业，道殣相望。

八年，天下旱，百姓流亡。时发四海兵，帝亲征高丽，六军冻馁，死者十八九。

十三年，天下大旱。时郡县乡邑，悉遣筑城，发男女，无少长，皆就役。

梁天监三年六月八日，武帝讲于重云殿，沙门志公忽然起舞歌乐，须臾悲泣，因赋五言诗曰："乐哉三十余，悲哉五十里！但看八十三，子地妖灾起。佞臣作欺妄，贼臣灭君子。若不信吾语，龙时侯贼起,且至马中间,衔悲不见喜。"梁自天监至于大同,三十余年,江表无事。至太清二年,台城陷,帝享国四十八年,所言五十里也。太清元年八月十三,而侯景自悬瓠来降,在丹阳之北,子地。帝惑朱异之言以纳景。景之作乱,始自戊辰之岁。至午年,帝忧崩。十年四月八日,志公于大会中又作诗曰:"兀尾狗子始著狂,欲死不死啮人伤,须臾之间自灭亡。患在汝阴死三湘,横尸一旦无人藏。"侯景小字狗子。初自悬瓠来降,悬瓠则古之汝南也。巴陵南有地名三湘,即景奔败之所。

天监中,茅山隐士陶弘景为五言诗曰:"夷甫任散诞,平叔坐谈空。不意昭阳殿,忽作单于宫。"及大同之季,公卿唯以谈玄为务。夷甫、平叔,朝贤也。侯景作乱,遂居昭阳殿。

大同中,童谣曰:"青丝白马寿阳来。"其后侯景破丹阳,乘白马,以青丝为羁勒。

陈初,有童谣曰:"黄班青骢马,发自寿阳涣。来时冬气末,去日春风始。"其后陈主果为韩擒所败。擒本名擒兽,黄班之谓也。破建康之始,复乘青骢马,往返时节皆相应。

陈时,江南盛歌王献之《桃叶》之词曰:"桃叶复桃叶,渡江不用楫,但度无所苦,我自迎接汝。"晋王伐陈之始,置营桃叶山下,及韩擒渡江,大将任蛮奴至新林以导北军之应。

陈后主造齐云观,国人歌之曰:"齐云观,寇来无际畔。"功未毕,而为隋师所虏。

祯明初,后主作新歌,词甚哀怨,令后宫美人习而歌之。其辞曰:"玉树后庭花,花开不复久。"时人以歌谶,此其不久兆也。

齐神武始移都于邺,时有童谣云:"可怜青雀子,飞入邺城里。作窠犹未成,举头失乡里。寄书与妇母,好看新妇子。"魏孝静帝者,清河王之子也。后则神武之女。邺都宫室未备,即逢禅代,作窠未成之效也。孝静寻崩,文宣以后为太原长公主,降于杨愔。时娄后尚在,故言寄书于妇母。新妇子,斥后也。

武定中,有童谣云:"百尺高竿摧折,水底燃灯澄灭。"高者,齐姓也。澄,文襄名。五年,神武崩,摧折之应。七年,文襄遇盗所害,澄灭之征也。

天保中,陆法和入国,书其屋壁曰:"十年天子为尚可,百日天子急如火,周年天子迭代坐。"时文宣帝享国十年而崩,废帝嗣立百余日,用替厥位,孝昭即位一年而崩。此其效也。

武平元年,童谣曰:"狐截尾,你欲除我我除你。"其年四月,陇东王胡长仁谋遣刺客杀和士开,事露,返为士开所潜死。

二年,童谣曰:"和士开,七月三十日,将你向南台。"小儿唱讫,一时拍手云:"杀却。"至七月二十五日,御史中丞、琅邪王俨执士开,送于南台而斩之。是岁,又有童谣曰:"七月刈禾伤早,九月吃糕正好。十月洗荡饭瓮,十一月出却赵老。"七月士开被诛,九月琅邪王遇害,十一月赵彦深出为西兖州刺史。

武平末,童谣曰:"黄花势欲落,清樽但满酌。"时穆后母子淫僻,干预朝政。时人患之。穆后小字黄花,寻逢齐亡,欲落之应也。

邺中又有童谣曰:"金作扫帚玉作把,净扫殿屋迎西家。"未几,周师入邺。

周初有童谣曰:"白杨树头金鸡鸣,祇有阿舅无外甥。"静帝隋氏之甥,既逊位而崩,诸舅强盛。

周宣帝与宫人夜中连臂蹋蹀而歌曰:"自知身命促,把烛夜行游。"帝即位二年而崩。

开皇十年,高祖幸并州,宴秦孝王及王子相。帝为四言诗曰:"红颜讵几,玉貌须臾。一朝花落,白发难除。明年后岁,谁有谁无。"明年而子相卒,十八年而秦孝王薨。

大业十一年,炀帝自京师如东都,至长乐宫,饮酒大醉,因赋五言诗。其卒章曰:"徒有归飞心,无复因风力。"令美人再三吟咏,帝泣下沾襟,侍御者莫不欷歔。帝因幸江都,复作五言诗曰:"求归不得去,真成遭个春。鸟声争劝酒,梅花笑杀人。"帝以三月被弑,即遭春之应也。是年盗贼蜂起,道路隔绝,帝惧,遂无还心。帝复梦二竖子歌曰:"住亦死,去亦死。未若乘船渡江水。"由是筑居丹阳,将居焉。功未就而帝被杀。

大业中，童谣曰："桃李子，鸿鹄绕阳山，宛转花林里。莫浪语，谁道许。"其后李密坐杨玄感之逆，为吏所拘，在路逃叛。潜结群盗，自阳城山而来，袭破洛口仓，后复屯兵苑内。莫浪语，密也。宇文化及自号许国，寻亦破灭。谁道许者，盖惊疑之辞也。

梁武帝中大同元年，邵陵王纶在南徐州卧内，方昼，有狸斗于檐上，堕而获之。太清中，遇侯景之乱，将兵援台城。至钟山，有蛰熊无何至，齿纶所乘马。毛虫之孽也。纶寻为王僧辩所败。亡至南阳，为西魏所杀。

中大同中，每夜狐鸣阙下，数年乃止。京房《易飞候》曰："野兽群鸣，邑中且空虚。"俄而国乱，丹阳死丧略尽。

陈祯明初，狐入床下，捕之不获。京房《易飞候》曰："狐入君室，室不居。"未几而国灭。

东魏武定三年九月，豹入邺城南门，格杀之。五年八月，豹又上铜爵台。京房《易飞候》曰："野兽入邑，及至朝廷若道，上官府门，有大害，君亡。"是岁，东魏师败于玉壁，神武遇疾崩。

后齐武平二年，有兔出庙社之中。京房《易飞候》曰："兔入王室，其君亡。"案庙者，祖宗之神室也。后五岁，同师入邺。后主东奔。

武平末，并、肆诸州多狼而食人。《洪范五行传》曰："狼贪暴之兽，大体以白色为主，兵之表也。又似犬，近犬祸也。"京房《易传》曰："君将无道，害将及人，去深山以全身。厥妖狼食人。"时帝任用小人，竞为贪暴，残贼人物，食人之应。寻为周军所灭，兵之象也。

武平中，朔州府门外，无何有小儿脚迹，又拥土为城雉之状，时人怪而察之，乃狐媚所为，渐流至并、邺。与武定三年同占。是岁，南安王思好起兵于北朔，直指并州，为官军所败。郑子饶、羊法暠等复乱山东。

后齐天保四年，邺中及顿丘，并有犬与女子交。《洪范五行传》

曰:"异类不当交而交,诪乱之气。犬交人为犬祸。"犬祸者,亢阳失众之应也。时帝不恤国政,恩泽不流于其国。

后主时,犬为开府仪同,雌者有夫人郡君之号,给兵以奉养,食以梁肉,藉以茵蓐。天夺其心,爵加于犬,近犬祸也。天意若曰,卿士皆类犬。后主不悟,遂以取灭。

后周保定三年,有犬生子,腰已后分为两身,二尾六足。犬猛畜而有爪牙,将士之象也。时宇文护与侯伏侯龙恩等,有谋怀贰。犬体后分,此其应也。

大业元年,雁门百姓间犬多去其主,群聚于野,形顿变如狼而啖噬行人,数年而止。《五行传》曰:"犬,守御者也,而今去其主,臣下不附之象。形变如狼,狼色白,为主兵之应也。"其后帝穷兵黩武,劳役不息。天戒若曰,无为劳役,守御之臣将叛而为害。帝不悟,遂起长城之役。续有四域、辽东之举,天下怨叛。及江都之变,并宿卫之臣也。

梁大同二年,地生白毛,长二尺,近白祥也。孙盛以为劳人之异。先是大发卒筑浮山堰,功费钜亿,功垂就而复溃者,数矣。百姓厌役,吁嗟满道。

齐河清元年九月,沧洲及长城之下,地多生毛,或白或黑,长四五寸,近白祥也。时北筑长城,内兴三台,人苦劳役。

开皇六年七月,京师雨毛,如发尾。长者三尺余,短者六七寸。京房《易飞候》曰:"天雨毛,其国大饥。"是时关中旱,米粟涌贵。

后齐天统初,岱山封禅坛玉璧自出,近白祥也。岱山,王者易姓告代之所,玉璧所用币,而自出,将有易姓者用币之象。其后齐亡。地入于周,及高祖受周禅,天下一统,焚柴太山告祠之应也。

武平三年,白水岩下青石壁傍,有文曰:"齐亡走。"人改之为"上延",后主以为嘉瑞,后僚毕贺。后周师入国,后主果弃邺而走。

开皇十七年,石陨于武安、滏阳间十余。《洪范五行传》曰:"石自高陨者,君将有危殆也。"后七载,帝崩。

开皇末,高祖于宫中埋二小石于地,以志置床之所。未几,变为玉。刘向曰:"玉者至贵也。贱将为贵之象。"及大业末,盗皆僭名号。

大业十三年,西平郡有石,文曰:"天子立千年。"百僚称贺。有识者尤之曰:"千年万岁者,身后之意也。今称立千年者,祸在非远。"明年而帝被杀。

梁大同十二年,曲阿建陵隧口石骐驎动。木沴金也。动者,迁移之象。天戒若曰,园陵无主,石麟将为人所徙也。后竟国亡。

后齐河清四年,殿上石自起,两两相击。眭孟以为石阴类,下人象,殿上石自起者,左右亲人离叛之应。及周师东伐,宠臣尉相愿、乞扶贵和兄弟、韩建业之徒,皆叛入周。

梁大同十二年正月,送辟邪二于建陵。左双角者至陵所。右独角者,将引,,于车上振跃者三,车两辕俱折。因换车。未至陵二里,又跃者三,每一振则车侧人莫不丛耸奋,去地三四尺,车轮陷入土三寸。木沴金也。刘向曰:"失众心,令不行,言不从,以乱金气也。石为阴,臣象也。臣将为变之应。"梁武暮年,不以政事为意,君臣唯讲佛经、谈玄而已。朝纲紊乱,令不行,言不从之咎也。其后果致侯景之乱。

周建德元年,濮阳郡有石像,郡官令载向府,将刮取金。在道自跃投地,如此者再。乃以大绳缚著车壁,又绝绳而下。时帝既灭齐,又事淮南,征伐不息,百姓疲敝,失众心之应也。

隋书卷二三
志第一八

五行下

　　常燠　草妖　羽虫之孽　羊祸

　　赤眚赤祥　寒　鼓妖　鱼孽　虫妖

　　蚁祸　黑眚黑祥　火沴水　常风

　　夜妖　华孽　牛祸　心腹之痾

　　黄眚黄祥　裸虫之孽

　　木金水火沴土　云阴　射妖

　　龙蛇之孽　马祸

　　《洪范五行传》曰："视之不明，是谓不知。厥咎舒，厥罚常燠，厥极疾。时则有草妖，时则有羽虫之孽。故有羊祸，故有目疾，有赤眚赤祥。惟水沴火。"

　　后齐天保八年三月，大热，人或暍死。刘向《五行传》曰："视不明，用近习，贤者不进，不肖不退，百职废坏，庶事不从，其过在政教舒缓。"时帝狂躁、荒淫无度之应。

　　高祖时，上党有人，宅后每夜有人呼声，求之不得。去宅一里所，但见人参一本，枝叶峻茂。因掘去之，其根五尺余，具体人状，呼声遂绝。盖草妖也。视不明之咎。时晋王阴有夺宗之计，谄事亲要，以求声誉。谮皇太子，高祖惑之。人参不当言，有物凭之。上党，党，与也。亲要之人，乃党晋王而谮太子，高祖不悟，听邪言，废无辜，有罪用，因此而乱也。

梁中大同元年，邵陵王纶在南徐州，坐听事。有野鸟如鸢数百，飞屋梁上，弹射不中。俄顷失所在。京房《易飞候》曰："野鸟入君室，其邑虚，君亡之他方。"后纶为湘东王所袭，竟致奔亡，为西魏所杀。

侯景在梁，将受锡命，陈备物于庭。有野鸟如山鹊，亦嘴，集于册书之上，鸺鹠鸣于殿。与中大同元年同占。景寻败，将亡入海中，为羊鹍所杀。

陈后主时，蒋山有众鸟，鼓翼而鸣曰："奈何帝。"京房《易飞候》曰："鸟鸣门厥，如人音，邑且亡。"蒋山，吴之望也。鸟于上鸣，吴空虚之象。及陈亡，建康为墟。又陈未亡时，有一足鸟，集于殿庭，以嘴画地成文，曰："独足上高台，盛草变成灰。"独足者，叔宝独行无众之应。盛草成灰者，陈政芜秽，被隋火德所焚除也。叔宝至长安，馆于都水台上，高台之义也。

后齐孝昭帝，即位之后，有雉飞上御座。占同中大同元年。又有鸟止于后园，其色赤，形似鸭而有九头。其年帝崩。

天统三年九月，万春鸟集仙都苑。京房《易飞候》曰："非常之鸟，来宿于邑中，邑有兵。"周师入邺之应也。

武成胡后，生后主初，有枭升后帐而鸣。枭不孝之鸟，不祥之应也。后主嗣位，胡后淫乱事彰，遂幽后于北宫焉。

武平七年，有鹳巢太极殿，又巢并州嘉阳殿。雉集晋阳宫御座，获之。京房《易飞候》曰："鸟无故巢居君门及殿屋上，邑且虚。"其年国灭。

周大象二年二月，有秃鹜集洛阳宫太极殿。其年帝崩，后宫常虚。

开皇初,梁主萧琮新起后,有鸺鸟集其帐隅。未几,琮入朝。被留于长安。梁国遂废。

大业末,京师宫室中,恒有鸿雁之类无数,翔集其间。俄而长安不守。

十三年十一月,乌鹊巢帝帐幄,驱不能止。帝寻逢弑。

开皇十二年六月,繁昌杨悦,见云中二物,如羝羊,黄色,大如新生犬,斗而坠。悦获其一,数旬失所在。近羊祸也。《洪范五行传》曰:"君不明,逆火政之所致也。"状如新生犬者,羔类也。云体掩蔽,邪佞之象,羊,国姓。羔,羊子也。皇太子勇,既升储贰,晋王阴毁而被废黜。二羔斗,一羔坠之应。

恭帝义宁二年,麟游太守司马武,献羊羔,生而无尾。时议者以为杨氏子孙无后之象。是岁,炀帝被杀于江都,恭帝逊位。

梁天监十五年七月,荆州市杀人而身不僵,首堕于地,动口张目,血如竹箭,直上丈余,然后如雨细下。是岁荆州大旱。近赤祥,冤气之应。

陈太建十四年三月,御座幄上见一物,如车轮,色正赤。寻而帝患,无故大叫数声而崩。

至德三年十二月,有赤物陨于太极殿前,初下时,钟皆鸣。又尝进白饮,忽变为血。又有血沾殿阶,沥沥然至御榻。寻而国灭。

后齐河清二年,太原雨血。刘向曰:"血者阴之精,伤害之象。僵尸之类也。"明年,周师与突厥入并州,大战城西,伏尸者百余里。京房《易飞候》曰:"天雨血染衣,国亡君戮。"亦后主亡国之应。

四年三月,有物陨于殿庭,色赤,形如数斗器,众星随者如小铃。四月。娄太后崩。

武平中,有血点地。自咸阳王斛律明月宅,而至于太庙。大将,社稷之臣也。后主以谗言杀之。天戒若曰,杀明月,则宗庙随而覆矣。后主不悟,国祚竟绝。

《洪范五行传》曰:"听之不聪,是谓不谋。厥咎急,厥罚寒,厥极贫。时则有鼓妖,有鱼孽,有豕祸,有黑眚黑祥,惟火沴水。"

东魏武定四年二月,大寒。人畜冻死者,相望于道。京房《易飞候》曰:"诛过深,当燠而寒。"是时后齐神武作相。先是尔朱文畅等谋害神武,事泄伏诛,诸与交通者,多有滥死。

清河元年,岁大寒。京房《易传》曰:"有德遭险。兹谓逆命。厥异寒。"谶曰:"杀无罪,其寒必异。"是时,帝淫于文宣李后,因生子,后愧恨,不举之。帝大怒,于后前杀其子太原王绍德。后大哭,帝保后而挝杀之,投于水中,良久乃苏。冤酷之应。

梁天监三年三月,六年三月,并陨霜杀草。京房《易传》曰:"兴兵妄诛,谓亡法,厥罚霜。"是时,大发卒,拒魏军于钟离,连兵数岁。

大同三年六月,朐山陨霜。

陈太建十年八月,陨霜,杀稻菽。是时,大兴师选众,遣将吴明彻,与周师相拒于吕梁。

梁天监四年十一月,天清朗,西南有电光,有雷声二。《易》曰:"鼓之以雷霆。"霆近鼓妖。《洪范五行传》曰:"雷霆托于云,犹君之托于人也。君不恤于天下,故兆人有怨叛之心也。"是岁,交州刺史李凯举兵反。

十九年九月,西北隐隐有声如雷,赤气下至地。是岁,盗杀东莞、琅邪二郡守,以朐山引魏军。

中大通六年十二月,西南有声如雷。其年北梁州刺史兰钦举兵反。

陈太建二年十二月西北有声如雷。其年湘州刺史华皎举兵反。

齐天保四年四月,西南有声如雷。是时,帝不恤天下,兴师旅。

后周建德六年正月,西方有声如雷。未几,吐谷浑寇边。

开皇十四年正月旦,廓州连云山,有声如雷。是时,五羌反叛,侵扰边镇。二十年，无云而雷。京房《易飞候》曰："国将易君，下人不静，小人先命。国凶，有兵甲。"后数岁，帝崩，汉王谅举兵反。徙其党数十万家。

大业中，滏阳石鼓频岁鸣。其后，天下大乱，兵戎并起。

梁大同十年三月，帝幸朱方，至四堑中，及玄武湖，鱼皆骧首见于上，若望乘舆者。帝入宫而没。《洪范五行传》曰："鱼阴类也，下人象。又有鳞甲，兵之应也。"下人将举兵围宫，而睥睨乘舆之象也。后果有侯景之乱。

齐神武武平七年，相州鸬鹚泊，鱼尽飞去而水涸。《洪范五行传》曰："急之所致。鱼阴类，下人象也。"晏子曰："河伯以水为国，以鱼为百姓。"水涸鱼飞，国亡人散之象。明年而国亡。

后周大象元年六月，阳武有鲤鱼乘空而斗。犹臣下兴起，小人从之而斗也。明年帝崩，国失政。尉迥起兵相州，高祖遣兵击败之。

开皇十七年，大兴城西南四里，有袁村，设佛会。有老翁，皓首，白裙襦衣，来食而去。众莫识，追而观之，行二里许，不复见。但有一陂，中有白鱼，长丈余，小鱼从者无数。人争射之，或弓折弦断。后竟中之，剖其腹，得粳饭，始知此鱼向老翁也。后数日，漕渠暴溢，射人皆溺死。

大业十二年，淮阳郡驱人入子城，凿断罗郎郭。至女垣之下，有穴，其中得鲤鱼，长七尺余。昔魏嘉平四年，鱼集武库屋上。王肃以为鱼生于水，而亢于屋，水之物失其所也。边将殆弃甲之变。后果有东阙之败。是时，长白山贼，寇掠河南，月余，贼至城下。郡兵拒之，反为所败，男女死者万余人。

梁大同初，大蝗，篱门松柏叶皆尽。《洪范五行传》曰："介虫之孽也。"与鱼同占。京房《易飞候》曰："食禄不益圣化，天视以虫。虫无益于人而食万物也。"是时公卿皆以虚澹为美，不亲职事，无益食物之应也。

后齐天保八年,河北六州、河南十二州蝗。畿人皆祭之。帝问魏尹丞崔叔瓒曰:"何故虫?"叔瓒对曰:"《五行志》云'土功不时则蝗虫为灾。'今外筑长城,内修三台,故致灾也。"帝大怒,殴其颊,擢其发,溷中物涂其头。役者不止。九年,山东又蝗,十年,幽州大蝗。《洪范五行传》曰:"刑罚暴虐,贪饕不厌,兴师动众,取城修邑,而失众心,则虫为灾。"是时帝用刑暴虐,劳役不止之应也。

后周建德二年,关中大蝗。

开皇十六年,并州蝗。时秦孝王俊,衰刻百姓,盛修邸第。后竟获谴而死。

开皇末,渭南有沙门三人,行投陁法于场圃之上。夜见大豕来诣其所,小豕从者十余,谓沙门曰:"阿练,我欲得贤圣道,然犹负他一命。"言罢而去,贤圣道者,君上之所行也。皇太子勇当嗣业,行君上之道,而被囚废之象也。一命者,言为炀帝所杀。

开皇末,渭南有人寄宿他舍,夜中闻二豕对语。其一曰:"岁将尽,阿耶明日杀我供岁。何处避之?"一答曰:"可向水北姊家。"因相随而去。天将晓,主人觅豕不得,意是宿客而诘之。宿客言状,主人如其言而得豕。其后蜀王秀得罪,帝将杀之,平乐公主每匡救,得全。后数年而帝崩,岁尽之应。

梁承圣三年六月,有黑气如龙,见于殿内。近黑祥也。黑,周所尚之色。今见于殿内,周师入梁之象。其年,为周所灭,帝亦遇害。

陈太建五年六月,西北有黑云属地,散如猪者十余。《洪范五行传》曰:"当有兵起西北。"时后周将王轨,军于吕梁。明年,擒吴明彻,军皆覆没。

后齐河清元年四月,河、济清。襄楷曰:"河,诸侯之象。应浊反清,诸侯将为天子之象。"是后十余岁,隋有天下。

大业三年,武阳郡河清,数里镜澈。十二年,龙门又河清。后二岁,大唐受禅。

陈太建十四年七月,江水赤如血,自建康,西至荆州。祯明中,江水赤,自方州,东至海。《洪范五行传》曰:"火沴水也。法严刑酷,伤水性也。五行变节,阴阳相干,气色缪乱,皆败乱之象也。"京房《易占》曰:"水化为血,兵且起。"是时后主初即位,用刑酷暴之应。其后为隋师所灭。

祯明二年四月,郢州南浦水,黑如墨。黑水在关中,而今淮南水黑,荆、杨州之地,陷于关中之应。

后周大象元年六月,咸阳池水变为血。与陈太建十四年同占。是时,刑罚严急,未几国亡。

《洪范五行传》曰:"思心不容,是谓不圣。厥咎督,厥罚常风,厥极凶短折。有脂夜之妖,有华孽,有牛祸,有心腹之痾,有黄眚黄祥,木金水火沴土。"

梁天监六年八月戊戌,大风折木。京房《易飞候》曰:"角日疾风,天下昏。不出三月中,兵必起。"是岁,魏军入钟离。

承圣三年十一月癸未,帝阅武于南城,北风大急,普天昏暗。《洪范五行传》曰:"人君瞀乱之应。"时帝既平侯景,公卿咸劝帝反丹阳,帝不从。又多猜忌,有瞀乱之行,故天变应之以风。是岁为西魏灭。

陈天嘉六年七月癸未,大风起西南,吹倒灵台候楼。《洪范五行传》,以为大臣专恣之咎。时太子冲幼,安成顼专政,帝不时抑损。明年崩,皇太子嗣位,顼遂废之。

太建十二年六月壬戌,大风吹坏皋门中闼。十二年九月,夜又风,发屋拔树。始兴王叔陵专恣之应。

至德中,大风吹倒朱雀门。

祯明三年六月丁巳,大风,自西北,激涛水入石头、淮,是时,后主任司马申,诛戮忠谏。沈客卿、施文庆,专行邪僻。江总、孔范等,崇长淫纵。杜塞聪明，瞀乱之咎。

后齐河清二年，大风，三旬乃止。时帝初委政佞臣和士开，传恣日甚。

天统三年五月，大风，昼晦，发屋拔树。天变再见，而帝不悟。明年帝崩。后主诏内外表奏，皆先诣士开，然后闻彻。赵郡王睿、冯翊王润，按士开骄恣，不宜仍居内职，反为士开所谮，睿竟坐死。士开出入宫掖，生杀在口，寻为琅邪王俨所诛。

七年三月，大风起西北，发屋拔树，五日乃止。时高阿那瑰、骆提婆等专恣之应。

开皇二十年十一月，京都大风，发屋拔树，秦、陇压死者千余人。地大震，鼓皆应。净刹寺钟三鸣，佛殿门锁自开，铜像自出户外。钟鼓自鸣者，近鼓妖也。扬雄以为人君不聪，为众所惑，空名得进，则鼓妖见。时独孤皇后干预政事，左仆射杨素权倾人主。帝听二人之谗，而黜仆射高颎，废太子勇为庶人，晋王钓虚名而见立。思心瞀乱，阴气盛之象也。锁及铜像，并金也。金动木震之，水沴金之应。《洪范五行传》曰："失众心甚之所致也。"高颎、杨勇，无罪而咸废黜，失众心也。

仁寿二年，西河有胡人，乘骡在道，忽为回风所飘，并一车上千余尺，乃坠，皆碎焉。京房《易传》曰："众逆同志，至德乃潜，厥异风。"后二载，汉王谅在并州，潜谋逆乱，车及骡骑之象也。升空而坠，颠陨之应也。天戒若曰，无妄动车骑，终当覆败，而谅不悟。及高祖崩，谅发兵反，州县响应，众至数十万。月余而败。

梁承圣二年十月丁卯，大风，昼晦，天地昏暗。近夜妖也。京房《易飞候》曰："羽日风，天下昏，人大疾。不然，多寇盗。"三年为西魏所灭。

陈祯明三年正月朔旦，云雾晦冥，入鼻辛酸。后主昏昧，近夜妖也。《洪范五行传》曰："王失中，臣下强盛，以蔽君明，则云阴。"是时北军临江，柳庄、任蛮奴并进中款，后主惑佞臣孔范之言，而昏暗不能用,以至覆败。

东魏武定四年冬,大雾六日,昼夜不解。《洪范五行传》曰:"昼而晦冥若夜者,阴侵阳,臣将侵君之象也。"明年,元瑾、刘思逸谋杀大将军之应。

周大象二年,尉迥败于相州。坑其党与数万人于游豫园。其处每闻鬼夜哭声。《洪范五行传》曰:"哭者死亡之表,近夜妖也。鬼而夜哭,将有死亡之应。"京房《易飞候》曰:"鬼夜哭,国将亡。"明年,周氏王公皆见杀,周室亦亡。

仁寿中,仁寿宫及长城之下,数闻鬼哭。寻而献后及帝,相次而崩于仁寿宫。

大业八年,杨玄感作乱于东都。尚书樊子盖,坑其党与于长夏门外,前后数万,洎于末年,数闻其处鬼哭,有呻吟之声。与前同占。其后王世充害越王侗于洛阳。

后齐武平元年,槐华而不结实。槐,三公之位也,华而不实,萎落之象。至明年,录尚书事和士开伏诛。陇东王胡长仁,太保、琅邪王俨皆遇害。左丞相段韶薨。

陈后主时,有张贵妃、孔贵嫔,并有国色,称为妖艳。后主惑之,宠冠宫掖,每充侍从,诗酒为娱。一入后庭,数旬不出,荒淫侈靡,莫知纪极。府库空竭,头会箕敛,天下怨叛,将士离心。敌人鼓行而进,莫有死战之士。女德之咎也。及败亡之际,后主与此姬俱投于井,隋师执张贵妃而戮之,以谢江东。《洪范五行传》曰:"华者,犹荣华容色之象也。以色乱国,故谓华孽。"

齐后主有宠姬冯小怜,慧而有色,能弹琵琶,尤工歌舞。后主惑之,拜为淑妃。选彩女数千,为之羽从,一女之饰,动费千金。帝从擒于三堆,而周师大至,边吏告急,相望于道。帝欲班师,小怜意不已,更请合围。帝从之。由是迟留,而晋州遂陷。后与周师相遇于晋州之下,坐小怜而失机者数矣,因而国灭。齐之士庶,至今咎之。

梁武陵王纪祭城隍神,将烹牛,忽有赤蛇绕牛口。牛祸也。象类言之,又为龙蛇之孽。鲁宣公三年,郊牛之口伤,时以为天下不享,弃宣公也。《五行传》曰:"逆君道伤,故有龙蛇之孽。"是时纪虽以赴援为名,而实妄自尊亢。思心之咎,神不享,君道伤之应。果为元帝所败。

后齐武平二年,并州献五足牛。牛祸也。《洪范五行传》曰:"牛事应,宫室之象也。"帝寻大发卒,于仙都苑穿池筑山,楼殿间起,穷华极丽。功始就而亡国。

后周建德六年,阳武有兽三,状如水牛,一黄,一赤,一黑。与黑者斗久之,黄者自傍触之,黑者死,黄赤俱入于河。近牛祸也。黑者,周之所尚色。死者,灭亡之象。后数载,周果灭而隋有天下,旗牲尚赤,戎服以黄。

大业初,恒山有牛,四脚膝上,各生一蹄。其后建东都,筑长城,开沟洫。

陈祯明三年,隋师临江,后主从容而言曰:"齐兵三来,周师再来,无复摧败。彼何为者?"都官尚书孔范曰:"长江天堑,古以为限隔南北。今日北军岂能飞渡耶?臣每患官卑,彼若度来,臣为太尉矣。"后主大悦,因奏妓纵酒,赋诗不辍。心腹之痾也。存亡之机,定之俄顷,君臣盱食不暇,后主已不知惧,孔范从而荡之,天夺其心,曷能不败!陈国遂亡,范亦远徙。

齐文宣帝,尝宴于东山,投杯赫怒,下诏西伐,极陈甲兵之盛。既而泣谓群臣曰:"黑衣非我所制。"卒不行。有识者,以帝精魄已乱,知帝祚之不永。帝后竟得心疾,耽荒酒色,性忽狂暴,数年而崩。武成帝丁太后忧,绯袍如故。未几,登三台,置酒作乐,侍者进白袍,帝大怒,投之台下。未几而崩。

梁大同元年,天雨土。二年,天雨灰,其色黄。近黄祥也。京房《易飞候》曰:"闻善不及,兹谓有知。厥异黄,厥咎龙,厥灾不嗣。蔽贤绝道之咎也。"时帝自以为聪明博达,恶有胜己。又笃信佛法,舍身为奴,绝道蔽贤之罚也。

大宝元年正月,天雨黄沙。二年,简文帝梦丸土而吞之。寻为侯景所废,以土囊压之而毙,诸子遇害,不嗣之应也。

陈后主时,梦黄衣人围城,后主恶之,绕城橘树,尽伐去之。隋高祖受禅之后,上下通服黄衣。未几,隋师攻围之应也。

后周大象二年正月,天雨黄土,移时乃息。与大同元年同占。时帝昏狂滋甚,期年而崩,至于静帝,用逊厥位。绝道不嗣之应也。

开皇二年,京师雨土。是时,帝惩周室诸侯微弱,以亡天下,故分封诸子,并为行台,专制方面。失土之故,有土气之祥,其后诸王各谋为逆乱。京房《易飞候》曰:"天雨土,百姓劳苦而无功。"其时营都邑。后起仁寿宫,颓山堙谷,丁匠死者太半。

梁太清元年,丹阳有莫氏妻,生男,眼在顶上,大如两岁儿。坠地而言曰:"儿是旱疫鬼,不得住。"母曰:"汝当令我得过。"疫鬼曰:"有上官,何得自由。母可急作绛帽,故当无忧。"母不暇作帽,以绛系发。自是旱疫者二年,扬、徐、兖、豫尤甚。莫氏乡邻,多以绛免,他土效之无验。

大宝二年,京口人于藏儿,年五岁,登城西南角大楼,打鼓作《长江檑》。鼓,兵象也。是时,侯景乱江南。

陈永定三年,有人长三丈,见罗浮山,通身洁白,衣服楚丽。京房占曰:"长人见亡。"后二岁,帝崩。

后主为太子时,有妇人突入东宫而大言曰:"毕国主"后主立而祚终之应也。

至德三年八月,建康人家婢死,埋之九日而更生,有牧牛人闻而出之。

祯明二年,有船下,忽闻人言曰:"明年乱。"视之,得死婴儿,长二尺而无头。明年陈灭。

齐天保中,临漳有妇人产子,二头共体。是后政由奸佞,上下无别,两头之应也。

后主时,有桑门,貌若狂人,见乌则向之作礼,见沙门则殴辱之。乌,周色也。未几,齐为周所吞,灭除佛法。

后周保定三年,有人产子男,阴在背上如尾,两足指如兽爪。阴不当生于背而生于背者,阴阳反覆,君臣颠倒之象。人足不当有爪而有爪者,将致攫人之变也。是时,晋荡公宇文护,专擅朝政,征伐自己,阴怀篡逆。天戒若曰:“君臣之分已倒矣,将行攫噬之祸。帝见变而悟,遂诛晋公,亲万机,躬节俭,克平齐国,号为高祖。转祸为福之效也。

武帝时,有强练者,佯狂,持一瓠,至晋荡公护门,而击破之,曰:“身尚可,子苦矣。”时护专政,因朝太后,帝击杀之。发兵捕其诸子,皆备楚毒而死。强练又行乞于市,人或遗之粟麦,辄以无底帒受之。因大笑曰:“盛空。”未几,周灭,高祖移都,长安城为墟矣。

开皇六年,霍州有老翁,化为猛兽。

七年,相州有桑门,变为蛇,尾绕树而自抽,长二丈许。

仁寿四年,有人长数丈,见于应门,其迹长四尺五寸。其年帝崩。

大业元年,雁门人房回安,母年百岁,额上生角,长二寸。《洪范五行传》曰:“妇人,阴象也。角,兵象也。下反上之应。”是后,天下果大乱,阴戎围帝于雁门。

四年,雁门宋谷村,有妇人生一肉卵,大如斗,埋之。后数日,所埋处云雾尽合,从地雷震击上,视之洞穴,失卵所在。

六年,赵郡李来王家婢,产一物,大如卵。

六年正月朔旦,有盗衣白练裙襦,手持香花,自称弥勒佛出世。入建国门,夺卫士仗,将为乱。齐王暕遇而斩之。后三年,杨玄感作乱,旨兵围洛阳,战败伏诛。

八年,有澄公者,若狂人,于东都大叫唱贼。帝闻而恶之。明年,玄感举兵,围洛阳。

十二年,澄公又叫贼。李密逼东都,孟让烧丰都市而去。

　　九年，帝在高阳。唐县人宋子贤，善为幻术。每夜楼上有光明，能变作佛形，自称弥勒出世。又悬大镜于堂上，纸素上画为蛇为兽及人形。有人来礼谒者，转侧其镜，遣观来生形像。或映见纸上蛇形，子贤辄告云："此罪业也，当更礼念。"又令礼谒，乃转人形示之。远近感信，日数百千人。遂潜谋作乱，将为无遮佛会，因举兵，欲袭击乘舆。事泄，鹰扬郎将以兵捕之。夜至其所，绕其所居，但见火坑，兵不敢进。郎将曰："此地素无坑，止妖妄耳。"及进，无复火矣。遂擒斩之，并坐其党与千余家，其后复有桑门向海明，于扶风自称弥勒佛出世，潜谋逆乱。人有归心者，辄获吉梦。由是人皆惑之，三辅之士，翕然称为大圣。因举兵反，众至数万。官军击破之，京房《易飞候》曰："妖言动众者，兹谓不信。路无人行。不出三年，起兵。"自是天下大乱，路无人行。

　　梁天监五年十一月，京师地震，木金水火沴土也。《洪范五行传》曰："臣下盛，将动而为害。"京房《易飞候》曰："地动以冬十一月者，其邑饥亡。"时交州刺史李凯举兵反。明年，霜，岁俭人饥。

　　普通三年正月，建宁地震。是时，义州刺史文僧朗以州叛。

　　六年十二月，地震。京房《易飞候》曰："地冬动有音，以十二月者，其邑有行兵。"是时，帝令豫章王琮，将兵北伐。

　　中大通五年正月，建康地震。京房《易飞候》曰："地以春动，岁不昌。"是岁，大水，百姓饥馑。

　　大同三年十一月，建康地震。京房《易飞候》曰："地震以十一月，邑有大丧及饥亡。"明年，霜为灾。百姓饥。

　　三年十月，建康地震。是岁，会稽山贼起。

　　七年二月，建康地震。是岁，交州人李贲举兵，逐刺史萧谘。

　　九年闰正月，地震。李贲自称皇帝，署置百官。太清三年四月，建康地再震。时侯景自为大丞相、录尚书事，帝所须不给。是月，以忧愤崩。

　　陈永定二年五月，建康地震。时王琳立萧庄于郢州。

太建四年十一月,地震。陈宝应反闽中。

祯明元年正月,地震。施文庆、沈客卿专恣之应也。

东魏武定二年十一月,西河地陷而且燃。京房《易妖占》曰:"地自陷,其君亡。"祖暅曰:"火,阳精也。地者,阴主也。地然,越阴之道,行阳之政。臣下擅恣,终以自害。"时后齐神武作宰,而侯景专擅河南。后二岁,神武果崩,景遂作乱,而自取败亡之应。

后齐河清二年,并州地震。和士开专恣之应。

后周建德二年,凉州地频震。城郭多坏,地裂出泉。京房《易妖占》曰:"地分裂,羌夷叛。"时吐谷浑频寇河西。

开皇十四年五月,京师地震。京房《易飞候》曰:"地动以夏五月,人流亡。"是岁关中饥,帝令百姓就粮于关东。

仁寿二年四月,岐、雍地震。京房《易飞候》曰:"地动以夏四月,五谷不熟,人大饥。"

三年,梁州就谷山崩。《洪范五行传》曰:"崩散落,背叛不事上之类也。"梁州为汉地。明年,汉王谅举兵反。

大业七年,砥柱山崩,壅河,逆流数十里。刘向《洪范五行传》曰:"山者,君之象。水者,阴之表。人之类也。天戒若曰,君人拥威重,将崩坏,百姓不得其所。"时帝兴辽东之师,百姓不堪其役,四海怨叛。帝不能悟。卒以灭亡。

《洪范五行传》曰:"皇之不极,是谓不建。厥咎眊,厥罚常阴,厥极弱。时则有射妖,则有龙蛇之孽,则有马祸。"

开皇二十年十月,久阴不雨。刘向曰:"王者失中,臣下强盛而蔽君明,则云阴。"是时,独孤后遂与杨素,阴谮太子勇,废为庶人。

东魏武定四年,后齐神武作宰,亲率诸军,攻西魏于玉壁。其年十一月,帝不豫,班师。将士震惧,皆曰:"韦孝宽以定功弩射杀丞相。"西魏下令国中曰:"劲弩一发,凶身自殒。"神武闻而恶之,其疾暴增,近射妖也。《洪范五行传》曰:"射者,兵戎祸乱之象,气逆天则祸乱将起。"神武行,殿中将军曹魏谏曰:"王以死气逆生气,为客不利,主人则可。"帝不从,顿军五旬,频战沮衄。又听孤虚之言,于城北断汾水,起土山。其处天险千余尺,功竟不就,死者七万。气逆天之咎也。其年帝崩。明年,王思政扰河南。

武平,后主自并州还邺,至八公岭,夜与左右歌而行。有一人忽发狂,意后主以为狐媚,伏草中弯弓而射之。伤数人,几中后主。后主执而斩之。其人不自觉也。狐而能媚,兽之妖妄也。时帝不恤国政,专与内人阉竖酣歌为乐。或衣褴褛衣,行乞为娱。此妖妄之象。人又射之,兵戎祸乱之应也。未几而国灭。

梁天监二年,北梁州潭中有龙斗,喷雾数里。龙蛇之孽。《洪范五行传》曰:"龙,兽之难害者也。天之类,君之象。天气害,君道伤,则龙亦害。斗者兵革之象也。"京房《易飞候》曰:"众心不安,厥妖龙斗。"是时帝初即位,而有陈伯之、刘季连之乱,国内危惧。

普通五年六月,龙斗于曲阿王陂,因西行,至建陵城,所经之处,树木皆折开数十丈。与天监二年同占。经建陵而树木折者,国有兵革之祸,园陵残毁之象。时帝专以讲论为务,不崇耕战,将轻而卒惰。君道既伤,故有龙孽之应。帝殊不悟。至太清元年,黎州水中又有龙斗。波浪涌起,云雾四合,而见白龙南走,黑龙随之。其年,侯景以兵来降,帝纳之而无备,国人皆惧。俄而难作,帝以忧崩。

大同十年夏,有龙。夜因雷而堕延陵人家井中。明旦视之,大如驴。将以戟刺之,俄见庭中及室中各有大蛇,如数百斛船,家人奔走。《洪范五行传》曰:"龙,阳类,贵象也。上则在天,下则在地,不当见庶人邑里室家。井中,幽深之象也。诸侯且有幽执之祸,皇不建之咎也。"后侯景反,果幽杀简文于酒库,宗室王侯皆幽死。

陈太建十一年正月,龙见南兖州池中。与梁大同十年同占。未几,后主嗣位,骄淫荒怠,动不得中。其后竟以国亡,身被幽执。

东魏武安元年,有大蛇见武牢城。是时,北豫州刺史高仲密妻李氏，慧而艳。世子澄悦之，仲密内不自安，遂以武牢叛，阴引西魏，大战于河阳。神武为西兵所窘，仅而获免，死者数千。

后齐天保九年，有龙长七八丈，见齐州大堂。占同大同十年。时常山、长广二王权重，帝不思抑损。明年帝崩，太子殷嗣立。常山王演，是废帝为济南王，幽而害之。

河清元年，龙见济州浴堂中，占同天保九年。先是平秦王归彦，受昭帝遗诏，立太子百年为嗣。而归彦遂立长广王湛，是为武成帝。而废百年为乐陵王，竟以幽死。

天统四年，贵乡人伐枯木，得一黄龙，折脚，死于孔中。齐称木德。龙，君象。木枯龙死，不祥之甚。其年武成崩。

武平三年，龙见邯郸井中，其气五色属天。又见汲郡佛寺涸井中，占同河清元年。后主竟降周，后被诛。

武平七年，并州招远楼下，有赤蛇与黑蛇斗，数日，赤蛇死。赤，齐尚色。黑，周尚色。斗而死，灭亡之象也。后主任用邪佞，与周师连兵于晋州之下，委军于孽臣高阿那肱，竟启敌人，皇不建之咎也。后主遂为周师所虏。

琅邪王俨坏北宫中白马浮图，石赵时澄公所建。见白蛇长数丈，迴旋失所在。时俨专诛失中之咎也。见变不知戒，以及于难。后周建德五年，黑龙坠于亳州而死。龙，君之象。黑，周所尚色。坠而死，不祥之甚。时皇太子不才，帝每以为虑，直臣王轨、宇文孝伯等，骤请废立，帝不能用，后二岁，帝崩，太子立，虐杀齐王及孝伯等，因而国亡。

仁寿四年，龙见代州总管府井中。其龙或变为铁马甲士弯弓上射之象。变为铁马。近马祸也。弯弓上射，又近射妖。诸侯将有兵革之变，以致幽囚也。是时汉王谅潜谋逆乱，故变兵戒之。谅不悟，遂兴兵反，事败，废为庶人，幽囚数年而死。

侯景僭尊号于江南，每将战，其所乘白马，长鸣蹀足者辄胜，垂头者辄不利。西州之役，马卧不起，景拜请，且筮之，竟不动。近马祸也。《洪范五行传》曰："马者兵象。将有寇戎之事,故马为怪。"景因此大败。

陈太建五年,衡州马生角。《洪范五行传》曰："马生角,兵之象,败亡之表也。"是时宣帝遣吴明彻出师吕梁,与周师拒。连兵数岁,众军覆没,明彻竟为周师所虏。

天保中,广宗有马,两耳间生角,如羊尾。京房《易传》曰："天子亲伐,则马生角。"四年,契丹犯塞,文宣帝亲御六军以击之。

大业四年,太原厩马死者大半,帝怒,遣使案问。主者曰："每夜厩中马无故自惊,因而致死。"帝令巫者视之。巫者知帝将有辽东之役,因希旨言曰："先帝令杨素、史万岁取之,将鬼兵以伐辽东也。"帝大悦,因释主者,《洪范五行传》曰："逆天气,故马多死。"是时,帝每岁巡幸,北事长城,西通且末,国内虚耗,天戒若曰,除厩马,无事巡幸。帝不悟,遂至乱。

十一年,河南、扶风三郡,并有马生角,长数寸。与天保初同占。是时,帝频岁亲征高丽。

义宁元年,帝在江都宫,龙厩马无故而死,旬日,死至数百匹。与大业四年同占。

隋书卷二四
志第一九

食　货

　　王者量地以制邑,度地以居人,总土地所生,料山泽之利,式遵行令,敬授人时,农商趣向,各本事业。《书》称懋迁有无,言谷货流通,咸得其所者也。《周官》太府,掌九贡九赋之法,王之经用,各有等差。所谓取之有道,用之有节,故能养百官之政,勖战士之功,救天灾,服方外,活国安人之大经也。爰自轩、顼,至于尧、舜,皆因其所利而劝之,因其所欲而化之。不夺其时,不穷其力,轻其征,薄其赋,此五帝三皇不易之教也。古语曰:"善为人者,爱其力而成其财。"若使之不以道,敛之如不及,财尽则怨,力尽则叛。昔禹制九等而康歌兴,周人十一而颂声作。于是东周迁洛,诸侯不轨,鲁宣初税亩,郑产为丘赋,先王之制,靡有孑遗。秦氏起自西戎,力正天下,驱之以刑罚,弃之以仁恩,以太半之收,长城绝于地脉,以头会之敛,屯戍穷于岭外。汉高祖承秦凋敝,十五税一,中元继武,府廪弥殷。世宗得之,用成雄侈,开边击胡,萧然咸罄。宫宇扪于天汉,巡游跨于海表,旱岁除道,凶年尝秣,户口以之减半,盗贼以之公行。于是谲诡赋税,异端俱起,赋及童龀,算至船车。光武中兴,聿遵前事,成赋单薄,足称经远。灵帝开鸿都之榜,通卖官之路,公卿州郡,各有等差。汉之常科,土贡方物,帝又遣先输中署,名为导行,天下赂成,人受其敝。自魏、晋二十一帝,宋、齐十有五主,虽用度有众寡,租赋有重轻,大抵不能倾人产业,道阙政乱。

　　隋文帝既平江表，天下大同，躬先俭约，以事府帑。开皇十七年，户口滋盛，中外仓库，无不盈积。所有赉给，不逾经费，京司帑屋既充，积于廊庑之下，高祖遂停此年正赋，以赐黎元。炀皇嗣守鸿基，国家殷富，雅爱宏玩，肆情方骋，初造东都，穷诸巨丽。帝昔居藩翰，亲平江左，兼以梁、陈曲拆，以就规摹。曾雉逾芒，浮桥跨洛，金门象阙，咸竦飞观，颓岩塞川，构成云绮，移岭树以为林薮。包芒山以为苑囿。长城御河，不计于人力，运驴武马，指期于百姓，天下死于役而家伤于财。既而一讨浑庭，三驾辽泽，天子亲伐，师兵大举，飞粮挽秣，水陆交至，疆场之所倾败，劳敝之所殂殒，虽复太半不归，而每年兴发。比屋良家之子，多赴于边陲。分离哭泣之声，连响于州县。老弱耕稼，不足以救饥馁，妇工纺绩，不足以赡资装。九区之内，鸢和岁动，从行宫掖，常十万人，所有供须，皆仰州县。租赋之外，一切征敛，趣以周备，不顾元元，吏因割剥，盗其太半。遐方珍膳，必登庖厨，翔禽毛羽，用为玩饰，买以供官，千倍其价。人愁不堪，离弃室宇，长吏叩扉而达曙，猛犬迎吠而终夕。自燕、赵跨于齐、韩、江、淮入于襄、邓，东周洛邑之地，西秦陇山之右，僭伪交侵，盗贼充斥。宫观鞠为茂草，乡亭绝其烟火，人相啖食，十而四五。关中疠疫，炎旱伤稼，代王开永丰之粟，以振饥人，去仓数百里，老幼云集。吏在贪残，官无攸次，咸资镪货，动移旬月，顿卧墟野，欲返不能，死人如积，不可胜计。虽复皇王抚运，天禄有终，而隋氏之亡，亦由于此。

　　马迁为《平准书》，班固述《食货志》，上下数千载，损益粗举。自此史官曾无概见。夫厥初生人，食货为本。圣王割庐井以业之，通货财以富之。富而教之，仁义以之兴，贫而为盗，刑罚不能止。故为《食货志》，用编前书之末云。

　　晋自中原丧乱，元帝寓居江左，百姓之自拔南奔者，并谓之侨人。皆取旧壤之名，侨立郡县，往往散居，无有土著。而江南之俗，火耕水耨，土地卑湿，无有蓄积之资。诸蛮陬俚洞，沾沐王化者，各随轻重，收其贱物，以裨国用。又岭外酋帅，因生口翡翠明珠犀象之饶，雄于乡曲者，朝廷多因而署之，以收其利。历宋、齐、梁、陈，皆因而不改，其军国所须杂物，随土所出，临时折课市取，乃无恒法定令。列州郡县，制其任土所出，以为征赋。

其无贯之人，不乐州县编户者，谓之浮浪人，乐输亦无定数，任量，准所输，终优于正课焉。都下人多为诸王公贵人左右、佃客、典计、衣食客之类，皆无课役。官品第一第二，佃客无过四十户。第三品三十五户。第四品三十户。第五品二十五户。第六品二十户。第七品十五户。第八品十户。第九品五户。其佃谷，皆与大家量分。其典计，官品第一第二，置三人。第三第四，置二人。第五第六及公府参军、殿中监、监军、长史、司马、部曲督、关外侯、材官、议郎已上，一人。皆通在佃客数中。官品第六已上，并得衣食客三人。第七第八二人。第九品及舆辇、迹禽、前驱、由基强弩司马、羽林郎、殿中冗从武贲、殿中武贲，持椎斧武骑武贲，持钑冗从武贲、命中武贲武骑，一人。客皆注家籍。其课，丁男调布绢各二丈，丝三两，绵八两，禄绢八尺，禄绵三两二分，租米五石，禄米二石。丁女并半之。男女年十六已上至六十，为丁。男年十六，亦半课，年十八正课，六十六免课。女以嫁者为丁，若在室者，年二十乃为丁。其男丁，每岁役不过二十日。又率十八人出一运丁役之。其田，亩税米二斗。盖大率如此。其度量，斗则三斗当今一斗，称则三两当今一两，尺则一尺二寸当今一尺。其仓，京都有龙首仓，即石头津仓也。台城内仓，南塘仓，常平仓，东、西太仓，东宫仓，所贮总不过五十余万。在外有豫章仓、钓矶仓、钱塘仓，并是大贮备之处。自余诸州郡台传，亦各有仓。大抵自侯景之乱，国用常褊。京官文武，月别唯得禀食，多遥带一郡县官而取其禄秩焉。扬、徐等大州，比令、仆班。宁、桂等小州，比参军班。丹阳、吴郡、会稽等郡，同太子詹事、尚书班。高凉、晋康等小郡，三班而已。大县六班，小县两转方至一班。品第既殊，不可妄载。州郡县禄米绢布丝绵，当处输台传仓库。若给刺史守令等，先准其所部文武人物多少，由敕而裁。凡如此禄秩，既通所部兵士给之，其家所得盖少。诸王诸主，出阁就第婚冠所须，及衣裳服饰，并酒米鱼鲑香油纸烛等，并官给之。王及主婿外禄者，不给。解任还京，仍亦公给云。

　　魏自永安之后，政道陵夷，寇乱实繁，农商失业。官有征伐，皆权调于人，犹不足以相资奉，乃令所在迭相纠发，百姓愁怨，无复聊生。寻而六镇扰乱，相率内徙，寓食于齐、晋之郊。齐神武因之，以成大业。魏武西迁，连年战争，河、洛之间，又并空竭。天平元年，迁都于邺，出粟一百三十万石，以振贫人。是时六坊之众，从武帝而西者，不能万人，余皆北徙，并给常廪，春秋二时赐帛，以供衣服之费。常调之外，逐丰稔之处，折绢籴粟，以充国储。于诸州缘河津济，皆官仓贮积，以拟漕运。于沧、瀛、幽、青四州之境，傍海置盐官，以煮盐，每岁收钱，军国之资，得以周赡。自是之后，仓廪充实，虽有水旱凶饥之处，皆仰开仓以振之。元象、兴和之中，频岁大穰。谷斛至九钱。是时法纲宽弛，百姓多离旧居，阙于徭赋。神武乃命孙腾、高隆之，分括无籍之户，得六十余万。于是侨居者各勒还本属，是后租调之入有加焉。及文襄嗣业，侯景背叛，河南之地，困于兵革。寻而侯景乱梁，乃命行台辛术，略有淮南之地。其新附州郡，羁縻轻税而已。

　　及文宣受禅，多所创革。六坊之内徙者，更加简练，每一人必当百人，任其临阵必死，然后取之，谓之百保鲜卑。又简华人之勇力绝伦者，谓之勇夫，以备边要。始立九等之户，富者税其钱，贫者役其力。北兴长城之役，南有金陵之战。其后南征诸将，频岁陷没，士马死者，以数十万计。重以修创台殿，所役甚广。而帝刑罚酷滥，吏道因而成奸，豪党兼并，户口益多隐漏。旧制，未娶者输半床租调，阳翟一郡，户至数万，籍多无妻。有司劾之，帝以为生事。由是奸欺尤甚。户口租调，十亡六七。

　　是时用度转广，赐与无节，府藏之积，不足以供。乃减百官之禄，撤军人常廪，并省州郡县镇戍之职。又制刺史守宰行兼者，并不给干，以节国之费用焉。天保八年，议徙冀、定、瀛无田之人，谓之乐迁，于幽州范阳宽乡以处之。百姓惊扰。属以频岁不熟，米籴踊贵矣。废帝乾明中，尚书左丞苏珍芝、议修石鳖等屯，岁收数万石。自是淮南军防，粮廪充足。孝昭皇建中，平州刺史嵇晔建议，开幽州督亢旧陂。长城左右营屯，岁收稻粟数十万石，北境得以周赡。又于河内置怀义等屯，以给河南之费。自是稍止转输之劳。

至河清三年定令，乃命人居十家为比邻，五十家为闾里，百家为族党。男子十八以上，六十五已下为丁；十六已上，十七已下为中；六十六已上为老；十五已下为小。率以十八受田，输租调，二十充兵，六十免力役，六十六退田，免租调。

京城四面，诸坊之外三十里内为公田。受公田者，三县代迁户执事官一品已下，逮于羽林武贲，各有差。其外畿郡，华人官第一品已下，羽林武贲已上，各有差。

职事及百姓请垦田者，名为永田。奴婢受田者，亲王止三百人；嗣王止二百人；第二品嗣王已下及庶姓王，止一百五十人；正三品已上及皇宗，止一百人；七品已上，限止八十人；八品已下至庶人，限止六十人。奴婢限外不给田者，皆不输。其方百里外及州人，一夫受露田八十亩，妇四十亩。奴婢依良人，限数与在京百官同。丁牛一头，受田六十亩，限止四年。又每丁给永业二十亩，为桑田。其中种桑五十根，榆三根，枣五根。不在还受之限。非此田者，悉入还受之分。土不宜桑者，给麻田，如桑田法。

率人一床，调绢一匹，绵八两，凡十斤绵中，折一斤作丝，垦租二石，义租五斗。奴婢各准良人之半。牛调二尺，垦租一斗，义租五升。垦租送台，义租纳郡，以备水旱。垦租皆依贫富为三枭。其赋税常调，则少者直出上户，中者及中户，多者及下户。上枭输远处，中枭输次远，下枭输当州仓。三年一校焉。租入台者，五百里内输粟。五百里外输米。入州镇者，输粟。人欲输钱者，准上绢收钱。诸州郡皆别置富人仓。初立之日，准所领中下户口数，得支一年之粮，逐当州谷价贱时，籴量割当年义租充入。谷贵，下价粜之；贱则还用所枭之物，依价籴贮。

每岁春月，各依乡土早晚，课入农桑。自春及秋，男二十五已上，皆有田亩。桑蚕之月，妇女十五已上，皆营蚕桑。孟冬，刺史听审邦教之优劣，定殿最之科品。人有人力无牛，或有牛无力者，须令相便，皆得纳种。使地无遗利，人无游手焉。

缘边城守之地，堪垦食者，皆营屯田，置都使子使以统之。一子使当田五十顷，岁终考其所入，以论褒贬。是时，频岁大水，州郡多遇沉溺，谷价腾踊。朝廷遣使开仓，泛贵价以籴之，而百姓无益，饥馑尤甚。重以疾疫相乘，死者十四五焉。

至大统中，又毁东宫，造修文、偃武、隆基嫔嫱诸院，起玳瑁楼。又于游豫园穿池，周以列馆，中起三山，构台，以象沧海，并大修佛寺，劳役钜万计。财用不给，乃减朝士之禄，断诸曹粮膳，及九州军人常赐以供之。武平之后，权幸并进，赐与无限，加之旱蝗，国用转屈。乃料境内六等富人，调令出钱。而给事黄门侍郎颜之推奏请立关市邸店之税，开府邓长颙赞成之，后主大悦。于是以其所入，以供御府声色之费，军国之用不豫焉。未几而亡。

后周太祖作相，创制六官。载师掌任土之法，辨夫家田里之数，会六畜车乘之稽，审赋役敛弛之节，制畿疆修广之域，颁施惠之要，审牧产之政。司均掌田里之政令。凡人口十已上，宅田亩；口九已上，宅四亩；口五已下，宅三亩。有室者，田百四十亩，丁者田百亩。司赋掌功赋之政令。凡人自十八已至六十有四，与轻癃者，皆赋之。其赋之法，有室者，岁不过绢一疋，绵八两，粟五斛；丁者半之。其非桑土，有室者，布一疋，麻十斤；丁者又半之。丰年则全赋，中年半之，下年三之，皆以时征焉。若艰凶札，则不征其赋。司役掌力役之政令。凡人自十八以至五十有九，皆任于役。丰年不过三旬，中年则二旬，下年则一旬，凡起徒役，无过家一人。其人有年八十者，一子不从役，百年者，家不从役。废疾非人不养者，一人不从役。若凶札，又无力征。掌盐掌四盐之政令。一曰散盐，煮海以成之；二曰盬

盐，引池以化之；三曰形盐，物地以出之；四曰饴盐，于戎以取之。凡
盬盐形盐，每地为之禁，百姓取之，皆税焉。司仓掌辨九谷之物，以
量国用。国用足，即蓄其余，以待凶荒；不足则止。余用足，则以粟
贷人。春颁之，秋敛之。

　　闵帝元年，初除市门税。及宣帝即位，复兴入市之税。武帝保
定元年，改八丁兵为十二丁兵，率岁一月役。建德二年，改军士为侍
官，募百姓充之，除其县藉。是后夏人半为兵矣。宣帝时，发山东诸
州，增一月功为四十五日役，以起洛阳宫，并移相州六府于洛阳，称
东京六府。

　　武帝保定二年正月，初于蒲州开河渠，同州开龙首渠，以广溉
灌。

　　高祖登庸，罢东京之役，除入市之税。是时尉迥、王谦、司马消
难，相次叛逆，兴师诛讨，赏费钜万。及受禅，又迁都，发山东丁，毁
造宫室。仍依周制，役丁为十二番，匠则六番。及颁新令，制人五家
为保，保有长。保五为闾，闾四为族，皆有正。畿外置里正，比闾正，
党长比族正，以相检察焉。男女三岁已下为黄，十岁已下为小，十七
已下为中，十八已上为丁。丁从课役，六十为老，乃免。自诸王已下，
至于都督，皆给永业田，各有差。多者至一百顷，少者至四十亩。其
丁男、中男永业露田，皆遵后齐之制。并课树以桑榆及枣。其园宅，
率三口给一亩，奴婢则五口给一亩。丁男一床，租粟三石。桑土调
以绢絁，麻土以布绢。绢以疋，加绵三两。布以端，加麻三斤。单丁
及仆隶各半之。未受地者皆不课。有品爵及孝子顺孙义夫节妇，并
免课役。京官又给职分田。一品者给田五顷。每品以五十亩为差，
至五品，则为田三顷，六品二顷五十亩。其下每品以五十亩为差，至
九品为一顷。外官亦各有职分田。又给公廨田，以供公用。

　　开皇三年正月，帝入新宫。初令军人以二十一成丁。减十二番
每岁为二十日役，减调绢一疋为二丈。先是尚依周末之弊，官置酒
坊收利，盐池盐井，皆禁百姓采用。至是罢酒坊，通盐池盐井与百姓
共之。远近大悦。

是时突厥犯塞，吐谷浑寇边，军旅数起，转输劳敝。帝乃令朔州总管赵仲卿，于长城以北，大兴屯田，以实塞下，又于河西，勒百姓立堡，营田积谷。京师常平监。

是时，山东尚承齐俗，机巧奸伪，避役惰游者十六七。四方疲人，或诈老诈小，规免租赋。高祖令州县大索貌阅。户口不实者，正长远配，而又开相纠之科。大功已下，兼令析籍，各为户头，以防容隐。于是计帐进四十四万三千丁，新附一百六十四万一千五百口。

高颎又以人间课输，虽有定分，年常征纳，除注恒多，长吏肆情，文帐出没，复无定簿，难以推校，乃为输籍定样，请遍下诸州。每年正月五日，县令巡人，各随便近，五党三党，共为一团，依样定户上下。帝从之。自是奸无所容矣。

时百姓承平日久，虽数遭水旱，而户口岁增，诸州调物，每岁河南自潼关，河北自蒲坂，达于京师，相属于路，昼夜不绝者数月。帝既躬履俭约，六宫咸服澣濯之衣。乘舆供御有故敝者，随令补用，皆不改作。非享燕之事，所食不过一肉而已。有司尝进干姜，以布袋贮之，帝用为伤费，大加谴责，后进香，复以毡袋，因笞所司，以为后诫焉。由是内外率职，府帑充实。百官禄赐及赏功臣，皆出于丰厚焉。九年陈平，帝亲御朱雀门劳凯旋师，因行庆赏。自门外，夹道列牛帛之积，达于南郭，以次颁给，所费三百余万段。帝以江表初定，给复十年。自余诸州，并免当年租赋。十年五月，又以宇内无事，益宽徭赋。百姓年五十者，输庸停防。十一年，江南又反，越国公杨素讨平之，师还，赐物甚广。其余出师命赏，亦莫不优隆。十二年，有司上言，库藏皆满。帝曰："朕既薄赋于人，又大经赐用，何得尔也？"对曰："用处常出，纳处常入。略计每年赐用，至数百万段，曾无减损。"于是乃更辟左藏之院，构屋以受之。下诏曰："既富而教，方知廉耻，宁积于人，无藏府库。河北、河东今年田租，三分减一，兵减半。功调全免。"

时天下户口岁增，京辅及三河，地少而人众，衣食不给。议者咸欲徙就宽乡。其年冬，帝命诸州考使议之。又令尚书，以其事策问四方贡士,竟无长算。帝乃发使四出,均天下之田。其狭乡,每丁才至二十亩,老小又少焉。

十三年,帝命杨素出,于歧州北造仁寿宫。素遂夷山堙谷,营构观宇,崇台累榭,宛转相属。役使严急,丁夫多死,疲敝颠仆者,推填坑坎,覆以土石,因而筑为平地。死者以万数。宫成,帝行幸焉。时方暑月,而死人相次于道,素乃一切焚除之。帝颇知其事,甚不悦。及入新宫游观,乃喜,又谓素为忠,后帝以岁暮晚日,登仁寿殿,周望原隰,见宫外磷火弥漫,又闻哭声。令左右观之,报曰:"鬼火。"帝曰:"此等工役而死,既属年暮,魂魄思归耶?"乃令洒酒宣敕,以咒遣之。自是乃息。

开皇三年,朝廷以京师仓廪尚虚,议为水旱之备,于是诏于蒲、陕、虢、熊、伊、洛、郑、怀、邵、卫、汴、许、汝等水次十三州,置募运米丁。又于卫州置黎阳仓,洛州置河阳仓,陕州置常平仓,华州置广通仓,转相灌注。漕关东及汾、晋之粟,以给京师。又遣仓部侍郎韦瓒,向蒲、陕以东,募人能于洛阳运米四十石,经砥柱之险,达于常平者,免其征戍。其后以渭水多沙,流有深浅,漕者苦之。四年,诏曰:

> 京邑所居,五方辐凑,重关四塞,水陆艰难。大河之流,波澜东注,百川海渎,万里交通。虽三门之下,或有危虑,但发自小平,陆运至陕,还从河水,入于渭川,兼及上流,控引汾、晋,舟车来去,为益殊广,而渭川水力,大小无常,流浅沙深,即成阻阂。计其途路,数百而已,动移气序,不能往复,泛舟之役,人亦劳止。朕君临区宇,兴利除害,公私之弊,情实愍之。故东发潼关,西引渭水,因藉人力,开通漕渠,量事计功,易可成就。已令工匠,巡历渠道,观地理之宜,审终久之义,一得开凿,万代无毁。可使官及私家,方舟巨舫,晨昏漕运,沿泝不停,旬日之功,堪省亿万。诚知时当炎暑,动致疲勤,然不有暂劳,安能永逸。宣告人庶,知朕意焉。

于是命宇文恺率水工凿渠,引渭水,自大兴城东至潼关,三百余里,名曰广通渠。转运通利,关内赖之。诸州水旱凶饥之处,亦便开仓赈给。

五年五月，工部尚书、襄阳县公长孙平奏曰："古者三年耕而余一年之积，九年作而有三年之储，虽水旱为灾，而人无菜色，皆由劝导有方，蓄积先备故也。去年亢阳，关内不熟，陛下哀愍黎元，甚于赤子。运山东之粟，置常平之官，开发仓廪，普加赈赐。少食之人，莫不丰足。鸿恩大德，前古未比。其强宗富室，家道有余者，皆竞出私财，递相赒赡。此乃风行草偃，从化而然。但经国之理，须存定式。"于是奏令诸州百姓及军人，劝课当社，共立义仓。收获之日，随其所得，劝课出粟及麦，于当社造仓窖贮之。即委社司，执帐检校，每年收积，勿使损败。若时或不熟，当社有饥馑者，即以此谷赈给。自是诸州储峙委积。其后关中连年大旱，而青、兖、汴、许、曹、亳、陈、仁、谯、豫、郑、洛、伊、颍、邳等州大水，百姓饥馑。高祖乃命苏威等，分道开仓赈给。又命农丞王亶，发广通之粟三百余万石，以拯关中。又发故城中周代旧粟，贱粜与人。卖牛驴六千余头，分给尤贫者，令往关东就食。其遭水旱之州，皆免其年租赋。

十四年，关中大旱，人饥，上幸洛阳，因令百姓就食。从官并准见口赈给，不以官位为限。明年，东巡狩，因祠泰山。是时，义仓贮在人间，多有费损。十五年二月，诏曰："本置义仓，止防水旱，百姓之徒，不思久计，轻尔费损，于后乏绝。又北境诸州，异于余处，云、夏、长、灵、盐、兰、丰、鄯、凉、甘、瓜等州，所有义仓杂种，并纳本州。若人有旱俭少粮，先给杂种及远年粟。"十六年正月，又诏秦、叠、成、康、武、文、芳、宕、旭、洮、岷、渭、纪、河、廓、豳、陇、泾、宁、原、敷、丹、延、绥、银、扶等州社仓，并于当县安置。二月，又诏社仓，准上中下三等税，上户不过一石，中户不过七斗，下户不过四斗。其后山东频年霖雨，杞、宋、陈、亳、曹、戴、谯、颍等诸州，达于沧海，皆困水灾，所在沉溺。十八年，天子遣使，将水工，巡行川源，相视高下，发随近丁以疏导之。困乏者，开仓赈给，前后用谷五百余石。遭水之处，租调皆免。自是颇有年矣。

开皇八年五月，高颎奏诸州无课调处，及课州管户数少者，官人禄力，乘前已来，恒出随近之州，但判官本为牧人，役力理出所部。请于所管户内，计户征税。帝从之。先是京官及诸州，并给公廨钱，回易生利，以给公用。至十四年六月，工部尚书、安平郡公苏孝慈等，以为所在官司，因循往昔，以公廨钱物，出举兴生，唯利是求，烦扰百姓，败损风俗，莫斯之甚。于是奏皆给地以营农，回易取利，一皆禁止。十七年十一月，诏在京及在外诸司公廨，在市回易，及诸处兴生，并听之。唯禁出举收利云。

炀帝即位，是时户口益多，府库盈溢，乃除妇人及奴婢部曲之课。男子以二十二成丁。始建东都，以尚书令杨素为营作大监，每月役丁二百万人。徙洛州郭内人及天下诸州富商大贾数万家，以实之。新置兴洛及回洛仓。又于皂涧营显仁宫，苑囿连接，北至新安，南及飞山，西至渑池，周围数百里。课天下诸州，各贡草木花果，奇禽异兽于其中。开渠，引谷、洛水，自苑西入，而东注于洛。又自板渚引河，达于淮海，谓之御河。河畔筑御道，树以柳。又命黄门侍郎王弘、上仪同于士澄，往江南诸州采大木，引至东都。所经州县，递送往返，首尾相属，不绝者千里。而东都役使促迫，僵仆而毙者，十四五焉。每月载死丁，东至城皋，北至河阳，车相望于道。时帝将事辽、碣，增置军府，扫地为兵。自是租赋之入益减矣。

又造龙舟凤舸，黄龙赤舰，楼船篾舫。募诸水工，谓之殿脚，衣锦行滕，执青丝缆挽船，以幸江都。帝御龙舟，文武官五品已上给楼船，九品已上给黄篾舫，舳舻相接，二百余里。所经州县，并令供顿，献食丰办者，加官爵，阙乏者，谴至死。又盛修车舆辇辂，旌旗羽仪之饰。课天下州县，凡骨角齿牙，皮革毛羽，可饰器用，堪为氅眊者，皆责焉。征发仓卒，朝命夕办。百姓求捕，纲罟遍野，水陆禽兽殆尽，犹不能给，而买于豪富蓄积之家，其价腾踊。是岁，翟雉尾一，直十缣，白鹭鲜半之。

乃使屯田主事常骏使赤土国，致罗刹。又使朝请大夫镇州击流求，俘虏数万。士卒深入，蒙犯瘴疠，馁疾而死者十八九。又以西域多诸宝物，令裴矩往张掖，监诸商胡互市。啖之以利，劝令入朝，自是西域诸蕃,往来相继,所经州郡,疲于送迎,糜费以万万计。

明年,帝北巡狩。又兴众百万,北筑长城,西距榆林,东至紫河,绵亘千余里,死者太半。四年,发河北诸郡百余万众,引沁水,南达于河,北通涿郡。自是以丁男不供,始以妇人从役。五年,西巡河右。西域诸胡,佩金玉,被锦罽,焚香奏乐,迎候道左。帝乃令武威、张掖士女,盛饰纵观。衣服车马不鲜者,州县督课,以夸示之。其年,帝亲征吐谷浑,破之于赤水。慕容佛允,委其家属,西奔青海。帝驻兵不出,遇天霖雨,经大斗拔谷,士卒死者十二三焉,马驴十八九。于是置河源郡、积石镇。又于西域之地。置西海、鄯善、且末等郡。谪天下罪人,配为戍卒,大开屯田,发西方诸郡运粮以给之。道里悬远,兼遇寇抄,死亡相续。

六年,将征高丽,有司奏兵马已多损耗。诏又课天下富人,量其赀产,出钱市武马,填元数。限令取足。复点兵具器仗,皆令精新,滥恶则使人便斩。于是马匹至十万,七年冬,大会涿郡。分江淮南兵,配骁卫大将军来护儿,别以舟济沧海,舳舻数百里。并载军粮,期与大兵会平壤。是岁山东、河南大水,漂没四十余郡,重以辽东覆败,死者数十万。因属疫疾,山东尤甚,所在皆以征敛供帐军旅所资为务,百姓虽困,而弗之恤也。每急徭卒赋,有所征求,长吏必先贱买之,然后宣下,乃贵卖与人,旦暮之间,价盈数倍,裒刻征敛取,办一时。强者聚而为盗,弱者自卖为奴婢。九年,诏又课关中富人,计其赀产出驴,往伊吾、河源、且末运粮,多者至数百头,每头价至万余。又发诸州丁,分为四番,于辽西柳城营屯,往来艰苦,生业尽罄。盗贼四起,道路南绝,陇右牧马,尽为奴贼所掠,杨玄感乘虚为乱。时帝在辽东,闻之,遽归于高阳郡。及玄感平,帝谓侍臣曰:"玄感一呼而从者如市,益知天下不欲多,多则为贼。不尽诛,后无以示劝。"乃令裴蕴穷其党与,诏郡县坑杀之,死者不可胜数。所在惊骇。举天下之人十分,九为盗贼,皆盗武马,始作长枪,攻陷城邑。帝又命郡县置督捕以讨贼。益遣募人征辽,马少不充八驮,而许为六驮。又不足,听半以驴充。在路逃者相继,执获皆斩之,而莫能止。帝不悛。

遇高丽执送叛臣斛斯政,遣使求降,发诏赦之。囚政至于京师,于开远门外,磔而杀之。遂幸太原,为突厥围于雁门。突厥寻散,遽还洛阳,募益骁果,以充旧数。

是时百姓废业,屯集城堡,无以自给,然所在仓库,犹大充牣,吏皆惧法,莫肯赈救,由是益困。初皆剥树皮以食之,渐及于叶,皮叶皆尽,乃煮土或捣藁末而食之。其后人乃相食。十二年,帝幸江都。是时李密据洛口仓,聚众百万。越王侗与段达等守东都。东都城内粮尽,布帛山积,乃以绢为汲绠,然布以爨。代王侑与卫玄守京师,百姓饥馑,亦不能救。义师入长安,发永丰仓以振之,百姓方苏息矣。

晋自过江,凡货卖奴婢马牛田宅,有文券,率钱一万,输估四百入官,卖者三百,买者一百。无文券者,随物所堪,亦百分收四,名为散估。历宋齐梁陈,如此以为常。以此人竞商贩,不为田业,故使均输,欲为惩励。虽以此为辞,其实利在侵削。又都西有石头津,东有方山津,各置津主一人,贼曹一人,直水五人,以检察禁物及亡叛者。其获炭鱼薪之类过津者,并十分税一以入官。其东路无禁货,故方山津检察甚简。淮水北有大市百余,小市十余所。大市备置官司,税敛既重,时甚苦之。

梁初,唯京师及三吴、荆、郢、江、湘、梁、益用钱。其余州郡,则杂以谷帛交易。交、广之域,全以金银为货。武帝乃铸钱,肉好周郭,文曰“五铢”,重如其文。而又别铸,除其肉郭,谓之女钱。二品并行。百姓或私以古钱交易,有直百五铢、五铢、女钱、太平百钱、定平一百、五铢雉钱、五铢对文等号。轻重不一。天子频下诏书,非新铸二种之钱,并不许用。而趣利之徒,私用转甚。至普通中,乃议尽罢铜钱,更铸铁钱。人以铁贱易得,并皆私铸。及大同已后,所在铁钱,遂如丘山,物价腾贵。交易者以车载钱,不复计数,而唯论贯。商旅奸诈,因之以求利。自破岭以东,八十为百,名曰东钱。江、郢已上,七十为百,名曰西钱。京师以九十为百,名曰长钱。中大同元年,天

子乃诏通用足陌。诏下而人不从,钱陌益少。至于末年,遂以三十
五为百云。

　　陈初,承梁丧乱之后,铁钱不行。始梁末又有两柱钱及鹅眼钱,
于时人杂用,其价同,但两柱重而鹅眼轻。私家多镕钱,又间以锡
铁,兼以粟帛为货。至文帝天嘉五年,改铸五铢。初出,一当鹅眼之
十。宣帝太建十一年,又铸大货六铢,以一当五铢之十,与五铢并
行。后还当一,人皆不便。乃相与讹言曰:"六铢钱有不利县官之
象。"未几而帝崩,遂废六铢而行五铢,竟至陈亡。其岭南诸州,多以
盐米布交易,俱不用钱云。

　　齐神武霸政之初,承魏犹用永安五铢。迁邺已后,百姓私铸,体
制渐别,遂各以为名。有雍州青赤、梁州生厚、紧钱、吉钱、河阳生
涩、天柱、赤牵之称。冀州之北,钱皆不行,交贸者皆以绢布,神武帝
乃收境内之铜及钱,仍依旧文更铸,流之四境。未几之间,渐复细
薄,奸伪竞起。文宣受禅,除永安之钱,改铸常平五铢,重如其文。其
钱甚贵,且制造甚精。至乾明、皇建之间,往往私铸。邺中用钱,有
赤熟、青熟、细眉、赤生之异。河南所用,有青薄铅锡之别。青、齐、
徐、兖、梁、豫州,辈类各殊。武平已后,私铸转甚,或以生铁和铜。至
于齐亡,卒不能禁。

　　后周之初,尚用魏钱,及武帝保定元年七月,乃更铸布泉之钱,
以一当五,与五铢并行。时梁、益之境,又杂用古钱交易。河西诸郡,
或用西域金银之钱,而官不禁。建德三年六月,更铸五行大布钱,以
一当十,大收商估之利,与布泉钱并行,四年七月,又以边境之上,
人多盗铸,乃禁五行大布,不得出入四关,布泉之钱,听入而不听
出。五年正月,以布泉渐贱而人不用,遂废之。初令私铸者绞,从者
远配为户。齐平已后,山东之人,犹杂用齐氏旧钱。至宣帝大象元
年十一月,又铸永通万国钱。以一当十,与五行大布及五铢,凡三品

并用。

高祖既受周禅，以天下钱货轻重不等，乃更铸新钱，背面肉好，皆有周郭，文曰："五铢"，而重如其文。每钱一千，重四斤二两。是时钱既新出，百姓或私有熔铸。三年四月，诏四面诸关，各付百钱为样。从关外来，勘样相似，然后得过。样不同者，即坏以为铜，入官。诏行新钱已后，前代旧钱，有五行大布、永通万国及齐常平，所在用以贸易不止。四年，诏仍依旧不禁者，县令夺半年禄。然百姓习用既久，尚犹不绝。五年正月，诏又严其制。自是钱货始一，所在流布，百姓便之。是时见用之钱，皆须和以锡镴。锡镴既贱，求利者多，私铸之钱，不可禁约。其年，诏乃禁出锡镴之处，并不得私有采取。十年，诏晋王广，听于扬州立五垆铸钱。其后奸狡稍渐磨镱钱郭，取铜私铸，又杂以锡钱，递相放效，钱遂轻薄。乃下恶钱之禁。京师及诸州邸肆之上，皆令立榜，置样为准。不中样者，不入于市。十八年，诏汉王谅，听于并州立五垆铸钱，是时江南人间钱少，晋王广又听于鄂州白纻山有铜铆处，锢铜铸钱。于是诏听置十垆铸钱。又诏蜀王秀，听于益州立五炉铸钱。是时钱益滥恶，乃令有司，括天下邸肆见钱，非官铸者，皆毁之，其铜入官。而京师以恶钱贸易，为吏所执，有死者，数年之间，私铸颇息。大业已后，王纲弛紊，巨奸大猾，遂多私铸，钱转薄恶。初每千犹重二斤，后渐轻至一斤。或翦铁镍，裁皮糊纸以为钱，相杂用之。货贱物贵，以至于亡。

隋书卷二五
志第二〇

刑　法

夫刑者，制死生之命，详善恶之源，翦乱诛暴，禁人为非者也。圣王仰视法星，旁观习坎，弥缝五气，取则四时，莫不先春风以播恩，后秋霜而动宪。是以宣慈惠爱，导其萌芽，刑罚威怒，随其肃杀。仁恩以为情性，礼义以为纲纪，养化以为本，明刑以为助。上有道，刑之而无刑，上无道，杀之而不胜也。《记》曰："教之以德，齐之以礼，则人有格心。教之以政，齐之以刑；则人有遁心。"而始乎劝善，终乎禁暴，以此字人，必兼刑罚。至于时逢交泰，政称忠厚，美化与车轨攸同，至仁与嘉祥间出，岁布平典，年垂简宪。昭然如日月，望之者不迷，旷乎如大路，行之者不惑。

刑者甲兵焉，斧钺焉，刀锯钻凿，鞭扑扰楚，陈乎原野而肆诸市朝，其所由来，亦已久矣。若夫龙官之岁，凤纪之前，结绳而不违，不令而人畏。五帝画象，殊其衣服，三王肉刑，刻其肤体。若重华之眚灾肆赦，文命之刑罚三千，而都君邮刑，尚奉唐尧之德，高密泣罪，犹怀虞舜之心。殷因以降，去德滋远。若纣能遵成汤，不造炮烙，设刑兼礼，守位依仁，则西伯敛辔，化为田叟。周王立三刺以不滥，弘三宥以开物，成、康以四十二年之间，刑厝不用，薰风潜畅，颂声遐举，越裳重译，万里来归，若乃鲁接燕、齐，荆邻郑、晋，时之所尚，资乎辩舌，国之所恃，不在威刑，是以才鼓夷搜，宣尼致诮，既铸刑辟，叔向贻书。夫勃澥之浸，沾濡千里，列国之政，岂周之膏润者欤！秦

氏僻自西戎，初平区夏，于时投戈弃甲，仰恩祈惠，乃落严霜于政
教，挥流电于邦国，弃灰偶语，生愁怨于前，毒网凝科，害肌肤于后，
玄钺肆于朝市，赭服飘于路衢，将闾有一剑之哀，茅焦请列星之数。
汉高祖初以三章之约，以慰秦人，孝文躬亲玄默，遂疏天网。孝宣枢
机周密，法理详备，选于定国为廷尉，黄霸以为廷平。每以季秋之
后，诸所请谳，帝常幸宣室，斋居决事，明察平恕，号为宽简，光武中
兴，不移其旧，是以二汉群后，罕闻残酷。魏武造易钛之科，明皇施
减死之令，中原凋敝，吴、蜀三分，哀矜折狱，亦所未暇。晋氏平吴，
九州宁一，乃命贾充，大明刑宪。内以平章百姓，外以和协万邦，实
曰轻平，称为简易。是以宋、齐方驾，辅其余轨。若乃刑随喜怒，道
睽正直，布宪拟于秋荼，设网逾于朝胫，恣兴夷翦，取快情灵。若隋
高祖之挥刃无辜，齐文宣之轻刀脔割，此所谓匹夫私仇，非关国典。
孔子曰："刑乱及诸政，政乱及诸身。"心之所诣，则善恶之本原也。
彪、约所制，无刑法篇，臧、萧之书，又多漏略。是以撮其遗事，以至
隋氏，附于篇云。

　　梁武帝承齐昏虐之余，刑政多僻。既即位，乃制权典，依周、汉
旧事，有罪者赎。其科，凡在官身犯，罚金。鞭杖杖督之罪，悉入赎
停罚。其台省令史士卒欲赎者，听之。时欲议定律令，得齐时旧郎
济阳蔡法度，家传律学，云齐武时，删定郎王植之，集注张、杜旧律，
合为一书，凡一千五百三十条，事未施行，其文殆灭。法度能言之。
于是以为兼尚书删定郎，使损益植之旧本，以为《梁律》。天监元年
八月，乃下诏曰："律令不一，实难去弊。杀伤有法，昏墨有刑，此盖
常科，易为条例。至如三男一妻，悬首造狱，事非虑内，法出恒钧。前
王之律，后王之令，因循创附，良各有以。若游辞费句，无取于实录
者，宜悉除之。求文指归，可适变者，载一家为本，用众家以附。景
丁俱有，则去丁以存景。若景丁二事，注释不同，则二家兼载。咸使
百司，议其可不，取其可安，以为标例。宜云'某等如干人同议，以此
为长'则定以为《梁律》。留尚书比部，悉使备文，若班下州郡，止撮

机要，可无二门侮法之弊。”法度又请曰：“魏、晋撰律，止关数人，今若皆谘列位，恐缓而无决。”

于是以尚书令王亮、侍中王莹、尚书仆射沈约、吏部尚书范云、长兼侍中柳恽、给事黄门侍郎傅昭、通直散骑常侍孔蔼、御史中丞乐蔼、太常丞许懋等，参议断定，定为二十篇：一曰刑名，二曰法例，三曰盗劫，四曰贼叛，五曰诈伪，六曰受赇，七曰告劾，八曰讨捕，九曰系讯，十曰断狱，十一曰杂，十二曰户，十三曰擅兴，十四曰毁亡。十五曰卫宫，十六曰水火，十七曰仓库，十八曰厩，十九曰关市，二十曰违制。其制刑为十五等之差：弃市已上为死罪，大罪枭其首，其次弃市，刑二岁已上为耐罪，言各随伎能而任使之也。有髡钳五岁刑，笞二百，收赎绢，男子六十疋。又有四岁刑，男子四十八疋。又有三岁刑，男子三十六疋。又有二岁刑，男子二十四疋。罚金一两已上为赎罪。赎死者金二斤，男子十六疋。赎髡钳五岁刑笞二百者，金一斤十二两，男子十四疋。赎四岁刑者，金一斤八两，男子十二疋。赎三岁刑者，金一斤四两，男子十疋。赎二岁刑者，金一斤，男子八疋。罚金十二两者，男子六疋。罚金八两者，男子四疋。罚金四两者，男子二疋。罚金二两者，男子一疋。罚金一两者，男子二丈。女子各半之。五刑不简，正于五罚，五罚不服，正于五过，以赎论，故为此十五等之差。又制九等之差：有一岁刑，半岁刑，百日刑，鞭杖二百，鞭杖一百，鞭杖五十，鞭杖三十，鞭杖二十，鞭杖一十。有八等之差：一曰免官，加杖督一百；二曰免官；三曰夺劳百日，杖督一百；四曰杖督一百；五曰杖督五十；六曰杖督三十；七曰仗督二十；八曰杖督一十。论加者上就次，当减者下就次。

凡系狱者，不即答款，应加测罚，不得以人士为隔，若人士犯罚，违扞不款，宜测罚者，先参议牒启，然后科行。断食三日，听家人进粥二升。女及老小，一百五十刻乃与粥，满千刻而止。囚有械、扭、升械及钳，并立轻重大小之差，而为定制。其鞭，有制鞭、法鞭、常鞭，凡三等之差。制鞭、生革廉成；法鞭，生革去廉；常鞭，熟靼不去廉。皆作鹤头纽，长一尺一寸。梢长二尺七寸，广三寸，靶长二尺五寸。杖皆用生荆，长六尺。有大杖、法杖、小杖三等之差。大杖，大头围一寸三分，小头围八分半。法杖，围一寸三分，小头五分。小杖，围一寸一分，小头极杪。诸督罚，大罪无过五十、三十，小者二十。当笞二百以上者，笞半，余半后决，中分鞭杖。老小于律令当得鞭杖罚者，皆半之。其应得法鞭、杖者，以熟羖鞭、小杖。过五十者，稍行之。将吏已上及女人应有罚者，以罚金代之。其以职员应罚，及律令指名制罚者，不用此令。其问事诸罚，皆用熟羖鞭、小杖。其制鞭制杖，法鞭法杖，自非特诏，皆不得用。诏鞭杖在京师者，皆于云龙门行。女子怀孕者，勿得决罚。其谋反、降叛、大逆已上皆斩。父子同产男，无少长，皆弃市。母妻姊妹及应从坐弃市者，妻子女妾同补奚官为奴婢。赀财没官。劫身皆斩，妻子补兵，遇赦降死者，黥面为劫字，髡钳，补冶锁士终身。其下又谪运配材官冶士、尚方锁士，皆以轻重差其年数。其重者或终身。

士人有禁锢之科，亦有轻重为差。其犯清议，则终身不齿。耐罪囚八十已上，十岁已下，及孕者、盲者、侏儒当械系者，及郡国太守相、都尉、关中侯已上，亭侯已上之父母妻子，及所生坐非死罪除名之罪，二千石已上非槛征者，并颂系之。

丹阳尹月一诣建康县，令三官参共录狱，察断枉直。其尚书当录人之月者，与尚书参共录之。大凡定罪二千五百二十九条。

二年四月癸卯，法度表上新律，又上《令》三十卷，《科》三十卷。帝乃以法度守廷尉卿，诏班新律于天下。

三年八月，建康女子任提女，坐诱口当死。其子景慈对鞫辞云，母实行此。是时，法官虞僧虬启称："案子之事亲，有隐无犯，直躬证父，仲尼为非。景慈素无防闲之道，死有明目之据，陷亲极刑，伤和损俗。凡乞鞫不审，降罪一等，岂得避五岁之刑，忽死母之命！景慈宜加罪辟。"诏流于交州。至是复有流徒之罪。其年十月甲子，诏以金作权典，宜在蠲息。于是除赎罪之科。

武帝敦睦九族，优借朝士。有犯罪者，皆讽群下，屈法申之。百姓有罪，皆案之以法。其缘坐则老幼不免，一人亡逃，则举家质作。

人既穷急,奸宄益深。后帝亲谒南郊,秣陵老人遮帝曰:"陛下为法,急于黎庶,缓于权贵,非长久之术。诚能反是,天下幸甚。"帝于是思有以宽之。旧狱法,夫有罪,逮妻子,子有罪,逮父母。十一年正月壬辰,乃下诏曰:"自今捕谪之家,及罪应质作,若年有老小者,可停将送。"十四年,又除髡面之刑。

帝锐意儒雅,疏简刑法,自公卿大臣,咸不以鞫狱留意。奸吏招权,巧文弄法,货赂成市,多致枉滥。大率二岁刑已上,岁至五千人。是时徒居作者具五任,其无任者,著升械。若疾病,权解之。是后囚徒或有优剧。大同中,皇太子在春宫视事,见而愍之,乃上疏曰:"臣以比时奉敕,权亲京师杂事。切见南北郊坛、材官、车府、太官下省、左装等处上启,并请四五岁已下轻囚,助充使役。自有刑均罪等,愆目不异,而甲付钱署,乙配郊坛。钱署三所,于辛为剧,郊坛六处,在役则优。今听狱官详其可否,舞文之路,自此而生。公平难遇其人,流泉易启其齿,将恐玉科重轻,全关墨绶,金书去取,更由丹笔。愚谓宜详立条制,以为永准。"帝手敕报曰:"顷年已来,处处之役,唯资徒谪,逐急充配。若科制繁细,义同简约,切须之处,终不可得。引例兴讼,纷纭方始,防杜奸巧,自是为难。更当别思,取其便也。"竟弗之从。是时王侯子弟皆长,而骄蹇不法。武帝年老,厌于万机,又专精佛戒,每断重罪,则终日弗怿。尝游南苑,临川王宏,伏人于桥下,将欲为逆,事觉,有司请诛之。帝但泣而让曰:"我人才十倍于尔,处此恒怀战惧,尔何为者?我岂不能行周公之事,念汝愚故也。"免所居官,顷之,还复本职。由是王侯骄横转甚,或白日杀人于都街,劫贼亡命,咸于王家自匿,薄暮尘起,则剥掠行路,谓之打稽。武帝深知其弊,而难于诛讨。十一年十月,复开赎罪之科。中大同元年七月甲子,诏自今犯罪,非大逆,父母、祖父母勿坐。自是禁网渐疏,百姓安之,而贵戚之家,不法尤甚矣。寻而侯景逆乱。

及元帝即位,惩前政之宽,且帝素苛刻,及周师至,狱中死囚且数千人,有司请皆释之,以充战士。帝不许,并令棒杀之。事未行而城陷。敬帝即位,刑政适陈矣。

陈氏承梁季丧乱，刑典疏阔，及武帝即位，思革其弊，乃下诏曰："朕闻唐、虞道盛，设画象而不犯，夏、商德衰，虽孥戮其未备。洎乎末代，纲目滋繁，刾属乱离，宪章遗紊。朕始膺宝历，思广政枢，外可搜举良才，删改科令，群僚博议，务存平简。"于是稍求得梁时明法吏，令与尚书删定郎范泉，参定律令。又敕尚书仆射沈钦、吏部尚书徐陵、兼尚书左丞宗元饶、兼尚书左丞贺朗参知其事，制《律》三十卷，《令律》四十卷。采酌前代，条流冗杂，纲目虽多，博而非要。其制唯重清议禁锢之科。若缙绅之族，犯亏名教，不孝及内乱者，发诏弃之，终身不齿。先与士人为婚者，许妻家夺之。共获贼帅及士人恶逆，免死付治，听将妻入役，不为年数。又存赎罪之律，复父母缘坐之刑。自余篇目条纲，轻重简繁，一用梁法，其有赃验显然而不款，则上测立。立测者，以土为垛，高一尺，上圆，劣容囚两足立。鞭二十，笞三十讫，著两械及杻，上垛。一上测七刻，日再上。三七日上测，七日一行鞭。凡经杖，合一百五十，得度不承者，免死。其髡鞭五岁刑，降死一等，锁二重。其五岁刑已下，并锁一重。五岁四岁刑，若有官，准当二年，余并居作。其三岁刑，若有官，准当二年，余一年赎，若公坐过误，罚金。其二岁刑，有官者，赎论。一岁刑，无官亦赎论。寒庶人，准决鞭杖。囚并著械，徒并著锁，不计阶品。死罪将决，乘露车，著三械，加壶手。至市，脱手械及壶手焉。当刑于市者，夜须明，雨须晴，晦朔、八节、六齐、月在张心日，并不得行刑，廷尉寺为北狱，建康县为南狱，并置正监平。又制，常以三月，侍中、吏部尚书、尚书、三公郎、部都令史、三公录冤局，令御史中丞、侍御史、兰台令史，亲行京师诸狱及冶署，理察囚徒冤枉。

文帝性明察，留心刑政，亲览狱讼，督责群下，政号严明。是时承宽政之后，功臣贵戚有非法，帝咸以法绳之，颇号峻刻。及宣帝即位，优借文武之士，崇简易之政，上下便之。其后政令既宽，刑法不立，又以连年北伐，疲人聚为劫盗矣。后主即位，信任谗邪，群下纵恣，鬻狱成市，赏罚之命，不出于外。后主性猜忍疾忌，威令不行，左右有忤意者，动至夷戮。百姓怨叛，以至于灭。

　　齐神武、文襄，并由魏相，尚用旧法。及文宣天保元年，始命群官刊定魏朝《麟趾格》。是时军国多事，政刑不一，决狱定罪，罕依律文。相承谓之变法从事。清河房超为黎阳郡守，有赵道德者，使以书属超，超不发书，棒杀其使。文宣于是令守宰各设棒，以诛属请之使。后都官郎中宋轨奏曰："昔曹操悬棒，威于乱时，今施之太平，未见其可。若受使请赇，犹致大戮，身为枉法，何以加罪？"于是罢之。既而司徒功曹张老上书，称大齐受命已来，律令未改，非所以创制垂法，革人视听。于是始命群官，议造《齐律》，积年不成。其决狱犹依魏旧。是时刑政尚新，吏皆奉法。自六年之后，帝遂以功业自矜，恣行酷暴，昏狂酗醟，任情喜怒。为大镬、长锯、锉碓之属，并陈于庭，意有不快，则乎自屠裂，或命左右脔啖，以逞其意。时仆射杨遵彦，乃令宪司先定死罪囚，置于仗卫之中，帝欲杀人，则执以应命，谓之供御囚。经三月不杀者，则免其死。帝尝幸金凤台，受佛戒，多召死囚，编蘧篨为翅，命之飞下，谓之放生。坠皆致死，帝视以为欢笑。时有司折狱，又皆酷法。讯囚则用辐獩仗，夹指压踝，又立之烧犁耳上，或使以臂贯烧车钎。既不胜其苦，皆致诬伏。七年，豫州检使白攔，为左丞卢裴所劾，乃于狱中诬告裴受金。文宣知其奸罔，诏令按之，果无其事。乃敕八座议立案劾格，负罪不得告人事。于是挟奸者畏纠，乃先加诬讼，以拟当格，吏不能断。又妄相引，大狱动至十人，多移岁月。然帝犹委政辅臣杨遵彦，弥缝其阙，故时议者窃云，主昏于上，政清于下。

　　孝昭在藩，已知其失，即位之后，将加惩革。未几而崩。武成即位，思存轻典，大宁元年，乃下诏曰："王者所用，唯在赏罚，赏贵适理，罚在得情。然理容进退，事涉疑似，盟府司勋，或有开塞之路，三尺律令，未穷画一之道。想文王之官人，念宣尼之止讼，刑赏之宜，思获其所。自今诸应赏罚，皆赏疑从重，罚疑从轻。"又以律令不成，频加催督。河清三年，尚书令、赵郡王睿等，奏上《齐律》十二篇：一曰名例,二曰禁卫,三曰婚户,四曰擅兴,五曰违制,六曰诈伪,七曰斗讼,八曰贼盗,九曰捕断,十曰毁损,十一曰厩牧,十二曰杂。其定罪九百四十九条。又上《新令》四十卷,大抵采魏、晋故事。其制,刑名五:一曰死,重者辒之,其次枭首,并陈尸三日;无市者,列于乡亭显处。其次斩刑,殊身首。其次绞刑,死而不殊。凡四等。二曰流刑,谓论犯可死,原情可降,鞭笞各一百,髡之,投于边裔,以为兵卒。未有道里之差。其不合远配者,男子长徒,女子配舂,并六年。三曰刑罪,即耐罪也。有五岁、四岁、三岁、二岁、一岁之差。凡五等。各加鞭一百。其五岁者,又加笞八十,四岁者六十,三岁者四十,二岁者二十,一岁者无笞。并锁输左校而不髡。无保者钳之。妇人配舂及掖庭织。四曰鞭,有一百、八十、六十、五十、四十之差,凡五等。五曰杖,有三十、二十、十之差,凡三等。大凡为十五等。当加者上就次,当减者下就次。赎罪旧以金,皆代以中绢。死一百匹,流九十二匹,刑五岁七十八匹,四岁六十四匹,三岁五十四匹,二岁三十六匹。各通鞭笞论。一岁无笞,则通鞭二十四匹。鞭杖每十,赎绢一匹。至鞭百,则绢十四。无绢之乡,皆准绢收钱。自赎笞十已上至死,又为十五等之差。当加减次,如正决法。合赎者,谓流内官及爵秩比视、老小阉凝并过失之属。犯罚绢一匹及杖十已上,皆名为罪人。盗及杀人而亡者,即悬名注籍,甄其一房配驿户。宗室则不注盗,及不入奚官,不加害刑。自犯流罪已下合赎者,及妇人犯刑已下,侏儒、笃疾、癃残非犯死罪,皆颂系之。罪刑年者锁,无锁以枷。流罪已上加杻械。死罪者桁之。决流刑鞭笞者,鞭其背。五十,一易执鞭人。鞭鞘皆用熟皮,削去廉稜。鞭疮长一尺。笞者笞臀,而不中易人。杖长三尺五寸,大头径二分半,小头径一分半。决三十已下杖者,长四尺,大头径三分,小头径二分。在官犯罪,鞭杖十为一负。闲局六负为一殿,平局八负为一殿。繁局十负为一殿。加于殿者,复计为负焉。赦日,则武库令设金鸡及鼓于阊阖门外之右。勒集囚徒于阙前,挝鼓千声,释枷锁焉。又列重罪十条:一曰反逆;二曰大逆,三曰叛,四曰降,五曰恶逆,六曰不道,七曰不敬,八曰不孝,九曰不义,十曰内乱。其犯此十者,不在八议论赎之限。是后法令明审,科条简要,又敕仕门之子弟,常讲习之。齐人多晓法律,盖由此也。

其不可为定法者,别制《权令》二卷,与之并行。后平秦王高归彦谋反,须有约罪,律无正条,于是遂有《别条权格》,与律并行。大理明法,上下比附,欲出则依轻议。欲入则附从重法,奸吏因之,舞文出没。至于后主,权幸用事有不附之者,阴中以法。纲纪紊乱,卒至于亡。

周文帝之有关中也,霸业初基,典章多阙。大统元年,命有司斟酌今古通变,可以益时者,为二十四条之制,奏之。七年,又下十二条制。十年,魏帝命尚书苏绰,总三十六条,更损益为五卷,班于天下。其后以河南赵肃为廷尉卿,撰定法律。肃积思累年,遂感心疾而死。乃命司宪大夫托拔迪掌之。至保定三年三月庚子乃就,谓之《大律》,凡二十五篇:一曰刑名,二曰法例,三曰祀享,四曰朝会,五曰婚姻,六曰户禁,七曰水火,八曰兴缮,九曰卫宫,十曰市廛,十一曰斗竞,十二曰劫盗,十三曰贼叛,十四曰毁亡,十五曰违制,十六曰关津,十七曰诸侯,十八曰厩牧,十九曰杂犯,二十曰诈伪,二十一曰请求,二十二曰告言,二十三曰逃亡,二十四曰系讯,二十五曰断狱。大凡定罪一千五百三十七条。其制罪:一曰杖刑五,自十至五十。二曰鞭刑五,自六十至于百。三曰徒刑五,徒一年者,鞭六十,笞十。徒二年者,鞭七十,笞二十。徒三年者,鞭八十,笞三十。徒四年者,鞭九十,笞四十。徒五年者,鞭一百,笞五十。四曰流刑五,流卫服,去皇畿二千五百里者,鞭一百,笞六十。流要服,去皇畿三千里者,鞭一百,笞七十。流荒服,去皇畿三千五百里者,鞭一百,笞八十。流镇服,去皇畿四千里者,鞭一百,笞九十。流蕃服,去皇畿四千五百里者,鞭一百,笞一百。五曰死刑五,一曰磬,二曰绞,三曰斩,四曰枭,五曰裂。五刑之属各有五,合二十五等。不立十恶之目,而重恶逆、不道、大不敬、不孝、不义、内乱之罪。凡恶逆,肆之三日。

盗贼群攻乡邑及入人家者,杀之无罪。若报仇者、告于法而自杀之,不坐。经为盗者,注其籍。唯皇宗则否。凡死罪枷而拲,流罪枷而梏,徒罪枷,鞭罪桎,杖罪散以待断。皇族及有爵者,死罪已下锁之,徒已下散之。狱成将杀者,书其姓名及其罪于拲,而杀之市。唯皇族与有爵者隐狱。

其赎杖刑五,金一两至五两。赎鞭刑五,金六两至十两。赎徒刑五,一年金十二两,二年十五两,三年一斤二两,四年一斤五两,五年一斤八两。赎流刑,一斤十二两,俱役六年,不以远近为差等,赎死罪,金二斤。鞭者以一百为限。加笞者,合二百止。应加鞭笞者,皆先笞后鞭。妇人当笞者,听以赎论。徒输作者,皆任其所能而役使之。杖十已上,当加者上就次,数满乃坐,当减者,死罪流蕃服,蕃服已下俱至徒五年。五年以下,各以一等为差。盗贼及谋反大逆降叛恶逆罪当流者,皆甄一房配为杂户。其为盗贼事发逃亡者,悬名注配。若再犯徒、三犯鞭者,一身永配下役。应赎金者,鞭杖十,收中绢一疋。流徒者,依限岁收绢十二匹。死罪者一百匹。其赎刑,死罪五旬,流刑四旬,徒刑三旬,鞭刑二旬,杖刑一旬。限外不输者,归于法。贫者请而免之。大凡定法一千五百三十七条,班之天下。其大略滋章,条流苛密,比于齐法,烦而不要。

又初除复仇之法,犯者以杀论。时晋公护将有异志,欲宽政以取人心,然暗于知人,所委多不称职。既用法宽弛,不足制奸,子弟僚属,皆窃弄其权,百姓愁怨,控告无所。武帝性甚明察,自诛护后,躬览万机,虽骨肉无所纵舍,用法严正,中外肃然。自魏、晋相承,死罪其重者,妻子皆以补兵。魏虏西凉之人,没入名为隶户。魏武入关,隶户皆在东魏,后齐因之,仍供厮役。建德六年,齐平后,帝欲施轻典于新国,乃诏凡诸杂户,悉放为百姓,自是无复杂户。其后又以齐之旧俗,未改昏政,贼盗奸宄,颇乖宪章。其年,又为《刑书要制》以督之。其大抵持杖群盗一匹以上,不持杖群盗五匹以上,监临主掌自盗二十匹以上,盗及诈请官物三十匹以上,正长隐五户及丁以上,及地顷以上,皆死。自余依《大律》由是浇诈颇息焉。

宣帝性残忍暴戾，自在储贰，恶其叔父齐王宪及王轨、宇文孝伯等。及即位，并先诛戮，由是内外不安，俱怀危惧。帝又恐失众望，乃行宽法，以取众心，宣政元年八月，诏制九条，宣下州郡。大象元年，又下诏曰："高祖所立《刑书要制》，用法深重，其一切除之，"然帝荒淫日甚，恶闻其过，诛杀无度，疏斥大臣。又数行肆赦，为奸者皆轻犯刑法，政令不一，下无适从。于是又广《刑书要制》，而更峻其法，谓之《刑经圣制》。宿卫之官，一日不直，罪至削除。逃亡者皆死，而家口籍没。上书字误者，科其罪。鞭杖皆百二十为度，名曰天杖。其后又加至二百四十。又作辟砺车，以威妇人。其决人罪，云与杖者，即一百二十，多打者，即二百四十。帝既酗饮过度，尝中饮，有下士杨文祐白宫伯长孙览，求歌曰："朝亦醉，暮亦醉。日日恒常醉，政事日无次。"郑译奏之，帝怒，命赐杖二百四十而致死。后更令中士皇甫猛歌，猛歌又讽谏。郑译又以奏之，又赐猛杖一百二十。是时下自公卿，内及妃后，咸加箠楚，上下愁怨。及帝不豫，而内外离心，各求苟免。隋高祖为相，又行宽大之典，删略旧律，作《刑书要制》。既成奏之，静帝下诏颁行。诸有犯罪未科决者，并依制处断。

高祖既受周禅，开皇元年，乃诏尚书左仆射、勃海公高颎，上柱国、沛公郑译，上柱国、清河郡公杨素，大理前少卿、平源县公常明，刑部侍郎、保城县公韩濬、比部侍郎李谔，兼考功侍郎柳雄亮等，更定新律，奏上之。其刑名有五：一曰死刑二，有绞，有斩。二曰流刑三，有一千里、千五百里、二千里。应配者，一千里居作二年，一千五百里居作二年半，二千里居作三年。应住居作者，三流俱役三年，近流加杖一百，一等加三十。三曰徒刑五，有一年、一年半、二年、二年半、三年。四曰杖刑五，自五十至于百。五曰笞刑五，自十至于五十。而蠲除前代鞭刑及枭首轘裂之法。其法徒之罪皆减从轻。唯大逆谋反叛者，父子兄弟皆斩。家口没官。又置十恶之条，多采后齐之制，而颇有损益。一曰谋反，二曰谋大逆，三曰谋叛，四曰恶逆，五曰不道，六曰大不敬，七曰不孝，八曰不睦，九曰不义，十曰内乱。犯十恶及故杀人狱成者，虽会赦，犹除名。

其在八议之科，及官品第七已上犯罪，皆例减一等。其品第九已上犯者，听赎。应赎者，皆以铜代绢。赎铜一斤为一负，负十为殿。笞十者铜一斤，加至杖百则十斤。徒一年，赎铜二十斤，每等则加铜十斤，三年则六十斤矣。流一千里，赎铜八十斤，每等则加铜十斤，二千里则百斤矣。二死皆赎铜百二十斤。犯私罪以官当徒者，五品已上，一官当徒二年；九品已上，一官当徒一年，当流者，三流周比徒三年。若犯公罪者，徒各加一年，当流者各加一等。其累徒过九年者，流二千里。

定讫，诏颁之曰："帝王作法，沿革不同，取适于时，故有损益。夫绞以致毙，斩则殊刑，除恶之体，于斯已极。枭首轘身，义无所取，不益惩肃之理，徒表安忍之怀。鞭之为用，残剥肤体，彻骨侵肌，酷均脔切。虽云远古之式，事乖仁者之刑，枭轘及鞭，并令去也。贵砺带之书，不当徒罚，广轩冕之荫，旁及诸亲，流役六年，改为五载，刑徒五岁，变从三祀。其余以轻代重，化死为生，条目甚多，备于简策。宜班诸海内，为时轨范，杂格严科，并宜除削。先施法令，欲人无犯之心，国有常刑，诛而不怒之义。措而不用，庶或非远，万方百辟，知吾此怀。"自前代相承，有司讯考，皆以法外。或有用大棒束杖，车辐鞵底，压踝杖桄之属，楚毒备至，多所诬伏。虽文致于法，而每有枉滥，莫能自理。至是尽除苛惨之法，讯囚不得过二百，枷杖大小，咸为之程品，行杖者不得易人。帝又以律令初行，人未知禁，故犯法者众。又下吏承苛政之后，务锻炼以致人罪。乃诏申敕四方，敦理辞讼。有枉屈县不理者，令以次经郡及州，省仍不理，乃诣阙申诉。有所未惬，听挝登闻鼓，有司录状奏之。

帝又每季亲录囚徒。常以秋分之前，省阅诸州申奏罪状。三年，因览刑部奏，断狱数犹至万条。以为律尚严密，故人多陷罪。敕苏威，牛弘等，更定新律。除死罪八十一条，流罪一百五十四条，徒杖等千余条，定留唯五百条。凡十二卷。一曰名例，二曰卫禁，三曰职制，四曰户婚，五曰厩库，六曰擅兴，七曰贼盗，八曰斗讼，九曰诈伪,十曰杂律,十一月捕亡,十二曰断狱。自是刑网简要,疏而不失。于是置律博士弟子员。断决大狱,皆先牒明法,定其罪名,然后依断。五年,侍官慕容天远,纠都督田元,冒请义仓,事实而始平县律生辅恩,舞文陷天远,遂更反坐。帝闻之,乃下诏曰:"人命之重,悬在律文,刊定科条,俾令易晓。分官命职,恒选循吏,小大之狱,理无疑舛。而因袭往代,别置律官,报判之人,推其为首。杀生之柄,常委小人,刑罚所以未清,威福所以妄作。为政之失,莫大于斯。其大理律博士、尚书刑部曹明法、州县律生,并可停废。"自是诸曹决事,皆令具写律文断之。六年,敕诸州长史已下,行参军已上,并令习律,集京之日,试其通不。又诏免尉迥、王谦、司马肖难三道逆人家口之配没者,悉官酬赎,使为编户。因除孥戮相坐之法。又命诸州囚有处死,不得驰驿行决。

高祖性猜忌,素不悦学,既任智而获大位,因以文法自矜,明察临下。恒令左右觇视内外,有小过失,则加以重罪。又患令史赃污,因私使人以钱帛遗之,得犯立斩。每于殿廷打人,一日之中,或至数四。尝怒问事挥楚不甚,即命斩之。十年,尚书左仆射高颎、治书侍御史柳彧等谏,以为朝堂非杀人之所,殿庭非决罚之地。帝不纳。颎等乃尽诣朝堂请罪,曰:"陛下子育群生,务在去弊,而百姓无知,犯者不息,致陛下决罚过严,皆臣等不能有所裨益,请自退屏,以避贤路。"帝于是顾谓领左右都督田元曰:"吾杖重乎"?元曰:"重"。帝问其状,元举手曰:"陛下杖大如指,捶楚人三十者,比常杖数百,故多致死"。帝不怿,乃令殿内去杖,欲有决罚,各付所由。后楚州行参军李君才上言,帝宠高颎过甚,上大怒,命杖之,而殿内无杖,遂以马鞭笞杀之。自是殿内复置杖。未几怒甚,又于殿庭杀人,兵部侍郎冯基固谏,帝不从,竟于殿庭行决。帝亦寻悔,宣慰冯基,而怒群僚之不谏者。十二年,帝以用律者多致舛驳,罪同论异。诏诸州死罪不得便决,悉移大理案覆,事尽然后上省奏裁。十三年,改徒及流并为配防。十五年制,死罪者三奏而后决。十六年,有司奏合川仓粟少七千石,命斛律孝卿鞫问其事,以为主典所窃。复令孝卿驰驿斩之，没其家为奴婢，籴粟以填之。是后盗边粮者，一升已上皆死，家口没官。上又以典吏久居其职，肆情为奸。诸州县佐史，三年一代，经任者不得重居之。十七年，诏又以所在官人，不相敬惮，多自宽纵，事难克举，诸有愆失，虽备科条，或据律乃轻，论情则重，不即决罪，无以惩肃。其诸司属官，若有愆犯，听于律外斟酌决杖。于是上下相驱，迭行棰楚，以残暴为干能，以守法为懦弱。

是时帝意每尚惨急，而奸回不止，京市白日，公行掣盗，人间强盗，亦往往而有。帝患之，问群臣断禁之法。杨素等未及言，帝曰："朕知之矣。"诏有纠告者，没贼家产业，以赏纠人。时月之间，内外宁息。其后无赖之徒，候富人子弟出路者，而故遗物于其前，偶拾取则擒以送官，而取其赏。大抵被陷者甚众。帝知之，乃命盗一钱已上皆弃市。行旅皆晏起晚宿，天下懔懔焉。此后又定制，行署取一钱已上，闻见不告言者，坐至死。自此四人共盗一榱桷，三人同窃一瓜，事发即时行决。有数人劫执事而谓之曰："吾岂求财者邪？但为枉人来耳。而为我奏至尊，自古以来，体国立法，未有盗一钱而死也。而不为我以闻，吾更来，而属无类矣。"帝闻之，为停盗取一钱弃市之法。

帝尝发怒，六月棒杀人。大理少卿赵绰固争曰："季夏之月，天地成长庶类。不可以此时诛杀。"帝报曰："六月虽曰生长，此时必有雷霆。天道既于炎阳之时，震其威怒，我则天而行，有何不可。"遂杀之。大理掌固来旷上封事，言大理官司恩宽。帝以旷为忠直，遣每旦于五品行中参见。旷又告少卿赵绰滥免徒囚，帝使信臣推验，初无阿曲，帝又怒旷，命斩之。绰因固争，以为旷不合死。帝乃拂衣入阁，绰又矫言，臣更不理旷，自有他事未及奏闻。帝命引入阁，绰再拜请曰："臣有死罪三，臣为大理少卿，不能制驭掌固，使旷触挂天刑，死罪一也。囚不合死，而臣下不能死争，死罪二也。臣本无他事，而妄言求入，死罪三也。"帝解颜。会献皇后在坐，帝赐绰二金杯酒，饮讫，并以杯赐之。旷因免死，配徒广州。

帝以年龄晚暮，尤崇尚佛道，又素信鬼神。二十年，诏沙门道士坏佛像天尊，百姓坏岳渎神像，皆以恶逆论。帝猜忌，二朝臣僚，用法尤峻。御史监帅，于元正日不劾武官衣剑之不齐者，或以白帝，帝谓之曰："尔为御史，何纵舍自由。"命杀之，谏议大夫毛思祖谏，又杀之。左领军府长史考校不平，将作寺丞以谏麦趨迟晚，武库令以署庭荒芜，独孤师以受蕃客鹦鹉，帝察知，并亲临斩决。

仁寿中，用法益峻，帝既喜怒不恒，不复依准科律。时杨素正被委任。素又禀性高下，公卿股慄，不敢措言，素于鸿胪少卿陈延不平，经蕃客馆，庭中有马屎，又庶仆毡上樗蒲。旋以白帝，帝大怒曰："主客令不洒扫庭内，掌国以私戏污败官毡，罪伏何以加此。"皆于西市棒杀，而榜棰陈延，殆至于毙。大理寺丞杨远、刘子通等，性爱深文，每随牙奏狱，能承顺帝旨。帝大悦，并遣于殿庭三品行中供奉，每有诏狱，专使主之。候帝所不快。则案以重抵，无殊罪而死者，不可胜原。远又能附杨素，每于涂中接候，而以囚名白之，皆随素所为轻重。其临终赴市者，莫不途中呼枉，仰天而哭。越公素侮弄朝权，帝亦不之能悉。

炀帝即位，以高祖禁网深刻，又敕修律令，除十恶之条。时升称皆小旧二倍，其赎铜亦加二倍为差。杖百则三十斤矣，徒一年者六十斤，每等加三十斤为差，三年则一百八十斤矣。流无异等，赎二百四十斤。二死同赎三百六十斤。其实不异。开皇旧制，衅门子弟，不得居宿卫近侍之官。先是萧岩以叛诛，崔君绰坐连庶人勇事，家口籍没。岩以中宫故，君绰缘女入宫爱幸，帝乃下诏革前制曰："罪不及嗣，既弘至孝之道，恩由义断，以劝事君之节。故羊鲋从戮，弥见叔向之诚，季布立勋，无预丁公之祸，用能树声往代，贻范将来。朕虚己为政。思遵旧典，推心待物，每从宽政。六位成象，美厥含弘。一眚掩德，甚非谓也，诸犯罪被戮之门，期已下亲，仍令合仕，听预宿卫近侍之官。"

三年，新律成，凡五百条，为十八篇。诏施行之，谓之《大业律》：一曰名例，二曰卫宫，三曰违制，四曰请求，五曰户，六曰婚，七曰擅兴，八曰告劾，九曰贼，十曰盗，十一曰斗，十二曰捕亡，十三曰仓库,十四曰厩牧,十五曰关市,十六曰杂,十七曰诈伪,十八曰断狱。其五刑之内,降从轻典者,二百余条。其枷杖决罚讯囚之制,并轻于旧。是时百姓久厌严刻,喜于刑宽。后帝乃外征四夷,内穷嗜欲,兵革岁动,赋敛滋繁。有司皆临时迫胁,苟求济事,宪章遐弃,贿赂公行,穷人无告,聚为盗贼。帝乃更立严刑,敕天下窃盗已上,罪无轻重,不待闻奏,皆斩。百姓转相群聚,攻剽城邑,诛罚不能禁。帝以盗贼不息,乃益肆淫刑。九年,又诏为盗者籍没其家。自是群贼大起,郡县官人,又各专威福,生杀任情矣。及杨玄感反,帝诛之,罪及九族,其尤重者,行辗裂枭首之刑。或磔而射之,命公卿已下,脔啖其肉。百姓怨嗟,天下大溃,及恭帝即位,狱讼有归焉。

隋书卷二六
志第二一

百官上

《易》曰:天尊地卑,乾坤定矣,卑高既陈,贵贱位矣。"是以圣人法乾坤以作则,因卑高以垂教,设官分职,锡圭胙土。由近以制远,自中以统外,内则公卿大夫士,外则公侯伯子男。咸所以协和万邦,平章百姓,允厘庶绩,式叙彝伦。其由来尚矣。然古今异制,文质殊途,或以龙表官,或以云纪职,放勋即分命四子,重华乃爰置九官,夏倍于虞,殷倍于夏,周监二代,沿革不同。其道既文,置官弥广。逮于战国,戎马交驰,虽时有变革,然犹承周制。秦始皇废先王之典,焚百家之言,创立朝仪,事不师古,始罢封侯之制,立郡县之官。太尉主五兵,丞相总百揆,又置御史大夫,以贰于相。自余众职,各有司存。汉高祖除暴宁乱,轻刑约法,而职官之制,因于嬴氏。其间同异,抑亦可知。光武中兴,聿遵前绪,唯废丞相与御史大夫,而以三司综理众务。泊于叔世,事归台阁,论道之官,备员而已。魏、晋继及,大抵略同,爰及宋、齐,亦无改作。梁武受终,多循齐旧。然而定诸卿之位,各配四时,置戎秩之官,百有余号,陈氏继梁,不失旧物。高齐创业,亦遵后魏,台省位号,与江左稍殊,所有节文,备详于志,有周创据关右,日不暇给,泊乎克清江、汉,爰议宪章。酌酆镐之遗文,置六官以综务,详其典制,有可称焉。高祖践极,百度伊始,复废周官,还依汉、魏。唯以中书为内史,侍中为纳言,自余庶僚,颇有损益。炀帝嗣位,意存稽古,建官分职,率由旧章。大业三年,始行新令，于时三川定鼎，万国朝宗，衣冠文物，足为壮观。既而以人从欲，待下若仇，号令日改，官名月易。寻而南征不复，朝廷播迁，图籍注记，多从散逸。今之存录者，不能详备焉。

梁武受命之初，官班多同宋、齐之旧，有丞相、太宰、太傅、太保、大将军、大司马、太尉、司徒、司空、开府仪同三司等官。诸公及位从公开府者，置官属。有长史、司马、谘议参军，掾属从事中郎、记室、主簿、列曹参军、舍人等官。其司徒则有左、右二长史，又增置左西掾一人，自余僚佐，同于二府。有公则置，无则省。而司徒无公，唯省舍人，余官常置。开府仪同三司，位次三公，诸将军、左右光禄大夫，优者则加之，同三公，置官属。

特进，旧位从公。武帝以邓禹列侯就第，特进奉朝请，是特引见之称，无官定体。于是革之。

尚书省，置令，左、右仆射各一人。又置吏部、祠部、度支、左户、都官、五兵等六尚书。左右丞各一人。吏部、删定、三公、比部、祠部、仪曹、虞曹、主客、度支、殿中、金部、仓部、左户、驾部、起部、屯田、都官、水部、库部、功论、中兵、外兵、骑兵等郎二十二人。令史百二十人，书令史百三十人。

尚书掌出纳王命，敷奏万机。令总统之。仆射副令，又与尚书分领诸曹。令阙，则左仆射为主。其祠部尚书多不置，以右仆射主之。若左、右仆射并阙，则置尚书仆射，以掌左事，置祠部尚书，以掌右事。然则尚书仆射、祠部尚书不恒置矣。又有起部尚书，营宗庙宫室则权置之。事毕则省，以其事分属都官、左户二尚书。左、右丞各一人，佐令、仆射知省事。左掌台内分职仪、禁令、报人章，督录近道文书章表奏事。纠诸不法。右掌台内藏及庐舍、凡诸器用之物，督录远道文书章表奏事。凡诸尚书文书，诣中书省者，密事皆以挈囊盛之，封以左丞印。自晋以后，八座及郎中，多不奏事。天监元年诏曰："自礼闱陵替，历兹永久，郎署备员，无取职事。糠纰文案，贵尚虚闲，空有趋墀之名，了无握兰之实。曹郎可依昔奏事。"自是始奏事矣。三年，置侍郎，视通直郎。其郎中在职勤能，满二岁者，转之。又有五都令史，与左、右丞共知所司。旧用人常轻，九年诏曰："尚书五都，职参政要，非但总领众局，亦乃方轨二丞。顷虽求才，未臻妙简，可革用士流，每尽时彦，庶同持领，秉此群目。"于是以都令史视奉朝请。其年，以太学博士刘纳兼殿中都，司空法曹参军刘显兼吏部都，太学博士孔虔孙兼金部都，司空法曹参军肖轨兼左户部，宣毅墨曹参军王颙兼中兵都。五人并以才地兼美，首膺兹选矣。驾部又别领车府署，库部领南、北武库二署令丞。

门下省置侍中、给事黄门侍郎各四人，掌侍从左右，摈相威仪，尽规献纳，纠正违阙。监令尝御药，封玺书。侍郎中高功者，在职一年，诏加侍中祭酒，与侍郎高功者一人，对掌禁令，公车、太官、太医等令，骅骝厩丞。

集书省置散骑常侍、通直散骑常侍各四人。员外散骑常侍无员，散骑侍郎、通直郎各四人，又有员外散骑侍郎、给事中、奉朝请、常侍侍郎，掌侍从左右，献纳得失，省诸奏闻文书。意异者，随事为驳。集录比诏比玺，为诸优文策文，平处诸文章诗颂。常侍高功者一人为祭酒，与侍郎高功者一人，对掌禁令，纠诸遵违。

附马、奉车、车骑三都尉，并无员。驸马以加尚公主者，无班秩。

散骑常侍、通直散骑常侍、员外散骑常侍，旧并为显职，与侍中通官。宋代以来，或轻或杂，其官渐替。天监六年革选，诏曰："在昔晋初，仰惟盛化，常侍、侍中，并奏帷幄，员外常侍，特为清显，陆始名公之胤，位居纳言，曲蒙优礼，方有斯授。可分门下二局，委散骑常侍尚书案奏，分曹入集书。通直常侍，本为显爵，员外之选，宜参旧准人数，依正员格。"自是散骑视侍中，通直视中丞、员外视黄门郎。

中书省置监、令各一人，掌出内帝命。侍郎四人，功高者一人，主省内事。又有通事舍人、主事令史等员，及置令史，以承其事。通事舍人，旧入直阁内。梁用人殊重，简以才能，不限资地，多以他官兼领。其后除通事，直曰中书舍人。

秘书省置监、丞各一人，郎四人，掌国之典籍图书。著作郎一人，佐郎八人，掌国史，集注起居。著作郎谓之大著作，梁初周舍、裴子野，皆以他官领之。又有撰史学士，亦知史书。佐郎为起家之选。

御史台，梁国初建，置大夫，天监元年，复曰中丞。置一人，掌督司百僚。皇太子已下，其在宫门行马内违法者，皆纠弹之。虽在行马外，而监司不纠，亦得奏之，专道而行，逢尚书丞郎，亦得停驻。其尚书令、仆、御史中丞，各给威仪十人，其八人武冠绛韝，执青仪囊在前。囊题云“宜官吉”，以受辞诉。一人湘衣，执鞭杖，依列行，七人唱呼入殿，引锃至阶。一人执仪囊，不锃。属官治书侍御史二人，掌举劾官品第六已下。分统侍御史，侍御史九人，居曹，掌知其事，纠察不法。殿中御史四人，掌殿中禁卫内。又有符节令史员。

谒者台，仆射一人，掌朝觐宾飨之事。属官谒者十人，掌奉诏出使拜假，朝会摈赞。高功者一人为假史，掌差次谒者。

诸卿，梁初犹依宋、齐、皆无卿名。天监七年，以太常为太常卿，加置宗正卿，以大司农为司农卿，三卿是为春卿。加置太府卿，以少府为少府卿，加置太仆卿，三卿是为夏卿。以卫尉为卫尉卿，廷尉为廷尉卿，将作大匠为大匠卿，三卿是为秋卿。以光禄勋为光禄卿，大鸿胪为鸿胪卿，都水使者为太舟卿，三卿是为冬卿。凡十二卿，皆置丞及功曹、主簿。而太常视金紫光禄大夫，统明堂、二庙、太史，太祝、廪牺、太乐、鼓吹、乘黄、北馆、典客馆等令丞，有陵监、国学等。又置协律校尉、总章校尉监、掌故、乐正之属，以掌乐事。太乐又有清商署丞，太史别有灵台丞。诏以为陵监之名，不出前诰，且宗庙宪章，既备典礼，园寝职司，理不容异，诸正陵先立监者改为令，于是陵置令矣。

国学，有祭酒一人，博士二人，助教十人，太学博士八人。又有限外博士员。天监四年，置五经博士各一人。旧国子学生，限以贵贱，帝欲招来后进，五馆生皆引寒门俊才，不限人数。大同七年，国子祭酒到溉等，又表立正言博士一人，位视国子博士。置助教二人。

宗正卿，位视列曹尚书，主皇室外戚之籍。以宗室为之。

司农卿,位视散骑常侍,主农功仓廪。统太仓、导官、籍田、上林令,又管乐游、北苑丞,左右中部三仓丞,荚库、荻库、箬库丞,湖西诸屯主。天监九年,又置劝农谒者,视殿中御史。

太府卿,位视宗正,掌金帛府帑,统左右藏令,上库丞,掌太仓、南北市令。关津亦皆属焉。

少府卿,位视尚书左丞,置材官将军、左中右尚方、甄官、平水署、南塘邸税库、东西治、中黄、细作、炭库、纸官、柴署等令丞。

太仆卿,位视黄门侍郎,统南马牧、左右牧、龙厩、内外厩丞,又有弘训太仆,亦置属官。

卫尉卿,位视侍中,掌宫门屯兵。卿每月、丞每旬行宫徼,纠察不法。统武库令、公车司马令。又有弘训卫尉,亦置属官。

廷尉卿,梁国初建,曰大理,天监元年,复改为廷尉。有正、监、平三人。元会,廷尉三官,与建康三官,皆法冠玄衣朝服,以监东、西、中华门。手执方木,长三尺,方一寸,谓之执方。四年,置胄子律博士,位视员外郎。

大匠卿,位视太仆,掌土木之工。统左、右校诸署。

光禄卿,位视太子中庶子,掌宫殿门户。统守宫、黄门、华林园、暴室等令。又有左右光禄、金紫光禄、太中、中散等大夫,并无员,以养老疾。

鸿胪卿,位视尚书左丞,掌导护赞拜。

太舟卿,梁初为都水台,使者一人,参军事二人,河堤谒者八人。七年,改焉。位视中书郎,列卿之最末者也。主舟航堤渠。

大长秋,主诸宫者,以司宫闱之职。统黄门、中署、奚官、暴室、华林等署。

领军,护军,左、右卫,骁骑,游骑等六将军,是为六军。又有中领、中护,资轻于领、护。又左右前后四将军,左右中郎将,屯骑、步骑、越骑、长水、射声等五营校尉,武贲、冗从、羽林三将军,积射、强弩二军,殿中将军,武骑之职,皆以分司丹禁,侍卫左右。天监六年,置左右骁骑、左右游击将军,位视二率。改旧骁骑曰云骑,游击曰游骑,降左右骁、游一阶。又置朱衣直阁将军,以经为方牧者为之。其以左右骁、游带领者,量给仪从。

太子太傅一人,位视尚书令。少傅一人,位视左仆射。天监初,又置东宫常侍,皆散骑常侍为之。

詹事,位视中护军,任总宫朝。二傅及詹事,各置丞、功曹、主簿。五官,家令;率更令、仆各一人。家令,自宋、齐已来,清流者不为之。天监六年,帝以三卿陵替,乃诏革选。家令视通直常侍,率更、仆视黄门三等,皆置丞。中大通三年,以昭明太子妃居金华宫,又置金华家令。

左、右卫率各一人,位视御史中丞。各有丞。左率领果毅、统远、立忠、建宁、陵锋、夷冠、祚德等七营,右率领崇荣、永吉、崇和、细射等四营。二率各置殿中将军十人,员外将军十人,正员司马四人,又有员外司马督官。共屯骑、步兵、翊军三校尉各一人,谓之三校。旅贲中郎将、冗从仆射各一人,谓之二将。左、右积弩将军各一人。门大夫一人,视谒者仆射。

中庶子四人,功高者一人为祭酒。行则负玺,前后部护驾。

中舍人四人,功高者一人,与中庶子祭酒共掌其坊之禁令。又有通事守舍人、典事守舍人、典法守舍人员。

庶子四人,掌侍从左右,献纳得失。高功者一人,与高功舍人共掌其坊之禁令。

舍人十六人,掌文记。通事舍人二人,视南台御史,多以余官兼职。典经局洗马八人,位视通直郎。置典经守舍人、典事守舍人员。又有外监殿局,内监殿局,导客局,斋内局,主玺、主衣、扶侍等局,门局,锡库局,内厩局,中药藏局,食官局,外厩局,车厩局等,各置有司,以承其事。

皇弟、皇子府,置师,长史,司马,从事中郎,谘议参军,及掾属中录事、中记室、中直兵等参军,功曹史,录事、记室、中兵等参军,文学,主簿,正参军、行参军、长兼行参军等员。嗣王府则减皇弟皇子府师、友、文学、长兼行参军。蕃王府则又减嗣王从事中郎,谘议参军,掾属录事、记室、中兵参军等员。自此以下,则并不登二品。

　　王国置郎中令、将军、常侍官。又置典祠令、庙长、陵长、典医丞、典府丞、典书令、学官令、食官长、中尉、侍郎、执事中尉、司马、谒者、典卫令、舍人、中大夫、大农等官。嗣王国则唯置郎中令、中尉、常侍、大农等员。蕃王则无常侍。自此以下并不登二品。

　　诸王皆假金兽符第一至第五左,竹使符第一至第十左。诸公侯皆假铜兽符,竹使符第一至第五。名山大泽不以封。盐铁金银铜锡。及竹园别都,宫室园囿,皆不以属国。

　　诸王言曰令,境内称之曰殿下。公侯封郡县者,言曰教,境内称之曰第下。自称皆曰寡人。相以下,公文上事,皆诣典书。世子主国,其文书表疏,仪式如臣,而不称臣。文书下群官,皆言告。诸王公侯国官,皆称臣。上于天朝,皆称陪臣。有所陈,皆曰上疏,其公文曰言事。五等诸公,位视三公,班次之。开国诸侯,位视孤卿、重号将军,光禄大夫,班次之,开国诸伯,位视九卿,班次之。开国诸子,位视二千石,班次之。开国诸男,位视比二千石,班次之,公已下,各置相、典祠、典书令、典卫长一人。而伯子典书谓之长,典卫谓之丞。男典祠谓之长,典书谓之丞,无典卫。诸公已下,台为选置相,掌知百姓事。典祠已下,自选补上。诸列侯食邑千户已上,置家丞、庶子员。不满千户,则但置庶子员。

　　州刺史二千石,受拜之明日,辞宫庙而行。州置别驾,治中从事各一人,主簿,西曹、议曹从事,祭酒从事,部传从事,文学从事,各因其州之大小而置员。郡置太守,置丞。国曰内史,郡丞,三万户以上,置佐一人。

　　县为国曰相,大县为令,小县为长,皆置丞、尉。郡县置吏,亦各准州法,以大小而制员。郡县吏有书僮,有武吏,有医,有迎新、送故等员,亦各因其大小而置焉。

　　建康旧置狱丞一人。天监元年,诏依廷尉之官,置正、平、监,革选士流,务使任职。又令三官更直一日,分受罪系,事无小大,悉与令筹。若有大事,共详,三人具辨。脱有同异,各立议以闻。尚书水部郎袁孝然、议曹郎孔休源,并为之。位视给事中。

天监初,武帝命尚书删定郎济阳蔡法度,定令为九品。秩定,帝于品下注一品秩为万石,第二第三为中二千石,第四第五为二千石。至七年,革选,徐勉为吏部尚书,定为十八班。以班多者为贵,同班者,则以居下者为劣。

丞相、太宰、太傅、太保、大司马、大将军、太尉、司徒、司空,为十八班。

诸将军开府仪同三司、左右光禄开府仪同三司,为十七班。尚书令、太子太傅、左右光禄大夫,为十六班。

尚书左仆射,太子少傅,尚书仆射、右仆射,中书监,特进,领、护军将军,为十五班。

中领、护军,吏部尚书,太子詹事,金紫光禄大夫,太常卿,为十四班。

中书令,列曹尚书、国子祭酒,宗正、太府卿,光禄大夫,为十三班。

侍中,散骑常侍,左、右卫将军,司徒左长史,卫尉卿,为十二班。

御史中丞,尚书吏部郎,秘书监,通直散骑常侍,太子左、右二卫率,左、右骁骑,左、右游击,太中大夫,皇弟皇子师,司农、少府、廷尉卿,太子中庶子,光禄卿,为十一班。

给事黄门侍郎,员外散骑常侍,皇弟皇子府长史,太仆、大匠卿,太子家令、率更信、仆,扬州别驾,中散大夫,司徒右长史,云骑,游骑,皇弟皇子府司马,朱衣直阁将军,为十班。尚书左丞,鸿胪卿,中书侍郎,国子博士,太子庶子,扬州中从事,皇弟皇子公府从事中郎,太舟卿,大长秋,皇弟皇子府谘议,嗣王府长史,前左右后四军、嗣王府司马,庶姓公府长史、司马,为九班。

秘书丞,太子中舍人,司徒左西掾,司徒属,皇弟皇子友,散骑侍郎,尚书右丞,南徐州别驾,皇弟皇子公府掾属,皇弟皇子单为二卫司马,嗣王庶姓公府从事中郎,左、右中郎将,嗣王庶姓公府谘议,皇弟皇子之庶子府长史、司马,蕃王府长史、司马,庶姓持节府长史、司马,为八班。

五校,东宫三校,皇弟皇子之庶子府中录事、中记室、中直兵参军,南徐州中从事,皇弟皇子之庶子府、蕃王府谘议,为七班。

太子洗马,通直散骑侍郎、司徒主簿,尚书侍郎,著作郎,皇弟皇子府功曹史,五经博士,皇弟皇子府录事、记室、中兵参军,皇弟皇子荆江雍郢南兖五州别驾,领、护军长史、司马,嗣王庶姓公府掾属,南台治书侍御史,廷尉三官,谒者仆射,太子门大夫,嗣王庶姓公府中录事、中记室、中直兵参军,庶姓府谘议,为六班。

尚书郎中,皇弟皇子文学及府主簿,太子太傅、少傅丞,皇弟皇子湘豫司益广青衡七州别驾,皇弟皇子荆江雍郢南兖五州中从事,嗣王庶姓荆江雍郢南兖五州别驾,太常丞,皇弟皇子国郎中令、三将、东宫二将,嗣王府功曹史,庶政公府录事、记室、中兵参军,皇弟皇子之庶子府、蕃王府中录事、中记室、中直兵参军,为五班。

给事中,皇弟皇子府正参军,中书舍人,建康三官,皇弟皇子北徐北兖梁交南梁五州别驾,皇弟皇子湘豫司益广青衡七州别驾、中从事,嗣王庶姓湘豫司益广青衡七州别驾,嗣王庶姓荆江雍郢南兖五州中从事,宗正、太府、卫尉、司农、少府、廷尉、太子詹事等丞,积射、强弩将军,太子左右积弩将军,皇弟皇子国大农,嗣王国郎中令,嗣王庶姓公府主簿,皇弟皇子之庶子府蕃王府功曹史,皇弟皇子之庶子府蕃王府录事、记室、中兵参军,为四班。

太子舍人,司徒祭酒,皇弟皇子公府祭酒,员外散骑侍郎,皇弟皇子府行参军,太子太傅少傅五官功曹主簿,二卫司马,公车令,胄子律博士,皇弟皇子越桂宁霍四州别驾,皇弟皇子北徐北兖梁交南梁五州中从事,嗣王庶姓北徐北兖梁交南梁五州别驾,湘豫司益广青衡七州中从事,嗣王庶姓公府正参军,皇弟皇子之庶子府蕃王府曹主簿,武卫将军,光禄丞,皇弟皇子国中尉,太仆大匠丞,嗣王国大农,蕃王国郎中令,庶姓持节府中录事、中记室、中直兵参军,北馆令,为三班。

秘书郎，著作佐郎，扬、南徐州主簿，嗣王庶姓公府祭酒，皇弟皇子单为领护詹事二卫等五官、功曹、主簿，太学博士，皇弟皇子国常侍，奉朝请，国子助教，皇弟皇子越桂宁霍四州中从事，皇弟皇子荆江雍郢南兖五州主簿，嗣王庶姓越桂宁霍四州别驾，嗣王庶姓北徐北兖梁交南梁五州中从事，鸿胪丞，尚书五都令史，武骑常侍，材官将军，明堂二庙帝陵令，嗣王府庶姓公府行参军，皇弟皇子之庶子府正参军，蕃王国大农，庶姓持节府录事、记室、中兵参军，庶姓持节府功曹史，为二班。

扬南徐州西曹祭酒从事，皇弟皇子国侍郎，嗣王国常侍，扬南徐州议曹从事，东宫通事舍人，南台侍御史，太舟丞，二卫殿中将军，太子二率殿中将军，皇弟皇子之庶子府蕃王府行参军，蕃王国中尉，皇弟皇子湘豫司益广青衡七州主簿，皇弟皇子荆雍郢南兖四州西曹祭酒议曹从事，皇弟皇子江州西曹从事、祭酒议曹祭酒部传从事，嗣王庶姓越桂宁霍四州中从事，嗣王庶姓荆江雍郢南兖五州主簿，庶姓持节府主簿，汝阴巴陵二国郎中令，太官、太乐、太市，太史、太医、太祝、东西冶、左右尚方、南北武库、车府等令，为一班。

位不登二品者，又为七班。皇弟皇子府长兼参军。皇弟皇子国三军、嗣王国侍郎、蕃王国常侍，扬南徐州文学从事，殿中御史、庶姓持节府除正参军、太子家令丞、二卫殿中员外将军、太子二率殿中员外将军、镇蛮安远护军度支校尉等司马，皇弟皇子北徐北兖梁交南梁五州主簿、皇弟皇子湘豫司益广青衡七州西曹祭酒议曹从事，皇弟皇子荆雍郢三州从事史，江州议曹从事，南兖州文学从事，嗣王庶姓湘豫司益广青衡七州主簿、嗣王庶姓荆雍郢南兖四州西曹祭酒议曹从事，嗣王庶姓江州西曹从事、祭酒部传从事、劝农谒者，汝阴巴陵二王国大农，郡公国郎中令，为七班。

皇弟皇子国典书令，嗣王国三军，蕃王国侍郎，领护詹事五官功曹，皇弟皇子府参军督护，嗣王府长兼参军，庶姓公府长兼参军，庶姓持节府板正参军，皇弟皇子越桂宁霍四州主簿，皇弟皇子北徐北兖梁交南梁五州西曹祭酒议曹从事，嗣王庶姓北徐北兖梁交南梁五州主簿,嗣王庶姓湘豫司益广青衡七州西曹祭酒议曹从事,皇弟皇子豫司益广青五州文学从事,湘衡二州从事,嗣王庶姓荆霍郢三州从事史,江州议曹从事,南兖州文学从事,汝阴巴陵二王国中尉,皇弟皇子之庶子县侯国郎中令,郡公国大农,县公国郎中令,为六班。

皇弟皇子国三令,嗣王国典书令,蕃王国三军,皇弟皇子公府东曹督护,嗣王府庶姓公府参军督护,皇弟皇子之庶子长兼参军,蕃王府长兼参军,二卫正员司马督,太子二率正员司马督,领护主簿,詹事主簿,二卫功曹。太常五官功曹,石头戍军功曹,庶姓持节府行参军,皇弟皇子越桂宁霍四州西曹祭酒议曹从事。皇弟皇子北徐北兖梁交南梁五州文学从事,嗣王庶姓越桂宁霍四州主簿,嗣王庶姓徐北兖梁交南梁五州西曹祭酒议曹从事,嗣王庶姓豫司益广青五州文学从事,湘衡二州从事,汝阴巴陵二王国常侍,郡公国中尉,县侯国郎中令,皇弟皇子府功曹督护,为五班。

嗣王国三令,蕃王国典书令,嗣王府功曹督护,庶姓公府东曹督护,皇弟皇子之庶子府参军督护,蕃王府参军督护,二卫员外司马督,太子二率员外司马督,二卫主簿,太常主簿,宗正等十一卿五官功曹,石头戍军主簿,庶姓持节府板行参军,皇弟皇子越桂宁霍四州文学从事,嗣王庶姓越桂宁霍四州西曹祭酒议曹从事,嗣王庶姓北徐北兖交南梁五州文学从事,汝阴巴陵二王国侍郎,县公国中尉,为四班。

蕃王国三令,皇弟皇子之庶子府蕃王府功曹督护,宗正等十一卿主簿,庶姓持节府长兼参军,嗣王庶姓越桂宁霍四州文学从事,郡公国侍郎,为三班。

庶姓持节府参军督护,汝阴巴陵二王国典书令,县公国侍郎,为二班。

庶姓持节府功曹督护,汝阴巴陵二王国三令郡公国典书令,为一班。

又著作正令史,集书正史令,尚书度支三公正令史,函典书、殿中外监、齐东堂监、尚书都官左降正令史，诸州镇监、石头城监、琅邪城监、东宫外监、殿中守舍人、齐监、东宫典经守舍人，上库令，太社令、细作令，导官令，平水令，太官市署丞，正厨丞，酒库丞，柴署丞，太乐库丞，别局校丞，清商丞，太史丞，太医二丞，中药藏丞，东冶小库等三丞，作堂金银局丞，木局丞，北武库二丞，南武库二丞，东宫食官丞，上林丞，湖西砖屯丞，菱若库丞，纹绢簟席丞，国子典学，材官司马，宣阳等诸门候，东宫导客守舍人，运署谒者，都水左右二装五城谒者，石城宣城阳新屯谒者，南康建安晋安伐船谒者，晋安练葛屯主，为三品蕴位。

又门下集书主事通正令史，中书正令史，尚书正令史，尚书监籍正令史，都正令史，殿中内监，题阁监婚局监，东宫门下通事守舍人，东宫典书守舍人，东宫内监，殿中守舍人，题阁监，乘黄令，右藏令，籍田令，廪牺令，梅根诸冶令，典客馆令，太官四丞，库丞，太乐令，东冶太库丞，左尚方五丞，右尚方四丞，东宫卫库丞，司农左右中部仓丞，廷尉律博士，公府舍人，诸州别署监，山阴狱丞，为三品勋位。

其州二十三，并列其高下，选拟略视内职。郡守及丞，各为十班。县制七班。用人各拟内职云。

又诏以将军之名，高卑舛杂，命更加厘定，于是有司奏置一百二十五号将军。以镇、卫、骠骑、车骑，为二十四班，内外通用。四征、东西南北，止施外。四中，军、卫、抚、护，止施内。为二十三班。八镇东西南北，止施在外。左右前后，止施在内。为二十二班。八安东西南北，止施在外。左右前后，止施在内。为二十一班。四平、东南西北。四翊，左右前后。为二十班。凡三十五号，为一品。是为重号将军。忠武、军师，为十九班。武臣、爪牙、龙骑、云麾，为十八班。代旧前后左右四将军。镇兵、翊师、宣惠、宣毅，为十七班。代旧四中郎。十号为一品。智威、仁威、勇威、信威、严威，为十六班。代旧征虏。智武、仁武、勇武、信武、严武，为十五班。代旧冠军。十号为一品，所谓五德将军者也。轻车、征远、镇朔、武旅、贞毅，为十四班。代旧辅国。凡将军加大者，唯至贞毅而已。通进一阶，优者方得比加位从公。凡督府，置长史司马谘议诸曹，有录事记室等十八曹。天监七年，更置中录事、中记室、中直兵参军各一人。宁远、明威、振远、电耀、威耀，为十三班。代旧宁朔。十号为一品。武威、武骑、武猛、壮武、飚武，为十二班。电威、驰锐、追锋、羽骑、突骑，为十一班。十号为一品。折冲、冠武、和戎、安垒、猛烈，为十班。扫狄、雄信、扫虏、武锐、摧锋，为九班。十号为一品。略远、贞威、决胜、开远、光野，为八班。厉锋、轻锐、讨狄、荡虏、荡夷，为七班。十号为一品。武毅、铁骑、楼舡、宣猛、树功，为六班。克狄、平虏、讨夷、平狄、威戎，为五班。十号为一品。伏波、雄戟、长剑、冲冠、雕骑，为四班。伏飞、安夷、克戎、绥狄、威虏，为三班。十号为一品。前锋、武毅、开边、招远、金威，为二班。绥虏、荡寇、殄虏、横野、驰射，为一班。十号为一品。凡十品，二十四班。亦以班多为贵。其制品十，取其盈数。班二十四，以法气序。制簿悉以大号居后，以为选法自小迁大也。前史所记，以位得从公，故将军之名，次于台槐之下。至是备其班品，叙于百司之外。其不登二品，应须军号者，有牙门、代旧建威。期门，代旧建武。为八班。候骑、代旧振威。熊渠，代旧振武。为七班。中坚、代旧奋威。典戎，代旧奋武。为六班。戈舡、代旧扬威。绣衣，代旧扬武。为五班。执讯、代旧广威。行阵，代旧广武。为四班。鹰扬为三班。陵江为二班。偏将军、裨将军，为一班。凡十四号，别为八班，以象八风。所施甚轻。又有武安、镇远、雄义，拟车骑。为二十四班。四抚东南西北，拟四征。为二十三班。四宁东南西北，拟四镇。为二十二班。四威东南西北，拟四安。为二十一班。四绥东南西北，拟四平。为二十班。凡十九号，为一品。安远、安边，拟忠武、军师。为十九班。辅义、安沙、卫海、抚河，拟武臣等四号。为十八班。平远、抚朔、宁沙、航海，拟镇兵等四号。为十七班。凡十号，为一品。诩海、朔野、拓远、威河、龙幕，拟智威等五号。为十六班。威陇、安漠、绥边、宁寇、梯山，拟智武等五号。为十五班。凡十号，为一品。宁境、绥河、明信、明义、威漠，拟轻车等五号。为十四班。安陇、向义、宣节、振朔、候律，拟宁远等五号。为十三班。凡十号，为一品。平寇、定远、陵海、宁陇、振漠，拟武威等五号。为十二班。驰义、横朔、明节、执信、怀德，拟电威等五号。为十一班。凡十号，为一品。抚边、定陇、绥关、立信、奉义，拟折冲等五号。为十班。绥陇、宁边、定朔、立节、怀威，拟扫狄等五号。为九班。凡十号，为一品。怀关、静朔、扫寇、宁河、安朔，拟略远等五号。为八班。扬化、超陇、执义、来化、度嶂，拟厉锋等五号。为七班。凡十号，为一品。平河、振陇、雄边、横沙、宁关，拟武毅等五号。为六班。怀信、宣义、弘节、浮辽、凿空，拟克狄等五号。为五班。凡十号，为一品。捍海、款塞、归义、陵河、明信，拟伏波等五号。为四班。奉忠、守义、弘信、仰化、立义，拟伏飞等五号。为三班。凡十号，为一品。绥方、奉正、承化、浮海、度河，拟先锋等五号。为二班。怀义、奉信、归诚、怀泽、伏义，拟绥虏等五号。为一班。凡十号，为一品，大凡一百九号将军，亦为十品，二十四班。正施于外国。

　　及大通三年，有司奏曰："天监七年，改定将军之名，有因有革。普通六年，又置百号将军，更加刊正，杂号之中，微有移异。大通三年，奏移宁远班中明威将军进轻车班中，以轻车班中征远度入宁远班中。又置安远将军代贞武，宣远代明烈。其戎夷之号，亦加附拟。选序则依此承用。"遂以定制。转则进一班，黜则退一班。班即阶也。同班以优劣为前后。有镇、卫、骠骑、车骑同班。四中、四征同班。八镇同班。八安同班。四平、四翊同班。忠武军师同班。武臣、爪牙、龙骑、云麾、冠军同班。镇兵、诩师、宣惠、宣毅四将军，东南西北四中郎将同班。智威、仁威、勇威、信威、严威同班。智武、仁武、勇武、信武、严武同班。谓为五德将军。轻车、镇朔、武旅、贞毅、明威同班。宁远、安远、征远、振远、宣远同班。威雄、威猛、威烈、威振、威信、威胜、威略、威风、威力、威光同班。武猛、武略、武胜、武力、武毅、武健、武烈、武威、武锐、武勇同班。猛毅、猛烈、猛威、猛锐、猛震、猛进、猛智、猛威、猛胜、猛骏同班。壮武、壮勇、壮烈、壮猛、壮锐、壮盛、壮毅、壮志、壮意、壮力同班。骁雄、骁杰、骁猛、骁烈、骁武、骁勇、骁锐、骁名、骁胜、骁迅同班。雄猛、雄威、雄明、雄烈、雄信、雄武、雄勇、雄毅、雄壮、雄健同班。忠勇、忠烈、忠猛、忠锐、忠壮、忠毅、忠捍、忠信、忠义、忠胜同班。明智、明略、明远、明勇、明烈、明威、明胜、明进、明锐、明毅同班。光烈、光明、光英、光远、光胜、光锐、光命、光勇、光戎、光野同班。飙勇、飙猛、飙烈、飙锐、飙奇、飙决、飙起、飙略、飙胜、飙出同班。龙骧、武视、云旗、风烈、电威、雷音、驰锐、追锐、羽骑、突骑同班。折冲、冠武、和戎、安垒、超猛、英果、扫虏、扫狄、武锐、摧锋同班。开远、略远、贞威、决胜、清野、坚锐、轻锐、拔山、云勇、振旅同班。超武、铁骑、楼船、宣猛、树功、克狄、平虏、稜威、昭威、威戎同班。伏波、雄戟、长剑、冲冠、雕骑、饮飞、勇骑、破敌、克敌、威虏同班。前锋、武毅、开边、招远、金威、破阵、荡寇、珍虏、横野、驰射同班。牙门、期门同班。候骑、熊渠同班。中坚、典戎同班。执讯、行阵同班。伏武、怀奇同班。偏、裨将军同班。凡二百四十号，为四十四班。

又雍州置宁蛮校尉，广州置平越中郎将，北凉、南秦置西戎校尉，南秦、梁州置平戎校尉，宁州置镇蛮校尉，西阳、南新蔡、晋熙、卢江等郡。置镇蛮护军，武陵郡置安远护军，巴陵郡置度支校尉。皆立府，随府主号轻重而不为定。其将军施于外国者，雄义、镇远、武安同班，拟镇、卫等三号。四抚同班。拟四征。四威同班，拟四安。四绥同班，拟四平。安远、安边同班，拟忠武等号。抚河、卫海、安沙、辅义同班，拟武臣等号。航海、宁沙、抚朔、平远同班，拟镇兵等号。龙幕、威河、和戎、拓远、朔野、翊海同班，拟智威等号。梯山、宁寇、绥边、安漠、威陇五号同班，拟智武等号。威漠、明义、昭信、绥河、宁境同班，拟轻车等号。候律、振朔、宣节、向义、安陇同班，拟宁远等号。振漠、宁陇、陵海、安远、平寇同班，拟威雄等号。怀关同班，拟骁雄等号。度嶂、奉化、康义、超陇、扬化同班，拟猛烈等号。宁关、横沙、雄边、振陇、平河同班，拟忠勇等号。凿空、浮辽、弘节、宣义、怀信同班，拟明智等号。明信、陵河、归义、款塞、捍海同班，拟光烈等号。立义、仰化、弘信、守义、奉忠同班，拟飙勇等号。奉诚、立诚、建诚、显诚、义诚同班。拟骧等号。尉辽、宁渤、绥岭、威塞、通候同班，拟折冲等号。扫荒、威荒、定荒、开荒、理荒同班，拟开远等号。奉节、建节、效节、伏节同班,拟超武等号。渡河、陵海、承化、奉正、绥方同班,拟伏波等号。伏义、怀泽、归诚、奉信、怀义同班,拟前锋等号。凡一百二十五将军,二十八班。并施外国戎号,准于中夏焉。大同四年,魏彭城王尔朱仲远来降,以为定洛大将军,仍使其北讨,故名云。

陈承梁,皆循其制官,而又置相国,位列丞相上。并丞相、太宰、太傅、太保、大司马、大将军,并以为赠官。定令,尚书置五员,郎二十一员。其余并遵梁制,为十八班,而官有清浊。自十二班以上并诏授,表启不称姓。从十一班至九班。礼数复为一等。又流外有七班。此是寒微士人为之。从此班者,方得进登第一班。其亲王起家则为侍中。若加将军,方得有佐史,无将军则无府,止有国官。皇太子嫡者,起家封王,依诸王起家。余子并封公,起家中书郎。诸王子并诸侯世子,起家给事。三公子起家员外散骑侍郎,令仆子起家秘书郎。若员满,亦为板法曹,虽高半阶,望终秘书郎下。次令仆子起家著作佐郎,亦为板行参军。此外有扬州主簿、太学博士、王国侍郎,奉朝请、嗣王行参军,并起家官,未合发诏。诸王公参佐等官,仍为清浊。或有选司补用,亦有府牒即授者,不拘年限,去留随意。在府之日,唯宾游宴赏,时复修参,更无余事。若随府王在州,其僚佐等,或亦得预揔督。若其驱使,便有职务。其衣冠子弟,多有修立,非气类者,唯利是求,暴物乱政,皆此之类。国之政事,并由中书省。有中书舍人五人,领主事十人,书吏二百人。书吏不足,并取助书,分掌二十一局事,各当尚书诸曹,并为上司,总国内机要,而尚书唯听受而已。被委此官,多擅威势。其庶姓为州,若无将军者,谓之单车。郡县官之任代下。有迎新送故之法,饷馈皆百姓出,并以定令。其所制品秩,今列之云。

相国,丞相,太宰,太傅,太保,大司马,大将军,太尉,司徒,司空,开府仪同三司,已上秩万石。巴陵王、汝阴王后、尚书令,已上秩中二千石。品并第一。

中书监,尚书左右仆射,特进,太子二傅,左右光禄大夫,已上中二千石。品并第二。

中书令,侍中,散骑常侍,领、护军,吏部尚书,列曹尚书,金紫光禄大夫,光禄大夫,已上并中二千石。左右卫将军,御史中丞,已上二千石。太后卫尉、太仆、少府三卿,太常、宗正、太府、卫尉、司农、少府、廷尉、光禄、大匠、太仆、鸿胪、太舟等卿,太子詹事,国子祭酒,已上中二千石。扬州刺史,凡单车刺史,加督进一品,都督进二品。不论持节假节,扬州、徐州加督,进二品右光禄巳下。加都督,第一品尚书令下。南徐、东扬州刺史,皇弟皇子公封国王世子,品并第三。

通直散骑常侍,员外散骑常侍,黄门侍郎,已上二千石。秘书监,中二千石。左右骁骑、左右游击等将军,太子中庶子,已上二千石。太子左右卫率,二千石。朱衣直阁,云骑、游骑将军,中书侍郎,已上千石。尚书左右丞、尚书、吏部侍郎、郎中,已上六百石。尚书郎中与吏部同列,今品同。太子三卿,太中、中散大夫,司徒左右长史,已上千石。诸王师,依秩减之例。国子博士,千石。荆江南兖郢湘雍等州刺史,六州加督,进在第三品东扬州下。加都督,进在第二品右光禄下。嗣王、蕃王、郡公、县公等世子,品并第四。

秘书丞、明堂、太庙、帝陵等令,已上六百石。散骑侍郎,前左右后军将军,左右中郎将,已上千石。大长秋,二千石。太子中舍人、庶子,六百石。豫益广衡等州,青州领冀州,北兖北徐等州,梁州领南秦州,司南梁交越桂霍宁等十五州,加督,进在第四品雍州下。加都督,进在第三品南徐州下,不言秩。丹阳尹,中二千石。会稽太守,二千石,加督进在第四品雍州下。加都督,进在第三品南徐州下。诸郡若督及都督,皆以此差次为例。吴郡吴兴二太守,二千石。侯世子,不言秩。皇弟皇子府谘议参军,八百石。皇弟皇子府板谘议参军,不言秩。皇弟皇子府长史,千石。皇弟皇子府板长史,不言秩。皇弟皇子府司马,千石。皇弟皇子府板司马,不言秩。皇弟皇子公府从事中郎,六百石。品并第五。

通直散骑侍郎,千石。著作郎,六百石。步兵、射声、长水、越骑、屯骑五校尉,并千石。太子洗马,六百石。太子步兵、翊军、屯骑三校尉，并秩同台校。司徒左西掾属，并本秩四百石。依减秩例。皇弟皇子友，依减秩例。皇弟皇子公府属，本秩四百石。依减秩例。五经博士，六百石。子男世子，不言秩。万户以上郡太守、内史、相，嗣王府、皇弟皇子之庶子府谘议参军，六百石。板者不言秩。嗣王府、皇弟皇子之庶子府长史、司马，并八百石。嗣王府官减正王府一阶。其板长史、司马，并不言秩。庶姓公府谘议参军，六百石。与嗣王府同。其板者并不言秩。庶姓公府长史、司马，并八百石。其板者并不言秩。嗣王庶姓公府从事中郎，六百石。皇弟皇子府中录事参军，板府中录事参军，中记室参军、板中记室参军，中直兵参军，板中直兵参军，扬州别驾中从事，皇弟皇子南徐荆江南兖郢湘雍州别驾中从事，并不言秩。品并第六。

给事中，六百石。员外散骑侍郎，秘书著作佐郎，并四百石。依减秩例。奉车、驸马都尉，武贲中郎将，羽林监，冗从仆射，已上并六百石。谒者仆射，千石。南台治书侍御史，六百石。太子舍人，二百石。依减秩例。太子门大夫，六百石。太子旅贲中郎将、冗从仆射，并秩同台将。司徒主簿，依减秩例。司徒祭酒，不言秩。领护军长史、司马，廷尉、正、监、平，并六百石。皇弟皇子府录事记室中兵等参军、板录事记室中兵等参军、功曹史、主簿，公府祭酒，并不言秩。皇弟皇子文学，依减秩例。嗣王庶姓公府掾属，并本秩四百石。依减秩例。太子二傅丞，并六百石。蕃王府谘议参军，四百石。蕃王府板谘议参军，不言秩。蕃王府长史、司马，六百石。板者并不言秩。庶姓持节府谘议参军，四百石。庶姓非公不持节将军置长史，六百石。庶姓持节府板谘议参军，不言秩。庶姓持节府长史、司马，并六百石。板者皆不言秩。嗣王府、皇弟皇子之庶子、及庶姓公府中录事中记室中直兵参军、及板中录事中记室中直兵参军，并不言秩。不满万户太守、内史、相，二千石。丹阳会稽吴郡吴兴及万户郡丞，并六百石。建康令，千石。建康正、监、平，秩同廷尉。品并第七。

中书通事舍人，依减秩例。积射、强弩、武卫等将军、公车令，太子左右积弩将军，并六百石。奉朝请武骑常侍，依减秩例。太后三卿、十二卿、大长秋等丞，并六百石。左右卫司马，不言秩。太子詹事丞、胄子律博士，并六百石。皇弟皇子府正参军，板正参军、行参军、板行参军，嗣王府、皇弟皇子之庶子府录事记室中兵参军、板参军记室中兵参军、功曹史、主簿，庶姓非公不持节诸将军置主簿，庶姓公府录事记室中兵参军，板录事记室中兵参军、主簿，嗣王庶姓公府祭酒，蕃王府中录事记室直兵参军、板中录事记室直兵参军、庶姓持节府中录事记室直兵参军、及板中录事记室直兵参军，太子太傅、五官功曹史、主簿、少傅、五官功曹史、主簿，已上并不言秩。太学博士，六百石。国子助教，司樽郎，安蛮戎越校尉中郎将府等长史，六百石。蛮戎越等府佐无定品。自随主军号轻重。小府减大府一阶。蛮戎越校尉中郎将等府板长史，不言秩。蛮戎越校尉中郎将等司马，六百石。板者不言秩。庶姓南徐荆江南兖郢湘雍等州别驾中从事，不言秩。不满万户已上郡丞，六百石。五千户已上县令、相，一千石。皇弟皇子国郎中令、大农、中尉，并六百石。品并第八。

　　左右二卫殿中将军，不言秩。南台侍御史，依秩减例。东宫通事舍人，不言秩。材官将军，六百石。太子左右二卫率、殿中将军及丞、嗣王府、皇弟皇子之庶子府正参军、板正参军、行参军、板行参军，庶姓公府正参军、板正参军，蕃王府录事记室中兵等参军、板录事记室中兵等参军、功曹史、主簿、正参军、板正参军、行参军、板行参军、庶姓持节府录事记室中兵等参军、板录事记室中兵等参军、功曹史、主簿，庶姓豫益广衡青冀北兖北徐梁秦司南徐等州别驾中从事史，扬州主簿、西曹及祭酒，议曹二从事，南徐州主簿、西曹、祭酒议曹二从事，皇弟皇子诸州主簿、西曹，已上并不言秩。不满五千户已下县令、相，六百石。皇弟皇子国常侍、侍郎，不言秩。嗣王国郎中令、大农、中尉，并四百石。嗣王国常侍，不言秩。蕃王国郎中令、大农、殿中，并二百石。品并第九。

　　又有戎号拟官，自一品至于九品，凡二百三十七。镇卫、骠骑、车骑等三号将军，拟官品第一。比秩中二千石。四中、军、抚、卫、权。四征、东南西北。八镇东南西北，左右前后，等十六号将军，拟官品第二。秩中二千石。八安左前右后，东南西北。四翊左前右后。四平东南西北。等十六号将军,拟官品第三。秩中二千石。忠武、军师、武臣、爪牙、龙骑、云麾、冠军、镇兵、翊师、宣惠、宣毅等将军,四中郎将,智、仁、勇、信、严等五威、五武将军,合二十五号,拟官品第四。秩中二千石。轻车、镇朔、武旅、贞毅、明威等将军,将军加大者至此。凡加大,通进一阶。宁、安、征、振、宣等五远将军,宁蛮校尉、雍州小府。蛮越校尉中郎将,随府主军号轻重。若单作,则减刺史一阶。若有将军,减将军一阶。合十八号,拟官品第五。威雄、猛、烈、震、信、略、胜、风、力、光等十威,武猛、略、胜、力、毅、健、烈、威、锐、勇等十武,猛毅、烈、威、震、锐、进、智、胜、骏等十猛,壮武、勇、烈、猛、锐、威、力、毅、志、意等十壮,骁雄、桀、猛、烈、威、武、勇、锐、名、胜、迅等十骁,雄猛、威、明、烈、信、武、勇、毅、壮、健等十雄、忠勇、烈、猛、锐、壮、毅、捍、信、义、胜等十忠,明智、略、远、勇、烈、威、锐、毅、胜、进等十明,光烈、明、英、远、胜、锐、命、勇、戎、野等十光,飙勇、烈、猛、锐、奇、决、起、胜、略、出等十飙将军,平越中郎、广、梁、南秦、南梁、宁等州小府。西戎、平戎、镇蛮三校尉等,拟官一百四号,品第六。并千石。龙骧、武视、云旗、风烈、电威、雷音、驰锐、追锐、羽骑、突骑、折冲、冠武、和戎、安垒、超猛、英果、扫房、扫狄、武锐、摧锋、开远、略远、贞威、决胜、清野、坚锐、轻车、拔山、云勇、振旅等将军,拟官三十号,品第七。并六百石。超武、铁骑、楼船、宣猛、树功、克狄、平房、稜威、戎昭、威戎、伏波、雄戟、长剑、冲冠、雕骑、饮飞、勇骑、破敌、克敌、威房等将军,镇蛮护军,西阳、南新蔡、晋熙、庐江郡小府。镇蛮安远护军、度支校尉,随府主号轻重。若单作,则减太守内史相一阶,若有将军,减一阶。安远护军,度支校尉巴陵郡丞等,拟官二十三号,品第八。并六百石。前锋、武毅、开边、招远、金威、破阵、荡寇、珍房、横野、驰射等将军,拟官十号,品第九。并四百石。诸将起自第六品已下,板则无秩。其虽除不领兵,领兵不满百人,并除此官而为州郡县者,皆依本条减秩石。二千石减为千石,千石降为六百石。自四百石降而无秩。其州郡县,自各以本秩论。凡板将军,皆降除一品。诸依此减降品秩。其应假给章印,各依旧差,不贬夺。

其封爵亦为九等之差,郡王第一品。秩万石。嗣王、蕃王、开国郡县公,第二品。开国郡、县侯,第三品。开国县伯,第四品。并视中二千石。开国子,第五品。开国男,第六品。并视二千石。汤沐食侯,第七品。乡、亭侯、第八品。并视千石。关中、关外侯,第九品。视六百石。

陈依梁制,年未满三十者,不得入仕。唯经学生策试得第,诸州光迎主簿,西曹左奏及经为挽郎得仕。其诸郡,唯正王任丹阳尹经迎得出身,庶姓尹则不得。必有奇才异行殊勋,别降恩旨叙用者,不在常例。其相知表启通举者,每常有之,亦无年常考校黜陟之法。既不为此式,所以勤惰无辨。凡选官无定期,随阙即补,多更互迁官,未必即进班秩。其官唯论清浊,从浊官则微清,则胜于转。若有迁授,或由别敕,但移转一人为官,则诸官多须改动。其用官式,吏部先为白牒,录数十人名,吏部尚书与参掌人共署奏。敕或可或不可。其不用者,更铨量奏请。若敕可,则付选,更色别,量贵贱,内外分之,随才补用。以黄纸录名,八座通署,奏可,即出付典名。而典以名帖鹤头板,整威仪,送往得官之家。其有特发诏授官者,即宣付诏诰局,作诏章草奏闻。敕可,黄纸写出门下。门下答诏,请付外施行。又画可,付选司行召。得诏官者,不必皆须待召。但闻诏出,明白,即与其亲入谢后,诣尚书,上省拜受,若拜王公则临轩。

隋书卷二七
志第二二

百官中

后齐制官，多循后魏，置太师、太傅、太保，是为三师，拟古上公，非勋德崇者不居。次有大司马、大将军，是为二大，并典司武事。次置太尉、司徒、司空，是为三公。三师、二大、三公府，三门，当中开黄阁，设内屏。各置长史，司马，谘议参军，从事中郎，掾属、主簿，录事，功曹、记室、户曹、金曹、中兵、外兵、骑兵、长流、城局，刑狱等参军事，东西阁祭酒及参军事，法、墨、田、水、铠、集、士等曹行参军，兼左户右户行参军，长兼行参军，参军，督护等员。司徒则加有左右长史。三公下次有仪同三司，加开府者，亦置长史已下官属，而减记室、仓、城局、田、水、铠、士等七曹，各一人。其品亦每官下三府一阶。三师、二大置佐史，则同太尉府。乾明中，又置丞相。河清中，分为左右，亦各置府僚云。

特进，左右光禄，金紫、银青等光禄大夫，用人俱以旧德就闲者居之。自一品已下，从九品已上，又有骠骑、车骑、卫、四征、四镇、中军、镇军、抚军、翊军、四安、冠军、辅国、龙骧、镇远，安远、建忠、建节、中坚、中垒、振威、奋威、广德、弘义、折冲、制胜、伏波、陵江、轻车、楼舡、劲武、昭勇、明威、显信、度辽、横海、逾岷、越嶂、戎昭、武毅、雄烈、恢猛、扬麾、曜锋、荡边、开城、静漠、绥戎、平越、殄夷、飞骑、隼击、武牙、武奋、清野、横野、偏、裨等将军，以褒赏勋庸。

尚书省，置令、仆射，吏部、殿中、祠部、五兵、都官、度支等六尚书。又有录尚书一人，位在令上，掌与令同，但不纠察。令则弹纠见事，与御史中丞更相廉察，仆射职为执法，置二则为左右仆射，皆与令同。左纠弹，而右不纠弹。录、令、仆射，总理六尚书事，谓之都省。其属官，左丞、掌吏部、考功、主爵、殿中、仪曹、三公、祠部、主客、左右中兵、左右外兵、都官、二千石、度支、左右户十七曹，并弹纠见事。又主管辖台中，有违失者，兼纠驳之。右丞各一人。掌驾部、虞曹、屯田、起部、都兵、比部、水部、膳部、仓部、金部、库部十一曹。亦管辖台中。又主凡诸用度杂物、脂、灯、笔、墨、帏帐。唯不弹纠，余悉与左同。并都令史八人，共掌其事。其六尚书，分统列曹。吏部统吏部、掌褒崇、选补等事。考功、掌考第及秀孝贞士等事。主爵掌封爵等事。三曹。殿中统殿中、掌驾行百官留守名帐，宫殿禁卫、供御衣仓等事。仪曹、掌吉凶礼制事。三公、掌五时读时令，诸曹囚帐，断罪，赦日建金鸡等事。驾部掌车舆、牛马厩牧等事。四曹。祠部统祠部、掌祠部医药，死丧赠赐等事。主客、掌诸蕃杂客等事。虞曹、掌地图、山川远近，园囿田猎，肴膳杂味等事。屯田、掌藉田，诸州屯田等事。起部掌诸兴造工匠等事。五曹、祠部，无尚书则右仆射摄。五兵统左中兵、掌诸郡督告身、诸宿卫官等事。右中兵、掌畿内丁帐、事力、蕃兵等事。左外兵、掌河南及潼关已东诸州丁帐，及发召征兵等事。右外兵、掌河北及潼关已西诸州，所典与左外同。都兵掌鼓吹、太乐、杂户等事。五曹。都官统都官，掌畿内非违得失事。二千石、掌畿外得失等事。比部、掌诏书律令勾检等事。水部、掌舟舡、津梁、公私水事。膳部掌侍官百司礼食肴馔等事。五曹。度支统度支、掌计会，凡军国损益、事役粮廪等事。仓部、掌诸仓帐出入等事。左户、掌天下计帐、户籍等事。右户、掌天下公私田宅租调等事。金部、掌权衡量度，内外诸库藏文帐等事。库部掌凡是戎仗器用所须事。六曹。凡二十八曹。吏部、三公、郎中各二人，余并一人。凡三十部中。吏部、仪曹、三公、虞曹、都官、二千石、比部、左户，各量事置掌故主事员。

门下省，掌献纳谏正，及司进御之职。侍中、给事黄门侍郎各六人，录事四人，通事令史、主事令史八人。统局六。领左右局，领左右各二人，掌知朱华关内诸事。宣传已下，白衣斋子已上，皆主之。左右直长四人。尚食局，典御二人，总知御膳事。丞、监各四人。尚药局、典御及丞各二人，总知御药事。侍御师、尚药监各四人。主衣局。都统、子统各二人。掌御衣服玩弄事。斋帅局，斋帅四人。掌铺设洒扫事。殿中局，殿中监四人。掌驾奏引行事，制请修补。东耕则进来耜。

中书省，管司王言，及司进御之音乐。监、令各一人，侍郎四人。并司伶官西凉部直长、伶官西凉四部、伶官龟兹四部、伶官清商部直长，伶官清商四部。又领舍人省。掌署敕行下，宣旨劳问。中书舍人、主书各十人。

秘书省，典司经籍。监、丞各一人，郎中四人，校书郎十二人，正字四人，又领著作省，郎二人，佐郎八人，校书郎二人。

集书省，掌讽议左右，从容献纳。散骑常侍、通直散骑常侍各六人，谏议大夫七人，散骑侍郎六人，员外散骑常侍二十人，通直散骑侍郎六人，给事中六人，员外散骑侍郎一百二十人，奉朝请二百四十人。又领起居省、散骑常侍、通直散骑常侍，散骑侍郎、通直散骑侍郎各一人，校书郎二人。

中侍中省，掌出入门阁。中侍中二人，中常侍中、给事中各四人。又有中尚药典御及丞，并中谒者仆射，各二人，中尚食局，典御、丞各二人，监四人。内谒者局，统、丞各一人。

御史台，掌察纠弹劾。中丞一人，治书侍御史二人，侍御史八人，殿中侍御史、检校御史各十二人，录事四人，领符节署，令一人，符玺郎中四人。

都水台，管诸津桥。使者二人，参事十人，又领都尉、合昌、坊城等三局，尉皆分司诸津桥。

谒者台，掌凡诸吉凶公事，导相礼仪事。仆射二人，谒者三十人，录事一人。

太常、光禄、卫尉、宗正、太仆、大理、鸿胪、司农、太府、是为九寺。置卿、少卿、丞各一人。各有功曹、五官、主簿、录事等员。

太常、掌陵庙群祀、礼乐仪制，天文术数衣冠之属。其属官有博士、四人，掌礼制。协律郎、二人，掌监调律吕音乐。八书博士二人。等员。统诸陵、掌守卫山陵等事。太庙、掌郊庙社稷等事。太乐、掌诸乐及行礼节奏等事。衣冠、掌冠帻、乌履之属等事。鼓吹、掌百戏、鼓吹乐人等事。太祝、掌郊庙赞祝、祭社衣服等事。太史、掌天文地动,风云气色,律历卜筮等事。太医掌医药等事。廪牺、掌养牺牲,供祭群祀等事。太宰掌诸神烹宰行礼事。等署令、丞而太庙兼领郊祠、掌五郊群神事。崇虚掌五岳四渎神祀、在京及诸州道士簿帐等事。二局丞,太乐兼领清商部丞,掌清商音乐等事。鼓吹兼领黄户局丞,掌供乐人衣服。太史兼领灵台、掌天文观候。太卜掌诸卜筮。二局丞。

光禄寺,掌诸膳食,帐幕器物,宫殿门户等事。统守宫、掌凡张设等事。太官、掌食膳事。宫门,主诸门钥事。供府、掌供御衣服玩弄之事。肴藏、掌器物鲑味等事。清漳、主酒,岁二万石。春秋中半。华林掌禁籞林木等事。等署。宫门署,置仆射六人,以司其事。余各有令、丞。又领东园局丞员。掌诸凶具。

卫尉寺,掌禁卫甲兵。统城门寺。置校尉二人,以司其职。掌宫殿城门,并诸仓库管钥等事。又领公车、掌尚书所不理,有枉屈,经判奏闻。武库、掌甲兵及吉凶仪仗。卫士掌京城及诸门士兵。等署令。武库又有修故局丞。掌领匠修故甲等事。

大宗正寺,掌宗室属籍。统皇子王国、诸王国、诸长公主家。

太仆寺,掌诸车辇、马、牛、畜产之属。统骅骝、掌御马及诸鞍乘。左右龙、左右牝、掌驼马。驼牛、掌饲驼骡驴牛。司羊、掌诸羊。乘黄、掌诸辇辂。车府掌诸杂车。等署令、丞。骅骝署,又有奉承直长二人。左龙署,有左龙局。右龙署,有右龙局。左牝署,有左牝局。右牝署,有右牝局。驼牛署,有典驼、特牛、犗牛三局。司羊署,有特羊、犗羊局。诸局并有都尉。寺又领司讼、典腊、出入等三局丞。

大理寺,掌决正刑狱。正、监评各一人,律博士四人,明法掾二十四人,槛车督二人,掾十人,狱丞、掾各二人,司直、明法各十人。

鸿胪寺、掌蕃客朝会,吉凶吊祭。统典客、典寺、司仪等署令、丞。典客署,又有京邑萨甫二人,诸州萨甫一人。典寺署,有僧祇部丞一人。司仪署,又有奉礼郎三十人。

司农寺,掌仓布薪菜,园池果实。统平准,太仓、钩盾、典农、导官、梁州水次仓、石济水次仓、藉田等署令、丞。而钩盾又别领大囿、上林、游猎、柴草、池薮、苜蓿等六部丞。典农署,又别领山阳,平头,督亢等三部丞。导官署,又有御细部,麹面部、典库等仓督员。

太府寺,掌金帛府库,营造器物。统左、中、右三尚方,左藏、司染、诸冶东西道署、黄藏、右藏、细作、左校、甄官等署令、丞。左尚方,又别领局、乐器、器作三局丞,中尚方,又别领别局、泾州丝局、雍州丝局、定州䌷绫局四局丞。右尚方,又别领别局丞。司染署,又别领京坊、河东、信都三局丞。诸冶东道,又别领滏口、武安、白间三局丞。诸冶西道,又别领晋阳冶、泉部、大邬、原仇四局丞。甄官署,又别领石窟丞。

国子寺,掌训教胄子。祭酒一人,亦置功曹、五官、主簿、录事员。领博士五人,助教十人,学生七十二人。太学博士十人,助教二十人,太学生二百人。四门学博士二十人,助教二十人,学生三百人。

长秋寺,掌诸宫阁。卿、中尹各一人,并用宦者。丞二人。亦有功曹、五官、主簿、录事员,领中黄门、掖庭、晋阳宫、中山宫、园池、中宫仆、奚官等署令,丞。又有暴室局丞。其中黄门,又有冗从仆射及博士四人。掖庭、晋阳、中山,各有宫教博士二人。中山署,又别有面豆局丞。园池署,又别有桑园部丞。中宫仆署,又别有乘黄局教尉、细马车都督、车府部丞。奚官署,又别有染局丞。

将作寺,掌诸营建。大匠一人,丞四人。亦有功曹、主簿、录事员。若有营作,则立将、副将、长史、司马、主簿、录事各一人。又领军主,副、幢主、副等。

昭玄寺,掌诸佛教,置大统一人,统一人,都维那三人。亦置功曹、主簿员,以管诸州郡县沙门曹。

领军府,将军一人,掌禁卫宫掖。朱华阁外,凡禁卫官,皆主之。舆驾出入,督摄仗卫。中领军亦同。有长史、司马、功曹、五官、主簿、录事,厘其府事。又领左右卫,领左右等府。

左右卫府，将军各一人，掌左右厢。所主朱华阁以外，各武卫将军二人贰之。皆有司马、功曹、主簿、录事，厘其府事。其御仗属官，有御仗正副都督、御仗五职、御仗等员。其直荡属官，有直荡正副都督、直入正副都督、勋武前锋正副都督、勋武前锋五藏等员。直卫属官，有直卫正副都督、翊卫正副都督，前锋正副都督等员。直突属官，有直突都督，勋武前锋散都督等员。直阁属官，有朱衣直阁、直阁将军、直寝、直斋、直后之属。又有武骑、云骑将军各一人，骁骑、游击、前后左右等四军将军，左右中郎将，各五人，步兵、越骑、射声、屯骑、长水等校尉、奉车都尉等，各十人，武贲中郎将、羽林监各十五人，冗从仆射三十人，骑都尉六十人，积弩、积射、强弩等将军及武骑常侍，各二十五人，殿中将军五十人，员外将军一百人，殿中司马督五十人，员外司马督一百人。

领左右府，有领左右将军、领千牛备身。又有左右备身正副都督、左右备身五职、左右备身员、又有刀剑备身正副都督、刀剑备身五职、刀剑备身员。又有备身正副督、备身五职员。

护军府，将军一人，掌四中关津。舆驾出则护驾，中护军亦同。有长史，司马、功曹、五官、主簿、录事，厘其府事。其属官，东西南北中府皆统之。四府各中郎将一人。长史、司马、录事参军、统府录事各一人。又有统府直兵及功曹、仓曹、中兵、外兵、骑兵、长流、城局等参军各一人，法、田、铠等曹行参军各一人。又领诸关尉、津尉。

行台，在令无文，其官置令，仆射，其尚书丞郎，皆随权制而置员焉。其文未详。

太子太师、太傅、太保，是为三师，掌师范训导，辅翊皇太子。少师、少傅、少保，是为三少，各一人，掌奉皇太子，以观三师之德。出则三师在前，三少在后。

詹事，总东宫内外众务，事无大小，皆统之。府置丞、功曹、五官、主簿、录事员。领家令，率更令，仆等三寺，左右卫二坊。三寺各置丞，二坊各置司马，俱有功曹、主簿，以承其事。

家令，领食官、典仓、司藏等署令、丞。又领内坊令、丞。掌知阁内诸事。其食官，又别领器局、酒局二丞，典仓又别领园丞，司藏又别领仗库、典作二局丞。率更领中盾署令、丞各一人。掌周卫禁防，漏刻钟鼓。仆寺领厩牧署令、丞，署又别有车舆局丞。

左右卫坊率，各领骑官备身正副都督、骑官备身五职、骑官备身员。又有内直备身正副都督、内直备身五职、内直备身员、又有备身正副都督、备身五职员。又有直阁、直前、直后员。又有旅骑、屯卫、典军等校尉各二人，骑尉三十人。

门下坊，中庶子、中舍人、通事守舍人、主事守舍人，各四人。又领殿内、典膳、药藏、斋帅等局，殿内局有内直监二人，副直监四人。典膳、药藏局、监、丞各二人。药藏又有侍医四人。斋帅局、斋帅、内阁帅各二人。

典书坊，庶子四人，舍人二十人，又领典经坊、洗马八人，守舍人二人，门大夫、坊门大夫、主簿各一人。并统伶官西凉二部、伶官清商二部。

自诸省台府寺，各因其繁简而置吏。有令史、书令史、书吏之属。又各置曹兵，以共其役。其员因繁简而立。其余主司专其事者，各因事立名，条流甚众，不可得而具也。

王，位列大司马上。非亲王则位在三公下。置师一人，余官大抵与梁制不异。其封内之调，尽以入台，三分食一。公已下，四分食一。

皇子王国，置郎中令，大农，中尉，常侍，各一人。侍郎，二人。上、中、下三将军，各一人。上、中大夫，各二人。防阁，四人。典书、典祠、学官、典卫等令，各一人。斋帅四人。食官、厩牧长各一人。典医丞、二人。典府丞、一人。执书、二人。谒者、四人。舍人、十人。等员。

诸王国，则加有陵长、庙长、常侍各一人，而无中将军员。上、中大夫各减一人。诸公又减诸王防阁、斋帅、典医丞等员。诸侯伯子男国，又减诸公国将军、大夫员。诸公主则置家令、丞、主簿、录事等员。

司州，置牧。属官有别驾从事史，治中从事史，州都，主簿，西曹书佐、记室、户曹、功曹、金曹、租曹、兵曹、骑曹、都官、法曹、部郡等从事员。主簿置史，西曹已下各置掾史。又领西、东市署令、丞，及统清都郡诸畿郡。

清都郡，置尹，丞、中正，功曹、主簿，督邮，五官，门下督，录事，主记，议生，及功曹、记室、户、田、金、租、兵、骑、贼、法等曹掾，中部掾等员。

邺、临漳、成安三县令，各置丞、中正、功曹、主簿、门下督，录事、主记，议及功曹记室、户、田、金、租、兵、骑、贼、法等曹掾员。邺又领右部、南部、西部三尉，又领十二行里。凡一百三十五里，里置正。临漳又领左部、东部二尉，左部管九行经途尉。凡一百一十四里，里置正。成安又领后部、北部二尉，后部管十一行经途尉，七十四里。里置正。清都郡诸县令已下官员，悉与上上县同。诸畿郡太守已下，悉与上上郡同。

上上州刺史，置府，属官有长史，司马，录事，功曹、仓曹、中兵等参军事及掾史，主簿及掾，记室掾史，外兵、骑兵、长流、城局、刑狱等参军事及掾史，参军事及法、墨、田、铠、集、士等曹行参军及掾史，右户掾史，行参军，长兼行参军，督护，统府录事，统府直兵，箱录事等员。州属官，有别驾从事史，治中从事史，州都光迎主簿，主簿，西曹书佐，市令及史，祭酒从事史，部郡从事，皂服从事，典签及史，门下督，省事，都录事及史，箱录事及史，朝直、刺奸、记室掾，户曹、田曹、金曹、租曹、兵曹、左户等掾史等员。

上上州府，州属官佐史，合三百九十三人。上中州减上上州十人。上下州减上中州十人。中上州减上下州五十一人。中中州减中上州十人。中下州减中中州十人。下上州减中下州五十人。下中州减下上州十人。下下州减下中州十人。

上上郡太守，属官有丞，中正，光迎功曹，光迎主簿，功曹，主簿，五官，省事，录事，及西曹、户曹、金曹、租曹、兵曹、集曹等掾佐，太学博士，助教，太学生，市长，仓督等员。合属官佐史二百一十二人。上中郡减上上郡五人。上下郡减上中郡五人。中上郡减上下郡四十五人。中中郡减中上郡五人。中下郡减中中郡五人。下上郡减中下郡四十人。下中郡减下上郡二人。下下郡减下中郡二人。
上上县令，属官有丞，中正，光迎功曹，光迎主簿，功曹，主簿，录事，
及西曹、户曹、金曹、租曹、兵曹等掾，市长等员。合属官佐史五十四
人。上中县减上上县五人。上下县减上中县五人。中上县减上下
县六人，中中县减中上县五人。中下县减中中县一人。下上县减中
下县一人。下中县减下上县一人。下下县减下中县一人。

自州、郡、县，各因其大小置白直，以供其役。

三等诸镇，置镇将、副将、长史，录事参军，仓曹、中兵、长流、城
局等参军事，铠曹行参军，市长，仓督等员。

三等戍，置戍主、副，掾，队主、副等员。

官一品，每岁禄八百匹，二百匹为一秩。从一品，七百匹，一百
七十五匹为一秩。

二品，六百匹，一百五十匹为一秩。从二品，五百匹，一百二十
五匹为一秩。

三品，四百匹，一百匹为一秩。从三品，三百匹，七十五匹为一
秩。

四品，二百四十匹，六十匹为一秩。从四品，二百匹，五十匹为
一秩。

五品，一百六十匹，四十匹为一秩。从五品，一百二十匹，三十
匹为一秩。

六品，一百匹，二十五匹为一秩。从六品，八十匹，二十匹为一
秩。

七品，六十匹，十五匹为一秩。从七品，四十匹，十匹为一秩。

八品，三十六匹，九匹为一秩。从八品，三十二匹，八匹为一秩。

九品，二十八匹，七匹为一秩。从九品，二十四匹，六匹为一秩。

禄率一分以帛，一分以粟，一分以钱。事繁者优一秩，平者守本
秩。闲者降一秩。长兼、试守者，亦降一秩。官非执事、不朝拜者，
皆不给禄。又自一品已下，至于流外勋品，各给事力。一品至三十
人，下至于流外勋品，或以五人为等，或以四人、三人、二人、一人为

等。繁者加一等,平者守本力,闲者降一等焉。

州、郡、县制禄之法,刺史、守、令下车,各前取一时之秩。

上上州刺史,岁秩八百匹,与司州牧同。上中、上下各以五十匹
为差。中上降上下一百匹,中中及中下,亦以五十匹为差。下上降
中下一百匹,下中、下下,亦各以五十匹为差。

上郡太守,岁秩五百匹,降清都尹五十匹。上中、上下各以五十
匹为差。中上降上下四十匹,中中及中下,各以三十匹为差。下上
降中下四十匹,下中、下下各以二十匹为差。

上上县,岁秩一百五十匹,与邺、临漳、成安三县同。上中、上下
各以十匹为差。中上降上下三十匹,中中及中下,各以五匹为差。下
上降中下二十匹,下中、下下各以十匹为差。

州自长史已下,逮于史吏,郡县自丞已下,逮于掾佐,亦皆以帛
为秩。郡有尉者,尉减丞之半。皆以其所出常调课之。其镇将,戍
主,军主、副,幢主、副,逮于掾史,亦各有差矣。

诸州刺史、守、令已下,干及力,皆听敕乃给。其干出所部之人。
一干输绢十八匹。干身放之。力则以其州、郡、县白直充。

三师、王、二大,大司马、大将军。三公,为第一品。

开府仪同三司、开国郡公,为从一品。

仪同三司,太子三师,特进,尚书令,骠骑、车骑将军,二将军加
大者,在开国郡公下。卫将军,加大者,在太子太师上。四征将军,加大者,
次卫大将军。左右光禄大夫,散郡公,开国县公,为第二品。

尚书仆射,置二,左居右上。中书监,四镇,加大者,次四征。中、镇、
抚军将军,三将军,武职罢任者为之。领军,加大者,在尚书令下。护军、翊
军将军,金紫光禄大夫,散县公,开国县侯,为从二品。

吏部尚书,四安将军,中领、护,太常,光禄,卫尉卿,太子三少,
中书令,太子詹事,侍中,列曹尚书,四平将军,太宗正,大仆,大理,
鸿胪、司农、太府卿,清都尹,三等上州刺史,左右卫将军,秘书监,
银青光禄大夫,散县侯,开国县伯,为第三品。

散骑常侍、三等中州刺史、司徒左长史、四方中郎将、四护匈

奴、羌戎、夷、蛮越。中郎将、国子祭酒、御史中丞、中侍中、长秋卿、将作大匠、冠军将军、太尉长史、领左右将军、武卫将军、太子左右卫率、辅国将军、四护校尉、太中大夫、龙骧将军、三等上郡太守、散县伯，为从第三品。

镇远、安远将军，太常，光禄、卫尉少卿，尚书，吏部郎中，给事黄门侍郎，太子中庶子，司徒右长史，司空长史，太宗正、太仆、大理、鸿胪、司农、太府少卿，三公府司马，中常侍，中尹，城门校尉，武骑、云骑、骁骑、游击将军，已前上阶。建忠、建节将军，通直散骑常侍，诸开府长史、中大夫，三等下州刺史，三等镇将，诸开府司马，开国县子，为第四品。

中坚、中垒将军，尚书左丞，三公府谘议参军事，司州别驾从事史，三等上州长史，太子三卿，前、左、右、后军将军，中书侍郎，太子庶子，三等中郡太守，左右备身、刀剑备身、备身、卫仗、直荡等正都督，三等上州司马，已前上阶。振威、奋武将军，谏议大夫，尚书右丞，诸开府谘议参军，司州治中从事史，左右中郎将，步兵、越骑、射声、屯骑、长水校尉，朱衣直阁，直阁将军，太子骑官备身、内直备身等正都督，三等镇副将，散县子，为从第四品。

广德、弘义将军，太子备身、直入、直卫等正都督，领左右、三等中州长史，三公府从事中郎，秘书丞、皇子友，国子博士，散骑侍郎，太子中舍人，员外散骑常侍，三等中州司马，已前上阶。折冲、制胜将军，主衣都统，尚食、尚药二典御，太子旅骑、屯卫、典军校尉，领护府长史司马，诸开府从事中郎，开国县男，为第五品。

伏波、陵江将军，三等下州长史，三公府掾属，著作郎，通直散骑侍郎，太子洗马，左右备身、刀剑备身、御使、直涂等副都督，左右直长，中尚食、中尚药典御，三等下州司马，已前上阶。轻车、楼舡将军，驸马都尉，谄卫正都督，直寝，直斋，奉车都尉，都水使者，诸开府掾属，崇圣、归义、归正、归命、归德侯，清都郡丞，治书侍御史，邺、临漳、成安三县令，中给事中，三等下郡太守，大理司直，太子直阁、二卫队主，太子骑官、内直备身副都督，开国乡男，散县男，为从第五品。

劲武、昭勇将军，尚书诸曹郎中，中书舍人，三公府主簿，三等上州别驾从事史，四中府三等镇守长史，三公府录事参军事，皇子郎中令，三公府功曹、记室、户、仓、中兵参军事，皇子文学，谒者仆射，已前上阶。明威、显信将军，太子备身副都督，四中府司马，武贲中郎将，羽林监，冗从仆射，直入副都督，千牛备身，大理正、监、评，侍御师诸开府录事，功曹、记室、仓、中兵等曹参军事，三等上州录事参军事，治中从事史，三等上郡丞，三等上县令，太子内直监，平准署令，为第六品。

度辽、横海将军，直突都督，三等中州别驾从事史，三公府列曹参军事，给事中，太子门大夫，三等上州功、仓、中兵等参军事，皇子大农，骑都尉，直后，符玺郎中，三等中州录事参军事，已前上阶。逾岷、越嶂将军，直卫副都督，三等中州从事史，诸开府主簿、列曹参军事，三等中州功、仓、中兵等参军事，太子舍人，三寺丞，太子直前，太子副直监，太子诸队主，为从第六品。

戎昭、武毅将军，勋武前锋正都督，三公府东西阁祭酒，三等下州别驾从事史，三等上州府主簿、列曹参军事，三等下州录事参军事，四中府录事参军事，王公国郎中令，积弩、积射将军，员外散骑侍郎，皇子中尉，三公府参军事、列曹行参军，已前上阶。雄烈、恢猛将军，翊卫副都督，诸开府东西阁祭酒参军事、列曹行参军，三等下州功、仓、中兵参军事，四中府功、仓、中兵参军事，三等中州府主簿、列曹参军事，二卫府司马，詹事府丞，左右备身五职，三等镇录事参军事，六寺丞，秘书郎中，著作佐郎，太子侍医，太子骑尉，太子骑官备身五职，三等中郡丞，三等中县令，为第七品。

杨麾、曜锋将军，勋武前锋副都督，强弩将军，三公府行参军，三等上州参军事，列曹行参军，三等下州府主簿、列曹参军事，四中府列曹参军事，王公国大农，长秋、将作寺丞，太子二率坊司马，三等镇仓、中兵参军事，已前上阶。荡边、开域将军，勋武前锋散都督，太学博士，皇子常侍，太常博士，武骑常侍，左右备身，刀剑备身五职,都将、别、统、军主、幢主。三等中州参军事、列曹行参军,诸开府行参军,奉朝请,国子助教,公车、京邑二市署令,三等镇列曹参军事,三县丞,侍御史,尚食、尚药丞,斋帅,中尚食、中尚药丞,太子直后、二卫队副,前锋正都督,太子骑官备身,太子内直备身五职,已见前。诸戍主、军主,为从第七品。静漠、绥戎将军,协律郎,三等上州行参军,三等下州参军事、列曹参军事,四中府列曹行参军,侯、伯国郎中令,殿中将军,皇子侍郎,已前上阶。平越、珍夷将军,刀剑备身五职,已见前。前锋副都督,太子内直备身,主书,殿中侍御史,太子典膳、药藏丞,太子斋帅,三等中州行参军,王、公国中尉,三等镇铠曹行参军,三等下郡丞,三等下县令,为第八品。

飞骑、隼击将军,三公府长兼左右户行参军、长兼行参军,门下录事,尚书都令史,检校御史,诸署令,诸开府典签,中谒者仆射,中黄门冗从仆射,已前上阶。武牙、武奋将军,备身御仗五职,宫门署仆射,太子备身五职,侯、伯国大农,皇子上、中、下将军,皇子上、中大夫,王、公国常侍,诸开府长兼左右户行参军,诸开府长兼行参军,员外将军,勋武前锋五职,司州及三等上州典签,太子诸队副,诸戍诸军副,清都郡丞,为从第八品。

清野将军,子、男国郎中令,诸署内谒者局统,三等上州长兼行参军,中黄门、太子内坊令,公主家令,皇子防阁、典书令,四门博士,大理律博士,校书郎,三公府参军督护,都水参军事,七部尉,诸郡尉,已前上阶。横野将军,王、公国侍郎,侯、伯国中尉、谒者,太子三寺丞,诸开府参军督护,殿中司马督,御仗,太子食官、中省、典仓等令,太子备身,平准、公车丞,三等中州典签,为第九品。

偏将军,诸宫教博士,太子司藏、厩牧令,太子校书,诸署别局都尉,诸尉,诸关津尉,三等上州参军督护,三等中州长兼行参军,秘书省正字,皇太子三令,王、公国上中下将军及上中大夫,诸署令,诸县丞,已前上阶。裨将军,领军护军府、太常光禄卫尉寺,詹事府等功曹、五官、奉礼郎,子、男国大农,小黄门,员外司马督,太学助教,诸幢主、遥途尉,中侍中,省录事,三等下州典签,尚书、门下,中书等省医师,为从第九品。

流内比视官十三等。第一领人酋视从第三品。第一不领人酋长,视从第四品。第二领人酋长,第一领人庶长,视从第四品。诸州大中正,第二不领人酋长,第一不领人庶长,视第五品。诸州中正,畿郡邑中正,第三领人酋长,第二领人庶长,视从第五品。第三不领人酋长,第二不领人庶长,视第六品。第三领人庶长,视从第六品。第三不领人庶长,视第七品。司州州都主簿,国子学生,视从第七品。诸州州都督簿,司州西曹书佐,清都郡中正、功曹,视第八品。司州列曹从事,诸州西曹书佐,诸郡中正功曹,清都郡主簿,视从第八品。司州部郡从事,诸州祭酒从事史,视第九品。诸州部郡从事,司州守从事,诸郡主簿,司州武猛从事,视从第九品。

周太祖初据关内,官名未改魏号。及方隅粗定,改创章程,命尚书令卢辩,远师周之建职,置三公三孤,以为论道之官。次置六卿,以分司庶务。其所制班序:

内命,谓王朝之臣。三公九命,三孤八命,六卿七命,上大夫六命,中大夫五命,下大夫四命,上士三命,中士再命,下士一命。

外命,谓诸侯及其臣。诸公九命,诸侯八命,诸伯七命,诸子六命,诸男五命,诸公之孤卿四命,侯之孤卿、公之大夫三命,子男之孤卿,侯伯之大夫,公之上士再命,子男之大夫,公之中士、侯伯之上士一命,公之下士、侯伯之中士下士、子男之士不命。

其制禄秩,下士一百二十五石,中士已上,至于上大夫,各倍之。上大夫是为四千石。卿二分,孤三分,公四分,各益其一。公因盈数为一万石。其九秩一百二十石,八秩至于七秩,每二秩六分而下各去其一,二秩俱为四十石。凡颁禄,视年之上下。亩至四釜为上年,上年颁其正。三釜为中年,中年颁其半。二釜为下年,下年颁其一。无年为凶荒,不颁禄。六官所制如此。

制度既毕,太祖以魏恭帝三年,始命行之。所设官名,讫于周末,多有改更。并具《卢传》。不复重序云。

隋书卷二八
志第二三

百官下

　　高祖既受命，改周之六官，其所制名，多依前代之法。置三师、三公及尚书、门下、内史、秘书、内侍等省，御史、都水等台，太常、光禄、卫尉、宗正、太仆、大理、鸿胪、司农、太府、国子、将作等寺，左右卫、左右武卫、左右武候、左右领、左右监门，左右领军等府，分司统职焉。

　　三师，不主事，不置府僚，盖与天子坐而论道者也。

　　三公，参议国之大事，依后齐置府僚。无其人则阙。祭祀则太尉亚献，司徒奉俎，司空行扫除。其位多旷，皆摄行事。寻省府及僚佐，置公则坐于尚书都省。朝之众务，总归于台阁。

　　尚书省，事无不总。置令、左右仆射各一人，总吏部、礼部、兵部、都官、度支、工部等六曹事，是为八座。属官左、右丞各一人，都事八人，分司管辖。吏部尚书统吏部侍郎二人，主爵侍郎一人，司勋侍郎二人，考工侍郎一人。礼部尚书统礼部、祠部侍郎各一人，主客、膳部侍郎各二人，兵部尚书统兵部、职方侍郎各二人，驾部、库部侍郎各一人。都官尚书统都官侍郎二人，刑部、比部侍郎各一人，司门侍郎二人。度支尚书统度支、户部侍郎各二人，金部、仓部侍郎各一人。工部尚书统工部、屯田侍郎各二人，虞部、水部侍郎各一人。凡三十六侍郎，分司曹务，直宿禁省，如汉之制。

　　门下省，纳言二人，给事黄门侍郎四人，录事、通事令史各六人。又有散骑常侍、通直散骑常侍各四人,谏议大夫七人,散骑侍郎四人,员外散骑常侍六人,通直散骑侍郎四人,并掌部从朝直。又有给事二十人,员外散骑侍郎二十人,奉朝请四十人,并掌同散骑常侍等,兼出使劳问。统城门、尚食,尚药,符玺、御府殿内等六局。城门局,校尉二人,直长四人。尚食局,典御二人,直长四人,食医四人。尚药局,典御二人,侍御医、直长各四人,医师四十人。符玺、御府、殿内局,监各二人,直长各四人。

内史省,置监、令各一人。寻废监。置令二人,侍郎四人,舍人八人,通事舍人十六人,主书十人,录事四人。

秘书省,监、丞各一人,郎四人,校书郎十二人,正字四人,录事二人。领著作、太史二曹。著作曹,置郎二人,佐郎八人,校书郎、正字各二人。太史曹、置令、丞各二人,司历二人,监候四人。其历、天文、漏刻、视祲、各有博士及生员。

内侍省,内侍、内常侍各二人,内给事四人,内谒者监六人,内寺伯二人,内谒者十二人,寺人六人,伺非八人。并用宦者。领内尚食、掖庭、宫闱、奚官、内仆、内府等局。尚食,置典御及丞各二人。余各置令、丞皆二人。其宫闱、内仆,则加置丞各一人。掖庭又有宫教博士二人。

御史台,大夫一人,治书侍御史二人,侍御史八人,殿内侍御史、监察御史,各十二人,录事二人。后魏延昌中,王显有庞于宣武,为御史中尉,请革选御史。此后踵其事,每一中尉,则更置御史。自开皇后,始自吏部选用,仍依旧入直禁中。

都水台,使者及丞各二人,参军三十人,河堤谒者六十人,录事二人。领掌船局、都水尉二人,又领诸津。上津每尉一人,丞二人。中津每尉、丞各一人,下津每典作一人,津长四人。

太常、光禄、卫尉、宗正、太仆、大理、鸿胪、司农、太府等九寺,并置卿、少卿各一人。太仆寻加少卿一人。各置丞,太常、卫尉,宗正、大理、鸿胪、将作二人,光禄、太仆各三人,司农五人,太府六人。主簿,太府四人。余寺各二人。录事各二人。光禄则加至三人,司农、太府则各四人。等员。

太常寺又有博士四人，协律郎二人，奉礼郎十六人。统郊社、太庙、诸陵、太祝、衣冠、太乐、清商、鼓吹、太医、太卜、廪牺等署。各置令、并一人。太乐、太医则各加至二人。丞。各一人。郊社，太乐，鼓吹则各至二人。郊社署又典瑞。四人。太祝署有太祝。二人。太乐署、清商署，各有乐师员。太乐八人，清商二人。鼓吹署有哄师。二人。太医署有主药，二人。医师、二百人。药园师、二人。医博士、二人。助教、二人。按摩博士、二人。祝禁博士二人。等员。太卜署有卜帅、二十人。相师、十人。男觋、十六人。女巫、八人。太卜博士、助教各二人。相博士、助教士各一人。等员。

光禄寺统太官、肴藏、良酝、掌醢等署。各置令、太官三人，肴藏、良酝各二人，掌醢一人。丞。太官八人，肴藏、掌醢各二人，良酝四人。太官又有监膳，十二人。良酝有掌酝，五十人。掌醢有掌醢十人。等员。

卫尉寺统公车、武库、守宫等署。各置令、公车一人，武库、守宫各二人。丞公车一人，武库二人。等员。

宗正寺不统署。

太仆寺又有兽医博士员。一百二十人。统骅骝、乘黄、龙厩、车府、典牧、牛羊等署。各置令、二人。乘黄、车府则各减一人。丞二人。乘黄则一人，典牧牛羊则各三人。等员。

大理寺，不统署。又有正、监、评、各一人。司直、十人。律博士、八人。明法、二十人。狱掾。八人。

鸿胪寺统典客、司仪、崇玄三署。各置令、二人。崇玄则惟置一人。典客署又有掌客，十人。司仪有掌仪二十人。等员。

司农寺统太仓、典农、平准、廪市、钩盾、华林、上林、导官等署。各置令、二人。钩盾、上林则加至三人，华林惟置一人。太仓又有米廪督、二人。谷仓督、四人。盐仓督，二人。京市有肆长，四十人。导官有御细仓督、二人。麹面仓督二人。等员。

太府寺统左藏、左尚方、内尚方、右尚方、司染、右藏、黄藏、掌冶、甄官等署。各置令、二人。左、右尚方则加至二人，黄藏则惟置一人。丞四人。左尚则八人，右尚则六人，黄藏则一人。

国子寺元隶太常。祭酒，一人。属官有主簿、录事。各一人。统国子，太学、四门、书算学，各置博士、国子、太学、四门各五人，书、算各二人。助教、国子、太学、四门各五人，书、算各二人。学生国子一百四十人，太学、四门各三百六十人，书四十人，算八十人。等员。

将作寺大匠、一人。丞、主簿、录事。各二人。统左右校署令、各二人。丞，左校四人，右校三人。各有监作左校十二人，右校八人。等员。

左右卫、左右武卫、左右武侯，各大将军、一人。将军，二人。并有长史，司马，录事，功、仓、兵、骑等曹参军，法曹、铠曹行参军，各一人。行参军左右卫、左右武候各六人，左右武卫各八人。等员。

左右卫，掌宫掖禁御，督摄仗卫。又各有直阁将军、六人。直寝、十二人。直斋、直后，各十五人。并掌宿卫侍从。奉车都尉，六人。掌驭副车。武骑常侍，十人。殿内将军，十五人。员外将军，三十人。殿内司马督、二十人。员外司马督，四十人。并以参军府朝，出使劳问。左右卫又各统亲卫，置开府。左勋卫开府，左翊一开府、二开府、三开府、四开府，及武卫、武侯、领军、东宫领兵开府准此。府置开府，一人。有长史，司马，录事，及仓、兵等曹参军，法曹行参军，各一人。行参军。三人。又有仪同府。武卫、武侯、领军、东宫领兵仪同皆准此。仪同已下置员同开府，但无行参军员。诸府皆领军坊。每坊东宫军坊准此。置坊主、一人。佐。二人。每乡团东宫乡团准此。置团主，一人。佐。二人。

左右武卫府，无直阁已下员，但领外军宿卫。

左右武侯，掌车驾出，先驱后殿，昼夜巡察，执捕奸非，烽候道路，水草所置，巡狩师田，则掌其营禁。右加置司辰师、四人。漏刻生。一百一十人。

左右领左右府，各大将军、一人。将军，二人。掌侍卫左右，供御兵仗。领千牛备身，十二人。掌执千牛刀；备身左右，十二人。掌供御弓箭；备身，六十人。掌宿卫侍从。各置长史，司马，录事，及仓；兵二曹参军事，铠曹行参军各一人。等员。

左右监门府各将军，一人。掌宫殿门禁及守卫事。各置郎将，二人。校尉，直长，各三十人。长史，司马，录事及仓、兵曹参军，铠曹行参军，各一人。行参军四人。等员。

左右领军府，各掌十二军籍帐、差科、辞讼之事。不置将军。唯有长史，司马，掾属及录事，功、仓、户、骑、兵等曹参军，法、铠等曹行参军，各一人。行参军十六人。等员。又置明法，四人。隶于法司，掌律令轻重。

行台省，则有尚书令，仆射，左、右任置。兵部、兼吏部、礼部。度支兼都官、工部。尚书及丞左、右任置。各一人，都事四人。有考功、兼吏部、爵部、司勋。礼部、兼祠部、主客。膳部、兵部、兼职方。驾部、库部、刑部，兼都官、司门。度支、兼仓部。户部、兼比部。金部、工部、屯田兼水部、虞部。侍郎，各一人。每行台置食货，农圃，武器，百工监、副监，各一人。各置丞，食货四人，农圃六人，武器二人，百工四人。录事食货、农圃、百工各二人，武器一人。等员。

太子置太师、太傅、太保、少师、少傅、少保。开皇初，置詹事。二年定令，罢之。

门下坊，置左庶子二人，内舍人四人，录事二人，主事令史四人。统司经、宫门、内直、典膳、药藏、斋帅等六局。司经置洗马四人，校书六人，正字二人。宫门置大夫二人。内直置监、副监各二人，监殿舍人四人。典膳、药藏，并置监、丞各二人。药藏又有侍医四人。斋帅置四人。

典书坊，右庶子二人，舍人，通事舍人各八人，录事二人，主事令史四人，内坊典内及丞各二人，丞直四人，录事一人。内厩置尉二人，掌内车舆之事。

家令、掌刑法、食膳、仓库、什物、奴婢等事。率更令、掌伎乐漏刻。仆、掌宗族亲疏，车舆骑乘。各一人。三寺各置丞，家令二人，寺各一人。录事。家令二人，寺各一人。家令领食官、典仓、司藏三署令，各一人。丞。食官二人，典仓一人，司藏三人。仆寺领厩牧令一人。员。

左右卫，各置率一人，副率二人，掌宫中禁卫。各置长史，司马及录事，功、仓、兵、骑兵等曹参军事，法曹、铠曹行参军，各一人，行参军四人。员。又各有直阁四人,直寝八人,直斋直后各十人。

左右宗卫,制官如左右卫,各掌以宗人侍卫。加置行参军二人,而无直阁、直寝、直斋、直后等员。

左右虞候,各置开府一人,掌斥候伺非。长史已下如左右卫,而无录事参军员,减行参军一人。

左右内率、副率,各一人,掌领备身已上禁内侍卫,供奉兵仗。又无功、骑兵、法等曹及行参军员,余与虞候同。有千牛备身八人,掌执千牛刀;备身左右八人,掌供奉弓箭;备身二十人,掌宿卫侍从。

左右监门,各率一人,副率二人,掌诸门禁。长史已下,同内率府,而各有直长十人。

高祖又采后周之制,置上柱国、柱国、上大将军、大将军、上开府仪同三司、开府仪同三司、上仪同三司、仪同三司、大都督、帅都督、都督,总十一等,以酬勤劳。又有特进、左右光禄大夫、金紫光禄大夫、银青光禄大夫、朝议大夫、朝散大夫,并为散官,以加文武官之德声者,并不理事。六品已下,又有翊军等四十三号将军,品凡十六等,为散号将军,以加泛授。居曹有职务者为执事官,无职务者为散官。戎上柱国已下为散实官,军为散号官。诸省及左右卫、武候、领左右监门府为内官,自余为外官。

国王、郡王、国公、郡公、县公、侯、伯、子、男、凡九等。皇伯叔昆弟、皇子为亲王。置师、友各二人,文学二人,嗣王则无师友。长史、司马、谘议参军事、掾属,各一人,主簿二人,录事,功曹、记室、户、仓、兵等曹,骑兵、城局等参军事,东西阁祭酒,各一人,参军事四人,法、田、水、铠、士等曹行参军各一人,行参军六人,长兼行参军八人,典签二人。

上柱国、嗣王、郡王,无主簿、录事参军、东西阁祭酒、长兼行参军等员,而加参军事为五人,行参军为十二人。柱国又无骑兵参军事,水曹行参军等员,而减参军事、行参军各一人。上大将军又无谘议参军事,田曹、铠曹行参军员,又减行参军一人。大将军又无掾属员，又减参军事二人。上开府又无法曹、士曹行参军，参军事员。开府又无典签员，减行参军二人，上仪同又无功曹、城局参军事员，又减行参军二人。仪同又无仓曹员，减行参军三人。

三师、三公，置府佐、与柱国同。若上柱国任三师、三公，唯从上柱国置。王公已下，三品已上，又并有亲信、帐内，各随品高卑而制员。

诸王置国官。有令，大农各一人，尉各二人，典卫各八人，常侍各二人，侍郎各四人，庙长、学官长各一人，食官，厩牧长、丞，各一人，典府长，丞各一人，舍人各四人等员。上柱国、柱国公，减典卫二人，无侍郎员。侯、伯又减典卫二人，食官，厩牧长各一人。子、男又减尉、典卫、常侍、舍人各一人。上大将军，大将军公，同柱国、子、男。其侯、伯公典卫、侍郎、厩牧丞各一人。子、男无令，无典卫，又减舍人一人。上开府、开府公，同大将军、子、男。其侯、伯又无常侍，无食官、厩牧丞。子、男又无侍郎、厩牧长。上仪同、仪同公，同开府子、男。其侯、伯又无尉，无学官长。子、男又无厩长、食官长。二王后，置国官，与诸王同。郡王与上柱国公同。国公无上开府已上官者，上开府公同。散郡公与仪同侯、伯同。散县公与仪同子、男同。大长公主、长公主、公主，并置家令、丞各一人。主簿谒者、舍人各二人等员。郡主唯减主簿员。

雍州，置牧，属官有别驾，赞务，州都，郡正，主簿，录事，西曹书佐，金、户、兵、法、士等曹从事，部郡从事，武猛从事等员。并佐史，合五百二十四人。

京兆郡，置尹，丞，正，功曹，主簿，金、户、兵、法、士等曹佐等员。并佐史，合二百四十四人。

大兴，长安县，置令，丞，正，功曹，主簿，西曹，金、户、兵、法、士曹等员。并佐史，合一百四十七人。上上州，置刺史，长史，司马，录事参军事，功曹，户、兵等曹参军事，法、士曹等行参军，行参军，典签，州都光初主簿，郡正，主簿，西曹书佐，祭酒从事，部郡从事，仓督，市令、丞等员。并佐史，合三百二十三人。上中州，减上州吏属十二人。上下州，减上中州十六人。中上州，减上下州二十九人。中中州，减中上州二十人。中下州，减中中州二十人。下上州减中下州三十二人。下中州，减下上州十五人。下下州，减下中州十二人。

郡，置太守，丞，尉，正，光初功曹，光初主簿，县正，功曹，主簿，西曹，金、户、兵、法、士等曹，市令等员。并佐史，合一百四十六人。上中郡，减上上郡吏属五人。上下郡，减上中郡四人。中上郡，减上下郡十九人。中中郡，减中上郡六人。中下郡，减中中郡五人。下上郡，减中下郡十九人。下中郡，减下上郡五人。下下郡，减下中郡六人。

县，置令，丞，尉，正，光初功曹，光初主簿，功曹，主簿，西曹，金、户、兵、法、士等曹佐，及市令等员。合九十九人。上中县，减上上县吏属四人。上下县，减上中县五人。中上县，减上下县十人。中中县，减中上县五人。中下县，减中中县五人。下上县，减中下县十二人。下中县，减下上县六人。下下县，减下中县五人。

州，置总管者，列为上中下三等。总管刺史加使持节。

镇，置将、副。戍，置主、副。关，置令、丞。其制，官属各立三等之差。

同州，总监、副监各一人，置二丞，统食货农圃二监，副监。岐州亦置监、副监。诸治亦置三等监。各有丞员。

盐池，置总监、副监、丞等员。管东西南北面等四监，亦各置副监及丞。陇右牧，置总监、副监、丞，以统诸牧。其骅骝牧及二十四军马牧，每牧置仪同及尉、大都督、帅都督等员。驴骡牧，置帅都督及尉。原州羊牧，置大都督并尉。原州驼牛牧，置尉。又有皮毛监、副监及丞、录事。又盐州牧监，置监及副监，置丞，统诸羊牧，牧置尉。苑川十二马牧。每牧置大都督及尉各一人，帅都督二人。沙苑羊牧，置尉二人。缘边交市监及诸屯监，每监置监、副监各一人。畿内者隶司农，自外隶诸州焉。

五岳各置令，又有吴山令，以供其洒扫。

三师、王、三公，为正一品。

上柱国、郡王、国公、开国郡县公，为从一品。

柱国、太子三师，特进、尚书令、左右光禄大夫、开国侯，为正二品。

上大将军、尚书左右仆射、雍州牧、金紫光禄大夫，为从二品。

大将军，吏部尚书，太常、光禄、卫尉等三卿，太子三少，纳言，内史令，左右卫，左右武卫、左右武候、领左右等大将军，礼部、兵部、都官、度支、工部尚书，宗正、太仆、大理、鸿胪、司农、太府等六卿，上州刺史，京兆尹，秘书监，银青光禄大夫，开国伯，为正三品。

上开府仪同三司，散骑常侍，左右卫，武卫、武候、领左右、监门等将军，国子祭酒，御史大夫，将作大匠，中州刺史，亲王师，朝议大夫，为从三品。

骠骑将军，开府仪同三司，太常、光禄、卫尉等三少卿，太子左右卫、宗卫、内等率，尚书，吏部侍郎，给事黄门侍郎，太子左庶子，宗正、太仆、大理、鸿胪、司农、太府等少卿，下州刺史，已前上阶。内史侍郎，太子右庶子，通直散骑常侍，左右监门郎将，朝散大夫，开国子，为正四品。

上仪同三司，尚书左丞，太子左右卫、宗卫、内等副率，左右监门率，上郡太守，雍州别驾，亲王府长史，太子家令，率更令、仆，内侍，城门校尉，已前上阶。尚书右丞，上镇将军，雍州赞务，直阁将军，亲王府司马，谏议大夫，为从四品。

车骑将军，仪同三司，内常侍，秘书丞，国子博士，散骑侍郎，太子内舍人，太子左右监门副率，员外散骑常常侍，上州长史，亲王府谘议参军事，开国男，已前上阶。尚食、尚药典御，上州司马，为正五品。

著作郎，通直散骑侍郎，中郡太守，直寝，太子洗马，中州长史，奉车都尉，已前上阶。都水使者，治书侍御史，大兴、长安令，大理司直，直斋，太子直阁，京兆郡丞，中州司马，中镇将，上镇副，内给事，驸马都尉，亲王友，员外散骑侍郎，为从五品。

翊军、翊师将军，尚书诸曹侍郎，内史舍人，下郡太守，大都督，

亲王府掾属，下州长史，已前上阶，四征将军，征东、征南、征西、征北。三
将军，内军、镇军、抚军。大理正、监评，千牛备身左右，左右监门校尉，
内尚食典御，符玺监、御府监、殿内监，太子内直监，下州司马，下镇
将，中镇副，为正六品。

四平将军，平东、平南、平西、平北。四将军，前军、后军、左军、右军。
通事舍人，亲王文学，帅都督，左右领军府长史，太子直寝、亲王府
主簿，亲王府录事参军事、太子门大夫，给事。上县令，已前上阶。冠
军、辅国二将军，太子舍人，直后，三寺丞，亲王府功曹、记室、仓户
曹参军事，城门直长，太子直斋，太子副直监，太子典内，左右领军
府司马，下镇副，为从六品。

镇远、安远二将军，员外散骑侍郎，御医，左右卫、武卫、武侯、
领左右等府长史，亲卫，亲王府诸曹参军事，已前上阶。建威、宁朔二
将军，六寺丞，秘书郎，著作佐郎，太子千牛备身，太子备身左右，尚
食、尚药、左右监门等直长，太子通事舍人，左右卫、武卫、武侯、领
左右等府司马，都督，太子典膳、药藏等监，太子斋帅，上戍主，为正
七品。

宁远、振威二将军，左右监门府长史，太子左右卫，宗卫等率，
左右虞候、左右内率等府长史，符玺、御府、殿内等直长，上州录事
参军事，左右领军府掾属，亲王府东西阁祭酒，中县令，上郡丞，太
子亲卫，将作丞，勋卫，亲王府参军事，上镇长史，已前上阶。伏波、轻
车二将军，太学、太常二博士，武骑常侍，奉朝请，国子助教，亲王府
诸曹行参军，太子直后，太子左右监门直长，大兴、长安县丞，太子
侍医，侍御史，太史令，上州诸曹参军事，左右监门府、太子左右卫、
左右宗卫、左右虞候、左右内率等司马，上镇司马，为从七品。

宣威、明威二将军，协律郎，都水丞，殿内将军，太子左右监门
率府长史，别将，下县令，中郡丞，中州录事参军事，上上州诸曹行
参军事，亲王府行参军，左右领军府录事参军事。中镇长史，太子内
坊丞，太子勋卫，已前上阶。襄威、厉威二将军，殿内御史，掖庭、宫闱
二令，上署令，公车、郊社、太庙、太祝、平准、太乐、骅骝、武库、典客、钩盾、

左藏、太仓、左尚方、右尚方、司染、典农、京市、太官、鼓吹。太子左右监门率府司马，中州诸曹参军事，左右卫、武卫、武候等府录事参军事，左右领军诸曹参军事，内尚食丞，中戍主，上戍副，为正八品。

威戎、讨寇二将军，四门博士，主书，门下录事，尚书都事，监察御史，内谒者监，上关令，中署令，太医、右藏、黄藏、乘黄、龙厩、衣冠、守官、华林、上林、掌治、导官、左校、右校、牛羊、典牧。下郡丞，下州录事参军事，中州诸曹行参军，备身，左右卫、武卫、武候、领左右等府诸曹参军事，左右领军府诸曹行参军，太子左右卫、宗卫、率等府录事参军事，下镇长史，太子翊卫，已前上阶。荡寇、荡难二将军，亲王府长兼行参军事及典签，员外将军，统军，太子三寺丞，中关令，奚官、内仆二令，下署令，诸陵、崇玄、太卜、车府、清商、司仪、肴藏、良酝、掌醢、甄官、廪牺。上津尉，下州诸曹参军事，左右卫、武卫、武候等府诸曹参军，领左右府铠曹参军，左右监门、太子左右卫、宗卫等率，左右虞候、左右内率等府诸曹参军事，掌舡局都尉，上镇诸曹参军事，上县丞，上郡尉，为从八品。

珍寇、珍难二将军，太学助教，太子备身，大理寺律博士，诸校书郎，都水参军事，内史录事，内谒者令，内寺伯，中县丞，下关令，中津尉，下州诸曹行参军，上州行参军，左右监门府铠曹行参军，太子左右卫、宗卫、虞候府等诸曹行参军，太子左右内率府铠曹行参军，左右领军府行参军，中镇诸曹参军事，上镇士曹行参军，中郡尉，已前上阶。扫寇、扫难二将军，殿内司马督，太子食官、典仓、司藏等令，尚食、尚医、军主、太史、掖庭、宫闱局等丞，上署令，太子左右监门率府诸曹参军事，中州行参军，左右卫、武卫、武候等府行参军，上州典签，下戍主，上关丞，太子典膳、药藏等局丞，下郡尉，典客署掌客司辰师，为正九品。

旷野、横野二将军，掖庭局宫教博士，太祝、太子厩牧令，太子校书，下县丞，中署丞，左右监门率府铠曹行参军，下州行参军，中州典签，左右监门府、太子左右卫、宗卫、虞候、率府等行参军，正字，太子内坊丞直，中关、上津丞，下镇诸曹参军事，中镇士曹行参

军,上县尉,已前上阶。偏、裨二将军,四门助教,书算学博士,奉礼
郎,员外司马督,幢主、奚官、内仆等局丞,下署丞,下州典签,内谒
者局丞,中津丞,中县尉,太子正字,太史监候,太官监膳,御府局监
事,左右校及掖庭监作,太史司历,诸乐师,为从九品。

　　又有流内视品十四等:

　　行台尚书令,为视正二品。

　　上总管、行台尚书仆射,为视从二品。

　　中总管、行台诸曹尚书,为视正三品。

　　下总管,为视从三品。

　　行台尚书左右丞,为视从四品。

　　同州总监、陇右牧总监,为视从五品。

　　行台诸曹侍郎,为视正六品。

　　上柱国、嗣王、郡王、柱国府长史、司马、谘议参军事,盐池总
监,同州、陇右牧总副监,王、二王后国令,为视从六品。

　　上大将军、大将军府长史、司马,上柱国、嗣王、郡王、柱国府掾
属,嗣王文学,公国令,王、二王后大农尉、典卫,为视正七品。

　　上开府、开府府长史、司马,上大将军、大将军府掾属,上柱国、
嗣王、郡王、柱国府诸曹参军事,盐池总副监,盐州牧监,诸屯监,国
子学生,侯、伯国令,公国大农尉、典卫,雍州萨保,为视从七品。

　　上仪同仪同府长史、司马,上大将军、大将军府诸曹参军事,上
柱国、嗣王、郡王、柱国府参军事、诸曹行参军、行台诸监,同州诸
监,盐池四面监,皮毛监、岐州监、同州总监、陇右牧监等丞,诸大冶
监,雍州州都主簿,子、男国令,侯、伯国大农尉、典卫,王、二王后国
常侍,为视正八品。

　　行台尚书都事,上开府、开府府诸曹参军事,上大将军、大将军
府参军事、诸曹行参军,上柱国、嗣王、郡王、柱国府行参军,五岳、
四渎、吴山等令,盐池四面副监,诸皮毛副监,行台诸副监,诸屯副
监,诸中冶监,诸缘边交市监,盐池总监丞,诸州州都主簿,雍州西
曹书佐、诸曹从事,京兆郡正功曹,太学生,子、男国大农、典卫,为

视从八品。

开府府法曹行参军,上仪同、仪同府诸曹参军事,上大将军、大将军府行参军,上柱国、嗣王、郡王、柱国府典签,同州诸副监,岐州副监,诸小冶监,盐州牧监丞,诸大冶监丞,诸缘边交市副监,诸郡正、功曹,京兆郡主簿,诸州西曹书佐、祭酒从事,雍州部郡从事,公国常侍,王、二王后国侍郎,公主家令,诸州胡二百户已上萨保,为视正九品。

仪同府法曹行参军,上开府、开府府行参军,上大将军、大将军府典签,上仪同、仪同府行参军,上开府府典签,行台诸监丞,盐池四面监丞,皮毛监丞,诸中冶监丞,四门学生,诸郡主簿,诸州部郡从事,雍州武猛从事,大兴、长安县正、功曹、主簿,侯、伯、子、男国常侍,公国侍郎,为视从九品。

又有流外勋品、二品、三品、四品、五品、六品、七品、八品、九品之差。又视流外,亦有视勋品、视二品、视三品、视四品、视五品、视六品、视七品、视八品、视九品之差。极于胥吏矣,皆无上下阶云。

京官正一品,禄九百品,其下每以百石为差,至正四品,是为三百石。从四品,二百五十石,其下每以五十石为差,至正六品,是为百石。从六品,九十石,以下每以十石为差,至从八品,是为五十石。食封及官不判事者,并九品,皆不给禄。其给皆以春秋二季。刺史、太守、县令,则计户而给禄,各以户数为九等之差。大州六百二十石,其下每以四十石为差,至于下下,则三百石。大郡三百四十石,其下每以三十石为差,至于下下,则百石。大县百四十石,其下每以十石为差,至于下下,则六十石。其禄唯及刺史二佐及郡守、县令。

三年四月诏尚书左仆射,掌判吏部、礼部,兵部三尚书事,御史纠不当者,兼纠弹之。尚书右仆射,掌判都官、度支、工部三尚书事,又知用度。余皆依旧。寻改度支尚书为户部尚书,都官尚书为刑部尚书。诸曹侍郎及内史舍人,并加为从五品。增置通事舍人十二员,通旧为二十四员。废光禄寺及都水台入司农,废卫尉入太常尚书省,废鸿胪亦入太常。罢大理寺监、评及律博士员,加置正为四人。

罢郡，以州统县，改别驾、赞务，以为长史、司马。旧周、齐州郡县职，自州都、郡县正已下，皆州郡将县令至而调用，理时事。至是不知时事，直谓之乡官。别置品官，皆吏部除授，每岁考殿最。刺史、县令，三年一迁，佐官四年一迁。佐官以曹为名者，并改为司。六年，尚书省二十四司，各置员外郎一人，以司其曹之籍帐。侍郎阙，则厘其曹事。吏部又别置朝议、通议、朝请、朝散、给事、承奉、儒林、文林等八郎，武骑、屯骑、骁骑、游骑、飞骑、旅骑、云骑、羽骑八尉。其品则正六品以下，从九品以上。上阶为郎，下阶为尉。散官番直，常出使监检。罢门下省员外散骑常侍、奉朝请、通事令史员，及左右卫、殿内将军，司马督，武骑常侍等员。

十二年，复置光禄、卫尉、鸿胪等寺。诸州司以从事为名者，改为参军。

十三年，复置都水台，国子寺罢隶太常，又改寺为学。

十四年，诸省各置主事令史员。改九等州县为上、中、中下、下，凡四等。

十五年，罢州县、乡官。

十六年，内侍省加置内主事员二十人，以承门阁。

十八年，置备身府。

二十年，改将作寺为监，以大匠为大监。初加置副监。

仁寿元年，改都水台为监，更名使者为监。罢国子学，唯立太学一所，置博士五人，从五品，学生七十二人。

三年，监门府又置门候一百二十人。

炀帝即位，多所改革。三年定令，品自第一至于第九，唯置正从，而除上下阶。罢诸总管，废三师、特进官。分门下、太仆二司，取殿内监名，以为殿内省，并尚书、门下、内史、秘书，以为五省。增置谒者、司隶二台，并御史为三台。分太府寺为少府监。改内侍省为长秋监，国子学为国子监，将作寺为将作监，并都水监，总为五监。改左右卫为左右翊卫，左右备身为左右骑尉。左右武卫依旧名。改领军为左右屯卫,加置左右御。改左右武候为左右候卫。是为十二卫。又改领左右府为左右备身府,左右监门依旧名。凡十六府。其朝之班序,以品之高卑为列。品同则以省府为前后,省府同则以局署为前后焉。

尚书省六曹,各侍郎一人,以贰尚书之职。又增左、右丞阶,与六侍郎,并正四品,诸曹侍郎,并改为郎。又改吏部为选部郎,户部为人部郎,礼部为仪曹郎,兵部为兵曹郎,刑部为宪部郎,工部为起部郎,以异六侍郎之名。废诸司员外郎,而每增一曹郎,各为二员。都司郎各一人,品同曹郎,掌都事之职。以都事为正八品,分隶六尚书。诸司主事,并去令史之名。其令史随曹闲剧而置,每十令史,置一主事,不满十者,亦置一。以其余四省三台,亦皆曰令史,九寺五监诸卫府,则皆曰府史。后又改主客郎为司蕃郎。寻又每减一郎,置承务郎一人,同员外之职。

旧都督已上,至上柱国,凡十一等,及八郎、八尉、四十三号将军官,皆罢之。并省朝议大夫。自一品至九品,置光禄、从一品。左右光禄、左正二品,右从二品。金紫、正三品。银青光禄、从三品。正议、正四品。通议、从四品。朝请、正五品。朝散、从五品。等九大夫,建节、正六品。奋武、从六品。宣惠、正七品。绥德、从七品。怀仁、正八品。守义、从八品。奉诚、正九品。立信从九品。等八尉,以为散职。开皇中,以开府仪同三司为四品散实官,至是改为从一品,同汉、魏之制,位次王公,门下省减给事黄门侍郎员,置二人,去给事之名,移吏部给事郎名为门下之职,位次黄门下。置员四人,从五品,省读奏案。废散骑常侍、通直散骑常侍、谏议大夫、散骑侍郎等常员。改符玺监为郎,置员二人,为从六品。加录事阶为正八品,以城门、殿内、尚食、尚药、御府等五局隶殿内省。十二年,又改纳言为侍内。

内史省减侍郎员为二人,减内史舍人员为四人,加置起居舍人员二人,从六品。次舍人下。改通事舍人员为谒者台职。减主书员,置四人,加为正八品。十二年,改内史为内书。

殿内省置监、正四品。少监、从四品。丞,从五品。各一人,掌诸供奉。又有奉车都尉十二人，掌进御舆马。统尚食、尚药、尚衣、尚舍、尚乘、尚辇等六局，各置奉御二人，正五品。皆置直长，以贰之。正七品。尚食直长六人，又有食医员。尚药直长四人，又有侍御医、司医、医佐员。尚衣即旧御府也，改名之，有直长四人。尚舍即旧殿中局也，改名之，有直长八人。尚乘局置左右六闲：一左右飞黄闲，二左右吉良闲，三左右龙媒闲，四左右駼騄闲，五左右駃騠闲，六左右天苑闲。有直长十四人，又有奉乘十人。尚辇有直长四人，又有掌辇六人。城门置校尉一人，降为正五品。后又改校尉为城门郎，置员四人，从六品。自殿内省隶为门下省官。

秘书省降监为从二品，增置少监一人。从四品。增著作郎阶为正五品，减校书郎为十人。改太史局为监，进令阶为从五品，又减丞为一人。置司辰师八人，增置监候为十人。其后又改监、少监为令、少令。增秘书郎为从五品。加置佐郎四人，从六品。以贰郎之职。降著作郎阶为从五品。又置儒林郎十人，正七品。掌明经待问。唯诏所使。文林郎二十人，从八品。掌撰录文史，检讨旧事。此二郎皆上在藩已来直司学士。增校书郎员四十人，加置楷书郎员二十人，从九品。掌抄写御书。

御史台增治书侍御史为正五品。省殿内御史员，增监察御史员十六人，加阶为从七品。开皇中，御史直宿禁中，至是罢其制。又置主簿、录事员各二人。五年，又降大夫阶为正四品，减治书侍御史为从五品；增侍御史为正七品，唯掌侍从纠察，其台中簿领，皆治书侍御史主之。后又增置御史，从九品，寻又省。

谒者台大夫一人，从四品。五年，改为正四品。掌受诏劳问，出使慰抚，持节察授，及受冤枉而申奏之。驾出，对御史引驾。置司朝谒者二人以贰之。从五品。属官有丞一人，主簿、录事各一人等员。又有通事谒者二十人，从六品。即内史通事舍人之职也。次有议郎二十四人，通直三十六人，将事谒者三十人，谒者七十人，皆掌出使。其后废议郎，通直将事谒者，谒者等员，而置员外郎八十员。寻诏门下、内史、御史、司隶、谒者五司，监受表，以为恒式，不复专谒者矣。

寻又置散骑郎。从五品，二十人，丞议郎、正六品。通直郎。从六品。各
三十人，宣德郎、正七品。宣义郎，从七品。各四十人，征事郎、正八品。
将士郎、从八品常从郎、正九品。奉信郎，从九品。各五十人，是为正
员。并得禄当品。又各有散员郎，无员无禄。寻改常从为登仕，奉
信为散从。自散骑已下，皆主出使，量事大小，据品以发之。

司隶台大夫一人，正四品。掌诸巡察。别驾二人，从五品。分察
畿内，一人案东都，一人案京师。刺史十四人，正六品。巡察畿外。诸
郡从事四十人，副刺史巡察。其所掌六条：一察品官以上理政能不。
二察官人贪残害政。三察豪强奸猾，侵害下人，及田宅逾制，官司
不能禁止者。四察水旱虫灾，不以实言，枉征赋役，及无灾妄蠲免者。
五察部内贼盗，不通穷逐，隐而不申者。六察德行孝悌，茂才异行，
隐不贡者。每年二月，乘轺巡郡县，十月入奏。置丞、从六品。主簿、
从八品。录事从九品。各一人。后又罢司隶台，而留司隶从事之名，
不为常员。临时选京官清明者，权摄以行。

光禄已下八寺卿，皆降为从三品。少卿各加置二人，为从四品。
诸寺上署令，并增为正六品，中署令为从六品，下署令为正七品。始
开皇中，署司唯典掌受纳，至是署令为判首，取二卿判。丞唯知勾
检。令阙，丞判。五年，寺丞并增为从五品。

太常寺罢太祝署，而留太祝员八人，属寺。后又增为十人。奉
礼减置六人。太庙署又置阴室丞，守视阴室。改乐师为乐正，置十
人。太卜又省博士员，置太卜正二十人，以掌其事。太医又置医
监五人，正十人。罢衣冠、清商二署。

太仆减骅骝署入殿内。尚乘局改龙厩曰典厩署，有左、右驳皂
二厩。加置主乘、司库、司廪官。罢牛羊署。

大理寺丞改为勾检官，增正员为六人，分判狱事。置司直十六
人，降为从六品，后加至二十人。又置评事四十八人，掌颇同司直，
正九品。

鸿胪寺改典客署为典蕃署。初炀帝置四方馆于建国门外，以待
四方使者，后罢之，有事则置，名隶鸿胪寺，量事繁简，临时损益。东

方曰东夷使者，南方曰南蛮使者，西方曰西戎使者，北方曰北狄使者，各一人，掌其方国及互市事。每使者署，典护录事、叙职、叙仪、监府、监置、互市监及副、参军各一人。录事主纲纪。叙职掌其贵贱立功合叙者。叙仪掌小大次序。监府掌其贡献财货。监置掌安置其驰马船车，并纠察非违。互市监及副，掌互市。参军事出入交易。

司农但统上林、太仓、钩盾、导官四署，罢典农、华林二署，而以平准、京市隶太府。

太府寺既分为少府监、而但管京都市五署及平准、左右藏等，凡八署。京师东市曰都会，西市曰利人。东都市曰丰都。南市曰大同，北市曰通远。及改诸令为监，唯市署曰令。

国子监依旧置祭酒，加置司业一人，从四品，丞三人，加为从六品。并置主簿、录事各一人。国子学置博士，正五品，助教，从七品，员各一人。学生无常员。太学博士、助教各二人，学生五百人。先是仁寿元年，省国子祭酒、博士，置太学博士员五人，为从五品，总知学事。至是太学博士降为从六品。

将作监改大监、少监为大匠、少匠，丞加为从六品。统左右校及甄官署。五年，又改大匠为大监，正四品，少匠为少监，正五品。十三年，又改监、少监，为令、少令。丞加品至从五品。

少府监置监，从三品，少监，从四品，各一人。丞从五品，二人。统左尚、右尚、内尚、司织、司染、铠甲、弓弩、掌冶等署。复改监、少监为令、少令。并司织、司染、为织染署，废铠甲、弓弩二署。

都水监改为使者，增为正五品，丞为从七品。统舟楫、河渠二署。舟楫署每津置尉一人。五年，又改使者为监，四品，加置少监，为五品。后又改监、少监为令，从三品，少令，从四品。

长秋监置令一人，正四品，少令一人，从五品。丞二人，正七品。并用士人。改内常侍为内承奉，置二人，正五品；给事为内承直，置四人，从五品。并用宦者，罢内谒者官。领掖庭、宫闱、奚官等三署，并参用士人。后又置内谒者员。

十二卫，各置大将军一人，将军二人，总府事，并统诸鹰扬府。

改骠骑为鹰扬郎将，正五品，车骑为鹰扬副郎将，从五品；大都督为校尉；帅都督为旅帅；都督为队正，增置队副以贰之。改三卫为三侍。其直阁将军、直寝、奉车都尉、驸马都尉、直斋、别将、统军、军主、幢主之属，并废。以武候府司辰师员，隶为太史局官。其军士，左右卫所领名为骁骑，左右骁卫所领名豹骑，左右武卫所领名熊渠，左右屯卫所领名羽林，左右御卫所领名射声，左右候卫所领名佽飞，而总号卫士。每卫置护军四人，掌副贰将军。将军无则一人摄。寻改护军为武贲郎将，正四品，而置武牙郎将六人，副焉，从四品。诸卫皆置长史，从五品。又有录事参军，司仓、兵、骑、铠等员。翊卫朋加有亲侍。鹰扬府，每府置鹰扬郎将一人，正五品，副鹰扬郎将一人，从五品，各有司马及兵、仓两司。其府领亲、勋、武三侍，非翊卫府，皆无三侍。鹰扬每府置越骑校尉二人，掌骑士，步兵校尉二人，领步兵，并正六品。外军鹰扬官并同。左右候卫增置察非掾二人，专纠弹之事。五年，又改副郎将并为鹰击郎将。

左右领左右府，改为左右备身府，各置备身郎将一人。又各置直斋二人，以贰之，并正四品，掌侍卫左右。统千牛左右、司射左右各十六人，并正六品。千牛掌执千牛刀宿卫，司射掌供御弓箭。置长史，正六品。录事，司兵、仓、骑，参军等员，并正八品。有折冲郎将，各三人，正四品，掌领骁果。又各置果毅郎以领之，以贰之，从四品。其骁果，置左、右雄武府雄武郎将，以领之。以武勇郎将为副员，同鹰扬、鹰击。有司兵、司骑二局，并置参军事。

左右监门府，改将军为郎将，各置一人，正四品。直阁各六人，正五品。置官属，并同备身府。又增左右门尉员一百二十人，正六品；置门候员二百四十人，正七品，并分掌门禁守卫。

门下坊减内舍人、洗马员，各置二人。减侍医，置二人。改门大夫为宫门监，正字为正书。

典书坊改太子舍人为管记舍人，减置四人。改通事舍人为宣令舍人，为八员。家令改为司府令，内坊承直改为典直。

左右卫率改为左右侍率，正四品。改亲卫为功曹，勋卫为义曹。

翊卫为良曹。罢直斋、直阁员。

左右宗卫率改为左右武侍率,正四品。

左右虞候开府改为左右虞候率,正四品,并置副率。

左右内率降为正五品。千牛备身改为司仗左右,备身左右改为主射左右。各员八人。

左右监门率改为宫门将,降为正五品。监门直长改为直事,置六十人。

开皇中,置国王,郡王,国公,郡公,县公、侯、伯、子、男为九等者,至是唯留王、公、侯三等。余并废之。

王府诸司参军,更名诸司属参军,则直以属为名。改国令为家令。自余以国为名者,皆去之。

行宫所在,皆立总监以司之。上宫正五品,中宫从五品,下宫正七品。陇右诸牧,置左、右牧监各一人,以司统之。

罢州置郡,郡置太守。上郡从三品,中郡正四品,下郡从四品。京兆、河南则俱为尹,并正三品。罢长史、司马,置赞务一人以贰之。京兆、河南从四品,上郡正五品,中郡从五品,下郡正六品。次置东西曹掾,京兆、河南从五品,上郡正六品,中郡从六品,下郡正七品。主簿,司功、仓、户、兵、法、士曹等书佐,各因郡之大小而为增减。改行参军为行书佐。旧有兵处,则刺史带诸军事以统之,至是别置都尉、副都尉。都尉正四品,领兵,与郡不相知。副都尉正五品。又置京辅都尉,从三品,立府于潼关,主兵领遏。并置副都尉,从四品。又置诸防主、副官,掌同诸镇。大兴、长安、河南、洛阳四县令,并增为正五品。诸县皆以所管闲剧及冲要以为等级。丞、主簿如故。其后诸郡各加置通守一人,位次太守,京兆、河南,则谓之内史。又改郡赞务为丞,位在通守下,县尉为县正,寻改正为户曹、法曹,分司以丞郡之六司。河南、洛阳、长安、大兴,则加置功曹,而为三司,司各二人。郡县佛寺,改为道场,道观改为玄坛,各置监、丞。京都诸坊改为里,皆省除里司,官以主其事。

帝自三年定令之后,骤有制置,制置未久,随复改易,其余不可备知者,盖史之阙文云。

隋书卷二九
志第二四

地理上

京兆郡	冯翊郡	扶风郡	安定郡
北地郡	上　郡	雕阴郡	延安郡
弘化郡	平凉郡	朔方郡	盐川郡
灵武郡	榆林郡	五原郡	天水郡
陇西郡	金城郡	枹罕郡	浇河郡
西平郡	武威郡	张掖郡	敦煌郡
鄯善郡	且末郡	西海郡	河源郡
汉川郡	西城郡	房陵郡	清化郡
通川郡	宕渠郡	汉阳郡	临洮郡
宕昌郡	武都郡	同昌郡	河池郡
顺政郡	义城郡	平武郡	汶山郡
普安郡	金山郡	新城郡	巴西郡
遂宁郡	涪陵郡	巴　郡	巴东郡
蜀　郡	临邛郡	眉山郡	隆山郡
资阳郡	泸川郡	犍为郡	越巂郡

黔安郡

　　自古圣王之受命也,莫不体国经野,以为人极。上应躔次,下裂山河,分疆画界,建都锡社。是以放勋御历,修职贡者九州,文命会同,执玉帛者万国。洎乎殷迁夏鼎,周黜殷命,虽质文之用不同,损益之途或革,而封建之制,率由旧章。于是分土惟三,列爵惟五,千里以制畿甸,九服以别要荒。十国为连,连有帅,倍连为卒,卒有正。皆所以式固鸿基,蕃屏王室,兴帮致化,康俗庇人者欤!周德既衰,诸侯力政,干戈日用,戎马生郊。强陵弱,众暴寡,鲁灭于楚,郑灭于韩,田氏篡齐,六卿分晋。其余弑君亡国,不得守其社稷者,不可胜数。逮于七雄竞逐,二帝争强,疆场之事,一彼一此。秦始皇据百二之岩险,奋六世之余烈,力争天下,蚕食诸侯,在位二十余年,遂乃削平宇内,惩周氏之微弱,恃狙诈以为强,蔑弃经典,罢侯置守。子弟无立锥之地,功臣无尺土之赏,身没而区宇幅裂,及子而社稷沦胥。汉高祖挺神武之宏图,扫清祸乱,矫秦皇之失策,封建王侯,并跨州连邑,有逾古典,而郡县之制,无改于秦。逮于孝武,务勤远略,南兼百越,东定三韩。通邛、笮之险涂,断匈奴之右臂,虽声教远洎,而人亦劳止。昭、宣之后,罢战务农,户口既其滋多,郡县亦有增置。至于平帝,郡国一百有三,户一千二百三万。光武中兴,承王莽之余弊,兵戈不戢,饥疫荐臻,率土遗黎,十才一二,乃并省郡县,四百余所。明、章之后,渐至滋繁,郡县之数,有加曩日。逮炎灵数尽,三国争强,兵革屡兴,户口减半。有晋太康之后,文轨方同,大抵编户二百六十余万。寻而五胡逆乱,二帝播迁,东晋洎于宋、齐,僻陋江左、苻、姚之与刘、石,窃据中原,事迹纠纷,难可具纪。

　　梁武帝除暴宁乱,奄有旧吴,天监十年,有州二十三,郡三百五十,县千二十二。其后务恢境宇,频事经略,开拓闽、越,克复淮浦、平俚洞,破牂柯,又以旧州迥阔,多有析置。大同年中,州一百七,郡县亦称于此。既而侯景构祸,台城沦陷,坟籍散逸,注记无遗,郡县户口,不能详究。逮于陈氏,土宇弥蹙,西亡蜀、汉,北丧淮、肥,威力所加,不出荆、扬之域。州有四十二,郡唯一百九,县四百三十八,户六十万。后齐承魏末丧乱,与周人抗衡,虽开拓淮南,而郡县僻小。天保之末,总加并省,洎乎国灭,州九十有七,郡一百六十,县三百六十五,户三百三万。周氏初有关中,百度草创,遂乃训兵教战,务谷劝农,南清江、汉,西兼巴、蜀,卒能以寡击众,戡定强邻,及于东夏削平,多有省废。大象二年,通计州二百一十一,郡五百八,县一千一百二十四。

高祖受终,惟新朝政,开皇三年,遂废诸郡。洎于九载,廓定江表,寻以户口滋多,析置州县。炀帝嗣位,又平林邑,更置三州,既而并省诸州,寻即改州为郡,乃置司隶刺史,分部巡察。五年,平定吐谷浑,更置四郡。大凡郡一百九十,县一千二百五十五,户八百九十万七千五百四十六,口四千六百一万九千九百五十六。垦田五千五百八十五万四千四十一顷。其邑居道路,山河沟洫,沙碛碱卤,丘陵阡陌,皆不预焉。东西九千三百里,南北万四千八百一十五里,东南皆至于海,西至且末,北至五原,隋氏之盛,极于此也。

京兆郡开皇三年,置雍州。城东西十八里一百一十五步,南北十五里一百七十五步。东面通化、春明、延兴三门,南面启夏、明德、安化三门,西面延平、金光、开远三门,北面光化一门。里一百六,市二。大业三年,改州为郡,故名焉。置尹。统县二十二,户三十万八千四百九十九。

大兴开皇三年置,后周旧郡置县曰万年,高祖龙潜,封号大兴,故至是改焉。有长乐宫。有后魏杜城县、西霸城县、西魏山北县,并后周废。**长安**带郡。有仙都、福阳、太平等宫。有关官。有旧长安城。**始平**故置扶风郡,开皇三年郡废。**武功**后周置武功郡,建德中郡废。有永丰渠,普济渠。**盩厔**后周置周南郡及恒州,又有仓城、温汤二县,寻并废。有司竹园、有宜寿、仙游、文山、凤皇等宫。有关官。有太一山。有温汤。**醴泉**后魏曰宁夷,西魏置宁夷郡,后周改为秦郡,后废,又以新畤、甘泉二县入焉。开皇十八年改县名醴泉。有甘泉水、波水、浪水。有九峻山、温秀岭。**上宜**开皇十七年置。有旧莫西县，十八年改名好畤，大业三年废入焉。**鄠**有甘泉宫。有终南山。有涝水。**蓝田**后周置蓝田郡，寻废郡，及白鹿、玉山二县入焉。有关官，有滋水。**新丰**有温汤。**华原**后魏置北雍州，西魏改为宜州，又置北地郡，寻改为通川郡。开皇初郡废，大业初州废，及土门县入焉。有沮水、频山。**宜君**旧置宜君郡，开皇初郡废。有清水。**同官**郑后魏置东雍州，并华山郡。西魏改曰华州。开皇初郡废，大业初州废。有少华山。**渭南**后魏置渭南郡，西魏分置灵源、中源二县，后周郡及二县并废入焉。有步寿宫。**万年高陵**后魏曰高陆，大业初改焉。**三原**后周置建忠郡，建德初郡废。**泾阳**旧置咸阳县，开皇初废。有茂农渠。**云阳**旧置，后周置云阳郡，开皇初郡废。有泾水、五龙水、甘水、走马水。**富平**旧置北地郡，后周改曰中华郡，寻罢。有荆山。**华降**有兴德宫。有关官，有京辅都尉。有白渠。有华山。

冯翊郡后魏置华州，西魏改曰同州。统县八，户九万一千五百七十二。

冯翊后魏曰华阴。西魏改为武乡，置武乡郡。开皇初郡废，大业初改名冯翊，置冯翊郡，有沙苑。**韩城**开皇十八年置。有关官。有梁山，有鬼谷。**郃阳朝邑**后魏曰南五泉，西魏改焉。有长春宫。有关官。有朝坂。**澄城**后魏置澄城郡，后周并五泉县入焉。开皇初郡废。**蒲城**旧置南、北二白水。西魏改为蒲城，置白水郡，开皇初郡废。**下邽**旧置延寿郡。开皇初郡废，大业初并莲勺县入焉。有金氏陵。**白水**有五龙山、马兰山。

扶风郡旧置岐州。统县九，户九万二千二百二十三。

雍后魏置秦平郡，西魏改为岐山郡。开皇三年郡废。大业初置扶风郡。有岐阳宫。**岐山**后周曰三龙县，开皇十六年改名焉。又有后魏周城县，后周废。有岐山。**陈仓**后魏曰宛川，西魏改曰陈仓。后周置显州，寻州县俱废。开皇十八年置，曰陈仓。有陈仓山。有关官。**虢**后魏置武都郡，西魏改县曰洛邑。后周置朔州，州寻废。郡开皇初废，大业初改县为虢。**郿**旧曰平阳县，西魏改曰郿城，后周废入周城县。开皇十八年改周城为渭滨，大业二年改为郿。又后周置云州，建德中废。有安仁宫、凤泉宫。有太白山、五丈原。**普闰**大业初置，有仁寿宫有漆水、歧水、杜水。**汧源**西魏置陇东郡及汧阴县，后改县曰杜阳。后周又曰汧阴。开皇三年郡废，五年县改曰汧源。又有西魏东秦州，后改为陇州，大业三年州废。有关官。有陇山、汧山、汧水。**汧阳**旧置汧阳郡，后周罢。**南由**后魏置，西魏改为镇，后周复置县。又有旧长蛇县，开皇末废。有关官。有盘龙山。

安定郡旧置泾州。统县七，户七万六千二百八十一。

安定带郡。**鹑觚**旧置赵平郡。后周废郡。并以宜禄县入焉。大业初分置灵台县，二年废。**阴盘**后魏置平凉郡，开皇初郡废。有卢水。**朝那**西魏置安武郡，及析置安武县。开皇三年郡县并废入焉。**良原**大业初置。**临泾**大业初置，初曰湫谷，寻改焉。**华亭**大业初置。有陇水、芮水。

北地郡后魏置豳州，西魏改为宁州。大业初复曰豳州。统县六，户七万六百九十。

定安旧置赵兴郡。开皇初郡废。大业初置北地郡。**罗川**旧曰阳周，开皇中改焉。又西魏置显州，后周废。有桥山。**彭原**旧曰彭阳。后魏置西北地郡，有洛蟠城。西魏置蔚州，有丰城。西魏置云州。后周二州并废。开皇初郡废，十八年改县曰彭原。有珊瑚水。**襄乐**后置襄乐郡，后周废。又西魏置燕州，后周废。又有子午山。**新平**旧曰白土，西魏置豳州。开皇四年改县为新平，大业初州废。**三水**西魏置恒州，寻废。

上郡后魏置东秦州，后改为北华州。西魏改为敷州。大业二年改为鄜城郡，后改为上郡。统县五，户五万三千四百八十九。

洛交开皇三年置。大业三年置上郡。**内部**旧置敷州及内部郡。开皇三年郡废，大业初州废。**三川**旧名长城，西魏改焉。又有利仁县，寻废入焉。**鄜城**后魏曰敷城，大业初改焉。**洛川**有鄜水。

雕阴郡西魏置绥州。大业初改为上州。统县十一，户三万六千一十八。

上县西魏置安宁郡,与安宁、绥德、安人三县同置。开皇初郡废,改安人为吉万。大业初置雕阴郡,废安宁、吉万二县入。又后周置义良县,亦废入焉。大斌西魏置,仍立安政郡。开皇初废。有平水。延福西魏置,曰延陵。开皇中改焉。儒林后周置银州,开皇三年改名焉。大业初州废。真乡西魏置,后周置真乡郡,开皇初郡废。开光旧置开光郡,开皇三年郡废。有囿水。银城后周置,曰石城,后改名焉。城平西魏置。开疆西魏置,有后魏抚宁郡,开皇三年郡废。抚宁西魏置。绥德西魏置。

延安郡后魏置东夏州。西魏改为延州,置总管府。开皇中府废。统县十一,户五万三千九百三十九。

肤施大业三年置,及置延安郡,有丰林山。丰林后魏置,曰广武,及遍城郡。开皇初郡废,十八年改为丰林,大业初又并沃野县入焉。魏平后魏置,并立朔方郡。后周废郡,并朔方、和政二县入焉。金明有冶官。有清水。临真有西魏神木郡、真川县,后周郡废,大业初废真川入焉。延川西魏置,曰文安,及置文安郡。开皇初郡废,改县为延川。延安西魏置,又置义乡县。大业中废义乡入焉。因城后魏置。后周废,寻又置。义川西魏置汾州、义川郡,后改州为丹州。后周改县为丹阳。开皇初郡废,改县曰义川,又废乐川郡入。大业初州废,又废云岩县入焉。汾川旧曰安平,后周改曰汾川。大业初废门山县入焉。咸宁旧曰永宁,西魏改为太平。开皇中改为咸宁。

弘化郡西魏置朔州,后周废。开皇十六年,置庆州。统县七,户五万二千四百七十三。

合水开皇十六年置,大业初置弘化郡。马岭大业初置。华池仁寿初置。又西魏置蔚州,后周废。归德西魏置恒州,后周废。有雕水。洛源大业初置。有博水、洱水。弘化开皇十八年置弘州,大业初州废。弘德大业初置。

平凉郡旧置原州,后周置总管府,大业初府废。统县五,户二万七千九百九十五。

平高后周置太平郡,后改为平高。开皇初郡废。大业初置平凉郡。有关官。有笄头山。**百泉**后魏置长城郡及黄石县，西魏改黄石为长城。开皇初郡废，大业初县改为百泉。**平凉**后周置。有可蓝山。**会宁**西魏置会州，后周废，开皇十六年置县。**默亭**

朔方郡后魏置夏州，后周置总管府，大业初府废。统县三，户一万一千六百七十三。

岩绿西魏置弘化郡。开皇初废。大业初置朔方郡。**宁朔**后周置。**长泽**西魏置阐熙郡。又有后魏大安郡，及置长州。开皇三年郡废，又废山鹿、新国二县入焉。大业三年州废。

盐川郡西魏置西安州，后改为盐。统县一，户三千七百六十三。

五原后魏置郡，曰大兴。西魏改为五原，后又为大兴。开皇初郡废，大业初置盐川郡。

灵武郡后魏置灵州，后周置总管府，大业元年府废。统县六，户一万二千三百三十。

回乐后周置，带普乐郡。又西魏置临河郡。开皇元年改临河郡曰新昌，三年郡并废。大业初置灵武郡。**弘静**开皇十一年置。有贺兰山。**怀远**后周置，仍立怀远郡。开皇三年郡废。**灵武**后周置，曰建安，后又置历城郡。开皇三年郡废，十八年改建安为广闰，仁寿元年改名焉。**鸣沙**后周置会州，寻废。开皇十九年置环州及鸣沙县。大业三年州废。有关官。**丰安**开皇十年置。

榆林郡开皇二十年，置胜州。统县三，户二千三百三十。

榆林开皇六年置。大业初置郡。**富昌**开皇十年置。**金河**开皇三年置，曰阳寿，及置油云县，又置榆关总管。五年改置云州总管。十八年改阳寿曰金河，二十年云州移，二县俱废。仁寿二年又置金河县，带关。

五原郡开皇五年置丰州，仁寿元年置总管府，大业元年府废。统县三，户二千三百三十。

九原开皇五年置。大业初置郡。永丰开皇五年置。安化开皇十一年置。

天水郡旧秦州。后周置总管府，大业初府废。统县六，户五万二千一百三十。

上邽故曰上邽，带天水郡。开皇初郡废。大业初复置郡，县改名焉。有漾水。冀城后周曰冀城县，废入黄瓜县。大业初改曰冀城。有石鼓崖。清水后魏置，及置清水郡。开皇初郡废。有关官。有分水岭。秦岭后魏置，曰伯阳县。开皇中改焉。陇城旧曰略阳，置略阳郡。开皇二年郡废，县改曰河阳。六年改曰龙城。成纪旧废，后周置。有龙马城、仙人硖。

陇西郡旧渭州。统县五，户一万九千二百四十七。

襄武带郡。陇西旧城内陶，置南安郡。开皇初郡废，改为武阳。十年改名焉。渭源有鸟鼠山。有渭水。障后魏置。西魏置广安郡，后周郡废。长川，后魏置安阳郡，领安阳、乌水二县。西魏改曰北秦州，后又改曰交州。开皇三年郡废。十八年改州曰纪州，安阳曰长川。大业初州废，又废乌水入焉。

金城郡开皇初，置兰州总管府，大业初府废。统县二，户六千八百一十八。

金城旧县曰子城，带金城郡。开皇初郡废。大业初，改县为金城，置金城郡。有关官。狄道后魏置洮临郡、龙城县，后周皆废。又后魏置武始郡。开皇初废。有白石山。

枹罕郡旧置河州。统县四，户一万三千一百五十七。

枹罕旧置枹罕郡，开皇初郡废。大业初置郡。有关官。有凤林山。龙支后魏曰北金城，西魏改焉。有唐述山。大夏有金纽山。水池后魏曰覃川，后周改焉。

浇河郡后周武帝逐吐谷浑，以置廓州总管府。开皇初府废。统县二，户二千二百四十。

　　河津后周置洮河郡，领洮河、广威、安戎三县。开皇初郡废，并三县入焉。大业初置浇河郡。有滥水。达化后周置达化郡。开皇初郡废，并绥远县入焉。有连云山。

西平郡旧置鄯州。统县二，户三千一百一十八。

　　湟水旧曰西都，后周置乐都郡。开皇初郡废，十八年改县曰湟水。又有旧浩亹县，又西魏置龙居、路仓二县，并后周废。大业初置西平郡。有土楼山。化隆旧魏曰广威，西魏置浇河郡，后周废郡。仁寿初改为化隆。有拔延山、湟水、卢水。

武威郡旧置凉州，后周置总管府，大业初府废。统县四，户一万一千七百五。

　　姑臧旧置武威郡，开皇初郡废。大业初复置武威郡。又后魏置武安郡、襄武县，并西魏废。又旧有显美县，后周废。有茅五山。昌松后魏置昌松郡，后周废郡，以榆次县入。开皇初改县为永世，后改曰昌松。又有后魏魏安郡，后周改置白山县，寻废。有白山。番和后魏置番郡。后周废郡，置镇。开皇中为县，又并力乾、安宁、广城、障、燕支五县之地入焉。有燕支山。允吾后魏置，曰广武，乃置广武郡。开皇初郡废，改县曰邑次，寻改为广武，后又改为邑次。大业初改为允吾。有青岩山。

张掖郡西魏置西凉州，寻改曰甘州。统县三，户六千一百二十六。

　　张掖旧曰永平县，后周置张掖郡，开皇初郡废，十七年县改为酒泉。大业初改为张掖，置张掖郡。又有临松县，后周废。有甘峻山、临松山、合黎山，有玉石涧、大柳谷。删丹后魏曰山丹，又有西郡、永宁县。西魏郡废，县改为弱水。后周省入山丹。大业改为删丹。又后周置金山县，寻废入焉。有祀山。有盐池。有弱水。福禄旧置酒泉郡，开皇初郡废。仁寿中以置肃州，大业初州寻废。又后周置乐涫县，寻废。有祁连山、崆峒山、昆仑山，有石渠。

敦煌郡旧置瓜州。统县三，户七千七百七十九。

敦煌旧置敦煌郡,后周并效谷、寿昌二郡入焉。又并敦煌、鸣沙、平康、效谷、东乡、龙勒六县为鸣沙县。开皇初郡废。大业置敦煌郡,改鸣沙为敦煌。有神沙山、三危山。有流沙。**常乐**后魏置常乐郡。后周并凉兴、大至、冥安、闰泉,合为凉兴县。开皇初郡废,改县为常乐。有关官。**玉门**后魏置会稽郡。后周废郡,并会稽、新乡、延兴为会稽县。开皇中改为玉门,并得后魏玉门郡地。

鄯善郡大业五年平吐谷浑置,置在鄯善城,即古楼兰城也。并置且末、西海、河源,总四郡。有蒲昌海、鄯善水。统县二。

显武　济远

且末郡置在古且末城。有且末水、萨毗泽。统县二。

肃宁伏戎

西海郡置在古伏俟城,即吐谷浑国都。有西王母石窟、青海、盐池。统县二。

宣德威定

河源郡置在古赤水城。有曼头城、积石山、河所出。有七鸟海。统县二。

远化　赤水

《周礼·职方氏》:"正西曰雍州。"上当天文,自东井十度至柳八度,为鹑首。于辰在未,得秦之分野。考其旧俗。前史言之详矣。化于姬德,则闲田而兴让,习于嬴敝,则相稽而反唇。斯岂土壤之殊乎?亦政教之移人也。京兆王都所在,俗具五方,人物混淆,华戎杂错。去农从商,争朝夕之利,游手为事,竞锥刀之末。贵者崇侈靡,贱者薄仁义,豪强者纵横,贫窭者窘蹙。桴鼓屡惊,盗贼不禁,此乃古今之所同焉。自京城至于外郡,得冯翊、扶风,是汉之三辅。其风大抵与京师不异。安定、北地、上郡、陇西、天水、金城,于古为六郡之地,其人性犹质直。然尚俭约,习仁义,勤于稼穑,多畜牧,无复寇盗矣。雕阴、延安、弘化,连接山胡,性多木强,皆女淫而妇贞,盖俗然也。平凉、朔方、盐川、灵武、榆林、五原,地接边荒,多尚武节,亦习俗然焉。河西诸郡,其风颇同,并有金方之气矣。

汉川郡旧置梁州。统县八,户一万一千九百一十。

南郑旧置汉川郡。开皇初郡废,大业初置郡。又西魏置白云县,至是并
入焉。有黄牛山、龙冈山。西旧曰嶓冢,大业初改焉。有关官。有定军山、百
牢山、街亭山、嶓冢山。有汉水。褒城开皇初曰褒内。仁寿九年因失印更给,
改名焉。有关官。有女郎山。城固兴势旧置傥城郡,开皇初郡废。西乡旧
曰丰宁,置洋州,及洋川郡。开皇初废郡,大业初废州,改县曰西乡。又旧有怀
昌郡,后周废为怀昌县,至是入焉。有洋水。黄金　难江后周置集州及平桑
郡。开皇初郡废,大业初州废。

西城郡梁置梁州,寻改曰南梁州。西魏改置东梁州,寻改为金州,置总管府。
开皇初府废。统县六,户一万四千三百四十一。

金川梁初曰上廉,后曰吉阳。西魏改曰吉安,后周以西城入焉。旧有金
城、吉安二郡,开皇初并废。十八年改县为吉安。大业三年改曰金川,置西城
郡。又后周置洵州,寻废。有焦陵山。石泉旧曰永乐,置晋昌郡。西魏改郡曰
魏昌,寻改永乐曰石泉,析置魏宁县,后周省魏昌郡入中城郡,又省魏宁县入
石泉县。洵阳旧置洵阳郡,开皇初郡废。有洵水。安康旧曰宁都,齐置安康
郡,后魏置东梁州,后萧察改直州。开皇初郡废,大业初州废,县改曰安康。黄
土西魏置淯阳郡。后周改郡置县曰长冈。后郡省入甲郡,置县曰黄土,并赤
石、甲、临江三县入焉。开皇初郡废。丰利梁置南上洛郡,西魏改郡曰丰利。后
周省郡入上津郡,以熊川、阳川二县入丰利,后又废上津郡入甲郡。有天心水。

房陵郡西魏置光迁国。后周国废,置迁州。大业初改名房州。统县四,户七
千一百六。

光迁旧曰房陵,置新城郡。梁末置岐州,后周郡县并改为光迁。又有旧
绥州,开皇初,与郡并废。大业初置房陵郡。有房山、霍水。永清旧曰大洪,后
周改焉。有照珠山、有武山、沮水、泛水。竹山梁曰安城,西魏改焉,置罗州。开
皇十八年改曰房州,大业初州废。有花林山、悬鼓山。上庸梁曰新丰,西魏改

焉。后周改曰孔阳。开皇十八年复曰上庸。

清化郡旧置巴州。统县十四,户一万六千五百三十九。

化成梁曰梁广,仍置归化郡。后周改县曰化城。开皇初郡废。大业初置清化郡。曾口梁置。**清化**梁置,曰伏强,有木门郡。开皇三年郡废,七年县改曰清化。有伏强山、清水、盘道梁置,曰难江。西魏改焉。有龙腹山。**永穆**梁置,曰永康,又有万荣郡。开皇初郡废,十八年县改名焉。**归仁**梁置,曰平州县。后周改曰同昌,开皇中改名焉。**始宁**梁置,并置遂宁郡。开皇初郡废。有始宁山。**其章**梁置。**恩阳** 梁置曰义阳。开皇末改。**长池**后周置,曰曲细。开皇末改焉。**符阳**旧置其章郡,开皇初废。**白石**有文山。**安固**梁置。后周置蓬州,大业初州废。有大蓬山。**伏虞**梁置,曰宣汉,及置伏虞郡。开皇初郡废,十八年改焉。

通川郡梁置万州,西魏曰通川。统县七,户一万二千六百二十四。

通川梁曰石城,置东关郡。开皇初郡废。大业初置通川郡。**三冈**梁置,属新安郡。西魏改郡曰新宁。开皇初郡废。**石鼓**西魏置迁州。后周废州,置临清郡。开皇初废郡。**东乡**西魏置石州。后周废州,置三巴郡。开皇初郡废。**宣汉**西魏置并州及永昌郡。开皇三年郡废,五年州废。**西流**后魏曰汉兴。西魏改焉。又置开州,及周安、万安、江会三郡。后周省江会入周安。开皇初郡并废,大业初州废。**万世**后周置,及置万世郡。开皇初郡废。

宕渠郡梁置渠州。统县六,户一万四千三十五。

流江后魏置县,及置流江郡。开皇初郡废,大业初置宕渠郡。**賨**旧曰始安,开皇十八年改焉。**邻水**梁置县,并置邻州。后魏改邻山郡,开皇初郡废。**宕渠**梁置,并置境阳郡。开皇初郡废。**咸安**梁置,曰绥安。开皇末改名焉。**垫江**西魏置县及容川、容山郡。后周改为魏安县。开皇初郡废,十八年县改名焉。

汉阳郡后魏曰南秦州,西魏曰成州。统县三,户一万九百八十五。

上禄旧置仇池郡,后魏置仓泉县,后周废阶陵、丰川、建平、城阶四县入焉。开皇初郡废,大业初置汉阳郡,改县曰上禄。有百顷雄。潭水西魏置潭水郡。后周郡废,并废甘若、相山、武定三县入焉。长道后魏置汉阳郡。后周郡废,又省水南县入焉。开皇初郡废,十八年改曰长道。

临洮郡后周武帝逐吐谷浑,以置洮阳郡,寻立洮州。开皇初郡废。**统县十一,户二万八千九百七十一。**

美相后周置县,及置洮阳郡。开皇初郡废,并洮阳县入焉。大业初置临洮郡。叠川后周置迭州、迭川县。开皇四年置总管府,大业元年府废。有洮水、流水。合川后周置,仍立西疆郡。开皇初郡废。有白岭山。乐川后周置。归政开皇二年置,仍立疆泽郡。三年废。又后周立弘州及开远、河滨二郡。开皇初州郡并废。洮源后周置曰金城,并立旭州,文置通义郡。开皇初郡废,十八年县改为美俗。大业初州废,县改名焉。洮阳后周置,曰广恩,并置广恩郡。开皇初郡废,仁寿元年,改县为洮河,大业初改曰洮阳。洮潭后周曰泛潭,开皇十一年改名焉。临洮西魏置,曰溢乐,并置岷州及同和郡。开皇初郡废,大业初州废,更名县曰临洮。又后周置祐川郡、基城县,寻郡县俱废。有岷山、崆峒山。当夷后周置。又立洪和郡,郡寻废。又置博陵郡及博陵、宁人二县。开皇初并入。和政后周置洮城郡,寻废。

宕昌郡后周置宕昌国,天和元年置宕州总管府。开皇四年府废。**统县三,户六千九百九十六。**

良恭后周置,初曰阳宕,置宕昌郡。开皇初郡废,十八年改名焉。大业初置宕昌郡。和戎后周置。有良恭山。怀道后周置甘松郡,开皇初郡废。

武都郡西魏置武州。**统县七,户一万七百八十。**

将利旧曰石门,西魏改曰安育。后周改曰将利。置武都郡。后改曰永都郡。开皇初郡废,大业初置武都郡。又有东平县,后周并入焉。有河池水。建威后魏置白水郡,后废,改为白水县。西魏复立郡。改为绥戎。后周郡废,改为建威县,并废洪化县入焉。又西魏有孔堤郡及县,后周并废。覆津后魏初曰玩当,置武阶郡。西魏又置覆津县,及置万郡,统赤方、接难、五部三县。后周一郡三县并玩当,并废入焉。开皇初武阶郡又废。**盘堤**西魏置,曰南五部县,后改名焉、并立武阳郡及茄芦县。后周郡废,县并入焉。**长松**西魏置,初曰建昌,置文州及卢北郡。开皇初郡废,十八年县改曰长松,大业初州废。**曲水**西魏置。**正西**西魏置。

同昌郡西魏逐吐谷浑,置邓州。开皇七年改曰扶州。**统县八,户一万一千二百四十八。**

尚安西魏置县及邓宁郡。开皇初郡废,大业初置同昌郡。有黑水。**钳川**西魏置,有钳川山。有白水。**帖夷**,西魏置,又置昌宁郡。开皇三年郡废。**同昌**西魏置。有邓至山,云邓艾所至,故名焉。**嘉诚**后周置县并龙涸郡及扶州总管府。开皇初府废,三年郡废,七年州废。有雪山。**封德**后魏置,又立芳州,有深泉郡。开皇初郡废,又省理定县入焉。大业初州废。**常芬**后周置,及立恒香郡。开皇初郡废。有弱水。**金崖**后周置。

河池郡后魏置南岐州。后周改曰凤州。**统县四,户一万一千二百二。**

梁泉旧曰故道,后魏置郡,曰固道,县曰凉泉,寻改曰梁泉。西魏改郡曰归真。后周废郡。又废龙安、商乐二县入。大业初置郡。**两当**后魏置,及立两当郡。开皇初郡废。**河池**后魏曰广化,并置广化郡。开皇初郡废,仁寿初县改名焉。又后魏置思安县,大业初省入。有河池水。**同谷**旧曰白石,置广业郡。西魏改曰同谷,后周置康州。开皇初郡废,大业初州废。又有泥阳县。西魏废。

顺政郡后魏置东益州,梁为武兴蕃王国,西魏改为兴州。**统县四,户四千二百六十一。**

顺政旧曰略阳。西魏置郡,曰顺政,县曰汉曲。又置仇池县,后改曰灵道。开皇初郡废。十八年,县改名焉。大业初置郡,又省灵道县并入。**鸣水**西魏置,曰落丛,并置落丛郡。开皇初郡废。六年,县改为厨北。八年,改曰鸣水。**长举**西魏置,又立盘头郡。后周废郡。有凤溪水。**修城**旧置修城郡,县曰广长。后周郡废,又废下阪县入。仁寿初,县改名焉。又西魏置柏树县,后周废。

义城郡后魏立益州，世号小益州，梁曰黎州。西魏复曰益州，又改曰利州，置总管府，大业初废。**统县七，户一万五千九百五十。**

绵谷旧曰兴安，置晋寿郡。开皇初郡废。十八年，县改名焉。大业初置郡。又有华阳郡，梁置华州。西魏并废。有龙门山。**益昌　义城**西魏置。**葭萌**后魏曰晋安，置新巴郡。开皇初郡废。十八年，县改名焉。大业初又并恩金县入焉。**岐坪景谷**旧曰白水，置平兴郡。后周省东洛郡入。开皇初郡废。县改名平兴。十八年，改曰景谷，大业初又省鱼盘县入焉。有关官。有木马山、良珠山、有冻水。**嘉川**旧置宋熙郡，开皇初废。

平武郡西魏置龙州。**统县四，户五千四百二十。**

江油后魏置江油郡，开皇三年郡废，大业初置郡。有关官。**马盘**后魏置马盘郡，开皇三年郡废。**平武**梁末，李文智自立为藩王，西魏废为县。有涪水、潨水。**方维**旧曰秦兴，置建阳郡。开皇初郡废，县改名焉。

汶山郡后周置汶州，开皇初改曰蜀州，寻为会州，置总管府。大业初府废。**统县十一，户二万四千一百五十九。**

汶山旧曰广阳。梁改为北部都尉，置绳州、北部郡。后周改曰汶州。开皇初郡废，仁寿元年改名焉。**北川**后周置。有龙泉水、雁门山、襄阳山。**汶川**后周置汝山郡，开皇初郡废。**交川**开皇初置。有关官。**通化**开皇初置，曰金川，仁寿初改名焉。**左封**后周置，曰广年，及置广年郡、左封郡。开皇初郡并废。仁寿初县改名焉。又周置翼州，大业初废。有汶山。**平康**后周置。有羊肠山。**翼水**后周置，曰龙求，及置清江郡。开皇初郡废县，改曰清江。十八年，又改名焉。**翼针**后周置，及翼针郡。开皇初郡废。有石镜山。**江源**后周置。**通轨**后周置县及覃州，并覃川、荣乡二郡。开皇初郡废。四年州废。有甘松山。

普安郡梁置南梁州，后改为安州。西魏改为始州。**统县七，户三万一千三百五十一。**

普安旧曰南安。西魏改曰普安，置普安郡。开皇初郡废，大业初置郡焉。**永归**旧曰白水，西魏改焉。**黄安**旧曰华阳，西魏改焉，又置黄原郡。开皇初郡废。**阴平**宋置北阴平郡，魏置龙州。西魏改郡为阴平，又名县焉。后周从江油郡，改曰静龙，县曰阴平。开皇初郡废。**梓潼**旧曰安寿，西魏置潼川郡。开皇初郡废。大业初县改名焉。有五妇山。**武连**旧曰武功，置辅剑郡。西魏改郡曰安都，县曰武连。开皇初郡废。**临津**旧曰胡原，开皇七年改焉。

金山郡西魏置潼州，开皇五年，改曰绵州。统县七，户三万六千九百六十三。

　　巴西旧曰涪，置巴西郡。西魏改县曰巴西，开皇初郡废，大业初置金山郡。有盐井。**昌隆**有云台山。**涪城**旧置始平郡，西魏改郡为涪城，后周又改曰安城。开皇初郡废，改县曰安城。十六年，改为涪城。**魏城**西魏置。**万安**旧曰屏亭，西魏改名焉。置万安郡。开皇初郡废。**神泉**旧曰西充国，开皇六年改名焉。**金山**旧置益昌、晋兴二县，西魏省晋兴入益昌，后周别置金山。开皇四年，省益昌入金山。

新城郡梁末置新州。开皇末改曰梓州。统县五，户三万七百二十七。

　　郪旧曰伍城。西魏改曰昌城，仍置昌城郡。开皇初郡废。大业初置新城郡，改县名焉。**射洪**西魏置，曰射江，后周改名焉。**盐亭**西魏置盐亭郡。开皇初郡废，有高渠县。大业初并入焉。**通泉**旧曰通泉，置西宕渠郡。西魏改郡，县俱曰涌泉。开皇初郡废，县改名，又并光汉县入焉。**飞乌**开皇中置。

巴西郡梁置南梁、北巴州，西魏置隆州。统县十，户四万一千六十四。

　　阆内梁置北巴郡，后魏平蜀，置盘龙郡，开皇初郡废。大业初置巴西郡。有盘龙山、天柱山、灵山。**南部**旧曰南充国，梁曰南部，西魏置新安郡，后周郡废。**苍溪**旧曰汉昌。开皇末改名焉。**南充**旧曰安汉，置宕渠郡。开皇初郡废。十八年，县改名焉。**相如**梁置梓潼郡，后魏郡废。**西水**梁置掌天郡、西魏改曰金迁，开皇初郡废。**晋城**旧曰西充国，梁置木兰郡。西魏废郡，改县名焉。有阆水。**奉国**梁置白马、义阳二郡，开皇初郡废，并废义阳县入焉。**仪陇**梁置，并置隆城郡。开皇初郡废。**大寅**梁置。

遂宁郡后周置遂州。仁寿二年，置总管府，大业初府废。统县三，户一万二千六百二十二。

方义梁曰小溪，置东遂宁郡。西魏改县名焉。后周改郡曰石山。开皇初郡废。大业初置遂宁郡。**青石**旧曰晋兴，西魏改名焉，又置怀化郡。开皇初郡废。**长江**旧曰巴兴，西魏改名焉。又置怀化郡。开皇初郡废。

涪陵郡西魏置合州。开皇末改曰涪州。统县三，户九千九百二十一。

石镜旧曰垫江，置宕渠郡。西魏改郡为垫江，县为石镜。开皇初郡废。大业初置涪陵郡。**汉初**梁置新兴郡。西魏改郡曰清居，名县曰汉初。开皇初郡废。**赤水**开皇八年置。

巴郡梁置楚州。开皇初改曰渝州。统县三，户一万四千四百二十三。

巴旧置巴郡，后周废枳、垫江二县入焉。开皇初郡废。大业初置巴郡。**江津**，旧曰江州县。西魏改为江阳，置七门郡。开皇初郡废。十八年，县改名焉。**涪陵**旧曰汉平，置涪陵郡。开皇初郡废。十三年县改名焉。

巴东郡梁置信州，后周置总管府，大业元年府废。统县十四，户二万一千三百七十。

人复旧置巴东郡，县曰鱼复。西魏改曰人复。开皇初郡废。大业初，置巴东郡。有盐并、白盐山。**云安**旧曰朐䏰，后周改焉。**南浦**后周置安乡郡，后改县曰安乡，改郡曰万川。开皇初郡废。十八年，县改名焉。**梁山**西魏置。有高梁山。有纻溪。**大昌**后周置永昌郡，寻废，又废北并县入焉。**巫山**旧置建平郡，开皇初郡废。有巫山。**秭归**后周曰长宁，置秭归郡。开皇初郡废，改县曰秭归。**巴东**旧曰归乡，梁置信陵郡。后周郡废，县改曰乐乡，开皇末，又改名焉。有巫峡。**新浦**后周置周安郡，开皇初郡废。**盛山**梁曰汉丰，西魏改为永宁，开皇末，曰盛山。**临江**梁置临江郡。后周置临州。开皇初郡废，大业初州废，有平都山。有彭溪。**武宁**后周置南州、南都郡、源阳县，后改郡曰怀德，县曰武宁。开皇初州郡并废入焉。**石城**开皇初置庸州，大业初州废。**务川**开皇末置。

蜀郡旧置益州,开皇初废,后周置总管府。开皇二年,置西南道行台省,三年,复置总管府,大业元年府废。**统县十三,户十万五千五百八十六。**

成都旧置蜀郡,又有新都县。梁置始康郡。西魏废始康郡。开皇初废蜀郡,并废新繁入焉。十八年,改新都曰兴乐。大业初置蜀郡,省兴乐入焉。旧置怀宁、晋熙、宋兴、宋宁四郡,至后周并废,有武檐山。**双流**旧曰广都,置宁蜀郡,后周郡废。仁寿元年改县曰双流。有女伎山。**新津**后周置,并置犍为郡,开皇初郡废。大业初又废僰道县入焉。**晋原**旧曰江原,及置江原郡,后周废郡,县改名焉。**清城**旧置齐基郡,后周废郡为清城县,有鸣鹄山、清城山。**九陇**旧曰晋寿,梁置东益州。后周州废,置九陇郡,并改县曰九陇。仁寿初置濩州。开皇初郡废,并陇泉、兴固、青阳三县入焉。大业初州废。有大山、道场山、**绵竹**旧置晋熙郡及长杨、南武都二县。后周并二县为晋熙,后又废晋熙入阳泉。开皇初郡废,十八年改为孝水,大业二年改曰绵竹。有冶官。有绵水。有鹿堂山。**郫**西魏分置温江县,开皇初入焉。仁寿初复置万春县,大业初又废入焉。有金山、平乐山、天彭门、**玄武**旧曰伍城,后周置玄武郡。开皇初郡废,改县名焉。仁寿初置凯州,大业初废。有三堆山、郪江。**雒**旧曰广汉,又置广汉郡。开皇初郡废,十八年,改曰绵竹。大业初改名雒焉。又有西遂宁郡、南阴平郡。后周废西遂宁,改为怀中,南阴平郡曰南阴平县。寻并废。**阳安**旧曰牛鞞,西魏改名焉,并置武康郡。开皇初郡废。仁寿初置简州,大业初州废。有盐井。**平泉**西魏置,曰婆闰。开皇十八年,改名焉。**金泉**西魏置县及金泉郡。后周废郡,并废白牟县入焉。有昌利山、铜官山、石城山。

临邛郡旧置雅州。**统县九,户二万三千三百四十八。**

严道西魏置,曰始阳县,置蒙山郡。开皇初郡废。十三年,改曰蒙山,寻置雅州。大业置临邛郡,县改名焉。有邛来山。**名山**旧曰蒙山。开皇十三年,改始阳曰蒙山,改蒙山曰名山,**卢山**仁寿末置。**依政**西魏置,及置邛州,大业初废。**临邛**旧置临邛郡,开皇初废,有火井。**蒲江**西魏置,曰广定,及置蒲原郡。开皇初郡废。仁寿初县改名焉。**蒲溪**西魏置。**沈黎**后周置黎州,寻并县废。开皇中置县,仁寿末置登州,大业初州废。**汉源**大业初置。

眉山郡西魏曰眉州。后周曰青州，后又曰嘉州，大业二年又改曰眉州。统县八，户二万三千七百九十九。

龙游后周置，曰峨眉，及置平羌郡。开皇初郡废。九年改县为青衣。平陈日，龙见水，随军而进，十年改名焉。大业初置眉山郡，平羌后周置，仍置平羌郡。开皇初郡废。夹江开皇三年置。峨眉开皇十三年置，有峨眉山、绥山。通义旧置齐通郡及青州。西魏改州曰眉州。开皇初郡废，改齐通曰广通。仁寿元年改为通义。大业初州废。青神后周置，并置青神郡。开皇初郡废。丹棱后周置，曰齐乐。开皇中改名焉。洪雅开皇十三年置。

隆山郡西魏置陵州。统县五，户一万一千四十二。

仁寿梁置怀仁郡，西魏改县曰普宁。开皇初郡废，十八年县改名焉。又西魏置蒲县。大业初置隆山郡，蒲县并入焉。有盐井。贵平西魏置，又立和仁郡。后周又废可昙、平井二县入焉。开皇初郡废。大业初，又废籍县入焉。井研始建开皇十一年置，有铁山。隆山旧曰犍为，置江州。西魏改县曰隆山。后周省州，置隆山郡。开皇初郡废，又并江阳县入焉。有冶官。有鼎鼻山。

资阳郡西魏置资州。统县九，户二万五千七百二十二。

盘石后周置县及资中郡，开皇初郡废。大业初置资阳郡。内江后周置。威远开皇初置。大牢开皇十三年置。安岳后周置，并置普州。大业初州废。普慈后周置郡曰普慈，县曰多业。开皇初郡废。十三年，县改名焉。安居后周置，曰柔刚，及置安居郡。开皇初郡废。十三年，县改名焉。隆康后周置。曰永康。开皇十八年改焉。资阳后周置。

泸川郡梁置泸州。仁寿中置总管府，大业初府废。统县五，户一千八百二。

泸川旧曰江阳，并置江阳郡。开皇初郡废。大业初置泸川郡，县改名焉。富世后周置，及置洛源郡。开皇初郡废。江安旧曰汉安，开皇十八年改名焉。合江后周置。绵水梁置。有绵溪。

犍为郡梁置戎州。统县四，户四千八百五十九。

僰道，后周置，曰外江。大业初改曰僰道，置犍为郡。**犍为**后周置，曰武阳。开皇初改焉。**南溪**梁置，曰南广，及置六同郡。开皇初郡废。仁寿初县改名焉。**开边**开皇六年置，七年废训州入焉。大业初废恭州、协州入焉。

越巂郡后周置严州。开皇六年改曰西宁州，十八年又改曰巂州，统县六，户七千四百四十八。

越巂带郡。**邛都苏祇**旧置亮善郡，开皇初郡废。有孙水。**可泉**旧宣化郡。开皇初废。**台登**旧置白沙郡。开皇初郡废。**邛部**旧置邛部郡，又有平乐郡，开皇初并废。有巂山。

牂柯郡开皇初，置牂州。统县二。

牂柯带郡。**宾化**

黔安郡后周置黔州，不带郡。统县二，户一千四百六十。

彭水开皇十三年置。有伏牛山。出盐井。**涪川**开皇五年置。

梁州于天官上应参之宿。周时梁州，以并雍部，及汉，又析置益州。在《禹贡》，自汉川以下诸郡，皆其封域。汉中之人，质朴无文，不甚趋利，性嗜口腹，多事田渔，虽蓬室柴门，食必兼肉。好祀鬼神，尤多忌讳，家人有死，辄离其故宅。崇重道教，犹有张鲁之风焉。每至五月十五日，必以酒食相馈，宾旅聚会，有甚于三元。傍南山杂有獠户，富室者颇参夏人为婚，衣服居处言语，殆与华不别。西城、房陵、清化、通川、宕渠，地皆连接，风俗颇同。汉阳、临洮、宕昌、武郡、同昌、河池、顺政、义城、平武、汶山，皆连杂氐羌。人尤劲悍，性多质直。皆务于农事，工习猎射、于书计非其长矣。蜀郡、临邛、眉山、隆山、资阳、泸川、巴东、遂宁、巴西、新城、金山、普安、犍为、越巂、牂柯、黔安，得蜀之旧域。其地四塞，山川重阻，水陆所凑，货殖所萃，盖一都之会也。昔刘备资之。以成三分之业。自金行丧乱，四海沸腾，李氏据之于前，谯氏依之于后。当梁氏将亡，武陵凭险而取败，后周之末，王谦负固而速祸。故孟门不祀，古人所以诫焉。其风俗大抵与汉中不别。其人敏慧轻急,貌多蕞陋,颇慕文学,时有斐然,多溺于逸乐,少从宦之士。或至耆年白首,不离乡邑。人多工巧,绫锦雕镂之妙,殆侔于上国。贫家不务储蓄,富室专于趋利。其处家室,则女勤作业,而士多自闲,聚会宴饮,尤足意钱之戏。小人薄于情礼,父子率多异居。其边野富人,多规固山泽,以财物雄役夷、獠,故轻为奸藏,权倾州县,此亦其旧俗乎?又有獽狿蛮賨,其居处风俗,衣服饮食,颇同于獠,而亦与蜀人相类。

隋书卷三〇
志第二五

地理中

河南郡	荥阳郡	梁　郡	谯　郡
济阴郡	襄城郡	颍川郡	汝南郡
淮阳郡	汝阴郡	上洛郡	弘农郡
淅阳郡	南阳郡	淯阳郡	淮安郡
东　郡	东平郡	济北郡	武阳郡
渤海郡	平原郡	信都郡	清河郡
魏　郡	汲　郡	河内郡	长平郡
上党郡	河东郡	绛　郡	文城郡
临汾郡	龙泉郡	西河郡	离石郡
雁门郡	马邑郡	定襄郡	楼烦郡
太原郡	襄国郡	武安郡	赵　郡
恒山郡	博陵郡	河间郡	涿　郡
上谷郡	渔阳郡	北平郡	安乐郡
辽西郡	北海郡	齐　郡	东莱郡
高密郡			

河南郡旧置洛州。大业元年移都，改曰豫州。东面三门，北曰上春，中曰建阳，南曰永通。南面二门，东曰长夏，正南曰建国。里一百三，市三。三年改为郡，置尹。统县十八，户二十万二千二百三十。

河南带郡。有关官，有郏山。有瀍水。**洛阳**有汉已来旧都，后魏置司州，东魏改曰洛州。后周置东京六府、洛州总管。开皇元年改六府，置东京尚书省。其年废东京尚书省。二年废总管，置河南道行台省。三年废行台，以洛州刺史领总监。十四年于金墉城别置总监。炀帝即位，废省。旧河南县，东魏迁邺，改为宜迁县。后周复曰河南。大业元年徙入新都。又东魏置洛阳郡、河阴县开皇初郡并废，又析置伊川县。大业初河阴、伊川二县并入焉。**阌乡**旧曰湖城，开皇十六年改焉。有王涧、金鸠涧、秦山。**桃林**开皇十六年置。有上阳宫。有淄水。**陕**后魏置，及置陕州、恒农郡。后周又置崤郡。开皇初郡并废。大业初州废，置弘农宫。有常平仓、温汤。有砥柱。**熊耳**后周置，及同轨郡。开皇初郡废。又有后魏崤县，大业初废入。有二崤。有天柱山、大头山、硖石山、谷水。**渑池**后周置河南郡，大象中废。**新安**后周置中州及东垣县，州寻废。开皇十六年置谷州，仁寿四年州废，又废新安入东垣。大业初改名新安。有冶官。有魏山、强山、缺门山、孝水、涧水、金谷水。**偃师**旧废，开皇十六年置。有关官。有河阳仓。有都尉府。有首阳山、郿山、乾脯山。**巩**后齐废，开皇十六年复，有兴洛仓。有九山，有天陵山、缑山、东首阳山。**宜阳**后魏置宜阳郡，东魏置阳州，后周改曰熊州。又复后魏置南渑池县，后周改曰昌洛。开皇初郡废。十八年改昌洛曰洛水。大业初废熊州，省洛水入宜阳。又东魏置金门郡，后周废。有福昌宫、金门山，女几山、太阴山、嶕峣山。**寿安**后魏置县曰甘栗，仁寿四年改焉。有显仁宫，有慈涧。**陆浑**东魏置伊川郡，领南陆浑县，开皇初废郡，改县曰伏流。大业初改曰陆浑。又有东魏北荆州，后周改曰和州，开皇初又改曰伊州。大业初州废。又有东魏东亭县，寻废。有方山、三涂山、孤山、阳山、王母涧。**伊阙**旧曰新城，东魏置新城郡。开皇初郡废。十八年县改名焉。有伊阙山。**兴泰**大业初置。有鹿蹄山、石墨山、钟山。**缑氏**旧废，东魏置。开皇十六年废。大业初又置。有缑氏山、轩辕山、景山。**嵩阳**后魏置，曰颍阳。东魏分置堙阳，后周废颍阳入。开皇六年改曰武林。十八年改曰轮氏，大业元年改曰嵩阳。又有东魏中川郡。后周废。有嵩高山、少室山、颍水。**阳城**后魏置阳城郡，开皇初废。十六年置嵩州,仁寿四年废。又后魏置康城县,仁寿四年废入焉。有箕山、偃月山、荆山、禹山、崟山。

荥阳郡旧郑州。开皇十六年置管州。大业初复曰郑州。统县十一,户十六万九百六十四。

管城旧曰中牟,东魏置广武郡。开皇初郡废,改中牟曰内牟。十六年析置管城。十八年改内牟曰圃田入焉。后魏置曲梁县,后齐废。有郑水。**氾水**旧曰成皋,即武牢也。后魏置东中府,东魏置北豫州,后周置荥州。开皇初曰郑州,十八年改成皋曰氾水。大业初置武牢都尉府。有周山、天陵山。**荥泽**开皇四年置,曰广武。仁寿元年改名焉。**原武**开皇十六年置。阳武圃田开皇十六年置,曰郑城,大业初改焉。**浚仪**东魏置梁州、陈留郡,后齐废开封郡入,后周改曰汴州。开皇初郡废。大业初州废,有关官。有通济渠、蔡水。**酸枣**后齐废。开皇六年复,有关官。**新郑**后魏废,开皇十六年复,大业初并宛陵县入焉。有关官。有大騩山。**荥阳**旧置荥阳郡。后齐省卷、京二县入。改曰成皋郡。开皇初郡废。有京索水、梧桐涧。**开封**东魏置郡,后齐废。

梁郡开皇十六年置宋州。统县十三,户十五万五千四百七十七。

宋城旧曰睢阳,置梁郡。开皇初郡废,十八年县改名焉。大业初又置郡。又梁置北新安郡,寻废。**雍丘**后魏置阳夏郡。开皇初郡废,十六年置杞州。大业初州废。**襄邑**后齐废,开皇十六年复。**宁陵**后齐废,开皇六年复。**虞城**后魏曰萧,后齐废。开皇十六年置,改名焉。又后魏置沛郡,后齐废。**谷熟**后魏废,开皇十六年复。**陈留**后魏废,开皇六年复。十六年析置新里县,大业初废入焉。又有小黄县,后齐废入。有睢水、涣水。**下邑**后齐废,已吾县入焉。**考城**后魏曰考阳,置北梁郡。后齐郡并废,为城安县。开皇十八年以重名,改曰考城。**楚丘**后魏曰已氏。置北谯郡。后齐郡县并废。开皇四年又置已氏,六年改曰楚丘。**砀山**后魏置,曰安阳。开皇十八年改名焉。有砀山、鱼山。**圉城**旧曰圉,后齐废,开皇六年复置,曰圉城。有谷水。**柘城**旧曰柘,久废。开皇十六年置,曰柘城。

谯郡后魏置南兖州，后周置总管府。后改曰亳州。开皇元年府废。统县六，户七万四千八百一十七。

谯旧曰小黄，置陈留郡。开皇初郡废。十六年分置梅城县，大业三年，改小黄为谯县，并梅城入焉。鄼旧废，开皇十六年复。旧有马头郡，后魏又置下邑县，后齐并废。城父宋置，曰浚仪。开皇十八年改焉。谷阳后齐省，开皇六年复。山桑。后魏置涡州、涡阳县，又置谯郡。梁改涡州曰西徐州。东魏改曰谯州。开皇初郡废，十六年改涡阳为肥水。大业初州废，改县曰山桑。又梁置北新安郡，东魏改置蒙郡。后齐郡废，置蒙县，后又置郡。开皇初郡废。又梁置阳夏郡。东魏废。临涣后魏置临涣郡，又别置丹城县。东魏析置白禅县，后齐郡废。开皇元年丹城省，大业初白禅又省，并入焉。有嵇山、龙冈。

济阴郡后魏置西兖州，后周改曰曹州。统县九，户十四万九百四十八。

济阴后魏置沛郡，后齐废。又开皇六年分置黄县，十八年改为蒙泽，大业初废入焉。外黄后齐废成安县入。又开皇十八年置首城县，大业初废入焉。济阳成武后齐置永昌郡。开皇初州废，十六年置戴州。大业初州废。冤句乘氏　定陶　单父后魏曰离狐，置北济阴郡。后齐郡县并废。开皇六年更置，名单父。金乡开皇十六年分置昌邑县，大业初并入。

襄城郡东魏置北荆州，后周改曰和州。开皇初改为伊州，大业初改曰汝州。统县八，户十万五千九百一十七。

承休旧曰汝原，置汝北郡，后改曰汝阴郡。后周郡废，大业初改县曰承休，复置襄城郡。有黄水。梁旧置汝北郡，后齐废。有滥泉。郏城旧曰龙山。东魏置顺阳郡及南阳郡、南阳县。开皇初改龙山曰汝南，三年二郡并废。十八年改汝南曰辅城，南阳曰期城。大业初改辅城曰郏城，废期城入焉。有关官。有大留山。阳翟东魏置阳翟郡，开皇初郡废。有钓台。有九山祠。汝原　汝南有后魏汝南郡及符垒县，并后齐废。鲁后魏置荆州，寻废。立鲁郡。后置鲁州。开皇初郡废。大业初州废。有关官。有和山、大义山。犨城旧曰雉阳。开皇十八年改曰湛水，大业初改名焉。又有后周置武山郡，开皇初废。后魏置南阳县、河山县，大业初并废入焉。有应山。

颍川郡 旧置颍州。东魏改曰郑州，后周改曰许州。统县十四，户十九万五千六百四十。

颍川 旧曰长社，置颍川郡。后齐废颍阴县入。开皇初废郡名改县焉。又东魏置黄台县，大业初废入焉，置郡。**襄城** 旧置襄城郡，后周置汝州。开皇初郡废，大业初州废。有㶏水。**汝坟** 后齐置汉广郡。寻废。有首山。**叶** 后齐置襄州。后周废襄州，置南襄城郡。开皇初郡废。又东魏置定南郡，后周废为定南县，大业初省入。**北舞** 旧置定陵郡。开皇初废。有百尺沟。**郾城** 开皇初置，十六年置道州，大业初州废，又后魏置颍川郡，后齐改为临颍郡，开皇初郡废。又有邵陵县，大业初废。有㶏水。**繁昌** **临颍** **尉氏** 后齐废，开皇六年复。**长葛** 开皇六年置。**许昌** **㶏强** 开皇十六年置曰陶城，大业初改焉。**扶沟** **隔陵** 东魏置许昌郡，后齐废县。开皇初郡废，七年复隔陵县。十六年置洧州，大业初州废。又开皇十六年置蔡陂县，至是省入焉。

汝南郡 后魏置豫州，东魏置行台。后周置总管府，后改曰舒州，寻复曰豫州，及改洛州为豫州，此为溱州，又改曰蔡州。统县十一，户十五万二千七百八十五。

汝阳 旧曰上蔡，置汝南郡。开皇初郡废。大业初置郡，改县曰汝阳，并废保城县入蜀。有鸿郄陂。**城阳** 旧废，梁置，又有义兴县。后魏置城阳郡，梁置楚州，东魏置西楚州，后齐曰永州。开皇九年，废入纯州。十八年改义兴为纯义。大业初州县并废入焉。又梁置伍城郡，后废。有十丈山、大木山。**真阳** 旧置郢州。东魏废州，置义阳郡。后齐废郡入保城县。开皇十一年废县。十六年置县，曰真丘，大业初改曰真阳。又有白狗县，梁置淮州。后齐废州，以置齐兴郡，郡寻废。开皇初，改县曰淮川，至是亦省入焉。又有后魏安阳县，后废。有汶水。**新息** 后魏置东豫州。梁改曰西豫州。又改曰淮州，东魏复曰东豫州，后周改曰息州，大业初州废。又后魏置汝南郡。开皇初郡废。又梁置滇州，寻废。又梁置北光城郡，东魏废，又有北新息县，后齐废。**褒信** 宋改曰包信。大业初改复旧焉。又梁置梁安郡。开皇初废，又有长陵郡，后齐废为县，大业初又省县焉。**上蔡** 后魏置，曰临汝。后齐废，开皇中置，曰武津，大业初改名焉。**平舆** 旧废，大业初改新蔡置焉。有葛陂。**新蔡** 齐置北新蔡郡，魏曰新蔡郡，东魏置终蔡州，后齐废州，置广宁郡。开皇初郡废。十六年置舒州及舒县、广宁县，仁寿元年改广宁曰汝北。大业初州废，改汝北曰新蔡。又后齐置永康县，后改名曰瀙水，至是及舒县并废入焉。**朗山**旧曰安昌，置初安郡。废，十八年县改名焉。又梁置陈州，后魏废，又齐置荆州，寻废。后周又置威州，后又废。**吴房**故曰遂宁，后齐省绥义县入焉。大业初改曰吴房。**西平**后魏置襄城郡，后齐改郡曰文城，开皇初郡废。又有故武阳县，十八年改曰吴房，大业初省，又有故洧州、潪州，并后齐置，开皇初皆废。

淮阳郡开皇十六年置陈州，**统县十，户十二万七千一百四。**

  宛丘后魏曰项，置陈郡。开皇初县改名宛丘，寻废郡，后析置临蔡县。大业初置淮阳郡，并临蔡县入焉。又后魏置南阳郡，东魏废。**西华**旧曰长平。开皇十八年改曰鸿沟。大业初改焉。有旧长平县，后齐废。**溵水**开皇十六年置，又有后魏汝阳郡及县，后齐郡废。大业初县废。**扶乐**开皇十六年置。有涡水。**太康**旧曰阳夏，并置淮阳郡。开皇初郡废，七年更名太康。有洼水。**鹿邑**旧曰武平，开皇十八年改名焉。**项城**东魏置杨州及丹阳郡、秣陵县，梁改曰殷州，东魏又改曰北杨州，后齐改曰信州，后周改曰陈州。开皇初改秣陵为项县。十六年分置沈州。大业初州废。又有项城郡，开皇初分立陈郡，三年并废。**南顿**旧置南顿郡。后齐废郡及平乡县入，改曰和城。大业初又改为南顿。**郸**开皇六年置。**铜阳**，后齐废。开皇十一年复。又东魏置财州，后齐废，以置包信县。开皇初废。

汝阴郡旧置颍州。**统县五，户六万五千九百二十六。**

  汝阴旧置汝阴郡。开皇初郡废。大业初复置。**颍阳**梁曰陈留，并置陈留郡及陈州。东魏废州。开皇初废郡，十八年县改名焉。有郑县，后齐废。**清丘**梁曰许昌，及置颍川郡。开皇初废郡。十八年县改名焉。**颍上**梁置下蔡郡，后齐废郡。大业初县改名焉。**下蔡**梁置汴郡。后齐郡废。大业初县改名焉。又梁置淮阳郡，后齐改曰颍川郡。开皇初郡废。

上洛郡旧置洛州，后周改为商州。**统县五，户一万五百一十六。**

  上洛旧置上洛郡，开皇初郡废，大业初复置。有秦岭山、熊耳山、洛水、丹水。**商洛**有关官。**洛南**旧曰拒阳，置拒阳郡。开皇初郡废，县改名焉。有玄扈山、阳灵山。**丰阳**后周置，开皇初并南阳县入。有洵水、申水。**上津**旧置北上洛郡。梁改为南洛州，西魏又改为上州。后周并漫川、开化二县入，大业初废州。有天柱山、诏及山、女思山。

弘农郡大业三年置，统县四，户二万七千四百六十六。

　　弘农旧置西恒农郡，后周废。大业初置弘农郡。又有石城郡、王城县，西魏并废。有石堤山。**卢氏**后魏置汉安郡，西魏置义川郡。开皇初郡废，州改为虢州。大业初州废。有关官。有石扇山。**长泉**后魏曰南陕，西魏改焉。有松杨山、檀山。**朱阳**旧置朱阳郡，后周郡废。有邑阳县，开皇末改为邑川，大业初并入。有肺山，有湖水。

淅阳郡西魏置淅州，统县七，户三万七千二百五十。

　　南乡旧置南乡郡，后周并龙泉、湖里、白亭三县入。又有左南乡县，并置左乡郡。西魏改郡为秀山，改县为安山。后周秀山郡废。开皇初南乡郡废。大业初置淅阳郡，并安山县入焉。有石墨山。**内乡**旧曰西淅阳郡，西魏改为内乡。后周废，并淅川、石人二县入焉。有淅水。**丹水**旧置丹川郡。后周郡废，并茅城、仓陵、许昌三县入。有胡保山。**武当**旧置武当郡。又侨置始平郡，后改为齐兴郡。梁置兴州，后周改为丰州。开皇初二郡并废，改为均州。大业初州废。有石阶山、武当山。**均阳**梁置。**安福**梁置，曰广福，并为郡。开皇初郡废，仁寿初改焉。**郧乡**有防山。

南阳郡旧置荆州。开皇初，改为邓州。统县八，户七万七千五百二十。

　　穰带郡。有白水。**新野**旧曰棘阳，置新野郡。又有汉广郡。西魏改为黄冈郡。又有南棘阳县，改为百宁县。后周二郡并废，并南棘县入焉。开皇初更名新野。**南阳**旧曰上陌，置南阳郡。后周并宛县入，更名上宛。开皇初郡废，又改为南阳。**课阳**旧曰涅阳，开皇初改焉。有课水、涅水。**顺阳**旧置顺阳郡。西魏置析置郑县，寻改为清乡。后周又并顺阳入清乡。开皇初又改为顺阳。**冠军菊潭**旧曰郦，开皇初改焉。有东弘农郡，西魏改为武关，至是废入。有梅溪、湍水、**新城**西魏改为临湍，开皇初复名焉。有朝水。

淯阳郡西魏置蒙州。仁寿中，改曰淯州。**统县三，户一万七千九百。**

　　武川带郡。有雉衡山。有淯水、漏水、沣水。**向城**西魏置，又立雉阳郡。开皇初郡废。**方城**西魏置，及置襄邑郡。开皇初废。东魏又置建城郡及建城县，后齐郡县并废。又有业县，开皇末改为沣水，大业并入，有西唐山。

淮安郡后魏置东荆州，西魏改为淮州。开皇五年又改为显州。**统县七，户四万六千八百四十。**

　　比阳带郡。后魏曰阳平，开皇七年改为饶良，大业初又改焉。又有后魏城阳县，置殷州、城阳郡。开皇初郡并废，其县寻省。又有昭越县，大业初改为同光。寻废。又有东南阳县。西魏改为南郭郡，后周废。又有比阳故县，置西郢州。西魏改为鸿州，后周废为真昌郡。开皇初郡废，大业初县废。**平氏**旧置汉广郡，开皇初郡废。有淮水。**真昌**旧曰北平，开皇九年改焉。**显冈**旧置舞阴郡，开皇初郡废。**临舞**东魏置，及置期城郡。开皇初郡废。又有东舞阳县，开皇十八年改为昆水，大业初废。**慈丘**后魏曰江夏。并置江夏郡。开皇初郡废，更置慈丘于其北境。后魏有郑州、潘州、溱州及襄城、周康二郡。上蔡、青山、震山三县，并开皇初废。有比水。**桐柏**梁置，曰淮安，并立华州，又立上川郡。西魏改州为淮州，后改为纯州，寻废。开皇初郡废，更名县曰桐柏。又梁置西义阳郡，西魏置淮阳郡及辅州，后周州郡并废，又置淮南县。开皇末改为油水，大业初废。又有大义郡，后周置，开皇初废。有桐柏山。

　　豫州于《禹贡》为荆州之地。其在天官，自氐五度至尾九度，为大火，于辰在卯，宋之分野，属豫州。自柳九度至张十六度，为鹑火，于辰在午，周之分野，属三河，则河南。淮之星次，亦豫州之域。豫之言舒也。言禀平和之气，性理安舒也。洛阳得土之中，赋贡所均，故周公作洛，此焉攸在。其俗尚商贾，机巧成俗。故《汉志》云"周人之失，巧伪趋利，贱义贵财"此亦自古然矣。荥阳古之郑地，梁郡梁孝故都，邪僻傲荡，旧传其俗。今则好尚稼穑。重于礼文，其风皆变于古，谯郡、济阴、襄城、颍川、汝南、淮阳、汝阴，其风颇同。南阳古帝乡，搢绅所出，自三方鼎立，地处边疆，戎马所萃，失其旧俗。上洛、弘农，本与三辅同俗。自汉高发巴、蜀之人，定三秦，迁巴之渠率七姓，居于商、洛之地，由是风俗不改其壤。其人自巴来者，风俗犹同巴郡。淅阳、淯阳,亦颇同其俗云。

东郡开皇九年置杞州,十六年改为滑州,大业二年改为兖州。统县九,户十二万一千九百五。

白马旧置东郡,后齐并凉城县入焉。大业初复置郡。灵昌开皇十六年置。卫南开皇十六年置,大业初废西濮阳入焉。又有后魏平昌、长乐二县,后齐并废。濮阳开皇十六年分置昆吾县,大业初入焉。封丘后齐废,开皇十六年复。匡城后齐曰长垣,开皇十六年改焉。胙城旧曰东燕,开皇十八年改焉。韦城开皇十六年置,十六年分置长垣县,大业初省入焉。离狐

东平郡后周置鲁州,寻废。开皇十年置郓州。统县六。户八万六千九十。

郓城后周置,曰清泽,又置高平郡,开皇初郡废,改县曰万安,十八年改曰郓城。大业初置郡,并廪丘入焉。鄄城旧置濮阳郡,开皇初郡废,十六年置濮州,大业初州废。有关官。须昌开皇十六年置。有梁山。宿城后齐曰须昌,开皇十六年改焉。旧置东平郡,后齐并废。雷泽旧曰城阳,后齐废。开皇十六年置,曰雷泽,又分置临濮县。大业初并入焉。有历山、雷泽。钜野旧废,开皇十六年复,又置乘丘县,大业初废入焉。

济北郡旧置济州。统县九。户十万五千六百六十。

卢旧置郡,开皇初废。六年分置济北县,大业初省入焉,寻置郡。有关官。有成回仓。有鱼山、游仙山。范后齐废,开皇十六年置。阳谷开皇十六年置。东阿有浮山、嵫山、狼水。平阴开皇十四年置,曰榆山,大业初改焉。长清,开皇十四年置。又有东太原郡,后齐废。济北开皇十四年置,曰时平,大业初改焉。寿张　肥城宋置济北郡,后齐废。后周置肥城郡,寻,复。开皇初又废。

武阳郡后周置魏州。统县十四,户二十一万三千三十五。

贵乡东魏置。又有平邑县,后齐废,开皇十六年又置。大业初置武阳郡,并省玄邑县入焉。有惬山。元城后齐废。开皇六年复,又置马陵县,大业初废

入焉。有沙麓山。**繁水**旧曰昌乐,置昌乐郡。东魏郡废,后周又置。旧有魏城县,后齐废。开皇初废郡。六年置县,曰繁水。大业初废昌乐县入焉。**魏**后齐废,开皇六年复。十六年析置漳阴县,大业初省入焉。**莘**旧曰阳平,后齐改曰乐平。开皇六年复曰阳平,八年改曰清邑,十六年置莘州。大业初州废,改县名莘,又废莘亭县入焉。后周置武阳郡焉,开皇初废。**顿丘**后齐省,开皇六年置。又有旧阴安县,后齐废。**观城**旧曰卫国,开皇六年改。**临黄**,后魏置,后齐省,开皇六年复,十六年分置河上县,大业初省入焉。**武阳**后齐省,后周置。**武水**开皇十六年置。**馆陶**旧置毛州,大业初州废。又有旧阳平郡,开皇初废。**堂邑**开皇六年置。**冠氏**开皇六年置。聊城,旧置南冀州及平原郡,未几,州废。开皇初郡废。十六年置博州,大业初州废。

渤海郡开皇六年置棣州,大业二年为沧州。统县十,户十二万二千九百九。

　　阳信带郡。**乐陵**旧置乐陵郡,开皇初郡废。十六年分置鬲津县,大业初废入焉。**滴河**开皇十六年置。又有后魏湿沃县,后齐废。有关官。**厌次**后齐废,开皇十六年复。**蒲台**开皇十六年置。**饶安**旧置沧州、浮阳郡,开皇初郡废,大业初州废。**无棣**开皇六年置。**盐山**旧曰高成。开皇十六年又置浮水县。十八年改高成曰盐山。大业初省浮水入焉。有盐山、峡山。**南皮**　**清地**旧曰浮阳,开皇十八年改。

平原郡开皇九年置德州。统县九,户十三万五千八百二十二。

　　安乐旧置平原郡。开皇初郡废,大业初复,又开皇十六年置绎幕县,至是废入焉。又有后魏鬲县,后齐废。有关官。**平原**后齐并鄃县入焉。有关官。又后魏置东青州,置未久而废。**将陵**开皇十六年置。**平昌**后魏置东安郡,后齐废,并以重平县入焉。**般**后齐省,开皇十六年复,**长河**旧曰广川。后齐省。开皇六年复置,仁寿初改名焉。**弓高**旧废,开皇十六年置。**东光**旧置渤海郡,开皇初郡废。九年置观州,大业初州废,又并安陵入焉。有天胎山、**胡苏**旧废,开皇十六年置。

　　兖州于《禹贡》为济、河之地。其于天官,自轸十二度至氐四度,为寿星,于辰在,郑之分野。兖州盖取沇水为名,亦曰兖,兖之为言端也。言阳精端端，故其气纤杀也。东郡、东平、济北、武阳、平原等郡，得其地焉。兼得邹、鲁、齐、卫之交。旧传太公唐叔之教，亦有周孔遗风。今此数郡。其人尚多好儒学，性质直怀义，有古之风烈矣。

信都郡旧置冀州。统县十二，户十六万八千七百一十八。

长乐旧日信都，带长乐郡，后齐废扶柳县入焉。开皇初郡废，分信都置长乐县。十六年又分长乐置泽城县。大业初废信都及泽城入焉，置信都郡。堂阳旧县，后齐废，开皇十六年复。衡水开皇十六年置。枣强旧县，后齐废索卢、广川二县入焉。武邑旧县，后齐废。开皇六年置，并得后齐观津县地。十六年分武强置昌亭县，大业初废入焉。武强旧置武邑郡，后齐郡废。又废武遂县入焉。南宫旧县，后齐废，开皇六年复。斌强鹿城旧日郡，后齐改日安国。开皇六年改为安定。十八年改。开皇十六年又置晏城，大业初废入。下博旧旧日脩，开皇五年改。十六年分置观津县，大业初废。阜城

清河郡后周置贝州。统县十四，户三十万六千五百四十四。

清河旧日武城，置清河郡。开皇初郡废。改名焉，仍别置武城县，十六年置夏津县，大业初废入，置清河郡。清阳，旧日清河县，后齐省贝丘入焉。改为贝丘。开皇六年改为清阳。又有后魏候城县，后齐省以入武城，亦入焉。武城旧日东武城。开皇初改武城为清河县，干此置武城。历亭开皇十六年分武城置焉。漳南开皇六年置，日东阳，十八年改为漳南。有后魏故素卢城，后齐以入枣强，至是入。郖旧废，开皇十六年置。临清后齐废，开皇六年复。又十六年置沙丘县，大业初废入焉。清泉后齐废千童县入。开皇十六年置贝丘县，大业二年废入。清平开皇六年置，日贝丘，十六年改日清平。高唐后魏置南清河郡，后齐郡废。经城后齐废，开皇六年置，十六年分置府城县，大业初省入焉。宗城旧日广宗，仁寿元年改。博平开皇六年置灵县，大业初省入。茌平后齐废，开皇初复。

魏郡后魏置相州，东魏改日司州牧。后周又改日相州，置六府。宣政初府移洛，以置总管府，未几，府废。统县十一，户十二万二百二十七。

安阳周大象初，置相州及魏郡，因改名邺。开皇初郡废，十年复，名安阳，分置相县，邺还复旧。大业初废相入焉，置魏郡。有韩陵山。**邺**东魏都。后周平齐，置相州。大象初县随州徙安阳，此改为灵芝县，开皇十年又改焉。**临漳**东魏置。**成安**后齐置。**灵泉**后周置。有龙山。**尧城**开皇十年置，名长乐，十八年改焉。**洹水**后周置。**滏阳**后周置。开皇十年置慈州，大业初州废。**临水**有慈石山、鼓山、滏山。**林虑**后魏置林虑郡，后齐郡废，后又置。开皇初郡废，又分置淇阳县，十六年置岩州。大业初州废，又废淇阳入焉。有林虑铁、仙人台、洹水。**临淇**东魏置，寻废，开皇十六年复。有淇水。

汲郡东魏置义州，后周为卫州。统县八，户十一万一千七百二十一。

卫旧曰朝歌，置汲郡。后周又分置修武郡。开皇初郡并废，十六年又置清淇县。大业初置汲郡，改朝歌县曰卫，废清淇入焉。有朝阳山、同山。有纣朝歌城、比干墓。**汲**东魏侨置七郡十八县。后齐省，以置伍城郡，后周废为伍城县，开皇六年改焉。**隋兴**开皇六年置。后析置阳源县，大业初并入焉。有仓岩山。**黎阳**后魏置黎阳郡，后置黎州。开皇初州郡并废。十六年又置黎州，大业初罢。有仓。有关官。有大伾山、枉人山。**内黄**旧废，开皇六年置。十六年分置繁阳县，大业初废入。**汤阴**旧废，开皇六年又置。有博望冈。**临河**开皇六年置。**澶水**开皇十六年置。

河内郡旧置怀州。统县十，户十三万三千六百六。

河内旧曰野王。置河内郡。开皇初郡废，十六年县改焉。有轵县，大业初废入，寻置郡。有大行。有丹水。有绨城。**温**旧废，开皇十六年置。古温城。**济源**开皇十六年置。旧有沁水县，后齐废入。有孔山、母山。有济水、淇水、古原城。**河阳**旧废，开皇十六年置。有盟津。有古河阳城治。**安昌**旧曰州县，置武德郡。开皇初郡废。十八年县改为邢丘，大业初改名安昌，又废怀县入焉。旧有平高县，后齐废。**王屋**旧曰长平，后周改焉，后又置怀州。及平齐，废州置王屋郡。开皇初郡废。有王屋山、齐子领。有轵关。**获嘉**后周置修武郡。开皇初郡废。十六年置殷州，大业初州废。**新乡**开皇初年置。有关官。旧有获嘉县，后齐废。**修武**后魏置修武，后齐并入焉。开皇十六年析置武陟，大业初并入焉。又有东魏广宁郡，后周废。**共城**旧曰共，后齐废。开皇六年复置曰共城。有共山、白鹿山。

长平郡旧曰建州。开皇初改为泽州。**统县六，户五万四千九百一十三。**

　　丹川旧曰高都。后齐置长平、高都二郡，后周并为高平郡。开皇初郡废，十八年改为丹川。大业初置长平郡。有太行山。**沁水**旧置广宁郡。后齐郡废，县改为永宁。开皇十八年改焉。有辅山。**端氏**后魏置安平郡，开皇初郡废。有巨峻山、秦川水。**濩泽**有樵峻山、濩泽山。**高平**旧曰平高，齐末改焉。又并泫氏县入焉。有关官。**陵川**开皇十六年置。

上党郡后周置潞州。**统县十，户十二万五千五十七。**

　　上党旧置上党郡，开皇初郡废。有壶关县。大业初复置郡，废壶关入焉。有羊头山、抱犊山。**长子**后齐废。开皇九年置，曰寄氏县。十八年改为长子。旧有屯留、乐阳二县，后齐废。有浊漳水、尧水。**潞城**开皇十六年置。有黄阜山。**屯留**后齐废，开皇十六年复。襄垣旧置襄垣郡，后齐郡废。后周置韩州，大业初州废。有鹿台山。**黎城**后魏以潞县被诛遗人置，十八年改名黎城。有积布山、松门岭。**涉**后魏废，开皇十八年复。有崇山。**乡**石勒置武乡郡，后魏去武字。开皇初郡废，十六年分置榆社县，大业初废。又有后魏南垣州，寻改丰州，后周废。**铜鞮**有旧涅县，后魏改为阳城。开皇十八年改为甲水，大业初省入。有铜鞮水。**沁源**后魏置县及义宁郡，开皇初废。十六年置沁州。又义宁县十八年改为和川。大业初州废，又废和川县入。

河东郡后魏曰秦州，后周改曰蒲州。**统县十，户十五万七千七十八。**

　　河东旧曰蒲坂县，置河东郡。开皇初郡废，十六年析置河东县。大业初置河东郡，并蒲坂入。有酒官。有首山。有妫、汭水。**桑泉**开皇十六年置。有三疑山。**汾阴**旧置汾阴郡，开皇初郡废。有龙门山。**龙门**后魏置，并置龙门郡。开皇初郡废。**芮城**旧置，曰安戎。后周改焉，又置永乐郡，后省入焉。有关官。**安邑**开皇十六年置虞州，大业初州废。有盐池、银冶。**夏**旧置安邑郡，开皇初郡废。有巫咸山、稷山、虞坂。**河北**旧置河北郡。开皇初郡废。有关官。

有砥柱山。有傅岩。**猗氏**西魏改曰桑泉，后周复焉。**虞乡**后魏曰安定，西魏改曰南解，又改曰绥化，又曰虞乡。有石锥山、百梯山、百径山。

绛郡后魏置东雍州，后周改曰绛州。统县八，户七万一千八百七十六。

正平旧曰临汾，置正平郡。开皇初郡废，十八年县改名焉。大业初置绛郡。又有后魏南绛郡。后周废郡，又并南绛县入小乡县。开皇十八年改曰汾东，大业初省入焉。**翼城**后魏置，曰北绛县，并置北绛郡。后齐废新安县，并南绛郡入焉。开皇初郡废，十八年改为翼城。有乌岭山、东泾山。有浍水。**绛**旧曰绛郡，开皇初郡废。后周置晋州，建德五年废。**曲沃**后周置，建德六年废。有绛山、桥山。**稷山**后魏曰高凉，开皇十八年改焉。有后魏龙门郡。开皇初废。又有后周勋州，置总管，后改曰绛州，开皇初移。**闻喜**有景山。有董泽陂。**垣**后魏置邵郡，及白水县。后周置邵州。改白水为亳城。开皇初郡废。大业初州废，县改为垣县，又省后魏所置清廉县及后周所置蒲原县入焉。有黑山。**太平**后魏置，后齐省临汾县入焉。有关官。

文城郡东魏置南汾州，后周改为汾州，后齐为西汾州，后周平齐，置总管府。开皇四年府废，十六年改为耿州，后复为汾州。统县四，户二万二千三百。

吉昌后魏曰定阳县，并置定阳郡。开皇初郡废，十八年县改名焉。大业初，置文城郡。有风山。**文城**后魏置。有石门山。**伍城**后魏置，曰刑军县，后改为伍城，后又置伍城郡。开皇初郡废，又废后魏平昌县入焉。大业初又废大宁县入焉。**昌宁**后魏置，并内阳郡。开皇初府废。有壶口山、崿山。

临汾郡后魏置唐州，改曰晋州。后周置总管府，开皇初府废。统县七，户七万一千八百七十四。

临汾后魏曰平阳，并置平阳郡。开皇初改郡为平河。改县为临汾，寻郡废。又有东魏西河、敷城、伍城、北伍城、定阳等五郡，后周废为西河、定阳二郡。开皇初郡并废。又有后魏永安县，开皇初改为西河，大业初省。又有旧襄城县，后齐省。有姑射山。**襄陵**后魏太武禽赫连昌，乃分置禽昌县。齐并襄陵入禽昌县。大业初又改为襄陵。**冀氏**后魏置冀氏郡，领冀氏、合阳二县。后齐郡废，又废合阳入焉。**杨霍邑**后魏曰永安，并置永安郡。开皇初郡废。十六年置汾州，十八年改为吕州，县曰霍邑。大业初州废。有霍山。有彘水。**汾西**后魏曰临汾，并置汾西郡。开皇初郡废，十八年县改为汾西。又有后周新城县，开皇十年省入。**岳阳**后魏置，曰安泽。大业初改焉。

龙泉郡后周置汾州。开皇四年置西汾州总管，五年改为隰州总管。大业初府废。统县五，户二万五千八百三十。

　　隰川后周置县，初曰长寿，又置龙泉郡。开皇初郡废，县改曰隰川。大业初置郡。**永和**后周置，曰临河县及临河郡。开皇初郡废，十八年县改名焉。有关官。**楼山**后周置，曰归化。开皇十八年改名焉。有北石楼山，有孔山。**石楼**旧置吐京郡及吐京县，开皇初郡废，十八年县改名。**蒲**后周置，有伍城郡及石城郡及石城县，周末并废。又有后魏平昌县，开皇中改曰蒲川，大业初废入焉。

　　西河郡，后魏置汾州，后齐置南朔州，后周改曰介州。统县六，户六万七千三百五十一。

　　隰城旧置西河郡，开皇初郡废，大业初复。有隐泉山。**介休**后魏置定阳郡、平昌县。后周改郡曰介休，以介休县入焉。开皇初郡废，十八年县改曰介休。**永安**有雀鼠谷。**平遥**开皇十六年析置清世县，大业初废入焉。又后魏置蔚州，后周废。有鹿台山。**灵石**开皇十年置。有介山，有靖岩山。**绵上**开皇十六年置，有沁水。

离石郡后齐置西汾州，后周改为石州。统县五，户二万四千八十一。

　　离石后齐曰昌化县，置怀政郡。后周改曰离石郡及县，又置宁乡县。开皇初郡废。大业初置郡，并宁乡入焉。**修化**后周置，曰窟胡，并置窟胡郡。开皇初郡废，后县改为修化。又后周置卢山县，大业初并入焉。有伏卢山。**定胡**后周置，及置定胡郡。开皇初郡废。有关官。**平夷**后周置。**太和**后周置，曰乌突，及置乌突郡。开皇初郡废，县寻改焉，有湫水。

雁门郡后周置肆州。开皇五年改为代州。置总管府。大业初府废。统县五，户四万二千五百二。

雁门旧曰广武，置雁门郡。开皇初郡废，十八年改曰雁门。大业初置雁门郡。有关官。有长城。有累头山，有夏屋山。**繁畤**后魏置，并置繁畤郡。后周郡县并废。开皇十八年复置县。有东魏武州及吐京、齐、新安三郡，寄在城中。后齐改为北灵州，寻废。有长城、滹沱水、派水、唐山。**崞**后魏置，曰石城县。东魏置廓州。有广安、永定、建安三郡，寄山城。后齐废郡。改为北显州。后周废。开皇十年改县曰平寇。大业初改为崞县。又有云中城。东魏侨置恒州，寻废。有无京山、崞山。有土城。**五台**旧曰虑虓，久废。后魏置，曰驴夷。大业初改焉。有五台山。**灵丘**后魏置灵丘郡，后齐省莎泉县入焉。后周置蔚州，又立大昌县。开皇初郡废，县并入焉。大业初州废。

马邑郡旧置朔州。开皇初置总管府，大业初府废。统县四，户四千六百七十四。

善阳后齐置县曰招远，郡曰广安。开皇初郡废。大业初县改曰善阳，置代郡，寻曰马邑。又有后魏桑乾郡，后齐以置朔州及广宁郡。后周郡废，大业初州废。**神武**后魏置神武郡，后齐改曰太平，后周罢郡。有桑乾水。**云内**后魏立平齐郡，寻废。后齐改曰太平县，后周改曰云中，开皇初改曰云内。有后魏都，置司州，又有后齐安远、临塞、威远、临阳等郡属北恒州，后周并废。有纯真山、白登山、武周山。有湿水。**开阳**旧曰长宁，后齐置齐德、长宁二郡。后周废齐德郡。开皇初郡废，十九年县改曰开阳。

定襄郡开皇五年置云州总管府。大业元年府废。统县一，户三百七十四。

大利大业初置，带郡。有长城。有阴山。有紫河。

楼烦郡大业四年置。统县三，户二万四千四百二十七。

静乐旧曰岢岚。开皇十八年改为汾源，大业四年改焉。有长城。有汾阳宫。有官关。有管涔山、天池、汾水。**临泉**后齐置，曰蔚汾。大业四年改焉。**秀容**旧置泗州，后齐又置平寇县。后周州徙雁门。开皇初置新兴郡、铜川县。郡寻废。十年废平寇县。十八年置忻州，大业初州废，又废铜川。有程侯山、系舟山。有岚水。

太原郡后齐并州,置省,立别宫。后周置并州六府,后置总管,废六府。开皇二年置河北道行台,九年改为总管府,大业初府废。统县十五,户十七万五千三。

晋阳后齐置,曰龙山,带太原郡。开皇初郡废,十年改县曰晋阳,十六年又置清源县,大业初省入焉。有龙山、蒙山。**太原**旧曰晋阳,带郡。开皇十年分置阳真县,大业初省入焉。有晋阳宫。有晋水。**交城**开皇十六年置。**汾阳**旧曰阳曲。开皇六年改为阳直,十六年又改名焉,复分置盂县,大业初废。有摩笄山。**文水**旧曰受阳,开皇十年改焉。有文水、沁水。**祁**后齐废,开皇中复。**寿阳**开皇十年改州南受阳县为文水。分州东故寿阳,置寿阳。有鹭岩。**榆次**后齐曰中都,开皇中改焉。**太谷**旧曰阳邑,开皇十八年改焉。**乐平**旧置乐平郡,开皇初废郡。十六年分置辽州及东山县,大业初废州及东山县。有皋洛山。有清漳水。**和顺**旧曰梁榆,开皇十年改。有九京山。**辽山**后魏曰辽阳,后齐省。开皇十年置,改名焉。十六年属辽州,并置交漳县。大业初废州,并罢交漳入焉。有箕辕水。**平城**开皇十六年置。有徐水。**石艾**有蒙山。**盂**开皇十六年置,曰原仇,大业初改焉。有白鹿山。

襄国郡开皇十六年置邢州。统县七,户十万五千八百七十三。

龙冈旧曰襄国,开皇九年改名焉。十六年又置青山县,大业初省入焉。有黑山。有漉水。**南和**旧置北广平郡,后齐省入广平郡,后周分置南和郡。开皇初郡废,十六年置任县,大业初废入。**平乡沙河**开皇十六年置。有馨山。**钜鹿**后齐废,开皇六年置南蛮县,后齐入焉。**内丘**有千言山。**栢仁**有鹊山。

武安郡后周置洺州。统县八,户十一万八千五百九十五。

永年旧曰广平,置广平郡,后齐废北广平郡及曲梁、广平二县入。开皇初郡废,复置广平。后改曰鸡泽。仁寿元年改广平为永年。大业初置武安郡,又并鸡泽县入。**肥乡**东魏省,开皇十年复。**清漳**开皇十六年置。**平恩洺水**旧曰斥漳,后齐省入平恩。开皇六年分置曲周,大业初废入焉。**武安**开皇十年分置阳邑县,大业初废入焉。有榆溪,有洺与山,有寖水。**邯郸**东魏废。开皇十六年复置陟乡。大业初省入焉。**临洺**旧曰易阳。后齐废入襄国县,置襄国郡。后周改为易阳县,别置襄国县。开皇六年改易阳为邯郸。十年改邯郸为临洺。开皇初郡废。有紫山、狗山、塔山。

赵郡开皇十六年置栾州，大业三年改为赵州。统县十一，户十四万八千
一百五十六。

　　平棘旧置赵郡，开皇初省。有宋子县，后齐废。大业初置赵郡，废宋子县
入焉。**高邑赞皇**开皇十六年置。有孔子岭，有白沟。**元氏**旧县，后齐废。开
皇六年置。十六年分置灵山县，大业初废入焉。有灵山。**廮陶**旧曰廮遥，开皇
六年改为陶。**栾城**旧县，后齐废，开皇十六年复。**大陆**旧曰广阿，置殷州及南
钜鹿郡。后改为南赵郡，改州为赵州。开皇十六年分置栾州，仁寿元年改为象
城。大业初州废，县改为大陆。又开皇十六年所置大陆县，亦废入焉。**柏乡**开
皇十六年置。有喧崿山。**房子**旧县，后齐省，开皇六年复。有赞皇山。有彭水。
稿城后齐废下曲阳入焉。改为稿城县，置钜鹿郡。开皇初郡废。十年置廉州，
十八年改为稿城县，大业初州废。又开皇十六年置柏乡县，亦废入焉。**鼓城**旧
曰曲阳，后齐废。开皇十六年分置晋阳县，十八年改为鼓城。十六年又置廉平
县，大业初并入。

恒山郡后周置恒州，统县八，户十七万七千五百七十一。

　　真定旧常山郡。开皇初郡废。十六年分置常山县。大业初置恒山郡，
省常山入焉。**滋阳**开皇六年置。十六年又置王亭县，大业初省入焉。有大茂
山、岁山。**行唐石邑**旧县，后齐改曰井陉，开皇六年改焉。十六年析置鹿泉
县，大业初并入。有封龙山、抱犊山。**九门**后齐废。开皇六年复。大业初，又并
新市县入焉。有许春垒。**井陉**后齐废石邑，以置井陉。开皇六年复石邑县，分
置井陉。十六年于井陉置井州，及置苇泽县。大业初废州，并废苇泽县及蒲吾
县入焉。**房山**开皇十六年置。**灵寿**后周置蒲吾郡，开皇初郡废。

　　博陵郡。旧置定州。后周置总管府，寻罢。统县十。户十万二千八
百一十七。

　　鲜虞旧曰卢奴，置鲜虞郡。后齐废卢奴入安喜。开皇初废郡，以置鲜虞
县。大业初置博陵郡，又废安喜入焉。有卢水。**北平**旧置北平郡。后齐郡废，
又并望都、蒲阴二县来入。开皇六年又置望都，大业初又废。有都山、伊祁山。
有漂水。**唐**旧县，后齐废。开皇十六年复。有尧山、郎山、中山。**恒阳**旧曰上

曲阳,后齐去"上"字。开皇六年改为石邑,七年改曰恒阳。有恒山,有恒阳溪,有范水。**新乐**开皇十六年置。有黄山。**隋昌**后魏曰魏昌,后齐废。开皇十六年复,仍改焉。**毋极义丰**开皇六年置。旧有安国县,后齐废。**深泽**后齐废,开皇六年复。**安平**后齐置博陵郡,开皇初废。十六年置深州。大业初州废。

河间郡旧置瀛州。统县十三,户十七万三千八百八十三。

　　河间旧置河间郡,开皇初郡废。大业初复置郡,并武垣县入焉。**文安**有狐狸淀。**乐寿**旧曰乐城,开皇十八年改为广城,仁寿初改焉。**束城**旧曰束州,后齐废。开皇十六年置,后改名焉。**景城**旧曰成平,开皇十八年改焉。**高阳**旧置高阳郡,开皇初郡废。十六年置蒲州,大业初州废,并任丘县入焉。**鄚**有易城县,后齐废。开皇中置永宁县,大业初废入焉。**博野**旧曰博陆,后魏改为博野,后齐废蠡吾县入焉。有君子淀。**清苑**旧曰乐乡。后齐省樊与、北新城、清苑、乐乡入永宁,改名焉。开皇十八年改为清苑。**长芦**开皇初置,并立漳河郡,郡寻废。十六年置景州,大业初州废,**平舒**旧置章武郡,开皇初废。**鲁城**开皇十六年置。**饶阳**开皇十六年分置安平、芜蒌二县,大业初省入焉。

涿郡旧置幽州,后齐置东北道行台。后周平齐,改置总管府。大业初府废。统县九,户八万四千五十九。

　　蓟旧置燕郡,开皇初废,大业初置涿郡。**良乡　安次　涿**旧置范阳郡,开皇初郡废。**固安**旧曰故安,开皇六年改焉。**雍奴昌平**旧置东燕州及平昌郡。后周州郡并废,后又置平昌郡。开皇初郡废,又省万年县入焉。有关官。有长城。**怀戎**后齐置北燕州,领长宁、永丰二郡。后周去"北"字。开皇初郡废。大业初州废。有乔山,历阳山,大、小翮山。有潫水、㴠水、涿水、阪泉水。**潞**旧置渔阳郡,开皇初废。

上谷郡开皇元年置易州。统县六,户三万八千七百。

　　易开皇初置黎郡,寻废。十六年置县。大业初置上谷郡。旧有故安县,后齐废。有驳牛山、五回岭。有易水、徐水。**涞水**旧曰遒县,后周废。开皇元年,以范阳为遒,更置范阳于此。六年改为固安,八年废。十年又置,为永阳。十八年改为涞水。**遒**旧置范阳居此,俗号小范阳。开皇初改为遒。**遂城**旧曰武遂。

后魏置南营州，准营州置五郡十都属建德郡。襄平、新昌属辽东郡；永乐属乐浪郡；富平、带方、永安属营丘郡。后齐唯留黎一郡，领永乐、新昌二县，余并省。开皇元年州移，三年郡废，十八年改为遂城。有龙山。**永乐**旧日北平，后周改名焉。有郎山。**飞狐**后周置，日广昌。仁寿初改焉。有粟山。有巨马河。

渔阳郡开皇六年徙玄州于此。并立总管府。大业初府废。统县一，户三千九百二十五。

　　　无终后齐置，后周又废徐无县入焉。大业初置渔阳郡。有长城。有燕山、无终山。有泃河、如河、庚水、灅水、滥水。有海。

北平郡旧平州。统县一，户二千二百六十九。

　　　卢龙旧置北平郡。领新昌、朝鲜二县。后齐省朝鲜入新昌，又省辽西郡并所领海阳县入肥如。开皇六年又省肥如入新昌，十八年改卢龙。大业初置北平郡。有长城。有关官。有临渝宫。有覆舟山。有碣石。有玄水、卢水、涅水、闰水、龙鲜水、臣梁水。有海。

安乐郡旧置安州，后周改为玄州。开皇十六年州徙，寻置檀州。统县二，户七千五百九十九。

　　　燕乐后魏置广阳郡，领大兴、方城、燕乐三县。后齐废郡，以大兴、方城入焉。大业初置安乐郡。有长城。有沽河。**密云**后魏置密云郡，领白檀、要阳、密云三县。后齐废郡及二县入密云。又有旧安乐郡，领安市、土垠二县，后齐废土垠入安市，后周废安市入密云县。开皇初郡废。有长城。有桃花山、螺山。有渔水。

辽西郡旧置营州，开皇初置总管府，大业初府废。统县一，户七百五十一。

　　　柳城后魏置营州于和龙城，领建德、冀阳、昌黎、辽东、乐浪、营丘等郡，龙城、大兴、永乐、带方、定荒、石城、广都、阳武、襄平、亲昌、平刚、柳城、富平等县。后齐唯留建德、冀阳二郡，永乐、带方、龙城、大兴等县，其余并废。开皇元年唯留建德一郡，龙城一县，其余并废。寻又废郡，改县为龙山。十八年改为柳城。大业初，置辽西郡。有带方山、秃黎山、鸡鸣山、松山。有渝水、白狼水。

　　冀州于古，尧之都也。舜分州为十二，冀州析置幽、并。其于天文，自胃七度到毕十一度，为大梁，属冀州。自尾十度至南斗十一度。为析木，属幽州。自危十六度至奎四度，为娵訾，属并州。自柳九度至张十六度，为鹑火，属三河，则河内、河东也。准之星次，本皆冀州之域，帝居所在，故其界尤大。至夏废幽、并入焉，得唐之旧矣。信都、清河、河间、博陵、恒山、赵郡、武安、襄国，其俗颇同。人性多敦厚，务在农桑，好尚儒学，而伤于迟重。前代称冀、幽之士钝如椎，盖取此焉。俗重气侠，好结朋党，其相赴死生，亦出于仁义。故《班志》述其土风，悲歌慷慨，椎剽掘冢，亦自古之所患焉。前谚云"仕官不偶遇冀部"，实弊此也。魏郡，邺都所在，浮巧成俗，雕刻之工，特云精妙，士女被服，咸以奢丽相高，其性所尚习，得京、洛之风矣。语曰："魏郡、清河，天公无奈何！"斯皆轻狡所致。汲郡、河内，得殷之故壤，考之旧说，有纣之余教。汲又卫地，习仲由之勇，故汉之官人，得以便宜从事，其多行杀戮，本以此焉。今风俗颇移，皆向于礼矣。长平、上党，人多重农桑，性尤朴直，盖少轻诈。河东、绛郡、文城、临汾、龙泉、西河，土地沃少瘠多，是以伤于俭啬。其俗刚强，亦风气然乎？太原山川重复，实一都之会，本虽后齐别都，人物殷阜，然不甚机巧。俗与上党颇同，人性劲悍，习于戎马。离石、雁门、马邑、定襄、楼烦、涿郡、上谷、渔阳、北平、安乐、辽西，皆连接边郡，习尚与太原同俗，故自古言勇侠者，皆推幽、并云。然涿郡、太原，自前代已来，皆多文雅之士，虽俱曰边郡，然风教不为比也。

北海郡旧置青州，后周置总管府，开皇十四年府废。统县十，户十四万七千八百四十五。

　　益都旧置齐郡，开皇初废，大业初置北海郡，有尧山、猕山。临淄及东安平、西安并后齐废。开皇十六年又置临淄及时水县。大业初废高阳、时水二县入焉。有社山、葵丘、牛山、稷山。千乘旧置乐安郡，开皇初郡废。博昌旧曰乐安，开皇十六年改焉。又十八年析置新河县，大业初废入焉。寿光开皇十六年置闾丘县，大业初废入焉。**临朐**旧曰昌国。开皇六年改为逢山，又置般阳县。大业初改曰临朐，并废般阳入焉。有逢山、汴山、穆陵山、大岘山。有汶水、浯水、**都昌**有箕山、阜山、白狼山。**北海**旧曰下密，置北海郡。后齐改郡曰高阳，开皇初郡废。十六年分置潍州，大业初州废，县改名焉。**营丘**后齐废，开皇十六年复。有丛角山、女节山。**下密**后魏曰胶东，后齐废。开皇六年复，改为潍水。大业初改名焉。有铁山。有溉水。

齐郡旧曰齐州。**统县十，户十五万二千三百二十三。**

　　历城旧置济南郡，开皇初废。大业初置齐郡，废山茌县入焉。有舜山、鸡山、卢山、鹊山、华山、鲍山。**祝阿**　**临邑**　**临济**开皇六年置，曰朝阳。十六年改曰临济，别置朝阳。大业初废入焉。**邹平**旧曰平原，开皇十八年改名焉。**章丘**旧曰高唐，开皇十六年改焉，又置营城县。大业初废入焉。又宋置东魏郡，后齐废。有东陵山、长白山、龙盘山。**长山**旧曰武强，置广川郡，并东清河、平原二郡入，改曰东平原郡。开皇初郡废。又十六年置济南县，十八年改武强曰长山。大业初省济南县入焉。**高苑**后齐曰长乐。开皇十八年改为会城。大业初改焉。**亭山**旧曰卫国，后齐并土鼓、肥乡入焉。开皇六年改名亭山。有龙舟山、儒山。**淄川**旧曰贝丘，置东清河郡。后齐郡废。开皇十六年置淄州，十八年改名焉。大业初州废。

东莱郡旧置光州，开皇五年改曰莱州。**统县九，户九万三百五十一。**

　　掖旧置东莱郡，后齐并曲城、当利二县入焉。开皇初废郡，大业初复置郡，有岾山。有掖水、光水。**胶水**旧曰长广，仁寿元年改名焉。有明堂山。**卢乡**后齐卢乡及挺城并废。开皇十六年复置卢乡，并废挺城入焉。**即墨**后齐及不其县并废。开皇十六年复，并废不其入焉。有大劳山、马山。有田横岛。**观阳**后周废。开皇十六年复，又分置牟州。大业初州废。**昌阳**有巨神山。**黄**旧置东牟、长广二郡，后齐废东牟郡入长广郡。开皇初郡废。**牟平**有牟山、龙山、金山、九目山。**文登**后齐置。有石桥。有文登山、斥山、之罘山。

高密郡旧置胶州，开皇五年改为密州。**统县七，户七万一千九百二十。**

　　诸城旧曰东武，置高密郡。开皇初郡废，十八年县改名焉。大业初复置郡。有烽火山。**东莞**后齐并姑幕县入焉。有箕山、潍水。**郚城**旧置平昌郡。后齐废郡，置琅邪县，废朱虚入焉。大业初改名郚城。**安丘**开皇十六年置，曰牟山。大业初改名，并省安昌入焉。**高密**后齐废淳于县入焉。**胶西**旧曰黔陬，置平昌郡。开皇初郡废。十六年置县，曰胶西。大业初又以黔陬入焉。**琅邪**开皇十六年置，曰丰泉。大业初改焉。有徐山、卢山、郭曰山、胶水。

《周礼·职方氏》："正东曰青州。"其在天官，自须女八度至危十五度，为玄枵，于辰在子，齐之分野。吴札观乐，闻齐之歌曰："泱泱乎大风也哉，国未可量也。"在汉之时，俗弥侈泰，织作冰纨绮绣纯丽之物，号为冠带衣履天下。始太公以尊贤尚智为教。故士庶传习其风，莫不矜于功名，依于经术，阔达多智，志度舒缓。其为失也。夸奢朋党，言与行谬。齐郡旧曰济南，其俗好教饰子女淫哇之音，能使骨腾肉飞，倾诡人目。俗云"齐倡"本出此也。祝阿县俗，宾婚大会，肴馔虽丰，至于蒸脍，尝之而已。多则谓之不敬，共相诮责，此其异也。大抵数郡风俗，与古不殊，男子多务农桑，崇尚学业，其归于俭约，则颇变旧风。东莱人尤朴鲁，故特少文义。

隋书卷三一
志第二六

地理下

彭城郡	鲁　郡	琅邪郡	东海郡
下邳郡	江都郡	钟离郡	淮南郡
弋阳郡	蕲春郡	庐江郡	同安郡
历阳郡	丹阳郡	宣城郡	毗陵郡
吴　郡	会稽郡	余杭郡	新安郡
东阳郡	永嘉郡	建安郡	遂安郡
鄱阳郡	临川郡	庐陵郡	南康郡
宜春郡	豫章郡	南海郡	龙川郡
义安郡	高凉郡	信安郡	永熙郡
苍梧郡	始安郡	永平郡	郁林郡
合浦郡	珠崖郡	宁越郡	交趾郡
九真郡	日南郡	比景郡	海阴郡
林邑郡	南　郡	夷陵郡	竟陵郡
沔阳郡	沅陵郡	武陵郡	清江郡
襄阳郡	舂陵郡	汉东郡	安陆郡

永安郡　义阳郡　九江郡　江夏郡
澧阳郡　巴陵郡　长沙郡　衡山郡
桂阳郡　零陵郡　熙平郡

彭城郡旧置徐州，后齐置东南道行台，后周立总管府。开皇七年行台废，大业四年府废。统县十一，户一十三万二百三十二。

彭城旧置郡，后周并沛及南阳平二郡入。开皇初郡废，大业初复置郡。有吕梁山、徐山。**蕲**梁置蕲郡。后齐置仁州，又析置龙亢县。开皇初郡废。大业初州废。**谷阳**后齐置谷阳郡，开皇初郡废，又有已吾、义城二县，后齐并以为临淮县，大业初并入焉。**沛**留后齐废，开皇十六年复。有微山、黄山。**丰**

萧旧置沛郡，后齐废为承高县。开皇六年改为龙城，十八年改为临沛，大业初改曰萧。有相山。**滕**旧曰番，置蕃郡。后齐废。开皇十六年改曰滕郡。**兰陵**旧曰承，置兰陵郡。开皇初郡废，十六年分承置鄫州及兰陵县。大业初州废，又并兰陵、鄫城二县入焉。寻改承为兰陵。有抱犊山。**符离**后齐置睢南郡，开皇初郡废，有竹邑县，梁置睢州，开皇三年州废，又废竹邑入焉。有女山，定陶山。**方与**后齐废，开皇十六年复。

鲁郡旧兖州，大业二年改为鲁郡。统县十，户十二万四千一十九。

瑕丘旧废，开皇十三年复，带郡。**任城**旧置高平郡，开皇初废。邹有邹山、承匡山。**曲阜**旧曰鲁县，后齐改郡为任城。开皇三年郡废，四年改县曰汶阳，十六年改名曲阜。**泗水**开皇十六年置。有陪尾山、尼丘山、防山。有洙、泗水。**平陆**后齐曰乐平，开皇十六年改焉。**龚丘**后齐曰平原县，开皇十六年改焉。**梁父**有龟山。**博城**旧曰博，置泰山郡。后齐改郡曰东平，又并博平车入焉。开皇初郡废，十六年改县曰汶阳，寻改曰博城。有奉高县，开皇六年改曰岱山，大业初州废，又废岱山县入焉。有岱山、玉符山。**嬴**开皇十六年分置牟城县，大业初并入焉。有艾山，有淄水。

琅邪郡旧置北徐州，后周改曰沂州。统县七，户六万三千四百二十三。

临沂旧曰即丘，带郡。开皇初郡废，十六年分置临沂，大业初并即丘入焉。有大祠山。费颛臾旧曰南武阳，开皇十八年改名焉。又有南城县，后齐废，有开明山。新泰后齐废，蒙阴县入焉。沂水旧置南青州及东安郡，后周改州为莒州。开皇初郡废，改县曰东安。十六年又改曰沂水。大业初州废。东安后齐废，开皇十六年复。有松山，莒旧置东莞郡。后齐废，后置义唐郡。开皇初废。

东海郡梁置南、北二青州，东魏改为海州。统县五，户二万七千八百五十八。

胸山旧曰胸，置琅邪郡。后周改县曰胸山，郡曰胸山。开皇初郡废，大业初复，带郡。有胸山、羽山。东海旧置广饶县及东海郡，后齐分广饶置东海县。开皇初废郡及东海县，仁寿元年，改广饶曰东海。有谢禄山、郁林山。涟水旧曰襄贲，置东海郡。东魏改曰海安。开皇初郡废，县又改焉。沭阳梁置潼阳郡。东魏改曰沭阳郡，置县曰怀文。后周改县曰沭阳。开皇初郡废。怀仁梁置南、北二青州。东魏废州，立义唐郡及怀仁县。开皇初郡废。

下邳郡后魏置南徐州，梁改为东徐州，东魏又改曰东楚州，陈改为安州，后周改为泗州。统县七，户五万二千七十。

宿豫旧置宿豫郡，开皇初郡废。大业初置下邳郡。又梁置朝阳、临沭二郡。后齐置晋宁郡，寻力废。夏丘后齐置，并置夏丘郡，寻立潼州。后周改州为宋州，县曰晋陵。开皇初郡废，十八年州废，县复曰夏丘。又东魏置临潼郡、睢陵县，后齐改郡为潼郡。又梁置潼州，后齐改曰睢州，寻废，亦入潼郡。开皇初郡县并废。徐城梁置高平郡。东魏又并梁东平、阳平、清河、归义四郡为高平县，又并梁朱沛、循仪、安丰三郡置朱沛县。又有安远郡，后齐废，后周又并朱沛入高平。开皇初郡废，十八年更名徐城。淮阳梁置淮阳郡。东魏并绥化、吕梁二郡置绥化县。后周改县为淮阳。开皇初郡废。监又有梁临清、天水、浮阳三郡，东魏并为甬城县，后齐改曰文城县，后周又改为临清，开皇三年省入焉。下邳梁曰归政，置武州、下邳郡。魏改县为下邳，置郡不改，改州曰东徐。后周改州为邳州。开皇初郡废，大业初州废。有峄山、磐石山。良城梁置武安郡，开皇初郡废，十一年县更名曰良城。有徐山。郯旧置郡，开皇初废。

《禹贡》："海、岱及淮惟徐州。"彭城、鲁郡、琅邪、东海、下邳,得其地
焉。在于天文,自奎五度至胃六度,为降娄,于辰在戌。其在列国,
则楚、宋及鲁之交。考其旧俗。人颇劲悍轻剽,其士子则挟任节气,
好尚宾游,此盖楚之风焉。大抵徐、兖同俗,故其余诸郡,皆得齐、鲁
之所尚。莫不贱商贾,务稼穑,尊儒慕学,得洙泗之俗焉。

江都郡梁置南兖州,后齐改为东广州,陈复曰南兖,后周改为吴州。开皇九年
改为扬州,置总管府,大业初府废。统县十六,户十一万五千五百二十
四。

　　江阳旧曰广陵,后齐置广陵、江阳二郡。开皇初郡废,十八年改县为邗
江,大业初,更名江阳。有江都宫、扬子宫。有陵湖。江都自梁及隋,或废或置。
海陵梁置海陵郡。开皇初郡废,又并建陵县入,寻析置江浦县,大业初省入。
宁海开皇初并如皋县入。高邮梁析置竹塘、三归二县,及置广业郡,寻以有
嘉禾,为神农郡。开皇初郡废,又并竹塘、三归、临泽三县入焉。安宜梁置阳平
郡及东莞郡。开皇初郡废,又废石鳖县入焉。有白马湖。山阳旧置山阳郡,开
皇初郡废。十二年置楚州,大业初州废。有后魏淮阴郡,东魏改为淮州,后齐并
鲁、富陵立怀恩县,后周改曰寿张,又侨立东平郡。开皇元年改郡为淮阴,并立
楚州,寻废郡,更改县曰淮阴。大业初州废,县并入焉。盱眙旧魏置盱眙郡。陈
置北谯州,寻省。开皇初郡废,又并考城、直渎、阳城三县入。有都梁山。盐城
后齐置射阳郡,陈改曰盐城,开皇初郡废。清流旧曰顿丘,置新昌郡及南谯
州。开皇改为滁州,郡废。又废乐钜、高塘二县入顿丘,改曰新昌。十八年又改
为清流。大业初废。有白禅山、曲亭山。全椒梁曰北谯。置北谯郡。后齐
改郡为临滁,后周又曰北谯。开皇初郡废,改县为滁水。大业初改名焉。有铜
官山、九斗山。六合旧曰尉氏,置秦郡。后齐置秦州。后周改州曰方州,改郡
曰六合。开皇初郡废,四年改尉氏曰六合,省堂邑、方山二县入焉。大业初州
废。又后齐置瓦梁郡,陈废。有瓜步山、六合山。永福旧曰沛,梁置泾城、东阳
二郡,陈废州,并二郡为沛郡。后周改沛郡为石梁郡,改沛县曰石梁县,省横山
县入焉。开皇初郡废。大业初改县曰永福。有香山、永福山。句容有茅山、浮
山、四平山。延陵旧置南徐州、南东海郡,梁改曰兰陵郡,陈又改为东海。开皇
九年州郡并废,又废丹徒县入焉。十五年置润州,大业初州废。有句骊山、黄鹄

山、蒜山、长塘湖。**曲阿**有武进县，梁改为兰陵，开皇九年并入。

钟离郡后齐曰西楚州，开皇二年改曰濠州。统县四，户三万五千一十五。

　　钟离旧置郡，开皇初，郡废。大业中复置郡。**定远**旧曰东城。梁改曰定远，置临濠郡。后齐改曰广安。开皇初郡废。又有旧九江郡。后齐废为曲阳县，县寻废。又有梁置安州，侯景乱废。**化明**故曰睢陵，置济阴郡。后齐改县曰池南，陈复曰睢陵，后周改为昭义。开皇初郡废，大业初县改名焉。**涂山**旧曰当涂。后齐改曰马头，置郡曰荆山。开皇初改县曰涂山，废郡。有当涂山。

淮南郡旧曰豫州，后魏曰扬州，梁曰南豫州，东魏曰扬州，陈又曰豫州，后周曰扬州，开皇九年曰寿州，置总管府，大业元年府废。统县四，户三万四千二百七十八。

　　寿春旧有淮南、梁郡、北谯、汝阴等郡。开皇初并废，并废蒙县入焉。大业初置南郡。有八公山、门溪。**安丰**梁置陈留、安丰二郡，开皇初并废。有芍陂。**霍丘**梁置安丰郡，东魏废。开皇十九年置县，名焉。**长平**梁置北陈郡，开皇初废，又并西华县入。

弋阳郡梁置光州。统县六，户四万一千四百三十三。

　　光山旧置光城郡。开皇初郡废，十八年置县焉。大业初置光阳郡。又有旧黄川郡，梁废。**乐安**梁置宋安郡及宋安、光城二县，又有丰安郡，开皇三年并废入焉。有弋阳山、浮光山、金山、锡山。**定城**后齐置南郢州，后废入南、北二弋阳县，后又省北弋阳入南弋阳，改为定远焉。又后魏置弋阳郡，及有梁东新蔡县。后周改为淮南郡。又后齐置齐安、新蔡二郡，及废旧义州，立东光城郡。至开皇初，五郡及郢州并废。**殷城**旧曰包信，开皇初改名焉。梁置义城郡及建州，并所领平高、新蔡、新城三郡，开皇初并废。有太苏山，南松山。**固始**梁曰蓼县。后齐改名焉，置北建州，寻废州，置新蔡郡。后周改置涵州。开皇初州郡并废入，又改县为固始。有安阳山。**期思**陈置边城郡。开皇初郡废，改县名焉。有后齐光化郡，亦为入焉。有大别山。

蕲春郡后齐置罗州，后周改曰蕲州，开皇初置总管府，九年府废。统县五，户三万四千六百九十。

蕲春旧曰蕲阳，梁改曰蕲水。后齐改曰齐昌，置齐昌郡。开皇十八年改为蕲春。开皇初郡废。有安山。浠水旧置永安郡，开皇初郡废。有石鼓山。蕲水旧曰蕲春，梁改名焉。有鼓吹山。有蕲水。黄梅旧曰永兴。开皇初改曰新蔡，十八年改名焉。有黄梅山。罗田梁置义州、义城郡，开皇初并废。

庐江郡梁置南豫州，又改为合州。开皇初改为庐州。统县七，户四万一千六百三十二。

合肥梁曰汝阴，置汝阴郡。后齐分置北陈郡。开皇初郡废，县改名焉。庐江齐置庐江郡，梁置湘州，后齐州废，开皇初郡废。有冶甫山、上薄山、三公山、圣山、兰家山。襄安梁曰蕲，开皇初改焉。有龟山、紫微山、亚父山、半阳山、白石山、四鼎山。慎东魏置平梁郡，陈曰梁郡，开皇初郡废。有浮阖山。霍山梁置霍州及岳安郡、岳安县。后齐州废。开皇初郡废，县改名焉。淠水梁置北沛郡及新蔡县。开皇初郡废，又废新蔡入焉。有坠星山。开化梁置。有衡山、九公山、蹋鼓山、天山、多智山。

同安郡梁置豫州，后改曰晋州，后齐改曰江州，陈又曰晋州。开皇初曰熙州，统县五，户二万一千七百六十六。

怀宁旧置晋熙郡，开皇初郡废。大业三年置同安郡。宿松梁置高塘郡。开皇初郡废，改县曰高塘，十八年又改名焉。有雷水。太湖开皇初改为晋熙，十八年复改名焉。望江陈置大雷郡。开皇十一年改曰义乡，十八年改名焉。同安旧曰枞阳，并置枞阳郡。开皇初郡废，十八年县改名焉，有浮度山。

历阳郡后齐立和州。统县二，户八千二百五十四。

历阳旧置历阳郡，开皇初郡废。大业初复置郡。乌江梁置江都郡。后齐改为齐江郡。陈又改为临江郡，周改为同江郡。开皇初郡废。大业初置历阳郡。有六合山。

丹阳郡自东晋巳后置郡曰扬州。平陈，诏并平荡耕垦，更于石头城置蒋州。统县三。户二万四千一百二十五。

江宁梁置丹杨郡及南丹阳郡，陈省南丹杨郡。平陈，又废丹阳郡，并以秣陵、建康、同夏三县入焉。大业初置丹阳郡。有蒋山。**当涂**旧置淮南郡。平陈，废郡，并襄垣、平湖、樊昌、西乡入焉。有天开山、楚山。**溧水**旧曰溧阳。开皇九年废丹阳郡入，十八年改焉。有赭山、庐山、楚山。

宣城郡旧置南豫州。平陈，改为宣州。统县六，户一万九千九百七十九。

宣城旧曰宛陵。置宣城郡。平陈，郡废，仍并怀安、宁国、当涂、浚道四县入焉。大业初置郡。有敬亭山。**泾**平陈，省安吴、南阳二县入焉。有盖山、陵阳山。**南陵**梁置，并置南陵郡，东置北江州。平陈，州郡并废，并所管石城、临城、定陵、故治、南陵五县入焉。**秋浦**旧曰石城。平陈废，开皇十九年置，改名焉。**永世**平陈废，开皇十二年又置。有灵光山。**绥安**旧曰石封，改名焉。梁末立大梁郡，又改为陈留，平陈，郡废，省大德、故鄣、安吉、原乡四县入焉。

毗陵郡平陈，置常州。统县四，户一万七千五百九十九。

晋陵旧置晋陵郡。平陈，郡废。大业初置郡。有横山。**江阴**梁置，及置江阴郡。平陈，废郡及利城梁丰县入焉。有毗陵山。**无锡**有九龙山。**义兴**旧曰阳羡，置义兴郡。平陈，郡废，改县名焉。又废义乡、国山、临泽三县入焉。有计山、洞庭山。

吴郡陈置吴州。平陈，改曰苏州，大业初复曰吴州，统县五，户一万八千三百七十七。

吴旧置吴郡。平陈，郡废，大业初复置。有首山、横山、华山、黄山、姑苏山、太湖。**昆山**梁置。平陈，废，开皇十八年复。**常熟**旧曰南沙，梁置信义郡，平陈废，并所领海阳、前京、信义、海虞、兴国、南沙入焉。有虞山。**乌程**，旧置吴兴郡。平陈，郡废，并东迁县入焉。仁寿中，置湖州，大业初州废。有雄山。**长城**平陈废，仁寿二年复。有卞山。

会稽郡梁置东扬州。陈初省，寻复。平陈，改曰吴州，置总管府。大业初府废，置越州，统县四，户二万二百七十一。

会稽旧置会稽郡。平陈，郡废，及废山阴、永兴、上虞、始宁四县入，大业初置郡。有稷山、重山、会稽山。**句章**平陈，并余姚、鄞、鄮三县入。有太白山、方山。**剡**有桐柏山。**诸暨**有泄溪、大农湖。

余杭郡平陈。置杭州。仁寿中置总管府，大业初府废。统县六，户一万五千三百八十。

钱唐旧置钱唐郡。平陈，废郡，并所领新城县入。大业三年置余杭郡。有粟山、不甑山、临平湖。**富阳**有石头山、鸡笼山。**余杭**有由拳山、金鹅山。**于潜**有天目山、石镜山。有桐溪。**盐官**有蜀山。**武康**平陈废，仁寿二年复，有封嵎山、青山、白鹄山。

新安郡平陈，置歙州。统县三，户六千一百六十四。

休宁旧曰海宁，开皇十八年改名焉。大业初置郡。**歙**平陈废，十一年复。**黟**平陈废，十一年复。

东阳郡平陈，置婺州。统县四，户一万九千八百五。

金华旧曰长山，置金华郡。平陈，郡废，又废建德、太末、丰安三县入，改为吴宁县。十二年改曰东阳，十八年改名焉。大业初置东阳郡。有长山、龙山、楼山、丘山。有赤松涧。**永康　乌伤**有香山、歌山。**信安**有江山、悲思岭。有定阳溪。

永嘉郡开皇九年置处州，十二年改曰括州。统县四，户一万五百四十二。

括仓平陈，置县，大业初置永嘉郡。有缙云山、括仓山。**永嘉**旧曰永宁，置永嘉郡，平陈，郡废，县改名焉。有芙蓉山。**松阳　临海**旧曰章安，置临海郡。平陈，郡废，县改名焉。有赤山、天台山。

建安郡陈置闽州，寻废，后又置丰州，平陈，改曰泉州。大业初改曰闽州。统县四，户一万二千四百二十。

闽旧曰东候官，置晋安郡。平陈，郡废，县改曰原丰。十二年改曰闽，大业初置建安郡。有岱山、飞山。**建安**旧置建安郡。平陈废。**南安**旧曰晋安，置南安郡。平陈，郡废，县改名焉。又置莆田县，寻废入焉。**龙溪**梁置。开皇十二年并兰水、绥安二县入焉。

遂安郡仁寿三年置睦州。统县三,户七千三百四十三。

雉山旧置新安郡。平陈,废为新安县。大业初县改名焉。置遂安郡。有仙坛山。**遂安**平陈废,仁寿中复。**桐庐**平陈废,仁寿中复。有白石山。

鄱阳郡梁置吴州,陈废。平陈,置饶州。统县三,户一万一百二。

鄱阳旧置鄱阳郡。平陈废,又有鍊银城县废入焉。大业初复置郡。**余干弋阳**旧曰葛阳,开皇十二年改。有弋水。

临川郡平陈,置抚州。统县四,户一万九百。

临川旧置临川郡。平陈,郡废,大业三年复置郡。有铜山、黄山。有梦水。**南城**有五章山。**崇仁**梁置巴山郡,领大丰、新安、巴山、新建、兴平、丰城、西宁七县。平陈,郡县并废,以置县焉。**邵武**开皇十二年置。

卢陵郡平陈,置吉州。统县四,户二万三千七百一十四。

卢陵旧置卢陵郡。平陈废,大业初复置。**泰和**平陈置,曰西昌。十一年省东昌入,更名焉。**安复**旧置安成郡。平陈,郡废,县改曰安成。十八年又曰安复。有更生山、长岭。**新淦**有玉笥山。

南康郡开皇九年置虔州。统县四,户一万一千一百六十八。

赣旧曰南康,置南康郡。平陈,郡废,大业初县改名焉。寻置郡。有储山。有赣水。**虔化**旧曰宁都,开皇十八年改名焉。有石鼓山。**雩都**旧废,平陈置。有金鸡山、君山。**南康**旧曰赣,大业初改名焉。有廪山、上洛山、赣山。

宜春郡平陈,置袁州。统县三,户一万一百一十六。

宜春旧曰宜阳。开皇十一年废吴平县入焉,十八年改名焉。大业初置郡。有庐溪、渝水。**萍乡**有宜春江。**新喻**

豫章郡平陈，置洪州总管府。大业初府废。统县四，户一万二千二十一。
豫章旧置豫章郡。平陈，郡废。大业初复置郡。丰城平陈废。十二年置，曰
广丰。仁寿初改名焉。建昌开皇九年省并、永修、豫章、新吴四县入焉。建城
有然石。

南海郡旧置广州、梁、陈并置督府。平陈。置总管府。仁寿元年置番州，大业
初府废。统县十五。户三万七千四百八十二。
　　　南海旧置南海郡。平陈，郡废，又分置番禺县，寻废入焉。大业初置郡。
曲江旧置始兴郡。平陈废，十六年又废须阳县入焉。有玉山、银山。始兴齐
曰正阶，梁改名焉，又置安远郡，置东衡州。平陈，改郡置大庾县，又于此置广
州总管。开皇末移向南海，又十六年废大庾入焉。翁源梁置，陈又置清远郡。
平陈郡废。增城旧置东官郡，平陈废。有罗浮山。宝安乐昌梁置，曰梁化，
又分置平石县。开皇十二年省平石入，十八年改名焉。四会旧置绥建郡，又有
乐昌郡。平陈，二郡并废。大业初又并始昌县入焉。化蒙大业初废威城县入
焉。清远旧置清远郡。又分置威正、廉平、恩洽、浮护等四县。平陈并废，以置
清远县。又齐置齐康郡。至是亦废入焉。含洭梁置衡州、阳山郡。平陈，州改
曰洭州，废郡。二十年州废。有尧山。政宾旧置东官郡。平陈，郡废。怀集
　　　新会旧置新会郡。平陈，郡废，又并盆允、永昌、新建、熙潭、化召、怀集六县
入，为封州。十一年改为允州，后又改为冈州。大业初州废，并废封乐县入，有
社山。义宁开皇十年废新夷、初宾二县入。又有始康县，废入封平。大业初又
废封平入焉。有茂山。

龙川郡平陈，置循州总管府。大业初府废。统县五，户六千四百二十。
　　　归善带郡。有归化山、怀安山。河源开皇十一年省龙川县入焉。又有
新丰县，十八年改曰休吉，大业初省入焉。有龙山、尤山。有修江，博罗　兴
宁　海丰有黑龙山。有涨海。

义安郡梁置东扬州，后改曰瀛州，及陈州废。平陈，置潮州。统县五，户二千
六十六。

海阳旧置义安郡。平陈,郡废。大业初置郡。有凤皇山。　程乡　潮阳
海宁有龙溪山。　万川旧曰昭义,大业初改名焉。

高凉郡梁置高州。统县九,户九千九百一十七。

高凉旧置高凉郡。平陈废,大业初复置。　连江梁置连江郡。平陈,郡废。
梁又置梁封县,开皇十八年改为义封。梁又置南巴郡。平陈,郡废为南巴县。大
业初二县并废入。　电白梁置电白郡。平陈,郡废。又有海昌郡废入焉。　杜原
旧曰杜陵。梁置杜陵郡。又有永宁、宋康二郡。平陈,并废为县。十八年改社
陵曰杜原,宋康曰义康。大业二年二县并废入杜原。　海安旧曰齐安,置齐安
郡。平陈,郡废。开皇十八年改县名焉。　阳春梁置阳春郡。平陈,郡废。　石
龙旧置罗州、高兴郡。平陈,郡废。大业初州废。　吴川　茂名

信安郡平陈,置端州。统县七,户一万七千七百八十七。

高要旧置高要郡。平陈,郡废。大业初置信安郡。有定山。　端溪旧置晋
康郡。平陈,郡废。有端水。　乐城开皇十二年废文招、悦成二县入。　平兴旧
置宋隆郡,领初宁、建宁、熙穆、崇德、召兴、崇化、南安等县。平陈,郡废,并所
领县入焉。又梁置梁泰郡及县。平陈,郡废,县改曰清泰。大业初废入焉。　新
兴梁置新州、新宁郡。平陈,郡废。大业初州废,又废索庐县入焉。　博林大业
初废抚纳县入。　铜陵有流南县,开皇十八年改曰南流。又有西城县,大业初废
入。

永熙郡梁置泷州。统县六,户一万四千三百一十九。

泷水旧置开阳县,置开阳、平原、罗阳等郡。平陈,郡并废,以名县。开皇
十八年改平原曰泷水,罗阳县为正义。大业初废永熙郡,开阳、正义俱废入焉。
怀德旧曰梁德置梁德郡。平陈,废郡。十八年改名怀德。　良德陈置曰务德,
后改名焉。　安遂梁置建州、广熙郡,寻废州。大业初废,　永业梁置永业郡,寻
改为县,后省。开皇十六年又置。　永熙大业初并安南县入。

苍梧郡梁置成州,开皇初改为封州。统县四,户四千五百七十八。

封川梁曰梁信,置梁信郡。平陈,郡废。十八年改为封川。大业初又废封兴县

入焉。**都城**开皇十二年省威城、晋化二县入焉。**苍梧**旧置苍梧郡。平陈,郡废。**封阳**

始安郡梁置桂州。平陈,置总管府。大业元年府废。统县十五,户五万四千五百一十七。

始安旧置始安、梁化二郡。平陈,郡并废。大业初废兴安县入焉。**平乐**有目山。**荔浦 建陵 阳朔 象 隋化 义熙**旧曰齐熙,置齐熙、黄水二郡及东宁州。平陈,郡并废。十八年改州曰融州,县曰义熙。大业初州废,并废临牂、黄水二县入焉。**龙城**梁置。**马平**开皇十二年置象州,大业初州废。**桂林**大业初省并西宁县入。**阳寿**有马平、桂林、象、韶阳等四郡。平陈,并废。又有准阳县,开皇十八年改曰阳宁,大业初省入焉。**富川**旧置临贺、乐梁二郡。平陈,并废,置贺州。大业初州废,又置临贺、绥越、荡山三县入焉。**龙平**梁置静州,梁寿、静慰二郡。平陈,并废,又置归化县,大业初州废,又废归化、安乐、博劳三县入焉。**豪静**梁置开江、武城二郡,陈置逍遥郡。平陈,郡并废。又有猛陵、开江二县,大业初并废入焉。

永平郡平陈,置藤州。统县十一,户三万四千四十九。

永平旧置永平郡。平陈,郡废。大业置郡。**武林**有䴔石山。**隋建**开皇十九年置。**安基**梁置建陵郡。平陈,郡废。**隋安**开皇十九年置。**普宁**旧曰阴石,梁置阴石郡。平陈,郡废,改县为奉化。开皇十九年又改名焉。**戎成**梁置,曰遂成。开皇十一年改名焉。有农山。**宁人**开皇十五年置,曰安人。十八年改名焉。有寿原山。**淳人**开皇十九年置。**大宾**开皇十五年置。**贺川**开皇十九年置。又陈置建陵、绥越、苍梧、永建等四郡。平陈,并废。

郁林郡梁置定州,后改为南定州。平陈,改为尹州。大业初改为郁州。统县十二,户五万九千二百。

郁林旧置郁林郡。平陈,郡废。大业初又置郡,又废武平、龙山、怀泽、布山四县入,**郁平 领方**梁置领方郡。平陈,郡废。**阿林 石南**陈置石南郡。平陈,废郡。**桂平**梁置桂平郡。平陈,郡废。大业初又废皇化县入。**马度**

安成梁置安成郡。平陈,郡废。**宁浦**旧置宁浦郡。梁分立简阳郡。平陈,郡废,置简州。十八年改为缘州。大业二年州废。**乐山**梁置乐阳郡。平陈,改为乐阳县。十八年改名焉。**岭山**梁置岭山郡。平陈,改为岭县。十八年改为岭山。大业初并武缘县入。有武缘山。**宣化**旧置晋兴郡。平陈,废为县,开皇十八年改名焉。

合浦郡旧置越州。大业初改为禄州,寻改为合州。统县十一,户二万八千六百九十。

　　合浦旧置合浦郡。平陈,郡废。大业初置郡。**南昌**　**北流**大业初废陆川县入,**封山**大业初废廉昌县入。**定川**旧立定川郡。平陈,郡废。**龙苏**旧置龙苏郡。平陈,郡废。大业初又并大廉县入,**海康**梁大通中,割番州合浦立高州,寻又分立合州。大同末,以合肥为合州,此置南合州。平陈,以此为合州,置海康县。大业初州废,又废摸落、罗阿、雷川三县入,**抱成**旧曰抱,并置郡。平陈,郡废。十八年改曰抱成。**隋康**旧曰齐康,置齐康郡。平陈,郡废,县改名焉。**扇沙**旧有椹县,开皇十八年改为椹川,大业初废入。**铁杷**开皇十年置。

珠崖郡梁置崖州。统县十,户一万九千五百。

　　义伦带郡。**感恩**　**颜卢**　**毗善**　**昌化**有藤山。**吉安**　**延德**　**宁远**　**澄迈**　**武德**有扶山。

宁越郡梁置安州,开皇十八年改曰钦州。统县六,户一万二千六百七十。

　　钦江旧置宋寿郡。平陈,郡废。开皇十八年改曰钦江,大业初置宁越郡。**安京**旧置安京郡。平陈,郡废。有罗浮山。有武郎江。**内亭**旧置宋广郡,平陈,郡废。十七年改曰新化县,十八年改名焉。**南宾**开皇十八年置。**遵化**开皇二十年置。**海安**梁置,曰安平,置黄州及宁海郡。平陈,郡废。十八年改州曰玉州。大业初州废,其年又省海平、玉山二县入。

交趾郡旧曰交州。统县九,户三万五十六。

宋平旧置宋平郡。平陈，郡废。大业初置交趾郡。龙编旧置交趾郡。平陈，郡废。朱鸢旧置武平郡。平陈，郡废。隆平旧曰武定，置武平郡。平陈，郡废。开皇十八年县改名焉。平道旧曰国昌，开皇十二年改名焉。交趾　嘉宁旧置兴州、新昌郡。平陈，郡废。十八年改曰峰州，大业初州废。新昌　安人旧曰临西，开皇十八年改名焉。

九真郡梁置爱州。统县七，户一万六千一百三十五。

九真带郡。有阳山、尧山。移风旧置九真郡。平陈，郡废。胥浦　隆安旧曰高安。开皇十八年改名焉。军安　安顺旧曰常乐，开皇十六年改名焉。日南

日南郡梁置德州，开皇十八年改曰骥州。统县八，户九千九百一十五。九德带郡。咸骥　浦阳　越常　金宁梁置利州。开皇十八年改为智州，大业初州废。交谷梁置明州，大业初州废。安远　光安旧曰西安，开皇十八年改名焉。

比景郡大业元年平林邑，置荡州，寻改为郡。统县四，户一千八百一十五。

比景　朱吾　寿冷　西卷

海阴郡大业元年平林邑，置农州，寻改为郡。统县四，户一千一百。

新容　真龙　多农　安乐

林邑郡大业元年平林邑，置冲州，寻改为郡。统县四，户一千二百二十。

象浦　金山　交江　南极

扬州于《禹贡》为淮海之地。在天官，自斗十二度至须女七度，为星纪，于辰在丑，吴、越得其分野。江南之俗，火耕水耨，食鱼与稻，以渔猎为业，虽无蓄积之资，而亦无饥馁。其俗信鬼神，好淫祀，父子或异居，此大抵然也。江都、弋阳、淮南、钟离、蕲春、同安、庐

江、历阳，人性并躁劲。风气果决，包藏祸害，视死如归。战而贵诈，此则其旧风也。自平陈之后，其俗颇变，尚淳质，好俭约，丧纪婚姻，率渐于礼。其俗之敝者，稍愈于古焉。丹阳旧京所在，人物本盛，小人率多商贩，君子资于官禄，市廛列肆，埒于二京，人杂五方，故俗颇相类。京口东通吴、会，南接江、湖，西连都邑，亦一都会也。其人本并习战，号为天下精兵。俗以五月五日为斗力之戏，各料强弱相敌，事类讲武。宣城、毗陵、吴郡、会稽、余杭、东阳，其俗亦同。然数郡川泽沃衍，有海陆之饶，珍异所聚，故商贾并凑。其人君子尚礼，庸庶敦厐，故风俗澄清，而道教隆洽，亦其风气所尚也。豫章之俗，颇同吴中，其君子善居室，小人勤耕稼。衣冠之人，多有数妇，暴面市廛，竞分铢以给其夫。及举孝廉，更要富者，前妻虽有积年之勤，子女盈室，犹见放逐，以避后人。俗少争讼，而尚歌舞。一年蚕四五熟，勤于纺绩，亦有夜浣纱而旦成布者，俗呼为鸡鸣布。新安、永嘉、建安、遂安、鄱阳、九江、临川、庐陵、南康、宜春，其俗又颇同豫章，而庐陵人厐淳，率多寿考。然此数郡，往往畜蛊，而宜春偏甚。其法以五月五日聚百种虫，大者至蛇，小者至虱，合置器中，令自相啖，余一种存者留之，蛇则曰蛇蛊，虱则曰虱蛊，行以杀人。因食入人腹内，食其五藏，死则其产移入蛊主之家，三年不杀他人，则畜者自钟其弊。累世子孙相传不绝，亦有随女子嫁焉。干宝谓之为鬼，其实非也。自侯景乱后，蛊家多绝，既无主人，故飞游道路之中则殒焉。

　　自岭已南二十余郡，大率土地下湿，皆多瘴疠，人尤夭折。南海、交趾，各一都会也。并所处近海，多犀象瑇瑁珠玑，奇异珍玮，故商贾至者，多取富焉。其人性并轻悍，易兴逆节，椎结跣踞，乃其旧风。其俚人则质直尚信，诸蛮则勇敢自立，皆重贿轻死，唯富为雄。巢居崖处，尽力农事。刻木为符契，言誓则至死不改。父子别业，父贫，乃有质身于子。诸獠皆然。并铸铜为大鼓，初成，悬于庭中，置酒以招同类。来者有豪富子女，则以金银为大钗，执以叩鼓，竟乃留遗主人，名为铜鼓钗。俗好相杀，多构仇怨，欲相攻则鸣此鼓，到者如云。有鼓者号为“都老”，群情推服。本之旧事，尉陀于汉，自称

"蛮夷大酋长、老夫臣",故俚人犹呼其所尊为"倒老"也。言讹,故又称"都老"云。

南郡旧置荆州。西魏以封梁为蕃国,又置江陵总管府。开皇初府废,七年并梁,又置江陵总管。二十年改为荆州总管。大业初废。统县一十,户五万八千八百三十六。

　　江陵带南郡。开皇初郡废,大业初复置郡。**长杨**开皇八年置,并立睦州,十七年州废,有宜阳山。**宜昌**开皇九年置松州,又省归化、受陵二县入,十一年州废,又省宜都县入,有丹山、黄牛山。**枝江**　**当阳**后周置平州,领漳川、安远二郡。属梁蕃,开皇七年改为玉州,九年州郡并废。梁又置安居县,开皇十八年改曰昭丘,大业初改曰荆台,寻废入,有清溪山。**松滋**江左旧置河东郡。平陈,郡废。有浍水,**长林**旧曰长宁县。开皇十一年省长林县入,十八年改曰长林。**公安**陈置荆州。开皇九年省孱陵、永安二县入。有黄山。有灵溪水。**安兴**旧置广牧县,开皇十一年省安兴县入,仁寿初改曰安兴,又有定襄县,大业初废。**紫陵**西魏置华陵县,后周改名焉。其城南面,梁置郢州,又置云泽县。大业初州县俱废入焉。有硖石山。

夷陵郡梁置宜州,西魏改曰拓州,后周改曰硖州。统县三,户五千一百七十九。

　　夷陵带郡。有马穴。**夷道**旧置宜都郡。开皇七年废。有女观山。**远安**旧曰高安,置汶阳郡。又周改县曰安远。开皇七年郡废。

竟陵郡旧置郢州。统县八,户五万三千三百八十五。

　　长寿后周置石城郡,开皇初郡废,大业初置竟陵郡。又梁置北新州及梁宁等八郡,后周保定中,州及八郡总管废入焉。有敖山。**蓝水**宋侨立冯翊郡、莲勺县。西魏改郡为汉东,县为兰水。又宋置高陆县,西魏改曰潩水。开皇初郡废,大业初省潩水入焉。有唐水。**汾川**后周置及置潩川郡。又置清基,西魏改曰潩陂。开皇初郡废,大业初省潩陂入焉。**汉东**齐置,曰上蔡,及置齐兴郡。后周郡废。开皇十八年县改名焉。有东温山。**清腾**梁置,曰梁安,又立崇义郡。后周废郡。后周又有遂安郡。开皇初废,七年改名焉。有清腾山,**乐乡**旧置武

宁郡。西魏置郢州。又梁置旌阳县，后改名惠怀，西魏又改曰武山。开皇七年
郡废，大业初州废，又废武山入焉。有武陵山。**丰乡**西魏置，又置基州及章山
郡，开皇七年郡废，大业初州废。**章山**西魏置，曰禄麻，及立上黄郡。开皇七年
郡废，大业初县改名焉。

沔阳郡后周置复州，大业初改曰沔州。统县五，户四万一千七百一十
四。

沔阳梁置沔阳、营阳、州城三郡。西魏省州陵、惠怀二县，置县曰建兴。后周置
复州，后又省营阳、州城二郡入建兴，开皇初州移郡废，仁寿三年复置州。大业
初改建兴曰沔阳，州废，复置沔阳郡焉。**监利**　**竟陵**旧曰霄城，置竟陵郡。后
周改曰竟陵。开皇置复州，仁寿三年复徙建兴。又有京山县，齐置建安郡，
西魏改曰光川，后周郡废。大业初京山县又废入焉。**甑山**梁置梁安郡。西魏
改曰魏安郡，置江州，寻改县曰汶川，后周置甑山县，建德二年州废。开皇初郡
废。有阳台山。**汉阳**开皇十七年置，曰汉津，大业初改焉。有沌水。

沅陵郡开皇九年置辰州。统县五，户四千一百四十。

沅陵旧置沅陵郡。平陈，郡废，大业初复。**大乡**梁置。**盐泉**梁置。**龙**
标梁置。有武山。**辰溪**旧曰辰阳。平陈，改名，并废故夜郎郡。置静人县，寻
废，又梁置南阳郡、建昌县，陈废县。开皇初废郡，置寿州，十八年改为充州，大
业初州废。有郎溪。

武陵郡梁置武州，后改曰沅州。平陈，为朗州。统县二，户三千四百一十
六。

武陵旧置武陵郡。平陈，郡废，并临沅、沅南、汉寿三县置武陵县，大业
初复置武陵郡。有望夷山、龙山。**龙阳**有白查湖。

清江郡后周置亭州，大业初改为庸州。统县五，户二千六百五十八。

盐水后周置县，并置资田郡。开皇初，郡废，大业初置清江郡。**巴山**梁
置宜都郡、宜昌县，后周置江州，开皇初置清江县，十八年改江州为津州，大
业初废州，省清江入焉。**清江**后周置施州及清江郡。开皇初郡废，五年置清江

县,大业初州废。有阳瞿水。**开夷**后周置,曰乌飞,开皇初改焉。**建始**后周置
业州及军屯郡。开皇初郡废,五年置县,大业初州废。

襄阳郡江左并侨置雍州。西魏改曰襄州,置总管府。大业初府废。**统县十
一,户九万九千五百七十七。**

襄阳带襄阳郡。开皇初郡废,大业初复置,有钟山、岘山、凤林山。**安养**
西魏置河南郡,后周废樊城、山都二县入,开皇初郡废焉。**谷城**旧曰义城。置
义城郡。后周废郡,开皇十八年改县名焉。又梁有筑阳,开皇初废,又梁有兴
国、义城二郡,并西魏废,有谷城山、阙林山。**上洪**宋侨立略阳县,梁又立德广
郡,西魏改县曰上洪。开皇初郡废,又梁置新野郡,西魏改曰咸宁、后周废。有
亚山。**率道**梁置。**汉南**宋曰华山,置华山郡。西魏改县为汉南,属宜城郡。后
周废武建郡及惠怀、石梁、归仁、鄀等四县入,后省宜城郡入武泉。又梁置秦南
郡,后周并武泉县俱废。有石梁山。**阴城**西魏置鄾城郡。后周废。又梁置南
阳郡,西魏改为山都郡。后周省。**义清**梁置,曰穰县。西魏改为义清,属归义
郡,后周废郡及左安、开南、归仁三县入焉。又有武泉郡,开皇初废。有祖山、灵
山。有檀溪水、襄水。**南漳**西魏并新安、武昌、平武、安武、建五县置,初曰重
阳,又立南襄阳郡。后周置沮州,寻废。复改重阳县曰思安。开皇初郡废,十八
年改县曰南漳。有荆山。**常平**西魏置,曰义安,置长湖郡,后改县曰常平。开
皇初郡废。又后魏置旱停县,大业初废。**郡**

春陵郡后魏置南荆州,西魏改曰昌州。**统县六,户四万二千八百四十
七。**

枣阳旧曰广昌,并置广昌郡。开皇初郡废,仁寿元年县改名焉。大业初
置春陵郡。又西魏置东荆州,寻废。有霸山。有溲水。**春陵**旧置安昌郡,开皇
初郡废。又后魏置丰良县,大业初废。有石鼓山。有四望水。**清潭**有大洪山。
有清水。**湖阳**后魏置西淮安郡及南襄州。后郡废,州改为南平州。西魏改曰
昇州,后又改曰湖州。后周改置昇平郡。开皇初郡废。仁寿初改曰昇州,大业
初州废。又后魏置顺阳郡,西魏改为柘林郡。后周省郡,改县曰柘林。大业初
县废入焉。有蓼山。**上马**后魏置,曰石马,后讹为上马,因改焉。有钟离县,置
洞州、洞川郡。后周州废。开皇初郡废。十八年改钟离曰洞川县,大业初废入

焉。**蔡阳**梁置蔡阳郡，后魏置南雍州。西魏改曰蔡州，分置南阳县，后改曰双泉；又置千金郡、瀁源县。开皇初郡并废，大业初州废，双泉、瀁源二县并废入焉。有唐子山、大鼓山。有瀁水。

汉东郡西魏置并州，后改曰隋州，统县八，户四万七千一百九十三。

隋旧置随郡，西魏又析置澺西郡及澺西县。梁又置曲陵郡。开皇初郡并废。大业初废澺西县，寻置汉东郡。**土山**梁曰龙巢，置土州、东西二永宁、真阳三郡，及置石武县。后周废三郡为齐郡。改龙巢曰左阳。又有阜陵县改为漳川县。开皇初郡废。十八年改左阳为真阳，石武为宜人。大业初又改真阳为土山，州及宜人、漳川并废入焉。**唐城**后魏曰澺西，置义阳郡。西魏改澺西为下溠，又立肆州，寻曰唐州。后周省均、款、溳、归四州入，改曰唐州。又有东魏南豫州，至是改为澺川郡，又置清嘉县。开皇初郡并废。十六年改下溠曰唐城，大业初州及诸县并废入焉。有清台山。有澺水。**安贵**梁置，曰定阳，又置北郢州，西魏改定阳曰安贵，改北郢州为欵州，又寻废为溳水郡。别置载城郡及载城县。后废载城郡，改载城县曰横山。开皇溳水郡废，大业初又废横山县入焉。**顺义**梁置北随郡。西魏改为南阳，析置淮南郡；厉城、顺义二县立冀州，寻改为顺州，又置安化县。开皇初郡并废，十八年改安化曰宁化。大业初州废。改厉城为顺义，其旧顺义及宁化，并废入焉。有浮山。**平林**梁置上明郡，开皇初废。有漂水。**上明**西魏置，曰洛平县，开皇十八年改名焉。有鹦鹉山。**光化**旧曰安化，西魏改为新化，后周又改焉。

安陆郡梁置南司州，寻罢。西魏置安州总管府，开皇十四年府废。统县八，户六万八千四十二。

安陆旧置安陆郡。开皇初郡废，大业初复置郡。有旧永阳县，西魏改曰吉阳，至是废入。**孝昌**西魏置岳州及岳山郡，后周州郡并废，又有瀁岳郡，开皇初废，有凤皇冈。**吉阳**梁置，曰平阳，及立汝南郡。西魏改郡为重城，改县曰京池。后周置潡州，寻州郡并废。大业初改县曰吉阳。又梁置义阳郡，西魏改为南司州，寻废。**应阳**西魏置，曰应城，又置城阳郡。开皇初郡废，大业初县改名焉。有潼水、温水。**云梦**西魏置。**京山**旧曰新阳，梁置新州、梁宁郡。西魏改州为温州，改县为角陵，又置盘陂县。开皇初郡废，大业初州废；改角陵曰京山，废盘陂入焉。有角陵山、京山。**富水**旧曰南新市。西魏改为富水，又置富水郡，开皇初郡废。**应山**梁置，曰永阳，仍置应州，又有平靖郡。西魏又置平靖县。开皇初郡废，大业初州废，又省平靖县入焉。有大龟山、安居山。

永安郡后齐置衡州，陈废，后周又置，开皇五年改曰黄州。**统县四二万八千三百九十八。**

黄冈齐曰南安，又置齐安郡。开皇初郡废。十八年改县曰黄冈。又后齐置巴州，陈废。后周置，曰弋州，统西阳、弋阳、边城三郡。开皇初州郡并废，大业初置永安郡。**黄陂**后齐置南司州。后周改曰黄州，置总管府，又有安昌郡。开皇初府废。又后齐置产州，陈废之。**木兰**梁曰梁安，置梁安郡，又有永安、义阳二郡。后齐置湘州，后改为北江州。开皇初别置廉城县。寻及州、二郡，相次并废。十八年改县曰木兰。**麻城**梁置信安，又有北西阳县。陈废北西阳，置定州。后周改州曰亭州，又有建宁、阴平、定城三郡。开皇初州郡并废，十八年县改名焉。有阴山。

义阳郡齐置司州。梁曰北司州，后复曰司州。后魏改曰郢州，后周改曰申州，大业二年为义州。**统县五，户四万五千九百三十。**

义阳旧曰平阳，置宋安郡。开皇初郡废，县改名焉。大业初置义阳郡。有大龟山、金山。**钟山**旧曰鄳。后齐改曰齐安，仍置郡。开皇初郡废，县改曰钟山。有钟山。**罗山**后齐置，曰高安。开皇初废，十六年置曰罗山。**礼山**旧曰东随，开皇九年改焉。有关官。有礼山。**淮源**后齐置，曰慕化，置淮安郡。开皇初郡废，大业初县改名焉。有油水。

九江郡旧置江州。**统县二，户七千六百一十七。**

湓城旧曰柴桑，置寻阳郡。梁又立汝南县。平陈，郡废，又废汝南、柴桑二县。立寻阳县。十八年改曰彭蠡。大业初置郡，县改名焉。有巢湖、彭蠡湖。有庐山、望夫山。**彭泽**梁置太原郡。领彭泽、晋阳、和城、天水。平陈，郡县并废，置龙城县。开皇十八年改名焉。有钓矶。

江夏郡旧置郢州。梁分置北新州，寻又分北新立土、富、洄、泉、豪五州。平陈，改置鄂州。统县四,户一万三千七百七十一。

　　江夏旧置江夏郡。平陈,郡废,大业初复置。有烽火山、涂水。武昌旧置
武昌郡。平陈,郡废,又废西陵、鄂二县入焉。有樊山、白纻山。永兴陈曰阳新。
平陈,改曰富川,开皇十一年废永兴县入,十八年改名焉。有五龙山。蒲圻梁
置上隽郡,又有沙阳县。置沙州,州寻废,平陈,郡废。有石头山、鱼岳山、鲍山。

澧阳郡平陈,置松州,寻改为澧州。统县六,户八千九百六。

　　澧阳平陈,置县。大业初置郡。有药山。有油水。石门旧置石门郡。平
陈,郡废。孱陵旧曰作塘,置南平郡。平陈,郡废,县改名焉。安乡旧置义阳
郡。平陈,郡废。有皇山。崇义后周置衡州。开皇中置县,名焉。十八年改州
曰崇州,大业初州废。有澧水。慈利开皇中置,曰零陵,十八年改名焉。有始
零山。

巴陵郡梁置巴州,平陈,改曰岳州,大业初改曰罗州。统县五,户六千九百
三十四。

　　巴陵旧置巴陵郡。平陈,郡废,大业初复置郡。华容旧曰安南,梁置南
安湘郡。寻废。开皇十八年县改名焉。沅江梁置,曰药山,仍为郡。平陈,郡
废,县改曰安乐,十八年改曰沅江。湘阴梁置岳阳郡及罗州,陈废州。平陈,废
郡,及湘阴入岳阳县。置玉州。寻改岳阳为湘阴。废玉山县入焉。十二年废玉
州。罗开皇九年废吴昌、湘滨二县入,有渭水、汨水。

长沙郡旧置湘州,平陈置潭州总管府,大业初府废。统县四,户一万四千
二百七十五。

　　长沙旧曰临湘,置长沙郡。平陈,郡废,县改名焉。有铜山、锡山。衡山
旧置衡阳郡。平陈,郡废,并衡山、湘乡、湘东三县入焉。益阳平陈,并新康县
入焉。有浮梁山。邵阳旧置邵陵郡。平陈,郡废,并扶夷、都梁二县入焉。

衡山郡平陈,置衡州。统县四,户五千六十八。

　　衡山旧置湘东郡。平陈,郡废,并省临烝、新城、重安三县入焉。有衡山、
武水、连水。沫阴旧曰沫阳。平陈,改名焉。有肥水、鄙水。湘潭平陈,废茶

陵、攸水、阴山、建宁四县入焉。有武阳山。有历水。**新宁**有宜溪水、春江。

桂阳郡平陈，置郴州。统县三，户四千六百六十六。

郴旧置桂阳郡。平陈，郡废，大业初复置。有万岁山。有潆水。**临武**有华阴山。**卢阳**陈置卢阳郡。平陈，郡废。有渌水。

零陵郡平陈初，置永州总管府，寻废府。统县五，户六千八百四十五。

零陵旧曰泉阳，置零陵郡。平陈，郡废，又废应阳、永昌、初阳三县入焉。大业初复置郡。**湘源**平陈，废洮阳、灌阳、小零陵三县置县。有黄华山。有观水、湘水、洮水。**永阳**旧曰营阳，梁置永阳郡。平陈，郡废，并营浦、谢沐二县入焉。**营道**平陈，并泠道、舂陵二县入。有九疑山、营山。**冯乘**有冯水。

熙平郡平陈，置连州。统县九，户一万二百六十五。

桂阳梁置阳山郡。平陈，郡废。大业初置熙平郡。有贞女山、方山，有卢水、淮水。**阳山**有斟水。**连山**梁置，曰广德，隋改曰广泽，仁寿元年改名焉。有黄连山。**宣乐**梁置，曰梁乐，并置梁乐郡，平陈，郡废，十八年改为宣乐。**游安** **熙平**旧置齐乐郡，平陈，郡废。**武化**梁置，桂岭旧曰兴安，开皇十八年改名焉。**开建**梁置南静郡，平陈，郡废。

《尚书》："荆及衡阳惟荆州。"上当天文，自张十七度至轸十一度，为鹑首，于辰在巳，楚之分野。其风俗物产，颇同扬州。其人率多劲悍决烈，盖亦天性然也。南郡。夷陵、竟陵、沔阳、沅陵、清江、襄阳、舂陵、汉东、安陆、永安、义阳、九江、江夏诸郡，多杂蛮左，其与夏人杂居者，则与诸华不别。其僻处山谷者，则言语不通，嗜好居处全异，颇与巴、渝同俗。诸蛮本其所出。承盘瓠瓜之后，故服章多以班布为饰。其相呼以蛮，则为深忌。自晋氏南迁之后，南郡、襄阳，皆为重镇，四方凑会，故益多衣冠之绪，稍尚礼义经籍焉。九江襟带所在，江夏、竟陵、安陆，各置名州，为藩镇重寄，人物乃与诸郡不同，大抵荆州率敬鬼，尤重祠祀之事，昔屈原为制《九歌》，盖由此也。屈原以五月望日赴汨罗，土人追至洞庭不见，湖大舡小，莫得济者，用歌曰："何由得渡湖！"因尔鼓棹争归，竞会亭上，习以相传，为竞度之戏。其迅楫齐驰，棹歌乱响，喧振水陆，观者如云，诸郡率然，而南郡、襄阳尤甚。二郡又有牵钩之戏，云从讲武所出，楚将伐吴，以为教战，流迁不改，习以相传。钩初发动，皆有鼓节，群噪歌谣，振惊远近，俗云以此厌胜，用致丰穰。其事亦传于他郡。梁简文之临雍部，发教禁之；由是颇息。其死丧之纪，虽无被发祖踊，亦知号叫哭泣。始死，即出尸于中庭，不留室内。敛毕，送至山中，以十三年为限。先择吉日，改入小棺，谓之拾骨。拾骨必须女婿，蛮重女婿，故以委之。拾骨者，除肉取骨，弃小取大。当葬之夕，女婿或三数十人，集会于宗长之宅，著芒心接篱，名曰茅绥。各执竹竿，长一丈许，上三四尺许，犹带枝叶。其行伍前却，皆有节奏，歌吟叫呼，亦有章曲。传云盘瓠初死，置之于树，乃以竹木刺而下之，故相承至今，以为风俗。隐讳其事，谓之刺北斗。既葬设祭，则亲疏咸哭，哭毕，家人既至，但欢饮而归，无复祭哭也。其左人则又不同，无衰服，不复魄。始死，置尸馆舍，邻里少年，各持弓箭，绕尸而歌，以箭扣弓为节。其歌词说平生乐事，以至终卒，大抵亦犹今之挽歌。歌数十阕，乃衣衾棺敛，送往山林，别为庐舍，安置棺柩。亦有于村侧瘗之，待二三十丧，总葬石窟。长沙郡又杂有夷蜒，名曰莫徭，自云其先祖有功，常免徭役，故以为名。其男子但著白布裈衫，更无巾裤；其女子青布衫、班布裙，通无鞋屦。婚嫁用铁钴镩为聘财。武陵、巴陵、零陵、桂阳、澧阳、衡山、熙平皆同焉。其丧葬之节，颇同于诸左云。